OBRA AUTOBIOGRÁFICA

*Retrato de Celso Furtado por Samson Flexor,
feito a bordo do* Le Jamaique, *em 1948.*

CELSO FURTADO

Obra autobiográfica

Edição definitiva

Copyright © 2014 by Rosa Freire d'Aguiar

Grafia atualizada segundo o Acordo Ortográfico da Língua Portuguesa de 1990, que entrou em vigor no Brasil em 2009.

Coordenação
Rosa Freire d'Aguiar

Capa
Mariana Newlands sobre *Diagonal sur de carré* (1954), de Samson Flexor, óleo sobre tela, 120 x 120 cm.

Preparação
Márcia Copola

Índice remissivo
Luciano Marchiori

Revisão
Huendel Viana
Angela das Neves

Dados Internacionais de Catalogação na Publicação (CIP)
(Câmara Brasileira do Livro, SP, Brasil)

Furtado, Celso, 1920-2004.
    Obra autobiográfica / Celso Furtado. — 1ª ed. — São
Paulo : Companhia das Letras, 2014.

    ISBN 978-85-359-2457-2

    1. Economistas 2. Economistas – Autobiografia 3. Fur-
tado Celso I. Título.

14-04081   CDD-355.4392

Índice para catálogo sistemático:
1. Economistas : Autobiografia 355.4392

[2014]
Todos os direitos desta edição reservados à
EDITORA SCHWARCZ S.A.
Rua Bandeira Paulista, 702, cj. 32
04532-002 — São Paulo — SP
Telefone: (11) 3707-3500
Fax: (11) 3707-3501
www.companhiadasletras.com.br
www.blogdacompanhia.com.br

Sumário

Apresentação da primeira edição — Francisco Iglésias, 9

A FANTASIA ORGANIZADA

Prefácio, 23
  1. Os ares do mundo, 25
  2. Fuga para a planície, 47
  3. O Manifesto dos periféricos, 59
  4. A descoberta do Brasil, 68
  5. A dinâmica do sistema centro-periferia, 74
  6. A estrada real, 82
  7. O grande heresiarca, 96
  8. Golias e Davi, 106
  9. A alegria límpida de criar, 117
  10. Sarça ardente, 133
  11. Confrontação em campo aberto, 145
  12. Cavaleiro andante, 161
  13. As contas do passado, 181
  14. A ceia de Natal, 194

A FANTASIA DESFEITA

Prefácio, 207
1. O Nordeste: alicerces do subdesenvolvimento, 209
2. O quadro internacional: projeções no Brasil, 218
3. A Operação Nordeste, 226
   Prolegômenos, 226
   A reunião do Palácio Rio Negro, 234
   Os primeiros aliados, 238
   O novo papel dos governadores, 241
   A nova política de desenvolvimento para o Nordeste, 245
4. O Conselho de Desenvolvimento do Nordeste, 250
   Os programas prioritários, 250
   A reunião dos bispos em Natal, 253
   A lei de irrigação, 254
   As armas dos adversários, 258
   A ofensiva do FMI, 263
   Ação preventiva contra a seca, 267
   A lei instituindo a Sudene, 270
5. A Superintendência para o Desenvolvimento do Nordeste, 274
   O I Plano Diretor, 274
   A catástrofe de Orós, 276
   A escassez de técnicos, 278
   A Sudene e a sucessão presidencial, 280
   A experiência de Israel, 282
   Interpretando Sartre, 286
   Autossucessão na Sudene, 291
   Novo estilo de governo, 296
   A Aliança para o Progresso, 301
   A fronteira maranhense, 304
   Visita ao presidente Kennedy, 306
   Encontro com Che Guevara, 310
   Começo dos incentivos, 313
   A renúncia do presidente, 315
   Aprovação do I Plano Diretor para o Desenvolvimento do Nordeste, 318
   A síndrome de Cuba entre os norte-americanos, 323
   Um novo quadro social, 327
   O II Plano Diretor para o Desenvolvimento do Nordeste, 335
   Projeto de "manifesto" das forças progressistas, 336

6. O Plano Trienal, 346
Uma nova missão, 346
Conferência frustrada da OEA, 348
Inovações no planejamento, 350
O insucesso de San Tiago Dantas, 355
Farewell a Prebisch, 359
7. O último mandato, 361
A Sudene a pleno vapor, 361
O declínio da autoridade do presidente, 364
Alucinações, 370
Ajuste de contas, 372
Testamento intelectual, 374
A deposição do governador Arraes, 382
A retirada, 389

OS ARES DO MUNDO

Prefácio, 399
1. A retirada, 402
Que rumo tomar?, 402
Jorge Ahumada, 405
Nova leitura dos textos da Cepal, 407
Da dependência tecnológica à cultural, 411
Uma sociedade inviável?, 417
Os vagares do intelectual, 418
Entre pessimismo e idealismo, 419
Uma interpretação do Brasil, 423
O novo contexto, 429
2. Interregno norte-americano, 436
O molde de uma nova civilização, 436
A dicotomia eleitos-excluídos, 439
Salvaguardas contra o "democratismo", 442
A era do protecionismo, 443
Entre mitos e realidades econômicas, 445
O fastígio do poder norte-americano, 451
Projeções da Guerra Fria no Terceiro Mundo, 456
O homem do mundo pós-industrial, 460
Woodbridge, 466

O *Centro de Estudos do Crescimento Econômico*, 468
Explicando o subdesenvolvimento, 473
As primeiras rachaduras, 477

3. Os anos de peregrinação, 484
   De Gaulle e o novo policentrismo, 484
   A problemática do subdesenvolvimento, 488
   A arma das ideias e seus adversários, 492
   A revolução branca, 498
   O "modelo" brasileiro, 506
   Quem justifica a concentração da renda?, 512
   Realidade e mito do desenvolvimento econômico, 518
   O presidente Juan Perón, 522
   A hora e a vez do Chile, 525
   Para onde vai a América Latina?, 531
   O México se volta para o sul, 536
   A Venezuela no boom do petróleo, 538
   Notas sobre a economia venezuelana, 541
   Portugal na hora das opções decisivas, 554
   A economia portuguesa: tendências estruturais e perspectivas, 557
   Uma nova ordem econômica internacional, 562
   Em busca da solidariedade na sociedade global, 568

4. Do utopismo à engenharia social, 574
   A herança ideológica, 574
      A reversão do horizonte utópico, 574
      A sociedade acumulativa e a razão na História, 576
      Os conflitos sociais como motor da História, 580
      O voluntarismo como acelerador da História, 586
   Emergência do modo de produção soviético, 589
   Experiências de engenharia social, 601
      A convulsão agrária da Etiópia, 601
      O caleidoscópio cubano, 604
      O caso singular da Mongólia, 607
      As revoltas recorrentes da China, 613
      Revisitando a China, 617
   Teses subjacentes às ideologias revolucionárias, 619

Índice remissivo, 623

Apresentação da primeira edição

Francisco Iglésias

Como relembra em "Aventuras de um economista", texto seu publicado pela Unesco em 1973, a primeira paixão intelectual de Celso Furtado foi a História, desde a idade de catorze anos. A segunda foi a literatura, lida ainda menino e com atenção permanente. Leu muito de autores positivistas, ainda em moda em sua juventude. Está aí a primeira linha de influência. A segunda será Marx, "subproduto de meu interesse pela História". A terceira é a sociologia norte-americana, com a "teoria antropológica da cultura", revelada por Gilberto Freyre em *Casa-grande e senzala*, que lhe deu instrumental de trabalho, embora pouco o marcasse "no que respeita a sua mensagem substantiva". O autodiagnóstico é perfeito, pois seus leitores percebem que pouco ou nada o marcou. A obra de Freyre, de influência avassaladora nas primeiras décadas de seu aparecimento, não deixou sinais na trajetória desse estudioso do processo social.

Celso Furtado adquiriu notoriedade nacional como homem público e economista. Paraibano de Pombal, jovem ainda saiu de sua pequena cidade e foi estudar na capital do estado, e, pouco depois, em Recife. Em seguida, foi para o Rio de Janeiro, em 1939, onde cursou a faculdade de direito da chamada Universidade do Brasil, na qual se diplomou em 1944. Desde 1940 é jornalista na *Revista da Semana*. Em 1943 é aprovado em concurso do Dasp e começa a carreira de funcionário público, na qual se mantém, nunca tendo se vinculado a empresas privadas. Dominado por preocupações com problemas de administração, detém-se em questões de organização, cujas teorias estuda, dando vigor à sua atividade no setor público.

Logo após ter se formado em direito, Celso Furtado seguiu para a Europa como soldado da Força Expedicionária Brasileira. Pouco atuou no campo de batalha, pois a guerra estava no fim. Foi para a Itália em janeiro de 1945, a guerra terminou em setembro, e já antes, em agosto, retorna ao Brasil. Essa terá sido a sua primeira grande viagem. Muito da experiência de então está retratado em seu livro de estreia, *Contos da vida expedicionária — De Nápoles a Paris*, de 1946. Começa, pois, por uma obra de ficção, que pouco marcará a sua trajetória de escritor nos primeiros anos. Não se detém no Brasil, logo segue de novo para a Europa, em dezembro de 1946, agora para fazer um doutorado em economia na Universidade de Paris, concluído em junho de 1948.

Celso Furtado optou pelo direito numa época em que esse curso ainda tinha sólida tradição no país, pois foi o primeiro de nível superior, nas faculdades de São Paulo e Recife, criadas já em 1827. A do Recife foi famosa e formou muita gente desde a sua criação, dando ao país alguns de seus mais notáveis quadros intelectuais e políticos. Tal como a de São Paulo, criou um centro muito vivo, do qual saiu o mais dinâmico núcleo de parlamentares e homens de governo, bem como os principais nomes da literatura e do pensamento de larga atuação e influência na política — no Executivo e no Legislativo — e na vida intelectual. O romantismo e o naturalismo, o direito e as primeiras manifestações de pensamento na ainda incerta ciência social saem sobretudo de suas salas de aula. Recife e São Paulo foram os grandes núcleos formadores de onde se irradiou o mais expressivo da vida pública e intelectual do Brasil oitocentista.

Havia muito de convencional e formalismo nesse curso, pela visão limitada de então, quando tem começo a influência das ciências sociais, ainda incipientes mesmo na Europa. E a situação perdura no começo do século atual, quando a velha estrutura conhece maior empenho na absorção do novo, pregado pela sociologia, pela economia e por outras ciências sociais.

O grande marco de mudança, superação da ordem arcaica, é a década de 1920, com o movimento modernista na literatura, nas artes plásticas e na música, que confirma a imposição renovadora. Sem falar que se acentua a agitação política, com o surgimento do tenentismo a marcar então os rumos do país nas décadas seguintes. No plano do pensamento, as correntes vindas do século anterior, como o positivismo, são consolidadas, e assiste-se à abertura para formas de pouco cultivo até então, como a sociologia, a economia e outras. Contam a abertura para o estudo e a relativa absorção do mundo norte-americano. Sem negar o tradicional eurocentrismo da vida universitária — quase reduzida aos cursos de direito, medicina e engenharia —, a atividade intelectual é enriquecida com o estudo sistemático da economia, da sociologia, enquanto antes havia certo monopólio do direito.

A partir de 1930, verifica-se profundo movimento político que ficará conhecido como Revolução de 30. Não foi uma revolução, mas uma importante tentativa para superar a ordem arcaica, bem caracterizada como colonial. É nesse quadro que, além da renovação artística, assiste-se também à revisão de formas cristalizadas de pensamento, com uma nova sociologia e outras ciências sociais, como a antropologia e a economia, até aí de limitado cultivo e dentro de padrões já superados nos centros criativos da Europa e dos Estados Unidos. O surto inovador decorre da existência da universidade; aí se ensinavam essas matérias, embora de modo formal e nada instigante, em escala reduzida e presa a rígidos padrões, como se vê pela repercussão do positivismo ou do marxismo, cultivados mais como ideologia que como ciência. Veja-se o caso da economia, objeto de estudos superiores nas escolas de direito ou nas politécnicas, que a ensinavam com o forte acento jurídico e equívoco uso da matemática. Os dois desvios comprometiam o trabalho e davam produtos convencionais e de mínimo alcance científico.

Após a vitória das críticas feitas durante os anos 1920 e 1930, desvenda-se a limitação de muito do produzido. Intensifica-se o intercâmbio com o exterior: mais estudantes vão fazer cursos ou aprimorar conhecimentos fora. Aumenta o número de professores estrangeiros nas escolas nativas. Houve a experiência da Universidade do Distrito Federal e, mais ainda, a criação da Universidade de São Paulo, em 1934. Florescem então sobretudo os cursos de ciências sociais e, entre eles, o de economia. As faculdades de filosofia e de ciências econômicas multiplicam-se e o padrão geral do ensino é elevado, com a superação de velhas fórmulas.

Forçando um pouco, pode-se dizer que a ciência social surge nos anos 1930, pois é muito superior a visão da sociedade que se tem a contar dessa década. O gosto pela teoria é revigorado e a prática da pesquisa, até então pouco cultivada, vai impor-se. A renovação se verifica em todos os campos, mas é mais sensível e eficaz na economia e na história, que reveem seus modelos e inauguram uma época altamente criativa e fecunda. Como símbolo do sentido inovador, com resultados imediatos, veja-se o caso da economia. O aprofundamento de seu estudo leva à superação das formas vigentes, impondo-se um ensino teórico e prático até aí quase desconhecido. Importante também é que se volta para a pesquisa, na busca do conhecimento do país real.

Além dos esforços das escolas — públicas ou particulares —, passa a contar o quanto é feito pelo governo, nas esferas federal, estaduais e municipais. Como a administração perde o ranço burocrático e tende à funcionalidade, ministérios e outras repartições federais, bem como secretarias e outros serviços nos planos estaduais e municipais, são reexaminados e reveem os seus programas. Se a década de 1930 conhece êxitos notáveis, esses são devidos sobretudo à ação renovadora pós-30, notadamente no Estado Novo.

Demais, o país vê crescer sua população, assiste ao surgimento de uma nova sociedade, mais industrial que agrária — era preciso esquecer o lema do país "essencialmente agrícola" e atentar não só para as atividades extrativas ou agrárias, como também para a indústria. Há também uma nova compreensão da administração, que passa de patrimonial a burocrática — usando as categorias de análise weberiana. Em síntese, surge uma sociedade diversificada em que contam tanto a agricultura e a extração como a indústria e, em sentido superior, a organização do Estado, ou, para usar fórmula comum na época, elaborada por Colin Clark, os setores primário, secundário e terciário. Impõem-se aqui modelos produtivos e administrativos que se desenvolvem nos países de economia avançada e de sociedade com fundamento na racionalidade administrativa. Este deve ser o sentido do país pós-Revolução de 30, o que é compreendido e em grande parte realizado. O Brasil moderno tem aí sua matriz.

Celso Furtado é a melhor expressão do novo tempo, como administrador e cientista social. Com obra já dilatada — que alcançaria mais de trinta títulos —, exerce ampla influência não só entre nós, como na América Latina, com ressonância nos Estados Unidos e na Europa. Esta não se restringe aos círculos acadêmicos, mas é verificável em todo o universo da ciência social. Seus livros são traduzidos em todos os continentes e alcançam várias edições (não só para línguas mais comuns, mas também para o chinês e japonês, polonês e até para o farsi), despertando críticas, estudos, análises. O autor, se tem bibliografia ampla, também tem ampla bibliografia sobre ele.

Visto inicialmente como economista, tem uma obra de importantes desdobramentos e que hoje deve ser percebida como a de um pensador que trata do social e sua amplitude, e se detém em reflexões sobre a arte, como se comprova em *Criatividade e dependência na civilização industrial*, de 1978. Mais ainda: vem escrevendo suas memórias, que fogem do modelo tradicional do gênero, sendo antes memórias intelectuais, ou o processo de formação de alguém que atuou e atua como cidadão consciente e inventivo em sua terra e em importantes organismos internacionais, que ficam marcados pela sua presença ou simples passagem. Esses escritos de natureza autobiográfica constituem agora nosso objeto de estudo, uma vez que se reúnem aqui seus livros de natureza confessional:* *Contos da vida expedicionária*, de 1946, *A fantasia organizada*, de 1985, *A fantasia desfeita*, de 1989, e *Os ares do mundo*, de 1991, além de textos mais recentes e ainda não devidamente editados ou conhecidos.

Celso Furtado editou mais de trinta livros de abordagem de temas econômicos e sociais, seja na perspectiva nacional, na americana ou na universal, entre 1954 e 1992 — de *A economia brasileira* a *Brasil, a construção interrompida*, além de dezenas de ensaios em livros ou revistas. Não se restringiu a estudos na sua especialidade, em que se doutorou na Universidade de Paris. Em 1949, integrou o corpo permanente de economistas da ONU, na Comissão Econômica para a América Latina (Cepal), agência de transcendente importância na vida latino-americana, pois elaborou toda uma teoria para a situação econômica do continente, de ampla ressonância nos vários países,

---

* Esta apresentação foi escrita para a primeira edição da *Obra autobiográfica de Celso Furtado*, São Paulo, Paz e Terra, 1997, da qual constavam os *Contos da vida expedicionária*. (N. E.)

APRESENTAÇÃO DA PRIMEIRA EDIÇÃO

informando suas políticas e muito discutida não só aqui, como em diversas nações americanas e mesmo nos grandes centros dos Estados Unidos e da Europa.

É fundamental na biografia de Celso Furtado essa fase, pois então é que passa a ter conhecimento pleno da vida de seu continente. Começando sob a direção do argentino Raúl Prebisch, logo se distingue no grupo de técnicos da instituição. Muitos dos documentos básicos da Cepal terão sido feitos por ele. A vasta documentação originada no organismo imporia o tema do desenvolvimento econômico, sobretudo pelos trabalhos sobre o subdesenvolvimento. Se houve participação de teóricos do mundo inteiro — seja na elaboração ou nos debates e polêmicas que serão de gosto dos principais economistas de nosso tempo —, o papel do jovem brasileiro terá sido proeminente. Como se trata de papéis de um organismo internacional, eles não são assinados. Sabe-se, contudo, que o funcionário foi talvez o mais atuante, afirmativa que uma pesquisa acurada decerto confirmará.

Com larga experiência na administração pública, no Brasil e no exterior, coube-lhe a chefia do Grupo Misto Cepal-BNDE, responsável pelo "Esboço de um programa preliminar de desenvolvimento da economia brasileira" — uma das bases do Programa de Metas do governo Kubitschek —, além de ter participado de grupos especiais para o desenvolvimento da economia em países como México e Venezuela. Seguramente, nenhum outro brasileiro viveu tanto as experiências das nações americanas, nas quais, além de estudioso, foi um agente decisivo de suas trajetórias. Viveu longas temporadas em vários desses países, cujas realidades assimilou e veio a orientar.

No Brasil, seu primeiro desempenho importante foi na diretoria do BNDE. Em seguida, no Conselho de Desenvolvimento do Nordeste e na superintendência da Sudene. Este organismo, criado no governo de Juscelino Kubitschek, é decerto a mais rica experiência administrativa do país, uma vez que foi incumbido de reformular toda a política do governo federal no Nordeste, trabalho que já vinha do século XIX e ganhou o primeiro grande impulso no começo do século XX, com o célebre DNOCS.

Embora de correta e nobre inspiração, o Departamento Nacional de Obras contra as Secas foi quase sempre desvirtuado e pouco produziu, tendo sido frequentemente deformado pela ação de interesses imediatistas dos políticos locais, que usavam os recursos legais de modo personalista, com as obras favorecendo — quando não as embolsavam em prática criminosa — suas discutíveis carreiras na Câmara ou no Senado, nos governos das unidades estaduais ou municipais. Faltava melhor definição do que fazer, de modo que quase tudo se perdia sem qualquer proveito, como se pode ver pelas dezenas de estudos históricos, econômicos ou sociológicos, ou pela vasta produção ficcional, nos romances ou outros gêneros literários, nos depoimentos pessoais de gente que atuou na vida pública, no Executivo ou no Legislativo. Muito se gastou com verbas destinadas ao Nordeste, sem tradução positiva, pelos desmandos de políticos, sobretudo por uma visão mal definida ou aleatória da problemática regional, sentida mas não devidamente interpretada.

A Sudene, sob a direção de Celso Furtado, é o momento mais importante para a ampla área tão castigada pela natureza e, antes, pela má atuação administrativa, que é a nota mais frequente no desempenho das autoridades responsáveis. Na história dos serviços públicos no Brasil a Sudene é caso excepcional e se recomenda pela lucidez do projeto e pela seriedade dos agentes executivos em seu primeiro momento. Pena tenha sido atividade episódica, de curta duração, pois, com a mudança de chefia, se perdeu o leme, e é possível que a área tenha voltado ao que era antes — não totalmente, pois o projeto e a prática inicial tinham muito de irreversível. A gestão de Celso Furtado na Sudene é talvez a página mais expressiva, fecunda e brilhante de um organismo administrativo entre nós.

Continuou a atuar nos governos seguintes, no de Jânio Quadros e João Goulart, quando foi ministro extraordinário para assuntos de Planejamento e Desenvolvimento. O golpe militar de 1964 foi rude para sua biografia. Por ter os direitos políticos cassados, teve de voltar a viver no exterior, com breves períodos em países vizinhos e mais larga experiência de pesquisador e de escritor, sobretudo na França. Foi na universidade francesa que mais atuou, como pesquisador ou professor, o que lhe proporcionou a oportunidade de escrever vários livros, cujo ponto de partida fora, em 1954, *A economia brasileira*. Seguiram-se dezenas de livros de economia ou análise de situações políticas. Não se ateve à especialidade, mas escreveu outros ainda, que colocam o seu nome entre os grandes humanistas — no plano interno e no externo, traduzido e objeto de atenções nos grandes centros científicos, como se pode provar com a sua bibliografia, já ampla e densa.

Sem deixar a temática antiga, o autor enveredou por outra, que se poderia chamar de memorialística. É quando tem oportunidade de confirmar suas tendências literárias, reveladas em 1946. Seu memorialismo nada tem do sentido antigo, já consagrado em livros ainda do século XIX, de que é símbolo *Minha formação*, de Joaquim Nabuco. A tradição memorialística segue por longo período sem livros fortes ou expressivos, sendo retomada recentemente com o surto de obras de alto interesse, seja literário ou informativo, como os textos em vários volumes de Gilberto Amado e Pedro Nava, os máximos do gênero. Escritores e políticos publicam as suas: casos de Graciliano Ramos, José Lins do Rego, Erico Verissimo, Oswald de Andrade, Thiers Martins Moreira, João Neves da Fontoura, Café Filho, Paulo Pinheiro Chagas, Benedito Valadares — os melhores são os desinibidos (quem não ouve, não vê e não fala não pode ter interesse). O valor documental é cada vez mais assinalável, pois se superam as linhas de Humberto de Campos ou Paulo Setúbal, de confissões de natureza muito pessoal, de tipo erótico ou de sentimento religioso. Daí o mérito de obras como a de João Neves da Fontoura, ou, já em nossos dias, de Celso Furtado. Neste não há notas sentimentais, mas a formação de um cientista social que é também homem de ação, que assume postos administrativos na direção da Sudene ou do Ministério do Planejamento.

Estes textos têm alto valor como depoimentos para a história administrativa e política, e também para a da intelligentsia patrícia. Demais, valem para caracterizar com rigor uma carreira que foi sempre eficiente e lúcida, em compreensão do regional e do nacional, nos planos teórico e prático — coisa bastante rara na perspectiva brasileira. Valem para a política e para o entendimento dessa prática da qual tanto se fala e tão pouco de fato se conhece. O memorialismo de Celso Furtado é um marco para melhor compreensão da vida nacional em todos os seus aspectos e aumenta o patrimônio cultural do país neste fim de século em que ele teve tão relevante papel.

A FANTASIA ORGANIZADA

A Juan Noyola
Jorge Ahumada
José Antonio Mayobre
José Medina Echavarría
Óscar Soberón,
companheiros da Ordem Cepalina do Desenvolvimento, que já não respondem.

E a Raúl Prebisch,
que nos guiou a todos, falecido após a publicação deste livro.

Ne sommes-nous pas une fantaisie organisée? Une incohérence qui fonctionne, et un désordre qui agit?

Paul Valéry, *L'Âme et la danse*

Prefácio

Numa época em que ruíram as barreiras entre gêneros literários, as explicações de um autor sobre a natureza de um livro são perfeitamente dispensáveis. Importa apenas que a mensagem transmitida justifique o emprego do tempo que exige sua leitura. Já observava Thomas Mann que um gênero literário contém todos os outros, caso se alcancem os limites de suas possibilidades.

As páginas que seguem originaram-se de notas sobre o grande debate dos anos 1950 em torno do subdesenvolvimento, fenômeno que acabava de ser descoberto e causava perplexidades. As notas evoluíram para um ensaio de história das ideias, mas no caminho transformaram-se em reflexão sobre as circunstâncias em que uma sociedade toma consciência das opções que tem diante de si, apreendendo que o destino também depende dela mesma. Contudo, esse desvio ambicioso foi corrigido a tempo, canalizando-se o discurso para simples testemunho pessoal. O risco de desvio para o autobiográfico também foi atalhado. A vida pessoal tem o mistério desses tesouros de fábula que, quando expostos à luz, perdem seu verdadeiro significado. O testemunho pessoal ganha relevância quando inserido no contexto histórico, em particular se o cronista é personagem do drama.

Assim como a história das ideias transmudou-se em reflexão sobre o papel das ideias na História, o testemunho metamorfoseou-se em vivência, compromisso pessoal com a História. Os gêneros se haviam confundido, quiçá porque a ideia central fosse abrangente: especular sobre a relação entre a História e os indivíduos que, movidos pelo acaso ou pela necessidade, a alimentam com ideias.

Cerca de um decênio separa os dois estágios universitários na Europa que deli-

OBRA AUTOBIOGRÁFICA

mitam a matéria aqui tratada: o primeiro nasce do espírito de aventura — o desejo de expor coração e cabeça aos ares do mundo, como dissera o poeta —, o segundo conduz ao desejo de participação, com o retorno às origens.

Todas as referências a pessoas estão expressas em tempo passado e não pretendem ter validade no presente.

C. F.
Vista Soberba, fevereiro-maio de 1985

1. Os ares do mundo

A reconstrução dos países devastados pela Segunda Guerra Mundial resultou ser tarefa ainda mais árdua do que se havia inicialmente imaginado. À diferença do ocorrido na Primeira Grande Guerra, quando as destruições se circunscreveram a certas áreas, a devastação dentro e fora dos sistemas de produção fora de tal ordem que o sacrifício de toda uma geração parecia inevitável. As instituições criadas em Bretton Woods para enfrentar a situação — o Banco Internacional de Reconstrução e Desenvolvimento (Bird) e o Fundo Monetário Internacional (FMI) — ficaram soltas no ar pela insuficiência de recursos e inadequação dos meios de ação. As transações comerciais internacionais se reconstituíam lentamente, sendo escassos os excedentes exportáveis e inexistentes, fora dos Estados Unidos, os meios de financiamento. A economia alemã, em torno da qual girava no passado grande parte do comércio intraeuropeu, fora deslocada pelo esforço de guerra e se encontrava totalmente prostrada.

Dois anos depois da cessação de hostilidades, atravessei grande parte da Europa Ocidental e Central, encontrando um panorama desolador. Não havia muita diferença com respeito ao que vira no final do conflito, quando percorri o norte da Itália e grande parte do território francês. O quadro na Alemanha era realmente tétrico, certas populações parecendo haver regredido à idade da caverna. O inverno de 1946-47 foi extremamente rigoroso e quase por toda parte as rações alimentares estavam abaixo do que haviam sido nos piores momentos da guerra.

Tomara a decisão de voltar à Europa fascinado pelo inusitado da cena social e humana que aí se armara, certamente sem precedentes, por sua amplitude e comple-

OBRA AUTOBIOGRÁFICA

xidade, na história dos homens. Acumulara algumas economias e considerei que o melhor presente que podia dar a mim mesmo era propiciar-me os meios para observar de perto o drama europeu. Enfim, o mundo de minha geração seria moldado pelas forças que viessem a prevalecer no processo de reconstrução da Europa, em particular da Europa Ocidental. Não é sempre que se pode testemunhar a gestação do futuro de toda uma geração. O fato é que me empolgava o desejo de observar as transformações em curso.

Meu plano inicial fora fixar-me por algum tempo em Londres, de onde irradiava, nessa época, a fama de uma escola de economia que se dava ao luxo de ter Karl Mannheim, o criador da sociologia do conhecimento, no seu quadro de professores. Mas em pouco tempo percebi que me equivocara. Na Inglaterra tudo era medido e contado e as escolas superiores estavam praticamente fechadas para quem não fosse veterano das Forças Armadas de Sua Majestade. Ademais, os ingleses, que ainda se tomavam por cidadãos privilegiados de um grande império que saía vitorioso de uma guerra mundial, viriam a ser os últimos a perceber as mudanças que estavam em curso no mundo. Não havia arrogância em reconhecer o patético da situação em que se debatia esse povo de tão grandes virtudes cívicas e inegável gênio político. Senti--me como Orwell, que, ao se refugiar num subterrâneo para escapar de um ataque aéreo, deparou-se com um jornal do dia que estampava uma oferta de emprego de mordomo. Não havia aí nada de anormal, mas o choque que sofreu foi maior do que o susto que lhe infligiram as bombas alemãs. As leis que governam a decadência dos povos ainda não foram estudadas, e a ninguém ocorreria qualificar de decadente um povo que acabava de mudar o curso da história humana reunindo a bravura de Leônidas à argúcia de Alcibíades.

Mas a verdade é que, com a independência da Índia, o Império entrara em franca desagregação sem que nenhum dos dois partidos políticos tomasse consciência do fato e o tivesse em conta no debate sobre o futuro do país. O duro esforço que se exigia da população estava aparentemente orientado para a reconstituição do passado. Era admirável o esforço que estava sendo realizado para aumentar a taxa de investimento, visando recuperar a posição de grande exportador de produtos industriais, a fim de compensar a perda de ativos no exterior e enfrentar o vultoso serviço da dívida contraída durante a guerra. E mais admirável era a disciplina espartana com que a nação se empenhava nesse esforço. Mas não havia visão das mudanças em curso no mundo, ou das repercussões que estas teriam na posição internacional da metrópole imperial. Repetia-se o erro que cometera Clemenceau após a Primeira Grande Guerra, quando defendeu para a França uma posição dentro da Europa incompatível com seu peso nas esferas econômica e demográfica.

O peso da dívida de curto prazo acumulada durante a guerra inviabilizava a liberalização cambial incluída em acordo assinado com o governo dos Estados Unidos como contrapartida de um grande empréstimo. Da mesma forma que se deixara surpreender pelos acontecimentos, sendo arrastada a uma guerra para a qual não se preparara, a Inglaterra estava enfrentando o pós-guerra carente de toda perspectiva de médio e longo prazos. Os gastos militares, que se desdobravam em vasta área, não podiam ser facilmente reduzidos, pois eram a garantia de uma retirada na frente colonial que se intuía inevitável mas que se desejava postergar. Mesmo sendo um observador neófito, eu podia perceber que aquela grande nação, que mais do que qualquer outra contribuíra para formar a civilização tecnológica, agora parecia jogar cabra-cega. Os mais astutos pensavam, como Churchill, que o mundo do pós-guerra seria tutelado por um consórcio de nações de língua inglesa, conjugando-se a experiência política de Albion com o poder econômico ianque. Mas esse último sonho imperial logo se desvaneceria, transformando-se as relações "privilegiadas" com os Estados Unidos em um entrave a mais na busca de um novo lugar ao sol.

A alternativa era fixar-me em Paris, obter uma matrícula universitária que justificasse minha permanência e, a partir daí, viajar pelo continente convulsionado onde já eram visíveis as primeiras emanações da Guerra Fria. Escrevia para três periódicos: a *Revista da Semana*, minha velha casa, o semanário *Panfleto*, que atingia grande parte do público jovem e motivado politicamente, e *O Observador Econômico e Financeiro*, com ampla circulação na comunidade de negócios e no mundo oficial. Como era regra na época, minha formação de economista era de um autodidata, facilitada pelo estupendo fluxo de publicações com que nos brindava o Fondo de Cultura Económica, do México, e apoiada em minha formação jurídica e em estudos especializados de organização e finanças públicas. Mas considerava a economia como um instrumento para penetrar no social e no político, e avançar na compreensão da História, particularmente quando esta ainda se exibia como presente a nossos olhos.

A verdade é que já no Brasil fora induzido a modificar meu plano de viagem pela Europa. Imaginara poder estender minhas incursões à Europa do Leste, em particular à União Soviética, cuja experiência em planificação econômica me parecia ser algo que não devia ignorar. A guerra demonstrara claramente que uma adequada regulação do sistema econômico podia assegurar o pleno emprego, aspiração maior de povos que haviam sido vitimados por uma depressão sem precedentes. Na União Soviética se demonstrava que esse bem por todos almejado também podia ser obtido na paz. Na verdade, meu interesse pela planificação ia mais longe do que a economia. Estava convencido de que o fascismo era uma ameaça que pairava permanentemente sobre as sociedades democráticas. Como ignorar que as economias de mercado eram intrinsecamente instáveis e que essa instabilidade tendia a agravar-se? Era o que nos ensinava a História. Tampouco podíamos ter dúvida de que a ideia de Marx de que a própria crise engendraria uma nova formação social "mais racional" era do reino da utopia. Sabíamos por experiência que as classes dominantes dispunham de meios para manipular e domesticar as massas, impondo uma nova ordem em que cada um encontra segurança ao renunciar a suas aspirações mais nobres.

Nesse espaço confinado medrava e florescia o poder burocrático, como previra Max Weber.

Estava convencido de que a inescapável concentração de poder econômico produziria uma redução do espaço em que se move o indivíduo, uma atrofia da vida política, conduzindo a alguma forma de totalitarismo. Em ensaio de 1946, que mereceu o prêmio Franklin D. Roosevelt, do Instituto Brasil-Estados Unidos, expressara de forma contundente esse ponto de vista: "A trágica realidade a que nos levou a Revolução Industrial", dizia, "está em que novas técnicas sociais conduzem implacavelmente ao domínio minoritário". Mostrava a dificuldade, que por todas as partes se manifestava, de compatibilizar as sociedades democráticas com as instituições militares, que por definição não se podem reger democraticamente. E acrescentava: "Esse problema, que constitui um quebra-cabeça desde a Roma imperial, reproduz-se agora com nova fisionomia e de forma mais dramática na sociedade industrial. Como pode assegurar-se a democracia de que as forças econômicas, organizadas [à semelhança] das instituições militares, não tentem assenhorear-se do Estado?". Considerava que a evolução nos Estados Unidos se prestava melhor à observação porque ali, mais do que em qualquer outra parte, as formas de controle democrático de raiz comunitária permaneciam vivas. Ainda assim, era para a Europa, empenhada em sair dos escombros, transformada *malgré elle* em laboratório social, que eu me voltava.

Como estudioso de Mannheim, estava convencido de que um amplo esforço de reconstrução institucional tornara-se indispensável, se o objetivo era preservar a liberdade do homem. Cabia prevenir as crises e neutralizar os efeitos sociais da instabilidade inerentes às economias de mercado. Os projetos de previdência e assistência social, que tiveram no Plano Beveridge sua melhor expressão, constituíram valioso avanço, mas não iam à raiz do problema, pensava eu. A solução estava na introdução de uma dupla racionalidade, no nível dos fins e dos meios, o que exigia a planificação. Meus estudos de organização das atividades do setor público, com base em autores norte-americanos, e as ideias de Mannheim em seu *Man and Society in Age of Reconstruction* (traduzido para o espanhol com o título de *Libertad y planificación social*) haviam moldado minha visão das opções com que se defrontava a Europa em reconstrução.

Na época, a única experiência de estabilização de uma economia com base na planificação era a soviética, mas praticamente nada existia publicado sobre ela. Os resultados das pesquisas de Charles Bettelheim sobre o assunto (a primeira edição de seu livro *La Planification soviétique* era de 1939) não haviam chegado até nós, e trabalhos sobre finanças públicas, como o de Gerhard Dobbert (*Der Zentralismus in der Finanzverfassung der U.d.S.S.R.*), limitavam-se ao período de transição entre a economia de guerra e a adoção dos planos quinquenais. Partia da suposição de que as implicações sociais da planificação econômica deviam estar sendo objeto de estudo pelos especialistas soviéticos. Ainda estavam próximos os dias da Grande Aliança, em que

A FANTASIA ORGANIZADA

havíamos imaginado viver, no pós-guerra, em um "mundo só", onde cada povo poderia beneficiar-se, na formulação de sua política, dos acertos e erros de todos os demais.

Conhecendo os meus planos de viagem, minha irmã Aída, então bibliotecária na Nacional, disse-me um dia em que nos cruzamos nos salões daquela augusta casa: "A filha do embaixador da União Soviética também é nossa cliente, e agora mesmo está aqui fazendo pesquisas; por que você não conversa com ela sobre os seus projetos?". Feitas as apresentações, Aída deixou-nos a sós. Era uma bonita jovem loura, de estatura média, que se expressava correntemente em francês. Como a desculpar-se, disse que seu pai fora por longo tempo embaixador em Paris. A conversa dirigiu-se facilmente para essa cidade que ambos conhecíamos e que a fascinava. Quando lhe expus meu plano de viagem e meu interesse em conhecer de perto a experiência soviética de planificação, suas implicações sociais etc., ela me olhou meio perplexa, como se eu houvesse manifestado a intenção de sair voando. E foi dizendo sem rodeios: "Não perca o seu tempo. O senhor não tem nenhuma possibilidade de entrar na União Soviética. Lá não se pode ir como turista, e para fazer estudos se necessita de um convite especial que nas circunstâncias presentes é praticamente impossível obter". Não me convenci totalmente. Imaginei que aquela jovem empenhava-se em ocultar a pobreza e o atraso de seu país aos estranhos curiosos. Em Paris, eu teria oportunidade de obter mais informações sobre aquilo. Contudo, fui reajustando meus planos, que a mais de um pareciam mirabolantes.

Alguns dias depois, contei a entrevista a um amigo do Partido Comunista, e ele me observou: "O que ela diz é o ponto de vista de um diplomata, que não quer se comprometer. O caminho mais curto é você entrar para o Partido e em seguida solicitar uma missão que implique visitar a União Soviética". Ri-me da receita. Em primeiro lugar, não podia admitir submeter-me à tutela de um Partido que se escreve com letra maiúscula, pois eu colocava a minha liberdade de pensar acima de tudo. Em segundo, não admitia receber instruções para escrever sobre isto ou aquilo. O amigo não insistiu na conversa. Seguindo Mannheim, eu tinha uma certa ideia do papel social da intelligentsia, particularmente nas épocas de crise. Sentia-me acima dos condicionantes criados por minha inserção social e estava convencido de que o desafio consistia em instilar um propósito social no uso dessa liberdade. Meu amigo possivelmente via nisso uma manifestação de arrogância ou de ingenuidade, mas não se atrevia a dizê-lo, pois desejava preservar a minha confiança. Esse jogo sutil era corrente entre intelectuais, tanto de esquerda como de direita, nessa época em que apenas se saía da asfixia de uma ditadura.

Não necessitei de muito tempo para convencer-me da inanidade de meus planos originais, pois eram enormes as dificuldades com que se defrontava qualquer pessoa que pretendesse se deslocar por uma Europa devastada. Isso induziu-me a dedicar mais tempo do que havia inicialmente imaginado à vida universitária, em Paris,

29

onde me fixei. Tive a fortuna de tomar contato com o professor Maurice Byé, que integrara a missão francesa junto à Faculdade de Filosofia do Rio de Janeiro, onde se encontrava no momento da debacle da França. Recebeu-me de braços abertos em sua residência campestre de Clamart. "Tenho uma grande dívida com o Brasil", disse-me depois de havermos falado de muitas coisas, inclusive do que se publicara recentemente em economia. E explicou-me que o governo de Pétain o privara da cidadania francesa, por haver ele aderido às Forças Francesas Livres comandadas por De Gaulle. "Nesse momento difícil", acrescentou, "recebi todo o apoio do seu país." Na verdade, Byé permanecera pouco tempo entre nós, em seguida a esses acontecimentos, logo embarcando com destino à África para finalmente juntar-se às tropas de De Gaulle na Síria. Foi por conselho seu que me inscrevi para preparar uma tese de doutorado em economia. A verdade é que, na época, em nada me atraíam os títulos, particularmente os universitários. Não via sentido em perder tempo estudando para preparar exames, desviando a atenção do mar de coisas importantes que estavam ocorrendo no mundo real diante de meus olhos. Não me atraía ser um "profissional", uma peça que busca ajustar-se numa engrenagem. Estudara economia, sociologia, filosofia na busca de subsídios para entender o mundo, convencido de que também essa é uma maneira de sobre ele agir. Pode ser a maneira menos eficaz, mas quiçá seja a de efeitos mais duráveis. Que influência teria sido maior? A de Alexandre ou a de Platão? Se minha preocupação houvesse sido agir diretamente sobre o mundo, teria permanecido em meu torrão natal, pois a política requer o máximo de inserção na comunidade. O que me motivava era o desejo de conhecer o mundo, o vasto mundo, convencido de que os reformadores são movidos por ideias de pensadores que a eles se antecipam. Por isso, ademais de preparar o Diploma de Estudos Superiores em economia, matriculei-me no Instituto de Ciências Políticas, onde havia cursos e seminários abrangendo um vasto horizonte. Fascinava-me estudar a história das ideias, da técnica e da política do século XIX, pois estava a pensar que o descarrilamento da humanidade aí tivera início.

Entre os seminários e a biblioteca do Instituto de Ciências Políticas eu passava boa parte de meu tempo, o que me permitiu tomar contato com professores e alunos. Ali se reunia a fina flor dos futuros quadros dirigentes do país, em grande parte filhos de profissionais de nível universitário, e também os remanescentes da antiga *haute bourgeoisie*. Na França é mais importante a inserção social do que a renda, que é menos concentrada do que a riqueza e os privilégios não monetários. Esses grupos sociais haviam sofrido em cheio o impacto da guerra e eram os mais sensíveis ao declínio da França no plano internacional. Havia uma mistura de ressentimento e arrogância, que logo vinha à superfície quando o debate versava sobre os Estados Unidos. Não é fácil para um povo portador de grande cultura admirar outro em situação similar, particularmente se existe um passado de rivalidade e confrontação. A ninguém escapa que os franceses têm uma ideia caricatural dos ingleses, sendo verdadeira a recíproca. Com respeito à Alemanha, a visão é mais equilibrada, talvez porque durante séculos viram nos povos germânicos discípulos aplicados, ansiosos por reconhecimento. Em relação aos Estados Unidos, o problema é distinto. Os norte-americanos foram tratados, por muito tempo, como "povo jovem", que ainda não tem modos, não sabe sentar à mesa. A isso adicionou-se a ideia de que haviam enriquecido demasiadamente rápido, o que desperta inveja, mas não admiração. Ocorre que esse povo "infantil" começou a exercer uma influência cultural sobre a França numa escala sem precedentes. No imediato pós-guerra, houve entre os franceses um certo pânico com respeito à profundidade e à natureza dessa influência, pois as elites tradicionais não tinham experiência de tratar com esse tipo de problema.

Uma colega do Instituto, a quem não faltava o sentido de humor, surpreendeu-me um dia com um convite: "Se você duvida da sobrevivência do bom gosto francês, venha comigo ao baile do George v". Não me furtei ao desafio e pude apreciar aquela sociedade, que julgara empobrecida, *en grande tenue*. E não se tratou apenas de bailar. Ouvimos atentamente e em silêncio um pianista tocar Mozart e Ravel. Em fase mais adiantada, interrompeu-se o baile para que assistíssemos a um desfile de *haute couture* que despertou evidente satisfação nos presentes. E tudo isso, delicadamente regado a champanhe. "Uma civilização que alcançou esse grau de refinamento", observei à minha colega, "sempre será lembrada e admirada." Mas não pude deixar de parafrasear Bernard Shaw: "Amar ao povo não significa desconhecer o seu frequente mau gosto". Minha colega retrucou: "Isto aqui não é uma frivolidade, e sim um estilo de vida; para criá-lo, foram necessários séculos, mas para destruí-lo muito pouco é necessário". E assim seguia nosso diálogo em linhas paralelas.

Mas eu não desanimava de viajar. Vivíamos os momentos mais difíceis do pós-guerra, quando se somaram à penúria de tudo um começo de pânico criado pela inquietação social e os primeiros estampidos da Guerra Fria. O inverno de 1946-47 fora o mais duro de que se tinha registro e sucedeu-o uma prolongada estiagem, com projeções na produção agrícola e na geração de eletricidade. Cortava-se a luz durante o dia e a ração de pão, na França, desceu a níveis que não se conheceram durante a guerra. A situação na Alemanha era ainda pior: a produção industrial alemã de 1946 situou-se entre um quarto e um quinto do nível de antes da guerra. Em todas as partes havia insuficiência de fontes de energia e carência alimentar. Eu consultava de todos os lados para descobrir as possibilidades de penetrar no continente europeu. Inscrevi-me para participar do chamado Festival Mundial da Juventude, a realizar-se em Praga, o que me abria a possibilidade de cruzar a Alemanha, e para integrar uma brigada francesa que deveria participar da construção de uma estrada de ferro na Bósnia. Viajamos em vagões de estrada de ferro de segunda classe, empilhados de pessoas, cada um se arranjando para dormir como podia, o que não impediu (ou facilitou) que logo se criasse entre aqueles jovens um clima de cordialidade e de confraternização.

Essas iniciativas de mobilização de jovens sem ligação direta com partidos políticos estavam longe de ser inocentes. Faziam parte da grande luta ideológica que se travava na Europa. Não fosse o stalinismo um sistema corneamente fechado, e a penetração das ideias marxistas teria sido ainda muito mais profunda nesse período. A ideia de que o capitalismo engendrava sociedades que exacerbavam a competitividade entre indivíduos e, em última instância, entre nações, sendo a guerra um mal incurável do mundo capitalista, onde pululavam os *marchands de canon*, seria suficiente para induzir uma juventude egressa de uma guerra monstruosa a desejar a superação desse regime. Como não repudiar um sistema econômico a cuja instabilidade havia que atribuir a emergência do fascismo e de guerras odiosas? A história recente havia sido demasiado explícita sobre tudo isso. Ora, o marxismo parecia a única doutrina que prometia um mundo estável, sem desemprego e sem os pingues negócios de vendas de armas. Nos debates sempre se voltava a esses pontos, que brotavam das profundas ansiedades que existiam em todos.

Em um número da revista *Esprit* dedicado a "marxismo aberto contra marxismo escolástico", Emmanuel Mounier dizia que o marxismo, em cem anos, havia sido morto verbalmente mais vezes do que o cristianismo no correr dos séculos, e que ainda assim o seu impacto na consciência humana persistia tão forte como jamais fora. Não havia dúvida para mim de que o homem europeu estava em busca de um caminho que o liberasse de seu passado, que lhe acenasse com um futuro que não abrigasse tanto ódio. Mas como separar o marxismo da experiência soviética, na qual a asfixia do indivíduo contrapunha-se ao que havia de mais nobre e permanente na cultura europeia — essa ideia de que cada indivíduo leva em si um destino pessoal? A verdade é que Marx, como Aristóteles, escrevera sobre tudo, o permanente e o cotidiano, podendo-se dele derivar linhas de pensamento com implicações muito diversas. Cada um se arranjava para ter seu próprio marxismo, esse território tão propício à construção utópica. O problema das doutrinas portadoras de um projeto de ordem social está em que pretendem ignorar que não conhecemos suficientemente o homem para prever suas reações aos constrangimentos a que será submetido pela nova ordem. O capitalismo terá exacerbado certos instintos destrutivos do homem, mas certamente não os criou.

A Tchecoslováquia da época do festival ainda era a de Benes e Jan Masaryk, homens de comprovada tradição democrática. A simpatia pelos soviéticos era enorme, o que não era difícil de explicar, posto que eles não haviam pactuado com a destruição do país em Munique, sendo vistos como os autênticos libertadores. Os povos eslavos que haviam vivido séculos sob o jugo germânico alimentavam tradicionalmente uma profunda simpatia pela Rússia, sentimento que nessa época ainda se mantinha intacto. Os jovens tchecos com quem tomei contato multiplicavam argumentos para demonstrar que o seu era um país democrático à maneira ocidental, com uma pluralidade de partidos e eleições realmente livres, como se estivessem em uma posição defensiva. A animosidade ao alemão era tão grande que se negavam a falar essa língua, a qual por certo todos conheciam. Atribuí a essa animosidade o fato de não conseguir obter qualquer informação sobre a presença de Franz Kafka em Praga, cidade onde nasceu e viveu toda a sua vida.

Durante o festival, não houve qualquer possibilidade de contato real com membros da delegação soviética, que não fosse com os poucos elementos destacados expressamente para esse fim. Tratava-se de jovens treinados em línguas estrangeiras e com informações sobre o que ocorria no país do interlocutor, que discorriam com soltura sobre assuntos de ordem geral, sem muitas peias na língua. O contato com esses agentes transmitia a impressão de que entre os jovens soviéticos predominavam as mesmas preocupações que entre nós; haveria um autêntico debate em torno dos grandes temas da época, prevalecendo o espírito de contestação e irreverência. Isso podia ser verdade, mas não nos era dado comprovar. Aqueles que tentavam tomar contato com o soviético típico logo se davam conta da inanidade do esforço. A brasileira Anna Stella Schic, que contribuiu para o brilho do festival com um belo concerto de piano, teve a possibilidade de aproximar-se de colegas soviéticas também concertistas. Contou-me que aproveitara o intervalo para dirigir a palavra a uma delas, havendo com isso provocado um gesto brusco de recusa, como se se tratasse de algo proibido, a ser evitado por todos os meios. Esse comportamento nos parecia inexplicável, pois todos nós, mesmo os que não morriam de entusiasmo pelo regime stalinista, tínhamos muito interesse em conhecer a juventude soviética, e era grande a admiração que despertava em todos o povo russo.

A experiência na Iugoslávia foi menos interessante porque a comunicação com a população local fez-se difícil, dada a quase completa ausência de pessoas que falassem línguas ocidentais. Nossa brigada era extremamente disciplinada. Pela manhã, hasteava-se a bandeira tricolor e, pela tarde, havia nova cerimônia para recolhê-la. Trabalhávamos alegremente, moças e rapazes, com picareta e carros de mão, abrindo o leito de uma estrada. Acampávamos à margem de um rio, cercado por um pomar. A tarde era livre para excursões, jogo de xadrez, debates, leitura à sombra. Nesse piquenique pude conhecer franceses de várias extrações sociais, que ali se tuteavam com naturalidade. Todos estavam movidos pela ideia de que devia haver mais justiça social e de que a luta pela paz deveria ser uma preocupação permanente. Um dia veio nos visitar um grupo de gregos que haviam atravessado a fronteira. Eram guerrilheiros, participavam de uma dura guerra civil, por trás da qual se perfilava a confrontação russo-americana. Cercamo-los de simpatia, mas poucos demonstraram entusiasmo no debate que se organizou sobre o drama que vivia a Grécia. O progresso social pela guerra não seduzia essa geração.

Ainda que fosse quase nulo o contato direto que tínhamos com os iugoslavos, a simpatia mútua era imensa. Onde chegávamos, nos recebiam com flores, e ao visitar suas cidades destruídas pensávamos no imenso sacrifício que haviam feito para libertar-se de um invasor bestial. Outros povos também haviam sofrido com a guerra, mas quiçá em nenhuma parte o povo tenha pagado um preço tão elevado por não se haver submetido nem deixado subjugar. Agora estavam ali organizados e decididos a construir um futuro melhor. A arregimentação não nos passava despercebida, ainda que estivesse mascarada por um entusiasmo contagiante. Dava voltas às minhas ideias e me inclinava a fazer aparas em minhas convicções individualistas. Em artigo que escrevi na época para a revista *Panfleto*, observava: "É justo que se indague em face de um mundo que se transforma tão vigorosamente qual a posição e qual o valor da pessoa humana — que espaço resta à liberdade pessoal para respirar". E, finalmente, concluía:

> Os iugoslavos eram um povo de analfabetos, divididos em lutas fratricidas, cujo trabalho alimentava casas bancárias internacionais. As bombas e as forcas alemãs operaram o milagre de sua união nacional. O ardor da luta despertou-os para o trabalho. E pela primeira vez os frutos desse trabalho se tornam acessíveis àqueles que o realizam. Os iugoslavos, maravilhados, entregam-se à colheita desses frutos. Que direito temos nós de chamá-los à palmatória para nos dar conta de seu comportamento?

Esse relativismo histórico, que eu utilizava como porta de saída, exumava de alguma forma o paternalismo com que meus companheiros franceses observavam esse "povo balcânico". Mas também anunciava uma evolução que se daria em meu espírito, no sentido do abrandamento da tendência a sobrepor o individual ao social. Certa influência kantiana que me veio com a formação jurídica e que somente seria temperada à medida que começasse a beber mais a fundo em fontes historicistas.

Por essa época, Hermann Hesse mereceu o prêmio Nobel de Literatura, com referência especial a seu livro, publicado durante a guerra, *O jogo das contas de vidro*, esse esforço ingente de um ego que cria um mundo à parte para escapar da realidade trágica da história real. Eu não admirara *O lobo da estepe*, do qual se instila um sutil temor à vida que me parecia conduzir à submissão. Durante a guerra, Hesse recolhera-se a seu refúgio ensolarado do Ticino, na Suíça italiana, mais preocupado em "compreender a Alemanha" do que em abrir os olhos para os crimes que cometiam os seus dirigentes. Eu fazia essas conjecturas enquanto observava os alemães, sujos e maltrapilhos, perambulando pelas ruínas de Nuremberg. O individualismo pode conduzir à torre de marfim de Hesse, mas é a razão histórica que retrograda um povo civilizado ao barbarismo. Como situar-se entre esses dois polos?

A FANTASIA ORGANIZADA

A verdade é que, se bem que as feridas da guerra continuassem abertas — as massas de semifamintos andavam de um para outro lugar e dezenas de milhões de pessoas continuavam "deslocadas" —, a questão da paz e da guerra ocupava o centro dos debates, pairando no ar a ameaça de um conflito. Esse o cerne do drama que vivia a Europa. Os sistemas econômicos, semidestruídos e desmantelados, pareciam empacados em ponto morto. A reconstrução avançara até onde fora necessário para assegurar a sobrevivência, mas o processo de acumulação não retomava. De onde retirar os recursos para financiar os investimentos exigidos pela vasta obra de reconstrução? A Europa Ocidental se apresentava como uma imensa engrenagem avariada, operando com rendimento extremamente baixo. A situação da Alemanha Ocidental era agravada pela leva de milhões de pessoas que emigravam das regiões do Leste. No passado, a economia alemã operara apoiando-se num importante intercâmbio com as áreas da Europa Central e Oriental, de onde recebia alimentos e matérias-primas. Essas relações comerciais se haviam reduzido a quase nada e não cabia esperar que viessem a se reconstituir nos padrões do passado. Era necessário encontrar nova forma de inserção para a economia alemã, antes da guerra de longe o principal parque industrial do continente. Durante a guerra, surgira nos Estados Unidos o chamado Plano Morgenthau, cujo objetivo seria forçar a regressão da economia alemã no sentido da sua "ruralização", o que significava pretender rebaixar definitivamente o padrão de vida de sua população aos níveis que prevaleciam nos países pobres da área mediterrânea. Bastaria ter em conta os reflexos negativos nas demais áreas da Europa que mantinham um intenso intercâmbio com a Alemanha para perceber o quão insensato era esse plano.

Em 1946 e primeira metade de 1947 as quatro potências ocupantes da Alemanha promoveram várias reuniões em busca de uma saída que permitisse restaurar um mínimo de normalidade na vida desse país. Ocorre que as posições das duas principais potências ocupantes eram claramente dissimétricas. A União Soviética fora brutalmente devastada durante a guerra e estava em busca de reparações, desmantelando usinas na região que ocupava para delas apropriar-se. Preocupava-se com a sua própria reconstrução e esforçava-se em cobrir o atraso que a separava das nações industrializadas da Europa Ocidental. Os Estados Unidos viam na prolongação da miséria uma ameaça às instituições e à ordem social dos países capitalistas, e esperavam tirar vantagem da intensificação do intercâmbio que traria consigo a reconstrução. A divergência de interesses levava a um impasse, mas não podia haver dúvida de que a prolongação deste desfavorecia os Estados Unidos.

Para que a Europa Ocidental se levantasse com base no próprio esforço teria sido necessário que a população aceitasse um prolongado sacrifício, o que pressupunha um considerável consenso no plano político e social. Ora, agudas tensões sociais se manifestavam por toda parte: em certos países, as maiorias responsabilizavam as classes dirigentes por terem conduzido o país à guerra, em outros, por não o have-

35

rem preparado para defender-se, em outros, por terem pactuado com o ocupante. O que ocorresse na França teria certamente repercussão em outros países, e aí a confrontação se mostrava mais acirrada em razão do estreito alinhamento do Partido Comunista à política externa da União Soviética. Aumentar o investimento com sacrifício do povo para restaurar as estruturas tradicionais do poder parecia um abuso a grande parte da população. Aumentar além de certo limite o controle que o Estado exerce sobre a economia era, para outra parte da população, o "caminho da servidão". Essas tensões se traduziam em greves que paralisavam com frequência importantes segmentos da atividade econômica, e em pressão inflacionária que desestimulava a poupança. A eficácia do sistema produtivo estava, portanto, comprometida.

Mais lenta fosse a reconstrução, maior seria o atraso tecnológico vis-à-vis dos Estados Unidos e mais difícil a reconquista dos mercados externos. Como obter saldos, exportando manufaturas, para pagar as importações de alimentos, matérias-primas e fontes de energia? Havia um problema de balanço de pagamentos e outro de insuficiência de poupança. A isso se acrescente o caos monetário que se havia instalado em muitos países. Mas, se eram graves esses problemas, havia soluções ao alcance da mão. Foi isso que compreenderam algumas pessoas nos Estados Unidos, entre elas o chefe do recém-criado Grupo de Planejamento Político do Departamento de Estado, George F. Kennan. Os integrantes desse grupo deram-se conta das limitações da Doutrina Truman, que tendia a assimilar os problemas surgidos das deslocações causadas pela guerra e das tensões do esforço de reconstrução em países derrotados ou que haviam sofrido ocupação a simples "intrigas do comunismo internacional". Em memorando, que se tornaria público alguns anos depois, Kennan chamou a atenção para o fato de que a normalização da vida econômica na Europa poderia ser alcançada em período relativamente curto com base numa ajuda concentrada dos Estados Unidos sob a forma de transferências unilaterais. Esse foi o germe do Plano Marshall, que colocou à disposição dos países europeus ocidentais o complemento de poder de compra internacional e de poupança de que necessitavam para pôr-se de pé.

Quando os europeus fizeram as suas contas, respondendo ao gesto norte-americano, imaginaram que necessitariam de uma ajuda correspondente a cerca de 40% do valor das importações, em quatro anos seguidos, para recuperar o nível de produção de antes da guerra (ou superá-lo, no caso da Inglaterra), restaurar o equilíbrio financeiro e resolver o problema do déficit na conta-corrente do balanço de pagamentos com a área do dólar. A experiência demonstrou que necessitavam de menos ajuda, pois a taxa de poupança logo se elevou, o que lhes permitiu superar as metas que se haviam proposto. A criação da União Europeia de Pagamentos, em 1950, facilitaria consideravelmente a solução do problema de liquidez internacional, dada a importância considerável que assumiu o comércio intrarregional. Nesse mesmo ano foi criada a Comunidade Europeia do Carvão e do Aço (Ceca), que, ao uniformizar os preços dos dois dos mais importantes insumos industriais, abriu caminho para a futura Comunidade Econômica Europeia (CEE) e, com esta, para a reinserção da Alemanha na economia regional como principal potência industrial.

Maurice Byé era especialista em comércio internacional. Considerava-se discípulo de François Perroux, por seu lado um seguidor longínquo de Schumpeter, de quem fora aluno em Viena. Graças a essa herança, a visão que tinha Byé da realidade econômica era essencialmente dinâmica, o nacional e o internacional se entrelaçando. Seria ele um dos primeiros economistas a teorizar sobre os conglomerados transnacionais. Mas, na época em que me estimulou a preparar uma tese, sua motivação era retomar contato com os problemas econômicos brasileiros. À diferença de muitos professores franceses que permaneceram algum tempo entre nós, ele nada escrevera sobre o Brasil; mas nesse momento, quando começava a observar o comércio internacional de outros ângulos, era possível que nosso país, tão dependente do intercâmbio externo, voltasse a preocupá-lo. Fiz-lhe ver minha impossibilidade de realizar uma pesquisa sobre os desequilíbrios externos da economia brasileira no imediato pós-guerra, por total insuficiência de informação. Esse era o tema sobre o qual trocávamos ideias, comparando os dados irregulares e aproximativos de que dispúnhamos. Ainda assim ele insistia em que eu tentasse qualquer coisa, como se desejasse reter-me a seu lado, qual lembrança de um país longínquo onde fora feliz.

Certo dia em que entrei no Museu do Homem para visitar o Paulo Emílio Sales Gomes, fiz-lhe referência à situação embaraçosa em que me encontrava. Com seu fino humor, ele me chamou à realidade: "Não tome a coisa assim a sério. Hoje, o *rayonnement* da cultura francesa consiste em distribuir títulos aos estrangeiros que passam por aqui. Como nós, metecos, não concorremos com eles, pois nem Einstein conseguiu ser professor na Sorbonne, nos afogam em facilidades. A propósito", acrescentou, "temos aqui uma bela biblioteca brasiliana, que está à sua disposição". Logo pude comprovar que se tratava de belíssima coleção de livros sobre o Brasil, provavelmente doação do governo brasileiro. Decidi-me de imediato. Estudaria a economia colonial brasileira no período do açúcar, época em que ao Brasil coubera papel eminente no comércio internacional. Quando expus a ideia ao professor Byé, ele pensou um pouco e observou: "De acordo, sempre que você faça um paralelo com a economia açucareira nas Antilhas francesas, concorrente da brasileira". Estava dada a ordem de partida. Quando voltamos a tratar do assunto, uns quatro meses depois, eu tinha nas mãos uma boa centena de páginas rascunhadas. Minha visão internacional da formação da economia brasileira começou com esse exercício. A confrontação com a economia antilhana, em que a cana-de-açúcar (e seu complemento inevitável, o trabalho escravo) destruiu todo um sistema de pequena propriedade, instalado com grande ajuda financeira do governo francês, e impôs o latifun-

OBRA AUTOBIOGRÁFICA

dismo, ajudou-me a ver com mais clareza as relações entre economia e sociedade no Nordeste brasileiro.

Paulo Emílio era um incomparável causeur. Com frequência interrompia minhas doces leituras açucareiras para visitá-lo em sua sala de trabalho. Chamou-me a atenção para a riqueza dos cineclubes de Paris, onde as exibições ocasionalmente eram seguidas de vivos debates. Lembrava-me esse arquétipo eciano de homem civilizado que foi Fradique Mendes, cuja simples presença distribuía a mancheias satisfação aos amigos. Como é possível que alguém tão dotado ainda não haja produzido uma obra de peso? — perguntava aos meus botões. É que Paulo Emílio se esgotava no presente, preenchendo todo o espaço da vida. Esse traço devia ter algo a ver com o seu entusiasmo pelo cinema, essa arte que mais do que qualquer outra se cola ao seu próprio tempo. A agudeza das observações de Paulo Emílio, sempre sazonadas de paradoxos, deixava transparecer um fio de ceticismo, que não provinha de desencanto mas de certo dom que o capacitava a colocar-se simultaneamente em vários ângulos de observação.

Ninguém era tão distinto dele, sendo igualmente brilhante, como Ernesto Sabato, o escritor argentino. Ainda não havia escrito nenhum dos grandes romances que o fariam famoso, mas já se comportava como se todos devêssemos nele reconhecer um dos grandes escritores da época. Dizia que não lia mais de dez páginas de um livro. Se o autor era original, já o teria demonstrado, e sabia o que dele reter. Se não era original, não tinha sentido continuar a leitura. Dividia o mundo entre criadores e não criadores. Como o ato de criação é intuitivo, é para dentro de si mesmo que o criador deve voltar-se de preferência. Um dia tivemos uma discussão na Coupole que quase nos levou às vias de fato. Creio que o assunto tinha a ver com a obra de Burckhardt sobre o Renascimento na Itália. Sabato alimentava um projeto de escrever uma biografia de Leonardo, que deveria proporcionar uma visão global do mundo moderno em seu despertar. Fiz restrições ao alcance da influência de Leonardo, cujos famosos papéis haviam permanecido desconhecidos por três séculos. Mas nos reconciliamos.

Os debates me seduziam como manifestação da cultura parisiense, ainda que de muitos deles pouco ou nada retivesse. Certa noite houve em uma das salas da Sorbonne um debate com Tristan Tzara que quase deu em pancadaria. Quem mais gritava, como se estivesse devolvendo injúrias acumuladas por muito tempo, era André Breton, que continuava a incriminar o dadaísmo de niilismo. Eu ignorava que a *querelle* surrealista ainda alimentava paixões tão violentas. Não tinha dúvida de que o surrealismo fora uma das grandes forças renovadoras da criatividade no século. Constituiu um ponto de encontro de várias correntes libertadoras do homem. Mas tanto Tzara como Breton eram figuras que tendiam a esmaecer-se no horizonte do passado. Com aquela estridência tentavam chamar a atenção para si mesmos, enquanto os olhares se fixavam em outras direções.

A FANTASIA ORGANIZADA

Mas havia figuras do passado que tinham um brilho renovado. Era o caso do filósofo russo Nikolai Berdiaev, com quem pretendiam ter muitas afinidades certos ramos do existencialismo. Fui ouvi-lo em uma sala pequena da rua Monsieur le Prince, onde se empilhava por todos os lados um público jovem. Ele falava sobre Dostoiévski, de quem pretendia que derivava o essencial de sua filosofia. Citando o dito desabusado de Ivan Karamázov, retomado por Nietzsche, "se Deus está morto eu sou deus", os seus olhos irradiavam centelhas. Sua intuição essencial, dizia, consistia em haver percebido que o ato criador praticado pelo homem é sentido como uma necessidade por Deus. As perguntas vieram numerosas, em seguida, mas com certo ar de contrição. A mim, o pensamento de Berdiaev parecia circular, voltando sempre ao ponto de partida, esgotando-se em suas premissas.

Discutia-se muito, nos cafés, nos quartos de hotel, nos corredores da universidade. A impressão que fui formando era que a mola daquela vibratilidade estava na angústia acumulada durante a guerra. Esta tivera uma abrangência total, comprometera tudo e todos, com essa coisa abominável que fora a ocupação inimiga. Cada um vivera sob a ameaça permanente de ser agarrado pela gola na própria casa e transformado em refém por um algoz sem cara e sem alma. Conheci jovens que nutriam um fundo rancor pelo pai, porque este atravessara o vendaval de cabeça baixa, ou simplesmente "se arranjara" para que a família sobrevivesse. Cada um, à sua maneira, procurava agora acertar contas consigo mesmo.

Duas linhas de pensamento predominavam: o marxismo e o existencialismo. O marxismo se apresentava como a doutrina daqueles que pretendiam modificar o mundo, dar as costas ao passado. Sua mensagem tinha um impacto direto sobre a juventude, sem embargo da impressão negativa que começava a irradiar da União Soviética. Em um país de enraizada tradição racionalista como a França, uma filosofia que postulava a racionalidade profunda do real, e a possibilidade de que a razão humana penetre pela ação a essência mesma do mundo visando transformá-lo, tinha implícita a mensagem de otimismo e confiança por que almejava a juventude da época. Contudo, seja porque o discurso racionalista se havia esgotado, seja porque o marxismo codificado se usava rapidamente no embate com os problemas reais, o certo é que o apelo da mensagem marxista parecia perder vigor.

Segui com interesse, no Instituto de Ciências Políticas, o curso de marxismo ministrado pelo professor Auguste Cornu, de longe o mais prestigiado da época. Era um curso mais fundamentado em filosofia do que em economia, mas na bibliografia figurava *O capital* (primeiro tomo), a ser estudado com minúcia. O professor Cornu era de opinião que em nenhuma parte se podia obter uma melhor visão de conjunto do pensamento marxista do que no *Anti-Dühring* de Engels. Por essa época eu havia lido de Marx e Engels apenas fragmentos, por isso tomei a sério os meus deveres de casa. A formidável vista que descortina Marx sobre a gênese da história moderna não deixa indiferente nenhum espírito curioso. Já a contribuição no campo da economia

39

parecia de menos peso, para quem estava familiarizado com o pensamento de Ricardo e conhecia a macroeconomia moderna.

O professor Cornu detinha-se pouco em economia, evitando extraviar-se nos labirintos das discussões acadêmicas em torno da teoria do valor. Interessava-se por um "marxismo vivo", vale dizer, voltado para a ação. Na verdade, o que ele apresentava era uma dinâmica social fundada em conceitos de classe derivados da categoria modo de produção capitalista. A seu ver, as classes podiam ser ascendentes, dominantes e decadentes, as duas últimas podendo confundir-se. A religião, a moral e o direito destinavam-se a fixar o comportamento dos homens, prescrevendo normas. Numa sociedade de classes, essas normas exprimiam de formas diversas os interesses da classe dominante, ou traduziam as aspirações de classes sociais antagônicas.

Com base nesse relativismo, o professor Cornu afirmava que não existia moral em si mesma, independente da estrutura de classes. O mesmo se podia dizer da noção de "liberdade", cuja origem no mundo moderno seria o princípio da liberdade de produção e circulação da riqueza. Contudo, reconhecia ele, na sociedade burguesa os intelectuais podem liberar-se de toda regra, adotando uma ideia de liberdade que se aproxima do conceito de anarquia — forma de rejeição de toda autoridade. Disso ele partia para justificar as restrições à liberdade dos indivíduos nos países socialistas, contrapondo as exigências da ordem econômica e social às aspirações de um "individualismo egoísta".

Não podia deixar de me divertir com o contraste entre a postura séria com que o professor Cornu expunha sua doutrina e o ar de bazófia que se desenhava no rosto daqueles jovens, verdadeiros florões da burguesia francesa. Os debates que se seguiam à exposição traduziam essa ambiguidade. O professor Cornu respondia com naturalidade a perguntas muitas vezes de evidente má-fé. Procurei aproximar-me dele e pude comprovar que estava plenamente convencido de tudo o que dizia. O que mais me chocava eram suas ideias sobre arte, que também interpretava dentro da tríade: decadente, dominante, ascendente. Rainer Maria Rilke, que ele parecia conhecer bem, seria um caso exemplar de arte decadente. "Só uma ordem social em declínio poderia produzir um tal fenômeno", disse-me. E, em outra oportunidade: "Veja a *Montanha mágica* de Thomas Mann, que somente se fixa na decomposição da pessoa humana, exatamente num lugar onde se buscava a recuperação da saúde". O relativismo moral do professor Cornu era tomado diretamente do *Anti-Dühring* de Engels, e eu não via como conciliá-lo com o ardor com que Marx conclamava à luta contra todas as formas de degradação do homem. Quando saíamos da sala de aula, minha colega ironizava: "Aceita o convite de uma 'decadente' para tomar um *pot*?".

Esse copo de vinho, o tomávamos ali perto, no Flore, então ponto de convergência da juventude existencialista. A nova doutrina não inspirava mais respeito a minha colega do que o marxismo. Os romances de Sartre lhe pareciam uma coisa abjeta. "É a coleção rosa pelo avesso", dizia. Mas ninguém duvidava de que o existencialismo, em sua versão sartriana, era o alimento espiritual preferido da juventude que havia sofrido a guerra e a Ocupação.

Como todo pensamento que chega a ter grande influência, o de Sartre comportava várias versões. Ele mesmo contribuía para criar a confusão prestando-se a divulgá-lo. Não vem ao caso considerar o que retinham os possíveis leitores do contraditório *L'Être et le néant*, pois o que se discutia era derivado diretamente da vulgata que o próprio Sartre se encarregava de difundir. Ele concordava com os marxistas em que o homem é condicionado pela classe, pelo tipo de trabalho etc. Mas, acrescentava, as escolhas que fazemos a todo instante dependem dos fins que nos fixamos, e somos livres para fixar esses fins. Colocava, assim, a liberdade no centro de tudo. Viver é escolher e escolher é ser livre. Portanto, é o próprio existir, ser livre, que forma a essência do homem. Ora, a escolha livre não é fruto de nenhuma construção racional; se assim fosse, estaria predeterminada, não seria livre. Ela simplesmente não é explicável, donde se deduz que é absurda. Na verdade, dizia Sartre, o real é absurdo. Mas se o ato livre independe de qualquer razão, isso não nos priva de responsabilidade. Mais ainda: minha responsabilidade abrange tudo aquilo que me diz respeito. Não nasci por ato de vontade minha, mas, como realizo minha vida, também sou responsável por meu nascimento.

É fácil perceber que tanto o conceito de liberdade como o de responsabilidade têm conotação própria no discurso sartriano. Permanecia o pensamento no seu todo, perdendo nitidez cada conceito em particular. No fundo, era a forma como Sartre via o problema da responsabilidade que dava tanta penetração ao seu pensamento. A responsabilidade da guerra caía sobre todos, os que a haviam querido e os que não a haviam querido, pois ela se havia incorporado à vida de cada um. Contudo, em Sartre a responsabilidade não conduzia necessariamente à angústia, como em Kierkegaard. A verdadeira angústia sartriana ligava-se ao sentimento de haver saído do nada e de ter que a ele voltar. Não havia por que sentir-se culpado das escolhas que haviam sido feitas.

Nos debates diários, uns davam ênfase à liberdade como essência do homem, outros, ao comprometimento com a ação, pois somos responsáveis de tudo o que nos afeta, outros ainda, ao absurdo, essência do mundo. Se a essência do homem é produzida por sua existência, o desafio estava em viver intensamente. Os marxistas também se recusavam a ver uma essência das coisas distinta de sua existência concreta, mas isso, no plano ontológico. O que dava relevância a Sartre é que ele tinha respostas para as questões concretas da geração que emergia de um pesadelo histórico e reivindicava um ponto de apoio no futuro. *"L'homme, c'est son futur"*, dizia Sartre, como que convocando todos aqueles jovens para abrir novos caminhos.

A essa altura da discussão, muitas eram as pessoas que se haviam aproximado para compartilhar o nobre vinho que servia minha colega do alto de sua soberba "decadência". "Foram em grande medida homens da nobreza que pensaram e reali-

OBRA AUTOBIOGRÁFICA

zaram a Revolução Francesa, essa obra-prima da burguesia", observou-me ela certa vez. E logo acrescentou: "Quando ouço um Cornu ou nossos existencialistas penso quão abaixo da tarefa histórica que existe pela frente está a atual *classe decadente*". Diante de tal provocação, pedi licença para tomar um calvados.

Causava-me forte impressão o fato de que os franceses se empenhassem em manter de pé, em meio a tantas dificuldades, o que a mais de um observador de fora poderia parecer excrescência cultural. A liturgia universitária era cuidadosamente preservada. O professor dirigia-se à sala de aula precedido de um *huissier* devidamente paramentado, ao qual cabia abrir caminho e assegurar que tudo estivesse como previsto. À entrada do *huissier*, todos nos púnhamos de pé, e, no final da exposição, batíamos palmas e nos levantávamos antes que o professor saísse da sala. Este estava adornado de uma toga negra e vermelha. A aula era ministrada dentro de um esquema estrito, previamente programado, não sendo raro que consistisse em leitura de um texto e que se explicitassem começo, divisões em parágrafos, e fim.

As universidades medievais, e a Sorbonne incluía-se entre as duas mais antigas da Europa, eram comunidades de pessoas que desejavam estudar, e porque eram raros os textos cabia a alguém lê-los para os demais interessados na matéria. Essa a origem do *lecteur* francês e do *reader* inglês, títulos ainda hoje atribuídos a certos membros do corpo docente. Mas na era de Gutenberg, em que os textos se reproduzem facilmente, carece de sentido que o precioso tempo de um professor seja dedicado a uma sessão de leitura. Ocorre, entretanto, que o professor estava ali lendo coisas que não haviam sido publicadas, posto que na pós-graduação ele desenvolvia um ou outro ponto do programa, cabendo ao estudante trabalhar por conta própria todos os demais. Assim, os alunos seguiam atentamente e tomavam minuciosas notas. O que dizia o professor era o fruto de suas pesquisas mais recentes, primícias de artigos e livros que preparava para publicação futura.

Segui com interesse as aulas de economia industrial de François Perroux, certamente um dos espíritos mais originais de sua geração. As pesquisas que nessa época realizava conduziram-no à ideia de "polo de crescimento", de tanta repercussão alguns anos depois. Perroux procurava introduzir conteúdo econômico no espaço físico, passar da ideia de "economia externa" à de "espaço estruturado". E hierarquizava as decisões econômicas, distinguindo aquelas que expressavam uma vontade de poder. As ideias de Perroux eram particularmente interessantes porque permitiam abarcar muito mais do que o estritamente econômico. Suas aulas eram dramatizadas, se bem que ele dispensasse todo o paramento, o que colocava o aluno em posição de defesa. Isso não impedia muitos de se referirem a ele de forma depreciativa, acoimando-o de ex-*collabo*, o que me parecia explicar o seu grande nervosismo. Fazia trejeitos para encontrar a palavra que buscava, e muitas vezes cortava pelo meio uma pergunta. Informaram-me de que ele havia sido julgado por um tribunal de ética universitária constituído de professores, nada de grave tendo sido comprovado em seu comportamento durante a Ocupação alemã. Sua admiração pela cultura alemã o teria conduzido a indulgências com os nazistas que persistiram na memória de muitos.

Perroux também começava a teorizar nessa época sobre o que ele chamou de "unidade interterritorial", ou seja, a empresa que se organiza horizontalmente em vários países, disso derivando maior autonomia de decisão. Seu estudo pioneiro reportou-se à grande empresa petroleira anglo-iraniana. Essa linha de pesquisa, em que conjuntamente com Byé ele foi pioneiro, contribuiria mais do que qualquer outra para modificar a visão das relações econômicas internacionais. Perroux não tinha vocação para exercer o papel de heresiarca. Seu maior desejo era ser reconhecido pelo establishment dos economistas, mas seu pensamento era demasiadamente original para lhe dar essa satisfação.

As aulas do professor Bertrand Nogaro atraíram-me pela mistura de anacronismo e vanguardismo que existia no pensamento desse economista. Tinha verdadeira alergia pela teoria quantitativa da moeda, contra a qual havia escrito sua tese nos primeiros anos do século. Tivera a ideia de pôr a teoria do balanço de pagamentos no centro dos problemas monetários, o que imprimiu a seu pensamento um traço de modernidade, embora o tipo de crítica que fazia da teoria quantitativa, de caráter formalista, já não despertasse tanto interesse. Saíra havia pouco seu livro *La Valeur logique des théories économiques*, que sempre será lido com proveito, o que facilitava o debate com ele. Levei-lhe a crítica publicada no *The Economist* de Londres, sobre seu livro, e pude comprovar quão gratificante era para ele saber-se seguido com interesse do outro lado da Mancha.

Compreende-se que a economia possa ser considerada uma "ciência inglesa", pois o sistema econômico que veio a prevalecer no mundo moderno é um desdobramento da matriz inglesa. Seu quadro evolutivo foi o sistema de divisão internacional do trabalho, formado a partir do formidável surto de exportação de manufaturas inglesas. É natural, portanto, que da Inglaterra fosse mais fácil entender essa enorme engrenagem, cuja racionalidade não era independente dos interesses do núcleo central. A França desenvolveu uma economia de forma relativamente autônoma, colocando-se à margem do sistema dominante, o que não a impediu de contribuir consideravelmente para a formação da tecnologia moderna desde inícios do século XIX. A isso se deve que as estruturas econômicas e sociais desse país não hajam seguido o padrão que viria a prevalecer. Com efeito, até a Segunda Guerra Mundial a França era um país semirrural, onde mesmo as grandes empresas conservavam uma estrutura familiar, e com uma classe assalariada formal relativamente pequena, o que aju-

OBRA AUTOBIOGRÁFICA

dava a explicar a capacidade de autoconservação do estilo de vida francês. Ao se afastarem da corrente de pensamento predominante, que irradiava da Inglaterra, os economistas franceses não faziam mais do que seguir as forças dominantes em sua própria cultura. Gênios como Cournot e Walras, que deram contribuições fundamentais ao avanço da ciência econômica, preocuparam-se com temas que comportavam tratamento a um elevado nível de abstração. E é somente nesse plano que se pode falar numa ciência econômica universal.

Não deve surpreender que uma poderosa cultura cerque-se de muitos mecanismos de autodefesa. Ainda assim, admirava-me do empenho dos franceses em preservar — atribuindo-lhe papel eminente na formação das novas gerações — o seu teatro clássico. Frequentava a miúdo o Odéon, nas tardes, e via ali reunir-se grande massa de liceanos para ver as representações da Comédie Française na mise-en-scène tradicional, com vestimentas e maneirismos da época de Luís XIV. A obra de Molière sempre será moderna, mas que dizer de Racine e Corneille? Muitos daqueles jovens, que haviam lido os textos, podiam estar ali com o espírito de quem se prepara para prestar exames. Mas seguiam atentamente o espetáculo. E não havia dúvida de que o conhecimento do teatro clássico, com os valores que transmitia, era elemento essencial do que se chamava um francês medianamente culto. Essa era uma época em que o teatro francês contemporâneo demonstrava grande vigor e pouco chauvinismo. Louis Jouvet ainda estava no Athénée, Jean-Louis Barrault produzia suas recriações do *Hamlet*, do *Processo*, de *Édipo rei*. Mas era para o teatro clássico que se encaminhava disciplinadamente a juventude.

Quiçá mais do que qualquer outra nação europeia, a França perseverou em considerar-se portadora de uma grande cultura capaz de encontrar em sua criatividade endógena o elemento de que necessita para manter-se em permanente florescimento. Dava-se por certo que novas vanguardas sempre surgiriam espontaneamente, assegurando a renovação de valores. Importa acima de tudo que se renove em cada geração a consciência de pertencer a uma cultura de raízes milenares e sempre renovadas. Não significa isso que o gosto pelo moderno seja menos intenso, mas certa ideia de inovação que valoriza aquilo que já se incorporou à herança cultural. A construção do futuro tem que estar aberta à audácia, mas não se faz sobre a destruição do passado. Só quando plenamente assimiladas, são realmente fecundas as contribuições externas. Na verdade, uma das manifestações do gênio da cultura francesa tem sido dar oportunidade a valores alienígenas para que sejam apreciados em sua plenitude. Mas quando alcançam esse estado de plena realização, tais valores já são parte da cultura que os adotou. A França soube assimilar tudo o que foi preservado do mundo greco-romano sem sofrer uma indigestão de classicismo, como ocorreu com a Alemanha do século XVIII. Tampouco se isolaria, à maneira da Inglaterra, o que valeu à sua cultura um poder de irradiação sem paralelo desde os gregos.

A emergência do saber científico, que se internacionaliza desde o século de

44

Newton, introduz uma rachadura nessa visão da cultura como um sistema autossuficiente. Mas, como o francês por algum tempo substituiu o latim como língua científica, tardou-se a perceber a importância que ia adquirindo essa rachadura, por onde penetrava o foco cada vez mais intenso de uma criatividade de alcance universal. Foi quando tomaram plena consciência, na metade do século xx, do atraso material de seu país, que os franceses despertaram para a realidade do processo de planetarização da cultura ao impulso de uma revolução tecnológica na qual eles ocupavam um papel cada vez mais secundário.

As transformações que estavam em curso na época em que eu discutia com minha colega sobre os valores da cultura francesa eram mais profundas do que qualquer de nós suspeitava. À diferença do que ocorrera na Inglaterra, a guerra provocava na França ampla renovação das elites. Emergia uma geração nova de dirigentes, tanto na esfera pública como na privada, que logo se aperceberia de que o quadro internacional do pós-guerra pouco teria a ver com o passado. Compreenderam a necessidade de reconstruir em novas bases o Estado, a que caberia o papel de monitorar a economia, inclusive em busca de nova inserção internacional. A Escola Nacional de Administração surgiu dentro desse novo enfoque, tanto quanto o *Commissariat* do Plano e a Comissão Europeia do Carvão e do Aço, esta última fruto da inspiração de Jean Monnet. Somente partindo de uma visão global das atividades econômicas, privadas e públicas, seria possível alcançar os níveis de racionalidade requeridos para competir no plano internacional, e as elites deveriam antecipar-se ao consenso social a fim de abrir caminho a este. A economia francesa teria de abandonar sua situação de semi-isolamento e conúbio com o mundo colonial, para integrar-se na corrente dominante agora comandada pelos Estados Unidos.

Graças ao vigor com que começava a reciclar sua economia, a França iria atravessar um período de rápida transformação de seu mundo rural, em decorrência da tardia mecanização de sua agricultura, e um processo de urbanização que introduziria modificações profundas no estilo de habitação e nos padrões de convivência social. Com o declínio das formas artesanais do comércio e serviços pessoais, se esgarçaria o tecido de relações pessoais que prolongara nas metrópoles as formas de controle e promoção do indivíduo, características do mundo da província. Os reflexos dessas transformações eram frequentemente confundidos com a agressão cultural norte-americana. Rejeitavam-se a história em quadrinhos e a venda de livros fora das livrarias, como se isso pudesse evitar o avanço avassalador da indústria da cultura. Estavam em curso mutações de grande porte, com projeções em todos os campos da criatividade, que cabia assimilar como se fizera no passado com a imprensa ou a fotografia. A diferença estava em que agora tudo vinha de fora, os meios e os fins, o instrumento e o desenho do produto, e isso era novo na evolução da cultura francesa. Fechava-se um ciclo histórico em que essa cultura podia comportar-se como sistema que prescindia de relações externas para reproduzir-se e crescer. Na nova fase, a fronteira passava a desempenhar papel vital, sendo necessário vigiá-la atentamente. A tomada de consciência da perda de identidade, de imersão num universo cultural cosmopolita em que o gênio criativo francês se descaracterizaria, seria o germe da revanche de De Gaulle um decênio depois.

O próprio êxito do esforço de modernização precipitara um deslizamento, origem da sensação generalizada de perda de equilíbrio, qual a de um patinador a quem o excesso de velocidade, por ele mesmo provocado, impedisse de se fixar simultaneamente nos dois pés. Um culto exacerbado do passado, que brotava aqui e ali, deixava de ser a seiva que revigora o presente para dar origem a formas atávicas de comportamento. A verdade é que a rápida mudança nas estruturas sociais, ao deslocar os pontos de referência, também exigia nova visão do passado.

Esses os problemas que se estavam gestando. Mas naquele momento, sem embargo da clara percepção de que a França fora deslocada para um segundo plano na cena internacional, mantinha-se firme a convicção de que sua criatividade cultural continuava a singularizá-la. Não havia muito que aprender com outros povos sobre o que realmente importa, que é ser homem em toda a dimensão do possível. E se nossos debates não tinham fim, é que eles faziam parte desse delicado savoir-vivre que continuava a merecer a admiração de todos nós, metecos.

2. Fuga para a planície

Era grande a diferença entre o Brasil que eu encontrava na segunda metade de 1948 e o de 1946. Também as sociedades vivem de seu futuro, da imagem que fazem dele. Quando voltara da Itália, em meados de 1945, a sociedade brasileira estava possuída de grande elã, como se um futuro pleno de promessas radiosas se houvesse descortinado. Publicava-se, lia-se, debatia-se por todos os lados. Após longo período de autoritarismo, o brasileiro reaprendia a fazer política e retomava o gosto de andar de cabeça erguida. Ter participado diretamente da luta mundial contra a barbárie fascista dava-nos a sensação de que agora saberíamos defender nossos próprios direitos, como se subitamente descobríssemos a maioridade.

O Brasil acabava de conquistar um espaço na cena internacional e o seu povo estava nas ruas como um ator que luta para fazer-se mais visível. A saída de Getúlio Vargas, em outubro, teve o efeito liberador de uma catarse. Livrávamo-nos de um taumaturgo, homem imprevisível, de desígnios insondáveis. A ninguém com sentido crítico convencia a tese de que ele estivesse "evoluindo para a democracia". Esta ia sendo conquistada pelo povo nas ruas e deveria ser aprofundada, e não tutelada. A economia estava em parte desmantelada pelo esforço de guerra, preço que o país teve de pagar para dar um conteúdo real à sua participação no conflito, abrir-se o caminho de acesso a um mundo melhor. O que mais importava agora era dotar-se de autênticas instituições democráticas, reaprender a governar-se e manter o *panache*.

Estava na ordem do dia acreditar no Brasil, e o momento estimulava a ousadia. Pensei em criar uma revista com um grupo de amigos, mas o projeto consumiu-se nas longas discussões preparatórias e nas dificuldades de financiamento. Decidi-me a viajar pelo interior e percorri parte do território do Nordeste. Aí os efeitos das mudanças políticas em curso eram imperceptíveis, e as velhas estruturas sociais continuavam tão visíveis quanto as ossaturas dos organismos esquálidos. Os problemas do Brasil se haviam sedimentado em sucessivas camadas históricas, cuja identificação ainda estava por ser feita. Havia que pensar a longo prazo e armar-se de meios para a luta de uma vida. Veio-me então a ideia de completar minha formação na Europa, onde combinaria estágios universitários com a observação direta das grandes transformações em curso.

Agora, em 1948, o quadro que eu encontrava era distinto. As ilusões sobre uma rápida reconstrução da economia tiveram que ser abandonadas. Em face do clima de insegurança criado pelos desequilíbrios interno e externo, os investimentos privados se concentravam na especulação imobiliária. As reservas em dólares e em libras que o país acumulara, contrapartida da ajuda que dera a seus aliados na guerra, agora se esfumavam com o poder de compra dessas moedas ou estavam bloqueadas, indisponíveis. Entre 1946 e 1947, os preços por atacado dos produtos não agrícolas cresceram nos Estados Unidos 35%. Na Inglaterra, a liberação das reservas brasileiras, ensaiada em 1946, era suspensa na metade do ano seguinte. A política de sobrevalorização cambial conduzira em 1947 a forte expansão das importações de bens de consumo, pondo fim às esperanças de utilização das reservas acumuladas durante a guerra como base de uma política de desenvolvimento. Por outro lado, as divisas que obtinha o país em seu esforço para aumentar as exportações eram em grande parte inconversíveis, inutilizáveis para conseguir os bens de demanda mais elástica. Em 1947, o saldo da balança comercial na área de moedas não conversíveis alcançara valor correspondente a 250 milhões de dólares, enquanto o déficit em moedas conversíveis montava a 300 milhões, isso num total de exportações pouco superior a 1,1 bilhão de dólares. A essa dissimetria deve-se que as reservas de câmbio em moeda conversível se hajam rapidamente esgotado, passando o país a acumular atrasados comerciais em dólares.

Ao iniciar-se o ano de 1948, o quadro era de meio pânico com respeito à situação de balanço de pagamentos. Oitenta milhões de dólares de empréstimo contraído pelo Brasil junto ao governo norte-americano logo se evaporaram no pagamento de atrasados. Diante dos rumores de que seriam introduzidos controles drásticos, aumentou a corrida para fechar câmbio e assegurar importações futuras. Quando, em maio de 1948, finalmente o Congresso votou o regime de licença prévia de importações, os atrasados comerciais em dólares já se aproximavam dos 200 milhões.

Em razão das deslocações que sofrera a economia internacional, do enorme atraso dos investimentos infraestruturais e do baixo nível da poupança interna, o Brasil não reunia as condições mínimas necessárias para poder encetar uma política de desenvolvimento. A situação era semelhante à dos países da Europa Ocidental devastados pela guerra, com a agravante de que a capacidade de poupança do Brasil era menor, em caso de recuperação, e também menor seu poder de autotransformação, o que tornava mais sério o problema do balanço de pagamentos. A inflação se mantinha tão intensa quanto no período da guerra, sem que os assalariados dispusessem de qualquer instrumento de defesa contra esse flagelo. Crescia, em consequência, a intranquilidade social. O governo, inseguro, respondia com a violência, atribuindo a culpa da insatisfação do povo aos "comunistas". Voltavam assim à tona os velhos demônios havia pouco conjurados.

Em um país com as disparidades regionais e a heterogeneidade social do Brasil, a atividade político-partidária encontra grandes dificuldades para plantar raízes e ganhar significação na vida das pessoas. Daí que a verdadeira política busque refúgio nas instituições da sociedade civil, com as quais as pessoas mais facilmente se identificam. A confrontação ideológica dá-se com frequência no âmbito dessas instituições, alimentada por interesses corporativos. Daí que proscrever um partido, como foi feito com o comunista em 1947, tenha pouco efeito prático do ponto de vista da penetração de sua mensagem ideológica. A resposta veio na forma de surda campanha visando desacreditar o governo, de resistência passiva em face das iniciativas oficiais e de crescente sectarismo. Esse o clima que encontrei em 1948. No ambiente intelectual, e no meio jornalístico em particular, era generalizada a descrença com respeito a qualquer iniciativa que partisse do governo. Predominava o sentimento de que nada havia a fazer, tudo dependendo da evolução internacional, vale dizer, da confrontação das duas grandes potências. A Guerra Fria penetrava nos espíritos como um veneno paralisante.

Idealizava-se a União Soviética, que ninguém conhecia, e a simpatia que existira pelos Estados Unidos durante a guerra fora substituída por um preconceito desfavorável com respeito a tudo o que procedia desse país. Não havendo discussão aberta nem circulação de informação, julgava-se isto ou aquilo com base em simples insinuações ou suspeitas veladas. O certo é que a Guerra Fria causava mais estrago no Brasil do que na Europa, de onde eu chegava. Lá existiam os partidos políticos, que assumiam a confrontação ideológica, cabendo a cada um justificar a sua posição diante da opinião pública. Entre nós tudo era codificado, insinuado, opaco.

Com seus quadros de classe média, o Partido Comunista não sabia o que fazer da clandestinidade, e, para deter a dispersão, tornava-se cada vez mais sectário. Entre seus membros, a discussão a fundo de um problema era tomada como sintoma de heresia. Numa viagem de barca que fiz a Niterói com alguns amigos para ouvir Gulda, que então dava um ciclo completo das sonatas de Beethoven, tivemos uma discussão sobre a situação econômica do país. Estava conosco o pianista Arnaldo Estrela, que eu conhecera desde a época do concurso da Columbia, na Escola Nacional de Música, em 1941, quando lutei através da *Revista da Semana* para que lhe fosse atribuído o primeiro prêmio que incluía uma turnê pelos Estados Unidos. Em Paris também nos frequentáramos. Na discussão que nos distraía atravessando a baía de

Guanabara, argumentei com apoio em dados que a situação real da economia brasileira era distinta da que havia pintado um dos companheiros, o qual esperava para breve o colapso total. A certa altura, Arnaldo, irritado, observou: "É incrível, Celso, que você tome a sério essas estatísticas oficiais preparadas para enganar o povo". Portanto, não cabia discussão. Se o governo estava nas mãos dos inimigos do povo, como admitir que ele publicasse dados que não fossem truncados? Arnaldo era um homem inteligente e viajado. Cito o episódio para ilustrar o clima que se formara.

Em face da crise no balanço de pagamentos, o governo se empenhara em uma política de estrito controle das importações, o que abria a porta a favoritismo e corrupção. É quando chega ao país, com grande publicidade, a notícia de que os Estados Unidos iam "salvar" a Europa com generosa ajuda. Logo em seguida circulava a informação de que os europeus se haviam apressado em preparar planos para pôr sua casa em ordem, e dar garantias aos norte-americanos de que a ajuda seria bem aplicada. Era natural que o Brasil, cuja economia também fora deslocada pela guerra, adotasse comportamento similar na esperança de beneficiar-se da grande oportunidade aberta pelo governo dos Estados Unidos. Constituem-se comissões de trabalho para fazer um balanço da situação e definir prioridades para os investimentos públicos. Essa a origem do Plano Salte (Saúde-Alimentação-Transporte-Energia), submetido à apreciação do Congresso em maio de 1948.

O diagnóstico era tradicional, mas justo: o país havia acumulado considerável atraso em investimentos de infraestrutura, e algo devia ser feito de imediato para melhorar os padrões de alimentação e saúde, o que requeria concentrar investimentos na agricultura voltada para o mercado interno e em engenharia sanitária. No total, era cerca de 1,5 bilhão de dólares da época em investimentos a ser realizados em cinco anos, dos quais a quarta parte requeria cobertura em divisas. Os investimentos a realizar-se em cada ano correspondiam a cerca de 5% do produto da época, ou seja, à metade da poupança líquida. Certo, parte desses investimentos já estava sendo realizada, constituindo o plano uma tentativa de redirecionamento e consolidação.

As necessidades de cobertura cambial não superavam os 100 milhões de dólares por ano, o que correspondia a 9% das exportações totais da época e a menos de um terço das importações de bens de capital. O plano era modesto, mas acima das possibilidades do país, que devia apertar o cinto para pagar os atrasados comerciais e reequilibrar o balanço de pagamentos. Assim, o quantum das importações teve de reduzir-se em 10% em 1948, permanecendo no mesmo nível no ano seguinte. Houvesse o Brasil contado com a ajuda implícita no Plano Salte, o volume de recursos disponíveis para investimentos teria aumentado 20%, subindo a taxa de investimento líquido de 10% para 12% do produto interno, e as importações de bens de capital, 33%. A economia manteve-se praticamente estagnada em 1947 e 1948, com degradação dos padrões de consumo e crescentes tensões sociais. A ajuda externa requerida era modesta, comparada com o que os europeus recebiam, mas teria sido suficiente para dar o impulso de que necessitava a economia para sair do ponto morto.

A administração Truman empenhava-se, então, em vender à opinião pública dos Estados Unidos e ao Congresso a ideia do Plano Marshall, cuja execução tivera início de forma precária, com base em recursos insuficientes e decisões legislativas provisórias. A batalha no Congresso deixou muitas arranhaduras, sendo aprovados apenas os recursos para o primeiro ano, o que significava que a administração seria controlada a rédea curta. Daí a preocupação de deixar bem claro que o Plano Marshall não constituía um precedente no relacionamento internacional do país. Foi o que disse com todas as palavras Cordell Hull na famosa conferência da OEA em Bogotá, que terminou com o incêndio da cidade. As múltiplas sondagens do governo brasileiro encontraram ouvidos de mercador. Ora, em setembro de 1948 desembarcava no Rio uma pomposa missão chefiada por um homem de empresa privada, mas com status de embaixador, para estudar e avaliar os problemas da economia brasileira. Foi a famosa Missão Abbink (do nome de John Abbink, seu presidente).

Poucas vezes tantos equívocos ter-se-ão reunido em torno de alguma coisa como a propósito dessa missão. Os meios de propaganda deram a entender que finalmente os norte-americanos se haviam convencido de que não era possível deixar o Brasil fora do esforço de resgate e reordenação da economia mundial em que se empenhavam. Embarcando nessas águas, o governo brasileiro armou uma aparatosa comissão local, que serviria de contrapartida aos norte-americanos. Estes eram funcionários, quase sempre de nível médio, enquanto do lado brasileiro enfileiravam-se figuras proeminentes como Euvaldo Lodi, presidente da Confederação Nacional da Indústria (CNI), general João Carlos Barreto, presidente do Conselho Nacional do Petróleo, coronel José Pio Borges de Castro, presidente do Conselho Nacional de Águas e Energia Elétrica, e outros mais.

O governo dos Estados Unidos tivera a preocupação de explicitar na resolução assinada pelos dois governos que "a comissão não apreciará o mérito de projetos específicos, nem avaliará a conveniência de obtenção de financiamento externo". A opinião pública estava sendo simplesmente mistificada ao ser levada a crer que havia da parte do governo dos Estados Unidos uma efetiva preocupação em ajudar o Brasil com recursos financeiros. Se não era essa, alguma outra preocupação deveriam ter os norte-americanos, teríamos de reconhecer. Se nos detemos na composição do grupo, vemos que dos dez técnicos que aportaram ao Rio três eram funcionários da Reserva Federal (Banco Central) e um, do Tesouro, o que é suficientemente elucidativo.

Se lemos o informe da missão, cuja versão em inglês foi dada a público em março de 1949, não parece haver dúvida de que existia uma séria preocupação, por parte dos círculos financeiros norte-americanos, com respeito ao risco de inadimplência do Brasil. O empréstimo de 80 milhões resultara ser de longe insuficiente, devendo-se esperar que novos pedidos de empréstimos, mais vultosos, aparecessem sem demora. Urgia tomar medidas preventivas, o que exigia uma cuidadosa auditoria da situação exata em que se encontrava o país. As recomendações de política, explicitadas ou não pelo informe, viriam em seguida.

Os equívocos não foram menores do lado das oposições, nacionalistas e esquerdistas, que transformaram a missão em tentativa de assalto às "nossas riquezas minerais". Feito esse diagnóstico, evitava-se todo contato com os membros da missão, vistos como perigosos agentes do imperialismo. Não sei quem se situava mais longe da realidade, se os que esperavam uma chuva de dólares, ou aqueles que farejavam uma grave ameaça à soberania nacional.

O informe que veio a público deixa ver com clareza uma grande preocupação com as necessidades futuras de financiamento externo do Brasil, que deveriam ser mantidas sob controle. É evidente que os norte-americanos estavam convencidos de que os compromissos que assumiam na Europa não deixavam margem para outras magnanimidades. Sente-se a perplexidade dos membros da missão com o atraso da economia brasileira, o estado de degradação da infraestrutura de transportes, a dependência da lenha (70% das fontes primárias de energia), a baixíssima produtividade agrícola.

Comprovado o quadro calamitoso da economia, reconhecia-se que o Plano Salte era o melhor que se podia fazer no momento. Mas o que realmente interessava era o equilíbrio externo. A esse respeito, adotava-se uma posição estritamente pragmática, aprovando os rígidos controles quantitativos e qualitativos das importações, a fim de reduzir o valor destas e liberar os recursos de que se necessitava para pagar os atrasados. Afastava-se a hipótese de desvalorização cambial, posto que se reconhecia rigidez da oferta de produtos exportáveis. O custo de uma desvalorização em termos de inflação seria maior do que as possíveis vantagens que pudessem daí advir para o balanço de pagamentos. Com efeito, entre 1945 e 1947 o nível geral de preços no Brasil subira 40%, acompanhando o índice de preços por atacado nos Estados Unidos, o que afastava a hipótese de que nossa inflação houvesse reduzido a capacidade competitiva das exportações. Por fim, se recomendava a intensificação da substituição das importações no setor industrial. Falava-se de petróleo e de recursos minerais por alto, pois de possíveis investimentos estrangeiros nesses setores não cabia esperar alívio para o grave problema do balanço de pagamentos, visto como de curto prazo. Em síntese, os norte-americanos insistiam em que se aumentasse o rigor da política de ajustamento que já vinha sendo aplicado, negando-se a considerar a hipótese alternativa de uma ajuda externa.

Eu seguia a controvérsia em torno das atividades da Missão Abbink de uma posição privilegiada: a redação da revista *Conjuntura Econômica*, à qual me ligara ao regressar da Europa. Os estudos que aí publicávamos tratavam da situação de curto prazo da economia e seu preparo exigia pesquisas de rua, entrevistas com importadores e exportadores, contatos com empresários deste ou daquele ramo, enfim, acompanhar o clima da comunidade de negócios. Tudo era precário, mas com bom olfato se podiam descobrir aqui e ali coisas interessantes, que depois tentávamos meter "a martelo" num quadro conceitual. Essa expressão "a martelo", quem a utilizava era Américo Barbosa de Oliveira, o chefe da redação. Conhecera-o inicialmente de nome, por um curioso livro seu sobre problemas econômicos brasileiros em que introduzia considerações sobre planejamento tendo em conta a ocupação territorial. Américo pertencia àquela prestigiosa linhagem de engenheiros, na qual sobressaíra Calógeras, que procuravam compreender o Brasil a partir de um conhecimento de sua realidade, escapando aos estereótipos que dominavam as ciências sociais da época. Terminado o curso na Escola Politécnica do Rio de Janeiro, pusera-se a viajar pelo interior, perdendo-se na vastidão do território sem fronteiras. Descera os afluentes do Amazonas de canoa e vira gente com flecha de índio cravada nas costas. Como via as coisas de um ângulo otimista, criava na redação um clima de confiança no que fazíamos. Sendo engenheiro, inclinava-se a dar ênfase aos problemas que tinham uma solução técnica, mas também possuía uma aguda sensibilidade social. E não recuava diante de dificuldades. Na época, estendia-se interminável e confuso um debate em torno da origem do capital da companhia Light and Power, concessionária canadense que controlava todos os serviços públicos no Rio de Janeiro e em São Paulo. Américo acabou com o debate fazendo adquirir em Toronto, sede da empresa, todos os seus balanços, desde a instalação no Brasil no começo do século. O patrimônio líquido fora formado, essencialmente, com lucros retidos, cabendo discutir se estes haviam sido excessivos, tratando-se de uma empresa que desfrutava de monopólio assegurado pelo governo para prestar serviços imprescindíveis. A discussão se clarificou, mas Américo se expôs à retaliação de poderosos interesses.

Conjuntura Econômica foi pioneira no Brasil na apresentação de um conjunto de indicadores do comportamento a curto e médio prazos da economia. Seguia o modelo introduzido na Alemanha por Ernst Wagmann, criador nos anos 1920 do Instituto da Conjuntura de Berlim. Essa herança chegara até nós pelas mãos de Richard Lewinsohn, um vienense especializado em finanças que vivera muitos anos na França, de onde emigrou para o Brasil após a debacle de 1940. Lewinsohn era um lídimo representante desse fecundo caleidoscópio cultural que foi a Viena do ocaso do Império Austro-Húngaro. Escreveu muito e sobre muitas coisas, inclusive uma história sexual dos animais, e compôs operetas. Sua obra mais conhecida, entretanto, era *Trustes e cartéis: Suas origens e influências na economia mundial*. Leitor atento das revistas de economia e finanças publicadas nos Estados Unidos e na Europa, teve notável papel educativo entre nós, chamando a atenção para o que de importante aparecia. Em 1946 ele publicara um artigo sobre o *inflationary gap*, primeira crítica

OBRA AUTOBIOGRÁFICA

séria entre nós à versão crua da teoria quantitativa da moeda, que era dogma entre nossos professores de economia.

Lewinsohn era o diretor da *Conjuntura Econômica*, escrevendo seus artigos em francês, que eu ocasionalmente traduzia. Um dia, ele viu na *Revista Brasileira de Economia* uma resenha minha à recém-publicada edição brasileira de seus *Trustes e cartéis*, e passou a dar mais atenção a mim. Sentia um prazer particular em demonstrar que no Brasil ninguém se preocupava em verificar a origem dos dados que citava. "Antes de consultar as fontes mais óbvias, já estão opinando", dizia. Uma vez observou: "Duvido que você conheça um décimo da informação que se encontra no Anuário Estatístico". Havia descoberto um lapso no que eu escrevera e atacava pelo flanco. Ria do professor Eugênio Gudin, que com frequência se referia à pobreza de nossas estatísticas. Não recuava diante de extrapolações audaciosas, convencido de que uma primeira aproximação era melhor do que nada, e de que as margens de erro em economia são grandes. Lewinsohn foi quem primeiro fez estimações razoáveis da renda nacional do Brasil, utilizando como base a arrecadação do imposto de vendas e consignações.

Se bem que editada pela Fundação Getulio Vargas, a *Conjuntura Econômica* funcionava nessa época como uma entidade autônoma, abrigando-se numa sala do edifício do Ministério da Fazenda, próxima da que ocupava Lewinsohn. Este era assessor em finanças do diretor-geral do Dasp, o poderoso estado-maior da Presidência da República surgido na época da ditadura de Vargas para cumprir as funções tanto da Comissão do Serviço Público Civil como do Bureau do Orçamento, na forma que a esses dois órgãos dera Franklin D. Roosevelt. Nessa época em franco declínio, o Dasp fora, contudo, a estrutura administrativa que tornara possível montar, em tempo relativamente curto, os esquemas básicos do Plano Salte, de cuja parte financeira se ocupara Lewinsohn.

O Dasp simbolizava, na opinião geral, o espírito do período ditatorial que havia pouco se encerrara: preocupação máxima com a eficiência e mínima com os fins últimos perseguidos. Tutelada por essa instituição, a máquina burocrática fora levada a extremos de racionalização, dentro dos critérios da chamada *organização científica do trabalho*. Possivelmente, em nenhuma parte o sistema do mérito na seleção de pessoal haja sido aplicado com tanto rigor e em tão grande extensão como ocorreu no Brasil nessa época. Lewinsohn me observou mais de uma vez que nunca houve um ditador que acreditasse tanto em técnicos como Vargas. Ora, essa engrenagem administrativa tão bem azeitada não perseguia nenhum propósito claro. Nunca houve um plano de governo, nem definição de diretrizes, tudo permanecendo na dependência de ocasionais iniciativas de ministros, que eram escolhidos em função da composição de forças políticas estaduais em que se apoiava o ditador. Na ausência de uma orientação global, nada assegurava a coerência das ocasionais iniciativas ministeriais, muitas vezes meritórias. A única lógica era a da reprodução do sistema de poder, tudo devendo convergir para reforçar a posição do ditador. Desaparecido este, o Dasp fora em grande parte esvaziado. Daí que Lewinsohn, subutilizado, pudesse dedicar o melhor do seu tempo à revista. Aliás, quase todos nós tínhamos outra função, sempre no serviço público.

A sala que ocupávamos no edifício do Ministério da Fazenda servia de ponto de encontro de muitas pessoas que se interessavam por problemas econômicos e financeiros, via de regra com uma posição crítica com respeito à política seguida pelo governo. Essas críticas eram formuladas em tom geral, em tese, o que não impedia que o crítico servisse o governo lealmente na função que exercia. Quando se aproximava alguém que não merecesse toda confiança, as vozes baixavam e a conversa era redirecionada. Muitas dessas pessoas eram simpatizantes do Partido Comunista, uns simplesmente em desagravo pelo tratamento que estavam recebendo de um governo que se pretendia democrático, outros porque nele viam a única força organizada contra o imperialismo, que imaginavam infiltrado por toda parte e culpavam pelo atraso do país. Mas ninguém tinha interesse real pela doutrina marxista, ou dela um conhecimento efetivo. Alguém que soube que eu seguira um curso regular de marxismo em Paris perguntou-me discretamente se eu era trotskista.

O que estava em jogo não era a consistência de uma doutrina, e sim uma tomada de posição política, a ocupação de certo espaço de poder, mesmo que este se circunscrevesse a coisas secundárias, como via de regra ocorre na esfera burocrática. Essas pessoas eram probas e tinham em alta conta o interesse público, que viam permanentemente ameaçado. Comportavam-se como membros de uma sociedade secreta, cuja missão era defender a coisa pública contra o assalto sempre renovado de grupos de interesses organizados. Dificilmente uma dessas pessoas chegaria a ocupar as mais altas posições da administração, reservadas para tripulantes de uma esfera mais alta da estrutura de poder, na qual interesses públicos e privados entram em conúbio. Se uma delas subia para o tombadilho de cima, passava a ser observada de perto, pois ninguém acreditava em cooptação por simples mérito a essas alturas. Esse clima psicológico conduz à suspicácia e mesmo à inércia, porquanto é fácil justificar o cruzamento de braços com um veredicto de desconfiança. É a chamada resistência dos escalões de baixo, essa manifestação de indestrutibilidade do poder burocrático a que se referiu Max Weber. Mas somente ela explica a relativa estabilidade do Estado brasileiro, dada a inconsistência de seu entorno social.

Alguém chegou com a informação de que no gabinete do dr. Otávio Gouveia de Bulhões buscavam um economista para servir na nova Comissão Econômica para a América Latina (Cepal), das Nações Unidas, que se instalava em Santiago do Chile. Bulhões era o poderoso chefe da Divisão de Estudos Econômicos e Financeiros, nesse momento também presidente da subcomissão brasileira, contrapartida da Missão Abbink. Ao ouvir a notícia, Lewinsohn fez uma referência negativa às novas organizações especializadas que estavam proliferando em torno das Nações Unidas. Com efeito, como desconhecer a insignificância do Banco Internacional para Reconstrução e Desenvolvimento e do Fundo Monetário Internacional em face da magnitude dos problemas que estava enfrentando a Europa? O Plano Marshall era o atestado de óbito dessas instituições. E o que dizer da Comissão Econômica para a Europa, criada pelas Nações Unidas? Fundara-se na hipótese de que a região voltaria a ser um todo econômico. O secretário executivo dessa Comissão era o economista Gunnar Myrdal, o mais heterodoxo e imaginativo dos membros da grande escola sueca. Myrdal estava convencido de que a introdução do planejamento nas economias do Leste daria maior estabilidade ao comércio intraeuropeu, o que facilitaria a adoção de políticas anticíclicas nos países do Oeste, que retribuiriam com seu maior avanço tecnológico. Essas ideias haviam sido relegadas ao museu das curiosidades históricas pelo advento da Cortina de Ferro. Eu tomara conhecimento desse debate na Europa e não me escapava que Lewinsohn, ao fazer aquelas críticas, dirigia-se de viés a mim, que insistia em obter mais informações do mensageiro involuntário. O meu amor pela aventura logo despertou. Foi o suficiente para que o ambiente brasileiro, com sua compartimentação de ideias, me parecesse asfixiante. A estranha divisão que havia no país estava simbolizada na parede, mais espessa do que a Muralha da China, que nos separava dos membros da Missão Abbink — reunidos em sala próxima da nossa no edifício do Ministério da Fazenda —, com os quais nunca tivéramos qualquer contato, se bem que estivéssemos conscientes de que eles elaboravam uma política para o governo de nosso país. Alguma coisa me parecia errada na atitude que adotávamos. Éramos um exército empenhado na defesa de uma cidade que sabíamos sitiada para sempre. Veio-me o desejo de escapar ao cerco, ganhar um horizonte aberto, ainda que para vagar em busca de uma Atlântida perdida.

Quando falei ao dr. Bulhões ele se mostrou surpreendido. A Fundação Getulio Vargas oferecia enormes possibilidades, observou-me. Éramos poucos, os economistas brasileiros, e tudo estava por ser feito no país. Mas, percebendo que eu tinha opinião formada, disse noutro tom: "Bem, o secretário executivo da Comissão, o dr. Martínez Cabañas, chegará ao Brasil em poucos dias. Peço-lhe que o receba em meu nome, conduza-o ao Copacabana Palace e tome as providências para o caso". Por essa época, apareceu na sala da *Conjuntura* o economista José de Campos Mello, que trabalhara nas Nações Unidas, em Nova York, e estivera algum tempo em Santiago ajudando a instalar a Cepal. Deu-me a entender que o projeto não tinha viabilidade, pois a Comissão nascera sob fortes oposições. O governo norte-americano havia combatido sua criação. O mandato era temporário e ninguém esperava que ela sobrevivesse. Observei que o novo organismo poderia encontrar um espaço no campo da assistência técnica que estava entrando em moda como paliativo nos esquemas de ajuda internacional aos países pobres. Campos Mello cortou rápido:

A FANTASIA ORGANIZADA

"Os americanos vão concentrar isso no campo das relações bilaterais, com o tal Ponto Quatro de Truman".

Sem embargo das pouco animadoras informações que ia obtendo, fui ao aeroporto receber o dr. Martínez Cabañas, e lá permaneci até três horas da madrugada. O avião que deveria baixar no Galeão fora desviado para Santa Cruz, aeroporto militar, em razão de um grande temporal. Nessa época, o único terminal era o Santos Dumont, para onde os passageiros chegados no Galeão eram transportados de lancha. A viagem de Santa Cruz, por estradas precárias, era muito mais longa. Quando deixei o Copacabana Palace, raiava a manhã. Saí a pé devaneando. Soprava uma brisa que prometia amainar o calor de janeiro. Era afeiçoado a longas caminhadas, que considerava o melhor sedativo. Os passos que daria naquele dia, ou no seguinte, definiriam a direção de minha vida. Em que confiar, senão na simples intuição? Como tinha razão Sartre quando dizia que, se fundássemos na razão nossas verdadeiras escolhas, não haveria escolha, tudo estaria predeterminado. E ainda nos empenhamos em ocultar nossas motivações profundas para despistar o espírito crítico. Não estaria eu fugindo de alguma coisa? Em Santiago, trabalharia sem compromisso maior com o que se passava em torno de mim. E que tipo de trabalho? Não era aquilo uma verdadeira universidade, onde se reúnem condições para um autêntico trabalho acadêmico. Mas que significa isso em economia? Por acaso acreditava eu em pesquisa "pura" em economia? Restava a pesquisa aplicada. Mas qual o seu alcance, se nos deveríamos limitar a requentar coisas, com material de base incompleto, sem possibilidade de comprovar fontes? Essas considerações, contudo, não me demoviam, como se em mim algo houvesse cristalizado. Já não insisti em escavar as motivações profundas e satisfiz-me com a explicação superficial de que me motivava o desejo de conhecer um pouco a América Latina, ademais de querer sair por algum tempo do ar sufocado que se criara entre nós. Não seria uma ausência prolongada. Fiz sinal para um táxi e rumei para o meu bairro das Laranjeiras.

Nesse mesmo dia, o dr. Martínez Cabañas, depois de visitar o dr. Bulhões, fez-me um convite formal para que assumisse um posto em Santiago. E apressou-se em recomendar: "Leve o máximo de material, pois temos de preparar uma análise de conjunto sobre a economia da América Latina para a próxima conferência, que será em Havana, em maio". E acrescentou com ênfase: "Em Santiago, o que menos existe é informação sobre o Brasil". Na semana seguinte, chegou-me uma carta assinada por ele confirmando o convite e estatuindo que eu deveria me apresentar em Santiago antes do dia 11 de fevereiro. Também anunciava o envio de passagem. Isso me deixava duas semanas para resolver todos os meus problemas de mudança de vida. Sabendo que deveria dormir em Buenos Aires para obter conexão de voo, fiz reserva de avião para o dia 9. Ora, até a véspera do embarque não chegou a passagem. Estava informado de que o dr. Martínez Cabañas não se encontrava em Santiago, e não sabia a quem dirigir-me lá. Decidi-me a comprar com recursos próprios a passagem e tirar

OBRA AUTOBIOGRÁFICA

a coisa a limpo. Assim, no dia 11 pela tarde apresentei-me na sede da Comissão, onde fui recebido por um cavalheiro que pareceu surpreendido. "O senhor por aqui?" Respondi que recebera uma carta do secretário executivo convocando-me para me apresentar até aquele dia. Era um sr. Castillo, cubano radicado nos Estados Unidos; acompanhara o dr. Martínez Cabañas em sua viagem ao Rio, mas, por estar sempre mudo, eu praticamente não notara a sua presença. Soube posteriormente que ele havia escrito uma carta à sede central das Nações Unidas, procurando sustar minha nomeação, na qual opinava que eu "nunca seria um economista aproveitável". O sr. Castillo devia ter seus próprios desígnios controlando o recrutamento de pessoal para a Comissão. No meu caso, falhou porque fui mais rápido no lance.

3. O Manifesto dos periféricos

As Nações Unidas haviam criado a Comissão Econômica para a América Latina em começos de 1948, fixando sua sede na capital do Chile, país autor da proposta e que muito se empenhara em sua aprovação. Mas não fora fácil encontrar alguém à altura para dirigir sua secretaria executiva. As informações que corriam de que teria vida curta ou a mera circunstância de que não eram muitos os economistas latino-americanos disponíveis, de competência reconhecida, conspiraram para que o cargo permanecesse vago durante os meses decisivos de sua instalação. Dizia-se que o conhecido economista argentino Raúl Prebisch fora consultado mas não mostrara interesse. O mesmo comportamento tivera Víctor Urquidi, economista mexicano que apenas chegava aos trinta anos e fora o mais jovem delegado da conferência de Bretton Woods. Finalmente, surgira Gustavo Martínez Cabañas, de cujas atividades como economista pouco se sabia. Corria a opinião de que teria aceitado o cargo com vistas a promover-se na hierarquia político-burocrática do México.

As reduzidas instalações da sede da Cepal cabiam numa casa residencial da rua Pio X, no simpático bairro de Providencia, em Santiago. Das janelas podíamos ver o belo jardim que contornava parcialmente o edifício e abria a perspectiva para a pré-cordilheira, onde os reflexos do céu poente produziam efeitos deslumbrantes.

Fui incorporado ao pequeno grupo de estudos de economia industrial, que tinha como supervisor Milic Kybal, economista norte-americano de origem tcheco-mexicana. Era um homem calvo, de estatura mediana, com uma preocupação obsessiva de que as coisas fossem bem-feitas, ou melhor, tivessem aparência de algo produzido por um profissional. Para tudo existiam standards, pensava ele, e tinha extraordinário faro para distinguir o que procedia de mão de amador do que nascia da lavra de profissional. Gostava de rematar suas frases com um riso, que podia significar coisas diferentes ou mesmo opostas. Trabalhara na Reserva Federal e se inclinava a admitir a priori que, se havia uma querela em que o assunto tinha a ver com os Estados Unidos, a razão estava do lado dos que defendiam esse país. Ria muito dos mexicanos, que sempre iniciavam qualquer texto, mesmo que fosse sobre petroquímica, falando dos astecas. Mas não tinha dogmas, bastava-lhe ter certezas, que pretendia fundadas objetivamente.

O staff técnico da Cepal não passaria de dez pessoas. Havia dois economistas agrícolas, o boliviano Jorge Alcázar e o salvadorenho Francisco Aquino, ambos com formação em universidades norte-americanas. O peruano Jorge Rose, filho de um aprista que se refugiara nos Estados Unidos, lá estudara e trabalhara no Bureau de Estatísticas. Considerava Haya de la Torre o único gênio vivo latino-americano, mas se envolvia pouco em discussões. Dois argentinos, Raúl Rey Alvarez e Alizón García, ambos economistas, eram os menos jovens. Como era a época da rivalidade brasileiro-argentina, os dois me tratavam com certa circunspecção. Rey Alvarez era uruguaio de nascimento, e havia vivido muitos anos na Europa. Alizón, mais impulsivo, entrava na sala onde estávamos Kybal e eu, e iniciava conversas em que logo aflorava o tom de provocação. Criticava acerbamente a política de Perón e dizia de passagem: "Estamos com uma inflação vergonhosa, quase igual à do Brasil". Um dia, trouxe-me um exemplar do plano siderúrgico argentino, um documento com carimbo de confidencial. E foi dizendo alto: "Absurdo, querem arruinar a agricultura argentina elevando os seus custos. Já estão falando em produzir tratores, o que não vai custar isso?". Era sua maneira de demonstrar menosprezo pelas pretensões industrialistas do Brasil, cuja usina siderúrgica de Volta Redonda começara a operar havia pouco tempo. Eu me fazia de desentendido, mais para desorientar Kybal do que para hostilizá-lo. Bruno Leuschener, engenheiro de minas chileno, formava com os argentinos o grupo dos menos jovens. Estava sempre disposto a considerar as grandes companhias mineiras, particularmente as norte-americanas que exploravam o cobre chileno, como vítimas da insensatez e ignorância dos governos latino-americanos. Mas, à diferença de Alizón, não pretendia impor suas opiniões, e quiçá não as tomasse muito a sério. A figura realmente interessante era o cubano Regino Boti. Pertencia à burguesia de Santiago de Cuba e estudara economia em Harvard. Seu bom humor, riso desbordante e incomparáveis dons histriônicos inundavam a casa. Creio que nunca havia lido uma só página de Marx, mas a ele se referia com intimidade, deixando cair no meio de uma discussão frases como: "O barbudo já havia previsto isso". Ou citava frases de Schumpeter, de quem fora aluno, anunciando o "ocaso do capitalismo". Se Kybal se deixava provocar e dizia algo, ele retrucava com o seu vozeirão: *"Cállate, gringo, no está lejos el día en que Timochenko ocupa Washington"*.

Nesse ambiente jovial, cada um se aplicava em seu exercício, que deveria servir para compor o informe a ser apresentado na conferência de Havana. Coube-me preparar alguns quadros e esboçar uma análise em torno da situação habitacional e de saneamento básico. Do que fiz, saltava à vista o quadro de extrema precariedade em que viviam as massas urbanas latino-americanas. Martínez Cabañas tomou conhecimento de uma primeira redação e me advertiu: "A reação dos delegados vai ser negativa em face desses dados. As estatísticas mexicanas não me parecem corretas, ou são antigas". E me aconselhou a abordar o tema de forma mais geral. Isso me deixou em dúvida sobre o significado do trabalho que estávamos fazendo. O enfoque comparativo das economias latino-americanas revelava-se de real interesse. Coisas que antes me escapavam, estudando o Brasil, agora surgiam com nitidez, abrindo perspectivas que modificavam a visão de conjunto. Tinha que descobrir os dados nos anuários, preparar os quadros, fazer os cálculos à máquina, e até os gráficos, além de compor o texto. Mesmo que os resultados não sejam aproveitados, conjecturei, vale a pena o esforço, pensando que no futuro poderia aproveitar esse material no Brasil. E tínhamos o esqui nos fins de semana. Fazíamos uns cinquenta quilômetros em estradas ruins, em cima de um caminhão, e mais uns quatro com equipamento nas costas, montanha acima, para alcançar os refúgios onde dormíamos. Ao calor da lenha que queimava na lareira e em torno das garrafas de bom vinho as conversas se estendiam, mas eram de crassa pobreza. Perguntava-me como era possível que aqueles jovens, educados em universidades norte-americanas, tivessem um horizonte de preocupações tão limitado. A maioria pensava em buscar trabalho nos Estados Unidos, caso a Cepal não perdurasse.

Minhas relações com Kybal foram ganhando confiança. Ele dizia pelos corredores que eu sabia de cor o Anuário Estatístico brasileiro, o que era apenas um exagero. A crítica das fontes que eu fazia e a forma como citava, sabendo quando usar itálicos ou aspas, o surpreendia da parte de um latino-americano. Comecei a descobrir rachaduras em sua aprovação aparentemente inconsútil dos valores norte-americanos. Em certas ocasiões, trabalhávamos noite adentro, incumbindo-nos inclusive de tarefas de secretaria, como rever o trabalho datilográfico, e as conversas podiam descer ao tom pessoal. Certa vez, me observou: "Você sabe, Celso, eu nunca teria feito uma verdadeira carreira na Reserva Federal. Os obstáculos são muitos para quem não é de origem anglo-saxônica". Referia-se a galgar os postos realmente de mando. Essa confiança me encorajou a ampliar o escopo de nosso trabalho.

A preparação do estudo sobre a indústria manufatureira latino-americana absorvia o melhor de nosso tempo. À medida que manuseava as estatísticas, ia tomando conhecimento da pobreza relativa da informação sobre o Brasil. Não com respeito a dados brutos e à atualidade dos censos, mas à inexistência de índices dentro dos padrões internacionais. Seguíamos a evolução da atividade manufatureira entre o imediato pré-guerra (em geral, 1937, ano de mais alto nível de atividade econômica no decênio dos 1930) e o pós-guerra (1946-47). Dispúnhamos de índices globais de

OBRA AUTOBIOGRÁFICA

produção e emprego e índices de produção para alguns ramos de indústrias referentes a certos países, inclusive Argentina, México e Chile, mas não ao Brasil. Verdadeira surpresa para mim foi a descoberta do atraso brasileiro dentro da América Latina. Fizemos uma estimativa da oferta de produtos manufaturados (produção e importação) referente a 1939, e os dados que obtivemos mostravam que a disponibilidade de tais bens por habitante, no Brasil, correspondia a 26% daquela da Argentina, e a 36% daquela do Chile. Em 1947, a produção brasileira de cimento apenas alcançava a metade da argentina. E quando os dados permitiam medir comportamento no tempo, podia-se ver que a taxa de crescimento brasileira situava-se abaixo da média regional. Um indicador importante, como a produção de energia elétrica, dava uma medida de nosso atraso: em 1947, a produção brasileira correspondia a 65% da produção argentina, e a 61% da mexicana, sendo que a população brasileira duplicava a do México e triplicava a argentina.

Tudo isso que eu estava descobrindo me chocava, mas não parecia surpreender de forma especial meus colegas. Só então me dei conta de quão pobre era a imagem de meu país no exterior. Controlava-me para não deixar transparecer meu sentimento de humilhação, que era também de revolta. Era como se me descobrisse vítima de uma tramoia, e eu remoía surdamente a pergunta: que razões haverá para esse atraso? Essa pergunta instalou-se dentro de mim como uma obsessão e por muitos anos pesaria em minhas reflexões. Valera a pena sair da cidade sitiada e vir observá-la da planície.

O problema que mais preocupava na época, e que não podia ser eludido, era o das relações entre industrialização e comércio exterior. Kybal se sentia aí como pisando em ovos. A doutrina prevalecente nos meios "responsáveis" rezava que a industrialização latino-americana fora em grande parte fruto das condições artificiais criadas pela guerra. Teria havido "desvio de fatores" e isso estaria repercutindo negativamente na retomada das exportações. Ademais, havia a pressão de grupos ligados ao tradicional *import-export*, alarmados com a "perda de mercados" que viam na substituição de importações por produção manufatureira local. Mas Kybal estava consciente de que não se podia tomar posição *contra* a industrialização, pois isso seria colidir com posições manifestas de muitos governos latino-americanos.

Encontramos uma saída no estudo *Industrialização e comércio exterior*, preparado pelo staff da defunta Sociedade das Nações e publicado em 1945. Aí se demonstrava empiricamente que a industrialização passada estimulara o comércio internacional de manufaturas. Citava-se o caso do Canadá, um dos países em que fora mais rápido o crescimento da produção manufatureira nos três primeiros decênios do século. Demonstrava-se que nesse país as importações de manufaturas haviam acompanhado a extraordinária expansão da produção manufatureira. A razão, assinalava-se, estava em que a expansão da produção industrial, ao incrementar o poder de compra da população, faz crescer mais que proporcionalmente a demanda de manufaturas, e

A FANTASIA ORGANIZADA

a diversifica, o que estimula as importações. Já não se tratava de conjecturas. Tínhamos à mão um teste empírico e a explicação lógica do processo.

Kybal sentia-se tão aliviado que logo concordou comigo quando propus dar um passo adiante no mesmo terreno. Preparei uma estimativa da disponibilidade dos produtos manufaturados (excluídos alimentos, bebidas e fumo) nos quatro maiores mercados latino-americanos (Argentina, Brasil, México e Chile) referente ao ano de 1939 (com base nos censos de 1940 e nas estatísticas de comércio exterior), e comparei o resultado com o mesmo dado obtido para o Canadá. Fiz, então, a seguinte pergunta: que impacto teria no comércio mundial a elevação da referida disponibilidade de bens nos quatro países até alcançar 50% do nível canadense? E demonstrei que o comércio mundial (inclusive alimentos, matérias-primas e combustíveis) teria de aumentar em 30%. Ora, como poderiam os países latino-americanos obter essas importações sem fazer crescer outro tanto suas exportações de produtos primários? E como imaginar tal coisa se sabíamos que a demanda desses produtos era inelástica? Assim, por uma reductio ad absurdum, velho recurso escolástico, demonstrava-se que os países latino-americanos não poderiam elevar significativamente seus níveis de consumo de produtos manufaturados fora do caminho da industrialização. Como os dados eram precisos e o raciocínio, rigoroso, o texto foi aprovado em todas as instâncias.

Em fins do mês de fevereiro de 1949, chegou a Santiago Raúl Prebisch, criador e por vários anos dirigente do Banco Central da Argentina, cuja performance na política de estabilização, após a crise de 1938, recebera elogios dos mais variados círculos internacionais. Raúl Prebisch era sem lugar a dúvida o único economista latino-americano de renome internacional. Na época, ele se aproximava dos cinquenta anos e exteriorizava grande jovialidade. Homem de estatura mediana e cabelos grisalhos, deixava perceber grande preocupação com a aparência pessoal. Na conversa, sua fisionomia mudava com extraordinária rapidez, assumindo ocasionalmente traços de dureza que desencorajavam o interlocutor. Estimulava as pessoas a falar e tanto podia ouvir atentamente como fechar-se sobre si mesmo, sem dar a perceber. Tratava a todos nós de "jovem", e não tuteava ninguém. Se o assunto o interessava, era infatigável em fazer perguntas, mas parco em expressar opiniões. Recebia em sua casa com muito gosto, e com o tempo se dotaria de uma das melhores adegas de Santiago. Seu mundo parecia concentrar-se no trabalho que realizava.

Prebisch aceitara o convite para preparar como consultor um estudo sobre a situação econômica da América Latina, o que fazia prever que sua permanência entre nós seria curta. À sua chegada, Rey Alvarez, que fora seu auxiliar no Banco Central da Argentina, abundara em informações: o pai era de origem alemã e a mãe, de tradicional família de Tucumán; nos tempos de universidade, flertara com o socialismo;

ocupara simultaneamente as subsecretarias de Agricultura e Finanças aos trinta e poucos anos; organizara o Banco Central da Argentina e fora o diretor-geral desde sua criação, em 1935, até 1943. E acrescentou, em tom de quem revela um segredo: impunha uma disciplina férrea a todo o pessoal do Banco Central, mas sabia fazer-se admirar.

Foram escassos os contatos que mantivemos com Prebisch nessa primeira fase. Estávamos absorvidos em nossas tarefas dia e noite, restando-nos magros dois meses para concluí-las. Ele ocupava a sala de frente do andar superior e praticamente não era visto. Passado um mês, fez circular um primeiro texto, que deve ter sido preparado aproveitando material que trouxera consigo. Era uma exposição de suas ideias sobre os desequilíbrios dos balanços de pagamento, os quais ele analisava a partir dos fluxos de ouro, ou seja, da acumulação e desacumulação de reservas na economia dominante, a que chamava de "centro principal". Daí derivava os princípios de uma política anticíclica para os países "periféricos", como qualificava os latino-americanos. Em conexão com o problema do desequilíbrio externo, expunha o que denominava de "limites da industrialização", introduzindo considerações sobre a inflação e as políticas de controle cambial.

Com o tempo eu teria uma ideia mais precisa da significação dessas primeiras teses de Prebisch, essencialmente vinculadas a sua experiência argentina e às críticas que lhe eram feitas em certos círculos nos Estados Unidos. Pretendia demonstrar que os desequilíbrios da economia internacional dos últimos dois decênios (deixava de lado os efeitos da guerra) tinham sua origem no comportamento da economia norte--americana, que se havia "fechado" persistentemente. Se o coeficiente de importação dos Estados Unidos não se houvesse reduzido de 5% para 3%, dizia, não estaríamos sofrendo uma tão brutal escassez de dólares. As políticas de controle de câmbio que o acusavam de ter introduzido na América Latina outra coisa não haviam sido senão manobras defensivas de economias submetidas a forte contração de suas reservas.

Após esse acerto de contas com os críticos do Norte, voltava-se para a Argentina, sem contudo referir-se diretamente a esse país. Introduzia uma diferença entre a política expansionista (fiscal e/ou monetária), durante o período em que havia capacidade ociosa e o coeficiente de importações podia ser reduzido sem violências, e o expansionismo da fase subsequente, marcada por uma plena utilização da capacidade produtiva. As circunstâncias que haviam prevalecido na primeira fase, dizia, explicavam que a inflação houvesse gerado poupança adicional, contribuindo para a criação de emprego e a elevação da renda per capita. O quadro que apresentava descrevia claramente o comportamento da economia argentina no último decênio, correspondendo a divisão em duas fases ao advento de Perón.

Reconhecia a importância da industrialização, mas assinalava os seus limites. Para levá-la adiante, se requeriam poupança e divisas, sem o que as pressões inflacionárias seriam irresistíveis. Nesse contexto, introduzia uma nova distinção: entre o controle de câmbios originário de um desequilíbrio imposto de fora e aquele outro engendrado pela própria inflação. O primeiro somente podia ser eliminado caso se modificasse a conjuntura internacional, ao passo que o segundo desapareceria naturalmente caso se corrigissem as políticas geradoras de inflação.

Esse texto continha ideias de grande interesse, mas a posição assumida era defensiva. Não havia que criticar os governos pelos instrumentos de política que utilizavam, e sim pela incompreensão que tinham da realidade e/ou pelos objetivos que se propunham alcançar. Rey Alvarez, que transbordava de entusiasmo, deu-me algumas chaves para decifrar pontos obscuros do texto. Mas apenas começávamos a discuti-lo quando foi abruptamente recolhido, sem qualquer explicação.

O novo texto de Prebisch não circulou para discussão. É de supor que haja sido concluído às vésperas da conferência de Havana, pois chegou às nossas mãos mimeografado, em sua forma definitiva, pouco tempo antes do embarque para essa cidade. Tratava-se de um texto mais longo, contendo quadros e gráficos, e o tom havia mudado. A linguagem agora era de um manifesto que conclamava os países latino--americanos a engajar-se na industrialização. Nele, evidenciavam-se gosto pela língua depurada e qualidades de polemista. O ponto de partida era um grito de guerra: "A realidade está destruindo na América Latina aquele velho sistema de divisão internacional do trabalho [...] que seguia prevalecendo doutrinariamente até há pouco tempo". O ataque à ordem internacional existente e a seus ideólogos era direto: nessa ordem "não cabia industrialização dos países novos". Reconhecia-se que nós, latino-americanos, estávamos longe de ter uma "correta interpretação teórica" da realidade, mas já sabíamos que para obtê-la necessitávamos abandonar a "ótica dos centros mundiais". Com um claro gesto na direção da nova geração, assinalava a carência de economistas "capazes de penetrar com critério original os fenômenos concretos latino-americanos". E acrescentava enfático que não bastava enviá--los às universidades da Europa e dos Estados Unidos, pois "uma das falhas mais sérias de que padece a teoria econômica geral, contemplada da periferia, é seu falso sentido de universalidade".

O texto não comportava propriamente uma crítica à teoria clássica (ou neoclássica) do comércio internacional. Seu objeto de ataque era o sistema real de divisão internacional do trabalho, que vinha conduzindo historicamente à concentração da renda em benefício dos centros industrializados. Afirmava-se que a legitimidade desse sistema fundava-se na tese de que os frutos do progresso técnico tenderiam a "repartir-se com equanimidade" entre os países que participassem do intercâmbio. Ora, aí estavam os dados demonstrando o contrário, pois a relação de trocas evoluíra persistentemente contra os países da periferia.

Abordando a questão no plano prático, da experiência vivida, Prebisch escapava ao emaranhado de pressupostos sobre os quais está construída a teoria dos custos comparativos, simples exercício de lógica cujas conclusões estão contidas nas premissas. É certo que abria o flanco ao contra-ataque fácil do mundo acadêmico, que exigiria um rigor conceitual que ele não tinha. Mas seu poder de convencimento em esferas muito mais amplas era considerável, pois se as "vantagens comparativas" são uma construção abstrata, os preços do que se exporta e se importa são coisas reais.

Tampouco havia uma explicação conveniente para a degradação da relação de trocas, se bem que avançasse a hipótese de que essa era uma consequência necessária do comportamento cíclico da economia capitalista. Na fase ascendente do ciclo, observava, a demanda excede a oferta, o que explica a tendência à elevação de preços. Em consequência, os salários monetários nos centros sobem mais do que a produtividade, processo que não é totalmente reversível. (A influência de Keynes era clara neste ponto.) Na periferia, a "desorganização característica das massas operárias na produção primária" criava um quadro distinto. Existia, portanto, uma assimetria entre centro e periferia, na formação dos custos. Mas não cabia pensar que bastava organizar as massas na periferia para modificar a situação, pois estava ao alcance dos países centrais aumentar a pressão mediante cortes adicionais nas importações ou baixas ainda mais acentuadas nos preços dos produtos primários. A crise se aprofundaria sem que os sacrificados deixassem de ser os países periféricos. Ficava a impressão de que os avanços na organização social dos países centrais contribuíam não apenas para melhorar a distribuição da renda nesses países, mas também para sugar a periferia, ao passo que avanços na organização social desta última poderiam melhorar a distribuição da renda mas eram impotentes para neutralizar a tendência à deterioração na relação de trocas. Para escapar aos constrangimentos da ordem internacional existente, os países periféricos tinham de adotar a via da industrialização, caminho real de acesso aos frutos do progresso técnico.

A partir desse ponto, Prebisch começava a fazer concessões, voltando a falar de "limites da industrialização". Esta, dizia, não é "incompatível com o desenvolvimento eficaz da produção primária". Não se trata de crescer à custa do comércio exterior, e sim de saber bem aproveitá-lo. Não se devia perder de vista que os bens de capital tinham de ser importados. Era o retorno à preocupação com a Argentina, cujas possibilidades de exportação estavam sendo subutilizadas. Ao reunir as duas ordens de argumentos, ele debilitava a primeira.

A maior dificuldade para levar adiante uma política de industrialização, observava com ênfase, está na insuficiência de poupança interna, e citava o documento da Missão Abbink, em que se denunciava a excessiva propensão a consumir dos grupos de altas rendas no Brasil. Mas não via no apelo ao capital estrangeiro a fórmula natural para solucionar esse problema, como era corrente na época entre os economistas de mais prestígio na América Latina. Os investimentos financiados do exterior criariam uma contrapartida de serviços a pagar em divisas que concorriam com as importações. Ora, a intensificação do crescimento já em si criava pressão no balanço de pagamentos, dada a necessidade de importar equipamentos e a grande elasticidade da demanda de bens de consumo manufaturados, particularmente dos mais sofisticados, que eram importados. Em contrapartida, a demanda dos produtos primários que exportava a América Latina era reconhecidamente inelástica, o que explicava a permanente ameaça de estrangulamento externo. Portanto, havia que ter cautela na absorção de capitais forâneos.

As contribuições teóricas mais importantes já estavam no primeiro texto, e se referiam à dinâmica do sistema centro-periferia e aos desequilíbrios estruturais engendrados nas economias periféricas pelo novo centro principal (Estados Unidos), que combinava elevada produtividade e protecionismo seletivo. O que dava importância ao novo documento era seu tom de denúncia de uma situação intolerável a que eram condenados os países exportadores de produtos primários. Graças à mudança de enfoque, o debate parecia mais próximo da realidade, e o espaço de manobra deixado aos países latino-americanos, maior. O comércio exterior é bom, não porque permite maximizar vantagens comparativas, mas porque nos fornece meios de pagamento para importar equipamentos, diversificar as estruturas produtivas, assimilar técnicas modernas. O sistema tradicional de divisão internacional do trabalho opera implacavelmente no sentido de criar servidões para os países da periferia.

Não tive dúvida de que aquele documento poderia vir a ser um *tournant* no pensamento político-econômico na América Latina, pelo que continha e por quem o escrevia. Procurei Prebisch, que se aprestava para embarcar para Havana, e lhe pedi autorização para traduzi-lo para o português e publicá-lo na *Revista Brasileira de Economia*.* Essa a razão pela qual foi na versão em língua portuguesa que o famoso "manifesto" fundador da escola cepalina teve sua primeira ampla difusão.

---

* "O desenvolvimento da América Latina e seus principais problemas", de Raúl Prebisch. Trad. de Celso Furtado. *Revista Brasileira de Economia*, v. 3, n. 3, 1949. (N. E.)

4. A descoberta do Brasil

Em maio, o staff da Comissão se deslocou em sua quase totalidade para Havana. O sr. Castillo, que tinha em suas mãos a administração e em tudo intervinha (Martínez Cabañas quase sempre estava ausente), seguramente estimou que meus serviços eram dispensáveis, o que me valeu ficar em Santiago na companhia de um outro técnico do secretariado, o engenheiro Bruno Leuschener.

Dono de todo o meu tempo, apliquei-me em traduzir o texto de Prebisch, de umas cinquenta páginas, o que me permitiu estudá-lo à minúcia. E dispus de lazer para descobrir Santiago e seus maravilhosos arredores nas encostas dos Andes. O Chile foi o país da América Latina onde a população indígena mais resistência ofereceu ao invasor europeu, defendendo-se como força organizada por três séculos. Mas as populações da Araucânia, que também haviam resistido bravamente aos invasores incas, não possuíam uma cultura complexa como as dos povos dos altiplanos andinos, o que explica a sua assimilação relativamente rápida, à medida que iam sendo conquistadas. Daí que, comparada às demais populações andinas, a chilena pareça tão europeizada.

A ocupação do Chile reproduziu de alguma forma o processo de reconquista das terras espanholas em sua última fase, que foi a de ocupação das terras andaluzas. É que a região foi colonizada não para explorar uma riqueza mineira, e sim para assegurar uma produção local de alimentos de clima temperado, semelhante à da Espanha. Surgiu uma estrutura fundiária que serviu de suporte a uma aristocracia rural endurecida na luta contra os índios, reproduzindo a tradição espanhola de confrontação com o infiel.

A eficaz assimilação das populações indígenas não impediu que permanecesse nítida a linha demarcatória entre conquistadores e conquistados. E a ameaça destes últimos, sempre latente, contribuiu para que os primeiros se mantivessem unidos quando desmoronou o sistema de dominação colonial, o que fez do Chile o primeiro Estado a gozar de estabilidade na América espanhola.

Bastava pôr os pés em uma festa popular ou frequentar a Quinta Normal para perceber quão diferente era o povo, cultural e etnicamente, das classes de rendas médias e altas que habitavam nos chamados bairros altos. Mas não era o mesmo tipo de diferença que se observava nos demais países andinos, dado que a massa do povo era portadora de valores culturais tipicamente chilenos, fruto de uma história marcada pela dureza da conquista e pela aspereza das condições de vida da antiga classe rural dominante. Na forma de falar do povo, marcada pela abundância de diminutivos, era visível o peso dos controles sociais e políticos a que estava tradicionalmente submetido. Sem embargo dessa submissão, esse povo manteve uma tradição de lutas e cultivou uma aptidão para organizar-se singulares na América Latina. A isso deve atribuir-se a rapidez com que absorveu as novas formas de organização social surgidas na Europa em rápida industrialização. O Chile gozou no século XIX, graças ao sentido de união de sua aristocracia rural, de excepcional estabilidade institucional, e conheceu no século XX significativo avanço social, que cabe atribuir ao vigor de suas organizações sociais. Não foi sem razões históricas que esse país se dotou, já nos anos 1930, de um governo de Front Popular.

Terminada a tradução do texto de Prebisch, segui para o Rio, onde tomei contato com Arízio Viana, diretor da *Revista Brasileira de Economia*. As decisões sobre o que valia ou não a pena publicar eram tomadas pelo professor Eugênio Gudin. Este, quando soube que se tratava de um texto de Prebisch, mostrou grande interesse. Fiz-lhe uma visita de cortesia e pude constatar que ele havia lido o texto e feito algumas anotações. Tomou-o nas mãos e observou: "A verdade é que nós, economistas, não lemos uns aos outros. Na mesma época em que Prebisch começou a falar de 'periferia', eu me referi a 'economias reflexas'". Era autêntica a admiração que devotava ao colega argentino, que conhecia como dirigente famoso de Banco Central. Quando nos despedimos, disse-me: "Diga a ele que não perca tempo com esse tipo de organização internacional, que não leva a coisa nenhuma. Precisamos muito da ajuda dele aqui, para a reforma do sistema monetário que estamos preparando com a criação de um Banco Central. Transmita-lhe o meu convite". Desde que se afastara do Banco Central da Argentina, Prebisch vinha aceitando convites para assessorar as autoridades monetárias de vários países da América Latina. Assim, estivera no México, no Paraguai, na Guatemala, na República Dominicana e na Venezuela. O que explicava a confiança com que o professor Gudin fazia o convite, que entretanto chegava demasiado tarde.

No informe da Missão Abbink, havia várias referências ao projeto de reforma

OBRA AUTOBIOGRÁFICA

bancária, o que me encorajou a colocar o problema ao dr. Bulhões, com quem estive logo depois de haver visitado o professor Gudin. Encontrei-o acabrunhado com a evolução da situação. Continuava o descontrole das finanças públicas e tudo indicava que a inflação ia agravar-se. Não lhe parecia conveniente criar um Banco Central se não houvesse um propósito firme de colocar ordem nas finanças públicas. De sua visão das coisas depreendia-se que o país era vitimado por desmandos administrativos, contra os quais não era fácil lutar. Convencera-me de que os meios para deter a inflação já estavam em nossas mãos. O importante era mudar os homens.

O professor Gudin era mais cético com respeito à eficácia dos instrumentos de intervenção do economista. Era um representante típico das velhas classes dirigentes, que se deliciava na leitura de Renan e Anatole France. Com respeito a este último, observou-me certa vez que ficara gagá no fim da vida. Retruquei que o socialismo de Anatole France fora fruto de seu gosto de *épater*, do desejo de manter-se em evidência, do ciúme da popularidade de Georges Ohnet, mas que sua sensibilidade para o social sempre existira. Homem de extraordinária presença, o convívio com o professor Gudin era sobremodo gratificante. Estava sempre disposto a transigir. Como bom eclético, sabia que a verdade não podia estar totalmente de um lado. Estimulava gente jovem a escrever e deixava transparecer seu desencanto com a pobreza da produção dos economistas brasileiros. Seu fino ceticismo se prolongava em pessimismo quando se tratava de observar a realidade econômica brasileira, como se tivesse dúvidas profundas sobre a firmeza de caráter da gente deste país. Formara-se em uma época em que era opinião corrente que um país sem fontes próprias de hulha não tinha vocação industrial. O Brasil não era apenas um país condenado a viver da agricultura, era também um país de solos pobres. Como engenheiro que era de formação, apegava-se a critérios empíricos e sobrevalorizava a própria experiência. Certa vez, observou categórico: "Veja o raso que são os solos aqui no estado do Rio, e compare-os com os da Argentina", passando por cima que estava comparando mentalmente os solos profundos da pampa úmida com uma região que estava longe de ser privilegiada, mesmo no Brasil. Não era doutrinário: sempre estava disposto a corrigir-se em face de uma argumentação bem fundamentada em dados. O que o horrorizava era o fraseado desbordante e oco (pensava) do bacharelismo brasileiro.

Regressei a Santiago com abundante material sobre o Brasil. Fora tomado da obsessão de estudar a economia de nosso país, de deslindar as causas de seu singular atraso. Essas causas teriam de ser desentranhadas da história, das peculiaridades do processo formativo do país. Não adiantava comparar modelos abstratos nem vestir a realidade com as camisas pré-fabricadas dos "modos de produção". Havia que abarcar a realidade complexa com a imaginação, e submetê-la em seguida a tratamento analítico.

Não é fácil aplicar a imaginação na descoberta do que é único no processo formativo de um sistema econômico. O professor Gudin me disse um dia, em tom de reprimenda: "Você apela demasiadamente para a imaginação em suas análises. Devia ter sido romancista, e não economista". Não cabe dúvida de que a imaginação descontrolada produz delírios, mas como conceber uma construção teórica sem um forte ingrediente de imaginação? Pelo fato mesmo de que são irreversíveis e comportam muito de aleatório, os processos históricos somente são compreendidos quando de alguma forma são reinventados. Daí que a capacidade analítica não seja suficiente para captar o que neles é essencial. Não se trata de fazer a teoria do particular, e sim de captar o que neste desborda do quadro explicativo convencional. Arregacei as mangas e comecei a pensar o Brasil com a desenvoltura de quem reunisse ignorância e intrepidez.

Ao invés de reduzir a realidade a um modelo, esforcei-me em adotar um enfoque histórico, abarcando o que cabia e o que não cabia no marco explicativo do economista. A visão de Prebisch era essencialmente sincrônica: assinalava uma descontinuidade estrutural no sistema capitalista, geradora de dinâmicas distintas nos segmentos central e periférico. Quando comparava o comportamento do sistema na época em que o centro principal era a Grã-Bretanha com o da época em que esse centro passou a ser os Estados Unidos, ele se limitava a fazer a interface dos dois cortes sincrônicos. Interessava-me captar o desenrolar dos acontecimentos no tempo, o encadeamento dos fatores que perpetuavam o atraso clamoroso da economia brasileira. Esse atraso era fenômeno global, estava em tudo, não requeria prova. O que interessava era desvendar o seu encadeamento na história.

Não observei a economia primário-exportadora brasileira como "periférica", e sim como de "tipo colonial", o que me permitia reinseri-la em seu quadro histórico. A degradação da relação de trocas podia ser vista como decorrência natural da vinculação de uma economia de tipo colonial com a metropolitana, sendo um aspecto da tendência à concentração do poder econômico que caracteriza a evolução do capitalismo. A dinâmica desse processo de transferência de recursos para o exterior permitia explicar, no caso brasileiro, a tendência à concentração social da renda e o lento crescimento do mercado interno. É que se procurou compensar a degradação da relação de trocas nas fases recessivas com um maior volume físico de exportações e com depreciação cambial. Dessa forma, as perdas dos grupos exportadores eram em grande parte transferidas para a massa da população, particularmente os segmentos urbanos. No trabalho que redigi nessa época chamei a esse processo de mecanismo de *socialização de perdas*. "A contração cíclica", dizia, "que nos países industriais impõe a eliminação das empresas menos qualificadas, encontrava no Brasil o mecanismo de socialização de perdas, ou seja, de transferência para a massa dos prejuízos impostos às empresas agroexportadoras pela contração do mercado externo."

Se na fase depressiva os prejuízos eram assim diluídos, na prosperidade outros fatores atuavam no sentido de frear a elevação dos salários reais dos trabalhadores diretamente empregados nas atividades agroexportadoras. Neste ponto, introduzia a ideia (cinco anos depois transformada em elemento central de seu modelo por Arthur

Lewis) de uma oferta totalmente elástica de mão de obra como fator causante da inércia dos salários na fase expansiva. No Brasil, dizia, cada ciclo de cultura de exportação, com exceção do primeiro, substituíra outro ou outros em decadência, os quais passavam a operar como reservatório de mão de obra. Sendo induzido de fora, o crescimento se circunscrevia a certas áreas, podendo ser contemporâneo do declínio das atividades de outras. Seria de presumir que a expansão do setor exportador exercesse um efeito multiplicador interno. Mas ocorre que a renda se concentra nas fases de prosperidade, o que eleva o coeficiente de importação, pois os grupos de altas rendas têm uma forte propensão a importar. Daí a filtragem para o exterior do efeito multiplicador.

Em síntese, no quadro da economia de tipo colonial que prevalecera até recentemente no Brasil, o crescimento independera de elevações de produtividade (baseava-se na absorção pelo setor exportador de recursos de terra e mão de obra disponíveis, em geral operando a mais baixo nível de produtividade em atividades de subsistência) e não conduzia à diversificação das estruturas produtivas.

Analisava em seguida a industrialização que tivera início em fim do século XIX, tomando como paradigma a indústria têxtil algodoeira, "primeira atividade econômica de grande vulto desenvolvida no Brasil em função do mercado interno". Assinalava o fato peculiar da "diversidade de ritmo" dessa atividade, relativamente ao conjunto da economia, o qual acompanhava o comportamento cíclico do setor exportador. As crises da indústria têxtil tinham lugar nas fases de grande expansão do setor exportador e seus momentos de prosperidade coincidiam com as dificuldades deste. É que a prosperidade cíclica fundava-se na melhora dos preços de exportação, favorecia os grupos de alta renda e criava facilidades à importação, que ampliava o seu espaço no reduzido mercado interno. A indústria local passava, assim, por uma fase de asfixia. As fases de maior expansão da indústria têxtil coincidiram com os dois conflitos mundiais, quando se multiplicaram as dificuldades de importação. Nas fases de prosperidade, como nos anos 1920, essa indústria conhecera sérias dificuldades, o que explica a pressão que então exerceram os empresários do setor junto ao governo para que proibisse a importação de equipamentos têxteis. Esse tipo de indústria cobria os vazios de oferta gerados pelas crises periódicas do setor primário-exportador, sem qualquer autonomia de movimento.

Serão a crise de 1929 e a profunda e prolongada recessão que a seguiu que, ao desmantelarem os mecanismos de defesa e de autopreservação da economia de tipo colonial, porão em marcha processos históricos capazes de viabilizar o descolamento das atividades industriais com respeito ao complexo primário-exportador. É a partir desse momento que se pode efetivamente falar de industrialização. "Durante todo o decênio de 1930", observava, "a agricultura de exportação brasileira desenvolveu um grande esforço de sobrevivência, e o malogro desse esforço está na base das transformações estruturais que a partir desses anos se vêm processando na economia brasileira."

A cotação do café na bolsa de Nova York aproximou-se, nos anos 1930, da terça parte do preço médio de 1929. Isso, em circunstâncias em que 4 milhões de 13 milhões de toneladas de café produzidas no decênio tiveram de ser destruídas. Para conjurar uma catástrofe dessas dimensões, não seria suficiente a socialização de perdas, mediante depreciação cambial. "Fez-se imperativa a utilização controlada da disponibilidade de divisas", ou seja, um rígido controle de câmbios e de importações. Em consequência, acrescentava eu, "o mercado interno tomaria um forte impulso com a redução forçada do coeficiente de importação dos grupos de mais elevadas rendas".

Tem início, dessa forma, uma fase de crescimento da economia induzido prioritariamente pela expansão do mercado interno. A contração de importações e o desvio de capitais do setor agroexportador para as atividades ligadas ao mercado interno foram as alavancas desse novo crescimento.

Outro aspecto importante das modificações estruturais em curso era assinalado. O fato de que cada ciclo de produto se houvesse localizado em área distinta, mantendo ligações próprias com o exterior, fizera que faltasse ao Brasil "um vínculo interno econômico que ligasse solidamente suas diversas partes". E concluía: "Ao entrar em sua nova fase de desenvolvimento econômico, o Brasil não só encerrava o seu ciclo colonial, mas ainda fundia todos os 'ciclos' anteriores em uma unidade econômica integrada, e concluía o processo histórico de sua formação nacional". Esse ensaio foi preparado na segunda metade de 1949 e publicado na *Revista Brasileira de Economia* de março de 1950.* O texto também introduzia algumas inovações metodológicas, como o conceito de "poder de compra do país no exterior", que integrava os índices de quantum das exportações e de relação de trocas, o qual seria utilizado em seguida nos estudos da Cepal com a denominação de "capacidade para importar".

Dentro dessa visão, a industrialização não era apenas um meio de utilizar mão de obra redundante, mas essencialmente o instrumento que estava cimentando a nacionalidade. Já não se tratava de discutir sua oportunidade e conveniência, e sim de partir dela para liberar o país dos resquícios do passado colonial. Ia, assim, preparando uma nova agenda de debate, que nos permitiria assumir a iniciativa na confrontação com as forças reacionárias. Nenhuma fatalidade respondia pelo atraso do país. Devíamos procurar suas causas na História, assinalar as motivações dos que, ocupando posições de mando, tomavam decisões. Cabia denunciar os interesses que estavam empenhados em subordinar a industrialização à reconstituição do velho sistema primário-exportador. Desenvolver o país, recuperar o tempo perdido, não era apenas o desafio: deveria ser a responsabilidade maior de quem pretendesse dirigi-lo.

---

* "Características gerais da economia brasileira", de Celso Furtado. *Revista Brasileira de Economia*, v. 4, n. 1, 1950. (N. E.)

5. A dinâmica do sistema centro-periferia

A considerável repercussão que teve na conferência de Havana o trabalho de Prebisch induziu-o a prolongar sua permanência na Cepal. Foi então instituído, sob sua direção, um centro de pesquisas dotado de excepcional autonomia. Martínez Cabañas praticamente não interferia na orientação dos trabalhos aí realizados e tampouco na seleção do pessoal que integrava o centro. Podia aceitar ou não determinado estudo, o que, dado o prestígio de Prebisch, era na prática uma questão acadêmica.

Fui recrutado com mais quatro economistas para constituir o staff inicial, cabendo-nos a responsabilidade de preparação do estudo anual da economia latino--americana. (A partir de 1951 as conferências da Comissão passariam a ser bianuais, o que não impedia que o *Estudo* fosse preparado anualmente.) Nosso plano de trabalho previa a preparação de monografias por países no caso das quatro maiores economias (Argentina, Brasil, México e Chile).

As instruções de Prebisch foram no sentido de que preparássemos uma análise macroeconômica com retrospectiva de um quarto de século (1925-49) utilizando a informação disponível. Estávamos autorizados a contratar pessoal nos países para desencavar informação, fazer entrevistas, controlar dados. Quaisquer que fossem as dificuldades, deveríamos tentar a elaboração de indicadores; quando fosse possível, como acontecia nos casos da demografia e do comércio exterior, convinha recuar as séries para ganhar em perspectiva. Prebisch estava convencido de que com base nos dados referentes às quatro maiores economias, completados aqui e ali, seria possível apresentar um quadro de conjunto da economia latino-americana, o que não poderia deixar de causar grande impacto na conferência.

A FANTASIA ORGANIZADA

Ficou decidido que elaboraríamos séries de população, produção agrícola e industrial, quantum e preços de exportação e importação para obter uma primeira visão de conjunto. A partir daí, veríamos em cada caso o que ainda era possível fazer. A ideia central era captar o comportamento, numa perspectiva ampla, do produto e da renda, ainda que de forma aproximativa, e também as transformações estruturais mais significativas ocorridas nesse quarto de século marcado por um boom excepcional, uma crise brutal, uma longa depressão, uma guerra mundial e uma recuperação de pós-guerra ainda quente.

Fui autorizado a ir ao Brasil colher material e estabelecer os contatos que julgasse necessários. A publicação do ensaio de Prebisch na *Revista Brasileira de Economia* de setembro de 1949 estava tendo uma repercussão sem precedente. Minha ideia de retirar o texto dos canais burocráticos e fazê-lo presente à comunidade de economistas e pessoas interessadas em política econômica fora mais do que feliz. Na verdade, foi graças a isso que o debate em torno das ideias da Cepal cedo ganhou precisão e amplidão no Brasil, enquanto nos demais países esse debate alimentava-se de informações fragmentárias. O original espanhol e a tradução inglesa seriam publicados pelas Nações Unidas em Nova York, circulando com a lentidão característica dos documentos oficiais.

Os economistas ligados ao setor industrial eram os mais entusiastas. No Rio de Janeiro, Rômulo de Almeida, diretor do departamento econômico da Confederação Nacional da Indústria, e alguns de seus colegas, como Ewaldo Correia Lima e Heitor Lima Rocha, prontificaram-se a fornecer-me todas as informações de que necessitasse. O mesmo espírito de cooperação encontrei em Abelardo Villas Boas, chefe do departamento de economia industrial da Federação de Indústrias do Estado de São Paulo. Este último, que morreria tragicamente poucos anos depois, foi dos mais vigorosos divulgadores das ideias da Cepal nessa primeira fase. Sua colaboração traduziu-se de imediato em convite a Prebisch do então presidente do Centro de Indústrias do Estado de São Paulo, Francisco de Salles Vicente de Azevedo, para debater com empresários os problemas das indústrias paulistas. Com a colaboração de Villas Boas iniciamos de imediato o levantamento de informações sobre as indústrias de bens de capital localizadas em São Paulo. Também retomei contato com os amigos da Fundação Getulio Vargas e do IBGE, e já não tive dificuldade para obter as informações então disponíveis.

O economista José de Campos Mello, que havia trabalhado nas Nações Unidas, ficou como elemento de ligação, para acionar a máquina local. Campos Mello fora da equipe do antigo Conselho do Comércio Exterior, grupo de onde saíram Jesus Soares Pereira e outros que deram contribuições valiosas para despertar o país da letargia a que o condenava o pessimismo das classes dirigentes tradicionais. Campos Mello era um mestre da meticulosidade, um detetive da informação econômica. Sem ele não teria sido possível reunir a massa de informação que, devidamente aproveitada, daria um valor paradigmático à monografia sobre o Brasil.

As estimativas da renda nacional que estavam sendo preparadas na Fundação Getulio Vargas sob a direção do professor Antônio Dias Leite e de Genival Santos revelavam muito esforço e paciência, mas ainda passaria algum tempo antes que frutificassem. Baseando-se em cálculo do custo de fatores, enfrentavam todas as dificuldades com que se defrontava na época esse tipo de trabalho, mesmo em países com boa base estatística. Não era tanto a precisão do cálculo da renda nacional o que nos interessava, e sim captar o movimento a longo prazo da economia. Para esse fim adotamos, por sugestão de Prebisch, o conceito de disponibilidade de bens, já utilizado no ano anterior de forma limitada. Trata-se de uma agregação da produção de bens (agrícola e industrial) e do saldo da balança comercial. As ofertas internas de produtos agrícolas e manufaturados figuram como componentes.

Todos os índices eram calculados em termos reais, ponderados aos preços de 1937. Também foi feita uma estimativa da formação bruta de capital com base na produção de aço e cimento e na importação de bens de capital. Por último, introduzimos o índice de capacidade para importar, seguindo a metodologia que eu havia utilizado no estudo pessoal sobre a economia brasileira. Esse índice tinha a virtude de englobar o esforço de exportação e o movimento relativo dos preços (relação de trocas) e resultou ser a variável mais importante na explicação do comportamento do conjunto da atividade econômica.

Esses dados, ainda que aproximativos, permitiam abordar analiticamente o comportamento das economias nacionais através dos altos e baixos do quarto de século que nos interessava. Uma série de parâmetros que relacionavam a produção com o comércio exterior, a oferta global com o investimento, o consumo com a importação podia ser facilmente estabelecida. No caso do Brasil, eram significativas as alterações que apresentavam esses parâmetros no curso do período, o que punha em evidência que a economia reagira com certa coerência aos choques externos.

A agregação dos dados nacionais para obter a visão global do comportamento da economia regional não apresentou maiores dificuldades. Prebisch, que mergulhara no trabalho e opinava e decidia sobre tudo, foi sendo tomado de verdadeiro entusiasmo, à medida que os quadros e gráficos iam configurando uma visão coerente do conjunto latino-americano, que deixava de ser simples abstração. Suas ideias, elaboradas a partir da rica experiência argentina e de observações fragmentárias que fizera em outros países, agora podiam ser testadas em confronto com uma nova entidade, cuja imagem começava a desenhar-se diante de nós, descobridores de uma nova América Latina.

Mudara consideravelmente o ambiente da Cepal. Estávamos instalados num conjunto de apartamentos de um edifício recém-inaugurado na avenida Providencia, de onde se descortinava, através do parque Grã-Bretanha, o rio Mapocho e o cerro

San Cristóbal. Crescera o staff e, ao lado de nosso Centro de Pesquisas, existia outra unidade principalmente preocupada com problemas de comércio exterior visto do ângulo de política comercial. Aí trabalhava o economista chileno Jorge Ahumada, que estudara em Harvard e adquirira alguma experiência no FMI. Logo ao chegar à Cepal tivera um atrito com Prebisch, que o tratou com certa rudeza numa reunião de todo o pessoal técnico. Na realidade, Prebisch se dirigira a Martínez Cabañas, mas Ahumada se sentira atingido, e não sem razão. Não creio que essas circunstâncias hajam influído na formação de sua opinião sobre a obra de Prebisch. Mas devem ter contribuído para que não demonstrasse interesse pelo trabalho que realizávamos no Centro.

Ahumada era um homem de grande nobreza de espírito mas inclinado a encarar com excessivo respeito o pensamento dominante nas grandes universidades norte-americanas. Minhas irreverências o chocavam, no início, depois passaram a diverti-lo. Fazia do trabalho de Prebisch a leitura que eu esperava de qualquer *assistant professor* de um *college* norte-americano. "Aqui desconhece a teoria, ali, a História" etc. Eu retrucava com vivacidade que certas teorias servem apenas para encobrir a realidade e que é preciso ter a coragem de ignorá-las. Ao término de seu primeiro contrato de dois anos, quis abandonar a Cepal, mas Prebisch empenhou-se para que permanecesse. Seus extraordinários dons de professor e um legítimo amor pela América Latina fizeram-no com o tempo um dos principais fatores de difusão do pensamento da Cepal, que ele contribuiria com o tempo para corrigir e enriquecer. Se os textos de Prebisch dessa primeira fase tivessem circulado para debate, colaboradores dissidentes, como Ahumada, teriam ajudado a dar-lhes uma forma mais apta à sua penetração nos círculos universitários, de onde saíram seus mais ferozes críticos. Essa observação é particularmente válida com respeito ao notável *Estudo* de 1949, cujos cinco primeiros capítulos teóricos foram redigidos por Prebisch, e que seria apresentado à conferência de Montevidéu em maio de 1950.

Esses cinco capítulos, que levam o título geral de "Crescimento, desequilíbrio e disparidades: interpretação do processo de desenvolvimento econômico", e se estendem das páginas 3 a 89, constituem seguramente a mais importante tentativa feita por Prebisch, em sua longa vida criativa, para apresentar suas teses fundamentais. Já não existe o tom polêmico, de autêntico manifesto, que caracterizara o ensaio do ano anterior. O grito de alerta havia sido escutado no vasto continente. A linguagem agora era serena, como convém a um texto que também pretendia captar as atenções do mundo acadêmico. Dessa ambiguidade resultaria que seu poder de convencimento seria menor: a uns (a grande maioria) parecerá demasiado abstrato, a outros (os mais influentes nos círculos especializados) se afigurará impreciso ou concebido num quadro conceitual que não estava suficientemente explicitado. Daí que o debate subsequente no âmbito universitário haja com frequência assumido a forma de diálogo de surdos.

O trabalho transmitia com clareza a visão prebischiana do sistema centro-periferia, ou melhor, da dinâmica da economia internacional. Seu objetivo imediato era criticar a teoria corrente dos desequilíbrios dos balanços de pagamento, que era uma prolongação da teoria quantitativa da moeda, no caso uma mercadoria de demanda ilimitada (ouro). Denunciava Prebisch o caráter estático dessa teoria, "que se limita a observar que toda perturbação supunha o trânsito de uma situação de equilíbrio a outra". Mas sua crítica vai mais longe: essa teoria podia haver sido de alguma valia quando a economia capitalista tinha como centro principal a Grã-Bretanha, que estava efetivamente integrada no sistema de divisão internacional do trabalho. Dado o elevado grau de abertura da economia inglesa (seu coeficiente de importação se mantivera em torno de 30% de 1870 a 1929), sua capacidade de resposta a qualquer estímulo externo era considerável. As exportações desempenhavam na economia da Grã-Bretanha "uma função dinâmica semelhante à que desempenhavam as inversões de capital". Se outros países industrializados ativavam suas economias e aumentavam suas importações oriundas da Grã-Bretanha, o efeito estimulante sobre esta se fazia sentir imediatamente, ampliando-se concomitantemente as importações inglesas. Portanto, não podia haver tendência persistente à acumulação de reservas, distribuindo-se o ouro conforme as necessidades efetivas do comércio internacional.

Esse quadro mudaria qualitativamente à medida que os Estados Unidos assumissem o papel de centro principal, pois seu coeficiente de importação era tão somente um décimo do da Grã-Bretanha. Se a reativação se iniciava nos Estados Unidos, o poder indutor externo era pequeno, e, caso se iniciasse fora desse país, sua resposta seria demasiadamente lenta. Ora, esse quadro desfavorável fez-se ainda mais adverso com a tendência a um persistente declínio do coeficiente de importações desse país, o qual baixou de 6% em 1925 para 3,1% em 1949.

A economia internacional não é vista como um sistema que apenas se reproduz, e sim como algo em permanente expansão sob o impulso da propagação do progresso técnico. Dessa forma, afasta-se Prebisch do enfoque tradicional, que encara o intercâmbio externo como simples prolongação da atividade interna, uma troca de excedentes que permite aumentar a produtividade dos fatores relativamente mais abundantes, para atribuir-lhe um dinamismo autônomo.

A propagação do progresso técnico dá-se a partir das economias centrais, as quais, por sua vez, gravitam em torno de um centro principal. Foram essas relações entre as economias centrais que se modificaram sensivelmente com a emergência dos Estados Unidos como centro principal, em razão do reduzido peso das relações externas na economia desse país. Ao contrário do que está implícito na teoria tradicional dos ajustes dos balanços de pagamento, o elemento tempo desempenha papel fundamental nesse processo, e esse tempo é função do grau de abertura externa do centro principal.

O estudo começa com a afirmação de que "a propagação do progresso técnico

A FANTASIA ORGANIZADA

dos países originários ao resto do mundo tem sido relativamente lenta e irregular". As economias centrais são aquelas que criam e exportam tecnologia, e o desenvolvimento das economias periféricas é visto como um processo de absorção dessa tecnologia, cabendo ao intercâmbio externo o papel de vetor da transmissão de tecnologia. Ora, nos últimos dois decênios esse vetor se havia debilitado, o que suscitara reações da parte das economias periféricas, particularmente das latino-americanas, em busca de outras vias de acesso ao progresso técnico. A industrialização seria a principal dessas novas vias de acesso. A industrialização latino-americana, portanto, devia ser vista como inserida nessa "nova fase do processo de propagação universal da técnica".

Não estava ao alcance dos países latino-americanos dar volta atrás nesse processo, pois não tinham meios de modificar a dinâmica nos países centrais. Uma cuidadosa análise estatística era apresentada para demonstrar que a variável determinante do volume das exportações latino-americanas para os Estados Unidos e a Grã-Bretanha era o produto real desses países. Assim, a forte degradação da relação de trocas da América Latina nos últimos vinte anos (1929-49) não se traduzira em maior demanda de produtos da região por parte dos referidos países. Pelo contrário: servira apenas para que reduzissem os respectivos coeficientes de importação, pagando menos pelo que sempre comprariam aos latino-americanos.

A propagação do progresso técnico provoca modificações estruturais nos países periféricos, como a redução do emprego nas atividades primárias. Quanto maior a proporção de população ativa nessas atividades (e essa proporção é muito grande nas economias periféricas), maior será a liberação de mão de obra provocada pela penetração do progresso técnico. Se a demanda externa de produtos primários não cresce ou o faz muito lentamente, a única forma de absorver a mão de obra redundante é empregá-la nas atividades industriais e correlatas. Ora, com frequência tais atividades apresentam baixa produtividade, pelos padrões internacionais, colocando-se o problema de ter que protegê-las ou subsidiá-las, se se pretende maximizar emprego e renda no país.

Também é necessário levar em conta que, ao elevar-se a renda no país primário-exportador, como decorrência de aumento de produtividade, diversifica-se a demanda de bens de consumo, crescendo mais que proporcionalmente a procura de manufaturas, o que traz consigo aumento da propensão a importar. Se o contexto internacional é desfavorável ao aumento das exportações, como acontecia no período considerado, cabia esperar que se manifestassem pressões no balanço de pagamentos, que conduzem à inflação e/ou ao endividamento externo.

Em síntese, nas circunstâncias criadas pelo comportamento da economia internacional, na fase de predomínio do novo centro principal, a propagação do progresso técnico à periferia requer ação deliberada, pois a dinâmica do sistema é insuficiente para impulsá-la. Se por um lado a absorção de sobra de mão de obra requer medidas protecionistas, por outro a tendência ao desequilíbrio externo exige a aplicação de critérios seletivos de importação. A conjunção dessas duas conclusões de caráter normativo conduziria à doutrina da industrialização orientada para a substituição de importações.

Mas, ainda que Prebisch afirme repetidas vezes que não é propósito do estudo sugerir receitas de política, e sim cingir-se à análise da realidade latino-americana, a mensagem que emerge com força é de crítica ao *laissez-faire* em matéria de intercâmbio externo. Sendo essa uma doutrina imprecisa, com diversas formulações, o impacto de sua crítica tendeu a diluir-se. O crescimento do comércio internacional fora acompanhado, durante o século que se conclui nos anos 1920, de amplas transferências de mão de obra e capital entre países. Assim, não parecia a Prebisch ter sentido partir da premissa irrealista de imobilidade de fatores, na qual assenta a teoria dos custos comparativos. Mas, ao partir do mundo real de semimobilidade, tomou como referência em sua crítica a premissa de total mobilidade, que supôs estar implícita na versão corrente da doutrina do *laissez-faire*. Dessa forma, contestou um paradigma que não estava na teoria codificada da época, cujo irrealismo derivava de partir da premissa de total imobilidade. Isso reduziu o impacto de sua mensagem crítica.

Ademais de sua importância como contribuição ao estudo da dinâmica do comércio internacional, coube ao estudo de Prebisch papel pioneiro na abertura do debate sobre o que se chamaria depois a peculiaridade do subdesenvolvimento. O processo de propagação da técnica moderna, observava, não se dava nas mesmas condições nos países centrais e nos periféricos. "Quando os que hoje são grandes centros industriais", observava, "estavam em condições comparáveis às que agora apresentam os países periféricos [...], a técnica moderna exigia um capital por homem relativamente exíguo." E concluía: quanto mais tarde chega a um país a técnica moderna, tanto maior o contraste entre o baixo nível de sua renda per capita e a magnitude do capital necessário para aumentar essa renda. Aí tem origem toda uma problemática nova. Ademais, como ignorar que a técnica moderna tem exigências em matéria de dimensão do mercado, que raramente são satisfeitas por um país periférico? Por outro lado, o progresso técnico nas formas de consumo engendra na periferia uma forte propensão a consumir objetos sofisticados, quase sempre importados, criando um desequilíbrio adicional entre poupança disponível e exigências de capitalização. E o estudo ainda debateu o problema da combinação ótima de fatores nos países periféricos, ou de desequilíbrio ao nível de fatores engendrado pela penetração da técnica moderna, que conduziu ao conceito de produtividade social.

A discussão desses temas teria valor seminal só percebido plenamente com o tempo. Prebisch limitou-se a listar o que chamou de "peculiaridades" das circunstâncias em que se dava a penetração da técnica moderna na periferia. De seu pensamento na época se infere que esses obstáculos poderiam ser superados, avançando os países periféricos para alcançar um dia o mundo das nações desenvolvidas. Explorou apenas por cima o terreno fecundo que estava entreabrindo. Qualquer daqueles pontos, se aprofundado, deixaria ver o difícil que era o caminho que tinham pela frente os países em que a técnica moderna penetrava tardiamente. Algo dessa complexidade inexplorada chega a ser percebido quando compara "dois casos distintos de desenvolvimento": Argentina e México. Os problemas do primeiro desses países têm como origem a perda de dinamismo do setor exportador, enquanto os do segundo derivam em primeiro lugar da pequena capacidade de absorção de mão de obra do setor exportador. A reativação da economia internacional poderia abrir caminho ao primeiro, mas seria obviamente insuficiente no caso do segundo.

6. A estrada real

A conferência de Montevidéu era uma oportunidade adicional para passar alguns dias em Buenos Aires. Habituara-me a utilizar as viagens que fazia ao Brasil para visitar essa cidade, cujo ambiente intelectual me seduzia. Pouco tempo antes havia empreendido, em meu automóvel, uma viagem pelos Andes, subindo a mais de 4 mil metros, para em seguida atravessar a Argentina e ter uma impressão mais direta da maravilhosa planície pampiana.

A subida dos Andes pelo lado chileno, em estradas de terra tão íngremes que toda a potência do motor por vezes parecera insuficiente, deixara-me com a respiração suspensa durante horas. A travessia ordinária era feita por um túnel ferrorrodoviário, nesse momento fechado por um gesto de mau humor de Perón. Atrevi-me a seguir por uma via de mulas melhorada, a que chamavam de "espinhaço do diabo". Por vezes, as curvas eram tão fechadas que se fazia necessário recuar para ganhar espaço de manobra, não distante da beira do abismo. A estreiteza da via excluía toda possibilidade de recuo. Sentia-me como numa canoa entre escolhos arrastada pela correnteza. A sobrevivência parecia depender da precisão de cada gesto.

Vieram-me ao espírito as emoções da travessia dos Andes em avião monomotor, que nos pinta com força Saint-Exupéry em *Terra dos homens*. A imensidão dos blocos de montanha que eu deixava para trás e a profundidade que ganhava a vista na transparência do ar davam-me a sensação de navegar com o planeta pelo espaço. Respirava exausto, mas abria os olhos maravilhado. Tudo parecia ser espaço, no tempo imóvel.

Nessa época do avião a motor de explosão, não era raro que o piloto falhasse na tentativa de cruzar a cordilheira. Ocorreu-me mais de uma vez estar em avião que foi obrigado a recuar de sucessivas tentativas, retornando à cidade de Mendoza, onde dormíamos, na espera de que se aplacasse a ira dos elementos. O avião punha a proa na direção certa, mas a todo instante podia ser arrastado por uma corrente de ar na direção de picos gelados, cujos cimos pairavam a 1 ou 2 mil metros acima do teto que alcançávamos. A visão que tínhamos dos Andes era muito distinta da que obtemos hoje, instalados a grande altura e beneficiando da estabilidade dos aviões a jato. Mas a que me era dada naquele momento preciso, depois de galgar 4 mil metros em míseras estradas, era muito mais íntima, como se houvesse ganhado à custa de duro esforço certa cumplicidade com o monstro que tantas vezes nos fizera recuar.

O mau humor de Perón não era suficiente para quebrar o charme que tinha para mim Buenos Aires. Impressionava-me a vastidão da vida cultural argentina. E também o gosto mediterrâneo pela convivência ao ar livre, o encontrar-se nas livrarias, nos teatros, nos cafés. O debate intelectual, escrito ou oral, era parte do cotidiano. Assistir a uma peça de teatro ou a um filme para em seguida debatê-lo era algo que eu vira apenas em Paris. Buenos Aires fora tradicionalmente a cidade em que de preferência se refugiara a intelligentsia latino-americana perseguida. Com a vitória do franquismo, para lá afluíra um forte contingente da intelligentsia espanhola. Muita gente encontrava trabalho na indústria editorial, que alcançara importância considerável, sendo na época o livro argentino particularmente barato. Mais de metade do que se editava em língua espanhola chegou a sair de Buenos Aires.

Quase todo esse mundo intelectual se dizia antiperonista. As razões eram várias. Perón podia ser visto como um recidivista tardio do fascismo europeu, ou como um governante inconsequente que estava distorcendo a imagem internacional da Argentina e prejudicando suas tradicionais boas relações com os vizinhos latino-americanos, ou ainda como um político despreparado e irresponsável que explorava as fraquezas de um povo acostumado a viver bem trabalhando pouco. Eram muitos os ângulos dos quais os seus críticos o observavam.

Não era fácil formar-se uma ideia do que estava ocorrendo na Argentina. Que as pessoas mais esclarecidas e com posições nítidas de esquerda convergissem com os mais anacrônicos elementos da oligarquia para rejeitar Perón era suficiente para deixar entrever a complexidade do problema. A verdade é que a Argentina moderna ainda era uma nação em busca de identidade. Em uns poucos decênios o país conhecera transformações de grande profundidade, que tudo haviam subvertido. Basta referir que, segundo o censo de 1939, um decênio antes do período que eu observava, a metade da população de Buenos Aires era constituída de pessoas *nascidas* na Europa. E tantas haviam sido as facilidades criadas aos imigrantes que grande parte desses europeus, muitos chegados ao país na infância, nem sequer se interessavam em adquirir a nacionalidade argentina. Ora, a distância cultural entre essa massa vivendo em uma grande metrópole e as populações de regiões interioranas de antiga colonização espanhola (os então chamados *cabecitas negras*) era considerável.

Esse mundo culturalmente heterogêneo conhecera uma evolução política sem precedentes por sua rapidez, a ponto de o sufrágio na Argentina nos anos 1920 ser bem mais universal do que na grande maioria dos países europeus de antiga tradição democrática. O trauma provocado pela crise de 1929, que por toda parte na América Latina abrira as comportas para uma maior participação das massas no processo político, teve efeito inverso na Argentina, pois restituiu o mando à oligarquia, que se manteria no poder com apoio militar e por meio do recurso à fraude eleitoral.

Esse processo de degradação política suscitava amplo repúdio e contra ele se vinham organizando forças democráticas, que se identificavam com a causa antifascista dos Aliados. Perón prevaleceu-se da fraqueza do sistema para empolgar o poder, modificando profundamente o quadro político. A confrontação definitiva dar-se-ia em 1946, quando em eleições efetivamente livres ele obteve a vitória, ainda que por pequena margem. Pesou nesse resultado a intervenção inepta de Spruille Braden, embaixador dos Estados Unidos, que, ao indigitar Perón como fascista, transformou-o em herói dos nacionalistas argentinos.

A ascensão de Perón, frustrando o movimento democrático em franco desenvolvimento, não se explica sem levar em conta transformações de fundo que vinham ocorrendo na Argentina desde a crise de 1929. Sendo um país com oferta elástica de alimentos, certa autonomia no que respeita a fontes primárias de energia e um começo de industrialização, o impacto da crise de 1929 fora menos traumatizante do que em outros lugares na América Latina. Foi possível manter certa normalidade nas relações externas e redirecionar os investimentos para atividades ligadas ao mercado interno. O crescimento do emprego industrial traduziu-se em aumento relativo da massa de assalariados urbanos, na qual começou a declinar a participação dos imigrantes e filhos de imigrantes europeus, em benefício de elementos originários das regiões de menor desenvolvimento do país.

Perón encontrou esse processo de criação de emprego urbano em marcha e o estimulou ainda mais mediante expansão dos gastos públicos, o que numa primeira fase pôde ser feito sem gerar grande pressão inflacionária. Por outro lado, o retorno da oligarquia ao poder em 1930 não apenas frustrara a cidadania, privando-a de plena participação na vida pública, mas também deixou sem educação política as novas camadas de trabalhadores que se incorporavam ao mundo urbano-industrial. A Argentina conhecera, portanto, uma dupla involução política, o que explicava o aparente anacronismo e a eficácia do discurso peronista. O contraste entre esse discurso e o das forças democráticas, que imaginavam estarem reunidas na Argentina todas as condições para o exercício pleno dos direitos cívicos, era desnorteante. E como em política nenhum pecado é maior do que ignorar a eficácia, o discurso dos antiperonistas tinha algo de irreal para o observador externo, pois pretendia explicar tudo sem ter em conta o essencial.

A conferência de Montevidéu foi marcada pela consolidação do prestígio de Prebisch. As monografias relativas ao desenvolvimento das quatro maiores economias despertaram grande interesse, e muitos outros países se apressaram em reivindicar atenção similar. O estudo sobre o Brasil chamara a atenção da delegação brasileira junto às Nações Unidas em Nova York, merecendo referências elogiosas. Aparentemente, nenhuma delegação recebera instruções precisas para tomar qualquer iniciativa na reunião, que devia estar sendo encarada como uma conferência a mais, entre as muitas que começavam a realizar-se. Os estudos não haviam sido enviados aos governos com suficiente antecipação para ser analisados, e os delegados pareciam meio atordoados com o mundo de ideias que fluíam daquelas centenas de páginas.

O chefe da delegação brasileira, general Anápio Gomes, era homem meticuloso, com experiência administrativa de assuntos econômicos, e que sabia retrair-se modestamente quando o assunto em debate escapava de sua competência. O secretário de embaixada Antônio Azeredo da Silveira era o homem-chave da delegação. Servia nesse momento em Buenos Aires e parecia essencialmente preocupado com a geometria política do continente. A simpatia que demonstrava por Perón não parecia ter qualquer relação com o bem ou o mal que o governo deste fazia à Argentina, assunto sobre o qual não emitia opinião. Quando abordei esse aspecto da questão, observou, meio misterioso: "Não tenho rigidezes mentais". O que lhe parecia importante, e valorizava, era a resistência de Perón às pressões e ingerências do governo de Washington. Essa sua posição resultaria ser positiva, pois, com o andar do tempo, a conferência se transformaria numa luta para vencer as posições imobilistas de algumas delegações, particularmente a norte-americana.

Os trabalhos apresentados pelo secretariado, em especial os capítulos teóricos que condensavam os trabalhos de Prebisch, traziam implícita a mensagem de que os governos deveriam assumir a orientação do processo de desenvolvimento. Nas condições internacionais que prevaleciam, este não seria um processo espontâneo. Tratava-se, na verdade, de uma corrida de obstáculos a ser cuidadosamente monitorada. Uma resolução nessa direção, preparada por inspiração do secretariado e apresentada por um grupo de países, logo suscitou forte reação da delegação norte-americana, apoiada pela inglesa. O texto, ordenado em dez itens, que veio a ser chamado de *Decálogo do desenvolvimento econômico*, recomendava aos governos latino-americanos "determinar as metas específicas do desenvolvimento econômico e estabelecer uma ordem de prioridades em sua realização".

A doutrina que então prevalecia e que defendia o delegado norte-americano estatuía que o papel dos governos devia limitar-se a criar um "clima favorável" aos investimentos, particularmente estrangeiros, admitindo implicitamente a espontaneidade do desenvolvimento. Sem instruções precisas, quiçá ignorando o alcance real do que se discutia, muitos delegados estavam dispostos a avançar nesse terreno,

OBRA AUTOBIOGRÁFICA

seduzidos pelas novas ideias que com tanto brilho expunha Prebisch. As resistências opostas foram consideráveis e talvez não houvessem sido rompidas se não tivéssemos contado com o apoio de Pierre Mendès-France, chefe da delegação francesa. Nessa época, ainda era um desconhecido, mas causou-me profunda impressão desde o primeiro contato que com ele tive. Em Buenos Aires, de passagem para Montevidéu, pusera a mão em alguns dos trabalhos da Cepal, que conseguia ler em espanhol. Passara toda uma noite devorando-os, disse-me. Era um homem de excepcional energia, que mantinha a delegação francesa ao trote. Chamou-me mais de uma vez para discutir certos pontos que lhe suscitavam dúvidas e parecia perplexo ao descobrir nesses países de *là-bas* tanta força e originalidade de pensamento. Gostava de usar uma linguagem crua, mas raramente perdia o bom humor. A ele devemos a vitória de Montevidéu. Vitória que talvez nos haja projetado em órbita demasiado alta, dando à Cepal uma visibilidade que quase lhe seria mortal no ano seguinte.

Mas por ora caminhávamos em estrada real. Tudo parecia estar a nosso alcance, contribuindo para o otimismo fácil o clima social e político de Montevidéu, miniatura de metrópole moderna que parecia prefigurar a promessa de uma América Latina sem ditaduras e sem miséria. Para o observador apressado, o Uruguai de então afigurava-se uma pequena Argentina que tinha dado certo. Mas também era uma Argentina que pertencia ao passado, o que era menos percebido.

Orgulhosos de seu avanço social e político, os uruguaios haviam caminhado para um regime constitucional que imobilizava o Poder Executivo, mais preocupados em prevenir as possíveis perversões deste do que interessados em dotá-lo de eficazes instrumentos de ação. Ora, o país vivera até então de uma pecuária semiextensiva que produzia um generoso excedente, cuja distribuição era judiciosamente administrada pelo Estado. Enquanto esse excedente estivera em expansão, não fora difícil obter um amplo consenso social, base do regime democrático de que desfrutavam. A assistência e a previdência sociais haviam avançado com rapidez porque puderam drenar recursos desse excedente em sua fase expansiva. Mas, estabilizada a fronteira agrícola, o crescimento do excedente passaria a depender de maiores dotações de capital, o que gerava desemprego a ser absorvido nas áreas urbanas. Havia, portanto, que intensificar os investimentos reprodutivos, no campo e na cidade, mas o país não se preparava para essa conversão. Tanto a oligarquia beneficiária do sistema primário-exportador, que se considerava vítima por ter que compartilhar com o resto da população um excedente que antes fora exclusivamente seu, como a classe média de espírito corporativista que exercia pressão sobre o Estado negavam-se a ver a nova realidade. O desinteresse pelos problemas econômicos era tal que o país praticamente não dispunha de estatísticas, permanecendo ausente das análises que fazíamos.

Em seguida à conferência de Montevidéu, Prebisch assumiu o cargo de diretor principal (secretário executivo) da Cepal, substituindo Martínez Cabañas. Com este desapareceu o sr. Castillo, assumindo o cargo de secretário substituto um norte-americano de origem dinamarquesa, Louis Swenson. Autêntico *new-dealista*, modesto e generoso, Swenson foi o homem adequado ao posto na dura fase que tínhamos pela frente. Sabia contrabalançar e refrear Prebisch em seus arroubos. Tinha dificuldades enormes para expressar-se em espanhol, mas captava em profundidade a psicologia dos latino-americanos.

O ambiente em Santiago, após a vitória de Montevidéu, modificou-se sensivelmente. De todos os lados surgiam indícios de que as ideias avançadas nos estudos da Cepal estavam penetrando, suscitando reações, em geral favoráveis. O grupo se ampliava, surgiam discrepâncias, o debate era vivo, envolvendo tudo em um clima de confiança.

Alguns trabalhos setoriais começavam a frutificar. No começo de 1949 se iniciara um estudo em profundidade da indústria têxtil algodoeira em um conjunto de países que incluía o Brasil. Contrataram-se os serviços de uma firma norte-americana de engenharia para fixar os padrões de medida da produtividade da mão de obra, isolando os fatores que mais significativamente respondiam por seu nível. Considerável massa de informação começou a afluir, enviada pelas equipes que estagiavam nas fábricas. Já não se tratava de trabalhar com informação de segunda mão, de conformar-se a critérios preestabelecidos. Dispunha-se agora de radiografias precisas de dezenas de fábricas têxteis para observá-las a nosso bel-prazer.

Desde a primeira discussão que tivemos com os engenheiros colocou-se um problema crucial: qual o alcance da medição da produtividade da mão de obra se os equipamentos eram tecnologicamente heterogêneos? Essa questão se afigurou particularmente intrincada no caso das tecelagens, cuja tecnologia conhecera verdadeira mutação. Cerca de 95% do equipamento das tecelagens brasileiras e 91% do das fiações deveriam ser considerados obsoletos segundo os padrões internacionais. Mas a quem ocorreria defender a tese de que convinha ao Brasil dar prioridade à modernização de sua indústria têxtil quando mil outras coisas mais urgentes, particularmente nas infraestruturas de transporte e energia, estavam por fazer?

Os próprios engenheiros sugeriram que fossem estabelecidos dois sistemas de medida, dois padrões de produtividade da mão de obra, um referente à tecnologia "antiga", e outro, à "moderna". A partir daí, teria sentido medir a influência de outros fatores, como o tamanho da fábrica, a organização, a administração etc. Foram estas as discussões que permitiram introduzir no *Estudo* de 1949, apresentado em Montevidéu, o tema do papel da tecnologia na formação do excedente de mão de obra, mais precisamente, das dificuldades criadas aos países de industrialização retardada pela orientação da tecnologia no sentido de poupar de preferência a mão de obra, e não o capital.

OBRA AUTOBIOGRÁFICA

Vislumbrado em 1949, esse tema passou a ocupar o centro de nossas preocupações em 1950, vindo a ser o leitmotiv do estudo *Problemas teóricos e práticos do crescimento econômico*, redigido por Prebisch para a conferência de maio de 1951, no México. Quanto mais dávamos volta ao problema, mais o filão parecia rico. A baixa produtividade da mão de obra também era causada pelo empenho de certos empresários em forçar o uso dos equipamentos, o que somente se podia explicar pelo baixo nível dos salários, relativamente ao valor dos equipamentos e/ou do produto final. Os engenheiros, algo otimistas, haviam observado que "muitas indústrias estão obtendo rendimentos dos equipamentos superiores aos que, normalmente, se deveriam esperar". E acrescentavam: "Para forçar a produção é necessário empregar consideravelmente mais mão de obra". Inferia-se, portanto, que a baixa produtividade (física) era uma das formas de obter maior rentabilidade. Dentro desse espírito, Prebisch afirmou, na introdução à versão final do trabalho, datada de 16 de abril de 1951, que "um programa para aumentar a produtividade da indústria têxtil deverá formar parte de um plano geral de desenvolvimento econômico, a fim de evitar os transtornos que poderia ocasionar a adoção de medidas parciais, que poderiam dar lugar à emergência de uma sobra de mão de obra".

Esses debates foram de importância decisiva para mim, pois me permitiram perceber que o subdesenvolvimento configurava um quadro histórico qualitativamente distinto daquele que tínhamos no espírito quando teorizávamos sobre o desenvolvimento. Não se tratava de uma *fase*, e sim de algo diferente, cuja especificidade cumpria captar. Havíamos concentrado a atenção na acumulação e no progresso técnico. Ora, se era possível isolar a categoria "acumulação" de seu contexto histórico, definindo-a como uma relação entre produção total e produção consumida, já não acontecia o mesmo com o progresso técnico, que emergia em certo contexto socioeconômico do qual derivava o seu sentido.

Se pode ser racional preservar equipamentos obsoletos ou forçar a sua utilização é porque a nova tecnologia é disfuncional com respeito à oferta de fatores de produção. Prebisch fizera referência a esse problema no *Estudo* de 1949, mas absteve-se de levar o raciocínio às suas últimas consequências. No novo estudo, ele o utilizará como argumento para fundar a necessidade de programar o desenvolvimento. Pareceu-me que havíamos descoberto uma fresta pela qual podíamos olhar o fundo da problemática do subdesenvolvimento, cujo campo de teorização ganhava autonomia.

Veio-me o desejo de dedicar mais tempo a especular sobre esses temas. Consegui a autorização de Prebisch para visitar alguns centros de pesquisa nos Estados Unidos, tomar pé no que outros estavam fazendo em áreas conexas ou mesmo naquela em que estávamos garimpando.

A FANTASIA ORGANIZADA

As revistas especializadas norte-americanas começavam a abordar a questão do crescimento econômico em conexão com a busca das condições de equilíbrio do modelo de Keynes. Redescobria-se o artigo de Harrod, de 1939, e ganhava voga a retomada da mesma ideia de dinamização do modelo de Domar, em seu artigo de 1947. Em contraste com essas especulações teóricas de alto nível, a temática do desenvolvimento situava-se no plano modesto de simples aplicação às economias "atrasadas" dos instrumentos de análise de validade comprovada. Era um novo ramo da *economia aplicada*, que vinha substituir os antigos estudos por áreas geográficas, modesta ocupação de economistas de poucas ambições acadêmicas. A Universidade de Chicago acabava de programar um seminário sobre desenvolvimento congregando especialistas de várias disciplinas, numa tentativa de exploração do terreno. Concomitantemente, o departamento econômico e social das Nações Unidas, em Nova York, iniciava a publicação de uma série de monografias bem documentadas em que se expunha a situação calamitosa dos países exportadores de produtos primários. Hans Singer, do staff desse departamento, fora o pioneiro no estudo do comportamento a longo prazo da relação de trocas desses países. Esses trabalhos estavam sendo comentados e contraditados no mundo acadêmico norte-americano. Importava que estivéssemos bem informados sobre tudo isso.

Quem avança por um campo de reflexão novo é levado a superestimar suas possibilidades, vítima quiçá de aguçamento da percepção. Nesses momentos, importa sobretudo que se tenha a coragem de avançar, de queimar etapas, como dizem os franceses. Essa a razão pela qual muitas descobertas foram feitas por pessoas muito jovens ou semi-ignorantes. Mas também é preciso saber parar para olhar em torno, pois a ânsia de avançar pode produzir alucinações e levar a arrombar portas abertas. O segredo para evitar esses extravios, em que se perdem inteligências de primeira, está em ampliar o diálogo, expor-se ao crivo da contradição, evitar o isolamento.

Minha viagem finalmente concretizou-se na primavera (do hemisfério Norte) de 1951. O mundo universitário norte-americano é muito menos formal do que o francês. Quase todas as pessoas a quem escrevi responderam prontamente, mostrando interesse nos temas a que me referia e eram objeto de nossas preocupações na Cepal. Aproveitei para correr livrarias e bibliotecas universitárias. Contatos que ia fazendo aqui e ali abriam-me as portas em várias direções. Dentre as muitas pessoas que visitei no complexo Harvard-MIT, a que mais me impressionou foi o professor Wassily Leontiev. Talvez porque foi quem mais se empenhou em captar o que eu dizia. Sua visão, simultaneamente macro e microeconômica, conferia-lhe uma acuidade sem-par para perceber o que é e o que não é importante na realidade econômica. Utilizando o conceito, que acabávamos de elaborar, de produtividade social, tratei de explicar-lhe a inevitabilidade do desperdício de fatores nas economias que se haviam inserido no comércio internacional como exportadoras de produtos primários e que começavam tardiamente a industrializar-se. Tudo era claro para ele, mas insistia (o que me parecia pouco lógico) em que devíamos preferir os equipamentos mais sofisticados, pois os problemas a que me referia encontrariam compensação em outros planos.

Com Walt Rostow, a conversa foi distinta. Em nenhum momento ele pareceu interessar-se pelo que me preocupava. Tudo se clarificou quando ele recolheu e me passou os originais mimeografados de um livro que estava escrevendo, *As etapas do crescimento econômico*. Seu espírito estava orientado noutra direção, absorvido pelo vasto panorama do processo de desenvolvimento econômico que tentava esboçar. Falamos de Cambridge, Inglaterra, e ele foi a primeira pessoa a informar-me que Joan Robinson estava se preocupando com a problemática do crescimento. Levei o texto de Rostow para ler e prometi comentá-lo ainda durante minha permanência em Boston. A boa impressão que me havia deixado sua apresentação oral desvaneceu-se à leitura acurada. O esquema era elegante e atrativo, mas tudo parecia demasiado arranjado, bem classificado. Também é verdade que sua insistência nas invariâncias dos processos de desenvolvimento econômico apontava em direção oposta àquela que se estava formando em meu espírito.

O professor S. M. Wright estava interessado em problemas de crescimento especificamente em economias capitalistas. Observou-me que a realidade do capitalismo somente fora reconhecida por seus adversários. Pretendia resgatar o capitalismo da posição defensiva a que fora confinado. Pensei com meus botões se ele não chegaria tarde com respeito a Rostow, cuja visão do desenvolvimento era derivada da história do capitalismo, caminhada ascendente entrecortada de acidentes sempre superados.

O professor Kindleberger mostrou-se cético com respeito à consistência do que eu dizia e não se interessou em levar adiante a discussão. Seu espírito estava totalmente voltado para a temática do comércio internacional. Eu imaginara que entre as pessoas mais diretamente envolvidas com problemas de tecnologia poderia haver interesse na questão das técnicas que melhor respondessem às necessidades dos países de industrialização retardada. Tomei contato com o decano do departamento de engenharia do MIT, Thomas Sherwood, e pude comprovar o total desinteresse por especulações "teóricas" dessa natureza.

Os contatos em Harvard e no MIT induziram-me a redimensionar meu projeto. A esfera da teoria econômica continuava saturada pelas *Foundations* de Samuelson, cujo livro de texto recém-publicado acabava de ser elevado pelo *The Economist* às alturas de "novo Marshall". Tanto a teoria dos preços como a do comércio internacional eram rigorosas formulações estáticas, com pretensões axiomáticas, que repeliam toda consideração baseada na percepção de diferenças estruturais, a menos que se tratasse de "imperfeições". E o subdesenvolvimento era uma "imperfeição" que ainda esperava pelo seu Chamberlin. Falar de uma teoria do subdesenvolvimento

A FANTASIA ORGANIZADA

ainda levantava a suspeita de reivindicação de uma "ciência diferente" para uso dos países subdesenvolvidos.

Na Universidade de Chicago, descobri um grupo de pessoas interessadas em abordar o desenvolvimento de um ângulo interdisciplinar. À frente estava o professor Bert Hoselitz, cujo interesse se concentrava, na época, na Índia. O professor Perloff, com experiência em Porto Rico, também integrava o grupo. Mas não era muito o que se podia recolher de conversas com economistas especializados em "áreas geográficas". O contato com especialistas de disciplinas afins, que também se abriam à problemática do desenvolvimento, resultava ser mais frutífero.

Na North Western University, em Chicago, procurei o professor Melville Herskovits, cujos estudos sobre o processo de mudança cultural me haviam interessado. Posto que o subdesenvolvimento é uma manifestação cultural, era natural que antropólogos nos houvessem antecipado no terreno que agora explorávamos, não sendo pouco o que com eles tínhamos a aprender.

No centro do pensamento de Prebisch estava a ideia de que o desenvolvimento da periferia tinha como motor a difusão do progresso técnico. Por trás dessa tese havia dois problemas a elucidar: o da emergência de um foco de criatividade tecnológica, em determinada cultura, e o da natureza do processo de difusão dos valores. As ideias mais aceitas na época eram as de Schumpeter sobre o papel do empresário inovador, fulcro da criatividade tecnológica e motor de todo o processo de rápida transformação que caracteriza o mundo contemporâneo. Mas pouco se havia pensado sobre a lógica da difusão.

O professor Herskovits, que era grande conhecedor de coisas do Brasil, mais precisamente das culturas negras das Américas, recebeu-me com efusão. O seu horizonte de preocupações era vastíssimo, o que ameaçou dispersar nossa conversa. A exemplo de outros antropólogos de sua geração, ele se inclinava a sobrepor uma "lógica da cultura" à história, o que o levava a ver na inovação (e na descoberta) mais uma resposta do que uma mutação. Estava longe de deslizar para o determinismo cultural, mas dava ênfase à preexistência de uma "base cultural", sem o que a inovação não seria absorvida e tampouco a mudança cultural se apresentaria ordenada. Do mesmo ponto de vista, assegurava que a difusão também seguia uma linha de menor resistência, de alinhamento com respeito à orientação preexistente. No caso de uma sociedade de classes, com cortes culturais nítidos, o processo de difusão interna de valores dar-se-ia nas mesmas linhas. O professor Herskovits seguia Ralph Linton em sua ideia de que as culturas têm uma área de preocupação dominante, de máxima percepção, cujo estudo é essencial para a compreensão de sua dinâmica.

Dentro dessa ótica, defendera a tese de que nos povos da África Ocidental a área focal seria a vida religiosa. As culturas extremamente sofisticadas desses povos estariam ordenadas a partir da visão religiosa do mundo. Eu havia imaginado que a intensa religiosidade dos negros no Brasil encontrava explicação no esforço que deviam realizar para sobreviver em uma sociedade que os reprimia e mutilava. Ele redarguiu que, embora isso fosse verdade, não foi por acaso que a criatividade dos negros brasileiros se refugiara na esfera religiosa.

Esse diálogo com o professor Herskovits fez-me pensar que a criatividade religiosa das populações brasileiras de origem africana, estimulada em luta secular pela sobrevivência, constitui elemento fundamental na formação de nossa cultura. Por outro lado, a corrente dominante da cultura brasileira teve sua área focal crescentemente deslocada para a inovação tecnológica, principalmente através de empréstimos a outras culturas. Essa dicotomia de orientação na área de percepção mais aguda da cultura não podia ser ignorada. Para pensar o Brasil era necessário começar pela antropologia.

Na Universidade de Chicago, também tive a oportunidade de encontrar o professor Theodore Schultz, cujo livro *Agriculture in an Unstable Economy* [*Agricultura numa economia instável*] citávamos frequentemente em nossas discussões em Santiago. Ele se detivera na observação do comportamento dos preços agrícolas nos Estados Unidos e comprovara uma marcada instabilidade. Por outro lado, partindo da chamada Lei de Engel, segundo a qual a participação dos gastos com alimentos tende a declinar quando cresce a renda disponível para consumo, calculou a elasticidade-renda da demanda de alimentos primários nos Estados Unidos, concluindo que ela declinara persistentemente e se situava em torno de 0,25. Isso significava que os gastos dos consumidores teriam que subir quatro pontos para que a demanda de alimentos aumentasse um ponto. Para nós, esses estudos empíricos tiveram uma importância considerável, pois as exportações da periferia outra coisa não eram senão uma agricultura de segunda classe dos países centrais. Se uma ação deliberada do governo dos Estados Unidos era indispensável para evitar que os preços pagos aos agricultores norte-americanos não tendessem à baixa, que pensar dos preços dos produtos agrícolas provenientes dos países periféricos?

Mas o professor Schultz não tinha sensibilidade para os aspectos do problema que nos interessavam. Estava convencido de que, caso se obtivesse maior estabilidade da economia norte-americana, o essencial do problema estaria resolvido. Inclusive se empenhava em demonstrar que a política de controle da área plantada nos Estados Unidos não tivera eficácia e podia ser dispensada.

A dificuldade de dialogar com Schultz e tantos outros competentes economistas norte-americanos provinha de que se empenhavam em descobrir a racionalidade do agente econômico, por mais etérea que ela fosse. Se o funcionamento do sistema apresentava roçamentos, devíamos atribuí-los a falhas institucionais ou de organização que cabia corrigir. Se um mercado era "imperfeito", o que importava era eliminar a imperfeição, e não contrabalançar os seus efeitos indesejáveis. Tudo seria perfectível, e, se persistíssemos nessa fé, um dia alcançaríamos o mundo ideal da concorrência pura e perfeita. As conversas com economistas não despertavam muito interesse.

A FANTASIA ORGANIZADA

Encontrei num dos corredores da Universidade de Chicago o professor E. J. Hamilton, que havia levantado nos arquivos da Casa das Índias, em Sevilha, informações preciosas sobre o comércio da Espanha com suas colônias americanas e pusera em evidência os efeitos negativos, na economia espanhola, do influxo de metais preciosos nos séculos XVI e XVII. Era um homem exuberante e de acesso fácil, que sabia dialogar. Sua tese de que a prata da América havia caído no telhado da Espanha e escorrido para os países vizinhos, verdadeiros beneficiários, ajudou-me a entender as distorções que a exploração do petróleo estava introduzindo em uma economia como a venezuelana. Quando disse ao professor Hamilton que havia lido seus trabalhos na França, onde eles despertavam muito interesse, tomou-me pelo braço e levou-me para a sua sala de trabalho, onde me expôs o amplo horizonte das pesquisas em que estava empenhado. Nesse momento, concentrava-se no estudo de tendências e mudanças a longo prazo. Apegava-se aos dados empíricos e olhava com desconfiança para os economistas que pretendiam meter a História na engrenagem de um modelo.

Esses contatos rápidos em alguns centros universitários deixaram-me entrever a riqueza das pesquisas em curso em áreas correlacionadas com a temática geral do desenvolvimento. Também nesse setor, a universidade norte-americana alcançara a plena maturidade, e, pela amplitude do horizonte que abarcava e escala dos recursos que aplicava, era de prever uma avalanche de coisas novas para breve. No campo propriamente da economia, as coisas iam mais devagar. Os modelos de crescimento ainda não haviam entrado na moda com suas sofisticadas variantes de função da produção. O pesado corpo da ciência econômica, concebido para funcionar em um universo onde a dimensão tempo inexiste, oferecia grande resistência. Mas a fortaleza estava sob assédio. Em torno dela pipocavam ideias novas vindas da história econômica, da demografia, da antropologia, da sociologia, da história da ciência e das técnicas. Em pouco tempo mais, cristalizaria o paradigma do desenvolvimento, e um caudal de pesquisa que se esterilizava em áreas saturadas encontraria novo canal por onde desaguar. Ao ganhar nitidez esse paradigma, impor-se-ia a necessidade de romper fronteiras e buscar a interdisciplinaridade, de afrouxar as camisas de força do funcionalismo, de recolocar o problema epistemológico da relação entre fins e meios nas ciências sociais.

Estava convencido de que na Cepal havíamos avançado em terra ignota, e que ocupávamos posições de vanguarda. Agora eu percebia que seríamos envolvidos por forças avassaladoras, que provavelmente soçobraríamos quando deflagrasse o potencial de pesquisa que se estava armando nos Estados Unidos, onde começava a repercutir a vaga de fundo das transformações em curso nas economias periféricas. Mas havíamos ganhado um pequeno avanço e ninguém me convencia de que a deusa Fortuna não estivesse de nosso lado.

OBRA AUTOBIOGRÁFICA

O *Estudo* preparado para a conferência do México constitui, a meu parecer, a apresentação mais completa do que se veio a chamar de pensamento da Cepal. Mais precisamente, de ideias, emanadas dessa Comissão, que chegaram a ter efetiva influência junto aos governos latino-americanos. É o documento já referido, que mereceu o título de *Problemas teóricos e práticos do crescimento econômico*. Bem mais do que os capítulos teóricos redigidos por Prebisch para o *Estudo* de 1949, o novo trabalho tinha a marca do amplo debate que havia ocupado o corpo técnico nos dois anos anteriores.

Em etapas posteriores, o campo de reflexão da Cepal foi ampliado: com o debate sobre inflação, na metade dos anos 1950, sobre a distribuição da renda, em fins desse decênio, e finalmente sobre a dependência externa, nos anos 1960. Em consequência, ampliou-se a influência do pensamento que irradiava da Cepal, principalmente no mundo acadêmico da região, mas pouco ou nada se acrescentou à sua influência junto aos governos. Outras forças já se haviam posto em marcha, não raro para rebater ou substituir as ideias da Cepal.

Os *Problemas teóricos e práticos* traduzem um esforço para sintetizar e emprestar maior consistência a ideias que haviam sido apresentadas nos dois anos anteriores, e delas derivar recomendações explícitas de política econômica. O ponto de partida era o mesmo: vivíamos um processo secular de propagação universal do progresso técnico de exigências incontornáveis. Em uma primeira fase, esse processo se havia limitado a vincular os segmentos periféricos às economias centrais, fase que teria de exaurir-se pelo simples fato de que o intercâmbio internacional de produtos primários por manufaturados tem limites ditados pelo próprio avanço da técnica.

Com efeito, a quantidade de matérias-primas requerida para produzir uma unidade do produto final tende a declinar, tanto em razão de técnicas que permitem um melhor uso das mesmas como em função do crescente uso de sintéticos. Por outro lado, a comprovada Lei de Engel se encarregava de reduzir em termos relativos a demanda de alimentos (mais ainda das matérias-primas agrícolas que compõem os alimentos) à medida que se elevava o nível de vida de uma população.

Na época em que os países centrais reduziam sua produção agrícola para abrir espaço às importações, a periferia pôde derivar algum dinamismo do intercâmbio externo. Na nova fase, liderada pelos Estados Unidos, de proteção das atividades primárias centrais, a única saída para que prosseguisse a propagação do progresso técnico estava na industrialização da periferia. Mais grave ainda: se a elasticidade-renda da procura de produtos primários é baixa, a de produtos manufaturados é alta, o que significa que os países periféricos (importadores de produtos manufaturados) somavam as duas desvantagens. A isso o informe chamava de "disparidade dinâmica da demanda entre centro e periferia". A correção desse desequilíbrio não se dava espontaneamente, a menos que o país periférico aceitasse submeter-se a longos períodos de recessão.

Mesmo que se admitisse que a capacidade para importar crescesse tanto quanto o produto interno (o que parecia inverossímil com respeito ao conjunto dos países periféricos exportadores de produtos agrícolas), cabia ter em conta que a demanda de produtos manufaturados nesses países estaria aumentando ainda mais rapidamente. A tudo isso havia que adicionar o fato de que a industrialização periférica apoiava-se na importação de equipamentos.

Portanto, não se podia escapar à evidência de que a composição das importações deveria sofrer permanente modificação, se se pretendia evitar desequilíbrios externos e internos. Destarte, o desenvolvimento requeria uma política preventiva desses desequilíbrios, vale dizer, uma política que promovesse modificações na composição das importações. Esse o fundamento da tese da substituição de importações como base da industrialização periférica.

A substituição de importações não foi descoberta nessa época, porquanto vinha sendo praticada sob a pressão da insuficiência persistente da capacidade para importar. Nova era a explicação de que a substituição espontânea envolvia elevado custo social, pois já era fruto do desequilíbrio. Cabia programar a substituição, ou seja, buscar a linha de um desenvolvimento equilibrado.

Tampouco se podia desconhecer que a disponibilidade de fatores, no país periférico, não correspondia à tecnologia disponível, toda ela oriunda de países em que a dotação de capital por pessoa empregada era substancialmente mais elevada. "O escasso capital disponível", dizia-se, "deveria ser empregado de forma a conseguir aumento máximo de produção, economizando mão de obra somente à medida que o capital disponível permite absorvê-la em outras atividades." Daí a necessidade de "adaptar a técnica moderna a esses países, evitando limitar-se a transfundi-la". Essa parte do estudo não está adequadamente elaborada, mas apontava na mesma direção da anterior, reforçando a tese de necessidade de programação do desenvolvimento, caso se pretendesse intensificar o seu ritmo e/ou reduzir o seu custo social.

Nessa nova fase de propagação do progresso técnico, o impulso não viria apenas do centro, como ocorrera na anterior. Cabia aos países periféricos liderar o seu processo de industrialização. Uma das peculiaridades da industrialização tardia era a possibilidade de divergência entre a racionalidade no nível da empresa e a racionalidade mais abrangente, que traduz o interesse social, o que obriga a combinar a ação dos mercados com o planejamento. Portanto, a responsabilidade do Estado no encaminhamento do processo de industrialização era uma decorrência natural das novas circunstâncias em que se difundia o progresso técnico.

Restava, como tarefas para o futuro, desenvolver as técnicas de planejamento adaptadas às peculiaridades das economias periféricas e preparar as equipes que em cada país se encarregariam de levá-las à prática. No mesmo informe, a secretaria da Cepal punha os seus recursos de competência à disposição dos governos latino-americanos para o cumprimento dessas tarefas. Essa fuga para a frente não era estranha ao assédio a que ela estava sendo submetida, ameaçando-a de desaparecimento.

7. O grande heresiarca

O vivo interesse que estavam despertando os trabalhos da Cepal em muitos governos, o debate em torno de suas teses que se iniciava no mundo acadêmico e a ressonância na opinião pública de suas reuniões repercutiriam na instituição e condicionariam o seu futuro. Certo, essa ressonância foi desigual e a imagem do novo órgão estava longe de ser a mesma por toda parte. O Chile foi certamente o país em que o impacto se fez sentir mais cedo, e com maior amplitude. A presença da secretaria executiva em Santiago e o acompanhamento pela imprensa da atividade corrente desta pesavam favoravelmente. Nesse país, que contava com antigas escolas de economia, o nível do debate econômico era então relativamente elevado. Por outro lado, o governo chileno se considerava de alguma forma o "pai" da Cepal, tendo sido sua a proposta de criação da Comissão nas Nações Unidas.

Ocasionalmente, eu visitava a escola de economia da Universidade do Chile para ouvir algum conferencista. Em meados de 1949, apareceu por lá o professor Ernst Wagmann, criador do Instituto da Conjuntura de Berlim e autor de uma das mais percucientes análises da grande inflação alemã do começo dos anos 1920. Ele explicara com extrema clareza como o signo monetário fora facilmente substituído, a partir do momento em que perdera toda função, por outro que sequer preenchia plenamente as funções tradicionais da moeda. Com efeito, o *rentenmark* foi inicialmente apenas uma unidade de conta indexada à renda da terra. Até então, todas as teorias monetárias admitiam implicitamente que a moeda é uma mercadoria regulada pelo jogo da oferta e da demanda, quando na moeda fiduciária existe uma assimetria que faz com que o mais importante seja a sua demanda. Eu conhecera o livro de Wagmann em sua versão francesa, editada durante a Ocupação, que incluía um capítulo com grandes elogios à política monetária do governo nazista.

Wagmann era chileno de origem alemã e se fizera conhecer na Europa, antes da Primeira Guerra Mundial, com um estudo original sobre a inflação chilena, a qual, sendo crônica e relativamente estável, parecia na época ser algo aberrativo. A singularidade de sua experiência terá contribuído para habilitá-lo a romper a camisa de força da ortodoxia e captar a lógica do caso, realmente aberrativo, que foi a explosão inflacionária alemã. As conferências de Wagmann nada tinham de original, mas a conversa com ele me interessava, curioso que estava em observar um membro da intelligentsia alemã, que havia colaborado de boa-fé com o governo nazista. Ele não parecia ter a consciência completamente tranquila, apresentando-se uma que outra vez como vítima: "Destruíram tudo o que criei", resmungava. Como eu houvesse me referido a Paris, disse-me que havia estado nessa cidade (durante a Ocupação) para criar uma agência nas mesmas linhas do Instituto da Conjuntura de Berlim. Estava contente em saber que os franceses avançavam rapidamente nesse terreno. Falando de Keynes, observou em tom de lamento: "Minhas discussões com ele foram interrompidas pela guerra". Habitava um pequeno apartamento no centro de Santiago e parecia efetivamente acabrunhado com tudo o que acontecera à Alemanha nos quarenta anos que lá havia vivido. Levei-o à Cepal, ainda localizada na rua Pio x, para participar de um debate, que resultou divertido pelas coisas inusitadas que ele disse. A certa altura, fez a seguinte afirmação peremptória: "Todo país cuja densidade demográfica se aproxima de cinquenta habitantes por quilômetro quadrado entra em fase de instabilidade e tende a explodir". Meio burlão, observei: "Na América Latina, o país que está nessa faixa é Cuba, e parece ser um dos mais estáveis…". Outra afirmação pitoresca dele: "Os países cujo território se estende mais no sentido da latitude do que no da longitude tendem a ser mais estáveis". Imagino que ele estava fazendo um prognóstico de futura instabilidade para o Chile. Nos dois casos, foi bom profeta.

Nossas relações com o mundo universitário chileno eram abertas e biunívocas. Por essa época, Prebisch fez uma série de conferências em um dos institutos da Universidade do Chile, abordando pela primeira vez algumas das ideias sobre a dinâmica da demanda que cristalizariam em *Problemas teóricos e práticos do crescimento econômico*, apresentado na conferência de maio de 1951. Alguns professores universitários trabalhavam a tempo parcial na Cepal, e teses universitárias (de mestrado) começavam a ser preparadas sob a direção de economistas ligados à Cepal. Foi o caso da tese de mestrado de Osvaldo Sunkel, que teve como diretor Jorge Ahumada.

Em muitos países da América Latina, a imagem da instituição não se diferenciava da de Prebisch. Era o caso da Argentina, onde Prebisch, durante o governo peronista, era apresentado à opinião pública como o "homem da oligarquia", "dos interesses ingleses", "do pacto Roca-Runciman de 1933", o qual teria contribuído para dar uma sobrevida ao imperialismo inglês. O primeiro plano da cena continuava ocupado, nesse país, pela confrontação político-ideológica que se abriu com o golpe militar de 1930 e ganhou novas cores com o golpe que levou Perón ao poder em 1943. Contudo, não contar com o apoio do governo peronista não chegava a ser propriamente uma desvantagem na confrontação internacional da época. A verdade é que as delegações argentinas nas conferências da Cepal estavam sempre divididas entre peronistas ortodoxos e pessoas de vistas mais amplas, conscientes da importância da obra que estava realizando a instituição para as próprias teses de independência econômica da América Latina, defendida por Perón. Com frequência, os dois grupos se anulavam, conduzindo a representação argentina ao imobilismo.

No México também predominava a imagem de Prebisch, que ali contava com simpatias ao mesmo tempo que despertava duras animosidades. Ao ser forçado a deixar a direção do Banco Central da Argentina, em 1944, Prebisch estivera algum tempo no México como consultor do Banco Central, onde causara profunda impressão. Foi nesse país, em 1946, que ele apresentou pela primeira vez, de forma ordenada, suas teses sobre o comportamento das economias "periféricas" no ciclo econômico, repudiando as teorias do equilíbrio no comércio internacional. Ao sair do Banco Central da Argentina, passara a dedicar o melhor de seu tempo a preparar o curso que ministrava na escola de economia da Universidade de Buenos Aires, sobre "dinâmica econômica". Eram aulas que atraíam numeroso público extrauniversitário. Isso o levou a atualizar-se na literatura, e de sua atenta leitura da *Teoria geral* surgiu o pequeno livro *Keynes: uma introdução*, que muito contribuiu para difundir o pensamento keynesiano nos países de língua espanhola. Portanto, não era apenas o experiente banqueiro central que falava, e sim o economista criativo com larga experiência de formulação de política econômica no país mais avançado da América Latina. Ele havia dirigido a bem-sucedida política argentina de estabilização, em face dos choques externos, particularmente em 1938, e havia refletido sobre os resultados obtidos.

Mas o México era um país tradicionalmente em luta contra influências externas, viessem de onde viessem. Havia então uma grande autoconfiança, nutrida pelos êxitos da Revolução. Um novo quadro institucional firmara-se, finalmente, após o grande vendaval da época de Cárdenas. Na escola de economia da Universidade Nacional Autônoma, prevalecia um marxismo filosófico, espécie de *Weltanschauung*, sem mediação para a prática. O Banco Central e a Nacional Financiera (banco de desenvolvimento) possuíam bons quadros técnicos, já em parte formados nas universidades norte-americanas, unidos por uma mesma percepção dos interesses nacionais, que pouco contato mantinham com o mundo universitário local. Prebisch era admirado, mas não convencia nem a uns nem a outros. O que ele dizia, nessa primeira fase, não parecia ter grande relevância, do ponto de vista dos problemas que enfrentava a ascendente tecnocracia mexicana.

Nos países da América Central e em Cuba, a emergência de um polo irradiador de ideias que podiam contrabalançar a influência avassaladora dos Estados Unidos foi recebida com franco entusiasmo. O sufoco em que viviam esses países, intoxicados de todos os lados pela presença dos Estados Unidos, complexados em face do desenvolvimento de Porto Rico, onde o progresso material ia paralelo com a perda de identidade cultural, explica o grande interesse logo suscitado pelas teses da Cepal.

O Peru e a Colômbia situavam-se em posição diametralmente oposta, praticamente ignorando a existência da nova instituição nessa primeira fase de sua existência. O Peru era, entre os países médios e grandes da região, aquele em que as elites mais distantes estavam do povo. As turbulências e deslocações iniciadas com a crise de 1929 aí tiveram escassa repercussão. A enorme diferença entre as exigências socioeconômicas da *costa*, com sua moderna agricultura de exportação, e da *sierra*, onde se concentram as comunidades indígenas, não será estranha ao ecletismo do discurso político de um Mariátegui ou de um Haya de la Torre. O que na *costa* se entendia como luta de classes, na lógica do capitalismo, na *sierra* teria que ser visto como rebelião camponesa, no estilo da Idade Média. Sendo quiçá o país em que mais rico foi o pensamento político, na primeira metade do século XX, o Peru pouco avançava na prática política. A ameaça silenciosa do mundo da *sierra* congelava a vida política do país. Por seu lado, a Colômbia procurava recuperar-se do grande susto que fora o *Bogotazo* de 1948 e deslizava para a violência, que por muito tempo absorveria grande parte de suas energias políticas. Ademais, uma presença ativa do Banco Internacional de Reconstrução e Desenvolvimento operava como antídoto à penetração de enfoques heterodoxos dos problemas do desenvolvimento. Na Venezuela, as melhores cabeças se haviam exilado, ao mesmo tempo que o fluxo de dinheiro que brotava do petróleo agia como anestésico, obnubilando a visão da realidade.

Foi no Brasil, ao lado do Chile, que germinaram as ideias da Cepal nessa primeira fase. A industrialização brasileira, surgida do colapso da economia primário-exportadora e reforçada pelas exigências do período de guerra, se sentia ameaçada pela mudança do contexto internacional. Para combater as pressões inflacionárias, praticara-se uma política de sobrevalorização do cruzeiro e, enquanto o permitiram as reservas acumuladas durante o conflito bélico, facilitaram-se as importações indiscriminadamente. Persistir nesse caminho significava instalar-se na recessão e/ou acumular atrasos comerciais, condenando-se à bancarrota. Ia-se escapando dessa disjuntiva mediante um rígido controle de importações, o qual exigia como complemento uma política de industrialização "substitutiva de importações". Esse fundo móvel engendrava visões contraditórias da realidade, cujos contrastes eram reforçados. Com a chegada da Missão Abbink, endurecera a posição dos que pretendiam "curar o país dos excessos de uma industrialização de altos custos". As ideias da Cepal armaram ideologicamente os opositores dessa doutrina: a industrialização não seria propriamente uma opção, era a única saída para prosseguir com o desenvolvimento.

OBRA AUTOBIOGRÁFICA

No período a que estou me referindo, os países com iniciativa e capacidade de influir no plano diplomático eram os quatro que algum avanço haviam realizado no campo da industrialização: Argentina, Brasil, México e Chile. O país de longe mais rico, menos dependente dos Estados Unidos e com mais tradição de iniciativa diplomática na região era a Argentina. Mas sua crise interna a imobilizava. Perón carecia de sensibilidade para os problemas econômicos e lhe escapava o que fazia a singularidade argentina, país de alto nível de vida mas onde o mercado interno concorria com as exportações, que por seu lado desempenhavam o papel estratégico de departamento produtor de bens de capital. Ao empenhar-se numa política redistributivista para aumentar o emprego e a massa de salários, ele reduziu a capacidade de acumulação reprodutiva. Com o declínio da capacidade de importação, os preços relativos dos bens de capital aumentaram, o que tinha efeito similar ao da baixa da taxa de poupança. A Argentina era o único país da região que mantinha um importante comércio com os demais, mas a visão que tinha Perón da região, particularmente dos países vizinhos, estava inquinada de paternalismo. O certo é que o governo peronista, que carecia de uma política de industrialização, não chegou a interessar-se pelo que se fazia na Cepal, e não terá compreendido por que esta ia sendo submetida a fortes pressões, vindas principalmente de Washington.

O México fora o único dos quatro países referidos que se beneficiara do boom da economia norte-americana no período de guerra. Sua economia se diversificara consideravelmente, no setor industrial como no agrícola, e o formidável crescimento do turismo estimulara a modernização da infraestrutura de transporte e serviços urbanos. Os avanços no plano social trazidos pela Revolução, particularmente no setor rural, haviam consolidado o Estado mexicano, o que transparecia na segurança com que agiam seus dirigentes. Vinculando-se cada vez mais à economia dos Estados Unidos, cujo mercado apresentava possibilidades quase ilimitadas aos países com que mantinham relações privilegiadas, como fora o caso do Canadá, e tendo criado condições para incorporar vastas massas camponesas à economia monetária, o México era uma nau que singrava veloz por mares tranquilos. Nesse ambiente, o discurso da Cepal não chegava a despertar muita atenção. Com efeito, a discussão em torno da perda de dinamismo do setor exportador e do estrangulamento externo não podia sensibilizar sobremodo um país onde uma crescente vaga de turismo já aportava tantas divisas e mais emprego do que o conjunto das exportações.

A sobrevivência da Cepal dependeria, portanto, do apoio que viesse a ter do Chile e do Brasil. O Chile, que sofrera mais do que qualquer outro país com a Grande Depressão dos anos 1930, fora pioneiro na aplicação de uma política de industrialização abrangente. Sua Corporación de Fomento de la Producción (banco de desenvolvimento), criada antes da guerra, servira de modelo a outros países da região. A formação de capital nesse país dependia diretamente dos excedentes gerados pela exportação de cobre, ela mesma então controlada por grandes empresas norte-ame-

100

ricanas. O preço de exportação desse metal, durante a guerra, fora fixado em nível baixo, em acordos estabelecidos entre as empresas produtoras e o governo de Washington. Explica-se, portanto, que a consciência de dependência externa fosse particularmente aguda no país, certamente bem mais do que nos outros três países do grupo a que me estou referindo. O grande desafio era diversificar a estrutura produtiva, e a única carta com que se contava para esse fim era o excedente derivado das exportações de cobre. A luta dava-se em duas frentes: a da ordem internacional, que condicionava os preços do cobre e a importância relativa da parcela do valor deste que ficava no país, e a do sistema fiscal, que canalizava o excedente para investimentos produtivos. Dos dois ângulos a Cepal constituía um considerável reforço, porquanto ajudava a pôr abaixo as doutrinas ortodoxas do livre-cambismo e da não intervenção do Estado.

A situação do Brasil assemelhava-se à do Chile, tanto porque estava entre os países mais duramente golpeados pela Grande Depressão dos anos 1930 como pelo papel que vinha assumindo o Estado no processo de industrialização. Mas o excedente gerado pelo comércio exterior brasileiro era relativamente menor e de mais difícil captação pelo Estado. Daí que o governo do Brasil não haja sido impelido a definir uma política clara de industrialização. A instalação do complexo siderúrgico de Volta Redonda deixara claro que havia uma percepção do rumo a tomar. Mas foi necessário esperar pelos anos 1950 para, com a criação do Banco Nacional de Desenvolvimento Econômico (BNDE), armar-se o Estado dos meios financeiros para promover uma verdadeira política de industrialização. Em contrapartida, o Brasil dispunha, à diferença do Chile, de um mercado interno de dimensão considerável. O simples protecionismo, subproduto do colapso da capacidade para importar durante a depressão mundial e o período de guerra, fora suficiente para que a capacidade produtiva viesse a ser utilizada intensivamente em indústrias como a têxtil, o que estimulou o espírito empresarial e valorizou a incipiente pesquisa tecnológica.

O Brasil não contou com as condições favoráveis externas do México, nem se beneficiou de uma política industrial com financiamento estatal, como o Chile, mas avançou consideravelmente na diversificação de seu parque manufatureiro, com base no esforço de uma classe empresarial de evidente vigor. Mas não se necessitava de muita perspicácia para perceber a fragilidade dessa industrialização, uma vez exposta ao vento forte da concorrência externa. Teoricamente, existia a alternativa de reorientar o processo de industrialização, eliminando os galhos fracos e concentrando forças ali onde houvesse capacidade competitiva, inclusive visando à exportação. Mas, nas circunstâncias da época, isso era inviável, dada a inexistência de base financeira para reciclar indústrias e alimentar as linhas de crédito exigidas para apoiar as exportações.

Convém relembrar que nessa época as economias de muitos países industrializados estavam em processo de reconstrução e que o comércio internacional era em parte financiado na base de transferências unilaterais, como as permitidas pelo Plano Marshall. O Brasil teria de escolher entre proteger a sua indústria e reduzir o nível da atividade econômica. A heterogeneidade da classe dirigente dificultava uma definição clara de política, conduzindo a procrastinações, medidas contraditórias ou retardatárias, com efeitos distintos dos programados, enfim, ao vaivém característico da política brasileira.

Contudo, foi no Brasil que as ideias da Cepal sensibilizaram a classe empresária industrial, nela encontrando um oportuno defensor. Já em 1950, Prebisch e eu participávamos de debates animados na Confederação Nacional da Indústria (CNI) e visitávamos instalações industriais e institutos de pesquisas tecnológicas, a convite de empresários locais. Nessa oportunidade, Prebisch ficou impressionado com a penetração e abrangência de uma exposição de Euvaldo Lodi (então presidente da CNI), sem saber que ele tinha brilhantes assessores, como Ewaldo Correia Lima. Dessa assessoria, era também Rômulo de Almeida, que cumpriria papel eminente no novo governo de Vargas, o qual se iniciava naqueles primeiros meses de 1951.

A reação contra a Cepal, vinda do governo dos Estados Unidos, não deve ser atribuída apenas à orientação que assumiu o secretariado dessa instituição internacional e à rápida penetração de suas ideias. Seria, na verdade, imputar demasiada acuidade aos funcionários do Departamento de Estado. No governo dos Estados Unidos, como bem observou Churchill, as coisas se movem dentro de grandes esquemas de difícil reversibilidade. Nessa época, a formulação de política restringia-se a subáreas, ou a problemas específicos, como o criado por Perón, pairando a região como um todo na esfera vaga do pan-americanismo, que perdera substância desde a morte de Roosevelt mas que a todo momento podia ser reativado, como acabava de demonstrar a convocação de uma reunião de consulta, em nível de chanceleres, para enfrentar os desafios colocados pela Guerra da Coreia.

A Cepal era vista como uma instituição que atropelava a Organização dos Estados Americanos (OEA), de docilidade comprovada, localizada em Washington, com um pessoal latino-americano que logo se deslumbrava com as maravilhas do padrão de vida ianque, com embaixadores vacinados contra o espírito regional por rivalidades e ciúmes. O Conselho Interamericano Econômico e Social (Cies) simbolizava a cômoda, ainda que falsa, harmonia nas relações hemisféricas. Por que desviar para as Nações Unidas, essa arena tão menos segura, assuntos que vinham sendo tratados com êxito no âmbito pan-americano? Essa a razão pela qual o governo de Washington empenhara-se em evitar a criação da Cepal, abstivera-se no momento da votação e fazia, agora, démarches para liquidá-la.

As coisas evidentemente se agravaram com a ascensão de Prebisch à secretaria executiva, em meados de 1950. É de imaginar que hajam pululado memorandos chamando a atenção para os traços particulares desse personagem, que estava longe de ser o que se apodava de "homem de esquerda", sem deixar de ser um impenitente heterodoxo, insensível ao charme discreto da boa doutrina justificadora da ordem econômica internacional, que condenava tantos países a se perpetuarem como exportadores de produtos primários. Desconhecer a autoridade dos pontífices da ciência econômica derivava da ignorância ou da "arrogância". Acusavam esse grande heresiarca de haver sido o introdutor, na América Latina, dessa coisa, considerada abominável, que era a prática dos câmbios múltiplos. Por causa desse inominável pecado, murmurava-se, o FMI havia recusado a sua candidatura para incorporar-se ao seu staff. Com efeito, em fins de 1948 a candidatura de Prebisch para trabalhar no FMI foi apresentada por Felipe Pazos, brilhante economista cubano, que pouco depois ocuparia o cargo de diretor do Banco Central de seu país. Houve forte reação contra, certamente suscitada pelo temor de que na instituição que deveria ser o tabernáculo da ortodoxia surgisse um foco infeccioso. Constava que quem se prestou à tarefa de denunciar a ameaça, e assim salvou o templo do monetarismo de toda contaminação, foi o delegado do Brasil, o sr. Paranaguá,* pitoresca figura que se dizia membro da nobreza imperial. Conheci Paranaguá em 1951, em minha primeira visita ao FMI, homem cordial e bonachão, destituído de qualquer conhecimento, ortodoxo ou heterodoxo, em teoria monetária. Sem lugar a dúvida, ele terá agido para prestar serviço a alguém, *par délicatesse*. Em todo caso, se Prebisch não houvesse infringido as regras da ortodoxia monetária como banqueiro central, já havia posto as unhas de fora, em período mais recente, denunciando as iniquidades do sistema de preços que regia o intercâmbio entre países industrializados e exportadores de matérias-primas. Se a Cepal era indesejável de nascença, passava a ser perigosa sob uma liderança de crescente influência nas esferas políticas e intelectuais da região. Acrescente-se a isso que a Guerra Fria havia entrado em sua fase de maior virulência, com o início das hostilidades na Coreia.

Em 1950, as autoridades de Washington firmaram acordo com as três companhias norte-americanas que controlavam a produção chilena de cobre, fixando o preço de exportação do metal sem consulta ao governo do Chile, reproduzindo a prática que haviam adotado durante o conflito mundial. A reação foi forte nos círculos políticos de Santiago. Medidas dessa ordem estavam acirrando os ânimos, o que levou o governo norte-americano a promover uma reunião de consulta dos ministros das Relações Exteriores dos países americanos, no âmbito da OEA, a qual se reali-

---

* Otávio Paranaguá, representante do Brasil no FMI até, pelo menos, 1955, apresentado em correspondência da época como "especialista em finanças de renome internacional" (carta de Ernani do Amaral Peixoto a Getúlio Vargas, 27/10/1950), tendo seu nome sido sugerido para o cargo de ministro da Fazenda (carta de João Neves da Fontoura a Getúlio Vargas, 17/12/1950). Ver arquivos do CPDOC, Fundação Getulio Vargas. (N. E.)

zaria em Washington, em fevereiro de 1951. O objetivo seria obter a "cooperação econômica de emergência", prevista nos acordos em caso de ameaça ao hemisfério. Simultaneamente, o Departamento de Estado promoveu démarches junto às chancelarias latino-americanas com vistas a solucionar definitivamente o problema da Cepal: os governos latino-americanos, reunidos em assembleia do órgão, recomendariam ao Conselho Econômico e Social das Nações Unidas o encerramento de seus trabalhos. O ato de criação da Comissão, em 1948, previa uma decisão ratificadora três anos depois.

A secretaria executiva da Cepal era então constituída por um grupo de economistas que não chegaria a duas dezenas, a maioria de menos de trinta anos, provenientes de uns dez países da região, dos Estados Unidos e da Europa. A quase totalidade dos latino-americanos havia estudado em universidades norte-americanas. As relações com a sede central das Nações Unidas tinham conhecido uma singular evolução. De um sistema de rígida tutela se havia passado para uma quase total autonomia. Recordo-me do primeiro estudo, feito em 1949, sobre o sistema de transportes da América Latina, em que se assinalava a necessidade de reciclá-lo — fora construído para servir a um padrão de comércio exterior que tendia a desaparecer —, e que foi rejeitado na sede central por sua suposta "inclinação ideológica". Com a ascensão de Prebisch à direção, os trabalhos técnicos passaram a ser enviados à sede central em seu formato definitivo, pro forma. A aceitação ampla que tiveram esses trabalhos por parte dos governos latino-americanos — mesmo os governos politicamente neutros os louvavam por sua "qualidade técnica" — deixava os pretensos revisores da sede central em posição incômoda para criticá-los. Por outro lado, Prebisch exigiu autonomia de decisão no recrutamento de pessoal em início de carreira, que era realmente o que importava. Tudo isso transformara a instituição em um caso sui generis nas Nações Unidas, um precedente que não podia deixar de suscitar preocupação em certas esferas de poder.

A nós, trabalhando em Santiago dez ou mais horas por dia, renunciando a férias, convencidos de que cumpríamos uma missão útil e de valor reconhecido, escapava essa visão global dos acontecimentos. De tempos em tempos, circulavam notícias, filtradas da chancelaria chilena ou trazidas por alguém vindo de outro país, de que estava para chegar um emissário do Departamento de Estado para retomar o fio das discussões sobre o "futuro da Cepal". À primeira vista — e essa era a opinião dominante —, a probabilidade de sobrevivência era pequena. Dada a magnitude dos interesses em confronto naqueles momentos em que ardia a Guerra Fria, não se via quem estivesse disposto a quebrar lanças na defesa de uma pequena instituição dedicada a trabalhos "teóricos".

De minha parte, estava tranquilo: consciente da importância do trabalho que havíamos feito, não voltaria para o Brasil de mãos abanando. Demais, minha ausência já ia além do que havia planejado inicialmente. É verdade que me habituara a San-

A FANTASIA ORGANIZADA

tiago, espécie de cidade pequena onde se podia encontrar o melhor que as grandes têm a oferecer. Descobrira que, para concertistas e companhias de teatro itinerantes, Santiago gozava do privilégio de ser uma prolongação de Buenos Aires. Tinha, ademais, uma fecunda tradição de teatro universitário, e uma orquestra sinfônica primorosamente ensaiada, à altura de qualquer regente internacional que arribasse à cidade. Além disso, durante a guerra lá ficara hibernando a companhia de balé moderno de Joss, e sua marca era perceptível no balé chileno dessa época. Ainda sobrevivia a velha tradição europeia da conferência, prática somente concebível onde o tempo gasto em transporte não chega a ser exorbitante. Privilégio supremo: podia jogar tênis pela manhã, antes do trabalho, e também voltar à casa para almoçar.

A amenidade do clima estimulava a prática do caminhar. Prebisch, grande andarilho, dizia que pensava melhor caminhando. Muitas vezes o segui por quilômetros, sendo nossas moradias próximas. Nunca abordava temas pessoais, mas gostava de referir-se à sua experiência no Banco Central. Indaguei dele, certa vez, o que o induzira a reassumir a cátedra universitária. Respondeu-me simplesmente: "Em primeiro lugar, porque estava desempregado, em segundo, porque gosto de pensar em voz alta, e esse é um privilégio do professor". E continuou: "Quando deixei o Banco Central, fiquei sem meio de vida. Tive que alugar minha casa em San Isidro e alugar um pequeno apartamento, onde minha mulher teve de privar-se de seu piano". Como eu mostrasse certa perplexidade por ele não haver arranjado um bom emprego, redarguiu em tom de explicação:

> Que emprego? Eu havia sido muitos anos diretor-presidente do Banco Central, conhecia a carteira de todos os bancos, pois havia ajudado a saneá-los, a ponto de poder administrar o redesconto pelo telefone. Quando me demitiram, muitos grandes bancos me ofereceram altas posições, mas como podia colocar meus conhecimentos a serviço de um se estava ao corrente dos segredos de todos? Preferi reduzir meu padrão de vida ao de um professor, o que não era muito.

8. Golias e Davi

Quando partimos para a conferência do México, em maio de 1951, as informações que circulavam eram desencorajadoras. Corria a notícia de que, na reunião de consulta dos chanceleres, os norte-americanos haviam obtido a concordância dos países-chave para liquidar a Comissão. Eu fora ao Brasil sondar a direção do vento no Itamaraty. O governo Vargas começava apenas a se instalar, o que dificultava apreender em que direção marcharia no plano internacional. Sabia-se que o governo norte-americano se havia antecipado, obtendo a criação de uma nova Comissão Mista, à semelhança da Abbink, e que o novo ministro das Relações Exteriores, João Neves da Fontoura, empenhava-se em concretizar esse projeto, já tendo obtido de Washington uma generosa promessa de financiamento. O certo é que o novo chanceler não devia ter ideia clara sobre o que vinha a ser a Cepal, e era, sabidamente, pessoa inclinada a buscar convergência de pontos de vista com os interesses norte-americanos, públicos e privados.

A geração jovem da carreira diplomática inclinava-se a favor da Cepal, particularmente aqueles que haviam servido algum tempo nas Nações Unidas, em Nova York. Era o caso de Roberto de Oliveira Campos, que eu encontrava pela primeira vez. Descobrimos rapidamente muitos pontos de vista em comum, e fizemos boas relações. Mostrou-me, então, o memorando reservado que preparava sobre a Cepal, no qual fazia referências elogiosas aos trabalhos que realizara o seu secretariado em relativamente pouco tempo, comparando-a favoravelmente a outras instituições. Calculava os custos do órgão e concluía que estes não deveriam superar, para o Brasil, 10 mil dólares por ano. Enfim, não via vantagem em liquidá-la. Esse memorando fora escrito algum tempo antes, quando se abrira o debate em torno da conveniência ou não da permanência da Cepal. Mas sobre as instruções que receberia a delegação no próximo período de sessões não cabia conjecturar. O ministro João Neves estivera havia pouco em Washington, e era possível que o assunto houvesse sido ventilado nos amplos entendimentos que então tiveram lugar. Foi o que pude perceber falando com várias pessoas, e era quase nada. Sabia que contávamos com amigos na geração jovem do Itamaraty, mas estava consciente de que o poder de decisão situava-se em outra esfera.

O interesse pelos problemas econômicos era considerável entre o pessoal novo da carreira diplomática. A monografia sobre a economia brasileira, incluída no *Estudo econômico* de 1950, suscitara interesse e logo fora publicada em português por iniciativa da Confederação Nacional da Indústria. Pela primeira vez, o processo de mudanças em curso era captado em toda a sua amplitude, particularmente o vigor e a persistência da industrialização. Depreendia-se desse trabalho uma mensagem de otimismo, e isso encontrava eco na nova geração de diplomatas, orgulhosos de representar um país respeitado pelo seu regime democrático e admirado pelo dinamismo de sua economia.

Logo que chegamos à Cidade do México, percebemos quão reduzido era o espaço que tínhamos para manobrar. Os delegados com quem falávamos não pareciam ter instruções claras com respeito àquilo que nos interessava: era como se tudo tivesse que ser improvisado. Os elogios aos trabalhos produzidos pelo secretariado surgiam de todos os lados, algumas vezes complementados com a frase ambígua: "Vocês, em todo caso, serão aproveitados em condições ótimas; em Washington, disporão de recursos mais amplos".

Foi uma decepção quando soubemos que a delegação brasileira seria presidida pelo embaixador local, homem simpático mas totalmente alheio ao que estava em jogo. Para tomar posição a nosso favor, era preciso dispor-se a "comprar uma briga", o que não podia ser uma atitude improvisada. De um funcionário não cabia esperar mais do que uma atitude cautelosa. Ora, a delegação do Chile, nosso principal sustentáculo, tinha instruções estritas de avançar conjuntamente com o Brasil. Os tempos difíceis, de tensão internacional, não estavam para um país vulnerável como o Chile expor-se sozinho. Fundamental seria o comportamento da delegação mexicana, posto que lhe seria necessariamente atribuída a presidência da conferência. Coube a Carrillo Flores, então ministro da Economia do México, esse papel. Era uma personalidade forte, exuberante e representativa da ala progressista do grupo no poder.

Os primeiros ataques surgiram do lado da delegação do Panamá, que expôs a tese, que era a do governo norte-americano, de que os tempos eram difíceis e escassos os recursos de que se dispunha para promover a pesquisa e assegurar a assistência técnica na região; portanto, não se deveriam dispersar energias. Havia de fortalecer as instituições pan-americanas, dotando-as de meios que os novos tempos delas estavam exigindo. Vinham em seguida os rituais elogios à alta qualidade técnica dos estudos que estava produzindo o secretariado; acima de tudo, era necessário preservar essa equipe, patrimônio da América Latina. O Conselho Interamericano Econômico e Social da OEA teria que assumir o compromisso de contratá-la em bloco, e de preservar-lhe a autonomia etc. A delegação norte-americana, chefiada por Charles Bohlen, homem de grande experiência, profundo conhecedor da América Latina, e que irradiava simpatia, não se expunha muito, trabalhava intensamente nos bastidores. Logo ficou claro que a delegação do México tinha instruções para buscar uma solução de "conciliação", que para nós seria fatal. Era ser ou não ser. Qualquer transação — conferências conjuntas, coordenação dos trabalhos — conduziria à perda da autonomia que tínhamos, à descaracterização da Cepal.

O segundo da delegação brasileira era o secretário de embaixada Miguel Osório de Almeida, que servia na delegação brasileira junto às Nações Unidas, em Nova York. Informou-me que a delegação enfrentava uma situação difícil, pois o embaixador, seu chefe, continuava pendente de instruções que não chegavam, e que deveriam vir de Washington, aparentemente da delegação do Brasil junto à OEA. Prevalecendo-se dessa falta de instruções, Miguel Osório havia tomado uma atitude firme na defesa da permanência da Cepal com o estatuto vigente. O curioso é que ele se expressava em inglês, como se desejasse deixar claro que aquilo ali era uma confrontação com a delegação dos Estados Unidos. Poucas vezes terei visto alguém empenhar-se na defesa de uma causa com tal ardor e poder de convencimento. Mas ele conhecia os riscos que estava correndo, pois possivelmente os norte-americanos deviam estar informados de que ele não dispunha de respaldo sólido do governo brasileiro, podendo paralisá-lo com uma démarche em esfera mais alta. Mas Miguel Osório não era adversário para intimidar-se no meio de uma briga; prevendo a possível manobra dos norte-americanos, partiu para a ofensiva e enviou um telegrama urgente diretamente a Cleantho de Paiva Leite, assessor de Vargas para assuntos das Nações Unidas. Tendo trabalhado no Secretariado das Nações Unidas em Nova York, Cleantho Leite conhecia melhor do que ninguém a importância do que se discutia na conferência do México. Não havia instruções específicas, o que levava a pensar que tudo estava preparado para que prevalecesse a tese do "compromisso" proposta pelo México. Era necessário agir com a maior rapidez. Poucas palavras seriam suficientes para sensibilizar Cleantho Leite.

No terceiro dia de luta, tudo parecia perdido. Até tarde da noite Prebisch havia estado com alguns chefes de delegação. Os únicos países que podiam exercer liderança, arrastando os demais, eram o México, o Chile e o Brasil. O México devia saber aonde ia, mas não abria o jogo; prevalecendo-se de que exercia a presidência, insistia numa solução de compromisso. O Chile somente assumiria a responsabilidade de enfrentar os Estados Unidos se fosse conjuntamente com o Brasil. Ora, o Brasil estava falando bem e bonito, mas não concretizava a sua posição, e o tempo urgia.

Pela manhã do quarto dia, levantei-me cedo. Estava hospedado no Hotel Cortez, velho convento de fachada churrigueresca, com belíssimo claustro transformado em jardim. Era a primeira vez que visitava a Cidade do México e estava simplesmente deslumbrado com o pouco que já vira de arte colonial. Qual não foi minha surpresa quando me deparei com Miguel Osório, prostrado numa cadeira de braços. Ao ver-me, disse, desalentado: "Dormi mal". E logo acrescentou: "Fui longe demais sacando cheques em branco. Se não me chega um sinal do Brasil hoje, terei que recuar". Era evidente que estava dando aquela briga *con la carne y los huesos*, como diria Unamuno. Senti-me algo envergonhado de me estar distraindo com a arte colonial mexicana, quando aquele companheiro assumia tão totalmente uma luta que era mais minha que dele. Olhei-o de frente e surpreendeu-me a tensão de seu rosto: "Você deve repousar um pouco", disse, tomando-lhe o pulso. Cento e setenta pancadas. Ele percebeu que me havia assustado e comentou, calmo: "Uma taquicardia, vou tomar providências".

As conferências internacionais em que acontecem coisas importantes desdobram-se em três fases: nos primeiros dias, há muito barulho, todo mundo lançando provocação para descobrir as intenções dos demais; depois vem um esfriamento em que o plenário se esvazia e recrudesce a atividade nos bastidores; surge finalmente a última fase, em que tudo já está decidido, e a discurseira é apenas para o público externo. Entrávamos na segunda fase, sendo necessário botar as cartas na mesa e assumir responsabilidade. Miguel Osório sabia que seus cheques em branco iam agora ser cobrados.

Eu não era delegado, portanto pouco podia fazer nessa fase de luta corpo a corpo. Saí do Hotel Cortez, atravessei a praça Benito Juárez, de frondosas árvores, e encaminhei-me para o antigo Museu Antropológico. Atravessar as suas salas era situar-se em outra órbita de civilização. A única grande civilização que se desenvolvera cabalmente sem qualquer contato com as outras suas contemporâneas. Meditar sobre ela é captar as invariâncias do espírito humano, suas estruturas gerais, como diria Lévi-Strauss. Essa civilização fora estrangulada em seu momento de apogeu. O México nasceu desse ato de suprema violência. Em torno de mim, havia muitos "índios", melhor, mexicanos que vestiam, marchavam, transportavam os filhos conforme padrões culturais tradicionais. Surpreendia-me o ar de espanto ou de deslumbramento daqueles mexicanos, descendentes diretos dos povos criadores da civilização que ali jazia como embalsamada. Não era a curiosidade corrente de quem vai a um museu para "aprender" coisas raras. Havia um ar de susto, como alguém que descobre nas dobras escondidas da memória coisas inesperadas.

Quando entrei na sala de conferências, encontrei um grupo de delegados centro-americanos que discutiam animadamente. A Cepal havia encampado a ideia de que o desenvolvimento da sub-região centro-americana passava pela integração econômica, e defendia a tese de que esta podia avançar rapidamente caso se criasse o quadro institucional necessário. A secretaria executiva se oferecia para servir como parteira da História. Isso abria um horizonte novo a pequenos países joguetes das companhias bananeiras. O grupo de delegados ali reunidos discutia animadamente o projeto de resolução lançando os fundamentos da política de integração. Pensei comigo: não vão tão rápido com o andor...

Logo adiante encontrei o Miguel Osório sorridente, parecendo totalmente recuperado. Dirigiu-se rápido para o meu lado e disse: "Chegou o telegrama". Era uma mensagem vinda diretamente do Catete, informando que o presidente Vargas via com interesse que a autonomia da Cepal fosse defendida. O resto é *fabula narrata*. A delegação norte-americana não estava interessada em uma resolução que refletisse divisão entre os latino-americanos. Dentre estes, ninguém via vantagem na liquidação da instituição, e muitos punham nela enormes esperanças, como era o caso dos centro-americanos. Se os latino-americanos se unissem, os norte-americanos recuariam, pois não lhes convinha uma confrontação aberta. Mas a união latino-americana para uma confrontação somente se daria se algum país de peso e com credibilidade assumisse a liderança. O Departamento de Estado, acostumado a conduzir os latino--americanos na direção que lhe convinha, não se havia coberto contra uma manobra audaciosa como a do Miguel Osório. Certos da complacência do México e do imobilismo do Itamaraty, pensaram em ganhar a batalha com uma fórmula "conciliatória" que abrisse a porta a uma ação mais drástica em instância superior. A circunstância de que estivesse assessorando Vargas um homem bem informado e decidido como Cleantho Leite foi fundamental. Por último, e acima de tudo, pesou o fato de que Vargas tivesse uma clara percepção de que um país como o Brasil necessita ampliar os seus espaços de atuação internacional, e era isso que estava em jogo.

Antes de sair do México, expus a Prebisch minha opinião de que seria benéfico para todos nós que incluíssemos no staff da Cepal estudiosos de outras ciências sociais, que nos protegessem contra nossa tendência natural ao economicismo. Ele reagiu favoravelmente e indagou se eu tinha alguém em mente. Disse-lhe que convinha que começássemos por um sociólogo de peso, e que havia pensado em José Medina Echavarría, de quem tracei um pequeno esboço biográfico. Aparentemente, ele não o conhecia, mas autorizou-me a procurá-lo. Havia partido da hipótese de que José Medina ainda vivia no México, onde se estabelecera desde o fim da Guerra Civil Espanhola. O trabalho por ele realizado como organizador da seção de sociologia da coleção de publicações do Fondo de Cultura Econômica e dirigindo a tradução de *Economia e sociedade*, a obra monumental de Max Weber, fora sem-par para elevar o nível dos estudos de sociologia na América Latina. Convidando José Medina, eu tinha em vista defender-nos contra o empirismo e o funcionalismo reducionista que irradiavam na época das universidades norte-americanas.

Logo fui informado pelo economista mexicano Juan Noyola Vázquez, que acabava de incorporar-se ao nosso staff, e fora aluno de José Medina na antiga Casa de España (depois transformada em Colegio de México), de que o *maestro*, como o qualificava, já havia alguns anos vivia em Porto Rico, a cuja universidade se ligara. Mas não desanimei, e decidi-me a visitá-lo em seu refúgio. Aportei a San Juan e sem aviso prévio apresentei-me na universidade, onde fui recebido pelo próprio reitor, que, depois de conversar comigo, parece ter desconfiado de minhas "más intenções". Comunicou-se por telefone com José Medina e ofereceu-se para me conduzir até a sua residência. Quando lá chegamos, senti-me constrangido, sem querer abrir o jogo na frente do curioso reitor. Falei a José Medina de alguns de seus trabalhos, do interesse recente na França por Max Weber, de Juan Noyola e me despedi. Do hotel, telefonei-lhe e voltei. Era homem de baixa estatura, de extrema afabilidade e mal disfarçada timidez: o contrário do estereótipo espanhol. Falou-me da pobreza da vida intelectual em San Juan, cuja universidade era um *college* norte-americano com suas qualidades e seus defeitos. Mas, ainda assim, ele tinha mais tempo para estudar e escrever do que no México, onde viver como intelectual, sem ocupar algum cargo público, era extremamente penoso. Sua modéstia encobria um fino humor, que por vezes chegava à mordacidade. Como eu falasse da França, ele observou: "O que importa lá é que pensar vale, é uma forma de agir; por aqui, é simples ato gratuito".

Expus-lhe o alcance e a orientação dos nossos trabalhos, o interesse que tinha pessoalmente em aproximar a economia da história, o importante que seria a constituição na Cepal de um núcleo de estudos sociológicos, a penetração que começavam a ter nossos trabalhos no mundo universitário latino-americano, o bom que era o clima de Santiago, essa miniatura de metrópole, o buquê dos vinhos chilenos. No elã em que me embalei, quase falo da beleza da mulher chilena. Ele me olhava com um ar meio divertido. Anos depois, diria que me olhara daquela forma, meio perplexo, porque poucas vezes teria visto alguém que irradiasse uma confiança tão grande em poder alcançar o que queria. Disse-me que ia pensar e que escreveria a Santiago.

José Medina, com seu ar modesto, sem jamais forçar a passagem, viria a ser o grande mestre da sociologia do desenvolvimento na América Latina. Que o diga Fernando Henrique Cardoso, e tantos outros que com ele trabalharam em Santiago. Seu pensamento recusava toda saída fácil, todo happy end antecipado. Tinha um riso puro de quem ama a vida, mas não baixava jamais a guarda, como se as agressões pudessem vir de qualquer lado. Sua ampla formação filosófica permitia-lhe ver tudo com um grande recuo. Anos depois, encontrei-o na Espanha, a passeio. Era eu agora o exilado. "Ah, Celso", disse-me, "isto aqui é outro país, nem pior nem melhor, simplesmente outro." A vida lhe havia reservado essa última surpresa: já não podia entender o próprio país. Despediu-se dizendo: "Nunca se exile por demasiado tempo".

Ao seguir do México para os Estados Unidos, Prebisch me havia dito: "Antes de regressar a Santiago, temos que passar pelo Brasil. Alguma palavra de agradecimento temos que levar aos amigos de lá". Assim, de San Juan segui para o Rio. Nas viagens internacionais, qualquer escusa me servia para rever os pagos cariocas. No Rio, fizera meus primeiros estudos universitários e aí tinha o meu melhor círculo de amigos. Criara raízes na cidade, quando ainda se habitava nos bairros centrais. Vivera na Lapa e na Glória, naquelas pensões de estudantes, onde nós dividíamos um quarto entre dois. A exiguidade de espaço deslocava a vida social para os cafés, onde ficávamos a discutir noite adentro. Então, eu fazia algum jornalismo e era ligado, como amador, ao meio musical. Graças a Gazzi de Sá, que fora meu professor de música na Paraíba, aproximei-me do círculo de Villa-Lobos, cuja música (refiro-me a peças como o *Rudepoema*) de início me agredia os ouvidos, formados que foram nas regras clássicas da harmonia, mas terminou por fascinar-me. Morando ali perto, aproveitava qualquer ato musical, no Teatro Municipal ou na Escola Nacional de Música. Gazzi incutira em mim um respeito quase religioso pela música, que para ele não podia ser senão a dos grandes mestres. Ouvia-se música com autêntica contrição. Um intérprete descuidado, que mutilasse a obra saltando trechos ou fugindo ao seu espírito, merecia repúdio. Villa-Lobos era diferente. Somente se concentrava quando a música lhe dizia algo. Pelos comentários que fazia, eu percebia que ele ia ao concerto para comprovar isso, tirar a limpo aquilo, como se estivesse compaginando coisas que tinha no espírito em elaboração. A experiência que vivia ouvindo a música era pessoal, servindo a obra que estava sendo executada de catalisador; não buscava a *comunhão* com a obra, como me incutira Gazzi. A verdade é que o gênio depende de si mesmo, extrai de si o que produz. Somente assim se explica o extremo egotismo de muitos deles.

Lembro-me das acirradas discussões de Villa-Lobos com José Siqueira, de quem eu estava muito próximo, pois trabalhávamos juntos na redação da *Revista da Semana*. Siqueira empenhava-se em mobilizar esforços para dotar o Rio de Janeiro de uma autêntica orquestra sinfônica. A orquestra do Municipal, que assumia a temporada de óperas, fazia rir muita gente, com suas notórias insuficiências, particularmente entre os instrumentos de sopro. Estava entre nós, trazido pelo remanso da guerra, o maestro húngaro Eugen Szenkar, que tinha fama de ser um rigoroso regente. Villa-Lobos achava que era um gasto excessivo, que havia coisas de maior prioridade a fazer. As discussões ocorriam depois dos concertos, no Amarelinho ou em outros cafés da redondeza. Quando saíamos, o Siqueira, que gostava de gesticular, baixava os braços e me dizia: "Ah, o Villa só olha para si mesmo. O problema é que o Szenkar não é intérprete da obra dele, não a conhece ou não tem sensibilidade para ela". Mas desde a vinda de Toscanini com sua maravilhosa orquestra, em 1940, havia um desejo profundo de elevar o nível da música sinfônica entre nós. E Siqueira ganhou a sua briga. Viver no centro do Rio, nessa época, significava poder ir a pé aos concer-

A FANTASIA ORGANIZADA

tos, não perder as raras exposições de pintura, aproveitar algum conferencista de passagem, conversar com os amigos nas praças e nos cafés. Lembro-me da forte impressão que me causou a retrospectiva de Lasar Segall, por essa época. Seu quadro *Navio de emigrantes* deixou-me uma impressão perene.

Eram as coisas que me vinham ao espírito quando o avião se aproximava do Rio. Mas eram outras as preocupações que eu trazia. A ideia de um regresso próximo tinha que ser afastada. O desafio estava lançado. A Cepal se transformava em símbolo do esforço de união da América Latina em sua luta para escapar das tenazes do subdesenvolvimento. Havia de dedicar alguns anos adicionais a isso, qualquer que fosse o sacrifício no plano pessoal.

Prebisch estava na sede central, em Nova York, preparando o futuro. Quando nos despedimos no México, disse-me: "Vou obter a sua reclassificação para que você possa assumir responsabilidades de direção. Há uma grande resistência por sua idade". (Em espanhol, ele me tratava de "usted", que não tem tradução em português, pois não chega a ser tão solene como "senhor", mas está longe de ser um tratamento íntimo.) Eu completara trinta anos e me considerava tão velho quanto se pode ser antes da senilidade. Para quem nascera no sertão, na época em que nos refugiávamos na caatinga para escapar das incursões de Lampião, e aprendera como primeira língua estrangeira o latim, o tempo vivido me parecia incomensurável. Arregalava os olhos quando me tratavam de "jovem". Contara-me Prebisch que, quando assumira a direção do Banco Central, tinha apenas 34 anos, o que não contribuía para firmar sua autoridade junto à comunidade bancária, na época extremamente conservadora, no país e no exterior. Decidira-se então a tomar um pouco de peso, pois a gordura confunde as idades. Não era essa uma saída para mim: era um jogador de tênis inveterado e queimaria qualquer excesso de calorias que ingerisse.

Assim que cheguei, telefonei para meu velho amigo Adhemar Alves da Nóbrega, professor e crítico de música, para informar-me sobre a temporada musical em curso. Adhemar fora meu colega, juntamente com Cleantho Leite, no Liceu Paraibano. Bastava que nos reuníssemos e as conversas já não tinham fim. Havíamos formado no Liceu Paraibano um círculo de leitores de Eça de Queirós, cuja obra era para nós uma espécie de tônico reconstituinte da alegria de viver. Havia sempre algum Dâmaso por perto, em quem convinha dar "bengaladas com aparato". Não há instituição que resista a uma boa gargalhada, dissera Eça, e nós nos vingávamos das iniquidades do nosso pequeno mundo rindo. Rir deve ser uma forma sutil de reconciliar-se consigo mesmo, de assumir uma superioridade momentânea, que nos alivia e revigora. A Lisboa catita e conselheiral de que ria Eça se abria diante dos nossos olhos no Nordeste do recitativo e do coronelismo. Como escapar a esse mundo imóvel, satisfeito em sua mesquinharia, córneo em sua insensibilidade, senão assumindo a postura horaciana de *carpe diem, quam minimum credula postero*, o que sempre justificava desperdiçar uma noite a mais em torno de copos de cerveja? Esse clube conhe-

113

cera uma fase de rejuvenescimento, no Rio, com a descoberta pelo Cleantho do *Contraponto*, de Aldous Huxley. A opressão contra a qual nos defendíamos rindo já não era a das instituições anacrônicas do mundo luso-nordestino, e sim a do vasto universo praguejado de guerras da civilização ocidental. Quando nos introduziu o *Contraponto*, disse-nos Cleantho, modestamente: "Aprendi mais lendo esse livro do que em todo o meu curso secundário no Liceu Paraibano".

Mas não era para rir da hipocrisia e do farisaísmo que agora eu procurava o Cleantho, e sim para fazer-lhe um relatório do que se passara no México, e transmitir-lhe o desejo de Prebisch de apresentar pessoalmente às autoridades brasileiras o reconhecimento da secretaria da Cepal pelo apoio que nos haviam dado. Não via bem o que se podia fazer. Imaginava que o ministro João Neves da Fontoura ainda não estava ao corrente das peripécias que tínhamos vivido, pois a máquina do Itamaraty tomaria algum tempo para digerir os acontecimentos e elaborar sua própria versão deles, antes de redigir o elegante memorando que ascenderia à mesa do chanceler. Cleantho informou-se bem da data de chegada de Prebisch e ficou de telefonar para ver o que se podia fazer. Poucos dias depois, chamou-me e disse: "Consegui abrir espaço na agenda do dr. Getúlio para que ele receba vocês. Ele mostrou curiosidade".

A entrevista foi no Palácio do Catete, então sede do governo. Prebisch, como muitos argentinos, tinha uma grande admiração por Vargas. Ele o via como o dirigente que conduzira o Brasil pelo caminho da industrialização, transformara um país de grande atraso relativo na América Latina em uma nação de vanguarda na região. Como a maioria dos observadores estrangeiros, não se detinha nos aspectos negativos. Era uma época de ditaduras, havia que escolher entre tiranos e déspotas esclarecidos... Lamentava que Perón não tivesse as mesmas virtudes de Vargas. Disse-me certa vez que, se houvesse podido influenciar Perón no começo, incutindo-lhe uma visão clara dos verdadeiros problemas econômicos com que se defrontava a Argentina, a história de seu país podia haver tomado outro rumo. Ele tentara esse contato com Perón, mas certas pessoas haviam atropelado a coisa, sem dúvida por temor de perder influência.

A aproximação corrente entre os dois políticos era fundada em desconhecimento dos homens e das circunstâncias em que atuavam. O nosso gaúcho era um homem que ouvia os entendidos, os técnicos, que se informava bem e tomava decisões com prudência. Perón era, acima de tudo, um grande ator, governava como se estivesse se exteriorizando num palco. Ademais, Vargas governava um país pobre, em que coisas pequenas podem ser importantes. Perón podia desperdiçar, sem que as angústias do momento viessem adverti-lo das consequências futuras de seus atos de histrionismo político. Prebisch observava: "Vargas soube formar quadros, deu estrutura moderna ao Estado brasileiro. Veja Perón: dispersou com um gesto a equipe que me custou dez anos para formar". Dizer aquilo devia doer-lhe. A equipe a que se referia dera à Argentina um avanço quilométrico na pesquisa econômica na América Latina e fizera do Banco Central uma instituição admirada internacionalmente. E Perón o substituíra por um certo Miguel Miranda, bem-humorado fabricante de biscoitos que, segundo saiu na imprensa da época, ao assumir o cargo bateu com o taco do sapato no assoalho e disse: "Tá tudo cheio de ouro".

Vargas nos recebeu na grande sala de despachos e nos convidou a sentar. Manobrando o charuto, podia desviar as vistas para um lado e outro, observando-nos discretamente. Era evidente que Cleantho o havia posto a par do essencial, e ele estava contente. Começou indagando sobre as pessoas dos interlocutores. Cleantho, atalhando uma observação dele, arguiu que eu não era assim tão jovem, pois havia sido oficial da Força Expedicionária Brasileira na Itália. Ele mostrou um vivo interesse. Mas foi quando se falou de problemas internacionais que se expandiu. Indagou da composição da Comissão, da forma como trabalhava e até mesmo de seu custo para os países-membros. A esse respeito, Prebisch esclareceu que eram modestos os custos para os países latino-americanos, pois se inseriam no conjunto dos gastos das Nações Unidas, que eram financiados por todos os membros da organização. Certamente estava dando eco ao argumento que circulava nas chancelarias de que a fusão com a OEA representaria importante economia para os governos da região. Fazendo-se de desentendido, Vargas indagou se não se tratava da instituição cuja liquidação havia sido objeto de démarches recentes. E, sem esperar resposta, foi afirmando: "Sabendo que havia interesses mobilizados para eliminá-la, procurei informar-me do que se tratava. Foi então que me decidi a apoiá-la". Prebisch aproveitou a oportunidade para relatar o que havia ocorrido e enfatizar o quão decisivo havia sido o apoio do governo brasileiro. Vargas ouviu, imperturbável, e, como se desejasse abreviar um ponto sensível, passou a perguntar sobre a natureza dos trabalhos que vinha produzindo a Comissão. Prebisch aproveitou para fazer uma daquelas sínteses magistrais, que lhe dão um tremendo poder de convencimento. O propósito central, disse, era contribuir para o esclarecimento dos principais problemas com que se defrontam os países latino-americanos na fase atual. Fez referência aos estudos sobre a evolução dos preços relativos de importação e exportação, em prejuízo de nossos países, problema que o presidente havia pressentido em um de seus pronunciamentos recentes. Esboçou suas ideias sobre o excedente de população na produção primária, de onde partiu para uma justificação clara da necessidade de criação de novos empregos, o que somente era possível com a industrialização.

Vargas ouviu com inequívoco interesse. Ele havia sido o homem da industrialização, mas tateando, lutando contra a "boa doutrina" dos mestres da época. Agora, ouvia uma demonstração lapidar de que havia feito a escolha certa. Interessou-se em ter cópia desses trabalhos e Cleantho intercedeu, informando que inclusive já eram disponíveis em português, em traduções feitas por mim, e que se encarregaria de pô-

-los à disposição do presidente. Ainda quis saber se a Cepal também se preocupava com problemas monetários. Prebisch esclareceu que o organismo especificamente encarregado dessa matéria, nas Nações Unidas, era o Fundo Monetário Internacional. Contudo, como não era possível abordar o conjunto dos problemas econômicos sem ter em conta seus aspectos monetários, também eles estavam sendo considerados pela Cepal.

Vargas praticamente iniciava seu novo governo e parecia decidido a imprimir-lhe um cunho altamente industrialista. Agora, tomava conhecimento de que havia todo um movimento de ideias, na América Latina, em prol dessa política, que não estava só. E tampouco lhe terá escapado que não deveria contar com o apoio das nações industrializadas para avançar nessa direção. O barulho em torno daquela pequena instituição internacional era um indício da direção em que se moviam os ventos.

Prebisch estava hospedado no Hotel Serrador, e eu o acompanhei em uma caminhada pelo centro da cidade, após o jantar. Ele sentia que, pela primeira vez, estávamos pisando em terreno firme. Vargas sabia aonde ia, e não se deixaria demover de seus propósitos. Tínhamos que dar um sentido mais prático ao nosso trabalho para corresponder às expectativas que se haviam criado. Logo que chegasse a Santiago, ele criaria a Divisão de Desenvolvimento Econômico, cuja direção me caberia.

Na Galeria Cruzeiro, assediou-nos uma família de mendigos, e eu, como desculpando os infelizes, fiz referência ao Nordeste, donde provavelmente procediam. Ele não dava a impressão de fixar-se na paisagem humana, o que podia ser um mecanismo de defesa ou simplesmente indiferença. Mas, como se houvesse percebido o filme que se desenrolou no meu espírito quando falei do Nordeste, fez o seguinte relato:

> Quando era jovem, andei pela Ásia, e tive uma experiência em Cingapura que me marcou. Eu estava usando um desses carros de tração humana, despreocupadamente. Em certo momento, parei para dar uma pequena volta a pé. Quando regressava, o homem que servia de animal de tração não me notou. Pude observá-lo e o vi abaixado, tirando de uma pequena sacola um pouco de comida, que sopesava como se estivesse medindo e comparando com o esforço que tinha a fazer, antes de levá-la à boca. Tive a sensação de que estava vendo um animal, e não uma criatura humana.

E calou-se. Fiquei pensando se ele não desviava os olhos da família de mendigos para evitar confrontar-se mais uma vez com o estranho quadro de degradação da criatura humana que se fixara a fogo no seu espírito desprevenido numa manhã cálida de Cingapura.

9. A alegria límpida de criar

As tarefas estavam definidas: refinar instrumentos de política econômica e preparar quadros técnicos habilitados a usá-los. A Cepal conseguira ocupar um lugar de relevo na luta pela orientação da política econômica na América Latina. Essa luta se travava, inicialmente, no plano das ideias, e saltava à vista a carência de pensamento diretor nas estruturas de poder da região.

Em Santiago, o clima era de euforia. Implantou-se a Divisão de Desenvolvimento Econômico, que me coube dirigir, e instalaram-se grupos autônomos com competências específicas em várias áreas. Esses grupos tinham duração variada, conforme as exigências do programa de trabalho. A equipe que eu dirigia era pequena, podendo ampliar-se com consultores quando conviesse. Nossas preocupações iniciais eram principalmente metodológicas, o que exigia um intenso intercâmbio de ideias dentro do grupo.

Entre os recém-chegados, estava Juan Noyola Vázquez, com quem eu havia tomado contato durante a conferência do México. Noyola estudara economia na Universidade Nacional Autônoma do México, e era um lídimo representante da geração que se formara no entusiasmo das jornadas revolucionárias da fase de Lázaro Cárdenas. O México humilhado das invasões estrangeiras e das mutilações territoriais do século XIX assumira finalmente a plenitude da sua soberania e se apresentava de cabeça erguida no plano internacional. A consciência de que seu país dera um salto avante na história era clara em Noyola. Em seu espírito, a História somente avança nas asas de uma revolução, e todas as revoluções de uma época emanam de uma mesma mutação histórica. E o México estava no centro do processo revolucionário

OBRA AUTOBIOGRÁFICA

do século xx. Fora aí que, antes da Revolução de Outubro, os camponeses se haviam alçado para conquistar a plena dignidade da cidadania; fora no México que se rompera a arrogância imperialista dos magnatas do petróleo; era o México a trincheira que resistira à nova invasão de bárbaros que devastara a Espanha, pois era aí que se mantinha acesa a luz do governo republicano espanhol.

Não havia chauvinismo nesse entusiasmo: o que o alimentava não era a ideia narcisista da mexicanidade, que na época entrava em voga, e sim a fé na capacidade do homem para se libertar. Na época em que Noyola estudou, predominava na Escola de Economia do México um marxismo que era essencialmente uma mistura de agrarismo e anti-imperialismo. As raízes da opressão que vitimava os povos estariam nas estruturas latifundiárias e na dominação internacional. Essa doutrina nutria o espírito de militância e fortalecia a consciência política, mas pouco interferia na definição dos currículos. O keynesianismo, que começava a penetrar, devolvia a visão global dos processos econômicos e desacreditava o espontaneísmo implícito no pensamento neoclássico. Contudo, quando se estudava a teoria dos preços, do comércio internacional, ou monetária, refluía-se para os esquemas ortodoxos que seduziam pela elegância de seus encadeamentos lógicos.

Noyola se imaginava marxista quando pensava politicamente, mas era o primeiro a apelar para os instrumentos da análise econômica convencional quando se abordavam problemas especificamente econômicos. Possuía uma formação completa de economista, e os dois anos que passara trabalhando no FMI o haviam vacinado contra o monetarismo.

A presença de Noyola tornava muito mais ameno o ambiente da Cepal, graças à vastidão do seu horizonte de interesses e conhecimentos enciclopédicos. Era dotado de uma memória de elefante e podia fazer cálculos de cabeça. Tanto podia detalhar a geografia dos Andes como descrever as batalhas da Segunda Guerra Mundial. Mas se comportava como uma criança no plano das relações humanas. Certa vez, um gaiato chamou-o cedo ao telefone para dizer-lhe que na véspera surgira forte apreensão na direção da Cepal com respeito ao andamento de certo trabalho que ele deveria apresentar no correr da semana. Foi tal o seu nervosismo que se cortou fazendo a barba, sem que isso o impedisse de rir quando tomou conhecimento de que era piada do *Día de los Santos Inocentes*.

Com frequência fazíamos passeios pelos arredores de Santiago e podíamos passar horas conversando sobre a história econômica da América Latina ou sobre a moderna literatura norte-americana (foi quem primeiro me chamou a atenção para Norman Mailer), ou sobre a Guerra Civil Espanhola, ou sobre Max Weber, que ele havia estudado sob a direção de José Medina Echavarría. Sua mulher, Juanis, era um caráter muito especial: superprotetora, sempre a admoestá-lo, ainda que com ternura. Em uma ocasião em que viajávamos juntos, fiz uma referência indireta ao com-

A FANTASIA ORGANIZADA

portamento da Juanis. Sua fisionomia se fechou, como se estivesse ruminando uma dúvida. Olhou-me de lado e murmurou:

Celso, vou revelar a você uma coisa que ninguém sabe, exceto minha mãe. Se estou vivo, é graças a Juanis. Antes de nos casarmos, houve um desentendimento entre nós e imaginei que nos separávamos definitivamente. Tomei uma dose de veneno cavalar e me enfurnei pelo bosque onde costumávamos passear. Juanis teve intuição da coisa e dirigiu-se ao mesmo lugar; encontrou-me inconsciente, mas conseguiu salvar-me.

Não muito depois de chegar a Santiago, disse-me: "Não creio que fique muito tempo na Cepal". E esclareceu: "A Guerra Fria está invadindo esta casa, e isso interferirá em nossa liberdade de trabalho". Eu soubera que a embaixada norte-americana havia fotografado o carro de Noyola na Ilha Negra, residência de Pablo Neruda, e havia feito uma démarche discreta junto à direção da Cepal considerando "inadequado" que um funcionário das Nações Unidas visitasse um líder comunista. Minha opinião era que os norte-americanos estavam apenas se expondo ao ridículo. Acalmei-o e disse-lhe que teria de ficar conosco pelo menos até que fizéssemos juntos um bom trabalho sobre a economia mexicana. Por enquanto, podíamos confiar em Louis Swenson (nosso subdiretor norte-americano), que sabia lidar com seus compatriotas, particularmente quando atacados de alucinações.

Em que consiste um plano de desenvolvimento? Esta a questão que estava no centro de nossa agenda de trabalho. O estudo apresentado na conferência do México incluíra considerações sobre a "necessidade de programas de desenvolvimento" que deveriam "abarcar todas as inversões públicas e avaliar as necessidades de inversão da atividade econômica privada". O conteúdo de um tal programa era vasto, e seus contornos, incertos. Havia que preocupar-se com os "obstáculos fundamentais" em setores básicos, principalmente energia e transporte, com a insuficiência da capacidade para importar, com a vulnerabilidade às flutuações e contingências externas, com os problemas do setor agrícola, com as necessidades insatisfeitas de obras públicas, de educação, com a concentração industrial em certas áreas, com a produtividade, com a inflação.

Enfim, tudo devia ser tomado em conta na elaboração de um plano. Havia que ter bom senso, critério, noção de prioridades. Mas por onde começar, como compatibilizar tudo isso, como atuar de forma eficaz sobre um sistema tão complexo? A literatura disponível sobre a metodologia da planificação econômica era praticamente nula. A experiência prática, sobre a qual pouco se escrevera, partia de três enfoques.

Havia a experiência soviética, cuja metodologia fundava-se na ideia de "balanços setoriais" em termos físicos, herdada das economias de guerra de alguns países, desde o primeiro conflito mundial. Como a utilização final dos recursos estava previamente determinada, tudo se resumia a problemas de organização, muito mais da competência de engenheiros do que de economistas. Na economia de guerra, a remuneração do trabalho é determinada administrativamente, tanto com respeito ao conjunto da coletividade como para cada categoria em separado. Mas ficam de pé os problemas da motivação do trabalhador e o da eficiência na coordenação de decisões.

As informações disponíveis na época indicavam que a planificação soviética não lograra avançar sobre as técnicas utilizadas nas economias de guerra: elaboração de orçamentos com respeito a setores sensíveis e administração de todos os preços do setor planificado. Não conseguira progredir nem na direção da globalização (balanço nacional), nem na da previsão do comportamento da demanda de bens finais (balanços financeiros). Não que esses temas fossem ignorados. Já nos anos 1930, Strumiline havia lançado as bases da técnica de globalização, na linha do que posteriormente se viria a conhecer no Ocidente como matriz de input-output. Mas razões obscuras, cobertas por retórica ideológica, haviam bloqueado todo avanço nessa direção, permanecendo o plano global simples agregado de programas setoriais arbitrariamente ajustados. Por outro lado, esperava-se que a demanda de bens finais reproduzisse o plano de produção, mediante racionamento compulsório ou consentido.

Em Paris, eu tivera oportunidade de acompanhar o debate em torno da planificação soviética, em que se destacara a contribuição de Charles Bettelheim, que seguira de perto na URSS a luta política contra Strumiline e outros inovadores na matéria. A opinião de Bettelheim era que por trás dessa luta estava a preocupação da estrutura burocrática de ocultar as novas formas de desigualdade social. A ninguém escapava que a planificação na forma em que a estavam praticando os soviéticos levaria a crescentes desperdícios, uma vez superada a fase de escassez generalizada.

Contudo, da experiência soviética se podiam tirar alguns ensinamentos sobre as relações entre a estrutura do sistema de produção e as taxas de acumulação. Mas havia uma distância considerável entre entender a dinâmica das estruturas, nesse nível de abstração, e saber como interferir na mesma, dadas as importantes implicações financeiras do problema.

O segundo enfoque se ligava à busca da estabilidade nas economias de mercado de industrialização avançada. A Grande Depressão dos anos 1930 tivera considerável impacto entre estudiosos e praticantes da política econômica. Como continuar a defender o regime de economia de mercado, se ele levava a tão fantástico desperdício de recursos? E como fechar os olhos à ignomínia que significava condenar milhões de cidadãos às humilhações do desemprego involuntário? Sobreviveriam as sociedades democráticas se suas populações continuassem submetidas a esse flagelo? Ou a arregimentação da economia e da sociedade, nas linhas inauguradas pelo fascismo, era o fim a que estavam condenadas?

Essas preocupações haviam dado origem à ideia de um planejamento que assegurasse o pleno emprego da mão de obra. Projetava-se o crescimento da força de trabalho e estimavam-se, com base na experiência passada, as necessidades de investimento que assegurassem a criação dos novos empregos requeridos para absorver seu crescimento. Dava-se por certo que a regulação macroeconômica seria suficiente para obter o pleno emprego no ano de base.

A planificação desse tipo perdeu interesse à medida que ficou claro que, se a regulação macroeconômica podia produzir o pleno emprego em um ano determinado, também poderia fazê-lo no ano seguinte, e assim por diante. Ora, numa economia desenvolvida, o pleno emprego é condição suficiente para assegurar o elevado nível de investimentos, vale dizer, de criação de novos empregos. A planificação somente se justificaria quando se tivesse em vista introduzir modificações estruturais de vulto, como foi o caso da França.

O terceiro enfoque era exatamente proporcionado pela experiência francesa, sobre a qual existia ampla literatura. A França é, tradicionalmente, um país com relativa abundância de recursos financeiros, que uma classe empresarial demasiado conservadora não chega a aproveitar adequadamente. O objetivo central do planejamento foi forçar a modernização da economia, injetando doses maciças de recursos em setores estratégicos. O Estado absorvia os custos da pesquisa e garantia a rentabilidade dos investimentos em setores criadores de economias externas. Assim se procedeu com respeito à siderurgia, ao petróleo, ao setor nuclear, à aeronáutica, ao transporte ferroviário, entre outros. Concomitantemente, realizava-se um esforço sistemático de modernização das infraestruturas urbanas e da construção residencial. Por último, houve o empenho na modernização do ensino e na formação de quadros superiores. Tudo isso era muito próprio da França, uma grande nação que se sentia deslocada de uma posição histórica preeminente e empenhava-se em recuperar o tempo perdido.

Era comum que se retivesse da planificação francesa o caráter "indicativo". Mas o essencial não estava aí, e sim na seletividade do esforço modernizador sob a égide do Estado. A mudança estrutural que se buscava era essencialmente qualitativa: visava provocar mutações no plano tecnológico. Daí que não se desse tanta atenção ao aspecto da coerência interna do plano, que deveria decorrer naturalmente dos equilíbrios macroeconômicos a cargo da política de curto prazo.

Nosso objetivo era diferente. Tratava-se de inventar técnicas que permitissem colocar diante da sociedade o horizonte de opções possibilitado pela estrutura existente e pelo esforço de mudança consentido. Diríamos: está aqui o mapa de suas possibilidades; tudo tem preço, cada coisa que se obtém paga-se com outras a que renunciamos; o fator tempo está metido em tudo, tempo irreversível. Dessa forma, o sistema de decisões adquiria uma grande transparência, permitindo alcançar maior grau de racionalidade e de responsabilidade na política. Perguntávamo-nos se isso não era uma miragem, sendo a política permeada de irracionalidade e conflitos. Não, caso se tivesse em conta que o campo do conflito é o poder, e o que nos preocupava era criar instrumentos que dessem ao mesmo tempo eficácia e transparência ao poder.

As decisões com respeito aos fins a alcançar são da área do poder, antecedem à planificação. O que não tem sentido é imaginar que essas decisões podem ignorar a vontade dos cidadãos titulares de poder de compra. O mapa que estávamos preparando indicaria, por um lado, o âmbito das decisões possíveis, por outro, as consequências daquelas que viessem a ser tomadas, em termos daquilo a que se renunciava. Também se indicariam os sendeiros precisos a seguir para alcançar com menor custo os objetivos colimados. A área de conflito poderia mesmo aumentar, à medida que se elevasse o nível de percepção da realidade. A informação se faria mais verídica e acessível.

Partimos da evidência de que em países com um grande excedente estrutural de mão de obra não tinha sentido postular como objetivo da política econômica o pleno emprego da força de trabalho. O que importava, acima de tudo, era obter progressivo aumento da produtividade média. O que caracteriza o subdesenvolvimento é o desperdício de mão de obra por causa da insuficiência de capital. O objetivo central teria, portanto, que ser otimizar a utilização do capital, a partir dos constrangimentos criados pelo comércio exterior, pela taxa de poupança interna, pela entrada líquida de capitais e pelas preferências da coletividade com respeito à composição da oferta de bens de consumo.

A taxa de crescimento, em uma economia que conta com uma oferta elástica de mão de obra, é função do esforço de acumulação e da eficácia no uso dos recursos. O esforço de acumulação depende essencialmente da taxa de poupança, que por seu lado reflete o quadro institucional, portanto opções políticas. A planificação opera principalmente do lado do uso dos recursos, procurando aumentar a eficácia na utilização dos recursos raros. Portanto, seu objetivo não é exigir mais esforço da coletividade, nem mesmo aumentar a taxa de crescimento, e sim reduzir o custo social da produção. A decisão de exigir mais esforço da população e/ou intensificar o crescimento é de natureza política. O que é próprio da planificação é que ela explicita os objetivos embutidos na política. Se o objetivo central é elevar a taxa de crescimento, o plano poderá indicar caminhos alternativos a ser utilizados para alcançá-lo. Do lado do financiamento: onde obter os recursos adicionais destinados à acumulação? Do lado da oferta de recursos reais: onde e como obter equipamentos? E, se se trata de aumentar a produção interna destes, qual o tempo requerido? E assim por diante.

Dentro desse quadro de ideias, elaboramos dezenas de exercícios, utilizando como base a economia chilena, com respeito à qual dispúnhamos de razoáveis estimativas de renda e da acumulação global e setorial. Os dados históricos permitiam derivar uma taxa tendencial de crescimento, que vinha sendo fortemente afetada por

A FANTASIA ORGANIZADA

fatores externos. Também podíamos observar em detalhe as mudanças estruturais do sistema produtivo e o comportamento da demanda dos produtos finais em função da evolução da renda dos consumidores e de ocasionais modificações nos preços relativos. E ainda dispúnhamos de uma matriz simplificada de input-output, particularmente importante para aferir o coeficiente de importação de cada setor de atividade.

Era fascinante jogar com essa massa de dados, se bem que todos os cálculos tivessem de ser feitos penosamente em máquinas da era pré-eletrônica. Fixado um conjunto de objetivos estratégicos, passávamos a aferir sua exequibilidade do ponto de vista da pressão no balanço de pagamentos, da magnitude das mudanças estruturais requeridas, da pressão inflacionária potencial, do tempo necessário para aumentar a tolerância a esses constrangimentos.

Tínhamos consciência de haver inventado um instrumento que poderia chegar a ter extraordinária importância nos países de industrialização retardada. O planejamento até então praticado, mesmo quando se dizia *centralizado*, era de natureza setorial e se fundava em critérios puramente empíricos. Agora, podíamos partir de uma taxa global de acumulação, compatível com os recursos de financiamento para estabelecer, em primeira aproximação, as necessidades setoriais de inversão e a provável composição das importações. A magnitude e a composição das importações podiam ser antecipadas e adequadamente inseridas no plano. Era de esperar, portanto, substancial melhora no financiamento do sistema econômico, ou seja, uma baixa sensível nos custos sociais do desenvolvimento.

A ação do Estado concentrava-se em promover as mudanças estruturais requeridas, e em definir os espaços dentro dos quais atuariam os empresários privados. Havia a temer, por um lado, que o aparelho do Estado fosse inoperante ou inepto, por outro lado, que a classe empresarial carecesse de dinamismo. No primeiro caso, havia que começar por uma reforma administrativa e um grande esforço de aperfeiçoamento dos quadros do setor público; no segundo, existia o risco de hipertrofia da ação empresarial estatal. Não se tinham indícios, na época, de que conglomerados transnacionais viessem a ocupar um espaço tão grande na área empresarial, pois a presença do capital estrangeiro ainda se circunscrevia às atividades primário-exportadoras e complementares das importações. Trabalhávamos com a hipótese de que a tecnologia estava incorporada a equipamentos que podiam ser livremente adquiridos nos mercados. Razão pela qual não se considerou necessário dar tratamento especial ao problema do acesso à tecnologia.

A dificuldade que se apresentava para articular uma técnica de planificação advinha de que a formação dos economistas os condicionava para pensar em termos de equilíbrio. Ainda que afirmem mil vezes que a realidade é dinâmica, está em constante mudança, os economistas somente conceitualizam o estático. A passagem à macroeconomia foi um formidável avanço porquanto privilegiou a visão globalizante. Mas a política macroeconômica se cinge à ideia de "regulação", ou seja, de interferência no comportamento de certas variáveis macro com vistas a restabelecer um suposto equilíbrio, sempre concebido estaticamente.

A discussão desse problema induziu-nos a retomar o conceito de "sistema de forças produtivas", que havia sido introduzido por Friedrich List nos anos 1840. Em vez de pensar conjuntamente em oferta e demanda, o que nos amarra à ideia de equilíbrio, pensamos em termos de oferta potencial, deixando implícito que a oferta cria a sua demanda, conforme a velha Lei de Say. As projeções da demanda eram estabelecidas com base nas elasticidades-renda, ocasionalmente completadas por elasticidades-preço. Os desajustamentos possíveis entre oferta e demanda passavam para a esfera da regulação macroeconômica. Ao contrário do que ocorre quando abarcamos o conjunto do sistema econômico, o enfoque pelo ângulo dinâmico torna-se relativamente simples quando nos limitamos a considerar o sistema produtivo.

O crescimento de um sistema de forças produtivas é uma questão de acumulação e produtividade. Se os recursos a acumular são gerados endogenamente, a variável mais importante passa a ser a parte do produto, num ciclo de produção, que é retida para investimento. Se numa primeira aproximação fazemos estável a produtividade, a taxa de crescimento é determinada pela proporção do produto retida para acumulação, ou seja, a taxa de investimento. As estatísticas da época permitiam obter essa taxa correntemente, mas o mesmo não se podia dizer com respeito à medição da produtividade global do sistema. Somente para o Chile obtivemos estimativas razoáveis da riqueza nacional (capital reprodutível), razão pela qual trabalhamos sistematicamente apenas com dados desse país. Mas não nos privamos de fazer referência a outros países, utilizando como base a produtividade marginal social obtida para uma sequência de anos.

Passo decisivo para que chegássemos a adotar esse enfoque foi a utilização do conceito de produtividade social, que havia sido desenvolvido na Cepal no período imediatamente anterior. Ao medir a produtividade social, estávamos reintroduzindo implicitamente o conceito de sistema de forças produtivas. Na época em que elaboramos a *Técnica de planificação*, conhecíamos o artigo de E. Domar, no qual ele tentara dinamizar o modelo de Keynes estimando o ritmo de expansão da demanda requerida para manter o equilíbrio oferta-demanda, tendo em conta que a existência de um fluxo de investimento líquido implicava crescimento da oferta potencial. Tanto a relação produto-capital como a taxa de investimento desempenhavam aí um papel paramétrico, ao passo que nós estávamos em busca de variáveis instrumentais, como depois as chamaria Tinbergen. A verdade é que utilizamos variáveis similares às de Domar, mas chegando a elas por caminho distinto e em busca de outros objetivos.

Estávamos conscientes das complicações que a instabilidade da capacidade para importar introduzia na planificação da economia. A saída aparente consistia em acumular maiores reservas cambiais, o que significava esterilizar parte da poupança. A mais longo prazo, havia que pensar em obter maior diversificação das exportações, ainda que na época o mercado internacional de manufaturas parecesse inacessível aos países subdesenvolvidos. Restava o argumento de que a própria planificação podia ser utilizada para reduzir a vulnerabilidade externa, comprimindo o coeficiente de importação ali onde os efeitos da instabilidade externa, diretos e indiretos, no nível de emprego fossem maiores.

Discutíamos todos esses problemas com o entusiasmo de quem descobre um jogo novo. Inclinava-me a pensar que o instrumento da planificação é tão neutro quanto a técnica de input-output. Em todas as sociedades o governo intervém na economia: trata-se de dar maior eficiência a essa intervenção e torná-la transparente. Em certa sociedade, o objetivo pode ser maximizar o emprego, em outra, reduzir a instabilidade dos preços, em outra ainda, obter mudanças estruturais ou reduzir a vulnerabilidade externa. Noyola era incrédulo com respeito a essa neutralidade. Eu o provocava dizendo: "Se os soviéticos soubessem mais economia, não teriam caído na armadilha da planificação centralizada". Ele tirava os óculos pesados, como para defender-se de uma provocação. Eu desenvolvia o meu argumento: "É perfeitamente possível dirigir eficazmente uma economia sem pagar o preço da destruição do sistema de incentivos, o que é inevitável se se centralizam as decisões". "Por esse caminho, você devolve o poder à burguesia", ele retrucava. "Não estou discutindo o problema da organização social, e sim o da eficiência do sistema econômico. E que prefere você: uma burguesia submetida ao controle social ou uma burocracia prepotente?" E por aí seguiam as discussões, sem que pretendêssemos esgotar o assunto.

Um ponto que muito me preocupava, e sobre o qual havia certo consenso entre nós, era o da definição do ritmo ótimo da acumulação. Um dos riscos que corre uma economia centralmente planificada, em que o perfil da utilização final de recursos escapa ao controle social, é o de levar demasiadamente longe o esforço de acumulação, o que não pode deixar de repercutir negativamente na produtividade, alongando o período de reposição dos equipamentos. Ademais, coloca-se o problema do estímulo à criatividade, inseparável da participação social. Era notória a discrepância que existia na União Soviética entre a elevada criatividade nas ciências naturais (onde havia participação, servindo o escândalo da genética para confirmar a regra) e a baixa criatividade na tecnologia (onde era reduzida essa participação). Noyola chamava a atenção para o culto do inventor, os centros onde a juventude era estimulada a exercer a sua criatividade, tão bem descritos no livro dos Webb sobre a *URSS: uma nova civilização*. Eu podia argumentar que esse culto devia ser interpretado como tomada de consciência de uma carência inerente ao sistema social. Mas isso levaria a discus-

OBRA AUTOBIOGRÁFICA

são demasiado longe, e era tempo de retomar coisas essenciais, como a forma final do trabalho, que ainda não sabíamos como seria.

Por essa época (em 1952), foi criado o programa de treinamento em problemas de desenvolvimento econômico, sob a direção de Jorge Ahumada, com o objetivo de formar especialistas em política de desenvolvimento, para os governos latino-americanos. De início, era um pequeno número de pessoas, selecionadas com muito critério, que passavam oito meses em Santiago. O treinamento estava dividido em três partes: a primeira, de três meses, destinava-se a ensinar como realizar um diagnóstico da situação do país; a segunda, de quatro meses, concentrava-se nas técnicas de programação; e a terceira, de um mês, tratava da organização para planejar o desenvolvimento. Importava que fossem pessoas já inseridas nos centros de decisão, podendo utilizar e difundir de imediato os ensinamentos que absorviam. Ahumada era extremamente criterioso e tratava de deixar claro que eram várias as formas de abordar a planificação, mas insistia nos conhecimentos de contabilidade nacional, técnica de input-output, finanças públicas e coisas similares. Com o tempo, prevaleceu o enfoque que havíamos desenvolvido de planificação, o qual permitia ligar o funcionamento do sistema econômico a centros de decisão. Uma vez dominada a técnica de projeções das variáveis pertinentes, passava-se ao estudo das formas de regulação macroeconômica.

O interesse por esses cursos foi tão grande que se fez necessário organizá-los nos próprios países, de forma intensiva, deslocando-se o corpo de professores por tempo limitado e fazendo-se apelo a especialistas locais para ministrar certas matérias. A esses cursos, pelos quais passaram muitas centenas de estudantes, deve-se a difusão continental do pensamento desenvolvido pela Cepal. Sem eles, a penetração das novas ideias ter-se-ia circunscrito, em muitos países, ao mundo acadêmico. Foram numerosos os formuladores de política econômica na América Latina, inclusive membros de muitos governos, que passaram pelos cursos organizados pela Cepal.

Ao pequeno grupo da Divisão de Desenvolvimento se havia incorporado Alexandre Ganz, economista norte-americano especializado em contabilidade nacional. Era um homem extremamente tímido, que se protegia atrás de um humorismo feroz. Sabia extrair água de pedra, montando quadros estatísticos a partir de dados fragmentários. Via de regra, o economista necessita ter uma percepção gestáltica do que estuda, sendo irrelevante a maioria dos detalhes. Mas saber desenvolver do detalhe o todo, como um paleontólogo, era o segredo de Ganz. Ele tinha um prazer quase sensual em detectar filões insuspeitos de informações, aflorando-lhe o sangue ao rosto redondo quando exibia sua última descoberta. Ganz pertencia à última geração de norte-americanos filhos de operários imigrantes com sensibilidade social dentro da tradição europeia. Via na luta dos latino-americanos para sair do subdesenvolvimento uma continuação das refregas de que participara seu pai contra o desemprego nos anos 1930. Não verbalizava essas coisas, pois era homem de poucas palavras, mas o orgulho com que se referia às suas origens descobria a raiz do entusiasmo com que participava do nosso trabalho.

Nessa fase também colaborou conosco Américo Barbosa de Oliveira. Aceitou um convite para passar três meses em Santiago, mas se tomou de tal entusiasmo que permaneceu cinco. Coube-lhe realizar uma primeira tentativa de aplicação da nova técnica de projeções ao Brasil, substituindo as estimativas de estoque de capital reprodutivo pela acumulação em uma série de anos no cálculo da produtividade setorial e global. Américo convenceu-se de que havíamos posto a mão em um filão novo de grandes possibilidades e dedicou-se com afinco a trabalhá-lo.

As motivações das pessoas são por vezes insondáveis. Mas nada é mais contagiante do que o entusiasmo. Não fosse o homem um ser essencialmente social. Ali onde o indivíduo se sente ameaçado, prevalece o egoísmo, o instinto de autodefesa. Mas, se existe motivação comum, com a solidariedade vem o altruísmo. O nosso grupo trabalhava sem limite de tempo e sem muita preocupação com a delimitação das tarefas. Fazíamos várias vezes a mesma coisa, como se estivéssemos nos divertindo com um jogo maravilhoso. Nos fins de semana, subíamos a montanha para esquiar, ou descíamos às praias geladas do Pacífico. Discutia-se de tudo, mas aqui e ali brotava um ato falho, traindo a continuidade da concentração, ainda que em nível subconsciente, no que estávamos realizando.

Não se tratava de produzir nenhuma obra pessoal; o que saísse de nossas mãos receberia um número e seria acrescentado a uma lista de publicações das Nações Unidas. Nossos nomes não apareceriam nem jamais seriam citados a propósito desse trabalho. Mais ainda: nossas ideias se dissolviam rapidamente no caudal que sobre o assunto brotaria de todos os lados. Como a ninguém ocorre citar trabalhos anônimos, quiçá algumas delas viessem a ter um futuro brilhante incorporadas à obra de um autor de prestígio, ou simplesmente em busca de notoriedade. Mas nenhum de nós fazia tais reflexões, plenamente recompensados que nos sentíamos pela alegria límpida de haver realizado o trabalho.

Por essa época, o quadro político chileno conheceria sérias deslocações. O governo de González Videla, que se iniciara em 1946 no espírito do Front Popular, sofrera um revertério nas águas da Guerra Fria e terminava vazio e opaco. As esquerdas, expulsas do governo, haviam deslizado para a radicalização e perdido o rumo, e as direitas ainda não possuíam uma mensagem de modernização. O conflito com o

OBRA AUTOBIOGRÁFICA

governo norte-americano em torno do preço do cobre exacerbava os ânimos, gerando um potencial de revolta que podia desembocar para a esquerda ou para a direita. Dessa vez, seria para a direita, na forma de um populismo anacrônico, caricatural para uma sociedade com o avanço político da chilena, que levaria à Presidência da República, à margem dos grandes partidos, o general Ibáñez. As consequências seriam graves para o futuro do país, pois os seis anos de paralisia política e de mistificação das massas populares abririam caminho ao retorno das direitas organizadas, que nenhum projeto possuíam para o país.

Nossas atenções estavam voltadas para o Brasil, onde se realizaria a próxima conferência, programada para maio de 1953. Eu me apressara em traduzir os cinco primeiros capítulos (teóricos) do *Estudo* de 1949, e conseguira publicá-los na *Revista Brasileira de Economia* (número de março de 1951),★ sob o nome de Prebisch. À diferença do trabalho do ano anterior, de responsabilidade pessoal de Prebisch na qualidade de consultor, o *Estudo* de 1949 era obra da secretaria executiva. Mas eu sabia que a redação havia sido de Prebisch, e que a repercussão seria muito maior se a publicação levasse o seu nome. Quando leu o texto na tradução que eu havia feito, o professor Gudin ficou chocado. Disse-me: "Aonde vai Prebisch? Que significa isso de pregar autarquia econômica?". Mas nem por isso criou dificuldades à publicação. Era suficientemente perspicaz para dar-se conta de que não se combatem ideias dificultando sua circulação. A luta se daria no próprio terreno das ideias, podendo para isso mobilizar as baterias pesadas das sumidades internacionais.

Já em dezembro de 1949, me havia escrito Arízio Viana, diretor da *Revista Brasileira de Economia*, informando da grande repercussão que tivera a publicação do primeiro ensaio de Prebisch. E acrescentara: "Esperamos que Haberler, e possivelmente Jacob Viner, nos remetam dos Estados Unidos alguns comentários, conforme prometeram ao dr. Gudin". Assim, a partir de 1950, abriu-se por iniciativa deste uma ofensiva no plano acadêmico contra as ideias da Cepal. Ou, caso se prefira o ângulo oposto, um esforço para restabelecer a verdade em pontos essenciais de doutrina, particularmente no que respeita à teoria do comércio internacional. Dentre os muitos professores ilustres convidados para participar dessa cruzada de purificação ideológica, ninguém era mais eminente do que o professor Viner, da Universidade de Princeton. Coube-lhe fazer uma série de seis conferências, entre junho e agosto de 1950, na Fundação Getulio Vargas, que enfeixavam uma bela e rigorosa exposição do pensamento ortodoxo. Uma das conferências foi dedicada a demonstrar a total falta de fundamento das disquisições de Prebisch, esse heresiarca que estava confundindo os espíritos despreparados.

Viner era um homem de superior formação intelectual e grande argúcia. Como

---

★ "Interpretação do processo de desenvolvimento econômico", de Raúl Prebisch. *Revista Brasileira de Economia*, v. 5, n. 1, 1951. (N. E.)

128

todo professor eminente de economia em sua época, situava-se em dois planos, sem permitir que o interlocutor o observasse simultaneamente dos dois. Um era o da teoria pura, mundo de construções rigorosas em que tudo se explica dedutivamente, a partir de premissas assépticas. Dentro desse mundo, ele era imbatível, maravilhoso esgrimista. Se alguém colocava uma questão concreta, ele descia por uma escada invisível para um outro plano, em que prevalecia o raciocínio analógico e tudo encontrava explicação no sentido comum.

A exposição de Viner sobre o comércio internacional estava construída no primeiro plano, mas comportava ocasionais descidas ao segundo, para prevenir interpelações inoportunas. Assim, ele dizia: "Adotarei o ponto de vista de que toda a produção, em qualquer parte do mundo, se realiza em condições de custos crescentes", mas logo acrescentava, como para se proteger: "Feita a abstração usual dos fatores dinâmicos, tais como novas invenções, progresso tecnológico e imigração inter-regional de fatores". Em outras palavras: ignoremos o mundo real e observemos uma caixa vazia. E começava a descrever essa caixa: "Considere-se que os mercados são livres e regidos pela concorrência, que tudo se realiza a longo prazo, que toda a população que deseja trabalhar está empregada, que os preços dos fatores são determinados em mercados livres e regidos pela concorrência...". É a partir desse artefato substitutivo da realidade que se demonstra a validez da tese do livre-câmbio. Ainda assim, ele abre uma exceção ao argumento de List, de necessidade de proteção para uma indústria "jovem", pretendendo desconhecer que por essa fresta poderia passar muita coisa.

Voltando-se para o que mais interessava ao público, sentenciou o professor Viner: "Em parte alguma da literatura especializada que consultei pude descobrir o que é 'país subdesenvolvido'". Depois de saborear a perplexidade do público — mais de uma pessoa estaria perguntando aos seus botões: será que eu existo? —, acrescentou: "E se exportar produtos primários é ruim, por que não nos apiedamos da Dinamarca, da Califórnia, de Iowa?".

Viner tinha toda a razão quando sentenciava que só por ignorância se pode afirmar que a teoria ortodoxa do comércio internacional é errada. É como duvidar do teorema de Pitágoras. Como no caso de toda teoria dedutiva, não se pode ir mais longe do que indagar se ela tem algum valor explicativo. A verdade é que Prebisch não se referira a essa teoria; falara vagamente de "teoria clássica", mas o que tinha no espírito era simplesmente o sistema de divisão internacional do trabalho, tal qual ele existe, e a doutrina do livre-câmbio trazia implícita a tese de que o intercâmbio conduz à igualização das rendas, cabendo à mobilidade de produtos no plano internacional papel idêntico ao da mobilidade de fatores dentro de um país.

O professor Viner não procurou saber se Prebisch estava preocupado com problemas do mundo real. Argumentou como se ele estivesse pondo em dúvida o rigor lógico de suas demonstrações. "Tudo o que encontro nesse estudo", afirmou, "é a identificação dogmática da agricultura com a pobreza", e em seguida argumenta em termos abstratos, como se a agricultura e a indústria fossem construções conceituais. Mas a verdade é que Viner não estava aí como marinheiro de primeira viagem, pois vinte anos antes tivera uma polêmica com o economista romeno Manoilescu sobre o tema. Manoilescu não teorizara; limitara-se a constatar que por toda parte (suas observações se limitavam à Europa) a produtividade era bem mais alta nas atividades industriais do que nas agrícolas, donde se podia concluir que a transferência de mão de obra da agricultura para a indústria causava necessariamente elevação da renda per capita. O que Prebisch estava acrescentando era que a distribuição de mão de obra entre agricultura e indústria (e serviços correlatos) não é arbitrária, dependendo da forma e da intensidade da propagação do progresso técnico, vale dizer, da ordem internacional implantada pelos países de onde irradia esse progresso.

Não tendo argumentos, o professor Viner procurava negar a evidência. Afirmava que a medida da renda real é enganosa, quando se pretende comparar a cidade com o campo, pois este se beneficia de uma "renda oculta", enquanto o homem da cidade sofre uma "renda negativa" em razão dos maiores custos de transportes, das "exigências extraordinárias de vestimenta" e coisas desse tipo. E acrescenta, como se não estivesse totalmente convencido dos próprios argumentos: "Não se deve menoscabar o fato de que os trabalhadores rurais escolheram deliberadamente a vida rural". Do contrário, eles iriam espontaneamente para as cidades, oferecendo sua mão de obra barata, baixando os salários urbanos. E, como percebendo que já quase ninguém estava tomando a sério o que dizia, saltou para generalidades, em torno das quais não podia haver muito desacordo: "O verdadeiro problema é a pobreza e o atraso, cujas causas básicas é preciso eliminar". E passou a condenar o excessivo crescimento demográfico.

Quando estivemos no Rio, em setembro de 1951, Prebisch e eu tomamos conhecimento desse grande festival de doutrina ortodoxa. O professor Gudin havia recuperado a sua segurança e foi extremamente gentil, convidando Prebisch para uma conferência na Escola de Economia. Falando de improviso, Prebisch divertiu o público dizendo que o professor Viner se havia esmerado em construir um boneco que, em seguida, passou a destruir. Tratava-se, evidentemente, de um diálogo de surdos, que ocultava uma real confrontação no plano das ideias, em um campo de claras implicações práticas.

É corrente que se subestime o papel das ideias na vida dos povos, e mais ainda na daqueles povos que vivem de importar ideias. À medida que a economia do país deixava de ser regulada (ou desregulada) do exterior, as ideias econômicas começavam a cobrar importância entre nós. Sendo o Rio de Janeiro a capital do país, as ideias que aí se implantavam passavam a exercer considerável influência. O Rio era por excelência a cidade cosmopolita, que vivia de administrar um excedente criado pela economia primário-exportadora, e o desenvolvimento do país se vinha fazendo, aos trancos e barrancos, em outra direção, desde a crise de 1929. Sem embargo disso, o que se pensava e dizia no Rio continuava a condicionar o discurso político. Havia mais sofisticação no Rio, e também o peso de certas personalidades inseridas em órbita internacional.

Tive a oportunidade, nessa época, de almoçar em casa de Guilherme Guinle, na rua Barão de Águas Claras, Petrópolis, em companhia do professor Gudin e do dr. Raul Fernandes, que havia pouco deixara o Ministério das Relações Exteriores. Interessava-me, em particular, a coleção de orquídeas e antúrios (entre outras flores ornamentais), certamente das mais ricas existentes em qualquer país, mas não pude deixar de seguir, fascinado, a conversa entre essas três eminentes personalidades. A família Guinle administrava as Docas de Santos e tentara infrutiferamente barrar o monopólio de capitais estrangeiros no setor de energia elétrica. Guilherme Guinle fora escolhido por Vargas para presidir a comissão executiva do plano siderúrgico, que deu origem à usina de Volta Redonda, símbolo de uma nova visão do Brasil. Ele sabia de experiência que não era possível tirar o país da condição de economia subalterna sem conflitar com interesses internacionais. Dizia isso com ênfase, e nem Raul Fernandes nem Gudin rebatiam as suas teses. Se bem que tivessem opiniões diametralmente opostas. Quando Guinle defendeu Mossadegh, que Gudin considerava simplesmente um alucinado, fiquei esperando a resposta, que não veio.

Eram amigos de longos anos (eu era o único intruso), mas em torno daqueles assuntos não havia diálogo. Tinham visões diversas do Brasil. Guinle vinha de uma tradição empresarial: seu grupo conquistara um espaço próprio, devendo para isso pagar um preço. Os outros dois haviam encontrado em grupos internacionais a escada que lhes permitira subir. Gudin, por exemplo, em toda a sua vida ativa não deixou de ser funcionário de empresas anglo-americanas. Os três eram homens que mereciam o respeito de todo o país, mas formados em contextos distintos, vendo a realidade nacional de ângulos diversos. Sabiam que sobre certas matérias (e eram da maior relevância) não adiantava discutir. O que permitia que a conversa se encaminhasse para coisas mais amenas, como a visita-surpresa de Eva Perón à conferência da oea em Quitandinha, que, não havia muito, Raul Fernandes presidira. Este descreveu com minúcia e brilho nos olhos todas as manobras florentinas que havia feito para evitar que Eva, em todo o seu esplendor, roubasse o show da conferência.

A partir desse momento, convenci-me de que carecia de sentido discutir com o professor Gudin sobre certas matérias. O que devia preocupar era a influência que ele tinha, que traduzia a preeminência do complexo primário-exportador na visão do Brasil. Ele era um brilhante jornalista, mas inseguro no debate de temas teóricos. Graças a seu sentido prático, não se perdia em disquisições *à la* Viner. Com facilidade, deslizava para a heterodoxia na argumentação, sem jamais ceder nas conclusões, sempre conservadoras. Fiz essa observação a Lewinsohn, e ele saiu-se com esta explicação: "Gudin começou a estudar economia com mais de cinquenta anos, sua visão da realidade social continuou sendo a de um engenheiro".

Soube de pessoa amiga que Gudin perguntara a Haberler o que pensava de mim. Este respondera que eu era um homem de fé (*a man of faith*), ao que ele redarguiu: um fanático? Minha astúcia de utilizar Prebisch como escudo certamente não lhe escapava. Mas sempre deu a luta de frente, expondo sem ambiguidade seus pontos de vista. Não se dissesse que ele defendia interesses deste ou daquele grupo. Tanto atacava os industriais que queriam engordar no protecionismo como a voracidade dos interesses financeiros. Mas não tinha nenhum projeto que não fosse combater a inflação, custasse o que custasse. Quando, no final do governo Dutra, surgiu um projeto de reforma bancária, combateu-o de frente, convencido que estava de que se tratava de uma manobra para expandir desmedidamente o crédito. Em panfleto publicado na época (*A reforma bancária e o problema do crédito*), afirmara que o país estava em situação de "hiperemprego". Era evidente que não havia aceitado nenhuma gota do que dissera Prebisch em seu primeiro trabalho, publicado na *Revista Brasileira de Economia*, com sua autorização, em dezembro do ano anterior.

10. Sarça ardente

O período compreendido entre 1950 e 1954, que inclui os três anos e meio do segundo governo Vargas, será decisivo para dotar de bases firmes a industrialização do Brasil, a qual estará plenamente consolidada dez anos depois, quando os militares se apossam do controle do Estado.

Conforme assinalamos, em 1949 o país lutava penosamente contra um verdadeiro estrangulamento externo. As necessidades de importação para modernizar a infraestrutura de transporte e energia, e para reequipar um parque industrial embrionário e já obsoleto, eram enormes; não havia de onde tirar divisas. As exportações continuavam circunscritas a uns poucos produtos primários de demanda reconhecidamente inelástica. Evitava-se a acumulação de atrasados comerciais mediante drástico racionamento de importações.

De nada valia discutir se a moeda estava sobrevalorizada, porquanto a ninguém ocorria, como reconhecera a própria Missão Abbink, que sua desvalorização contribuísse para aumentar o valor das exportações. A experiência havia sobejamente ensinado que a desvalorização cambial repercutia negativamente no preço do café, que contribuía com dois terços do valor das exportações.

Esse quadro começa a mudar em fim de 1949, graças a uma forte elevação dos preços internacionais do café, decorrência da liquidação do estoque que detinha tradicionalmente o governo brasileiro, conjuntamente com a previsão de má safra, no momento em que começava a reativar-se o mercado europeu. Essa brusca mudança em contexto externo representou mais para o Brasil, em termos de influxo de dólares, do que as necessidades de financiamento externo adicional que haviam sido estimadas no Plano Salte. Por uma volta da conjuntura internacional, o Brasil se beneficiava de seu pequeno Plano Marshall, ou seja, de uma pequena transferência unilateral de recursos — decorrente da melhora na relação de trocas —, o que permitiu aliviar o estrangulamento externo e retomar o processo de industrialização, que ameaçava empacar.

O impacto positivo na economia brasileira da sensível melhora na relação de trocas far-se-á sentir nos dois anos seguintes. Cresce a renda interna e, ainda mais, a demanda de importações, dentro da lógica de elevada elasticidade da demanda de produtos importados, como vinha explicando a Cepal. Preocupado com o curso que poderiam tomar os acontecimentos internacionais, dado o clima de mobilização que se criara nos Estados Unidos com a Guerra da Coreia, o governo brasileiro afrouxou o controle de importações. A reação foi imediata: a taxa média de crescimento anual da economia sobe, no período 1951-52, para mais de 7%, quando em 1949 estivera abaixo de 3%. Essa forte expansão era arrastada pelo setor industrial, cuja taxa anual de crescimento alcança 10%.

No primeiro ano do governo Vargas (1951), as importações de bens de capital aumentam em 72%, e se mantêm nesse elevado nível no ano seguinte. A taxa de inversão líquida, que era inferior a 10% em 1949, aproxima-se de 13% em 1951, e alcançará 14% em 1952. Pela primeira vez no Brasil, adotava-se uma política decididamente industrialista. A Comissão Mista Brasil-Estados Unidos, que fora uma iniciativa de Washington no final do governo Dutra, antecipando-se aos novos rumos que se manifestavam na campanha eleitoral, dedicou-se a elaborar projetos infraestruturais a ser financiados pelas instituições de crédito internacionais e oficiais norte-americanas. Com a criação do BNDE, deram-se os passos necessários para gerar os recursos em cruzeiros requeridos para levar adiante a reconstrução da infraestrutura de transporte e energia. E tomaram-se iniciativas para operacionalizar a ação empresarial do Estado em setores que exigiam grandes investimentos e para os quais o capital privado nacional não estava ocupado e/ou se impunham considerações de outra ordem.

Mas faltou uma percepção do encadeamento entre as tensões que se manifestavam no balanço de pagamentos e os desequilíbrios estruturais. Já em 1951, voltaram a acumular-se atrasados comerciais, alcançando o déficit em conta-corrente cerca de 4% do PIB no ano seguinte. A desconfiança dos grupos internacionais com respeito à política do governo logo se fez sentir. A entrada líquida de capitais de longo prazo, que vinha flutuando em torno de 30 milhões de dólares, foi pela primeira vez negativa (menos 13 milhões) em 1951. A reação do governo foi dificultar a transferência para o exterior de lucros e dividendos, a qual declinou de uma média anual de 90 milhões de dólares para 33 milhões em 1952.

O endividamento a curto prazo tornava insustentável a posição do governo brasileiro, que passou a ser submetido a fortes pressões, com estridentes barragens de imprensa, para mudar sua política. Erros táticos haviam comprometido a estratégia, e as pressões maiores eram para que esta última fosse modificada. Em meados de 1953, Vargas modificaria seu ministério, numa manobra de recuo, passando a ocupar o Ministério da Fazenda Osvaldo Aranha. Prebisch e eu havíamos tido uma longa conversa com Aranha, pouco tempo antes, e o tínhamos encontrado muito apreensivo. Insistia ele que a industrialização era devoradora de divisas, e que aí estava a causa principal da pressão do balanço de pagamentos.

Prebisch insistiu muito com ele em que a raiz do problema estava na falta de uma programação da substituição de importações, dado que qualquer expansão da renda seria acompanhada de aumento mais que proporcional da demanda de importações; para que inexistisse pressão no balanço de pagamentos, era preciso que não houvesse aumento da renda, portanto que se renunciasse ao desenvolvimento. Mas Aranha, que provavelmente já se preparava para assumir a pasta da Fazenda, estava angustiado com a perspectiva de curto prazo. Em todo caso, parecia decidido a enfrentar os grupos de pressão, de dentro e de fora, cujo comportamento traduzia um córneo egoísmo.

A fórmula que Aranha adotou para enfrentar o problema do balanço de pagamentos se alinhava com suas preocupações táticas: o controle direto das importações seria substituído pela licitação de divisas dentro de cinco categorias, em que eram classificados os bens importados. Os critérios adotados tinham em conta a essencialidade dos bens para o consumo, para o funcionamento do sistema produtivo e para a acumulação.

O setor industrial, grande beneficiário do sistema anterior, foi castigado, mas se reforçavam as finanças do Estado, o que assegurava a continuidade do esforço de investimento na infraestrutura. Já em 1953, a taxa de investimento voltava ao nível da de 1949, e as importações de bens de capital reduziam-se em 46% com respeito ao ano anterior. Também tinha começo a liquidação da dívida externa de curto prazo.

Contudo, a pressão contra Vargas continuou, pois o que os seus adversários mais poderosos tinham em mira era uma mudança da estratégia, o que passava por um recuo nas iniciativas empresariais do Estado e nas restrições ao capital estrangeiro. Não deixa de ser significativo que, com o suicídio de Vargas em agosto de 1954, assume o Ministério da Fazenda o professor Gudin, que tanto se havia empenhado contra a criação de um banco de desenvolvimento e outro hipotecário, contemplados no projeto de reforma bancária de 1950. Não será fantasia admitir que, com sua morte, Vargas terá mais uma vez mudado o curso da história, frustrando a verdadeira vitória de seus adversários, que seria nas urnas, e possibilitando a ascensão de Juscelino Kubitschek. Essa era a moldura dentro da qual se dava o debate de ideias em que me havia empenhado.

Os termos do debate, que pareciam haver sido definitivamente estabelecidos pelo ciclo de conferências de Viner em 1950, foram de alguma forma tumultuados com a visita do professor Ragnar Nurkse no ano seguinte. Figura eminente da Universidade Columbia, Nurkse havia adquirido, trabalhando para a antiga Liga das Nações, experiência em lidar com a economia internacional *real*, ademais de ter amplo conhecimento teórico da matéria, traço comum entre os grandes economistas suecos de sua geração. A temática do intercâmbio entre países industrializados e produtores de matérias-primas começava a despertar interesse nos Estados Unidos com a publicação dos estudos elaborados pelo departamento econômico das Nações Unidas, onde trabalhava o professor Hans Singer. Alguns dos colaboradores deste mantinham vínculos acadêmicos com a Columbia, onde o professor Nurkse ensinava economia internacional.

A vinda ao Brasil, que se transformara em centro de debates sobre a problemática do desenvolvimento, deu a Nurkse a oportunidade de ordenar suas ideias sobre uma temática que lhe interessava desde os tempos da Liga das Nações. Conforme me disse na ocasião, "posto que esse assunto está entrando na moda, tratemos de ocupar espaço".

A importância da contribuição de Nurkse não esteve em sua originalidade, e sim em apresentar de forma elegante e convincente, e em linguagem acadêmica, ideias que estavam brotando aqui e acolá mas ainda não haviam sido reunidas em um todo articulado. Começou observando que o problema da formação de capital não é apenas questão de disponibilidade de recursos: "A aplicação de capital é constantemente desencorajada pela pequena capacidade aquisitiva do mercado, devido à baixa renda da população, por sua vez decorrência da pequena quantidade de capital aplicada". É o círculo vicioso da estagnação econômica, que chama de "equilíbrio do subdesenvolvimento". Refletindo sobre esse ponto, ele retoma a visão schumpeteriana da ruptura do círculo de equilíbrio estático em decorrência de uma vaga de iniciativas empresariais.

Para Schumpeter, "a concentração de investimentos em determinada fase do ciclo é a substância do desenvolvimento". Essa ideia fora adotada, com referência aos países subdesenvolvidos, por Paul Rosenstein-Rodan em seu estudo pioneiro de 1943. A chave desse enfoque, que conduz à ideia de desenvolvimento equilibrado, é o conceito de economias externas no sentido amplo que lhe emprestou Young em seu artigo seminal de 1928. "Qualquer empreendimento isolado pode ser fatalmente impraticável e não lucrativo, um grande número de investimentos simultâneos [...], apoiando-se mutuamente, assegurará um mercado ampliado", havia afirmado Rosenstein-Rodan. Schumpeter se preocupara especificamente com o caso do surto do capitalismo industrial, mas o conceito podia ser generalizado para abarcar outras situações, como a arrancada japonesa liderada pela ação do Estado a partir da Restauração Meiji.

Em seguida, estudava Nurkse os obstáculos à formação de capital pelo lado da demanda. A esse respeito, fez apelo a Duesenberry, cujo artigo sobre o comporta-

A FANTASIA ORGANIZADA

mento dos consumidores havia sido publicado em 1949. A ideia é que as funções de consumo individuais são inter-relacionadas, e não interdependentes: uma pessoa poupa em função de sua renda e de sua posição na escala de distribuição da renda. Essa a razão pela qual três quartas partes das famílias norte-americanas não poupam. A análise keynesiana já havia posto em evidência que o coeficiente de poupança cresce comparativamente em função da renda individual, mas não no tempo com a renda média. É o "efeito de demonstração".

Nurkse transplantou esse efeito para o plano internacional, citando a esse respeito Prebisch, que se referia à "influência exercida sobre os países mais pobres pelos padrões de consumo dos mais adiantados". E chegou a aventar a ideia de que a Cortina de Ferro não seria estranha aos temores que têm os países socialistas — empenhados em alcançar elevadas taxas de investimento — de que suas populações sejam seduzidas pelas sofisticadas formas de consumo do Ocidente.

Por último, Nurkse estabelece uma diferença entre países superpovoados e subpovoados. Em relação aos primeiros, aplica o conceito de "desemprego disfarçado", que havia sido introduzido por Joan Robinson com referência a certas fases do ciclo. Diz ele: "A situação de desemprego disfarçado (crônica em países subdesenvolvidos superpovoados) implica uma poupança potencial disfarçada". Em outras palavras: mesmo sem modificar os métodos de trabalho, apenas alterando a organização, é possível liberar não somente mão de obra, mas também os meios de subsistência desta. Nos países subdesenvolvidos subpovoados, a situação seria diferente, pois é necessário começar investindo na agricultura para liberar a mão de obra requerida pelo desenvolvimento industrial.

A importância das conferências de Nurkse foi considerável, dado que canalizavam as atenções para a problemática do subdesenvolvimento. Se este não aparecia nos livros que lia Viner, não era difícil encontrá-lo no mundo real. Abria-se novo espaço ao trabalho de teorização, que convinha ocupar. Decidi-me a comentá-las, aproveitando a oportunidade para expor algumas ideias pessoais. Rompia-se o diálogo de surdos: deixávamos de lado as caixas vazias das teorias puramente dedutivas para abordar a realidade do subdesenvolvimento de um ângulo teórico.

Encaminhei minhas observações ao diretor da *Revista Brasileira de Economia*, Arízio Viana, e ele me escreveu dizendo que o professor Gudin recomendava que eu as desenvolvesse. Como homem de universidade, este se impacientava com a pobreza da produção teórica entre nós e lealmente apoiava quem se atrevia a voar um pouco mais alto.

Minhas discrepâncias com Nurkse (*Revista Brasileira de Economia*, dezembro de 1952)* não tinham maior importância, se bem que ele não pensou assim, pois dedi-

---

* "Formação de capital e desenvolvimento econômico", de Celso Furtado. *Revista Brasileira de Economia*, v. 6, n. 3, 1952. (N. E.)

cou-me longa resposta, publicada na mesma revista (abril de 1953).* Discordei do enfoque schumpeteriano, assinalando que uma coisa era conceitualizar um instrumento de política econômica, como propusera Rosenstein-Rodan, e outra, explicar o desenvolvimento histórico. Nurkse, parecia-me, raciocinava como se os países subdesenvolvidos estivessem estagnados, presos na armadilha do "círculo vicioso da miséria". Essa situação poderia existir em algumas partes do mundo, mas não era a que nos preocupava. Os atuais países subdesenvolvidos, dizia eu, foram atraídos, num processo histórico, para o sistema de divisão internacional do trabalho, recebendo dessa forma um impulso que os retirou da estagnação. Fazia essas observações como simples escusa para apresentar um corpo ordenado de ideias, em grande parte as mesmas que utilizara Nurkse, mas apresentadas de outra forma. Meu artigo teve ampla repercussão, sendo recolhido no ano seguinte pela Associação Internacional de Economia para figurar no *International Economic Papers* (n. 4), que se destinava a veicular em inglês contribuições teóricas aparecidas em outros idiomas. Logo em seguida, tratei de escoimar o texto dos elementos polêmicos e incluí-lo em livro que, com o título de *A economia brasileira*, circulou em 1954.

Começo afirmando que as teorias não surgem fora de época: se não existe uma teoria do desenvolvimento, é que até recentemente inexistira preocupação com o tema. A visão corrente dava por assentado que o dinamismo da sociedade liberal gerava espontaneamente o progresso econômico. Em seguida, afirmava que "a teoria do desenvolvimento econômico não cabe, nos seus termos gerais, dentro das categorias da análise econômica". E acrescentava, enfático: "A análise econômica não nos pode dizer por que uma sociedade se modifica e a que agentes sociais se deve esse processo". Mas a análise econômica pode ajudar a compreender o mecanismo da elevação da produtividade social.

Em seguida, estabelecia uma diferença fundamental entre países desenvolvidos e subdesenvolvidos: "O crescimento de uma economia desenvolvida é principalmente um problema de acumulação de novos conhecimentos e sua aplicação; o das economias subdesenvolvidas é sobretudo um processo de assimilação da técnica prevalecente na época". Dentro dos padrões técnicos da época, no país subdesenvolvido sempre existe deficiência na utilização de fatores. Essa deficiência é estrutural, decorrendo da escassez relativa do fator capital.

As grandes dificuldades do desenvolvimento se encontrariam nos níveis mais baixos de produtividade, quando a simples sobrevivência absorve toda a produção. A superação desse impasse teria vindo historicamente de um impulso dado de fora, como o estabelecimento de uma corrente de intercâmbio externo. O acesso ao mercado maior (externo) permite aumentar a produtividade econômica sem prévia acumula-

---

* "Notas sobre o trabalho do sr. Furtado relativo a 'Formação de capital e desenvolvimento econômico'", de Ragnar Nurkse. *Revista Brasileira de Economia*, v. 7, n. 1, 1953. (N. E.)

ção. O aumento de renda assim obtido pode ser o ponto de partida de um processo de acumulação. Mas, "se o impulso externo sofre solução de continuidade, quando ainda é muito baixo o nível de produtividade, é provável que o processo de desenvolvimento se interrompa". Quando se eleva a produtividade, crescem primeiramente os lucros, mas, a partir de certo ponto, também o salário. A forma como evolui a demanda depende do comportamento de uns e outros, e é afetada por fatores institucionais.

Se os aumentos de renda se concentram em poucas mãos, não haverá na economia reações que tendam a intensificar o desenvolvimento. O aumento de produtividade criado pelo impulso externo servirá apenas para que uma pequena minoria absorva as formas modernas de consumir. A maneira como foram eliminados os obstáculos institucionais ao desenvolvimento é algo a ser observado na História. Contudo, dava ênfase ao ponto seguinte: "A evolução da procura, da mesma forma que o aumento de produtividade, é uma variável independente no processo de desenvolvimento". Portanto, cabe estudar independentemente a dinâmica da procura.

Em seguida, aborda-se o problema do ritmo do desenvolvimento, que depende diretamente da produtividade do capital e do esforço de acumulação (taxa de inversão). A produtividade do capital pode variar amplamente no espaço e no tempo, e deve ser estudada no seu contexto histórico. Essa a razão pela qual a renda per capita não é senão uma aproximação do nível de acumulação e do bem-estar de uma sociedade. Por seu lado, o comportamento da taxa de investimento "é grandemente influenciado por fatores institucionais e de outras ordens, que atuam sobre a propensão a consumir". Esse tema é discutido a partir de Max Weber e de Veblen.

Se, quando ocorre uma elevação de produtividade, aumenta a taxa de poupança, o ritmo de crescimento tenderá a intensificar-se. Contudo, "não seria possível a economia crescer absorvendo todo o incremento do produto em maiores lucros, os quais devessem transformar-se em fundos para novas inversões". Isso, porque a economia de livre empresa necessita, para crescer, criar seu próprio mercado. Neste ponto, concluía eu, reside uma diferença fundamental entre a economia de mercado e a centralmente planificada.

O conflito coreano, iniciado em junho de 1950, foi utilizado pelo governo norte-americano para consolidar e aprofundar a Guerra Fria, concepção de política internacional em cuja formulação desempenhou papel importante George Kennan. Com base no conhecimento direto que tinha da Rússia, ele imaginava que a força do regime soviético fundava-se em seu poder de irradiação internacional, o que exigia da parte dos Estados Unidos uma política de "contenção" ou "barragem". Internamente, o regime soviético seria frágil, cabendo esperar que, contido o seu poder de expansão externa, não seria difícil, em fase subsequente, "empurrá-lo para trás" (*roll back*). A arte de conduzir essa política tornou-se conhecida como Guerra Fria.

OBRA AUTOBIOGRÁFICA

Dentro dessa visão da cena internacional, o conflito coreano seria um simples ensaio do governo soviético na exploração de outras formas de expansão, que não a ideológica. Quaisquer que tenham sido suas intenções, os soviéticos subestimaram a reação da opinião pública norte-americana, brindando os adversários com a possibilidade de consolidar o processo de confrontação. Doravante, seria possível levar a população dos Estados Unidos a aceitar um estado de guerra larvar permanente, por vezes envolvendo riscos consideráveis, o que viabilizava a aprovação de gigantescos orçamentos militares.

Os países latino-americanos foram convocados para a cruzada da Guerra Fria, mas, de maneira geral, responderam com pouco entusiasmo. Os sacrifícios feitos durante a Segunda Guerra Mundial haviam deixado ressaibos, aos quais se juntavam os ressentimentos causados pela exclusão da generosa ajuda que os Estados Unidos haveriam de proporcionar a aliados europeus e ex-inimigos na fase de reconstrução.

George Kennan tomou conhecimento desse quadro em visita que fez ao Brasil em abril de 1950, e empenhou-se em encontrar uma fórmula que desse satisfação a um tradicional aliado, no momento presa de séria crise com o retorno do antigo ditador à arena política, em um processo que o reconduziria à Presidência da República, agora com plena legitimidade.

Com sua vasta experiência internacional, Kennan logo percebeu que não tinha fundamento esperar que os investimentos de risco norte-americanos liderassem o desenvolvimento brasileiro, sendo indispensável uma ampla ação preparatória do Estado.

O atraso da infraestrutura brasileira era clamoroso e somente podia ser corrigido mediante a execução de um bem concebido plano de investimentos de iniciativa do governo. Foi após essa visita que as autoridades norte-americanas tomaram a iniciativa, no espírito da lei sobre desenvolvimento econômico internacional, de 1950, de propor a reconstituição da antiga Comissão Mista Brasil-Estados Unidos, à qual caberia a tarefa de enfrentar o problema dos investimentos infraestruturais. Admitia-se que as instituições financeiras existentes estavam em condições de subministrar os recursos requeridos em divisas, sempre que o governo brasileiro pudesse assegurar a contrapartida em cruzeiros.

Estudos preliminares indicavam que o Bird e o Export-Import Bank, cujas responsabilidades na reconstrução da Europa tendiam a declinar, estavam em condições de fornecer ao Brasil, no correr dos próximos três anos, 300 milhões de dólares. Com essa referência precisa, formalizou-se a nova Comissão Mista, em dezembro de 1950, para "incentivar entre os Estados Unidos da América e o Brasil o intercâmbio de conhecimentos técnicos e a cooperação em atividades correlatas que pudessem contribuir para um desenvolvimento equilibrado e coordenado dos recursos econômicos e da capacidade produtiva do Brasil". Compreendia três subcomissões: transportes, energia elétrica, e alimentação e agricultura. Caberia a esta última preocupar-se com a instalação de "matadouros industriais, frigoríficos, silos e armazéns" e com "projetos destinados a aumentar a produção e distribuição de fertilizantes".

No momento da constituição da Comissão, já havia sido eleito Vargas, que tinha experiência de lidar com os norte-americanos em época de crise internacional. O governo de Washington, ansioso em mobilizar o hemisfério para enfrentar a nova emergência internacional, convocou a referida reunião de consulta dos chanceleres americanos, no quadro da OEA, para fins de março de 1951, e estava interessado em conhecer com antecedência o ponto de vista do presidente eleito. Vargas assegurou o seu apoio ao esforço de guerra dos Estados Unidos, mas exigiu contrapartida sob a forma de estabilidade, em nível adequado, dos preços dos produtos básicos que o Brasil exportava, ajuda financeira e garantia no suprimento de equipamentos para execução de amplo plano de desenvolvimento da economia do país.

Dessa forma, a Comissão Mista trará embutida, desde o início, uma ambiguidade. Os norte-americanos tinham em mira um esforço de investimento infraestrutural, no espírito do que estava propondo a outros países subdesenvolvidos o Bird, ao passo que o governo de Vargas pretendia tirar partido da nova conjuntura para obter dos Estados Unidos uma ajuda mais abrangente e mais flexível.

Em documento reservado que Vargas, como presidente eleito, dirigiu ao governo de Washington em resposta à consulta deste, foram explicitadas as áreas em que se esperava poder contar com a cooperação norte-americana, as quais desbordavam dos setores referidos na constituição da Comissão Mista para incluir "refinarias de petróleo" (particulares ou estatais), "usinas de fabricação de azoto sintético", "ampliação da usina siderúrgica de Volta Redonda", "construção e montagem de uma segunda usina siderúrgica", "aproveitamento racional do carvão brasileiro", "eletrificação de vias férreas", "construção e montagem de uma usina em Cabo Frio para produção de álcalis", entre outras várias coisas.

Os norte-americanos se dispuseram a discutir, projeto por projeto, toda essa matéria, conscientes de que na maioria dos casos não seria inviável enquadrá-los nas instituições de financiamento. Por seus estatutos, o Bird não podia "concorrer com investidores privados", de onde resultava que, como ocorreu com o projeto de álcalis, a iniciativa pudesse ser barrada por uma firma internacional que declarasse estar interessada no assunto.

Não obstante essa ambiguidade, a Comissão Mista operou como catalisador para induzir o governo Vargas a definir, antes mesmo da posse, uma política de industrialização. E forçou o governo, particularmente o Congresso, a enfrentar o problema do financiamento interno. A criação do BNDE, capitalizado mediante um adicional do imposto de renda pago pelas pessoas físicas, dotou finalmente o país de um instrumento de financiamento a médio e longo prazos e equipou o Estado com os meios técnicos necessários para conceber e implantar uma política abrangente de desenvolvimento.

OBRA AUTOBIOGRÁFICA

★ ★ ★

Do lado brasileiro, a pessoa mais influente na constituição da Comissão Mista, e seu copresidente, foi Roberto de Oliveira Campos, diplomata de carreira com formação de economista. Ele nos visitou em Santiago, a Prebisch e a mim, expôs-nos o projeto de criação do banco de desenvolvimento e convidou-me para integrar a equipe da nova instituição. As experiências da Nacional Financiera, no México, e da Corporación de Fomento de la Producción, no Chile, haviam demonstrado que um banco de desenvolvimento é o mais importante instrumento de política de industrialização em países subdesenvolvidos. Como havia dito Nurkse, no Rio: "A criação de indústrias nascentes é mais importante do que sua proteção". Tomei-me de entusiasmo e assegurei a Campos que, de uma ou outra forma, cooperaria com o projeto.

Na época, trabalhávamos na *Técnica de planificação*, e nada eu desejava mais do que poder contribuir para difundi-la no Brasil. Prebisch sugeriu a fórmula conciliatória: criaríamos um grupo misto, com técnicos da Cepal e do novo banco de desenvolvimento, sob minha direção, para abordar os problemas de mais longo prazo, que seriam o verdadeiro desafio a ser enfrentado pela nova instituição. Isso me permitiu regressar ao Brasil desde começo de 1953, e seguir de perto os acontecimentos em uma das fases mais convulsivas e decisivas de nossa história recente.

Minha cooperação com Campos estabeleceu-se de forma harmoniosa. Seu interesse pelo planejamento decorria de uma preocupação quase obsessiva em reduzir o campo da "irracionalidade" na política. Era um homem secreto, que somente exteriorizava opiniões mediante aforismos e circunlóquios: resguardava-se de todos os lados e tendia para uma visão pessimista das coisas. Suas construções verbais podiam ser extremamente felizes, e sabia usar o picaresco com graça. Sempre surpreendia por estar mais preparado em uma discussão do que inicialmente deixava transparecer.

Certa vez, fomos a São Paulo de automóvel, alternando-nos no volante. Quando me cabia dirigir, ele lia ao lado a tese de doutorado de Nuno Fidelino de Figueiredo, sobre a economia keynesiana, que ele, Campos, iria examinar no dia seguinte. Aqui e acolá, desabafava: "Incrível, esse cara sabe tudo, leu toda a bibliografia, não deixou nada para o examinador, que tenho a dizer mais!". Fiquei apreensivo com a situação constrangedora a que ele se iria expor. No dia seguinte, deu um "banho" completo no Nuno, envolvendo-o por todos os lados e, inclusive, mostrando insuficiências na bibliografia.

Mas Campos não parecia tomar muito a sério o que dizia. Corriam a seu respeito histórias de que fora "de esquerda", de que Osvaldo Aranha o acoimara de "comunista". Quando o conheci, era um homem essencialmente preocupado com a modernização do país. Os anos que passara nos Estados Unidos, onde completara estudos universitários, e a experiência das Nações Unidas, onde servira na delegação brasileira,

142

A FANTASIA ORGANIZADA

haviam causado forte impacto na sua visão do mundo. Tinha consciência do atraso do Brasil e estava convencido de que havia que lutar contra isso sem preconceitos ideológicos. Confiava no poder da razão e desconfiava do caráter das pessoas. O nacionalismo lhe parecia uma força negativa, não pelos valores que continha, mas pelas paixões que despertava. Essa busca do racional não impedia que Campos fosse um temperamento concupiscente, e aí estava a sua contradição. Éramos muito diferentes, talvez por isso nossas relações se hajam circunscrito ao plano da cordialidade.

No número da *Revista Brasileira de Economia* de setembro de 1952, em que aparecia meu artigo teórico comentando as conferências de Nurkse, podia se ler uma sofisticada análise do professor Robert E. Baldwin sobre o comportamento secular da relação de trocas, em que se reduzia a quase nada a significação dos dados em que se fundavam as afirmações de Prebisch, Singer e outros que haviam adotado a tese da "degradação secular" dos preços relativos dos produtos primários no mercado internacional. Então como hoje, ninguém duvidava de que os dados com que trabalha o economista são imprecisos, e os conceitos que utiliza, com frequência ambíguos. Essa indeterminação, em graus diversos, existe reconhecidamente em todas as ciências, o que não as impede de capacitar o homem para agir com mais eficácia sobre o mundo.

Em economia, é comum que se desvie a atenção para aspectos metodológicos, quando se deseja ocultar o substantivo. Assim, a discussão sobre números-índices sempre pode ser reaberta, o que não nos impede de utilizá-los por toda parte para aferir a elevação dos preços. Também no mesmo número da revista figurava um elaborado estudo sobre "A inflação em relação ao desenvolvimento econômico", de E. M. Bernstein, um dos formuladores da versão monetarista do FMI, onde ocupava elevado cargo. Dessa forma, as baterias ortodoxas estavam sendo assestadas de todos os lados. Coroando essas posições, e pretendendo deixar claro que o debate devia ser dado como encerrado, aparecia um artigo do professor Gudin com o título "O caso das nações subdesenvolvidas". O autor começa advertindo os economistas de que não devem intrometer-se em seara alheia. Cabe aos engenheiros, dizia, discutir os "aspectos tecnológicos do problema do desenvolvimento". E acrescentava: "O próprio problema fundamental do progresso econômico não depende senão subsidiariamente de medidas econômicas relativas, por exemplo, ao comércio internacional, às instituições monetárias e aos ciclos dos negócios". E, em seguida, sentenciava, escudando-se no determinismo de Buckle: "Não há como negar que o desenvolvimento econômico é principalmente função do clima, dos recursos da natureza e do relevo do solo".

Não era sem razão, advertia o professor Gudin, que a civilização ocidental se desenvolvera unicamente fora da zona tropical. Era como se nos estivesse lembrando, delicadamente, que somos um povo de segunda classe. Assim, de forma complacente, dizia: são compreensíveis a irritação e a impaciência dos países pobres porque, por mais que se esforcem, não conseguem sair do atoleiro da pobreza. Ademais, negava a necessidade, não apenas de novo enfoque teórico, mas também de políticas econômicas novas. Bastava aplicar as que já se conheciam. E proclamava, do alto de suas convicções positivistas: "As equações são as mesmas, apenas os parâmetros variam".

Clarificado o horizonte doutrinário, o professor Gudin voltava-se para a Cepal, essa instituição extraviada, e ditava o que lhe convinha fazer: primeiro, preocupar-se com a inflação, pois o "hiperemprego [sic] reduz apreciavelmente o volume da produção em relação ao que ele seria com um desemprego moderado"; segundo, combater o "nacionalismo, manifestação de burrice coletiva numa época em que o imperialismo econômico já está enterrado com todos os sacramentos"; terceiro, preocupar-se com a "excessiva proteção ao produtor ineficiente, o que permite e dá lugar a um tão grande desperdício de fatores escassos". Tudo estava dito.

11. Confrontação em campo aberto

Foi num clima de grande tensão política e sob cerrado fogo na frente ideológica que a *Técnica de planificação* (com o título defensivo de *Estudo preliminar sobre a técnica de programação do desenvolvimento econômico*) foi apresentada na conferência de maio de 1953, realizada no Quitandinha. A delegação brasileira era chefiada por Euvaldo Lodi, presidente da Confederação Nacional da Indústria, homem com uma clara percepção dos difíceis momentos que atravessava o governo.

Prebisch havia esperado que o próprio Vargas abrisse a reunião e aproveitasse a oportunidade para tomar uma posição de vanguarda na luta dos países latino-americanos pela industrialização. Houve indícios positivos a esse respeito, tendo transpirado a informação de que estava sendo preparado um discurso para o presidente. Escreveu-me Prebisch — eu o havia antecedido para acompanhar de perto a situação —, observando que seria de toda conveniência que o discurso presidencial contivesse referências às teses centrais que vinha defendendo a Cepal. Mas, se houve intenção, também houve recuo.

O fato é que Vargas estava sob forte assédio e deveria, no mês seguinte, realizar uma mudança ministerial, num esforço para recuperar espaço de manobra. No seu estilo clássico, ele armava mais de um esquema, dando a uns a impressão de recuar, e a outros, de avançar. A política econômica parecia em recuo, com a reforma cambial de Osvaldo Aranha; a social parecia dar um salto adiante, com a ascensão de João Goulart ao Ministério do Trabalho. Nesse quadro de efervescência política, a conferência da Cepal no Quitandinha foi relegada à sombra. Mas isso não impediu que os ataques à *Técnica de programação* surgissem de vários lados. Já não se tratava de um debate confinado a páginas de revistas especializadas. Pretendia-se chamar a atenção de setores mais amplos para a ameaça que constituía a doutrina industrialista da Cepal. Entre 29 de maio e 11 de junho, portanto, logo em seguida à conferência, o professor Gudin publicou no *Correio da Manhã* uma série de cinco artigos, com o título "A mística do planejamento", com ataques diretos à nossa *Técnica de programação*. O que escrevia deixava transparecer que lera pouco atentamente o texto que criticava. O seu verdadeiro propósito era desacreditar certo tipo de política que vinha sendo adotada pelo governo Vargas. Atacava diretamente os economistas que inspiravam esse tipo de política, afirmando categoricamente que "a função social dos economistas não é a de fabricar modelos para o progresso econômico do país".

Prebisch respondeu com outra série de artigos, que foram publicados no *Diário de Notícias* em setembro do mesmo ano, com o título "A mística do equilíbrio espontâneo da economia". Mas, ao tentar trazer de novo o debate para o plano das ideias, a resposta de Prebisch parecia fora de foco, e mesmo na defensiva. Gudin simplesmente *não acreditava* em desenvolvimento que fosse fruto de ação deliberada do Estado. Seu pensamento estava na linha dos críticos do mercantilismo: o desenvolvimento surge naturalmente quando as forças do mercado se libertam das ataduras criadas pelo Estado, tidos em conta os constrangimentos de clima, recursos naturais e outros a que se referia em seu artigo. Em sua linguagem jornalística, afirmava muito sem provar nada, e ainda apelava, ocasionalmente, para a invectiva. É natural que Prebisch evitasse o tom panfletário, e parecesse na defensiva.

Ao mesmo tempo, o professor Otávio Bulhões saiu ao ataque, publicando no *Jornal do Commercio* de 24 de maio um longo artigo com o título "A programação do desenvolvimento econômico". O público visado eram os economistas e afins não ligados à comunidade acadêmica. Como homem de seu tempo, o professor Bulhões não estava contra a programação. No seu jargão enviesado, dizia: "Impõe-se uma programação para permitir que a expansão se possa realizar sem que o acelerador transforme o multiplicador de renda em mero multiplicador de transferência de pagamentos".

Portanto, era necessária uma programação para lograr o desenvolvimento sem inflação. Mais precisamente, havia que programar a estabilidade; assegurada esta, o desenvolvimento viria espontaneamente. No fundo de seu pensamento, o professor Bulhões concebia o desenvolvimento como "espontâneo" ou "totalitário". O que preconizava a Cepal era, evidentemente, do segundo tipo.

No mesmo *Jornal do Commercio*, edição de 22 de junho seguinte, respondi em longo artigo às críticas do professor Bulhões, artigo que foi transcrito em dois grandes jornais de São Paulo. Neste caso, era um debate que interessava a economistas e estudantes de economia. Tratava-se de ocupar um espaço no mundo das ideias e de influir em círculos onde se tomavam decisões. O que eu dizia tinha repercussão em São Paulo, mas no Rio o que se ouvia era a ressonância dos artigos de Gudin.

Sem dúvida, vivíamos uma fase de grandes transformações na economia do país, quiçá sem precedentes. Já me referi ao fato de que o Brasil acumulara um considerável atraso dentro da própria América Latina. O pensamento dominante, como o do professor Gudin, não se surpreendia com isso, pois estava imbuído do determinismo geográfico que estivera em moda no século XIX. A Argentina, dizia-se, tinha melhor clima e melhores solos que nós. Ora, não se necessitava de muita ciência àquela altura do século XX para perceber que as causas de nosso atraso tinham raízes históricas, podendo ser removidas pela sociedade. Certo, as circunstâncias em que se dão as mudanças que conduzem ao desenvolvimento no curso da história nem sempre são fáceis de perceber, menos ainda pelos contemporâneos. Mas era evidente que a Grande Depressão obrigara o Brasil a mudar de rumo, aos trancos e barrancos, descobrindo as potencialidades do mercado interno.

Bastava conversar com os industriais de São Paulo para perceber que eles tinham uma ótica nova, ainda que carecessem de um discurso articulado. Em um debate com os grandes nomes da economia do Rio de Janeiro, eles seriam facilmente derrotados, mas nunca convencidos. À falta de uma política adequada, a potencialidade de transformação se mantinha em estado virtual. O grande constrangimento era a insuficiência crônica de capacidade para importar.

A ruptura com o quadro tradicional deu-se graças à conjunção de dois fatores, ambos vinculados à preocupação com a defesa dos preços do café.

O Brasil havia adquirido, em meio século de experiências de intervenção no mercado desse produto, uma extraordinária sensibilidade para captar os fatores que interferem em seus preços. A política cambial, orientada para a defesa do preço do café, mantinha sobrevalorizado o cruzeiro, o que exigia controle de câmbio e impunha a seleção das importações. A brusca elevação dos preços de 1949 não se explicaria sem essa política cambial, menos ainda a canalização do novo excedente para o setor industrial. Com a melhora da situação cambial e a persistência da sobrevalorização do cruzeiro, os industriais puderam importar mais facilmente insumos e equipamentos para atender a uma demanda interna contida. Surgiu um clima novo, brotando iniciativas empresariais por todo lado. Acompanhando a literatura especializada internacional, eu podia perceber a bola de neve que se estava formando. São Paulo passava a ser visto como um foco de progresso industrial, onde todo dia surgiam coisas novas.

Os empresários investem bem mais em função das expectativas — daí as vagas schumpeterianas — do que com base em análise minuciosa da viabilidade de cada projeto. Um ato de audácia — como o daquele empresário de origem polonesa que, havendo enriquecido nos negócios do cacau, obteve licença e assistência técnica na Alemanha para, pela primeira vez, fundir blocos de motor a explosão interna em "clima tropical" — pode levantar uma onda capaz de remover muita gente de seu imobilismo. Começou a saltar aos olhos que havia no país um formidável potencial de iniciativa que, uma vez liberado, já não poderia ser contido.

OBRA AUTOBIOGRÁFICA

O esforço de modernização das infraestruturas que realizava o governo Vargas abria espaço para que a vaga de iniciativas se espalhasse muito mais. Contudo, se em São Paulo havia consciência de que o país estava dando um salto para a frente, no Rio o debate político, distorcido pelos velhos rancores contra Vargas, obscurecia o ambiente. E era no Rio que tinha lugar a confrontação de ideias, que colidiam as diversas visões do futuro.

Em um país como o nosso, o discurso político é sempre tributário de fórmulas moldadas no exterior. O desenvolvimento material é quase necessariamente imitativo, dado que os empresários industriais têm à sua disposição processos produtivos comprovados pela experiência de economias mais adiantadas, entre os quais faz a sua escolha. Mas a problemática do desenvolvimento abarca todo o processo social e político, razão pela qual a política de desenvolvimento terá que ser inventada localmente.

O grupo ortodoxo, entre nós, insistia em importar fórmulas que ofereciam a dupla vantagem de defender o status quo (o que seduzia os políticos das regiões mais atrasadas) e de ter aparência de "científicas", graças à etiqueta que traziam das universidades estrangeiras de grande prestígio. Explica-se, assim, que Gudin tivesse levado fácil vantagem na confrontação com Roberto Simonsen, na metade dos anos 1940.

A força das coisas operava no sentido da mudança; a das ideias, no do imobilismo. Quiçá isso seja da natureza do subdesenvolvimento, como é a tendência da intelligentsia a assumir atitude arrogante diante do povo, inclinando-se, ainda que inconscientemente, a atribuir-lhe certa "culpa" pelo atraso do país. O mesmo se pode dizer com respeito ao "pessimismo" dos intelectuais, que raia pelo derrotismo quando se trata de julgar o próprio país, como frequentemente notam observadores estrangeiros. As pessoas que deixam transparecer certo entusiasmo pelas coisas do país são logo acoimadas de "ufanistas", portadoras de consciência "ingênua", e por aí adiante.

Esse pessimismo congênito aparecia inclusive em muitos daqueles que se empenhavam em modernizar o Brasil. Conversando certa vez com Campos sobre a criação da Petrobras, surpreendeu-me constatar que sua posição crítica não era fruto de sua alergia a tudo o que estivesse inquinado de "nacionalismo". Eu argumentara que a indústria petroleira era o melhor negócio do mundo, sendo grande vantagem que a tivéssemos em nossas mãos. O que mais me desagradava em um país como a Venezuela, disse, era que a indústria petroleira (controlada do estrangeiro) nenhum poder indutor exercia sobre o sistema produtivo local, tudo sendo adquirido no exterior. Controlada pelo Estado, a indústria petroleira poderia transformar-se em polo germinativo de múltiplas atividades produtivas. Em tese, ele estava de acordo, mas observou com um gesto negligente: "O problema é que nós não temos capacidade para instalar e dirigir essa indústria". As pessoas com esse enfoque tendiam a pensar que a solução para o Brasil estava em atrair o maior número possível de empresas estrangeiras, que aqui viriam fazer aquilo para o que demonstrávamos incapacidade.

A FANTASIA ORGANIZADA

* * *

Em começos de 1953, quando de novo fixei-me no Rio, o debate ideológico desbordara de todos os lados. A discussão em torno da política do petróleo polarizava as opiniões. O Partido Comunista, desesperançado de retornar à legalidade — o que aparentemente esperara fazer com o retorno de Vargas —, deslizara para extremo radicalismo, que extravasava verbalmente na campanha popular de "O petróleo é nosso". Mas a coisa não ficava na estridência da campanha de rua. Havia certa consciência de que o país se encaminhava para decisões importantes, o que levava uns a cerrar fileiras e outros a tentar ocupar posições de força.

Na Fundação Getulio Vargas houve um remanejamento geral, mesclando-se o desejo de modernização com preocupações de purga ideológica. Mudara a equipe dirigente da *Conjuntura Econômica*, saindo Américo Barbosa de Oliveira. Fora criado um instituto de estudos econômicos, cuja direção coube a Alexandre Kafka, economista de origem tcheca que estudara na Inglaterra. Discreto e cortês, Kafka seria sempre um perfeito cumpridor de ordens. Depois do artigo de Gudin sobre "O caso das nações subdesenvolvidas", convenci-me de que era indispensável que criássemos uma nova revista, o que somente se concretizaria algum tempo depois.

Em certa ocasião, procurou-me da parte de Campos um senhor baixo e muito calvo, polido ao extremo de falar cochichando. Era o coronel Jurandir Bizarria Mamede, que me sondava para saber se eu aceitaria um convite para pronunciar uma conferência sobre planificação na Escola Superior de Guerra. A importância que estava adquirindo essa instituição era um sinal dos tempos. O pensamento de direita buscava fórmulas modernizadoras com sentido operacional. Aceitei, inicialmente por curiosidade, nos anos seguintes, porque logo me convenci da importância que teria na crise em gestação uma instituição dedicada a influenciar as elites militares e civis. Em minha conferência, tratei de demonstrar que o planejamento, cuja técnica expus com simplicidade, era o caminho que nos restava para reduzir o atraso que havíamos acumulado no passado. Nossa taxa de crescimento no último decênio fora favorecida por uma melhora sensível na relação de trocas e se situara acima da taxa histórica dos Estados Unidos. Contudo, mesmo que mantivéssemos essa vantagem indefinidamente no futuro, passaria um quarto de milênio antes que alcançássemos um terço da renda per capita da população norte-americana. Ora, dados a nossa base de recursos naturais, a dimensão da população do país e o fato de que tínhamos à nossa disposição o patrimônio tecnológico desenvolvido por outros povos, estava a nosso alcance fazer muito mais.

Expliquei que desenvolvimento em um país como o Brasil era essencialmente uma questão de formação do capital, portanto de disponibilidade de certa constelação de recursos. E acrescentei que os recursos raros de um país se destinavam ao consumo, à formação de capital reprodutivo e aos fins militares. Portanto, uma política

OBRA AUTOBIOGRÁFICA

de expansão dos gastos militares significa sacrificar os consumidores e/ou reduzir o crescimento.

Por último, abordei dois pontos que me interessavam particularmente, pois estava ao corrente da orientação da grande maioria dos conferencistas da Escola. O primeiro referia-se à "neutralidade" da técnica de planejamento econômico, que "tanto pode ser utilizada para reforçar como para debilitar a empresa privada" e "não interfere na vontade dos consumidores". "A técnica de previsão da procura", acrescentava, "é um dos setores em que a análise econômica alcançou maior refinamento", razão pela qual o bom planejamento é aquele que ausculta a preferência dos consumidores, evidentemente dentro do quadro de recursos globais dedicados ao consumo da coletividade.

O outro ponto referia-se à insuficiência do enfoque monetarista em política econômica. Lembrei que "a experiência histórica já demonstrara que a disciplina do crédito e a estrita observância do equilíbrio orçamentário não eram suficientes para evitar os desequilíbrios cíclicos do sistema econômico". A preocupação com esses desajustamentos havia levado os economistas a ir mais longe do que a simples observação do equilíbrio entre o fluxo de renda monetária e a disponibilidade real de bens e serviços. O equilíbrio dentro do processo de formação de capital, entre poupança e investimento, também era fundamental. O enfoque monetarista levava a "observar o sistema econômico como um processo de ajustamentos e desajustamentos" no plano estático, ao passo que o enfoque do processo de formação de capital põe em evidência que a oferta de poupança e a demanda de capital para investimento somente se ajustam quando a economia está crescendo. Assim, não havia contradição entre estabilidade e crescimento, devendo-se condenar as políticas de estabilização que começavam freando o crescimento. Sabia que alguns dos pontos que estava expondo não seriam captados imediatamente, mas poderiam ser estudados posteriormente, para isso havendo um texto escrito.

Minha experiência nesse e em anos seguintes, quando fiz maior número de conferências e participei de longos debates, levou-me a refletir sobre a natureza dessa instituição. É sobremodo meritório que as elites militares estudem os problemas do país. Mas é uma ilusão imaginar que uma escola organizada no "estilo militar" possa vir a ser um centro de estudos superiores, no campo das ciências sociais, capaz de desenvolver um pensamento abrangente em torno da realidade nacional.

Como tive oportunidade de conviver de perto com nossos militares, inclusive em circunstâncias muito particulares, como as que surgem durante a guerra, tratei de vencer os estereótipos que nós, "paisanos", nutrimos com respeito a eles. De todas as grandes instituições criadas pelo homem, a militar é certamente a mais simples, exigindo enorme transparência no comportamento dos indivíduos. Como na vida militar a postura profissional é estritamente regulamentada, torna-se muito mais fácil captar o que é próprio de cada indivíduo. Por isso, aquele que procura assumir o que não é, "posar", não escapa da crítica dos colegas. Impressiona a mordacidade dos comentários que fazem os militares com respeito àqueles que deslizam em "paisanadas". Um conferencista civil pode mistificar os seus ouvintes; no caso de um militar, é muito mais difícil, se os ouvintes também são militares.

Nas minhas exposições, procurava ser simples, pois sabia das suscetibilidades dos ouvintes militares, sempre prevenidos contra um civil que pretende subentender a ignorância deles. Ainda assim, nos longos debates que se sucediam dificilmente havia comunicação efetiva de ideias. O ritualismo era excessivo, dando-me a impressão de estar participando de uma sessão de ordem-unida. As perguntas eram extremamente simples, como se seu autor desejasse apenas dirimir uma dúvida de detalhe. Não lhes ocorria formular uma questão de ordem geral, como se estas já tivessem sido esclarecidas de antemão, ou somente pudessem ser abordadas em círculos mais restritos, o que entre os militares significa transferir para escalões hierárquicos superiores. O comportamento dos civis era menos formal, ainda assim influenciado pelo ambiente.

Dentre os dirigentes da Escola com quem mantive contato, interessou-me o general Juarez Távora, figura legendária para a minha geração. Fora o intelectual da Coluna Prestes, e o líder da Revolução de 1930 no Nordeste. Sempre que se apresentava uma oportunidade, demorava-me para conversar com ele. Via o Brasil como um problema de *organização*, como se para cada coisa houvesse um lugar certo a ser encontrado. Está aí a chave da formação intelectual do militar: sempre será positivista, no sentido epistemológico, criador de certezas. À imaginação atribuem um papel residual na apreensão da realidade. Ora, os processos sociais complexos escapam a qualquer esquematização, com frequência alimentando-se de conflitos. Na linguagem de hoje: exigem muito jogo de cintura mental para ser captados.

Na atividade universitária, o mais difícil é romper as inibições e resistências mentais, quando se busca, pelo diálogo, criar algo em comum. Quando seguimos um expositor e ouvimos coisas realmente novas para nós, com frequência trabalhamos mentalmente para contradizê-lo, como se nos sentíssemos ameaçados de perder pé, de ver nossas referências se apagarem. O desafio com que se confronta o professor é vencer essas resistências. No caso da formação militar, isso se agrava, tanto porque ela não desenvolve a aptidão para a dúvida como porque tende a compartimentar rigidamente os conhecimentos. Se a Escola Superior de Guerra se fez tão influente, não foi porque abriu novos horizontes no estudo da realidade brasileira, e sim porque foi utilizada como vetor para difusão nas elites de certas doutrinas da época.

Fiz referência ao fato de que certos círculos norte-americanos estavam na época empenhados em inocular nas elites latino-americanas a visão dicotômica do mundo, mediante a qual se incutia a ideia de que a única forma de evitar a guerra real, a que nos expunha o "expansionismo soviético", era subordinar a política interna de cada

OBRA AUTOBIOGRÁFICA

país às exigências da Guerra Fria. Essa visão de um mundo em permanente "conflito controlado", exigindo alinhamento a um ou outro bloco, está na origem da doutrina da segurança nacional, que põe o Estado acima da sociedade. Uma tal doutrina conflitava com a tradição da direita brasileira, cujo pensamento era caudatário do liberalismo clássico. Mas as forças que buscavam a modernização encontravam nela uma opção ao imobilismo a que os condenava o liberalismo tresnoitado.

Uma peculiaridade do Rio dessa época era que o debate de ideias praticamente escapava aos círculos universitários. A função de polarizar ideias ia sendo cumprida, bem ou mal, graças à iniciativa de certas pessoas. Assim, a seção de documentação do Ministério da Educação, então dirigida por Simeão Leal, editava a revista *Cultura*, em torno da qual se reunia muita gente do mundo intelectual. Aí cruzávamos pessoas das áreas mais distintas, como Anísio Teixeira, Oswald de Andrade, Santa Rosa, Gilberto Freyre, Lins do Rego, Paulo Rónai, Otto Maria Carpeaux, Helio Jaguaribe, para citar alguns. Este último havia organizado, por conta própria, um grupo de debates do qual emergiu um instituto de estudos brasileiros, mais tarde metamorfoseado no Instituto Superior de Estudos Brasileiros (Iseb). Jaguaribe impressionava, desde o primeiro momento, pela riqueza do seu discurso e capacidade de síntese conclusiva. Quando a discussão começava a dispersar-se, ele sabia tomar as coisas em mãos e extrair o que cabia reter. Era um jovem mestre, congregando em torno de si um círculo de discípulos. Sua vasta cultura e talento especial para forjar expressões sincréticas davam-lhe um brilho que, entre nós, ninguém de sua geração terá superado. Comecei a frequentar sua residência, na rua Joaquim Nabuco, onde se reunia um grupo de intelectuais interessados em debater a situação do país. Jaguaribe defendia a tese de que o Brasil se aproximava de momentos cruciais, e que era indispensável preparar um projeto que servisse de alternativa aos assaltos da direita e aos devaneios da esquerda. Eu não tinha o mesmo sentido de urgência, inclinando-me a observar as tensões do presente de uma perspectiva mais ampla, e a dar ênfase ao imobilismo estrutural da sociedade brasileira. Tinha a impressão de que as rupturas sempre seriam superficiais, desprendendo-se muita energia mas realizando-se pouco trabalho. Mas a mente de Jaguaribe se concentrava com tal agudeza no presente que mesmo as pequenas vibrações que aí se produziam adquiriam grande amplitude de onda. Aceitei seu convite para fazer uma série de conferências no recém-criado instituto, e aproveitei a oportunidade para ordenar minhas reflexões sobre o processo de desenvolvimento de um ponto de vista histórico.

Preocupava-me, então, encontrar fórmulas metodológicas que permitissem conjugar os recursos da história e da análise. Sem haver tomado conhecimento dos trabalhos da *École des Annales*, eu buscava, na mesma época, o entrosamento da história com as ciências sociais, partindo destas últimas, enquanto os membros dessa escola partiam da primeira. Não se tratava, para mim, de "explicar" a História, deslizando para formas de reducionismo em que haviam caído Marx e tantos outros pen-

A FANTASIA ORGANIZADA

sadores do século XIX. O que tinha em vista era iluminar áreas pouco visíveis, aumentar a percepção da História, fazendo apelo aos recursos das ciências sociais, particularmente à economia. As relações entre a ocupação do espaço, o intercâmbio externo, a diferenciação das estruturas produtivas internas e a evolução da produtividade poderiam ser detectadas como tendências para cada período do qual tivéssemos uma visão global dada pela história. Em casos simples, como da civilização do açúcar no Nordeste brasileiro, era possível construir um modelo de tipo macroeconômico que projetasse luz sobre a lógica de sua expansão e declínio. Com base nesse enfoque metodológico, comecei a repensar a história do Brasil, ao mesmo tempo que ia reformulando minha visão do processo de desenvolvimento.

Condensei as conferências que fiz em 1953, a convite de Jaguaribe, em um ensaio que intitulei "O Desenvolvimento econômico (ensaio de interpretação histórico-analítica)". O ponto de partida era minha afirmação, incluída no artigo de comentário a Nurkse, de que a apreensão do fenômeno do desenvolvimento exigia um enfoque mais amplo do que nos permitia a análise econômica, pois estávamos lidando com um amplo processo de mudança cultural, "força criadora das civilizações". E avançava a ideia de que, se há mudança, é porque existe a possibilidade de escolha, o que pressupõe uma margem na disponibilidade de recursos, um *excedente* com respeito ao estritamente necessário à sobrevivência da coletividade.

O ponto de partida teria de ser, por conseguinte, uma teoria do excedente social. Paul Baran, pouco tempo depois, chegaria a conclusão similar partindo de outro enfoque metodológico.

A ideia do excedente social esteve na base do pensamento dos economistas clássicos, inclusive Marx, mas desapareceu a partir da introdução do conceito de equilíbrio geral. Na tradição clássica, o conceito de excedente é utilizado na teoria da distribuição, particularmente para explicar a renda da terra. Meu enfoque era muito mais amplo, pois pretendia utilizar o mesmo conceito para explicar o processo de mudança social. Se os prisioneiros de guerra fossem comidos, haveria aumento do consumo, mas não formação de excedente; transformados em escravos, seu trabalho geraria um excedente, abrindo a possibilidade de acumulação, portanto de mudança.

Comecei a interessar-me pela relação entre a organização social e a formação do excedente, pois somente certas formas de dominação social canalizam o excedente para a acumulação.

Da mesma forma, dizia, a busca da diversificação do consumo, estimulada pelo contato de culturas, desempenha papel importante no processo de mudança. Ocorre um salto qualitativo com o advento do comércio, dado que a divisão do trabalho e a especialização que ele possibilita põem em marcha um processo de elevação de produtividade. As civilizações comerciais emergem ali onde o universo econômico pode expandir-se, e tendem a declinar quando essa expansão encontra obstáculos; mas podem permanecer estacionárias por longos períodos.

Destarte, era importante conhecer a origem e a dimensão do excedente social, e também o comportamento dos grupos sociais que dele se apropriam. A História nos mostra que foram muitas as formas de utilizar o excedente: edificação de muralhas de defesa, construção de pirâmides, contratação de legiões mercenárias, abertura de estradas, fabricação de barcos etc. Do ponto de vista do estudo do desenvolvimento, importa observar as relações entre a destinação do excedente e o sistema produtivo.

Não é difícil perceber, assinalava, que a diversidade de formas que assume a aplicação do excedente outra coisa não é senão a variedade de caminhos que trilha o homem no seu esforço de criatividade, e explica as distintas curvas descritas pelas civilizações. A mudança de uma corrente de comércio pode secar a fonte de um excedente e modificar a curva de uma civilização, mas não existe nem progresso nem declínio necessariamente. O feudalismo, geralmente apresentado como organização social mais avançada do que a escravidão, também pode ser visto como "uma forma regressiva", tendo surgido na área do Império Romano do Ocidente quando se desorganizaram os meios de transporte, atrofiou-se o comércio e se reduziu consideravelmente o consumo urbano. Seria específico da economia feudal o *fechamento* que lhe foi imposto, impossibilitando-a de utilizar plenamente sua capacidade produtiva, dizia eu.

Por último, procurava caracterizar a economia industrial como aquela em que os aumentos de produtividade são essencialmente causados por mudanças na organização da produção, e não na divisão horizontal do trabalho, que é o caso da economia comercial.

A transferência de poder para grupos sociais controladores do sistema de produção urbana é estudada no quadro da história social da Europa. A partir do momento em que os agentes controladores do excedente centram o seu enfoque na organização dos fatores de produção, estava aberto o caminho para a valorização da inovação técnica. A geração de excedente passa a depender desta. Podemos, portanto, responder à questão fundamental: por que constitui a técnica o campo de mais rápida mudança em nossa sociedade?

O ângulo de observação que adotava era de enorme amplitude. No campo que descortinara, eu continuaria a garimpar por anos afora. Um quarto de século depois, quando escrevi o *Prefácio a Nova Economia Política*, convenci-me de que muito terreno restava ainda para explorar.

A essa altura dos acontecimentos, pareceu-me que se fazia necessário clarificar posições. Trabalhava em três frentes: a) teoria do desenvolvimento: gênese histórica e mecanismos de acumulação; b) a economia brasileira: perspectiva histórica e problemas atuais; e c) crítica das ideias sobre desenvolvimento econômico. Decidi reunir em livro minhas reflexões sobre o conjunto desses temas, consciente que estava de que a contraofensiva ortodoxa ganhava terreno. Utilizei o título de *A economia brasileira*, para que não houvesse dúvida de que minha preocupação central era aprofundar o conhecimento da problemática de meu país. Santa Rosa, pintor paraibano, prontificou-se a desenhar a capa.

A economia brasileira era pensada no quadro amplo da expansão europeia e dominação e exploração de outros povos; daí que fosse necessário teorizar sobre o todo, captando a lógica de sua evolução. Por outro lado, convencera-me de que os estudos de economia, entre nós, deveriam ser fundamentalmente reorientados, se queríamos abandonar a ótica de marginais e assumir plenamente a maioridade cultural.

Contudo, o essencial do meu tempo estava dedicado à tarefa de elaboração de um sistema de projeções da economia brasileira, aplicando nossa técnica de programação. No começo de 1953, fora criada a unidade BNDE-Cepal, sob minha direção, conforme as diretrizes que haviam sido estabelecidas durante a visita de Campos a Santiago. O plano de trabalho compreendia um "diagnóstico" da situação econômica do país, um "prognóstico" das tendências, no horizonte de tempo variando de cinco a sete anos, e uma série de projeções com base em hipóteses sobre o comportamento de variáveis instrumentais, vale dizer, decisões a serem tomadas pelo governo.

O objetivo era demonstrar quais as opções que estavam abertas e quais as consequências prováveis das ações ou omissões dos centros de decisão sob controle governamental. Saíamos da discussão conceitual, em torno da natureza da planificação, para uma demonstração concreta de viabilidade de sua utilização a partir da informação disponível, e de seu alcance prático como instrumento de política de desenvolvimento.

O plano de trabalho inicial era ambicioso, mas em breve teríamos de reformulá-lo, reduzindo-o a dimensões modestas. É que, logo após a instalação, a direção do banco entrou em crise. Em suas manobras para manter sob controle uma situação política escorregadia, Vargas surpreendeu a Campos nomeando para o cargo de superintendente do banco um homem totalmente estranho às preocupações que haviam levado à sua criação. Campos ficou com uma das duas diretorias. Mas 70% do poder de decisão, segundo sua opinião, concentrava-se em mãos do superintendente. Vargas, certamente advertido da importância da instituição que vinha de ser criada, colocou no posto-chave um dos membros de sua velha guarda, Maciel Filho. Pouco depois, tivemos a renúncia de Campos, que foi acompanhado no gesto por vários de seus colaboradores. Explicou-me ele que tentara conviver com Maciel Filho, pessoa despreparada e de cujos desígnios ele não se dava conta, mas que malograra nos seus esforços. Pediu-me que explicasse a situação a Prebisch e que julgasse por minha conta se valeria ou não a pena levar adiante a missão.

Desci o elevador do Ministério da Fazenda, onde estávamos instalados, com um peso na alma. As frases de Campos continuavam zunindo nos meus ouvidos. Ao despedir-se, ele dissera, em tom de reprovação por meu inveterado otimismo: "É o que acontece a quem tenta fazer algo de sério neste país". Eu tinha consciência de que o país vivia momentos cruciais e de que a causa básica das tensões eram transformações provocadas pelo surto de industrialização. Considerava importante poder seguir de perto a mutação histórica. Não contara com a hipótese de ter de afastar-me da cena, tanto que comprara um apartamento e me instalara convenientemente.

No dia seguinte, escrevi uma carta moderada a Prebisch e fiquei na expectativa. Maciel Filho, que certamente me tinha como criatura de Campos, simplesmente ignorou nossa presença. Suspendi a vinda de Santiago de dois especialistas que deveriam constituir com Regino Boti, já no Rio, e comigo mesmo o nosso grupo. Américo Barbosa de Oliveira, que dirigia a seção de renda nacional do banco, colocou-se à minha disposição. Ele e José Pelúcio Ferreira, que dava no banco seus primeiros passos como economista, contribuíram consideravelmente para que levássemos a bom termo a tarefa limitada que nos havíamos cometido. Em viagem a Santiago, relatei a situação a Prebisch, e ele autorizou a dilatação do prazo para execução do trabalho, que deveria ser apresentado na conferência de Bogotá, em maio de 1955.

Com a interrupção abrupta do governo Vargas, em agosto de 1954, Campos regressou ao Brasil (ele havia aceitado um posto nos Estados Unidos) e alguns meses depois assumiu a superintendência do banco num quadro político profundamente modificado. Com a nova diretriz que adotara o governo, sob a orientação do professor Gudin, novo ministro da Fazenda, os estudos que fazíamos perdiam todo interesse. Mas já nos habituáramos a essas duchas frias e quentes, protegendo-nos com o rótulo das Nações Unidas. Perdêramos toda esperança de que o que fazíamos viesse a ter qualquer valor para formulação de política no Brasil. Restava a responsabilidade de preparar um informe a mais para uma conferência internacional.

A publicação de *A economia brasileira* difundia uma linha de pensamento em clara oposição à escola ortodoxa que, dominando as publicações da Fundação Getulio Vargas, pretendia monopolizar o enfoque "científico" dos problemas econômicos. Partindo das posições de Prebisch, a quem era dedicado o livro, eu tentava ampliar o horizonte de reflexões em várias direções.

O interesse despertado foi grande, mas, como praticamente não tínhamos contato com o mundo universitário, os debates em torno da nova linha de pensamento circunscreviam-se a ambientes com pouco poder de irradiação. Pareceu-me oportuno que estabelecêssemos algum vínculo entre os que se interessavam pela nova forma de abordar os problemas econômicos e que dispuséssemos de um órgão para veicular essas ideias.

Decidiu-se que criaríamos uma sociedade civil e, para nos afastarmos dos padrões corporativistas, intitulamo-la Clube de Economistas, cuja presidência assumi. O número de membros foi fixado em quarenta e logo preenchido. A tarefa imediata do clube seria editar uma nova revista, que circularia trimestralmente com o título de *Econômica Brasileira*. O comitê de direção ficou constituído de Américo Barbosa de Oliveira, Eduardo Sobral, Sidney Latini e eu mesmo.

A nota introdutória do primeiro número, publicado em começos de 1955, estatuía que o objetivo da nova publicação era duplo. Em primeiro lugar, deveria dar vazão aos estudos de economia aplicada que estavam sendo produzidos em várias instituições e não vinham a público. Assim, o primeiro número incluía um estudo de Herculano Borges da Fonseca sobre a Superintendência da Moeda e do Crédito, um de Américo Barbosa de Oliveira sobre consumo de energia no Brasil, uma estimativa do balanço de pagamentos de 1954 preparada por Sidney Latini, um cálculo do índice do produto real do Brasil referente ao período 1939-54, entre outros estudos de economia aplicada.

O segundo objetivo era mais ambicioso: referia-se à necessidade de estimular trabalhos interpretativos no plano teórico. "A própria natureza de ciência em formação da economia", dizia-se, "torna indispensável essa complementação." E explicava-se:

O economista brasileiro que, para melhor orientar-se em sua pesquisa, tenta penetrar nos problemas gerais do desenvolvimento retardado deste subcontinente, defronta-se com a insuficiência, seja de muitos dos instrumentos de análise que tem à sua disposição, seja dos esquemas teóricos interpretativos. Dessa forma, é ele impelido a perder a inibição diante da crítica dos instrumentos de análise e de interpretação com que trabalha. O interesse pela investigação teórica tende a surgir, assim, como uma manifestação de salutar independência de critério e de orientação.

Para dar o exemplo, eu abria esse primeiro número com o artigo "Desenvolvimento econômico (ensaio de interpretação histórico-analítica)" a que já me referi. Foram programados os quatro primeiros números, cabendo a um membro diferente do clube a responsabilidade de organizar cada um deles. Sempre haveria quatro números programados, e cada publicação seria comemorada com um jantar-debate organizado pelo clube. A grande maioria de participantes estava constituída de economistas que trabalhavam em instituições ligadas ao governo federal, como o BNDE, a Sumoc, o Banco do Brasil, o Dasp, o IBGE, o Ministério da Fazenda, nas quais havia uma boa margem de capacidade de pesquisa subutilizada, que viria rapidamente à tona desde que surgisse um veículo de divulgação. Tratava-se de funcionários competentes, que viviam de modestos salários e se orgulhavam de dedicar-se à coisa pública. Para muitos, a nova revista veio a ser a primeira oportunidade de expressar o pensamento fora dos canais burocráticos. O interesse despertado por *Econômica Brasileira*, logo considerada órgão de divulgação do pensamento "heterodoxo", "pro-

OBRA AUTOBIOGRÁFICA

gressista" ou "de esquerda", foi rápido e considerável, alcançando as assinaturas o número requerido para sua sustentação.

O "informe" que preparamos em meio a tantas vicissitudes começava com uma análise do comportamento da economia brasileira no período iniciado em 1939, tratando mais detalhadamente o período 1949-54, durante o qual se evidenciava a importância que podia assumir uma melhora sensível na relação de trocas para a intensificação do crescimento.

Descrevia-se de forma didática o processo de acumulação, singularizando os "fatores estratégicos que condicionam a taxa de crescimento", a atividade produtiva para mercados interno e externo, e a forma de utilização da capacidade para importar. Em seguida, se expunham as consequências da inflação, tanto para a atividade pública como para a privada. Por último, detectavam-se as "tendências" do sistema econômico, as quais refletiam, em considerável medida, o comportamento das exportações, da relação de trocas e a entrada líquida de capitais externos, ademais da própria ação do governo. Estabelecido esse quadro, introduziam-se várias hipóteses referentes ao comportamento da taxa de poupança e da produtividade média física da economia. Combinando essas hipóteses, obtínhamos um leque de taxas de crescimento, que representava o horizonte de possibilidades aberto à economia no período que estávamos considerando, o qual se estendia até 1962. Conforme fossem a conjuntura externa e as decisões tomadas internamente, a taxa de crescimento poderia variar entre 1% e 4% per capita.

O espectro de opções que apresentávamos era o campo dentro do qual caberia formular a política de desenvolvimento, que consistiria na definição de um conjunto de metas, referentes aos setores estratégicos, cuja consecução era necessária para que fosse obtido o ritmo de crescimento almejado.

O corpo principal do estudo incluía uma análise detalhada do comportamento da demanda, que era projetada, no que respeita aos bens de consumo, em função de "hipóteses moderadas" de crescimento da economia. A partir das projeções da demanda de produtos finais e das possibilidades de importação, projetava-se a demanda de produtos intermediários e dos bens de capital, com base em coeficientes técnicos de produção. Esse conjunto de projeções tinha um propósito didático, pois não nos cabia sugerir objetivos de política econômica. Por último, o estudo incluía uma série de anexos em que se abordavam mais detidamente alguns temas, como a política do café, a do trigo, o comportamento das exportações, entre outros.

O significado do suicídio de Vargas tem sido objeto de muita especulação, como é natural com fatos que introduzem uma descontinuidade no processo histórico, e por isso mesmo desbordam de todo esquema explicativo. Mas pouca dúvida pode haver de que esse ato de desespero pesou consideravelmente no resultado das eleições presidenciais do ano seguinte. Caso a sucessão houvesse ocorrido sem esse acidente, tudo indica que as direitas (liberal e modernizadora) houvessem ganhado as eleições, como ocorreria no Chile com a ascensão de Alessandri em 1958. Criado o trauma, a campanha eleitoral de 1955 concentrou-se em torno da ideia de prosseguir ou não com a política de Vargas, vale dizer, dar continuidade ao esforço de industrialização ou negar-lhe validade.

Quando Juscelino Kubitschek pensou em formular um programa de governo voltado para a industrialização, buscou apoio na equipe do BNDE, a qual tinha à mão o estudo que vínhamos de concluir fora de toda visibilidade. Ali estavam calculadas metas referentes a todos os setores estratégicos, com explicação do esforço de investimento a ser realizado para que a produção interna satisfizesse as crescentes necessidades do país em energéticos, produtos siderúrgicos, químicos, celulose e papel, principais bens de consumo duráveis e não duráveis, bens de capital etc. A equipe de Kubitschek pôde, assim, em tempo recorde, definir um conjunto de *metas* de produção a serem alcançadas no período do próximo governo, que tinha a virtude de ser simples e coerente. Elevava-se o nível do debate político e a mensagem do candidato adquiria uma capacidade excepcional de convencimento.

O projeto de construção de Brasília, aparentemente improvisado, foi acrescentado ao programa, sem que se levassem em conta suas repercussões financeiras. Dessa forma, introduziu-se no que poderia ter sido uma primeira política ordenada de industrialização um formidável potencial de desequilíbrio cujas sequelas estão na origem das turbulências que marcariam os anos subsequentes. Procurei informar-me junto a colaboradores do candidato Kubitschek se havia alguma estimativa do montante de recursos que absorveria a construção de Brasília em tão curto espaço de tempo, mas aparentemente ninguém estava capacitado a responder. A chamada "metassíntese" teria saído da cabeça do candidato pronta, não comportando qualquer modificação, como Palas Atena da cabeça de Júpiter.

É verdade que nem todos tomavam a coisa a sério, supondo que na hora do frigir dos ovos tudo seria reconsiderado. Mas os homens contam mais na História do que se inclinam a pensar muitos filósofos, e Juscelino Kubitschek era uma personalidade que se afastava profundamente dos padrões brasileiros. Dotado de excepcional força de vontade e capacidade para tomar decisões, sem embargo de seu ar brincalhão, e conhecendo a tendência ao imobilismo da classe política do país, habituara-se a obter o que desejava correndo por fora das pistas convencionais. A construção de Brasília foi uma tarefa hercúlea, comparável à façanha da travessia dos Alpes pelo exército de Aníbal com suas brigadas de elefantes. Mas, se ele logrou cumpri-la, foi porque o processo de industrialização, que contribuiu para intensificar, já havia alcançado um ponto relativamente avançado. Era com satisfação que ele constatava:

"Se não estivéssemos fabricando esses caminhões, como poderíamos terminar Brasília?". O certo é que a arrancada da industrialização, que começara com o decênio, continuaria até o fim deste, não obstante as peripécias do período 1954-55 e as distorções introduzidas pela construção em quatro anos de uma nova capital situada a centenas de quilômetros dos centros industriais.

Quando deixei o Brasil, em outubro de 1955, as ameaças de retrocesso alcançavam seu ponto crucial. Kubitschek acabava de ganhar a eleição presidencial, o que parecia haver surpreendido os grupos que se haviam instalado no poder após o suicídio de Vargas. O candidato derrotado era o candidato Juarez Távora, que tinha na Escola Superior de Guerra o seu estado-maior. Nas vésperas de minha partida, encontrei o coronel Bizarria Mamede, que me pareceu tomado de muita preocupação. Mostrou-se surpreendido quando soube que eu estava de partida para a Europa. Prolongou a conversa com perguntas sobre o que eu ia fazer, e, ao se despedir, disse-me de chofre: "Se ainda é possível mudar de plano, não se ausente do país agora; podem acontecer coisas importantes e convém que você esteja por perto". Um mês depois, li nos jornais de Paris as peripécias do golpe frustrado para impedir a posse de Kubitschek.

12. Cavaleiro andante

A industrialização retardada, nas condições que prevaleciam em seguida à Segunda Guerra Mundial, exigia a ação do Estado com o exercício por este de novas funções, tanto no campo da regulação econômica como no da ação empresarial. Coube-me acompanhar de perto o esforço realizado na França para modernizar o Estado em suas funções e instrumentalidade, quando se tomou consciência do atraso acumulado no país no plano econômico.

Os processos econômicos são cumulativos, ainda que em forma cíclica, alternando-se fases de aceleração e de desaceleração. Os que ficaram atrás, no desenvolvimento do capitalismo, quaisquer que sejam as razões históricas, passaram a ser estruturalmente diversos, dependentes tecnologicamente. Daí que lhes seja tão difícil recuperar o atraso. Para modificar essa situação, é necessário romper o círculo vicioso engendrado pelas "regras do jogo", o que requer alguma forma de voluntarismo político. A ameaça externa, como no caso do Japão da Restauração Meiji, ou simplesmente a consciência de declínio, como foi o caso da França depois da Ocupação alemã, operaram como catalisadores na formação da vontade coletiva que serviria de alavanca para reduzir o atraso. É para instrumentalizar essa vontade coletiva que se faz necessário redefinir as funções do Estado.

Entre nós, à semelhança do ocorrido em outros países da América Latina, cristalizou-se no espírito público a grande aspiração do desenvolvimento, mas não se chegara sequer a compreender que isso exigia atribuir novas funções ao Estado e submetê-lo a maior controle social, pois são os segmentos majoritários da sociedade os verdadeiros beneficiários do desenvolvimento. Continuava a prevalecer a ideologia liberal que contrapunha a ação empresarial do Estado à iniciativa privada.

OBRA AUTOBIOGRÁFICA

Nesse contexto ideológico, era difícil fazer avançar a ideia de planejamento, e mesmo de modernização das funções reguladoras do Estado. Durante quinze anos, foi bloqueada no Brasil uma reforma bancária, pelo temor que tinha a escola de pensamento do professor Gudin de que se expandisse a atividade do Estado no setor financeiro. Se se chegou a criar o Banco Nacional do Desenvolvimento Econômico foi porque sua instituição veio satisfazer uma condição necessária à obtenção dos recursos externos prometidos pelo governo norte-americano.

Em começos de 1953, Osvaldo Aranha nos expressava, a Prebisch e a mim, seu empenho em que o Brasil se dotasse de instituições bancárias especializadas e de um banco central — o nosso era um dos últimos países do mundo a não possuir uma agência autônoma reguladora do sistema monetário —, mas sua ascensão pouco depois ao Ministério da Fazenda não foi suficiente para que progredisse projeto de reforma bancária que se encontrava, havia anos, no Congresso.

O Estado ia assumindo novas funções, pois o próprio setor empresarial privado o exigia; mas sem que os que controlavam o poder se pusessem de acordo para delimitar essas funções e submeter sua execução a um eficaz controle da sociedade. Nessas circunstâncias de atraso institucional, o custo social do desenvolvimento tinha que ser elevado, sendo sua manifestação mais flagrante a inflação. Não era de admirar, por conseguinte, que a escola ortodoxa utilizasse esse flanco para atacar as políticas de industrialização.

Meus estudos da dinâmica da economia primário-exportadora brasileira me haviam convencido de que a inflação fora o instrumento de socialização de perdas dos grupos exportadores. Quando baixava o preço internacional do café, depreciava-se a moeda brasileira, elevando-se os preços das importações e reduzindo-se ou anulando-se, em moeda nacional, as perdas dos exportadores. O estudo desse mecanismo levara-me a observar a inflação no quadro da economia *real*, e não como estrito fenômeno *monetário*.

A economia de guerra havia levado muita gente a pensar em termos de inflação "reprimida", ou seja, com pequena ou nenhuma manifestação no nível de preços, pondo em evidência que seus aspectos monetários podem ou não manifestar-se. O que não pode é haver inflação sem conflito em torno da apropriação do produto social. Essa visão do processo inflacionário é muito rica, pois descobre a urdidura social subjacente às abstrações com que trabalha o economista.

Ao lucubrar em termos de "equilíbrio", o economista se automistifica, pretendendo que existe uma harmonia social implícita na atividade econômica, quando na realidade é o antagonismo de vontades o que diferencia a sociedade humana da dos insetos. Ora, os conflitos sociais não são necessariamente "negativos". A pressão de um grupo para apropriar-se de maior parcela do produto social tanto pode ser considerada negativa como positiva, dependendo da visão que se tenha da sociedade.

Estudando o período 1948-52, eu chamara a atenção para o fato de que a infla-

162

ção fora fator causante da elevação da taxa de investimento. Não se tratava de voltar à velha discussão sobre se a inflação era ou não uma maneira de "forçar" o aumento da poupança, o que encobria seu aspecto altamente antissocial de instrumento compressor do consumo da massa da população. Eu dera ênfase a outra coisa: a inflação não gerava recursos, apenas modificava o perfil da apropriação dos novos recursos gerados pela melhora na relação de trocas.

Entre 1948 e 1952 a relação de trocas melhorara cerca de 64%, o que significou um forte influxo de recursos no país, e recursos em sua forma mais nobre, que é a de divisas. Preocupado com os atrasos comerciais, o governo manteve o controle de importações, ainda que aliviado. Em consequência, a oferta interna cresceu mais lentamente do que a demanda, forçando à alta o nível interno de preços, o qual subiu, no período que estamos considerando, 40% mais do que os preços dos produtos importados.

Com os preços de insumos e equipamentos importados declinando relativamente aos preços de venda, incrementou-se a rentabilidade industrial. O forte aumento das importações de equipamentos ocorrido na época, ao qual já me referi, comprova que os empresários souberam aproveitar as circunstâncias favoráveis.

O aumento dos preços de exportação do café não era, a rigor, um fator inflacionário, pois poderia ser assimilado a uma melhora nos rendimentos das plantações. O crescimento da renda era real, e pouco ou nenhum efeito teria sobre o nível interno de preços se as importações fossem livres. Portanto, o que causou a inflação foi a restrição à oferta criada pelo controle de importações. Mas também foi essa restrição que canalizou para a formação de capital parcela substancial dos novos recursos. Sem a inflação, não teria havido incremento de rentabilidade do setor industrial, ao qual se deve a expansão dos investimentos. Em síntese: sem inflação ter-se-iam diluído em incremento do consumo (principalmente dos grupos de rendas altas e médias) os recursos gerados pela melhora na relação de trocas.

Essas reflexões estavam em meu livro *A economia brasileira*, publicado no começo de 1954, e me pareciam irrespondíveis. No estudo da inflação, importava acima de tudo que identificássemos as forças sociais que estavam pressionando para modificar a distribuição da renda, e descobríssemos suas motivações. No caso referido, o aumento inicial de renda era gerado no exterior, mas, nos casos correntes, ele tinha origem dentro do país, sendo de caráter monetário. Nos dois casos, a demanda de dinheiro teria que aumentar, o que indicava a importância de dispor de um banco central habilitado para dizer quando e como essa demanda devia ser satisfeita.

Aproveitei para expor com clareza meu ponto de vista sobre a inflação em comentário que fiz da *Exposição geral da situação econômica do Brasil* (1954), do Conselho Nacional de Economia, incluído no primeiro número de *Econômica Brasileira*. A inflação sendo um sistema de tensões estruturais, dizia, não se avança muito se nos limitamos a generalidades sobre categorias abstratas. E explicitava:

Numa economia desenvolvida, uma expansão de crédito, determinando um aumento de inversões, pode desviar fatores do setor de bens de consumo para o de capital. Os preços dos bens de consumo tendem a elevar-se então, sendo inevitável a redistribuição da renda. Numa economia subdesenvolvida, o setor mais importante de bens de capital é a construção [...]. Sendo a mão de obra um fator de oferta elástica, a expansão da construção não tem por que traduzir-se em contração da produção de bens de consumo.

E concluía, mais adiante: "Fosse a nossa inflação aquela do modelo keynesiano, e seria inconcebível que perdurasse em período tão prolongado, coabitando com taxa de crescimento relativamente elevada".

Chamava, assim, a atenção para o fato de que em uma economia subdesenvolvida a inflação podia ser inevitável, quando em certas circunstâncias se pretendia reduzir a subutilização de fatores. Ao aumentar o nível de emprego sem incrementar a produção de bens de consumo (e não havendo a possibilidade de expandir sua exportação), ela forçava uma redistribuição de renda entre os próprios assalariados, ao mesmo tempo que intensificava o esforço de investimento.

O debate sobre essa temática havia avançado consideravelmente na Cepal pela metade dos anos 1950. Eu estava convencido de que a persistência das pressões inflacionárias fazia mais evidente a necessidade de introduzir o planejamento, pois este permitia obter os frutos ocasionais da inflação (e outros mais) sem pagar o preço desta em termos de custo social.

O que aconteceu foi exatamente o contrário: a inflação serviu de escusa para desviar as atenções dos problemas reais e focalizá-las na questão da estabilidade concebida em termos puramente monetários. Não será o comportamento dos agentes econômicos o que interessará, e sim a reação das autoridades monetárias. Como disse o professor Lionel Robbins na época, em conferência na Fundação Getulio Vargas, com quatro soldados em frente à Casa da Moeda resolve-se o problema da inflação.

A contraofensiva monetarista começou no Chile, em 1954, com a contratação de uma firma privada para assessorar o governo em política econômica. Era o governo do general Ibáñez; ainda assim nos pareceu escandaloso que o país, na época quiçá o mais bem equipado da América Latina em meios técnicos para lidar com os problemas econômico-financeiros, pretendesse formular uma política com base em opiniões de uma firma internacional de consultoria. Na verdade, tratava-se de simples cobertura para reorientar a política econômica em função de imposições dos credores internacionais do país.

No ano seguinte, ocorreu a queda violenta do governo Perón, o que repercutiria na Cepal em mais de uma forma. Prebisch — se bem que me houvesse afirmado poucos meses antes, quando seu nome foi citado na imprensa como provável membro de um governo que surgiria de um golpe anti-Perón, que não participaria de governo que não fosse constitucional — aceitou colaborar com a nova junta militar, conservando o estatuto de funcionário internacional.

A situação da economia argentina era calamitosa, e Prebisch demonstrava um grande espírito cívico aceitando a responsabilidade de sugerir diretrizes de uma política de salvação nacional. Mas é possível que ele não fosse a pessoa certa para aparecer na frente de um tal empreendimento. A opinião pública do país estava profundamente dividida, e Prebisch havia sido referido, durante anos, como o "homem da oligarquia". Visitei a Argentina logo depois e pude perceber que o golpe havia restituído o brilho perdido à imagem de Perón. Tomara-se o caminho errado na luta contra ele, e o novo discurso dos que subiram ao poder parecia a muita gente demasiado "restaurador".

Ao invés de partir do reconhecimento da nova realidade social, em que a classe trabalhadora ocupava um amplo espaço, o novo discurso dava a entender que as conquistas sociais eram a causa dos males que acabrunhavam o país, e que o combate à inflação passava pela restauração do antigo padrão de distribuição da renda.

Nas discussões em Santiago, critiquei a aplicação do conceito de inflação de "custos" ligada à pressão salarial, nas economias subdesenvolvidas, em discordância com Prebisch, que me parecia demasiado envolvido por seu antigo grupo de amigos na Argentina. No meu entusiasmo, ainda com rasgos juvenis, desejava que ele se dirigisse ao país com uma linguagem que sensibilizasse as novas gerações, denunciando as improvisações e o amadorismo dos peronistas, mas colocando no mesmo plano as ilusões restauradoras da velha oligarquia que continuava cega e surda às aspirações das massas populares argentinas. É evidente que eu superestimava o papel de alguém que não dispunha do apoio de nenhuma força social organizada; mas não se podia desconhecer que ele adquirira uma estatura internacional com projeção no país. Em todo caso, sua posição me parecia demasiado alinhada à ortodoxia local, dando excessiva ênfase ao problema da estabilidade, como se esta pudesse ser isolada para tratamento especial.

O comportamento de Prebisch na Argentina reforçou o grupo que, dentro da Cepal, lutava para mudar a orientação do órgão, o que não podia deixar de suscitar reações e acirrar antagonismos. A querela monetaristas versus estruturalistas nasceu nesse clima, dentro da própria instituição. O mais prejudicado seria o próprio Prebisch, cuja liderança se enfraquecia. Nessa época, ele ainda cultivava o propósito de integrar as suas reflexões sobre as relações centro-periferia em um corpo teórico consistente. Falava-se que sua obra definitiva, seu *opus magnum*, como dizia Regino Boti, seria uma "teoria das relações de trocas". Sem dúvida, ele percebia que o terreno que tanto contribuíra para desmatar estava sendo ocupado por pessoas mais apetrechadas, que logo passavam a exibir títulos acadêmicos de propriedade.

OBRA AUTOBIOGRÁFICA

Comentando o artigo de Arthur Lewis sobre "Desenvolvimento com oferta ilimitada de mão de obra", que logo ocuparia um grande espaço na literatura acadêmica, eu dizia em carta a Noyola, em fevereiro de 1955: "Tendo dedicado mais tempo do que qualquer pessoa ou grupo de pessoas a pensar e investigar nesse campo, encontramo-nos hoje sem nada de real significação para apresentar". Eu tinha a impressão de que perdíamos terreno, o que atribuía em parte ao clima que se estava formando na Cepal.

A tradição nas Nações Unidas havia sido que as pessoas dotadas de efetiva capacidade criativa podiam publicar em revistas internacionais artigos sob sua responsabilidade pessoal. Os regulamentos comportavam essa interpretação, sendo opinião geral que a presença nos quadros da instituição de nomes de prestígio acadêmico aumentava a sua influência. Mais ainda: a capacidade criativa de seus técnicos mais bem-dotados somente se desenvolveria plenamente se não tivessem sua área de ação circunscrita às obrigações imediatas do plano de trabalho. Em nossa cultura, somente em circunstâncias muito especiais se logra maximizar a capacidade criativa de pessoas anônimas.

Quando publiquei meu livro *A economia brasileira*, surgiu uma campanha contra mim na sede central, em Nova York. Nosso subdiretor, Louis Swenson, escreveu-me a respeito longamente em tom de explicação e advertência, e logo em seguida a direção da Cepal estatuiu um conjunto de normas regulamentando a publicação de trabalhos sob responsabilidade pessoal. Essas normas me pareceram inquinadas de espírito restritivo, o que podia ser incorreto de minha parte, mas revela a mudança de clima na instituição. Fiz uma carta a Prebisch expressando meu desejo de tirar uma licença, sem vencimentos, por um ano, para estagiar em universidade. Noyola e Boti, que haviam recebido ofertas de universidades de seus respectivos países, tomaram a decisão de deixar a instituição. Mas, tendo eu aceitado a direção de um grupo de trabalho sobre a situação econômica do México — o que me daria tempo para planejar uma retirada ordenada —, Noyola modificou seu plano, aceitando meu convite para colaborar no estudo mexicano, o qual nos ocuparia a totalidade do ano de 1956.

Desde o começo da Cepal, Prebisch rejeitara a visão simplista que dá o monetarismo dos fenômenos inflacionários, enfatizando a "vulnerabilidade externa" das economias primário-exportadoras. A dissimetria manifesta entre o comportamento da demanda externa de produtos primários e a forte elasticidade-renda da demanda interna de produtos importados gerava tensões estruturais que estão na raiz de inflações crônicas. Sua experiência argentina mostrara que uma hábil política compensatória produzia efeitos positivos, mas requeria importante imobilização de reservas cambiais. Em fase subsequente, quando passou a dar primazia à ideia de desenvolvimento, já não se inclinava a pagar esse elevado preço, e passou

166

A FANTASIA ORGANIZADA

a preconizar modificações estruturais, mediante a substituição de importações, que prevenissem as tensões. Contudo, sempre que se tratava da Argentina, insistia na diferença entre a inflação de causas estruturais e aquela devida à "permissividade" do governo peronista.

A nenhum de nós escapava que a inflação era em boa parte devida à inadequação do financiamento dos gastos públicos. Isso era notório no caso do Chile, onde o Estado derivava das exportações de cobre o essencial de suas receitas. Como estas dependiam mais dos lucros das companhias exportadoras do que do volume de exportação, uma queda de preços do cobre acarretava inexoravelmente desordem das finanças públicas, com graves sequelas inflacionárias.

Estudando cuidadosamente a inflação brasileira do período de 1948-52, pude comprovar que o déficit público aumentara de 0,5% do dispêndio global no primeiro ano para 2% em 1949, e 3% em 1950. Mas os preços pouco se elevaram nesse período (7% ao ano), ao passo que em 1951, quando o governo conseguiu financiar a totalidade dos seus gastos com impostos, o nível de preços se elevou em mais de 15%. Era evidente que o motor da inflação estivera na combinação do aumento da renda monetária do setor exportador com o controle de importações.

No caso chileno, a inflação não era causada necessariamente pelo excesso de gastos públicos. Mesmo que se viesse a reduzi-los, mantido o inadequado sistema fiscal, continuaria a vulnerabilidade à inflação. Aí estava o fundo de nossa discussão: fatores estruturais geradores de instabilidade e inadequação das políticas fiscais. Não se tratava de lutar contra a inflação a qualquer preço, e sim de obter o desenvolvimento com o mínimo possível de inflação. Era explicável que no caso argentino Prebisch se deixasse vencer pela impaciência, mas isso não devia nos desviar da linha de fundo de nosso pensamento. Expressando minha discordância com respeito ao que ele vinha afirmando, declarei-lhe em carta de abril de 1954:

> A meu ver, é um perigo observar um caso concreto [de inflação] e generalizar. Por exemplo: observar o caso chileno e afirmar que a inflação na América Latina tende a ser como é atualmente no Chile. Tampouco concordo com o método de análise que consiste em identificar, em um determinado estágio da inflação chilena, o grupo mais agressivo na luta pela redistribuição da renda e atribuir-lhe a responsabilidade da inflação.

As ideias de Prebisch sobre a matéria continuariam evoluindo. Alguns anos depois, quando o fantasma argentino já não o perseguia, em seu estudo "Desenvolvimento econômico e estabilidade monetária: um falso dilema", afirmará peremptoriamente que, para evitar a inflação, faz-se necessária "uma política racional e planificada de desenvolvimento econômico e progresso social", acrescentando que esse é um problema cuja solução depende antes de tudo de vontade política.

O debate sobre inflação continuou nos anos subsequentes, dando lugar a prolixa literatura. Mas ninguém expressou tão claramente a essência de nosso enfoque quanto Noyola, em conferência na Escola Nacional de Economia do México, no começo de 1956. Coube a ele introduzir a diferença entre *pressões inflacionárias* e *mecanismos de propagação* da inflação. As primeiras são as rigidezes estruturais, características do subdesenvolvimento, que vão desde a composição das importações geradoras da vulnerabilidade externa até a estrutura agrária, responsável pela inelasticidade da oferta de alimentos no mercado interno. A essas causas básicas adicionam-se outras, circunstanciais, como uma perda de colheita, que servem de detonador do processo de elevação de preços. As segundas são a parte visível do processo inflacionário. Com efeito, toda pressão inflacionária tende a propagar-se pelos distintos canais dos fluxos monetários, que constituem seu *mecanismo de propagação*.

O enfoque monetarista limita-se a observar o processo de propagação, cujo combustível é a moeda. Noyola não perdia tempo com o secundário. Seu espírito agudo se exteriorizava em um estilo taquigráfico. O debate que se seguiu à exposição foi animado, mas sem conduzir a nada, pois os que intervinham não tinham uma reflexão própria sobre a matéria, limitando-se a demonstrar que eram capazes de reproduzir o que estava publicado.

Quando saímos, felicitei-o pela concisão e abrangência de sua exposição, e pela agudeza das formulações. Indaguei se as perguntas haviam sido estimulantes, e ele respondeu, sintético: *"Pura pavada"*.

Em meados de 1954, eu havia aceitado uma missão para apreciar in loco que forma de cooperação podíamos dar ao governo do Equador, que acabava de dotar-se de um órgão de planificação. Que utilidade podiam apresentar as técnicas que havíamos desenvolvido na formulação de uma política de desenvolvimento em uma economia como a equatoriana, que se assemelhava à do Brasil de antes da crise de 1929? Aí não havia inflação, pois reinava o mais completo imobilismo social. Os problemas eram muito mais de administração do que de política.

Contudo, interessou-me observar as comunidades indígenas, que lutam para preservar sua identidade cultural. Pela primeira vez, coloquei-me essa questão: que sentido tem preservar uma cultura de raízes neolíticas em face da agressão de nossa civilização tecnológica? Anos depois, em Paris, formularia a mesma questão a Lévi-Strauss, e ele me respondeu, desviando o olhar, à sua maneira: *"Il n'y a rien à faire, elles vont disparaître"*. Mas ali eu estava em face de um caso especial, uma dessas exceções que servem para confirmar a regra.

As comunidades do altiplano equatoriano viviam em estado de vassalagem, presas à terra dos senhores de origem espanhola. Talvez por isso se conservaram unidas, e preservaram muitas das atividades de autosserviço. Em outras palavras: a economia monetária passara por elas contornando-as, roendo-as pelas beiras, mas sem desmantelá-las. A verdade é que os seus membros pareciam gozar de melhores condições de vida do que os índios favelados da periferia de Lima. As circunstâncias históricas permitiram a sobrevivência de estruturas sociais "arcaicas", em outras partes destruídas pelo "progresso". Ora, a partir de certo momento, as comunidades já não se limitaram à estrutura de autosserviço, passando a produzir um excedente a ser comercializado, o que permitia diversificar o próprio consumo (mediante compras fora). Posto que o excedente monetizado era produto do artesanato, portanto tinha raízes culturais endógenas, a preservação destas passou a ser essencial para assegurar a renda da comunidade. Assim, devia haver formas de conservação do patrimônio cultural, o que era tanto mais importante quanto a opção que tinham as populações comunitárias era favelar-se nas periferias das grandes cidades.

Algum tempo depois, tive oportunidade de visitar o altiplano boliviano, que acabava de ser convulsionado por uma autêntica revolução que varrera a estrutura latifundiária. Quando nos aproximávamos das terras de certas comunidades, tínhamos de nos identificar a índios armados que tudo inspecionavam. O estrito controle das comunidades indígenas tivera um efeito de bumerangue contra os latifundiários. Os indivíduos expulsos das comunidades pelos senhores das terras foram utilizados pelo partido revolucionário como elemento desestabilizador. Bastou doutriná-los e devolvê-los sub-repticiamente à comunidade sob uma cobertura qualquer. Também neste caso, a preservação das estruturas comunitárias desempenhara importante papel no processo de transformação social.

Parti para o México, em outubro de 1955, alongando a viagem pela Europa (Itália e França) e pelos Estados Unidos. Em Nova York, adquiri um automóvel e segui por terra para o México, o que significava passar vários dias percorrendo estradas. Era inverno, o que possibilitava uma viagem agradável, uma paisagem pouco usual. Pela primeira vez, tomava contato com o verdadeiro Sul dos Estados Unidos. A discriminação racial ainda se conservava em suas formas mais acintosas: nos ônibus, como nos bancos de praça, os negros eram confinados em certos locais. Aquela discriminação me parecia mais odiosa do que a escravidão, pois exigia a aparência de consentimento dos humilhados.

Detivemo-nos algum tempo em Nashville, por iniciativa de minha mulher de então, Lucia Tosi, que desejava ver a contrafação do Partenon que existe nessa cidade. Eu ria da ideia, dizendo que guardássemos nossa curiosidade para o original. Mas sua paixão pela cultura grega não lhe permitia perder a oportunidade de ter a ilusão de ver a obra-prima das artes plásticas gregas tal qual a teria visto quem a visitou em pleno helenismo. O milionário maníaco que mandara erigir essa curiosidade não era nenhum bobo. Ele sabia que o mármore do Pentélico se oxida e que a cor mate que tem hoje o templo fora adquirida desde a época helenística. Preferiu-a à cor pura do mármore original. Também desejava saber como estava iluminado o recinto interior, que impressão dava a estátua criselefantina de Palas Atena, como haviam resolvido os problemas de perspectiva, como estavam ordenadas as figuras dos dois frontões. Nada disso podia ser visto no original. As pesquisas requeridas para dar solução a todos esses problemas foram consideráveis. Conhecíamos os *Elgin Marbles* do Museu Britânico, que incluem as peças mais importantes das esculturas de Fídias, atiradas no chão pelo bombardeio veneziano do paiol de pólvora que os turcos haviam instalado no templo em ruínas, no século XVII. Mas o que agora víamos, ao aproximar-nos, era único. Por um pequeno instante, assomou-nos a ilusão de deparar-nos com a obra-prima do gênio grego em todo o seu esplendor. *A thing of beauty is a joy forever.*

O projeto de elaborar um estudo sobre a economia mexicana era antigo na Cepal. Mas não seria tarefa fácil pô-lo em prática, pois os mexicanos são extremamente suspicazes com quem os vai observar. As informações que prestavam eram incompletas, e mesmo inseguras.

Formávamos um grupo de quatro economistas, sendo dois mexicanos: Juan Noyola e Óscar Soberón. Este último completara sua formação no "curso de capacitação" em problemas de desenvolvimento organizado pela Cepal e era entusiasta das técnicas de programação que havíamos desenvolvido. Ele tinha contato fácil com toda a administração mexicana e nos advertia a todo instante sobre a natureza do terreno que estávamos pisando. Em pouco tempo demo-nos conta da grande insuficiência das estatísticas do país. Se as autoridades locais faziam tanto mistério com certos dados, era, em boa parte, para ocultar a insuficiência dos mesmos. Não havia cálculo da renda nacional a partir do fluxo de pagamento a fatores, e as estimativas de produto real não tinham caráter oficial: os dados publicados pelo Banco do México e pela Nacional Financiera nem sempre eram concordantes.

Graças a Óscar Soberón, conseguimos deslindar esse cipoal e começamos a delimitar o que seria possível fazer. Foi decidido que concentraríamos nossa atenção no estudo da tendência ao desequilíbrio externo da economia mexicana. Se lográssemos entender a experiência passada, poderíamos tentar utilizar a técnica de projeções para detectar os fatores potencialmente desequilibradores num futuro previsível.

No México, a realidade é com frequência distinta das aparências, sendo por vezes bem mais rica. A economia é muito mais controlada do que aparenta o discurso oficial. À medida que íamos captando a realidade, fazia-se mais difícil prosseguir com o debate na forma em que este era encenado correntemente. Noyola havia insistido no fato de que o crescimento da economia mexicana vinha se fazendo com persistente concentração de renda. A inadequação do sistema fiscal era notória, em face das responsabilidades que assumia o Estado.

A FANTASIA ORGANIZADA

Reuníamo-nos com frequência para confrontar ideias. Fizemos um detalhado estudo do turismo, cujo papel na capacidade para importar era crescente, e pela primeira vez fizemos um cálculo da relação de trocas desse setor exportador. Poucas vezes terei visto um grupo de pesquisadores afinarem tão bem no estudo de um problema. Qualquer ideia nova que um avançava, os demais se empenhavam de imediato em aprofundar.

O quarto membro da equipe era Osvaldo Sunkel, jovem economista chileno que acabava de ingressar na Cepal. Fora o discípulo preferido de Ahumada, na Universidade do Chile, e fizera estudos de pós-graduação na London School of Economics. A uma grande disciplina no trabalho e poder de concentração reunia uma imaginação viva e sensibilidade para o social. Noyola o apreciava muito, e os dois de alguma forma se completavam. Noyola saía sempre na frente, mas Sunkel sabia alcançá-lo, e, se necessário, ir ainda mais longe.

Não tardamos muito a perceber o dilema com que se confrontava a economia mexicana. O setor externo desempenhava um papel altamente dinâmico, mas não havia como discipliná-lo, dada a natureza das relações que mantinha o país com os Estados Unidos. Os fatores estruturais que respondem pela vulnerabilidade externa das economias subdesenvolvidas em processo de industrialização podiam ser facilmente detectados. A estabilidade cambial em que se empenhava o governo, na ausência de controle de câmbios, requeria grandes reservas e/ou uma política semirrecessiva. A alternativa era financiar o setor público em parte com recursos externos, o que criava um problema para o futuro. Por último, as desvalorizações periódicas premiavam os especuladores. Tudo isso pressionava no sentido de concentrar a renda.

Essa visão foi edulcorada no texto que preparamos, e ainda assim encontramos grandes resistências da parte de Prebisch, que temia se pudesse dele deduzir um apelo a maior intervencionismo. Dávamos por evidente que o desenvolvimento mexicano se estava realizando com excessivo custo social (forte concentração de renda), o qual poderia ser reduzido se as modificações estruturais requeridas fossem antecipadas. Assim se evitariam as bruscas desvalorizações cambiais periódicas, a tendência à subutilização de capacidade produtiva e a necessidade de financiar o déficit do setor público com endividamento externo.

Nada disso podia ser dito com clareza sem ferir suscetibilidades. A situação de funcionário internacional tinha mais de um aspecto negativo. A liberdade de pensamento era tolerada se os problemas abordados eram abstratos: relação de trocas, excedente estrutural de mão de obra, tendência ao desequilíbrio externo e coisas tais. Ora, a melhor contribuição que podíamos dar consistia em ajudar os governos a identificar problemas concretos. Era uma assessoria independente, mas comprometida com a causa do desenvolvimento. Noyola e eu discutíamos sobre a ambiguidade de nossa posição. Meu ponto de vista era que, mesmo não utilizados, nossos trabalhos constituíam uma contribuição valiosa para ampliar o debate e ajudar a tomada de consciência de certos problemas. O que importava era que não nos submetêssemos às pressões dos governos, ou que a elas resistíssemos o mais possível. Noyola, que vivia o problema também como mexicano, era mais pessimista.

Na mesma época, Prebisch dirigia um vastíssimo estudo sobre a economia argentina, em perfeita sintonia com o governo local, e parecia pouco sensível às nossas preocupações. Tivemos de redigir várias vezes as mesmas coisas, para polir todas as arestas. O texto final foi mimeografado para apresentação na conferência de La Paz, em maio de 1957, mas jamais publicado em forma definitiva, constituindo hoje uma raridade para colecionadores de obras da Cepal.

A posição defensiva de Prebisch explicava-se pelo seu envolvimento com o governo argentino, mas a razão principal de não dar publicidade ao estudo estava na conhecida intolerância de personalidades ligadas ao governo mexicano diante de "intromissões externas". Noyola percebia isso com clareza e se mostrava acabrunhado. Com frequência transparecia a sua insatisfação com a evolução política de seu país. Em particular, preocupava-o a dependência de toda a intelligentsia com o poder político, em rápida burocratização. A isso atribuía o clima de hipocrisia e o hábito generalizado de usar dois discursos. Parecia-lhe que o vazio deixado pelo desgaste dos mitos criados na Revolução estava sendo preenchido por uma metafísica oca da mexicanidade, onde desempenhava grande papel uma visão estética da morte, referida ao trauma deixado pela brutalidade da Conquista na alma do conquistado.

Havia um elemento de nostalgia nas recriminações de Noyola. O fato é que o México vivia um processo de rápida transformação. Além de industrializar-se e urbanizar-se rapidamente, era submetido ao impacto intermitente de uma onda de milhões de turistas portadores de uma cultura material superior. A reforma agrária contribuíra para dar maior consistência às estruturas comunitárias rurais, criando barreiras protetoras do patrimônio cultural.

Para mim, o México era como uma viagem fantástica num mundo de muitas dimensões. Por mais que me esforçasse, não tomava pé na fabulosa herança cultural desse país. Em cada região, descobria coisas novas, sendo as populações muito mais diversificadas do que em geral se supõe. A riqueza da civilização colonial mexicana também me causava perplexidade. As residências dos grandes senhores superavam em riqueza o que na época possuía de melhor a metrópole espanhola. Contrastava com a modéstia do que produzira como residências a nossa civilização do açúcar, e mesmo o nosso século XVIII mineiro. "Daqui surgirá a grande civilização do Norte do continente americano", dizia eu a Noyola. "A riqueza das raízes culturais mexicanas é admirável, e o que está realmente sedimentado no homem é indestrutível", acrescentava.

Mas compreendia sua preocupação com os rumos que tomava o desenvolvimento econômico do país. O debate intelectual no México tinha um lado extremamente sofisticado, marcado pelo peso crescente da presença do filósofo Leopoldo Zea e do poeta e ensaísta Octavio Paz. Em outra vertente, sobressaía o perfil de legítimo Dom Quixote de Daniel Cosío Villegas. E havia a figura olímpica do poeta, e tradutor de Homero, Alfonso Reyes. O quadro era impressionante, mas alguma razão tinha Noyola quando dizia que a intelligentsia mexicana estava como solta no ar, sem perceber o que ocorria de mais imediato no país. A tradição de grandes ensaístas, voltados para a realidade nacional, como um Vasconcelos, parecia perdida. Sobre isso, o que se escrevia era tópico e pedestre. A reflexão que havia no Chile sobre o presente, por exemplo, era bem mais rica.

Insistia em ganhar perspectiva: o país atravessara um exaustivo período revolucionário, estava momentaneamente "invertebrado", como dissera Ortega y Gasset da Espanha. Mas não negava que havia motivos para preocupar-se. Nos ambientes que frequentava, acostumara-me a ouvir críticas acerbas ao governo, à fraude escandalosa nas eleições, à corrupção que se tornara impune desde o governo Alemán, sem que nada disso transparecesse na imprensa, nem mesmo especializada. O México padecia de esquizofrenia, quiçá para defender-se do sutil controle das atividades intelectuais que exerciam agentes do poder público infiltrados por todos os lados. Ali se podia dizer: "Fora do Estado não há salvação", o que vem a ser uma das mais graves doenças que podem afligir uma sociedade.

Nosso estudo da economia mexicana, se bem que praticamente não houvesse circulado, despertara interesse entre estudiosos e administradores do país. Víctor Urquidi, que dirigia a subsede local da Cepal, empenhou-se em obter sua publicação. Urquidi era homem de espírito universal, e dificilmente influenciável. Tivera uma formação ortodoxa e se inclinava a ver ignorância ou oportunismo nas variantes de pensamento heterodoxo que apontavam no México. Tendo da ciência econômica uma visão essencialmente positivista, pensava numa faixa de onda distinta da de Noyola, que ele considerava sectário, mas por quem tinha um grande respeito. Fascinava-me acompanhar o difícil diálogo que mantinham aqueles dois mexicanos sobre seu próprio país. O respeito mútuo era enorme, pois os unia a mesma rejeição do carreirismo que grassava na vida intelectual mexicana. Mas a visão que tinham da história moderna do país era profundamente distinta.

Urquidi fez um considerável esforço para captar o essencial do que dizíamos no estudo sobre o México, e se convenceu da importância dele. Finalmente alguém se atrevia a pôr o dedo em pontos sensíveis. Escreveu uma introdução, na qual explicava que, de nenhuma maneira, a publicação significava que o governo mexicano aprovava as ideias ali expostas, e que estas não deviam ser entendidas como recomendações de política, e sim como hipóteses de trabalho destinadas a pôr em evidência fatores que respondiam pelas tensões no balanço de pagamentos. Mas não teve êxito na publicação do estudo, e isso não terá sido estranho à decisão que tomou, alguns meses depois, de deixar a Cepal.

OBRA AUTOBIOGRÁFICA

★ ★ ★

Outro país que me deixava curioso, por sua atipicidade, era a Venezuela. Por essa época, a ditadura do general Pérez Jiménez começava a mostrar fraturas, o que explica que seu ministro das Relações Exteriores haja buscado contato com a Cepal. Até então, esse governo negara-se a prestar informações e fechara as portas a quem desejasse observar de perto a economia do país. É verdade que trabalhavam conosco alguns dos mais ilustres exilados venezuelanos. Substituíra-me na direção da Divisão de Desenvolvimento Econômico José Antonio Mayobre, membro da brilhante plêiade de individualidades que estiveram à frente da revolução democrática de 1946.

Mayobre havia frequentado as prisões do ditador Gómez na adolescência, fora cooptado pelo Partido Comunista e enviado a Moscou, onde serviu no Komintern na época de Dimitrov. Escapou por pouco de transformar-se em instrumento das lutas internacionais, em que a ideologia serve de biombo para encobrir descarnados interesses de Estado. Contou-me ele como seu companheiro venezuelano mais próximo, nas lutas da juventude, havia sido absorvido por essa engrenagem, vindo a suicidar-se de forma misteriosa posteriormente. Mas Mayobre não se deixava agarrar com facilidade. Algum tempo depois, ele estava estudando ciência política em Paris, e em seguida matriculou-se na London School of Economics. Tinha o que hoje se chama de complexo de Leonardo: desejo de tudo abarcar e inclinação a valorizar em cada coisa o lado estético. Estava na Cepal, fascinado pelo ambiente de debates e pelo prestígio da instituição, mas tinha o pensamento concentrado na Venezuela, certo de que a ditadura entrava em sua fase de decomposição.

Convenceu-me Mayobre de que devíamos aproveitar a iniciativa do ministro venezuelano para espiar o país por dentro, e que a pessoa indicada para executar essa missão era eu. Interessava ao governo da Venezuela preparar quadros, e para isso solicitava um curso de capacitação. É de supor que o crescente descontentamento político incitava-o a aumentar a própria eficiência para sobreviver. A direção da Cepal respondeu, por sugestão de Mayobre, que nossos cursos baseavam-se no conhecimento da realidade econômica do país, coisa que não possuíamos no caso da Venezuela. Contudo, se o governo venezuelano concordasse em dar facilidades para que uma missão da Cepal fizesse um estudo preparatório, consideraríamos em seguida a possibilidade de realizar o curso, ainda que de forma precária.

Assim, cheguei eu a Caracas em maio de 1957, para cumprir essa missão especial. Instalei-me no Ministério de Fomento e logo percebi o clima de desconfiança generalizada e tensão que reinava. A ditadura, que vivia seu último ano, sentia-se ameaçada e golpeava a torto e a direito. Percebendo que era inútil tentar organizar uma verdadeira equipe de trabalho, limitei-me a solicitar pessoal auxiliar. A missão era de três meses e não havia tempo a perder. Tomei contato com as fontes de estatísticas e descobri que fora realizado um censo em 1950, do qual pouco se publicara.

174

Obtive que fossem feitas algumas tabulações com respeito à população ativa e às atividades industriais. Recolhendo material daqui e dali, armei — era a primeira vez que isso se fazia no país — séries macroeconômicas para o decênio 1945-55, período marcado por formidável expansão da produção petroleira e pelo início da participação do Estado nos lucros dessa indústria.

Também me preocupei em conhecer as áreas mais importantes do território venezuelano, para obter uma visão direta da realidade, em particular do imenso plano de obras que levava à frente o governo. Viajei de preferência de automóvel, a fim de parar quando me aprouvesse para ver as coisas de perto. Acompanhava-me alguém credenciado, o que me permitia passar por todas as portas, interrogar chefes de serviço, falar com quem quisesse. O automóvel em que viajava estava equipado com sirene e por todo lado eu era recebido como se se tratasse de uma alta personalidade internacional.

Em contrapartida, nos círculos governamentais minha presença era praticamente ignorada. Obtive ajuda material e consegui a colaboração de um economista do Banco Central, que, esperava, pudesse desencavar informações sobre o balanço de pagamentos e o sistema monetário. Esse único ajudante qualificado desapareceu um dia sem deixar qualquer explicação. No terceiro dia de sua ausência, tentei esclarecer o que ocorrera, mas ninguém no Ministério de Fomento tinha explicação a dar. Finalmente, consegui tomar contato com pessoas de sua família, que me disseram em tom misterioso que ele havia sido transferido para Ciudad Bolívar. Com isso queriam dizer que havia sido preso. Já não insisti para obter informação e tratei de arranjar-me com o material à mão, o qual me permitiu desvendar uma série de pontos interessantes.

O crescimento econômico no período 1945-55 fora intenso. Mas não se traduzira em modificações nas estruturas econômicas na escala que seria de esperar. Pus-me a analisar o processo de formação de capital e pude comprovar que ele estava fortemente influenciado pela forma como o excedente do petróleo, que permanecia no país, penetrava na economia via setor público. O formidável fluxo de recursos captado pelo Estado era injetado na economia através de obras de infraestrutura de caráter não reprodutivo, sem correspondência em outros setores. Com o correr do tempo, a simples manutenção desse pesado arcabouço que criava o Estado teria de absorver uma grande parcela das finanças públicas. O que deveria ser fonte de economias externas para as atividades reprodutivas terminaria sendo fonte de deseconomias para o país. Não se necessitava argúcia para perceber que, por trás dessas grandes obras, corria o dinheiro da corrupção que nutria os sustentáculos da ditadura. Abordei esses aspectos da realidade venezuelana com muita cautela, dando ênfase ao fato de que o país era cada vez mais dependente do petróleo, quando o objetivo a alcançar teria que ser o inverso. Se se deixava de lado o que se retirava do petróleo, o consumo superava amplamente a produção total. A taxa de câmbio, condicionada pelo enorme fluxo de divisas proporcionado pelo petróleo, inviabilizava os investimentos nas atividades produtivas ligadas ao mercado interno. Por outro lado, os baixíssimos preços a que se vendiam os derivados do petróleo no mercado interno hipertrofiavam o seu consumo, o que era do interesse das companhias produtoras, posto que aumentavam suas receitas em bolívares. Dessa forma, reduzia-se a entrada de dólares no Banco Central para cobertura dos gastos locais na produção de petróleo.

Em síntese, não era difícil perceber que a Venezuela acumulava enormes problemas para o futuro. Sendo um país de nível de renda relativamente alto e salários em dólares elevados (para o nível da produtividade fora do petróleo), a diversificação do sistema produtivo requeria medidas precisas, que iam de formas adequadas de proteção até investimentos intensivos na formação de mão de obra qualificada e pessoal administrativo.

Tinha diante dos olhos, pela primeira vez, o fenômeno dessas economias que crescem apoiadas num setor de altíssima produtividade, utilizador de um recurso não reprodutível. Por mais que se enriqueçam, não adquirem autonomia de crescimento, podendo derrubar-se como um castelo de cartas. Todos os segmentos sociais se beneficiavam, de alguma forma, de subsídio, o que tendia a criar um consenso legitimador da irracionalidade econômica. Por mais cauteloso que eu houvesse sido na redação do texto, ao tomar conhecimento dele o ministro do Fomento advertiu-me de que eu não deveria passar cópia a ninguém antes que o governo venezuelano deliberasse sobre o assunto. A decisão foi peremptória: o trabalho não deveria circular na Venezuela, e muito menos fora dela. Comunicou-se à Cepal que o governo venezuelano considerava o trabalho como *não existente* para qualquer fim. Evidentemente, guardei a minha cópia, que levei a Santiago para conhecimento de Prebisch e Mayobre.

Desagradou-me que a direção da Cepal aceitasse organizar o curso de capacitação sem que o trabalho pudesse ser utilizado como material de estudo. Segundo consta, nesse curso o estudo *não existente* pairava no ar como um fantasma, havendo mais de um aluno (muitos eram militares) se vangloriado de tê-lo lido.

Em janeiro do ano seguinte, com a queda da ditadura, o fantasma foi exorcizado e circulou amplamente, transformando-se em uma das mais importantes referências no amplo debate que emergiu com a redemocratização, mas não chegou a ser publicado pela Cepal, continuando ausente de seu catálogo.

Com frequência, apareciam no México economistas de renome internacional, convidados por algumas das instituições do governo que mantinham departamentos de pesquisa econômica. À diferença do que ocorria no Brasil, onde as visitas de sumidades eram parte da batalha ideológica em curso, no México tudo se fazia meio secre-

A FANTASIA ORGANIZADA

tamente, circulando os visitantes com discrição, para benefício de poucos. Mas, ocasionalmente, apareciam na Cepal, atraídos por Urquidi, que cultivava um amplo círculo internacional de relações.

Assim, nos apareceu um dia Nicholas Kaldor, que me impressionou vivamente pelo uso inovador que fazia de categorias keynesianas na abordagem de problemas do desenvolvimento. Convidei-o num fim de semana para uma incursão pelas maravilhas arqueológicas das cercanias da Cidade do México, e dialogamos sobre muitas coisas, inclusive teoria econômica. A certa altura, argui que a teoria econômica não sairia do beco sem saída em que entrara se não houvesse autêntica inovação (*break-through*) no campo da teoria da distribuição. Kaldor pôs-se sério e me olhou de frente. "É nisto exatamente que estou trabalhando", disse, logo acrescentando: "Tenho comigo no hotel um rascunho [*draft*] que quero lhe passar".

Falamos sobre muitas outras coisas, mas Kaldor já não retornou àquele ar de burla que o acompanha mesmo nas conferências. Quando o deixei no hotel, preocupou-se em procurar o texto (rascunho de seu famoso artigo sobre "Teorias alternativas da distribuição") e em dá-lo a mim. Despediu-se com estas palavras: "Por que você não vem a Cambridge passar um ano conosco no King's College? Vou continuar a trabalhar sobre essa matéria e teremos boas discussões no meu seminário".

Havia decidido deixar a Cepal no próximo ano. Agora, já sabia aonde ir. Para facilitar a transição, decidi que me licenciaria por um ano, sem vencimentos, o que me abriria a possibilidade de obter uma bolsa, ainda que modesta, das próprias Nações Unidas. Mas isso não foi possível, dado que as bolsas não eram concedidas a funcionários da organização. Contudo, o departamento competente na matéria encaminhou o caso a algumas fundações, e a Rockefeller interessou-se em patrocinar o meu pedido. No começo, mostraram alguma relutância com respeito à escolha da universidade, pois viam em mim um especialista em problemas do desenvolvimento latino-americano, matéria sobre a qual muito mais havia a aprender nos Estados Unidos. Eu não sabia como explicar que estava cheio de América Latina, e que o que desejava era exatamente desintoxicar-me um pouco.

Em minha solicitação, disse expressamente:

> Meu principal objetivo é trabalhar no campo da dinâmica econômica, com especial referência à teoria do subdesenvolvimento. Isto implica reconsiderar os enfoques clássico, neoclássico e keynesiano da teoria da produção, da distribuição da renda e do comércio internacional, e um esforço suplementar para observar os resultados das pesquisas recentes, particularmente as que se referem à construção de modelos dinâmicos.

Em face de tanta pretensão, a direção da Rockefeller deu a volta por cima e me fez saber que, entre os agraciados com a bolsa que eu ia receber, encontravam-se vários

OBRA AUTOBIOGRÁFICA

prêmios Nobel. Como essa enfermidade ainda não se havia alastrado à área da economia, não me assustei.

Mas antes havia que concluir o estudo sobre o México, enfrentar a conferência de La Paz (maio de 1957) e tentar decifrar a esfinge venezuelana. E ainda tinha que fazer uma série de dez conferências sobre "Perspectivas da economia brasileira" no curso de capacitação que organizava a Cepal no Rio. Isso me possibilitava passar um mês nessa cidade, antes de seguir para Cambridge em setembro.

O Rio de Janeiro se transformara em um campo de batalha ideológica. Os grupos que se haviam encarniçado na luta contra Vargas eram heterogêneos, mas tinham em comum o enfoque conservador de política econômica. Havia o que chamei de liberalismo tresnoitado, com o professor Gudin à frente, e havia os modernizantes, que viam na Escola Superior de Guerra uma "Sorbonne". O então presidente do BNDE, Glycon de Paiva, filiado ao segundo grupo, servia de ponte com o primeiro e começava a atrair elementos modernizantes mais sofisticados, à frente dos quais estava Roberto Campos. Dessa forma, se aglutinavam forças consideráveis que pretendiam tutelar a política econômica de Kubitschek.

Essas poderosas forças foram barradas em seu propósito de modificar a lei que instituíra o monopólio estatal do petróleo. A campanha popular em defesa dessa lei alcançou dimensões inusitadas, contribuindo para que o conceito de "nacionalismo" passasse a revestir-se no Brasil de grande ambiguidade. Havia que escolher entre a camisa do "entreguista" e a do "nacionalista". Minha opinião pessoal era que o Brasil somente se dotaria de uma indústria petroleira própria mediante o monopólio. Era um caso exemplar de "indústria jovem", caso de protecionismo que Viner reconhecia como legítimo. E também estava convencido de que essa indústria operaria como alavanca para o desenvolvimento da produção de bens de capital no país. Era uma posição realista, sem qualquer chauvinismo, que podia ser defendida em termos racionais.

Não se explica a paixão dos "nacionalistas" sem ter em conta que eles sabiam ser o lado fraco nessa luta, já que os interesses organizados e a grande imprensa estavam do lado oposto. Daí que atiçassem as paixões populares, que utilizavam para aterrorizar o adversário. Minha permanência intermitente fora do Brasil me permitia ver o quadro com certo recuo, e circular nos dois grupos. Mas quando regressei, em agosto de 1957, para participar do curso da Cepal, o divisor de águas perdera nitidez, já não se distinguindo facilmente quem andava para a frente e quem andava para trás, como dissera Musil da Viena decadente.

Surgira outra forma de nacionalismo, sofisticado, que trazia embutida uma forte dose de irracionalidade. Em artigo havia pouco publicado sobre "Ideologia e desenvolvimento", o filósofo Álvaro Vieira Pinto começara a falar de "filosofia imanente das massas brasileiras", de "nacionalismo como categoria suprema da inteligibilidade do processo histórico". A ideia de desenvolvimento passara a servir de cober-

A FANTASIA ORGANIZADA

tura a uma habilidosa construção ideológica em que se promovia o "ser nacional" a ser histórico fundamental, abrindo caminho para justificar a subordinação da sociedade civil ao Estado. No clima de exaltação que emergiu dessa ideologia nacionalista do desenvolvimento, saída da "consciência das massas", crucificaram, algum tempo depois, a Helio Jaguaribe, no próprio instituto por ele criado, por haver admitido a possibilidade de participação de capitais estrangeiros na exploração de petróleo em futuro indeterminado.

Em contraposição, perfilava-se a arrogância do professor Gudin, que via no nacionalismo simples manifestação de "burrice". Campos insistia em ver no problema apenas uma luta da "razão contra o instinto", quando se tratava de uma confrontação entre seitas.

Esforcei-me, nas conferências, em demonstrar que existia um amplo terreno onde se podiam debater os problemas do desenvolvimento brasileiro sem deslizar para a invectiva ou para a metafísica. Comecei chamando a atenção para o fato de que na fase em que se encontrava o Brasil — dando os primeiros passos de crescimento econômico autossustentado — cabia esperar que se agravassem os desequilíbrios internos e externos. "A falta de experiência", dizia, "de capacidade técnica e financeira ou o simples temor à concorrência de poderosas organizações [internacionais] entorpecem os investimentos em importantes setores [...]. Retardam-se, em consequência, as modificações no sistema produtivo que deveriam possibilitar a substituição de importações requerida pela relação entre o ritmo de desenvolvimento e a taxa de aumento da capacidade para importar."

O objetivo estratégico da política econômica deveria ser o de prevenir esses desequilíbrios, pois somente assim era possível, dada a disponibilidade de recursos, elevar a taxa de crescimento. Demonstrava com dados simples como tanto a taxa de poupança quanto a produtividade dos investimentos haviam variado no último decênio. Da experiência passada, derivava o leque de possibilidades, para demonstrar que o crescimento podia ser mais intenso do que vinha sendo. E fazia esta afirmação: "O objetivo central da programação, na forma como a entendemos, consiste em criar as condições para que a economia mantenha um ritmo de crescimento estável pelo menos tão intenso quanto é capaz de alcançar espontaneamente quando se beneficia de condições muito favoráveis".

Dava ênfase ao fato de que os dois focos dinâmicos da economia brasileira eram o setor exportador e o setor industrial. "Em uma economia como a brasileira", assinalava, "com uma base de recursos tão variada, o primeiro elemento de qualquer programa deve ser um plano de aproveitamento máximo de sua capacidade de exportação." Estimada a provável capacidade para importar, caberia formular a "política de orientação dos investimentos no setor industrial e nos serviços básicos". O terceiro objetivo seria "orientar recursos e assistência técnica para o campo, a fim de estimular a oferta de alimentos e matérias-primas agrícolas".

OBRA AUTOBIOGRÁFICA

Todo o esforço era feito para salvar da controvérsia o que me parecia essencial, certo de que, sem um amplo apoio social, não seria possível levar adiante uma política de desenvolvimento. Na discussão sobre a taxa de poupança, que cabia elevar, deixava de lado a visão simples do "efeito de demonstração", para destacar o seguinte: nos países subdesenvolvidos que buscam industrializar-se, os preços relativos dos serviços pessoais permanecem muito baixos, ao mesmo tempo que a tecnologia opera no sentido da redução dos preços relativos dos bens duráveis de consumo. "A conjunção desses dois fatores", assinalava, "se traduz em forte elevação da tendência a consumir entre os grupos de médias e altas rendas." Somente uma política fiscal rigorosa poderia corrigir essa tendência.

A inovação estava em que discutia várias técnicas para passar da formulação geral do programa à ação prática, ou seja, à política de curto prazo. Mas o que surgia como verdadeiramente novo era a abordagem do "problema dos desequilíbrios regionais". Seria grave erro, advertia, supor que esse problema se resolverá espontaneamente, e sublinhava: "O desenvolvimento está contribuindo para agravar essas disparidades". E pela primeira vez mostrava como a política de câmbio estava transferindo recursos de uma região pobre, como o Nordeste, para as áreas do Centro-Sul em rápida industrialização.

Preconizava uma política nacional visando transferir o incremento de população de certas áreas para outras com abundância de terras subutilizadas. Sendo uma simples região, o Nordeste não dispunha de um sistema monetário e fiscal próprio, o que exigia novos instrumentos de política. Ademais, sua economia agrícola estava deformada pela "tradição de monocultura imobilizada por um sistema latifundiário". Sendo escassa a oferta local de alimentos, os salários monetários nas zonas urbanas eram elevados, relativamente à produtividade, quando comparados com os do Centro-Sul do país. Daí se deduzia que a industrialização do Nordeste, essencial para absorver o excedente de mão de obra, passava pela reorganização da economia agrícola, que deveria orientar-se para a produção de alimentos de consumo geral.

Eram ideias que retomaria com vigor mais adiante, já despido do manto protetor e imobilizador de funcionário internacional.

13. As contas do passado

Nos anos 1950, o veículo corrente na cidade de Cambridge ainda era a bicicleta. Como os edifícios dos *colleges* estão próximos e grande parte deles tem fundos comuns, frente ao rio que dá nome à cidade, as antigas construções e as áreas verdes formam um todo de extraordinária beleza. Os membros da universidade, docentes e discentes, vestiam a característica *gown*, mais ou menos longa, conforme o status de cada um. Dentro e fora dos *colleges*, as condições de vida eram sóbrias, quase monacais.

Chegara em pleno fulgor do outono, quando as árvores se douram e compõem com a pátina das construções seculares um conjunto de raro esplendor. A música de órgão e coral era cultivada cotidianamente nas capelas de muitos *colleges*. Nesse ambiente, o culto anglicano conheceu uma evolução particular, ampliando as áreas em que se superpõem as experiências religiosa e artística. Levada a seus extremos, a busca de perfeição apaga as barreiras entre as diferentes formas da vivência profunda do homem. Entre os vitrais da capela do King's College, o maravilhoso coro de vozes infantis transformava os serviços religiosos em momentos de pura beleza.

Dedicava horas a perambular e a ouvir música nessas primeiras semanas em que a universidade despertava de sua letargia de verão. A decisão que tomara de afastar-me da Cepal era menos fruto de decepção do que da consciência de esgotamento do projeto em que me empenhara oito anos atrás. O espaço que tivera diante de mim para explorar parecia esgotado, como se eu o houvesse ocupado em sua plenitude. Sentia-me cerceado, qual um atleta que necessitasse mudar de esporte para continuar avançando.

OBRA AUTOBIOGRÁFICA

Enquanto andava, ia descobrindo a riqueza do passado ali vivido. Lá estava o velho *college* onde habitara Erasmo, essa figura de intelectual que deu tanta dignidade ao uso das ideias. São poucas as pessoas que realizam mais do que uma fração daquilo que trazem em si como virtualidade. O que fazemos é essencialmente fruto das circunstâncias, mas há momentos em que já não cabemos nas circunstâncias, começamos a sufocar. Fora para bem respirar que me libertara da tirania das circunstâncias; agora aliviava os pulmões e sentia uma grande vontade de provar frutos novos.

À diferença de Paris, onde a vida universitária em boa parte se realiza extramuros, em Cambridge tudo se passa no recinto da universidade, e em ambientes fechados. Inscrevi-me em alguns dos mais de trinta clubes que me convidaram e passei a participar das atividades de alguns deles, para formar um círculo de relações. Mas os grupos em que se discutiam temas verdadeiramente interessantes eram fechados, organizados em torno de certas pessoas, docentes ou estudantes graduados.

Os seminários de Kaldor e Piero Sraffa eram prolongados por discussões a que tinham acesso uns poucos iniciados. Por essa época, os chamados keynesianos de esquerda haviam perdido peso no departamento de economia, mas se encontravam em seu melhor momento criativo. Joan Robinson acabava de publicar sua grande obra *Accumulation of Capital*, possivelmente o maior esforço, desde Marx, para penetrar na lógica da acumulação nas economias capitalistas. Ela não organizava seminários, mas dava um curso (elementar) em que exercitava toda a sua mordacidade contra o pensamento ortodoxo. Seu objetivo era alcançar os jovens ainda não "deformados" pelo ensino convencional. Os alunos a seguiam entre perplexos e fascinados. Um pequeno grupo de graduados ou pesquisadores, ao qual eu me juntava, assistia a essas aulas por puro deleite. Com frequência, a acompanhávamos, em seguida à aula, para tomar chá, e aí a conversa se animava. Amartya K. Sen e Piero Garegnani eram os mais provocativos. Ambos eram do Trinity College e estavam próximos de Sraffa, grande amigo, mas também crítico irreverente da obra de Joan Robinson. Eu também a visitava em sua casa, onde ela trabalhava em lindo caramanchão no jardim. Passou-me vários textos que estava elaborando, mas eu não encontrava muito a dizer, pois eram de tal forma abstratos que ou os aceitava ou os rejeitava na totalidade.

Poucas vezes terei visto alguém com tanta capacidade de concentração como Joan Robinson. Mas me parecia que ela se autoconfinava num espaço estreito, o que condenava seu esforço criativo a rendimentos decrescentes. Recusava-se a discutir a inclusão em seus esquemas de variáveis que não fossem de natureza estritamente econômica, se bem que estivesse de acordo em que a realidade social não podia ser reduzida ao econômico. Criticava Kaldor por "engolir" demasiada matemática, ao mesmo tempo que insistia numa formalização verbal tão abstrata quanto podia ser qualquer linguagem simbólica.

Quiçá ninguém a haja influenciado tanto quanto Piero Sraffa, uma das mentes mais finas que se tenham dedicado à economia, espécie de maníaco do rigor lógico, capaz de passar anos dando voltas a um problema. Era querido de seus discípulos, sobre os quais exercia um certo terror. Nessa época, Sraffa terminava o seu "Produção de mercadorias por meio de mercadorias", texto de pouco mais de uma centena de páginas em que trabalhava havia uma boa dezena de anos. O pensamento econômico lhe parecia extraviado, por falta de referências precisas, sendo necessário retomar a coisa onde a deixara Ricardo. Em seu seminário, falava pouco, apenas para assinalar um que outro ponto de inconsistência do expositor.

Foi numa dessas sessões do seminário de Sraffa, que tinha lugar na antiga Marshall Library, que foi apresentado pela primeira vez o "modelo de crescimento econômico" de Kaldor. Aí se introduz uma "função de progresso tecnológico" que relaciona a taxa de crescimento do estoque de capital por trabalhador com a taxa de crescimento da produtividade da mão de obra. Esse modelo permitia introduzir a distribuição da renda, como elemento exógeno, em sua dinâmica. O impacto foi considerável, tanto sobre os discípulos como em adversários e rivais, e não havia ninguém em Cambridge que não se incluísse em uma dessas categorias.

Enquanto não circulasse o número do *Economic Journal* que incluía o texto de Kaldor, a discussão seguiria desordenada, com base no que diziam as pessoas que haviam assistido à exposição. Ao professor Meade, lhe parecia um artifício mistificador, a Joan Robinson, "uma perda de rumo de Nick". Observou-me ela: "Duvido que duas pessoas que hajam lido o texto deem a mesma versão dele". A exposição fora feita por um economista australiano, brilhante discípulo de Kaldor, permanecendo este na retaguarda, como reserva de artilharia pesada. Somente interveio quando Meade e Sraffa abriram fogo. Ele estava convencido de que dera o tiro mais alto no vasto esforço que se realizava para dinamizar os modelos macroeconômicos, mas se dispunha a discutir e retificar a alça de mira, se necessário. Não tinha nada de dogmático.

À diferença da maioria de seus colegas de Cambridge dessa época, Kaldor tinha uma clara percepção das limitações das construções abstratas que preparavam os economistas. A diversidade e a mutabilidade do mundo real não lhe escapavam, e sabia usar a imaginação para captá-las. O seu curso era uma apresentação crítica do pensamento econômico, a partir dos clássicos, no que interessava para compreender o fenômeno do desenvolvimento. De cada autor, ele sabia extrair o essencial, como contribuição positiva, indicando também a principal insuficiência. Seu poder de exposição e síntese e de tradução gráfica das ideias era excepcional, mas era demasiado perspicaz para tomar totalmente a sério o que dizia, e isso o levava a terminar cada exposição com perguntas que introduziam novas dúvidas naquilo que já parecia assentado.

A decisão de dedicar o essencial do meu tempo ao trabalho teórico, eu a havia tomado antes de chegar a Cambridge, mas não teria a tranquilidade necessária para levá-la adiante, em sã consciência, se também não reservasse algum tempo a ordenar

OBRA AUTOBIOGRÁFICA

minhas ideias sobre o Brasil. Finalmente, fora a preocupação de compreender a realidade brasileira que me levara a passar todos esses anos batendo com a cabeça em muro de pedra. Tinha contas a ajustar comigo mesmo. Decidi então dedicar parte de meus vagares a reordenar e depurar minhas ideias sobre a economia brasileira.

Ao sair do Rio, um editor insistira comigo em republicar *A economia brasileira*, cuja primeira edição fora financiada por mim mesmo e tivera escassa circulação. Neguei a autorização, pois considerava o livro uma obra de circunstância, reunião de coisas heterogêneas; mas prometi que consideraria a hipótese de reescrevê-lo, destacando a parte sobre o Brasil para publicação autônoma. O avião da Panair em que viajei para Londres teve um acidente ao baixar no Recife, onde fazia escala, obrigando-me a permanecer dois dias nessa cidade. Perambulando pelas ruas para ver os locais que eu frequentava quando era aluno do Ginásio Pernambucano, entrei na velha Livraria Imperatriz. Entre os livros que adquiri, estava uma reedição recente da *História econômica do Brasil*, de Roberto Simonsen, que eu havia lido dez anos antes. Folheando esse livro e detendo-me na massa de informação quantitativa que contém sobre o período colonial, veio-me a ideia de tentar a elaboração de um modelo da economia do açúcar em meados do século XVII.

Foi dessa ideia que surgiu a *Formação econômica do Brasil*, redigida entre novembro de 1957 e fevereiro de 1958, nas "sobras de tempo" que ia furtando ao festival do debate teórico. O método era o mesmo que utilizara em trabalhos anteriores: aproximar a História (visão global) da análise econômica, extrair desta perguntas precisas e obter respostas para as mesmas na História.

Diante de um tema tão vasto como era a formação da economia brasileira, sabia que seria difícil manter o mesmo nível de abstração ou grau de generalidade, razão pela qual inclinei-me a pintar um vasto afresco, em que cada segmento estruturado teria o valor de uma sugestão, de um convite para que o leitor continuasse pensando com sua própria cabeça. O importante era estimular outras pessoas a aprofundarem a investigação. O livro seria uma coleção de hipóteses com demonstrações apenas iniciadas ou sugeridas. Os detalhes historiográficos seriam praticamente omitidos, para que o leitor captasse facilmente o movimento no tempo do conjunto observado.

Esse afresco teria que desbordar as fronteiras do Brasil, dado que a economia brasileira surgiu como projeção da grande expansão comercial da Europa no século XVI. A primeira pergunta que fazia, partindo da economia para a história, era a seguinte: "Como foi possível financiar a ocupação inicial das terras que viriam a formar o Brasil?". Algum dinheiro terá saído dos negócios das Índias, mas por esse caminho não se chegaria muito longe. Sabia-se que a descoberta de pingues tesouros pelos espanhóis havia despertado enorme cobiça na Europa, e que, sem fixar-se na terra, não era possível preservá-la. O Brasil fora a primeira exploração agrícola rentável da América, e era por esse lado que cabia buscar resposta à pergunta. Passei então a estudar as razões do êxito da produção de açúcar, o que me levou a observar a capacidade

184

técnica de Portugal nesse terreno, e o comportamento do mercado do produto, em particular as razões de sua formidável expansão.

O açúcar era refinado e comercializado fora de Portugal, o que trazia para a cena os holandeses, sem cuja cooperação a empresa portuguesa não poderia ter tido êxito. A ocupação de Portugal pela Espanha, em 1580, projetaria no Brasil os efeitos da guerra implacável desse país com a Holanda, inscrevendo-se aí a ocupação por um quarto de século das terras açucareiras brasileiras pelos batavos, a expulsão destes e a subsequente instalação por eles de uma economia açucareira rival nas Antilhas. A baixa de preços do açúcar, que se inicia na segunda metade do século XVII e se prolonga pelo século seguinte, decorria, portanto, de modificações profundas na estrutura global do sistema.

Dentro desse amplo quadro é que tomaria corpo a realidade brasileira. Na biblioteca de Cambridge, encontraria todo o material de que necessitava para montar essa primeira parte do afresco. Mas qual a natureza dessa realidade social em formação? À diferença das regiões da América onde a presença espanhola se enxertou em sociedades preexistentes, que passaram a ser brutalmente exploradas, e das futuras colônias de povoamento, financiadas pelos governos com fins políticos, a empresa açucareira foi ela mesma a matriz de uma ordem social nova: atraiu artesãos da Europa, adquiriu mão de obra indígena, caçada em outras áreas, importou em grande escala escravos da África.

Cabia observar em detalhe essas organizações sociais formadas em torno de uma matriz econômica. O ponto de partida era uma economia altamente especializada, mas onde era insignificante o pagamento a fatores de produção, posto que estes, em sua quase totalidade — equipamento, terras, e o essencial da mão de obra —, pertenciam ao mesmo dono. A força indutiva interna dessa economia tinha de ser muito pequena, mas ainda assim ela necessitava obter de seu *hinterland* animais de transporte, de tração, de corte, lenha para as caldeiras, para citar o mais importante. Teria que haver, por conseguinte, um subsistema satélite, e são as relações entre os dois que permitem captar a lógica do todo.

Na fase monopolista de altos preços, a rentabilidade da economia açucareira era muito elevada, e sua expansão, rápida. Se esta não conduziu à baixa de preços, foi porque o mercado cresceu fortemente, e também porque a fase produtiva devia ser regulada a partir do setor comercial. Com a baixa de preços do período da concorrência internacional, reduziu-se consideravelmente a rentabilidade, mas, sendo ínfimo o pagamento a fatores, a oferta permanecia inelástica. Posto que a quase totalidade dos custos eram fixos, reduzir a produção não proporcionava economias. Contudo, em tais circunstâncias, descuidava-se a reposição dos equipamentos e do estoque de escravos, o que levava muitas unidades produtivas a desagregar-se. O que restava dessa desagregação era absorvido pelo sistema do *hinterland*, graças à abundância de terras.

OBRA AUTOBIOGRÁFICA

As relações entre os dois subsistemas emprestarão grande rigidez estrutural ao conjunto. Nas fases de declínio do setor exportador, expandia-se a atividade de subsistência no *hinterland* pecuário, que operava como amortecedor dos choques externos. Assim, declinava a produtividade média do conjunto, sem que isso gerasse tensões significativas. De forma simétrica, melhoravam-se as condições externas, reativava-se o setor de mais alta produtividade, o qual podia retomar os seus investimentos, importando equipamentos e escravos. Essa rigidez estrutural e resistência às crises será o traço marcante da economia do açúcar.

O quadro internacional terá que ser considerado na segunda metade do século XVII. O domínio espanhol não acarretara apenas a ocupação holandesa. Apagada a linha de Tordesilhas, com a junção das duas Coroas, os portugueses se habilitaram a avançar para o norte, o sul e o oeste, e, reconquistada a independência, protegeram-se com a doutrina do uti possidetis. A experiência adquirida pelos sertanistas na caça aos índios será a ponta de lança na busca de metais preciosos, intensificada na fase de dificuldades criadas pela baixa do preço do açúcar. Nesse quadro, dá-se a grande expansão territorial: ocupação da Amazônia e de toda a margem oriental do rio Uruguai. Assim, tanto a pressão para fazer recuar o meridiano como o esforço para descobrir metais preciosos (vieram especialistas da metrópole para ajudar os sertanistas) não se explicam sem ter em conta as grandes dificuldades encontradas na segunda metade do século XVII.

A economia mineira, que nasce com o século XVIII, trará profundas modificações à fácies demográfica e à distribuição geográfica da população. Esta, até então principalmente africana, será, a partir do grande fluxo imigratório provocado pela corrida do ouro, crescentemente de origem europeia.

Ainda que baseada no trabalho escravo, a economia do ouro gerava um considerável fluxo de renda monetária. A dimensão de seu mercado interno pode ser aferida pelo grau de urbanização. É graças a esse núcleo de mercado interno, para onde aflui a produção de outras regiões, que começa a emergir a matriz de uma economia nacional. O gado, principalmente o muar — base de toda a infraestrutura de transporte continental —, era exportado em grande escala das províncias do Sul para a região de mineração, o mesmo ocorrendo aos excedentes criatórios do Nordeste. Por outro lado, a elevação do preço dos escravos, provocada pela demanda de mão de obra nas regiões mineiras, aumenta os custos de produção nas áreas açucareiras, precipitando o declínio destas.

Ao concluir-se o século XVIII, com uma população que superava os 3 milhões de habitantes, o Brasil já era mais do que uma constelação de pequenos núcleos de povoamento: suas principais áreas já haviam alcançado um mínimo de articulação, estando unidas por algo mais do que o sistema de dominação comum. Contudo, as atividades econômicas não haviam conhecido nenhuma evolução no sentido de diferenciarem-se e gerar autopropulsão. O crescimento era estritamente extensivo. Se

186

A FANTASIA ORGANIZADA

bem que o fluxo monetário fosse maior na economia do ouro, o comportamento desta era essencialmente o mesmo do da economia do açúcar: dependiam de um fator exógeno para expandir-se. Ademais, sendo pequena a participação do capital fixo na produção de ouro (não contada a mão de obra escrava), ao declinar esta em determinada região o conjunto da economia se contraía rapidamente, à diferença do que acontecia na do açúcar na fase mais baixa do preço do produto.

A isso se deve que a transformação da economia mineira em atividade de subsistência haja sido bem mais completa. Contudo, a economia de subsistência seria neste caso mais rica do que a do *hinterland* nordestino, graças ao desenvolvimento urbano anteriormente alcançado. A tese de que as atividades manufatureiras poderiam ter avançado mais nessas áreas, evitando um declínio tão forte da renda monetária, é correta, embora não se possa aceitar a explicação de que o atraso se deveu ao édito real proibindo a instalação de manufaturas na colônia. A causa principal, muito provavelmente, terá sido o próprio atraso de Portugal nesse setor. Pelo acordo de 1703 com a Inglaterra, Portugal havia praticamente renunciado ao desenvolvimento manufatureiro. É verdade que esse acordo somente se tornou viável porque interveio o ouro do Brasil, com o qual se pagavam as manufaturas inglesas importadas. Mas sua consequência inelutável foi acumular atraso no setor em que se dariam os grandes avanços tecnológicos do século. Houvessem emigrado para o Brasil, como foi o caso nos Estados Unidos, pessoas com capacidade técnica para iniciar atividades manufatureiras, e estas teriam surgido e sabido defender-se.

Para compreender a evolução da economia brasileira no século XIX, convinha ter em conta a especificidade das estruturas que se haviam constituído no período colonial. O elemento dinâmico continuavam a ser as exportações, e o crescimento se fazia por ocupação de novas terras ou extensão da extração de produtos florestais ou minerais. Quando as exportações entravam em declínio, crescia mais rapidamente o setor de subsistência, no qual se foi acumulando uma massa de mão de obra de muito baixa produtividade.

No período compreendido entre a Revolução Americana e as Guerras Napoleônicas, formou-se uma conjuntura favorável no mercado de produtos primários, o que propiciou uma fase de bonança às áreas com potencial produtivo acumulado em atividades de subsistência ou capacitadas para aumentar seu estoque de mão de obra importando escravos.

Nesse período, o Maranhão transformou-se em importante exportador de algodão e arroz, e o Nordeste se iniciou na exportação de algodão e beneficiou-se de melhoras nos preços do açúcar. Com a mudança da conjuntura, nos anos 1920, contrai-se a renda e parte dos fatores é devolvida às atividades de subsistência. A disponibilidade de terras e a rigidez da estrutura social facilitavam essa reversão. A iniciativa estava totalmente em mãos da classe mercantil, vínculo de união com o exterior, e esta não estava propriamente inserida na sociedade local. Não houve formação de

OBRA AUTOBIOGRÁFICA

uma burguesia comercial no período colonial, permanecendo as atividades mercantis de algum vulto em mãos de reinóis, situação que se prolongaria durante a primeira fase da Independência. Tudo se passava como se o ritmo da atividade econômica fosse regulado pelas condições climáticas e pelo crescimento vegetativo da população. Aos períodos de vacas gordas se sucediam outros de vacas magras, o tempo econômico permanecendo imóvel, até que intercedesse algum fator exógeno, como uma guerra ou o súbito desaparecimento de um concorrente.

Esse imobilismo comportava longos períodos de declínio, como ocorreu na primeira metade do século XIX. Graças à abundância de terras, a população pôde crescer com uma taxa anual de cerca de 1,3%, se bem que o valor em libras esterlinas das exportações aumentasse a um ritmo anual de apenas 0,8%. O incremento das quantidades físicas exportadas foi bem maior, mas a baixa de preços anulou o seu efeito. A situação foi mais grave no Nordeste (inclusive o Maranhão) do que no Centro-Sul, onde começava a firmar-se a produção cafeeira.

Os efeitos do declínio da renda monetária concentravam-se nas zonas urbanas, o que não terá sido alheio à intranquilidade social que prevalecerá nesse período de nossa história. A isso cabia acrescentar as dificuldades com que se defrontava o governo central, em razão do declínio relativo de suas receitas, uma decorrência da baixa da atividade econômica. A principal fonte de recursos do Tesouro Público — imposto sobre importações — tinha sua alíquota fixada em acordo com a Inglaterra. A saída era recorrer à emissão de papel-moeda, o que acarretava depreciação cambial e elevação dos preços dos bens importados, consumidos nas zonas urbanas, gerando descontentamento social e mesmo sublevações.

Dessa perspectiva ampla do processo histórico, emerge claramente que uma importante mudança de rumo se manifesta pela metade do século, quando expira o acordo com a Inglaterra, termina a importação de escravos e se firma o café como produto de exportação de grandes possibilidades. À diferença do que ocorria com o açúcar, a produção de café requeria modestos investimentos em equipamentos, dependendo-se essencialmente da disponibilidade de mão de obra. A primeira fase de expansão, localizada nas terras montanhosas das cercanias da cidade do Rio de Janeiro, prolongando-se na Zona da Mata Mineira, beneficiou-se do estoque de mão de obra (principalmente escrava) existente nas antigas regiões mineiras e da fase final do tráfico. No início, destarte, o café alimenta-se da decadência da mineração. Desta ele também herdará uma classe empresarial muito mais ágil do que a do açúcar. Não houve a separação nítida entre atividade produtiva e comercial que caracterizou a economia do açúcar. Finalmente, a vizinhança da capital do país criou facilidades aos interesses do café para atuar mais eficazmente na esfera política.

Com a subsequente penetração do café no planalto paulista, que abriu enormes possibilidades de expansão a seu cultivo, colocou-se de frente o problema da mão de obra. Posto que o crescimento era extensivo, demonstrada a rentabilidade do negócio tudo passava a depender da disponibilidade de mão de obra. Na realidade, o estudo da economia brasileira na segunda metade do século XIX, quando uma ampla reinserção no comércio internacional se tornou possível, em face de condições favoráveis do lado da demanda, centra-se no problema da oferta de mão de obra: possibilidades de transferência do setor de subsistência, mobilidade geográfica, relações de trabalho e acesso às correntes migratórias internacionais.

Durante certo tempo, o avanço da frente cafeeira pôde ser atendido mediante drenagem de mão de obra de outras regiões, mas logo se imporia uma solução mais ampla, que passava necessariamente pela adoção do trabalho assalariado. Dessa forma, coube à expansão cafeeira reinserir o país nas correntes dinâmicas da economia internacional e abrir caminho à implantação definitiva do regime de trabalho assalariado.

Certo, o trabalho escravo poderia ter sido substituído por formas veladas de escravidão, em que o trabalhador é remunerado com o acesso a uma pequena parcela de terra da qual retira magra subsistência. Esse regime, que prevaleceu no Nordeste açucareiro após a escravidão, restringe o fluxo de renda monetário, impedindo a formação do mercado interno. As relações de trabalho que vieram a predominar nas novas regiões cafeeiras asseguravam ao trabalhador manutenção no primeiro ano, terra para lavoura familiar e salário monetário pelas tarefas realizadas no cafezal. Não tendo acesso à propriedade da terra, como foi a regra nos Estados Unidos, quando a imigração europeia se destinava à agricultura, fez-se necessário dar compensações aos imigrantes sob forma de viagem paga pelo governo, sustento inicial pago pelo fazendeiro, e salário monetário assegurado.

Os dados que reuni com respeito à segunda metade do século XIX evidenciavam que a renda real do setor exportador tinha quadruplicado, havendo base para afirmar que a renda per capita crescera com uma taxa anual de 1,5%, sem embargo de que a taxa de crescimento demográfico houvesse subido para 2%. As disparidades geográficas de nível de renda começaram a configurar-se nesse período, porquanto a região nordestina permaneceu estagnada e com escassas mudanças em suas estruturas econômicas, ao passo que no Centro-Sul a renda per capita crescia com uma taxa de mais de 2% ao ano, aumentando consideravelmente o grau de monetização da economia.

A emergência de um importante fluxo de renda monetária sob a forma de salários traduzia uma mudança qualitativa na estrutura econômica existente. O antigo binômio economia de exportação-economia de subsistência era substituído por outro: economia de exportação-economia de mercado interno. Os efeitos internos da atividade exportadora, na expansão como na contração, seriam agora muito diferentes. Eu passava a abordar a fase que havia sido objeto de meu estudo de 1949 e que merecera detida atenção em *A economia brasileira*.

A transição para uma economia industrial deu-se no quadro da crise do café. As condições ecológicas altamente favoráveis do altiplano paulista haviam permitido ao

Brasil, uma vez assegurada uma oferta elástica de mão de obra, controlar o mercado mundial desse produto. Após a primeira crise de superprodução no último decênio do século XIX, passou o Estado, com apoios financeiros internacionais, a intervir nos mercados para regular os preços. Reduziam-se os lucros dos especuladores no mercado internacional e incrementava-se a renda dos produtores.

Uma tal política exigia como complemento que a expansão dos cafezais fosse disciplinada, o que não era fácil de levar à prática. O produtor, beneficiário de um mercado organizado, estava em condições de atrair fatores de outras atividades. Tanto mais que a sobrevalorização cambial, criada pela política de "valorização" do café, reduzia a rentabilidade das demais atividades exportadoras e desestimulava os investimentos em atividades que concorriam com as importações. Assim, tudo favorecia o café.

Tanta vantagem tinha como contrapartida uma tendência à superprodução, cujos efeitos negativos se agravavam quando uma grande safra coincidia com uma crise de conjuntura nos mercados importadores. Essa conjunção de fatores desfavoráveis produziu-se por ocasião da Grande Depressão. Assim, a produção de café praticamente dobrou entre 1929 e 1931, em tais circunstâncias que, no primeiro desses anos, o valor dos estoques do produto sob controle do governo já montava a cerca de 10% da renda nacional. Dados o volume exorbitante de estoques, a perspectiva de grandes safras em razão da expansão desordenada do plantio, e o clima de crise nos países importadores, a política de sustentação de preços veio abaixo. A queda de preços foi brutal, pois desceram em dois anos de 22,5 para oito centavos de dólar por libra-peso.

Não sendo mais possível obter empréstimos externos para financiar estoques — o serviço da dívida externa estava praticamente suspenso —, o governo viu-se diante da disjuntiva de ter que abandonar a economia cafeeira à sua sorte — o que levaria a uma baixa de preço ainda mais acentuada — ou tratar de sustentá-la apelando para a socialização das perdas. A depreciação cambial de cerca de 40% e uma moratória constituíram um alívio, mas havia que decidir entre continuar a colher café, sem qualquer possibilidade de venda, ou abandonar parte das plantações.

Sempre preocupado em evitar que os prejuízos se concentrassem no setor cafeeiro, o governo tomou a decisão de comprar café sem limites, financiando os novos estoques com recursos obtidos no país de uma ou outra forma, quando necessário emitindo papel-moeda. A contrapartida dessas medidas consistiu em ter que destruir um terço de toda a produção do período 1931-39, ou seja, cerca de 80 milhões de sacas de sessenta quilos de café. Mas, dizia eu, "ao permitir que colhessem quantidades crescentes de café, estava-se inconscientemente evitando que a renda monetária se contraísse na mesma proporção que o preço unitário que o agricultor recebia por seu produto", e acrescentava: "Ao evitar-se uma contração de grandes proporções na renda monetária do setor exportador, reduziam-se proporcionalmente os efeitos do multiplicador de desemprego sobre os demais setores da economia". Uma tal situação somente se produzia porque a economia do café gerava um considerável fluxo de salários, isto é, tinha dado origem a uma economia de mercado interno. "O que importa ter em conta", assinalava eu, "é que o valor do produto que se destruía era muito inferior ao montante de renda que se criava. Estávamos, em verdade, construindo as famosas pirâmides que anos depois preconizaria Keynes."

O impacto positivo da política do café nas atividades ligadas ao mercado interno podia ser aferido. Os investimentos continuaram em nível relativamente elevado, e já em 1933 a economia começava a recuperar-se, não obstante esse haja sido o ano em que a depressão alcança o máximo de intensidade nos Estados Unidos. "É perfeitamente claro", opinava eu, "que a recuperação da economia brasileira, que se manifesta a partir de 1933, não se deve a nenhum fator externo." A produção de bens de capital (medida pela de ferro, aço e cimento) recomeçara a crescer em 1931, e em 1932 superava em 60% a de 1929. E afirmava, enfático: "É de enorme significação o fato de que em 1935 as inversões líquidas (medidas a preços constantes) tenham ultrapassado o nível de 1929, quando as importações de bens de capital apenas haviam alcançado 50% do nível deste último ano". A conclusão era inescapável: "O mercado interno ascendera à posição de centro dinâmico principal da economia".

Os problemas criados pela propensão ao desequilíbrio externo, inclusive a inflação estrutural, eram considerados a partir das análises apresentadas em minhas publicações anteriores, concluindo com uma visão prospectiva. O quadro final partia das inter-relações entre os dois centros dinâmicos: o comércio exterior e o mercado interno. A redução do papel do comércio exterior como fator determinante do nível da renda ocorrera concomitantemente com o aumento de sua influência como elemento estratégico no processo de formação de capital. Com efeito, o conteúdo de divisas da formação de capital tende a aumentar quando se passa de investimentos em agricultura extensiva para investimentos industriais. Ao mesmo tempo, "o sistema entra numa etapa de intensa assimilação de processos tecnológicos mais complexos, aos quais tem acesso através de um intercâmbio externo".

No Brasil, essas transformações estruturais teriam ocorrido em condições de declínio no coeficiente de importações, o qual teria baixado de cerca de 20%, em 1920, para menos de 10%, na metade dos anos 1950. Mas, dizia, "se uma redução brusca da procura externa já não afeta necessariamente o nível de emprego do país, seu efeito na taxa de crescimento é imediato". Disso inferia que a "transformação estrutural mais importante que possivelmente ocorrerá no terceiro quartel do século xx será a redução progressiva da importância relativa do setor externo no processo de formação de capital". Só assim seria possível "evitar que os efeitos das flutuações da capacidade para importar se concentrem no processo de formação de capital". E concluía: "É essa uma condição essencial para que a política econômica se permita visar ao duplo objetivo de defesa do nível de emprego e do ritmo de crescimento".

Ao lado dessa transformação estrutural básica, indicava como grande desafio o problema da tendência às disparidades regionais. Chamava a atenção para o fato de que o desenvolvimento na primeira metade do século xx podia ser visto como "um processo de articulação das distintas regiões do país em um sistema com um mínimo de integração". A região sulina havia derivado dinamismo da expansão do mercado interno da região cafeeiro-industrial, da mesma forma que o Nordeste aí havia colocado os seus excedentes de açúcar, e a região amazônica, os seus de borracha.

Mas essa articulação se fizera com notório aumento das disparidades de níveis regionais de renda. E, depois de mostrar a complexidade do problema sob vários ângulos, concluía: "A solução desse problema constituirá, muito provavelmente, uma das preocupações centrais da política econômica no correr dos próximos anos".

Havia, portanto, duas grandes tarefas a enfrentar: completar o processo de industrialização e reverter a tendência às disparidades regionais de nível de vida. Mas não tivéssemos dúvida: a simples manutenção das taxas históricas de crescimento condenaria o Brasil, no fim do século, a persistir como uma das "áreas da Terra em que maior é a disparidade entre o grau de desenvolvimento e a constelação de recursos potenciais".

Segundo velha tradição, a biblioteca de Cambridge deve conter todos os livros editados em língua inglesa. Ainda que isso não continue sendo verdade, ela é certamente uma das bibliotecas mais completas que existem, e permite acesso direto às estantes e prateleiras. Há mesas de trabalho por toda parte, e as obras estão bem catalogadas. Nessas condições, eu podia consultar um grande número de livros e revistas sobre os temas que me interessavam, em tempo relativamente curto. E ainda havia bibliotecas especializadas, como a Marshall, de economia, cujo núcleo central estava constituído pela biblioteca pessoal do famoso fundador da escola de economia de Cambridge. Nesta última, encontrei um exemplar, autografado por Marshall, do livro de J. P. Wileman, *Brazilian Exchange*, publicado em Buenos Aires em 1896. Wileman trabalhara algum tempo para o governo brasileiro e tivera acesso aos arquivos do Ministério da Fazenda. Com base nas informações que obteve, publicou uma estimativa do balanço de pagamentos do Brasil e fez uma análise da instabilidade do câmbio, a qual se afasta da visão convencional da época e constitui o primeiro estudo técnico do comportamento do setor externo de nossa economia. A circulação desse livro fora seguramente muito restrita, pois ele não figurava nas bibliografias de história econômica do Brasil disponíveis.

O tempo de que dispunha não me permitiu levar muito longe esse trabalho de garimpagem nas bibliotecas, mas era tão vasto o horizonte de escolha que decidi limitar minhas referências bibliográficas a obras para as quais desejava chamar expressamente a atenção, ademais daquelas que fossem fontes dos dados que eu

A FANTASIA ORGANIZADA

estava usando. Era um livro de análise, e não de história, portanto não cabia dar crédito a todos os pesquisadores que houvessem contribuído no plano dos estudos históricos. O objetivo era avançar uma série de hipóteses interpretativas, aproximando acontecimentos em áreas diversas e tempos distintos, como quem fixa uma imagem através de seus traços mais característicos.

Entre historiadores, prevalecia a hipótese de que coube à pecuária ligar as distintas áreas que vieram a compor o Brasil. Minha análise levava à conclusão de que esse papel aglutinador coubera à economia do ouro, que pela primeira vez gerara um mercado interno de forte poder gravitacional, o que transformou as regiões de pecuária em seus satélites. Era na profunda depressão da economia açucareira, na segunda metade do século XVII, que cabia buscar o impulso de expansão territorial da mesma época e a própria descoberta dos filões auríferos. Era no atraso tecnológico de Portugal — em parte devido às facilidades criadas pelo ouro brasileiro — que convinha buscar as causas da não diversificação da economia urbana do século XVIII e de sua rápida reversão a padrões de subsistência. E era na rigidez estrutural cimentada pelo binômio escravidão-economia de subsistência que se devia buscar a razão de que uma rica colônia agrícola e mineira houvesse dado origem a uma vasta área de economia subdesenvolvida. A partir do terceiro quartel do século XIX, a taxa de crescimento fora relativamente elevada, mas estivera na dependência da incorporação de novas terras e da absorção de imigrantes. As rigidezes estruturais retardariam, até entrado o século XX, o processo de industrialização. Para absorver o atraso acumulado, fazia-se necessário um esforço considerável, que o país ainda não se decidira a cometer. Essas hipóteses tinham sentido se apresentadas como um conjunto. Eu assumia a plena responsabilidade de sua formulação.

14. A ceia de Natal

O College era muito mais do que qualquer instituição universitária que eu houvesse conhecido. Em síntese: era um estilo de vida. O importante não estava nos seminários ligados ao currículo universitário, e sim em outras atividades culturais que aproximavam pessoas de todos os campos do conhecimento. Nessa época, o King's ainda era uma comunidade apenas masculina, mas as mulheres tinham trânsito livre até as 23 horas. Velhos professores permaneciam como residentes, não obstante estivessem havia muito aposentados.

O professor Richard Kahn possuía um belo apartamento, abarrotado de livros, e com uma rica adega. Coubera-lhe, suprema honra, uma das quatro cátedras de economia da universidade. Joan Robinson e Kaldor não tinham título de professor, como aliás não o tivera Keynes. Kahn falava pouco de economia, como se desejasse desencarnar da notoriedade que lhe grudara Keynes ao ligar o seu nome à famosa teoria do multiplicador. É de supor que vestira essa camisa com satisfação durante algum tempo, todavia ela lhe grudara na pele e ocupara toda a sua imagem. Era dotado de uma mente implacável, captando qualquer erro de detalhe. Joan Robinson não publicava nada que não houvesse passado pelo crivo dessa mente. Conversávamos sobre teatro e sobre viagens ao continente, particularmente à França. Vigiava o que se publicava a respeito de Keynes, enviando cartas corretivas aos possíveis faltosos.

Alguma vez que andávamos juntos, cruzamos com Pigou, aproveitando o sol da primavera em uma cadeira sobre a grama. Indagando a Kahn por que cargas-d'água Keynes fizera de Pigou o totem do pensamento "clássico", para nele atirar pedras, Kahn respondeu: "Preferiu dirigir-se a um vivo a invectivar os mortos". Pigou

A FANTASIA ORGANIZADA

fora o grande discípulo de Marshall, a quem substituíra na cátedra, e havia avançado numa direção que podia ser considerada como "progressista". Keynes não necessitava de um bode expiatório para mostrar seu desacordo com a Lei de Say, como não necessitava cunhar a expressão "multiplicador de Kahn". Devia ser um traço de seu caráter, isso de colocar-se acima dos mortais para em seguida distribuir prebendas e fazer recriminações. Mas Kahn não se atrevia a entrar em considerações de ordem pessoal, fechando-se na discrição que era a norma de conduta número um dentro do College.

Homens como Pigou e Kahn, impenitentes celibatários, viviam havia dezenas de anos naquela comunidade, como os monges da Idade Média podiam viver em conventos. O mundo para eles se renovava ao ritmo da sucessão das gerações de estudantes. Era como se pretendessem tomar conhecimento do que ocorria às pessoas expostas aos acasos do mundo de lá fora sem correrem riscos.

Aproximando-se o fim do ano, Kahn me alertou: "Se você estiver só na noite de Natal, não deixe de participar da ceia do College". Era especialmente preparada para os membros da comunidade que não tivessem companhia para compartilhar as alegrias da Natividade. Aceitei o convite, que me permitiu ver o que podia ser uma reunião de confraternização na grande tradição do King's. A *high table* estava posta com todo o esplendor de sua prataria e finas porcelanas. Os comensais, todos trajando smoking, cumprimentavam-se formalmente e, depois da cerimônia usual de contrição, sentaram-se para esperar o serviço. Logo começou um concerto do coro de vozes infantis, que era o grande orgulho do College. Dentro das normas não escritas mas estritamente seguidas, a conversa devia ser amena, mas conter argúcia (*wit*) e, ocasionalmente, humor. Temas político-ideológicos estavam excluídos, da mesma forma que assuntos pessoais.

Sentei-me entre Kahn e um jovem estudioso de história da arte, que eu ouvira expor, numa reunião do College, o tema da influência do barroco na arquitetura renascente italiana. Pedi que me explicasse melhor o que me parecia um paradoxo, pois sempre ligara a arquitetura renascente italiana a Bramante, figura de fins do século XV. "É verdade que nasceu com Bramante [Donato d'Angelo, como o chamava], mas teve muitas metamorfoses", arguiu ele. Interessara-se pela forma como o barroco se enxertara nesse velho tronco, dando-lhe nova vida. Em pouco tempo, falávamos de Florença, da reconstrução da Ponte Vecchio e outras minudências. Perguntou-me se visitava a cidade com frequência, e eu, já sob a influência do glorioso *claret* da adega do King's, disse modestamente que fazia muito tempo não a via, e que tinha dúvida se por lá voltaria a pôr os pés. Antes que pensasse que se tratava de alguma tragédia pessoal, eu disse, à guisa de explicação:

Quiseram as circunstâncias que eu vivesse algum tempo em Florença quando a cidade havia sido restituída ao seu décor da época dos Médici. Ia ao centro de prefe-

OBRA AUTOBIOGRÁFICA

rência à noite, e, como não havia qualquer iluminação, e as poucas viaturas eram quase sempre de tração animal, desfrutava a ilusão de ver as silhuetas de suas igrejas, as fachadas de seus palácios, as perspectivas de suas ruas exatamente como as haviam visto Dante, Petrarca, Michelangelo, Rafael...

Meu interlocutor olhava-me meio atônito. Esclareci em seguida que isso ocorrera durante a guerra, que me coubera servir numa divisão brasileira de infantaria, integrante do v Exército norte-americano. Fora tão profunda a impressão que retivera — chegara a expor-me a punições para desfrutar esse espetáculo — que não me atrevia a voltar aos mesmos lugares, temeroso de que se apagassem aquelas impressões originais, ao tomar contato com a realidade da Florença transfigurada pela luz elétrica e pelo ruído dos carros.

A essa altura, já nos levantávamos para passar à outra sala, menor, onde continuaríamos a segunda parte da ceia, dedicada às sobremesas e seus respectivos vinhos e licores. Aqui, o serviço era dispensado. As nozes, amêndoas, castanhas, tâmaras e frutas cristalizadas e frescas estavam ao alcance de todos, e as garrafas apareciam presas em feixes, cabendo a cada um pressionar docemente para que deslizassem no verniz da mesa na direção do próximo a servir-se. A conversa animou-se, à medida que o nível das bebidas baixava nas garrafas. Já avançada a noite, alguns passaram a uma sala ao lado, onde organizaram um jogo de peteca. A adesão dos demais foi rápida. Cada um que chegava tirava o paletó e se incorporava a um dos dois partidos. A gritaria era geral.

Pela madrugada, dissolveu-se o grupo. Os que não habitávamos no College saímos à rua com um tempo esplêndido. Respirava a fundo o ar frio e pude observar a preocupação de todos de pisar firme e não deixar transparecer a alta pressão de vapores etílicos que continham em si. Um gentleman se *vê*, antes de se conhecer.

Nas águas do degelo iniciado nas relações Leste-Oeste com a ascensão de Khruschóv, a Unesco decidira estimular o intercâmbio de ideias entre estudiosos em ciências sociais dos dois lados da Cortina de Ferro. Nesse espírito, convidou a Associação Internacional de Economistas para promover um primeiro encontro entre personalidades acadêmicas representativas dos dois universos culturais. Havia que testar formas de comunicação e abrir caminho às relações pessoais.

Costuma existir uma grande distância entre o discurso acadêmico e o pensamento real das pessoas, especialmente no campo das ciências sociais. Essa ruptura é particularmente sensível nos países em que as universidades estão controladas por um poder burocrático, são simples prolongação do Estado. Mesmo ali onde se diz "autônoma", a universidade é sempre uma instituição vigiada, submetida a formas sutis de controle, considerada foco potencial de inquietação pelo poder estabelecido. Daí a prudência com que se reagiu à iniciativa da Unesco.

196

A FANTASIA ORGANIZADA

Mas, depois de confabulações demoradas, os dois lados se puseram de acordo em que valia a pena tentar um debate, em nível acadêmico, "Leste-Oeste", em torno dos "fatores determinantes do nível de atividade em distintos sistemas econômicos". A fim de propiciar uma efetiva comunicação, o grupo seria pequeno. Acordou-se como local do encontro uma estação termal na Turquia (Bursa). Nada melhor do que banhos romanos para acalmar ânimos e restaurar forças, comentou alguém.

Para representar o Oeste, a Associação Internacional de Economistas convidou sumidades: os professores A. G. Robinson, de Cambridge; Haberler, de Harvard; Cairncross, de Glasgow; Lindahl, de Uppsala; Triffin, de Yale; Gardner, da Columbia; Mossé, de Grenoble; e Rueff, do Institut de France. Como os países subdesenvolvidos não podiam ser totalmente esquecidos, foram convidados os professores Suvla, da Universidade de Istambul; Naggar, da Universidade do Cairo; e eu, de nenhuma universidade. O outro lado também mandou suas sumidades: os professores Dyatchenko, da Academia de Ciências da URSS; Kaigl, da Academia de Ciências da Tchecoslováquia; Minc, da Academia de Ciências da Polônia; Rachmut, da Academia de Ciências da Romênia; e Friss, da Academia de Ciências da Hungria.

A comunicação foi inicialmente cautelosa, mas logo se fez cordial e mesmo, ocasionalmente, calorosa. Porém, todos evitavam falar de economia. Quando alguém abordava o assunto de um lado, do outro lado havia apenas uma atenção polida. O empenho do professor Dyatchenko de aproximar-se era evidente; inclusive deu-nos uma recepção que foi o ponto alto das atividades mundanas. Do lado ocidental, o único atento às implicações políticas do evento era o professor Gardner, que tomou ao pé da letra a retórica do russo sobre "os grandes êxitos da economia soviética" e respondeu em clima de Guerra Fria. À parte os destemperos do professor Gardner, a quem podiam ser atribuídas intenções estranhas aos objetivos da reunião, o que mais me prendeu a atenção foi a carência de pensamento teórico nos professores do Leste. É certo que entre eles não se encontravam nem Lange nem Kalecki, mas estes podiam ser incluídos, a rigor, na comunidade acadêmica ocidental.

A teoria e a técnica da planificação foram abordadas abundantemente pelos professores Dyatchenko e Friss, mas nenhum dos dois tratou do problema crucial do comportamento dos agentes consumidores em uma economia planificada. Se se dá como resolvida a priori a questão da articulação entre a evolução da estrutura da oferta e da dinâmica da demanda, não tem sentido para o economista falar de teoria da planificação. Quando chamei a atenção para esse ponto, obtive respostas sagazes, que evidenciavam uma clara percepção do problema, mas também relutância em traduzi-lo em termos teóricos, como se daí pudesse surgir arranhão de algum dogma.

A mesma pobreza de pensamento teórico manifestou-se na apresentação da problemática do comércio exterior pelo professor Kaigl. Em que princípios basear a planificação das relações comerciais entre economias centralmente planificadas? A definição dos preços relativos passa a ser uma questão crucial. Se se toma o valor tra-

197

balho como fundamento do sistema de preços, os frutos da maior produtividade dos países mais desenvolvidos teriam que ser compartilhados com os países de mais baixa produtividade física do trabalho. No debate, o professor Kaigl reconheceu que os países do Leste continuavam a usar como referência os preços relativos do "mercado internacional", vale dizer, adaptavam-se às regras do jogo dos países capitalistas. Quando discutíamos problemas como este, informalmente, evidenciava-se a distância entre o discurso acadêmico e o pensamento real dos economistas do Leste.

Menor não era a minha perplexidade em face da extrema ignorância ou total desinteresse dos professores ocidentais com respeito à realidade dos países do Leste. O professor Cairncross chegou a afirmar-me que o nível de vida na União Soviética era, na metade dos anos 1950, inferior ao que havia sido antes da Primeira Guerra Mundial. Alguns se admiraram de que me interessassem os problemas da técnica de planificação e ficaram atônitos quando afirmei que no mundo subdesenvolvido havíamos elaborado técnicas próprias de planificação e as estávamos experimentando. Por essa época, os economistas ocidentais dos grandes centros universitários se haviam convencido de que sua ciência alcançara a maioridade, estando a caminho de "axiomatizar-se". Não havia por que parar para olhar o que ficara para trás, menos ainda o que lhes parecia ser um falso desvio, como era considerada a "economia marxista".

Para a maior parte dos participantes, uma reunião daquele tipo valia como oportunidade para encontrar colegas de outras universidades, pelo exotismo do lugar, por algum *détour* turístico que apareceria naturalmente. Esses subprodutos não eram de desprezar. Eu havia prometido a Lucia, que me acompanhara, que dessa vez veríamos o verdadeiro Partenon, que descobriríamos todas as veredas palmilhadas por Sócrates com seus discípulos, que nos deteríamos nos recônditos de onde o resgatara por vezes a rabugenta Xantipa, que visitaríamos o vale sagrado das Oliveiras, e ainda reconstituiríamos as trilhas de Schliemann na descoberta dos tesouros micenianos.

Pela correspondência que me esperava em Cambridge, pude constatar que os originais (cerca de quatrocentas folhas escritas à mão) da *Formação econômica do Brasil* se haviam extraviado. Tendo-os expedido sob registro, tomei todas as providências junto aos correios ingleses, que me informaram com precisão o número do avião da Panair em que a encomenda saíra para o Brasil, dia e hora de sua partida etc. Apresentavam-me desculpas e me indenizavam com sete libras esterlinas.

Mas nem tudo estava perdido. Exatamente no momento em que eu levava o texto ao correio, encontrara um amigo da universidade que, ao tomar conhecimento de meu propósito, alertara-me contra o risco de extravio. Redargui que me fora impossível encontrar alguém para datilografar, que pusera anúncio em mais de um local, infrutiferamente. Veio-lhe uma lembrança: "Tenho um amigo no departa-

A FANTASIA ORGANIZADA

mento de fotocópias da universidade, vamos até lá ver o que ele aconselha". Daí resultou que depositei o texto por um dia para que fizessem uma filmagem. Com que ansiedade não voltava eu agora para indagar se fora efetivamente feita e se prestava. Depois de uma busca, deram-me um pequeno rolo de filme, e disseram que tudo parecia estar bem.

Obtive por empréstimo um aparelho de projeção equipado com tela, e passei a datilografar página por página, o que me deu oportunidade de enxugar o texto, desbastando-o de toda celulite verbal. Na viagem de regresso do Bósforo, eu havia adquirido, na Itália, uma máquina de escrever portátil, com o pagamento de um artigo que publicara numa revista italiana de economia, o que me apetrechou para executar a tarefa.

O novo texto foi enviado ao Brasil, capítulo por capítulo, à medida que terminava a transcrição datilográfica, para reduzir o prejuízo de novo extravio. Mas não me conformei com esse ato de pirataria e de supremo desprezo por algo que podia ser de tão grande importância para outra pessoa. Posto que havia registro, o desvio não podia ser senão intencional. De regresso ao Brasil, com a ajuda de pessoa de influência, consegui resgatar o texto manuscrito, avariado, em um depósito dos correios, aparentemente classificado como material "suspeito". Mais do que dos anos de observação e estudo, aprendi com esse episódio o que é o subdesenvolvimento, essa manifestação de idiotice alastrada no organismo social.

Kaldor tinha dado uma contribuição importante no sentido da dinamização do modelo keynesiano, introduzindo elementos de uma teoria institucional da distribuição, na linha do pensamento dos primeiros clássicos. Seu curso ajudou-me a retomar disquisições que me haviam ocupado quando me convenci de que o problema do subdesenvolvimento desbordava da área da ciência econômica tal qual esta era praticada. Na última parte de *A economia brasileira*, avançara algumas notas sobre "A teoria do desenvolvimento na ciência econômica", ponto de partida de uma tentativa de apresentação crítica de ideias sobre desenvolvimento nas distintas escolas de pensamento.

Dava por certo que o pensamento econômico não se formara ao acaso: era um conjunto de respostas a questões precisas surgidas em sociedades afetadas por conflitos sociais. A preocupação recente com o desenvolvimento não era estranha à percepção dos problemas colocados pelas transformações da ordem mundial. As causas dessas transformações não eram consideradas, e sim os problemas de ajustamento que delas emergiam. Assim, me parecia evidente que o caráter extremamente abstrato assumido pela ciência econômica se devia a que a preocupação central dos clássicos estivera em descobrir "leis" reguladoras da distribuição do fruto do trabalho social. Em 1953, eu havia escrito: "O problema da natureza abstrata ou teórica do método com que trabalha o economista não é independente da natureza dos proble-

OBRA AUTOBIOGRÁFICA

mas que o preocupam". Fora desse ângulo que eu tentara meu esboço de "crítica da ciência econômica", insistindo na tese de que era necessário recentrar o pensamento na direção do tema da produção.

Não que Kaldor partisse de uma tese a priori sobre a natureza da ciência econômica, mas, porque seguia a linha de pensamento dominante, sua visão da economia era essencialmente distributivista, portanto sancionadora de determinada ordem social. Minha tese era que, se a ciência econômica se confinara no campo da distribuição, era porque continha um forte teor apologético: enaltecera a luta contra o parasitismo dos rentistas rurais, com Ricardo; proporcionara uma boa consciência ao capitalismo selvagem, com os neoclássicos; legitimara a ascensão dos monopólios, com Schumpeter; justificara uma ação reguladora crescente do Estado, com Keynes.

A subordinação à ótica da distribuição havia conduzido clássicos e neoclássicos ao beco sem saída do "Estado estacionário". Foi suficiente que aparecesse alguém com o rigor lógico de John Stuart Mill para que ficasse claro que na teoria econômica clássica o desenvolvimento sempre seria fruto da ação de fatores exógenos. Os rendimentos decrescentes na agricultura e o "princípio de população" de Malthus conduziam necessariamente à estagnação. Marx deixara de lado o ingrediente malthusiano, sem que isso o impedisse de chegar a resultado similar, ainda que daí derivasse conclusões distintas sobre o devenir histórico. No universo de percepção dos neoclássicos, simplesmente não cabe a ideia de acumulação. Schumpeter provocou uma crise epistemológica abrindo as caixas vazias dos neoclássicos, mas não impediu que o dogma do equilíbrio geral permanecesse como camisa de força de toda a construção teórica da ciência econômica.

O formidável esforço intelectual que eu testemunhava em Cambridge era um novo capítulo desse processo de permanente reapetrechamento da ciência econômica para que possa cumprir as funções que dela espera a sociedade. Certo, o conhecimento econômico é de natureza científica, mas o campo que ele explora é delimitado por motivações ideológicas. A obra de economia que se extravia do terreno delineado pelas preocupações políticas de sua época não é boa nem ruim, é simplesmente irrelevante.

Ocasionalmente, eu frequentava as aulas de comércio internacional do professor J. E. Meade, e pude dele aproximar-me. Após ler um artigo que eu preparara para *The Indian Journal of Economics*,* sobre a natureza dos desequilíbrios externos das economias subdesenvolvidas, o professor Meade me observou, secamente, que a saída para esses problemas estava na retomada das exportações de capitais pelos países industrializados. Eu concordava com a importância da retomada dos fluxos financeiros, mas não via por que daí deduzir a inexistência dos problemas estruturais dos paí-

---

* "The External Disequilibrium of the Underdeveloped Economies", de Celso Furtado. *The Indian Journal of Economics*. University of Allahabad, v. XXXVIII, n. 151, abr. 1958. (N. E.)

ses de industrialização tardia. O professor Meade não parecia tomar a sério o que eu dizia. A problemática que considerava importante era outra. Realizava um grande esforço de teorização para dinamizar um modelo de função de produção macroeconômica de corte neoclássico, vale dizer, com coeficientes variáveis. Era a contraofensiva para salvar a teoria neoclássica de distribuição da renda. Não havia por que contaminar a ciência econômica com impurezas institucionais.

Não me escapava que o esforço realizado por esses homens de excepcionais qualificações não nos levaria senão ao ponto de partida: o reconhecimento de que o desenvolvimento ocorrera ali onde tomara pé o progresso tecnológico e as circunstâncias permitiram que certos agentes sociais o canalizassem para o processo de formação de capital.

Paralelamente aos seminários de teoria, empenhava-me em seguir cursos de especialização em história econômica, geralmente séries de quatro a doze conferências. Assim, pude dedicar algum tempo a tomar contato com problemas do desenvolvimento, no século XIX, dos Estados Unidos, do Japão e da Índia. Evidentemente, não conseguia mais do que aflorar a rica problemática que emergia da penetração da tecnologia moderna, cujo vetor principal de transmissão fora por muito tempo o comércio exterior da Inglaterra, nesses três países de tão distinta herança histórica. No esboço de crítica de 1953, eu havia escrito:

> O desenvolvimento econômico é essencialmente um fenômeno histórico. Cada economia que se desenvolve enfrenta uma série de problemas que lhe são específicos, se bem que muitos deles sejam comuns a outras economias contemporâneas. O complexo de recursos naturais, as correntes migratórias, a ordem institucional, o grau relativo de desenvolvimento das economias contemporâneas, singularizam cada fenômeno histórico de desenvolvimento.

Via agora mais nitidamente o considerável peso da herança cultural. Diante da complexidade genética do conjunto econômico que se articula em escala planetária, o alcance do trabalho de teorização que realizam os economistas em seus estreitos espaços tem que ser necessariamente limitado. A eficácia de algumas teorias, como a de Keynes sobre demanda efetiva, advém exatamente de que surgiram para dar resposta a perguntas precisas, relacionadas com situações que se apresentaram dentro de certo contexto histórico, e por isso logo são superadas. Quem formula as perguntas a que o economista é chamado a responder delimita o campo de teorização deste.

Havia em Cambridge um clube (o Union) com uma grande sala de debates, que reproduzia a Câmara dos Comuns. Era como uma advertência para que não se perdesse de vista, naqueles lugares em que tudo levava a considerar o indivíduo como valor supremo, que o homem é antes de tudo um ser político. As grandes questões que no momento preocupavam o país eram ali debatidas e submetidas a voto, a fim de que cada um tomasse posição diante dos desafios com que se confrontava a sociedade. Em certas ocasiões, figuras eminentes da vida política nacional eram convidadas para participar dos debates.

Era ali que se aprendia a delimitar o campo em que trabalhavam os economistas. As doutrinas econômicas estavam longe de sair das torres de marfim por partenogênese. Seus ingredientes básicos emergiam de reuniões como as do Union Club. Não me escapava a importância que tivera para aquele país essa aproximação entre o trabalho intelectual e a atividade política. Não o trabalho intelectual subalterno, de funcionários, ou de uma intelligentsia cooptada, mas aquele com raízes na tradição de autêntica autonomia universitária. A história política daquele país não fora assim tão acidental.

A lição era clara: o trabalho de teorização em ciências sociais é em certa medida uma prolongação da política. Essas reflexões levaram-me a modificar a visão que tinha do trabalho teórico, e induziram-me a alterar meus planos para o futuro, no sentido de valorizar a atividade política. Inclinei-me a pensar que ter escrito um livro como *Formação econômica do Brasil*, que poderia ajudar a nova geração a captar a realidade do país e identificar os verdadeiros problemas deste, representara o melhor emprego de meu tempo. Concluíra-o apontando para os dois desafios a ser enfrentados no futuro imediato: completar a industrialização e deter o processo de crescentes disparidades regionais. Como nordestino, cabia-me prioritariamente dar uma contribuição na segunda dessas frentes de luta.

Desta vez, eu voltava para o Brasil com um projeto definido.

A FANTASIA DESFEITA

Recordemos a ficção platônica dos prisioneiros encarcerados na caverna, de onde não veem mais do que as sombras das coisas. Um dentre eles, que lograra escapar, retornou ao antro e revelou aos companheiros que havia visto os objetos reais e quanto era errôneo imaginar que fora das sombras nada existia no mundo. Riram de seu delírio e o expulsaram.

Erasmo de Rotterdam, *Elogio da loucura*

Prefácio

Ao concluir *A fantasia organizada*, eu assinalara que as crescentes disparidades regionais constituíam sério desafio a quem se preocupasse com o futuro do Brasil, e que, como nordestino, isso me preocupava particularmente. Com efeito, a alarmante decadência do Nordeste, em mãos de uma velha classe de políticos predatórios, numa fase de forte crescimento econômico do Centro-Sul, como eram os anos 1950, induzia a pensar que o país, como um sonâmbulo, deslizava inconscientemente para um despenhadeiro.

Creio agora, passados três decênios, que é chegado o momento de retomar a discussão desse tema. O presente livro recolhe um testemunho em torno do considerável esforço realizado, com a chamada Operação Nordeste, para mudar o rumo da história na região. Esse esforço se inseria em amplo processo de mudança social, todo ele orientado para recuperar o atraso político e abrir espaço a fim de que parcelas crescentes da população regional assumissem na plenitude os direitos de cidadania. Verdadeiras mudanças não poderiam vir senão da renovação dos quadros políticos, com o aumento de sua representatividade e a rejeição, para um desvão da história, das velhas oligarquias.

A ditadura militar, ao destruir pela raiz toda atividade política autêntica, foi particularmente daninha no Nordeste, interrompendo um processo de mudança social que circunstâncias muito particulares haviam permitido florescer. O testemunho que aqui registro não deixará indiferentes aqueles que, com a reabertura democrática, recolocam a problemática nordestina no centro de suas preocupações políticas. Meu propósito, publicando-o, é dar subsídios aos que agora retomam a luta.

OBRA AUTOBIOGRÁFICA

Ao abordar processos tão complexos, que envolveram necessariamente tantas pessoas, evitei o mais possível citar nomes de meus colaboradores, certo de que as omissões involuntárias constituiriam grave injustiça. O tipo de ação desenvolvida exigia que eu mantivesse contato direto com a quase totalidade de uma equipe que contou com muitas centenas de profissionais de nível superior, inclusive dezenas de cooperantes estrangeiros. As incertezas que nos envolviam, o assédio que nos impunham de tantos lados, fizeram germinar um espírito de dedicação, e mesmo de abnegação, que somente em circunstâncias extraordinárias brota entre os que se unem na luta por um propósito comum.

Entre os que me acompanharam no traslado para o Recife, em começos de 1959, e aqueles que logo acorreram ao chamado, estavam: Mário Magalhães da Silveira, médico sanitarista e demógrafo; Luiz F. Leite de Vasconcellos, economista; Jorge Monteiro Furtado, economista; Osmário Lacet, técnico de administração; José de Medeiros Vieira, advogado; Francisco de Oliveira, sociólogo e economista; Jader de Andrade, economista agrícola; Estevam Strauss, agrônomo especializado em irrigação; Antônio Juarez Farias, economista industrial; David Kitover, engenheiro especializado em barragens; Genival Barbosa Guimarães, engenheiro especializado em transportes; Nailton de Almeida Santos, bacharel em direito especializado em educação; José Maria Aragão, economista; Edésio Rangel de Farias, bacharel em direito especializado em artesanato; major Paulo Junqueira, engenheiro cartógrafo; José Boissy T. de Melo, engenheiro; Walter Rocha de Oliveira, engenheiro eletricista; Alvarino Pereira de Araújo, engenheiro eletricista; José Carlos Cavalcanti, bacharel em direito; Sulamir Carapajó, economista; Ricardo Werneck, tradutor; Risoleta Cavalcanti, técnica em organização social; Marlene Vieira de Melo, Eneida Vasconcellos e Maria Inês Lira, secretárias de dedicação inexcedível. Entre os motoristas, destaco Ivan, incansável em sua labuta.

Um companheiro já falecido, Mário Magalhães da Silveira, de alguma forma simboliza o espírito de toda uma equipe que cresceu com o correr dos anos sem nada perder de sua coesão. Reunia ele dedicação sem falha à coisa pública e o desprendimento pessoal de um anacoreta. Possuía excepcional acuidade para captar o caráter das pessoas, como se dispusesse de uma lanterna mágica que lhe permitia ler no rosto o espírito de um interlocutor. Não lhe escapavam, nos textos que lia, as falácias mais astuciosas nem os sofismas mais sutis. Sua valiosa contribuição no campo da medicina sanitária e da demografia dissolveu-se no anonimato. Mas a exigência que tinha consigo mesmo e sua generosidade estabeleceram a pauta de comportamento de toda a equipe que construiu e defendeu a Sudene na dura procela que nos coube enfrentar.

C. F.
Paris, Rio de Janeiro, setembro-dezembro de 1988

1. O Nordeste: alicerces do subdesenvolvimento

É difícil exagerar com respeito ao Nordeste do Brasil. Aí tudo escapa a explicações fáceis. A sociedade não é fruto nem de conquista nem de um projeto de colonização. Desde seus primórdios, tudo se apresenta como indefinido, com os traços básicos que persistiriam por séculos. Os que chegam trazem consigo meios necessários para pôr em marcha uma empresa que já nasce próspera. Nessa parte mais oriental das Américas, a expansão comercial europeia assume a forma de implantação do homem alienígena como produtor de riqueza utilizando recursos renováveis, à diferença do que ocorria alhures. Um povo de comerciantes criava a primeira organização produtiva agrícola do hemisfério ocidental, vinculada ao mercado europeu. As técnicas haviam sido provadas por experiências nas ilhas do Atlântico, e os meios financeiros estavam assegurados. A população local é dizimada, quando resiste, ou domesticada para a servidão. Comprovada sua insuficiência, cria-se a baixo preço um fluxo migratório de origem africana.

Estava lançada uma operação transcontinental de grande envergadura, com o objetivo de criar um fluxo de exportação para um mercado situado a milhares de quilômetros. Dessa forma, os critérios econômicos se sobrepõem a tudo. Poucas vezes na história humana uma formação social terá sido condicionada em sua gênese de forma tão cabal por fatores econômicos. A mão de obra escrava é contabilizada pela empresa à maneira dos bens de produção, com provisões para manutenção e amortização. A esperança de vida dessa população não deve superar de muito o período de sua eficácia produtiva. Sendo antieconômica a reprodução local, a instituição familiar perde significado para os que organizam o negócio, impondo-se a permanência do

OBRA AUTOBIOGRÁFICA

fluxo migratório, o que contribui para manter a heterogeneidade étnica e cultural dessa população.

A economia exportadora nordestina, surgida na primeira metade do século XVI, centrou-se nas terras úmidas do litoral, mas sem tardança criou sua própria periferia, de onde recebia animais de tração e proteína animal para alimentar uma população submetida a um regime de trabalho desgastante. Na ocupação das terras interioranas, utilizaram-se os mesmos métodos: prear ou destruir a população autóctone. Eram operações de guerra, recompensadas pela concessão de imensas glebas que se destinavam à criação extensiva. À diferença da economia de exportação, que exigia estrita supervisão para assegurar sua rentabilidade, a pecuária extensiva da periferia assumia, em grande parte, a forma de economia de subsistência. Se o polo exportador litorâneo estava crescendo, a demanda de insumos provenientes da periferia se expandia, podendo ser satisfeita mediante intensificação no uso dos recursos disponíveis. Deixando de crescer o setor exportador, a periferia podia continuar sua expansão vegetativa, porquanto o essencial de sua produção era autoconsumida, e a disponibilidade de terras, considerável.

A forma como se articulam os dois subsistemas explica o comportamento, a longo prazo, da economia nordestina. No litoral úmido, o grosso da mão de obra (escrava) era parte do capital da empresa. Nas fases em que o mercado não permitia amortizar adequadamente esse capital, a empresa entrava em declínio, reduzindo seus custos variáveis e liberando mão de obra não escrava. Esta última transferia-se para a economia periférica, cujo setor de subsistência sempre tinha possibilidade de expansão. Assim, com o tempo, o segmento de mais baixa produtividade foi aumentando sua importância demográfica relativa.

Por muito tempo, arrastou-se um debate acadêmico em torno da natureza da sociedade que emergiu no Nordeste, na esteira da empresa produtora e comercial que efetivou a exploração agrícola da região. A combinação de capitalismo agroindustrial com escravidão suscitava perplexidade a muitos observadores acostumados a trabalhar com tipologias de "formações sociais" derivadas da história europeia. Por outro lado, a predominância da economia de subsistência na faixa periférica — a ausência de escravidão e a paucidade das operações de mercado — levava muitos a pensar em um tipo de feudalismo. Em nenhum dos dois casos configurou-se, na fase inicial, uma "economia camponesa", matriz das sociedades rurais europeias. Mas, em fase subsequente, a economia periférica evoluirá nessa direção, conforme veremos.

A economia camponesa europeia cresceu vegetativamente, em função da disponibilidade de terras, dando origem a uma renda que era fundiária e/ou fiscal, conforme o sistema de dominação prevalecente. O excedente assim extraído foi ponto de partida das operações comerciais que permitiram o desenvolvimento urbano. No Nordeste exportador, todas as atividades produtivas estavam ligadas ao mercado: o rural e o urbano formavam um contínuo do ponto de vista econômico, prevalecendo sempre os mesmos critérios ordenadores. Um capitalismo dependente pode existir fora do regime assalariado: seu crescimento dá-se por indução externa, demanda e oferta comandadas do exterior. Mas, fora do setor exportador, tende a emergir uma economia camponesa. A terra, sempre apropriada por latifundiários, é em parte cedida precariamente, em pequenas parcelas, a agricultores que retribuem a posse com uma parte do produto, a qual é absorvida como insumo no setor produtivo exportador. A relação entre os dois subsistemas assemelha-se, assim, à que se configura entre campo e cidade no quadro feudal europeu.

O setor exportador estava na total dependência da demanda externa para crescer: nos períodos de declínio desta, as atividades produtivas se atrofiavam com a liberação de fatores que, bem ou mal, iam sendo absorvidos pelo subsistema periférico. Este último crescia intensamente, mediante a incorporação de fatores, mas, sendo sua produtividade inferior à do setor exportador, a produtividade média do complexo econômico nordestino tendia a declinar com a transferência de fatores para o interior. A abundância de terras favorecia essa acomodação. O declínio e/ou a estagnação secular da demanda externa, que se manifestam desde a segunda metade do século XVII, sob a forma de baixa nos preços do açúcar, não conduzem propriamente ao desmantelamento da atividade exportadora, tampouco à busca de alternativa para a atividade em declínio, o que seria de esperar numa economia de espírito capitalista. O atrofiamento da atividade exportadora é amortecido pelo crescimento extensivo do setor periférico, sem embargo de que os investimentos neste último enfrentaram rendimentos decrescentes à medida que a fronteira agrícola se distanciou do litoral.

Logo perceberam os colonizadores que a precipitação pluviométrica reduz e faz-se irregular quando se avança para o interior, ao longo da costa em que se situavam as terras úmidas que serviam de base à economia açucareira. Assim, sistema econômico e sociedade, no Nordeste, seguiram em sua expansão uma lógica que os expunha de forma crescente aos graves efeitos das irregularidades climáticas.

O quadro pluviométrico do Nordeste engana o observador não familiarizado com as particularidades da região. Cerca de um terço da área recebe mais de mil milímetros de precipitação anualmente, nível esse que se eleva para 2 mil milímetros, e mais, nas áreas litorâneas, tradicionalmente cultivadas com cana-de-açúcar. Demais, a estação chuvosa, nessa sub-região, é longa, alcançando oito meses, englobando todo o outono e o inverno do hemisfério meridional, o que surpreende o estudioso das zonas tropicais. Em um quinto da área, a precipitação se situa entre mil milímetros e 750 milímetros. Abaixo dos quinhentos milímetros, situa-se pouco mais de um décimo da área nordestina. Contudo, esse quadro é enganador. Dificilmente se encontrará em outras partes do globo área tão extensa em latitudes tão baixas, com precipitação inferior a 750 milímetros. A fortíssima evaporação priva a vegetação do essencial da água precipitada.

Na região interiorana, chamada *sertão* (corruptela de "desertão"), a estação seca estende-se por sete ou oito meses, com distribuição mensal extremamente irregular. Quanto mais irregular a precipitação, menor a quantidade de água retida no solo. Daí a pobreza da vegetação regional, na qual predominam arbustos espinhosos. A violência da precipitação e a elevada evaporação explicam a pobreza da pedogênese e a descontinuidade da cobertura vegetal, sendo frequentes as aflorações da rocha matriz. Dessa forma, o observador que partiu de referências estatísticas relativamente favoráveis vai descobrindo um quadro cada vez mais restritivo de possibilidades de aproveitamento agrícola. A semiaridez da extensa região é ocasionalmente interrompida por acidentes geográficos que fazem emergir verdadeiros oásis. Um considerável curso d'água alógeno (o rio São Francisco) cria em suas margens, em latitudes muito mais baixas, fenômeno similar ao do Nilo; a precipitação orográfica faz surgir *brejos* nas vertentes expostas ao vento de serras, e blocos sedimentares operam como verdadeiras esponjas, armazenando água que estará disponível nas longas estiagens.

A irregularidade pluviométrica pode chegar a extremos, concentrando-se o essencial das chuvas em dois meses. A vegetação xerófita faz as suas provisões hídricas, mas as culturas de ciclo anual tornam-se inviáveis. Os índices pluviométricos anuais e a acumulação de água de superfície apresentam um quadro de "normalidade", em contraste com o colapso da produção de ciclo anual, principal fonte de abastecimento alimentar. Mas o acidente climático que verdadeiramente caracteriza a região semiárida é o total colapso da precipitação em um, dois ou mais anos seguidos, é a *seca periódica* que deu celebridade ao Nordeste.

Que as regiões de baixa precipitação sejam as mais sujeitas à irregularidade desta é fenômeno universalmente observado, mas inexiste explicação com fundamento científico para o colapso da precipitação com periodicidade. A falta desse tipo de explicação, é verdade, não impede que se estude estatisticamente o comportamento do fenômeno, detectando-se nele invariâncias que sirvam de base para previsões aproximativas. As informações estatísticas disponíveis — relacionadas com a precipitação pluviométrica observada em certos pontos da vasta área semiárida nordestina e referentes a século e meio — permitem detectar certas invariâncias que evidenciam a existência de um duplo ciclo no comportamento pluviométrico. É a coincidência desses dois ciclos que engendra as grandes secas plurianuais que se manifestam três ou quatro vezes por século, entre as quais se intercalam de três a quatro secas de duração anual.

Já não se pode falar das secas como fenômeno errático, totalmente imprevisível. Mas a previsibilidade é precária, comporta ampla margem de erro, e ainda não se incorporou à cultura regional. Afora o armazenamento de águas de superfície, de interesse limitado à pecuária, praticamente nada era feito para enfrentar os períodos de vacas magras, revertendo implicitamente ao governo a responsabilidade de evitar — com medidas de "emergência" — que durante os mesmos períodos a fome se implantasse abertamente.

A FANTASIA DESFEITA

O fenômeno da "seca", tal qual o conhecemos na atualidade, dificilmente poderia explicar-se restringindo a análise ao quadro natural, ou seja, aos fatores hidrológicos e geológicos com seus prolongamentos na cobertura vegetal. As peculiaridades desse quadro devem ser tidas em conta, particularmente a coexistência dos solos rasos, submetidos a precipitação violenta e elevada evaporação, com os oásis de brejos de pés de serras, onde frequentemente se obtêm várias colheitas no ano. É natural que se indagasse: por que não se formou no Nordeste uma economia ecologicamente mais adaptada, a exemplo do ocorrido em outras regiões bem mais inóspitas? A verdade é que seria difícil explicar o povoamento da vasta região semiárida nordestina como um projeto autônomo; houvesse existido tal projeto, a região teria características socioeconômicas bem distintas das atuais. Consideremos a hipótese de um processo autônomo de ocupação. Como justificar o investimento em meios de produção e no traslado de população para uma região pouco apta à agricultura, incapaz de criar excedente de exportação? Uma pecuária que se limita a produzir peles e couros não deu lugar, em nenhuma parte, a um projeto autônomo de colonização.

Somente razões geopolíticas — tais as que justificaram a colonização original das Antilhas pelos franceses — explicariam o dispêndio de recursos por uma potência colonial numa região como o Nordeste, semiárida, e neste caso o povoamento teria sido necessariamente seletivo, limitando-se às sub-regiões aptas para produzir alimentos de forma regular. Em consequência, a população ter-se-ia mantido rarefeita, e a pecuária se desenvolveria em função das necessidades dessa população, como atividade complementar à agricultura de subsistência. Sendo assim, os efeitos das estiagens periódicas poderiam ser absorvidos sem maiores traumas. Mas a colonização motivada geopoliticamente deu-se no Brasil apenas no extremo Sul, e em locais restritos da Amazônia, falecendo aos portugueses meios e/ou interesse para praticá-la em outras partes do vasto território que lhes coube nas Américas. Tudo indica que a região semiárida teria permanecido inexplorada pelos europeus até avançado o século XIX, a exemplo do ocorrido no vasto cerrado do Planalto Central, não fora a emergência, já no século XVI, de uma rica economia de exportação, na área úmida do litoral nordestino, que atuou como polo indutor.

A influência da economia litorânea deu-se em duas vertentes: de um lado, criando uma demanda de animais de tração e de corte, de outro, gerando uma oferta de pessoal capacitado para promover a ocupação territorial, o qual era particularmente abundante quando ela mesma entrava em recesso. Dado que a mão de obra utilizada no interior era, em boa medida, constituída de índios preados na própria região, os recursos exigidos para deslocar a fronteira foram modestos. Dessa forma, a ocupação do Semiárido fez-se com pequeno esforço financeiro e centrou-se desde o início na pecuária extensiva. Esta, em vez de ser simples complemento da atividade agrícola, constituiu desde o início a base da organização socioeconômica. Durante as longas estiagens, parte do gado era transferida para os oásis úmidos, ou mesmo para o litoral, com sacrifício de parcela maior ou menor do rebanho, conforme o rigor da seca. Enquanto foi reduzida, a população humana se deslocou juntamente com o rebanho, ou permaneceu na região graças a modestas reservas de alimentos.

A instabilidade e a longa decadência da economia de exportação litorânea influíram na configuração definitiva da fácies socioeconômica da região semiárida. Com efeito, foi esse quadro evolutivo que permitiu liberar os recursos humanos, os quais viabilizaram o povoamento do Semiárido numa escala bem superior àquela que encontrava justificação econômica na demanda de insumos gerada pelas atividades de exportação.

A expansão e a diversificação dos mercados internacionais de produtos primários, ocorridas no século XIX, repercutiriam significativamente na região semiárida, já então transformada em reserva de mão de obra subocupada. A dependência da economia litorânea para colocar seus excedentes reduz-se, surgindo um horizonte mais amplo e mais dinâmico de mercados externos. Dessa forma, a região semiárida começa a vincular-se, de preferência, ao exterior, como exportadora de uma série de produtos primários, puramente extrativos, como óleos e ceras vegetais, ou agrícolas. Dentre estes últimos, destacou-se o algodão, matéria-prima cuja demanda cresceu consideravelmente no mercado internacional, graças ao dinamismo da indústria têxtil algodoeira, carro-chefe da primeira Revolução Industrial.

Existe na região semiárida do Nordeste uma variedade nativa de algodão, arbusto xerófito cuja vida se estende por vários anos. Seu cultivo comercial foi de grande impacto na configuração socioeconômica que veio a prevalecer. O povoamento já não se condensará nas microrregiões úmidas, onde se fixaram os primeiros contingentes demográficos. As terras do Semiárido, aptas à cultura do algodão, serão aproveitadas no âmbito de grandes fazendas, ao mesmo tempo que a produção de alimentos penetrará nos terrenos aluviais sujeitos às incertezas pluviométricas. Surge, assim, no âmbito de grandes fazendas, uma economia agropecuária de extrema fragilidade, orientada para produzir excedentes de exportação. O investimento essencial está no rebanho, e tudo será feito para protegê-lo nas estiagens. Essa é a razão de ser da ampla retenção de água em barreiros e em todas as formas de açudes. Os alimentos destinados ao consumo local são produzidos nas *várzeas*, áreas onde as águas pluviais são retidas por algum tempo. Ao contrário da pecuária, administrada pelo fazendeiro e seus prepostos, a produção de alimentos é responsabilidade da população trabalhadora, à qual cabe, em regime de meação, o cultivo do algodão nas vastas áreas onde as culturas de ciclo anual são inviáveis. À semelhança das formas feudais clássicas, o princípio ordenador básico do complexo algodão-pecuária é a propriedade da terra. Também à semelhança dessas formas feudais, as relações econômicas com o exterior são estritamente controladas pelo senhor da terra. Sendo meeiro do algodão e responsável pela produção dos principais alimentos que consome, o trabalhador rural desse tipo de fazenda tem um estatuto de camponês, no sentido de que ele é responsável por sua própria subsistência e vincula-se ao senhor da terra mediante a transferência unilateral de um excedente. Dado que a comercialização do algodão está em mãos do senhor da terra, o relacionamento do trabalhador com o exterior restringe-se à compra de alguns bens de consumo, na medida em que o permite a renda monetária proporcionada pela meação. Não se vinculando ao mercado como produtor, tampouco como supridor de mão de obra, o trabalhador da grande fazenda surgida no século XIX no Semiárido tem um estatuto próximo ao dos camponeses submetidos ao sistema de servidão.

Esse quadro esquemático tem por objetivo esclarecer por que a seca agravou-se consideravelmente a partir da segunda metade do século XIX, assumindo a forma de grande calamidade social. O criatório, tradicionalmente interesse maior do fazendeiro, estava condicionado pela disponibilidade de água. Os pastos, ainda que de qualidade inferior, eram abundantes, mas os oito meses de estiagem e as secas periódicas impunham limites à pecuária. A produção de algodão apresentava maiores potencialidades, pois se tratava de planta ecologicamente adaptada à região. O fator limitativo, neste caso, surgia da disponibilidade de mão de obra. É certo que nos períodos de seca o rendimento de algodão reduzia-se, mas, uma vez normalizada a precipitação, a planta resistia e retomava a sua produção regular. Tratando-se de uma xerófita, a simples irregularidade da precipitação lhe era pouco danosa. O ponto fraco de toda a estrutura socioeconômica estava na produção de alimentos para autoconsumo, a qual dependia de que a precipitação pluviométrica anual alcançasse certo nível mínimo e apresentasse determinada *distribuição*. A irregularidade da precipitação podia não afetar a pecuária, e pouco atingir o rendimento do algodoal, mas sempre seria fatal para a produção de gêneros alimentícios. Ora, era esta, dos três setores produtivos, a que se concentrava em mãos do trabalhador rural.

Posto que sem mão de obra não havia algodão, o problema que se colocava ao senhor da terra engajado na produção algodoeira era escolher entre aceitar o risco de ter de despender recursos para evitar a fome e/ou dispersão de sua mão de obra em caso de seca e adequar essa produção ao nível da colheita de alimentos nos anos secos. É fácil compreender que haja prevalecido a tendência para aceitar os riscos envolvidos pelo aumento da produção agrícola comercializada, fosse algodão ou outro produto. Daí que se haja formado uma estrutura produtiva que submeteria a região à ameaça de fomes periódicas. Foram essas calamidades (em particular, a provocada pela grande estiagem de 1877-79) que transformaram a *seca* em escândalo nacional, trouxeram o governo para o centro da arena e o tornaram fator decisivo na evolução subsequente do quadro regional.

A partir de então, a ação do governo federal desenvolveu-se em dois sentidos: aumentar a retenção das águas de superfície, o que favorece a pecuária, e evitar os deslocamentos de gente na ocorrência de seca, fornecendo à população concernida meio de subsistência. Essa a origem das famosas "frentes de trabalho", mais ou menos improvisadas, que tenderam a proliferar nos períodos de estiagem severa. Ora, a ação do governo veio reforçar o status quo existente. Com efeito, o quadro de fome criado pela seca não é percebido como decorrente de decisões tomadas pela classe dirigente, reflexo de uma estrutura social que estava sendo reforçada pela ação do governo. O crescimento demográfico pôde assim prosseguir, criando condições para que as fazendas prosperassem e a classe de senhores de terras aumentasse seu poder.

A sociedade da região semiárida formou-se no âmbito das fazendas. Poder econômico e poder político eram duas faces de uma mesma moeda. Os pequenos aglomerados urbanos nada mais eram do que prolongamentos das fazendas, residências secundárias dos senhores de terras e pontos de convergência de algumas atividades terciárias. A arrecadação de impostos, a polícia, a justiça eram exercidas por prepostos dos senhores de terras, em nome do governo estadual. Nos períodos de seca, a ação do governo federal exerce-se por intermédio dos mandantes locais, os quais utilizavam a mão de obra paga com dinheiro público para construir barreiros, estradas vicinais e obras similares, fortalecedoras das estruturas existentes. As disputas entre senhores pelo controle das atividades locais de governo constituíam a substância da vida política. O cangaceirismo medrava nas dobras dessas disputas e constituía um abrigo para os que se punham fora da lei. A população trabalhadora, vítima e instrumento desses conflitos, dependia totalmente, para sua segurança, da "proteção" de um senhor. Esse quadro de isolamento reforçava a situação de dependência do trabalhador rural em face do senhor da terra.

A sociedade que emergiu na zona semiárida, cujo povoamento deu-se com base na pecuária extensiva, tinha como traços característicos a dispersão espacial dos camponeses e a total dependência destes com respeito aos proprietários de terras. Nesse quadro, a margem de que dispunha o trabalhador rural para acumular era nula. Sua situação corrente era de endividamento. Não dispondo de margem para acumular, estava condenado ao imobilismo, a reproduzir o passado de forma mecânica. Com efeito, o trabalhador do Semiárido constituía uma unidade produtiva — como meeiro e como produtor autônomo de alimentos —, portanto não estava inserido no sistema de divisão do trabalho com tarefas prefixadas e desempenhos submetidos a controle. Em uma plantação organizada com base no trabalho assalariado, a tarefa de cada um está prescrita num plano de produção. Cabe à direção opinar sobre a conveniência de investir recursos no fator humano ou em qualquer outro fator produtivo. Nas sociedades camponesas, a unidade de produção é a família. Se a pressão para extrair-lhe um excedente não lhe deixa margem senão para reproduzir-se, como ocorreu em muitas sociedades feudais, o resultado será o imobilismo nas técnicas produtivas. Uma situação desse tipo produziu-se no Nordeste semiárido, com a agravante de que a população rural não dispunha de tradição agrícola, sendo insignificante o seu patrimônio tecnológico. As técnicas agrícolas eram em parte herança das populações indígenas e em parte derivadas das práticas de manejo de recursos na região úmida, ecologicamente distinta.

Particularmente deficientes eram as técnicas preservacionistas, como barragens subterrâneas e outras formas de retenção de umidade do solo, bem como o uso de plantas xerófitas para alimentação do homem e dos animais. Algumas dessas técnicas serão introduzidas, esporadicamente, já avançado o século atual.

Por muito tempo, as técnicas agrícolas não foram mais do que investimentos feitos no homem, consistindo em um cabedal de conhecimentos e de saber-fazer. O aprendizado dava-se no trabalho, passando de uma geração à seguinte os conhecimentos. Havendo margem para acumulação, abria-se um horizonte de possibilidades para a aquisição de novos métodos de manejo de recursos. Essa margem não existiu para o camponês do Semiárido.

A fazenda das áreas mais áridas do Nordeste não contou com um estoque inicial de técnicas agrícolas, e, sendo uma constelação de minifúndios, sem nenhuma capacidade de acumulação — cada trabalhador era um meeiro da produção de algodão, e um produtor autônomo de meios de subsistência —, fechou todas as portas ao investimento no fator humano, o que explica sua estagnação secular.

As sociedades que não realizaram qualquer investimento no fator humano até os albores do século xx foram condenadas às piores formas de subdesenvolvimento. A passividade da população, sua inaptidão para organizar-se na ação política, seu profundo sentimento de insegurança, levando-a a buscar proteção, contribuíram para implantar o imobilismo social e a estagnação econômica. A rígida hierarquia social e o monopólio da informação em mãos de poucos explicam a arrogância e o autoritarismo da classe dirigente. Assim, o ecológico, o econômico, o social e o político se entrelaçam para produzir o duro cimento em que se alicerçou o subdesenvolvimento do Nordeste.

2. O quadro internacional: projeções no Brasil

Nos anos 1950, as consequências do fantástico cataclismo que foi a Segunda Guerra Mundial já se haviam manifestado em sua plenitude. Parte-se o mundo em dois, sob a cobertura de uma confrontação ideológica que, em momentos, alcança a virulência das antigas guerras de religião. De um lado, perfila-se o então chamado bloco sino-soviético, constituído no essencial de nações que haviam acumulado um considerável atraso no processo de industrialização e que se empenhavam em recuperar o tempo perdido, tudo subordinando ao voluntarismo político.

À sombra da força mobilizadora da bandeira do socialismo, brotavam movimentos de massa que amorteciam as reivindicações dos indivíduos e canalizavam as energias coletivas para a construção de um futuro hipostasiado, redentor dos males do presente. O processo acumulativo era intensificado, exigindo-se da coletividade esforço similar ao realizado em períodos de guerra. Tratando-se de sociedades que viviam em situação de escassez generalizada de bens finais, o problema da alocação de recursos podia ser transferido para a esfera política, o que transformava o Estado em mentor da sociedade. As questões sociais eram supostamente equacionadas com "rigor técnico", e o desenvolvimento, encarado como problema de engenharia social. A fim de se consolidarem, esses regimes apelavam para extremado isolamento no plano internacional. Em consequência, os avanços na acumulação foram em parte neutralizados por atrasos no plano tecnológico. Demais, o monolitismo político, em uma situação de confronto internacional, contribuiu para acirrar uma corrida armamentista suicida.

Por outro lado, o caráter ideológico da confrontação planetária deu legitimi-

A FANTASIA DESFEITA

dade à tutela que passaram a exercer os Estados Unidos sobre o conjunto de nações de regime capitalista. Unificado o sistema de segurança sob comando norte-americano, o estatuto de Estado-nação conheceu modificações significativas, abrindo-se novo ciclo no desenvolvimento do capitalismo. Durante todo o meio século que antecedera à Segunda Guerra Mundial, o crescimento das economias capitalistas fundara-se principalmente no dinamismo de seus mercados internos. Cabia ao intercâmbio externo função complementar. Em todas as grandes nações, o mercado interno crescera mais, naquele meio século, do que as transações externas. Esse modelo de crescimento favorecera a autonomia de decisão dos Estados nacionais, cujas rivalidades tenderam a exacerbar-se. Via-se no comércio exterior, de preferência, um canal de acesso às fontes de matérias-primas, cujo aproveitamento requeria a aplicação de capitais. Os países que se especializaram na exportação dessas matérias-primas instalavam-se numa situação de dependência: era por meio da importação de novos produtos (manufaturados) que eles tomavam contato com as "correntes do progresso".

Esse quadro internacional sofrerá profundas modificações. Novas regras do jogo foram emergindo, orientadas para facilitar uma progressiva integração dos grandes mercados nacionais. A circulação de bens e de capitais tendeu a ser cada vez mais fluida, passando a concorrência internacional a desempenhar o papel de principal fator dinâmico do crescimento. Dentro desse novo marco, que favoreceu as economias de escala de produção, a concentração do capital intensificou-se. Demais, à medida que empresas transnacionalizadas produziam por toda parte os mesmos produtos, o ciclo de vida destes tendeu a reduzir-se. A concorrência fez-se mais e mais com base na inovação, passando os investimentos em tecnologia a desempenhar papel estratégico na ação das empresas. A revolução da informática, cujas potencialidades se definem nos anos 1950, aprofunda e torna irreversível um processo de mundialização das empresas. Estava em rápida formação, no mundo capitalista, um sistema econômico planetário que se superpunha aos antigos sistemas econômicos nacionais.

Não existe base para afirmar que a economia mundial assumirá a forma de uma constelação de grandes empresas atuando com crescente autonomia vis-à-vis dos governos nacionais. Mas não se pode desconhecer que tais empresas têm peso considerável no sistema emergente. A informação é trabalhada e manipulada no plano transnacional, o que possibilita aos mercados de dinheiro e capital, de múltiplos serviços e mesmo de muitas mercadorias, operar fora de controles nacionais. A ação dos Estados nacionais tende a circunscrever-se à esfera de prestação de serviços sociais, cuja demanda cresce e se torna mais exigente à medida que surgem novas formas de instabilidade causadas pelo declínio da ação reguladora dos Estados. Na ausência de regulação macroeconômica eficaz — as forças que atuam no plano transnacional desencadeiam processos desestabilizadores das economias nacionais —, torna-se mais difícil o tratamento dos problemas sociais, particularmente o do desemprego.

OBRA AUTOBIOGRÁFICA

Nos anos 1950, esse processo de reestruturação da economia capitalista estava em seus primórdios. Desmantelavam-se as velhas estruturas coloniais, criavam-se as bases do que seria a Comunidade Econômica Europeia, realizavam-se as primeiras rodadas do Gatt, orientadas no sentido de reduzir os obstáculos ao intercâmbio de manufaturas entre os países industrializados, a recuperação europeia e japonesa cumpria sua fase final, avolumava-se a primeira onda de implantação das empresas norte- -americanas na Europa Ocidental, preparando o que, no decênio seguinte, se chamaria de "desafio americano". De tudo isso resultava que as taxas médias de crescimento das economias capitalistas industrializadas mais do que duplicavam aquelas observadas no passado. Após longo período de desenvolvimento, principalmente apoiado nos mercados internos, configurava-se um quadro de crescente abertura ao comércio internacional. A expansão deste alcançava taxas que dobravam o crescimento dos mercados internos.

O processo de integração dos mercados nacionais, com superposição de serviços financeiros desligados de qualquer autoridade reguladora, teria implicações negativas que somente se manifestariam plenamente dois decênios depois, ao abrir-se a época da *estagflação*. Nos anos 1950, manifestavam-se de preferência os aspectos positivos. Os fluxos internacionais de capitais, por via de regra, ainda se davam com monitoramento de agências governamentais ou multilaterais, e como a economia norte-americana reforçara consideravelmente sua posição internacional, após a guerra, um sistema de taxas fixas de câmbio operava com bastante fluidez, tendo o dólar como moeda reserva. O formidável nível das reservas de ouro dos Estados Unidos permitia manter a ficção de um regime de padrão-ouro, quando na realidade o que existia era o padrão-dólar. Concluída na primeira metade do decênio a reconstrução das economias devastadas pela guerra — o que foi facilitado pelas formidáveis transferências unilaterais do Plano Marshall —, voltava-se metodicamente a um regime de liberdade de câmbios vigiada. As *tranches* do Fundo Monetário Internacional, de reconhecida insuficiência para o tratamento de desequilíbrios estruturais, como os do período de reconstrução, passaram a desempenhar o papel de segunda linha de reserva dos bancos centrais.

Nesse quadro de prosperidade, surgido sob égide norte-americana legitimada pelo clima de Guerra Fria, não era fácil encontrar espaço para países subdesenvolvidos — aqueles que se haviam inserido no sistema de divisão internacional do trabalho como exportadores de matérias-primas. A nova organização do comércio internacional, que emergia das reuniões do Gatt, circunscrevia seu raio de ação ao mundo dos produtos manufaturados. Tinha-se em mira disciplinar as relações entre os países capacitados para competir nos mercados de bens industriais, onde o peso das grandes empresas era considerável. Com a transnacionalização, parcela crescente desse comércio ia sendo interiorizada pelas empresas, o que facilitava a prática de preços administrados. À medida que avançava a integração dos mercados dos países industrializados, os preços internacionais administrados por grandes empresas iam pesando mais na formação dos preços em cada país participante. Nos mercados internacionais, que são altamente competitivos, uma das armas que com frequência neles se esgrimem é a diferenciação e inovação dos produtos. No âmbito de mercados nacionais protegidos, os oligopólios podiam dar-se ao luxo de amortizar tranquilamente seus investimentos, forçando a prolongação do ciclo de vida dos produtos. Na nova era de predomínio dos mercados internacionais, a recuperação do investimento deve ser mais rápida, o que obriga a aplicar fortemente em tecnologia do produto.

A preeminência da competição internacional reforçou consideravelmente a posição das empresas que ocupam lugar de vanguarda tecnológica. As economias nacionais já não se abrigam em vantagens comparativas tradicionais, o que requer forte investimento em tecnologia. Graças a seu extraordinário dinamismo, os mercados internacionais de produtos industriais assumiram o papel de "motor" do crescimento das economias industrializadas. Explica-se, assim, a transformação fundamental que houve a partir dos anos 1950 na composição do comércio internacional. No passado, este fora de preferência bilateral e dominado pelo intercâmbio de produtos industriais por matérias-primas. Na nova fase, será principalmente multilateral e amplamente dominado pelo intercâmbio de manufaturas por outras manufaturas. Em consequência, cresceu de preferência o intercâmbio entre países industrializados.

Os países especializados na exportação de matérias-primas, como era o caso do Brasil, foram forçados a optar entre mudar suas estruturas e aceitar posição cada vez mais subalterna no plano internacional. Os mercados de produtos primários permaneciam desorganizados, aproveitando-se os especuladores da debilidade financeira dos países produtores, incapacitados para bem gerir os estoques reguladores. A baixa elasticidade-renda da demanda, a concorrência dos sintéticos e o protecionismo praticado pela maioria dos países importadores com respeito aos produtos agrícolas perpetuavam o quadro de degradação dos termos do intercâmbio conhecido no passado. À exceção do petróleo, cujos preços eram nessa época administrados por um cartel de grandes empresas, em benefício próprio, nenhum produto primário de exportação teve no pós-guerra a sua demanda beneficiada pela dinamização do comércio internacional.

Excluída para o Brasil a possibilidade de desenvolvimento apoiado na exportação de produtos primários, o caminho da industrialização era menos uma opção do que um imperativo. O avanço da profilaxia e da medicina sanitária havia acelerado o crescimento demográfico: a taxa de incremento anual da população saltara de menos de 2% para cerca de 3%, em menos de vinte anos. Em termos absolutos, o crescimento da população triplicara durante esse período, alcançando, na metade dos anos 1950, cerca de 1,5 milhão de pessoas, o que requeria a criação de meio milhão de empregos por ano. As implicações financeiras da mudança do modo de desenvolvimento eram evidentes. A expansão da agricultura significara, até então, incorporação de novas terras, que eram abertas e cultivadas por população rural já existente. A cultura do café, em particular, incorporava considerável investimento a médio prazo, porquanto o cafezal só frutifica ao cabo de certo número de anos de plantio e trato. Mas esse tipo de investimento nada mais é do que transformação de mão de obra disponível em capital, da mesma forma que o é o crescimento do rebanho. No caso da formação de um cafezal, a cultura intercalar de colheita anual pode ser suficiente para cobrir os gastos de mão de obra na sua instalação. A construção de vivendas rurais com materiais locais, a abertura de estradas vicinais são outras formas de investimentos fundadas na utilização da mão de obra rural disponível na entressafra.

Nesse tipo de economia, a poupança não chega a ser uma condição prévia de investimento reprodutivo; a decisão de realizá-lo cria automaticamente a poupança. É quando o serviço de transporte passa da tração animal para a mecânica que se coloca o problema do financiamento dos investimentos, ou seja, de uma poupança social como reforço prévio a este último. A transição para o modo de desenvolvimento fundado na atividade industrial exige a constituição de um fundo de poupança, o qual será reconstituído permanentemente sob a forma de reserva de depreciação do capital imobilizado. O aumento desse fundo, essencial ao desenvolvimento, requer um esforço constante de acumulação. Uma economia que implanta culturas permanentes com um período de maturação plurianual, como é o caso dos cafezais, apresenta ex post uma taxa de investimentos relativamente alta, sendo sua taxa de poupança monetária ex ante relativamente baixa. É esta última que terá de aumentar na transição para o modo industrial de desenvolvimento. O financiamento externo poderá facilitar essa transição, mas, por via de regra, esta se faz ao custo de sacrifício imposto (redução de consumo) ao conjunto da população. A interferência do governo, que pode forçar a transferência de recursos mediante arbitragem cambial, e mesmo criando meios de pagamento, foi por toda parte, e em especial no Brasil, instrumental nessa transição. Dado o impulso inicial, a política de preços, ao abrigo de tarifas protecionistas, assegurou continuidade ao processo de transferências de recursos em benefício do setor industrial, abrindo um caminho para o autofinanciamento deste.

A transição para o modo industrial de crescimento foi acelerada no Brasil, nos anos 1950, graças a amplo aporte de recursos tecnológicos e financeiros das empresas transnacionais. A existência de um mercado local protegido abria a possibilidade de investimentos de baixo risco e alta rentabilidade, com base na utilização de tecnologia e mesmo de equipamentos já amortizados. O Brasil iniciará, com considerável atraso, o ciclo de industrialização apoiada na formação do mercado interno. Tratando-se de industrialização tardia, o mercado local fora inicialmente suprido por produtos importados, cuja escassez criava a demanda retida a ser satisfeita pela produção local emergente. A industrialização brasileira, que toma impulso nos anos 1950, apresenta esses dois traços que não se devem perder de vista em seu estudo: é a reprodução tardia do ciclo de industrialização orientada para a formação do mercado interno, e é moldada pela substituição de importações.

Na época em que as economias em industrialização cresciam apoiando-se essencialmente no mercado interno, expandindo-se esta mais que o comércio exterior, os projetos industriais eram de iniciativa endógena, e o avanço tecnológico, em grande parte, fruto da iniciativa local, o que não excluía a imitação, a cópia e a adaptação de equipamentos adquiridos no exterior. A proteção do que hoje se chama de propriedade intelectual era inexistente ou de difícil execução. Um operário hábil, senhor de certa técnica, podia emigrar e iniciar em outro país uma indústria tecnologicamente autônoma. Foi esse o ponto de partida da fabricação de teares mecânicos nos Estados Unidos, e, em seguida, de muitas outras indústrias nesse país. A tecnologia ainda não se apoiava diretamente na ciência, sendo essencialmente um fluxo de experiência empírica. Posto que os mercados internos eram protegidos, as diferenças de produtividade entre países podiam ser consideráveis — produtividade física do trabalho em determinada atividade —, o que se refletia em estruturas de preços diversas.

Situação similar ocorreu no Brasil nos anos 1930 e no período da Segunda Guerra Mundial. Em face da escassez de produtos importados, surgiram empresas locais empenhadas em copiar equipamentos estrangeiros, modificar técnicas para substituir matérias-primas importadas por produtos de origem interna e mesmo criar produtos novos capazes de tomar o lugar de artigos importados. O considerável número de patentes depositadas na época atesta o estado de efervescência da criatividade tecnológica. Equipamentos têxteis, agrícolas, para indústria do cimento, carrocerias de ônibus, uma miríade de produtos saía de oficinas semi-improvisadas. Dada a penúria que existia nos mercados desses bens, tudo que caía na rede era peixe, como se dizia na época. Essa experiência foi valiosa na constituição de uma classe empresarial voltada para a indústria no Brasil. A teoria da "indústria infantil" podia ser evocada como fundamento doutrinário. Uma classe empresarial não se forma senão em um clima que estimule a iniciativa, inclusive no plano tecnológico, e num ambiente onde haja proteção para que as iniciativas não abortem. Essa combinação feliz de estímulo à iniciativa e proteção à empresa nascente deu-se no Brasil no período compreendido entre a Grande Depressão e o final da Segunda Guerra.

O quadro que vimos de descrever foi fruto de certo contexto internacional: depressão prolongada e guerra. Nos anos 1950, configura-se outro quadro totalmente distinto: fortes taxas de crescimento do comércio internacional e nova estratégia das grandes empresas sediadas nos países industrializados avançados, que buscam descentralizar-se e localizar-se por toda parte. Ali onde os mercados se integravam, as grandes empresas procuravam transnacionalizar sua estrutura de produção, comercialização e financeira. Onde o mercado local era protegido, caso do Brasil, elas tiraram partido das barreiras alfandegárias, para reduzir os seus custos, utilizando equipamentos e tecnologias amortizados. Inexistindo a pressão da concorrência internacional, um mercado local marcado pela escassez de produtos podia proporcionar boas margens de lucro. A necessidade de investimento local justificava o adiamento das transferências para as matrizes da remuneração da aplicação inicial. A abundância de mão de obra — atraída para a indústria vinda de outras atividades de mais baixa remuneração — permitia que os salários se mantivessem baixos, mas a massa total de salários ia crescendo, elevando-se o salário médio da população empregada, o que assegurava a expansão do mercado local.

O ciclo da industrialização brasileira, baseada na formação do mercado interno, ainda que tardio, desdobrou-se por alguns decênios e produziu consideráveis modificações no país: urbanização, elevação do nível médio de vida, formação de uma classe média, constituição de um parque industrial consideravelmente integrado. Mas é importante ter em conta que ele se deu em uma época em que as nações já industrializadas integravam os seus mercados e criavam condições para uma mudança no estilo de desenvolvimento, no sentido da prevalência do fator tecnológico. Ora, as facilidades criadas pelas grandes empresas estrangeiras, que a partir dos anos 1950 passaram a liderar a industrialização brasileira, tiveram como contrapartida dissociar o empresário local da preocupação com a criação tecnológica. À diferença do ocorrido nos anos 1930 e no período da Segunda Guerra, na nova fase o empresário local teve a seu alcance tecnologia importada, particularmente se ele era fornecedor de uma grande empresa estrangeira implantada no país ou se abria espaço em seus negócios para sócios alienígenas.

O ciclo de industrialização voltada para a formação do mercado interno havia sido, nos países industrializados, uma fase de constituição de empresas nacionais com autonomia no campo tecnológico, aquelas que no futuro participarão da grande confrontação internacional. Essas empresas começaram acumulando poder financeiro, mas somente se consolidaram quando também adquiriram poder tecnológico. A empresa que ocupa uma posição de vanguarda na tecnologia será sempre rentável, portanto não tem problemas financeiros. Tecnologia, nesse caso, abarca toda forma de conhecimento que se incorpora aos processos econômicos. A produção de conhecimentos técnicos pode ser tarefa especializada de uma empresa que trabalha para o mercado. Mas as empresas que se capacitam para defender ou reforçar sua posição de mercado são produtoras de tecnologias para uso próprio ou estão ligadas a grupos de empresas com essa capacidade. As empresas que não dispõem dessa faculdade ocupam no tecido industrial posição subalterna: suas possibilidades de crescimento são ditadas por outras ou podem ser restringidas a qualquer momento.

A forma como se deu no Brasil o ciclo de industrialização apoiada na formação do mercado interno restringiu a área de iniciativa empresarial no campo tecnológico. Prevaleceu a mentalidade de que a tecnologia é algo que está à venda num supermercado internacional, quando não se pactuou tacitamente com um sistema de divisão do trabalho em que a empresa local, subsidiária, recebe o produto tecnológico da matriz. Pode-se argumentar que o Estado se omitiu ou não fez o esforço necessário para a criação local de tecnologia. Mas isso não anula o fato de que o modo de industrialização contribuiu para formar uma mentalidade industrial pouco inclinada à iniciativa no campo da produção tecnológica.

O ciclo de industrialização apoiada no protecionismo acarreta necessariamente transferência de recursos intersetoriais. Já observamos que coube à agricultura ceder recursos ao setor industrial, no qual se concentrava o esforço de acumulação. Os preços relativos internos se ajustavam (os termos do intercâmbio agricultura-indústria), seja porque os artigos industriais importados deviam pagar as tarifas alfandegárias, seja porque as manufaturas nacionais eram mais caras que os artigos importados que deviam substituir. Essas transferências não eram apenas intersetoriais. Também eram inter-regionais, porquanto certas regiões permaneciam especializadas na exportação de produtos primários, ao mesmo tempo que as novas atividades industriais concentravam-se em áreas circunscritas. Assim, as disparidades regionais que já existiam no Brasil tenderam a acentuar-se com o início do ciclo da industrialização protegida. A região nordestina manteria consideráveis saldos de exportação para o exterior, sendo obrigada, pela barreira protecionista, a adquirir na região Centro-Sul produtos que antes obtinha a preços bem mais baixos nos mercados internacionais.

Se é verdade que a industrialização protegida ligou mais profundamente regiões que haviam conhecido processos formativos distintos e permaneciam mais vinculadas ao exterior do que entre si, não é menos certo que ela provocou transferências inter-regionais de recursos que tenderam a minar o sentimento de solidariedade nacional. A opinião de que a industrialização estava sendo utilizada em benefício de certas regiões com sacrifício de outras começava a penetrar no discurso político de líderes nordestinos no final dos anos 1950, quando tem início a nossa história.

3. A Operação Nordeste

PROLEGÔMENOS

O Brasil que encontrei, ao regressar da Europa em agosto de 1958, era um país em extraordinária efervescência. Ao empenhar-se na construção de Brasília, o presidente Kubitschek pusera em marcha um processo cujas repercussões em todos os planos da vida nacional começavam apenas a fazer-se sentir. O primeiro efeito foi despertar uma enorme vaga de confiança. A ideia antiga de que algo está errado no Brasil, e de que isso se deve à omissão do governo, arrefeceu com a construção de Brasília. Abriam-se horizontes, falava-se de um continente novo a ser conquistado. Já não seríamos um "povo de caranguejos", presos à beira da praia. As instituições públicas se renovariam ao serem trasladadas para uma cidade que nascia pronta para enfrentar os desafios do futuro.

A personalidade fascinante de Kubitschek ocupava o centro da cena. Autêntico visionário, ele tinha suas razões próprias e a elas se aferrava. Se houvesse de compará-lo a alguém, eu lembraria Cristóvão Colombo, esse outro grande obstinado. Todos os especialistas seus contemporâneos estiveram de acordo em que os dados que usava o genovês sobre o tamanho da Terra eram equivocados, sendo ele um primário ou um louco. Como a ninguém ocorreu pensar que pudesse existir um continente novo, até então desconhecido dos europeus, demonstrava-se facilmente que, com os meios à sua disposição, Colombo praticava uma insensatez pretendendo alcançar a Ásia pelo Ocidente. Mas ele não arredava pé de suas certezas, e tão grande era sua fé que contagiava outras pessoas. Finalmente, abrindo suas modestas velas e dirigindo a proa para o poente, como um Dom Quixote guiado por alucinações, veio a descobrir o Novo Mundo. Seu projeto era equivocado. O resultado final, contudo, foi de muito superior ao que ele imaginava. O certo é que muito deve a humanidade a visionários. Mas quantos deles, grandes e pequenos, não terão levado povos inteiros ao sacrifício!

O próprio Kubitschek contou que a ideia de construir Brasília lhe ocorreu como um "estalo", ao ser provocado em um comício por um interlocutor ocasional. Sem lugar a dúvida, ele buscava um grande projeto para realizar como presidente, com a paixão com que outros buscam um tesouro. Somente assim se explica que haja estado desde o primeiro momento totalmente convencido da viabilidade do empreendimento e de sua importância histórica. O debate sobre o assunto logo deslizou para o emocional: crer ou não crer na futura grandeza do Brasil. Tratava-se de fazer surgir do nada, em tempo recorde, a mil quilômetros dos centros industriais do país, a infraestrutura de apoio para a edificação de uma cidade capital, ao mesmo tempo que se construía a própria cidade. Isso, numa época em que o país começava a instalar sua base industrial, devendo enfrentar enormes dificuldades financeiras. Mas o problema não era abordado desse ângulo — indisponibilidade de recursos financeiros, pressão sobre a balança de pagamentos. Tratava-se de aceitar ou não o "desafio" de mudar o destino do Brasil, abrindo-lhe novos horizontes. Os investimentos públicos, inclusive aqueles financiados pelos fundos da Previdência Social, foram no possível canalizados para a grande obra. Não se chegou a calcular o que tudo isso representava como pressão sobre os recursos disponíveis para investimento, mas não pode haver dúvida de que parcela significativa da poupança líquida do país teve sua destinação abruptamente desviada para um projeto cuja relação produto-capital era zero ou negativa. Porém, como se elevou a taxa de investimento (relação formação bruta de capital-Produto Interno Bruto) de 14,5%, em 1956, para 20,6%, em 1959, acelerou-se o crescimento da economia, surgindo um clima de euforia na classe empresarial.

No plano social, os efeitos foram inquestionavelmente negativos: redução dos investimentos sociais e baixa dos salários reais, em consequência da maior pressão inflacionária. Ademais, no setor externo teve início a acumulação de uma dívida cuja reciclagem se fará mais adiante, com sérias concessões ao Fundo Monetário Internacional. Era o ponto de partida do período dos desequilíbrios macroeconômicos que conduzirão à situação de semidesgoverno, a qual servirá de justificativa para o golpe militar de 1964.

Em 1958, Kubitschek era um general que, havendo ganhado batalhas espetaculares, tinha consciência de que o resultado final da guerra ainda era incerto. Habilmente, o seu primeiro ministro da Fazenda, José Maria Alkmin, seguira uma política de esfriamento da economia, o que permitiu liberar recursos que, logo depois, seriam orientados para a construção de Brasília. Mas o período de esfriamento durou apenas um ano, passando-se para uma inflação de demanda, dado que os investimentos em

OBRA AUTOBIOGRÁFICA

Brasília não provocavam resposta do lado da oferta. O descontentamento social manifestou-se, particularmente entre setores da classe média. Aumentava o nível de emprego, mas reduzia-se o salário real.

Na região nordestina, a situação foi agravada pela ocorrência de uma seca, em 1958. A forte redução da oferta de alimentos, conjugada com o aumento da renda monetária causado pela abertura de "frentes de trabalho" por iniciativa do governo federal, fazia com que o quadro inflacionário fosse aí mais severo. Além disso, o fluxo de recursos financeiros injetados pelo poder público abria a porta a irregularidades que repercutiam na grande imprensa nacional. As eleições para governadores estaduais e para o Congresso, realizadas em 1958, vieram comprovar o profundo descontentamento da população. Com a vitória da oposição na Bahia e em Pernambuco, a região emergia como fator desestabilizador do quadro político nacional. Os novos governadores eram de corte populista: denunciavam a malversação de fundos públicos, as estruturas sociais anacrônicas, a espoliação da região pelos interesses econômicos do Centro-Sul do país.

Nesse espaço aberto pela vitória da oposição, tomavam impulso movimentos sociais que haviam sido mantidos em estado larvar pela forte repressão policial. Pela primeira vez, associações de camponeses logravam um mínimo de reconhecimento para defender direitos elementares de seus membros. Percebendo que se estava formando na região nova configuração de forças sociais, a Igreja católica, tradicionalmente a serviço das oligarquias locais, movimentava-se para ocupar posições nos espaços que se abriam.

O presidente Kubitschek acompanhava essa evolução com o nervosismo de quem teme ser forçado a desviar energias da frente principal de luta, que era a construção da nova capital. Ele se sentia incomodado ao ver-se relegado a segundo plano. Os governadores recém-eleitos falavam uma linguagem "desenvolvimentista", seguramente derivada dos próprios discursos do presidente, mas dirigida contra ele, e dando mais acento ao social. O Nordeste seria o maior "problema nacional", e a construção de Brasília em nada contribuía para minorá-lo. O "abandono" da região estaria gestando tensões que terminariam por ameaçar a unidade nacional. Assim, ele via o projeto grandioso de governo que traçara atacado pelo flanco vulnerável que descuidara. Tivera a preocupação de marcar seu governo na região com algumas obras de vulto, como a construção do grande açude de Orós, e havia mandado empregar meio milhão de flagelados em obras de emergência para atenuar os efeitos da seca. Mas os seus críticos gritavam aos quatro ventos que esse tipo de ação servia apenas para perpetuar a miséria da região e para engordar os apaniguados do poder público. A Igreja católica, sob comando de d. Helder Câmara, parecia tomar distância do governo, promovendo seus próprios projetos e dando a impressão de que ocupava espaços em que o governo se omitia.

Consciente da sensibilidade dos militares para os problemas nordestinos — a

228

ideia de que a miséria é fonte de subversão fora sempre acolhida por eles —, Kubitschek enviou à região o coronel Ramagem, membro de seu gabinete, com a missão de tomar o pulso da situação. O relatório Ramagem, como passou a ser conhecido, foi mantido secreto, o que contribuiu para avolumar os rumores em torno da gravidade da situação regional. Na verdade, seu autor tomara contato com outros militares na região, em especial com o comandante do Batalhão de Engenharia sediado em João Pessoa, oficial ligado ao chamado grupo de Rodrigo Otávio, altamente politizado e enfeudado à UDN, principal partido adversário do governo. A imprensa de mesma orientação partidária deu enorme importância a esse relatório, cujo conteúdo — divulgado anos depois — nada acrescentava ao que na época era amplamente conhecido, como a malversação de fundos públicos destinados a obras de emergência. Posteriormente, fui informado pelo presidente de que o coronel Ramagem, em relatório oral, defendera a tese de intervenção federal em alguns estados, com militares substituindo os governadores. Era um tipo de medida que somente um adversário político podia sugerir, pois uma providência dessa natureza mobilizaria contra o presidente importantes forças políticas.

Mais do que os ensaios de insubordinação de Aragarças e Jacareacanga, cujo alcance estava limitado por se localizarem na Aeronáutica, a manobra de oficiais do Exército para firmar pé no Nordeste, região do general Juarez Távora, candidato derrotado nas últimas eleições presidenciais, preocupou sobremodo Kubitschek. Sem conhecimento efetivo da região, a não ser o proporcionado pelos debates no Congresso, onde a confrontação partidária nem sempre ajuda a ver claro na realidade, Kubitschek se interrogava sobre o que fazer para evitar que a "questão nordestina" pusesse em risco a obra de redenção nacional que imaginava estar realizando. Andou indagando de um lado e outro por ideias. Alguém lhe citou o meu nome, informando que eu acabava de assumir uma das diretorias do então Banco Nacional de Desenvolvimento Econômico (BNDE), dedicando-me com exclusividade à área nordestina. Mandou uma mensagem para que eu o acompanhasse em viagem de avião do Rio de Janeiro a uma cidade do Triângulo Mineiro. O convite de um presidente passa a ser uma ordem, em se tratando de um ocupante de função pública.

Cheguei ao aeroporto militar, ao lado do Santos Dumont, às sete horas da manhã, meio acabrunhado. Não me parecia que na apertura de um DC-3 um presidente assediado por políticos provincianos tivesse a tranquilidade de espírito necessária para acompanhar uma exposição sobre o complexo problema nordestino. Começavam a chegar pessoas, e eu podia antever o atropelamento que logo se formaria em torno do presidente. Dirigi-me ao responsável e indaguei se o meu nome estava na lista das pessoas autorizadas a embarcar. Tive a surpresa agradável de ser informado que não. Houvera descuido, ou simplesmente alguém interessado em ter acesso ao presidente conseguira "tomar" o meu lugar. Sem nenhum comentário, afastei-me discretamente do aeroporto.

OBRA AUTOBIOGRÁFICA

O fato é que renunciara a meu cargo nas Nações Unidas e aceitara um posto de diretor no BNDE sob a condição de que minha atuação se circunscreveria à área do Nordeste. O presidente do banco, engenheiro Lucas Lopes, assumira o cargo de ministro da Fazenda, sendo substituído pelo superintendente, Roberto Campos. Eu assumira em substituição ao diretor que ascendera à superintendência. De imediato, coube-me intervir no Grupo de Trabalho para o Desenvolvimento do Nordeste (GTDN), um dos muitos grupos que instituíra o banco, transformado em órgão assessor principal da Presidência da República. Estava à frente do GTDN Aluízio Campos, político paraibano, advogado brilhante, mas sem qualquer conhecimento especializado em questões de desenvolvimento. O grupo havia iniciado alguns estudos setoriais, que marchavam em ritmo lento, característico desse tipo de trabalho. Fora obtido o apoio de uma missão técnica das Nações Unidas, cujos membros, em viagens tranquilas, começavam a descobrir a região. A sede desses trabalhos era o Rio de Janeiro.

A razão de ser da intervenção de que me incumbira o banco era descobrir por que nada dali saíra até o momento. Logo compreendi que seriam necessários pelo menos cinco anos para que a pequena equipe de técnicos estrangeiros coletasse a informação disponível sobre a região, digerisse o seu conteúdo e apresentasse um relatório com todas as precauções que caracterizam esses documentos saídos de instituições multilaterais. Não havia no grupo nenhuma pessoa com conhecimento de conjunto da região, e menos ainda economistas especializados em desenvolvimento. Uma equipe assim improvisada, e sem direção competente, servia apenas de escusa para que o governo pudesse dizer que a questão nordestina estava sendo devidamente estudada, e que oportunamente se passaria à ação. Visitei uma ou duas vezes o grupo e recomendei aos técnicos que concluíssem as suas monografias com a brevidade possível.

Independentemente do GTDN, organizei meu trabalho no BNDE, utilizando as facilidades que oferecia essa instituição para coleta e processamento de informações. Não havia muito, eu ali permanecera durante dois anos dirigindo um grupo de trabalho conjunto com a Cepal, conforme relatei em outra oportunidade.[1] Era evidente que o GTDN havia tomado o caminho errado. Que era necessário organizar informação, conhecer o "estado das artes" setorialmente, sintetizar os conhecimentos sobre a região, não havia a menor dúvida. Isso era tarefa para vários anos. E os governantes que têm mandato curto pretendem "fazer coisas", não se satisfazendo em preparar o terreno para que outros construam no futuro. Kubitschek podia estar consciente de que a construção da nova capital era tarefa para absorver todas as energias de seu governo. Mas criara grupos de trabalho, estilo GTDN, para passar o mais rapidamente possível à ação em áreas críticas. Com base no conhecimento já existente da região, devia ser possível fazer alguma coisa, de preferência algo espetacular.

1. Cf. *A fantasia organizada*, do autor.

Posto que o GTDN se extraviara — à semelhança de outros grupos de trabalho assessorados pelas agências especializadas das Nações Unidas — em estudos que só dariam fruto a longo prazo, ele se havia voltado para o Departamento Nacional de Obras contra as Secas (DNOCS), instituição dominada por interesses eleitorais locais, que vinha insistindo, havia decênios, na chamada "solução hidráulica" para o problema das secas. Por essa época, já havia no Nordeste 7 bilhões de metros cúbicos de água represada, graças às barragens construídas pelo DNOCS, sem que se soubesse exatamente para quê. Quando eu trabalhava na Cepal, fui certa vez consultado sobre esse dado. Na ausência de aproveitamento hidrelétrico e de irrigação, os técnicos que manuseavam os dados para fins de compilação estatística eram de opinião que devia haver erro de números, do contrário a água teria sido represada para evaporar-se, diziam. Eu sabia que a água estava ali para servir a uma pecuária extensiva, nas longas estiagens, mas também sabia que tal explicação era pouco convincente, pois a utilização da água em benefício da pecuária não impedia seu uso na irrigação. Limitei-me a dizer que os projetos de irrigação deviam estar em curso de execução, se bem que carecesse de informações sobre a matéria. Nessa época, o jornalista Antônio Callado ainda não havia construído o conceito de "indústria da seca", conceito aliás esotérico para quem não penetra nos arcanos da vida política brasileira. Mas o presidente não teve dúvida: caberia a ele inaugurar a maior de todas as barragens do Nordeste, a de Orós, que sozinha poderia alcançar perto de 3 bilhões de metros cúbicos de água.

O conhecimento desses fatos é que me induzira a buscar uma desculpa para afastar-me do avião presidencial. O pouco dinheiro disponível para aplicar no Nordeste estava comprometido em obras do gênero Orós ou estava sendo desperdiçado em trabalhos emergenciais improvisados para assistir a população flagelada pela seca. Mais de metade do mandato presidencial se cumprira, e as dificuldades financeiras e de balança de pagamentos engendradas pela construção de Brasília começavam a se manifestar. Dei continuidade ao que vinha fazendo, sem prazo para terminar os estudos. Imaginava que daí viesse a surgir algo de interesse para a próxima campanha presidencial. Havia que manter o trabalho sob reserva para, no momento preciso, obter sua adoção pelo melhor candidato. Minha ideia era simples: partir do que se sabia para a elaboração de um plano de ação abrangente, construído na conformidade das técnicas de planejamento regional na época conhecidas, e com as quais eu estava familiarizado.

Hans Singer, técnico das Nações Unidas, havia feito para o BNDE, poucos anos antes, um primeiro exercício macroeconômico sobre o esforço financeiro requerido para retirar a economia nordestina da estagnação. Ele não conhecia as peculiaridades da economia regional e tampouco as assimetrias existentes nas relações econômicas do Nordeste com o Centro-Sul. Preocupara-se especificamente em estimar a magnitude da "ajuda financeira externa" para romper a inércia inicial. Outro técnico das

OBRA AUTOBIOGRÁFICA

Nações Unidas, Stefan Robock, que se deteve mais tempo na região, penetrou mais a fundo em seus problemas, mas preocupou-se essencialmente em ajudar o Banco do Nordeste, recentemente instalado, a identificar as áreas em que sua atuação seria mais eficaz. Seu trabalho mais elaborado sobre o Nordeste somente apareceria em 1963.

Muitos estudiosos brasileiros haviam refletido sobre a região, mas quase sempre limitando seu campo de observação. O agrônomo José Guimarães Duque, crítico acerbo da política de açudagem praticada pelo DNOCS, produzira estudos de grande valor sobre a ecologia da região semiárida. A hidrologia começara a ser estudada, e também algo se conhecia da pedologia regional. Faltava relacionar a ecologia com as estruturas socioeconômicas, o que permitiria perceber que o fenômeno da "seca" é em grande parte devido a essas estruturas. Sem modificá-las, toda tentativa para solucionar o referido problema carecerá de seriedade. E também faltava compreender as peculiaridades das relações da região com o polo industrial emergente no Centro-Sul do país.

Viajando pelo Semiárido durante a seca de 1958, concentrei minhas observações no quadro social. As condições de vida da população trabalhadora rural eram calamitosas, embora a classe de proprietários de terras não parecesse sobremodo afetada. Não fora a ação do governo federal, parte da população seria dizimada pela fome, e parte emigraria, obrigando a economia regional a reestruturar-se para sobreviver. A ação do poder público eliminava essa solução "natural" e permitia que as estruturas tradicionais sobrevivessem. Populações que, para os proprietários de terras, desempenhavam a função de "curral eleitoral" eram retidas com meios artificiais. Saltava aos olhos que, se o ponto fraco da economia regional estava na produção de alimentos, a qual desaparecia nas estiagens mais severas, as terras beneficiadas pela açudagem pública deveriam ser utilizadas de preferência para reforçar esse setor. Mas, nos anos normais, a população produzia seus alimentos, o que explicava que as poucas terras irrigadas fossem dedicadas à produção de cana para fabricação de cachaça ou a outra produção qualquer destinada a mercados de maior poder aquisitivo. Em síntese, a ação do governo, sob controle da classe latifundiária, reforçava as estruturas existentes e agravava os efeitos sociais da seca.

Nas regiões urbanas litorâneas, o quadro não era menos deprimente. Uma cidade de meio milhão de habitantes, como Fortaleza, não dispunha de serviço de água encanada. A água, retirada de poços, era poluída por infiltrações de fossas que substituíam o serviço de esgoto. Não havia instalações portuárias: o embarque e o desembarque de mercadorias eram feitos em precárias alvarengas, com enormes perdas. Uma miniatura de estação termoelétrica, com potência inferior a 3 mil quilowatts, servia precariamente parte da cidade. Na região, por toda parte as atividades industriais estavam em declínio, incapacitadas para fazer face à concorrência dos produtos provenientes do Centro-Sul a que se começava a ter acesso por via rodoviária. Um primeiro estudo sobre a indústria têxtil indicava a necessidade de cortar pela metade seus efetivos de mão de obra, primeiro passo para sua sobrevivência. O sistema rodoviário, no qual o governo federal já aplicara importantes recursos, fora concebido para reforçar o isolamento, dentro da região, de cada estado, o qual se ligava por mar ao exterior e ao Centro-Sul. As ligações intrarregionais eram precárias e mesmo dificultadas para evitar a "evasão" de mercadorias em benefício de estados vizinhos.

A atividade política polarizava-se em torno das disputas de verbas do governo federal aplicadas na região. Daí a valorização da representação parlamentar e o empenho dos congressistas nordestinos em ocupar posições-chave no Parlamento Nacional. As barreiras à entrada na atividade política eram grandes. Vínculos de parentesco e a possibilidade de aportar recursos financeiros obtidos fora da região contavam consideravelmente. Uma vez no Congresso, cabia ao parlamentar abrir-se um espaço no orçamento público, sendo corrente a adjudicação de verbas a instituições-fantasma, em que obtinham sinecuras cabos eleitorais ou a parentela do parlamentar. Essa corrupção da vida política nordestina refletia e agravava a decadência da região, de onde emigravam as pessoas mais empreendedoras, e muitas das mais capazes.

Meu trabalho prosseguia em ritmo normal. A ideia central era produzir um documento que contivesse uma explicação do subdesenvolvimento do Nordeste visto como região de um país, o Brasil, subdesenvolvido. Era necessário, portanto, apresentar o que na época se chamava de diagnóstico da problemática regional, o qual serviria de base para a formulação do que eu pretendia chamar de "nova política de desenvolvimento" para a região. O mais difícil era o diagnóstico — entender esse subdesenvolvimento em segundo grau que ali se configura. Em seguida, apresentaria as linhas gerais de uma estratégia de ação, cujo objetivo último era deter a degradação da economia e incorporar a região ao processo de desenvolvimento então em curso no Centro-Sul do país.

O projeto era ambicioso, mas eu estava convencido de que, lançando ao debate um documento bem concebido, seu impacto na próxima campanha presidencial seria considerável. Era um convite para superar as discussões vagas sobre o "abandono do Nordeste" e para engajar-se com clareza num programa de ação visando a mudar o rumo da História numa região secularmente à deriva. O trabalho em que me empenhava, com os recursos de que dispunha como diretor do BNDE, era do conhecimento de pouquíssimas pessoas. No GTDN, ninguém foi informado sobre ele. Nada havia sido preparado por esse grupo de trabalho até então, e os técnicos das Nações Unidas continuavam visitando a região e colhendo informações.

Mas não duraria muito minha tranquilidade. A missão do coronel Ramagem, escapismo usado por Kubitschek para ganhar tempo, na expectativa de que fosse superado o período da seca, operou como um bumerangue, pois trouxe para os deba-

OBRA AUTOBIOGRÁFICA

tes os militares, inquietos com a participação aberta do Partido Comunista nas eleições de Pernambuco. O usineiro Cid Sampaio, candidato de oposição, apoiado pelas forças de esquerda, obtivera ampla vitória. O Batalhão de Engenharia a que já me referi estava participando da ação de emergência, e seu comandante, coronel Afonso de Albuquerque Lima, dizia-se convencido de que a causa fundamental dos males que afligiam a população nordestina eram os desmandos dos políticos e a corrupção que grassava em certos órgãos do governo, como o DNOCS. O coronel era homem íntegro e apaixonado pela região, mas se inseria numa geração de militares brasileiros que tinham do mundo da política uma visão perigosamente simplificadora.

A REUNIÃO DO PALÁCIO RIO NEGRO

Com seu fino instinto político, Kubitschek deu-se conta de que perdera terreno, e era tempo de recuperá-lo. Com esse fim, convocou para o dia 6 de janeiro de 1959 um grupo de pessoas, tidas como "produtores de ideias", para um amplo debate sobre a questão nordestina no Palácio Rio Negro, em Petrópolis. O grupo dos convidados era variado, indo de d. Helder Câmara ao industrial Israel Klabin. Tratava-se de uma experiência do que na época já se conhecia como um *brainstorming*: haveria uma chuva de ideias e o presidente saberia recolher aquelas que lhe permitissem recapturar a iniciativa política com respeito ao problema da região flagelada.

Na lista de convidados, estava o meu nome, e dessa vez não me seria possível escapar. Enquanto subia para Petrópolis, refletia no que estava ocorrendo. Começava o ano de 1959 e o governo de Kubitschek avançava em sua vertente de descida. A pressão do FMI para que se "esfriasse" a economia era considerável. Mas como fazê-lo sem ter de reescalonar a construção de Brasília? O presidente pretendia, por todos os meios, alcançar um ponto de irreversibilidade, convencido que estava de que o seu sucessor poderia reduzir o ritmo da obra e, quiçá, condenar todo o projeto ao malogro. Para evitar isso, ele não recuava do propósito de inaugurar Brasília, vale dizer, transferir a cúpula do governo para o Planalto Central. À medida que se aproximava a data de transferência, cresciam as resistências, pois uma coisa era fazer discurso sobre um "novo Brasil", voltado para o interior, outra, arrumar as malas, dizer adeus às amenidades cariocas e instalar-se a mil quilômetros da civilização.

Havia pouco, eu conversara com o ministro da Fazenda, Lucas Lopes, e sentira o nervosismo que prevalecia nos círculos mais ligados ao presidente. Lucas Lopes se referira com ironia às críticas que faziam os grupos de esquerda a Kubitschek, acusando-o de não ter preocupações sociais e de tudo ceder aos grupos internacionais. Na realidade, o presidente não via diferença entre capital nacional e estrangeiro; via diferença entre capital que contribuía para "criar riqueza" e capital especulativo. Explicava a dificuldade de entendimento com o FMI dizendo que essa instituição pre-

234

tendia "parar o Brasil". Kubitschek estava convencido, com certo visionarismo, de que o Brasil é um grande país que nenhuma empresa internacional pode ameaçar. Não tinha ideia clara sobre os vínculos entre empresas, entre estas e o governo, e sobre o poder que tais vínculos podem gerar.

O debate ideológico exacerbara-se por essa época, e Lucas Lopes era um dos alvos mais visados pelos críticos de esquerda. Na conversa que tivemos, ele se referiu ao avanço que o Brasil estava realizando, o que as esquerdas não viam ou não queriam ver. Juntamente com Roberto Campos, achava ele que meu papel deveria ser "injetar alguma racionalidade" no pensamento de esquerda, criando aquilo que San Tiago Dantas chamaria, algum tempo depois, de "esquerda positiva". Desviei a discussão para o Nordeste e pude comprovar que Lucas Lopes seguia a linha dominante dos que se impacientavam com o debate em torno da região, lançando toda a culpa dos males que a afligiam na "voracidade" dos políticos nordestinos. Não se podia fazer tudo de uma só vez, a oportunidade do Nordeste chegaria a seu tempo, era necessário ser realista. Disse sentenciosamente: "O Nordeste precisa de uma boa dose de entreguismo", querendo insinuar, creio, que o desenvolvimento ali seria o fruto de iniciativas de gente de fora da região.

O pensamento de Kubitschek sobre o Nordeste não devia ser muito diferente do de seu ministro da Fazenda, com quem tinha muitos pontos em comum, inclusive a origem mineira. Conviria queimar toda a minha pólvora, naquele momento, numa discussão improvisada com pessoas de orientações diversas e comprometidas com posições assumidas no passado? De quanto tempo eu disporia para dizer algo significativo? Assumi uma posição mental negativa e comecei a imaginar estratégias para não me comprometer.

Na sala de espera do Palácio Rio Negro, fui surpreendido pelo fato de que certos convidados, inclusive d. Helder Câmara, não haviam comparecido. Alguns dos presentes mostravam grande desinteresse pela coisa, tida como déjà-vu, preparação de algum foguetório de Kubitschek. Cleantho de Paiva Leite, também da diretoria do BNDE, e ao corrente do que eu estava fazendo, tomou a iniciativa de sugerir que eu falasse em primeiro lugar. Todos concordaram, aliviados.

Enquanto esperávamos que o presidente nos recebesse, cristalizou-se abruptamente em meu espírito uma ideia: e se Kubitschek fizesse seu o projeto de lançamento de uma nova política para o Nordeste, pondo a serviço deste, no que lhe restava de mandato, o entusiasmo e a formidável energia que ninguém lhe negava? A coisa poderia alcançar a velocidade necessária para tornar-se irreversível ao iniciar-se o novo governo. O momento era oportuno porquanto os governadores da região, eleitos em renhidos pleitos, iniciavam seus mandatos. Eles haviam feito muitas promessas, dispunham de poucos meios, e recursos adicionais somente poderiam vir do governo federal. Eu via agora, naqueles últimos instantes de expectativa, como se um flash me iluminasse o espírito, os diversos aspectos do problema com mais preci-

OBRA AUTOBIOGRÁFICA

são do que os percebera antes, quando tudo submetera ao crivo da fria análise. Kubitschek necessitava de ideias capazes de desviar as atenções do quadro dramático que se apresentava na região — numa primeira fase, o problema não era gastar dinheiro, e sim dar novo sentido à ação do governo federal —, e os governadores se sentiriam aliviados da pressão gerada pelo excesso de expectativas que eles mesmos haviam atiçado, visto que as atenções da população seriam desviadas para o poder central. Tudo dependia de que Kubitschek "comprasse" efetivamente a ideia e lograsse convencer a opinião pública de que se tratava de algo sério, e não de manobra para ganhar tempo. E isso dependia de que ele mesmo se convencesse da viabilidade do intento de mudar o curso dos acontecimentos no Nordeste.

Finalmente, os convidados presentes, umas seis ou sete pessoas, sentamo-nos em torno da mesa do gabinete do presidente e ouvimos dele algumas palavras explicativas do propósito da reunião, palavras que traduziam a sua perplexidade em face do imbróglio nordestino. Nenhum presidente iniciara tantas obras na região quanto ele, disse, e o acusavam de descuidá-la. O número de flagelados assistidos, mais de meio milhão, era de muito superior a tudo que se fizera no passado. Acusavam Brasília de estar sugando os recursos necessitados pelas regiões pobres, quando Brasília estava sendo uma oportunidade de emprego para dezenas de milhares de nordestinos.

Kubitschek era um homem que seduzia antes de convencer. Como bom intuitivo, racionalizava mais do que raciocinava. Tudo o que sua inteligência rápida captava era posto a serviço de teses a priori adotadas. Naquele momento, eu o estava vendo e ouvindo pela primeira vez, e não conseguia sequer fixar-me em sua imagem, tão grande era a tensão em que me encontrava, decidido a jogar tudo por tudo. A ideia, que eu acariciara por tantos anos, de um dia contribuir de forma decisiva para "mudar o Nordeste" iria esfumar-se ou plantar raízes em uns instantes mais. Em tempo futuro, eu, que iria colaborar estreitamente com Kubitschek, pude dar-me conta de que se tratava de personalidade mais complexa do que parecia. Ao lado da obstinação, era dotado de faculdade de ajuizamento em grau que só os verdadeiros estadistas possuem. Não obstante seu enorme ego, nunca entrava por caminho incerto, ou, se o fazia, era como um visionário, o que ocorreu no caso da construção de Brasília. Esforçava-se por ouvir e compreender o interlocutor. Não era dotado de grande poder de concentração, e seus conhecimentos sistemáticos eram limitados. Daí aparentar desconfiança com respeito a quem pretendia convencê-lo com raciocínios sofisticados. Só decidia com base em suas intuições. Disse-me uma vez: "Tudo se pode provar. Alkmin e Lucas têm ideias opostas sobre política cafeeira, e os dois demonstram que estão certos".

Comecei afirmando que era perfeitamente compreensível a frustração que sentia o presidente com respeito ao Nordeste, pois ele estava prosseguindo uma política que no passado demonstrara amplamente ser insatisfatória, e mesmo prejudicial, dado que consolidava estruturas que inviabilizavam o desenvolvimento da região. A economia nordestina achava-se em um estado de desagregação: suas poucas indústrias, fechando portas, e a agricultura, estagnada. A oferta de alimentos dependia cada vez mais de importações de alimentos do Centro-Sul do país. O Nordeste apresentava-se como a maior mancha de miséria do hemisfério ocidental. A região necessitava de uma política global de desenvolvimento, cabendo superar a era das iniciativas desconexas. Por exemplo: o mais grave problema da região era a fragilidade da produção de alimentos, pois sem uma oferta adequada destes a criação de emprego urbano tornava-se inviável. Se o Nordeste tiver de importar o que consome do Centro-Sul do Brasil, os custos dos alimentos ali terão de ser mais altos, o que fará suas indústrias menos competitivas. A política do governo, de subsidiar o açúcar e de financiar a fundo perdido a construção de açudes em benefício da pecuária extensiva, bloqueia o setor agrícola produtor de alimentos, agravando o quadro de pobreza. A inexistência de uma lei de irrigação, numa região em que tanto dinheiro público era posto em açudagem, constituía um escândalo. O que se necessitava era de mudança na orientação geral da política do governo. Não se trata de "combater" as secas, e sim de conviver com elas, criando uma agropecuária que tenha em conta a especificidade ecológica regional. Como desconhecer que a relação solos disponíveis para agricultura-mão de obra empregada era, no Nordeste, inferior à que se observa nas demais regiões brasileiras? Em síntese, era necessário partir de um diagnóstico realista, tendo em conta que se trata de uma região subdesenvolvida dentro de um país subdesenvolvido. A ação do governo deveria privilegiar a produção de alimentos, tanto no Semiárido como nas terras úmidas litorâneas, hoje monopolizadas pela cana-de-açúcar, e deveria criar as bases de uma industrialização, única forma de absorver a mão de obra atualmente subempregada. Essa industrialização contribuiria, ademais, para introduzir nas classes dirigentes locais empresários de espírito empreendedor, capazes de neutralizar a influência da oligarquia atual, acostumada a viver de favores e da proteção do governo. O quadro que eu apresentava, concluí, era evidentemente sumário, visava apenas mostrar a complexidade do problema, cuja solução requeria esforço de toda uma geração.

Havia falado durante uns trinta minutos, tomado de tal carga emotiva que praticamente não enxergara as demais pessoas que estavam na sala, vendo apenas imagens difusas. Como evitar que as ideias se me atropelassem na cabeça, produzindo um quadro final confuso e sem credibilidade? Enquanto eu falava, o presidente foi contraindo a sua fisionomia, e eu não sabia se a expressão que dela irradiava era de desinteresse ou de perplexidade. O que me parecia certo era que dela não emanava nenhuma complacência nem simpatia. Como pude saber depois, ele estava intrigado, e mesmo irritado, porque ninguém viera lhe dizer nada daquilo antes. Supondo conhecer os grandes problemas brasileiros desde a época de sua campanha presidencial, agora comprovava quão ignorante podia ser com respeito a temas importantes. E eu estava ali afirmando que, na fase atual de desenvolvimento do país, nenhum problema era tão grave como

OBRA AUTOBIOGRÁFICA

o das crescentes disparidades regionais de condições de vida. Teria ele perdido, por desinformação, a oportunidade histórica de enfrentar esse problema?

As intervenções que sucederam à minha foram sumárias, e no sentido de aprovar o que eu havia dito. Kubitschek deu por encerrada a reunião, chamando o então subchefe da Casa Civil, embaixador José Sette Câmara, a quem disse peremptório: "Você fica incumbido de tomar todas as providências para lançar uma nova política que se chamará Operação Nordeste". Voltando-se para mim, interrogou: "Dr. Furtado, de quanto tempo o senhor necessita para pôr no papel tudo o que me disse aqui em forma de um esboço de plano de ação? Minha intenção é convocar todos os líderes nordestinos para lhes expor as linhas gerais da nova política, e, de imediato, pôr em execução o que for possível". Logo depois, despedindo-se, me diria: "Pena que o senhor não haja aparecido aqui no começo do meu governo, mas ainda contamos com tempo para fazer alguma coisa e plantar para o futuro". Ele percebera, em um instante, que estava a seu alcance inverter a situação: de trambolho e nódoa, o Nordeste poderia transformar-se em um dos pontos mais altos de seu governo.

A visão que tinha de um problema complexo era sincrética, cristalizando-se com frequência em slogans. Ele havia tentado lançar uma "Operação Pan-Americana", sem adequada preparação, algo que estava muito acima do modesto papel que, na época, desempenhava o Brasil no plano internacional. A ideia seria retomada por John Kennedy em sua Aliança para o Progresso, de que nos ocuparemos em tempo devido. A coisa agora seria diferente: partia-se de uma fundamentação convincente e ninguém, em sã consciência, poderia opor-se ao projeto sem apresentar melhor alternativa. O discurso sobre o Nordeste saía do terreno da denúncia de ingratidão e de injustiça com o irmão necessitado para inserir-se no grande debate sobre o desenvolvimento do país.

Havia apostado tudo num só lance, e as chances de vitória sorriam. Respondera ao presidente que necessitava de três semanas para apresentar o esboço do programa. Felizmente para mim, o Carnaval estava pela frente, o que esticou as três semanas. O embaixador Sette Câmara transmitiu de imediato informações à imprensa, comunicando aos jornalistas a decisão do presidente: convocar o mais cedo possível todos os líderes políticos nordestinos para uma reunião no Palácio do Catete, no Rio de Janeiro, na qual seria apresentada uma nova política de desenvolvimento para o Nordeste. Eu, o desconhecido que estava a seu lado, acabava de ser nomeado comandante da Operação Nordeste.

OS PRIMEIROS ALIADOS

Os tempos em que pudera trabalhar tranquilo no meu gabinete do BNDE ficaram para trás. A notícia de que o governo se preparava para lançar uma "nova política para o Nordeste" espalhou-se com a velocidade de fogo em rastilho. De todos os lados surgiam pessoas, muitas das quais irritadas porque "ainda não haviam sido consultadas". Fiquei então sabendo que existia gente que, por esta ou aquela razão, se considerava com direitos sobre o Nordeste, ou pelo menos sobre um pedaço deste. Eram, *inter alia*, os senhores do açúcar, do cacau, dos açudes. Pensavam que se criava mais uma "boca", que iria haver um derrame de dinheiro, e procuravam preservar lugar na fila. A imprensa exigia precisões, dados quantitativos: quantos novos açudes, quantos quilômetros de estradas, quando chegaria a luz de Paulo Afonso a esta ou àquela cidade, se se daria prioridade ao porto de Cabedelo, se o capital estrangeiro iria participar. Foi então que percebi como o Brasil é um país convulsionado, que devora informações sem distinguir alhos de bugalhos, onde tudo se podia afirmar pela imprensa sem que nada fosse comprovado. Aquela "era folhetinesca" que Hesse profetizou no seu *Jogo das contas de vidro* se antecipara entre nós.

Nesse terreno escorregadio, o essencial é tomar iniciativa, responder antes de ser perguntado. Sette Câmara pedira-me que recebesse um de seus amigos para definir uma estratégia nesse setor. Ficou decidido que se tentaria conquistar o apoio do *Correio da Manhã*, então o jornal de mais influência na capital da República. Seu diretor, Paulo Bittencourt, era homem que amava bater-se por grandes causas, tinha consciência do poder que exercia. Quando lhe expus em que consistia o novo projeto, ele se entusiasmou e dispôs-se a apoiá-lo de imediato. Rompendo uma tradição, o jornal inseriria em sua primeira página uma entrevista comigo, antecipando as linhas essenciais do projeto da nova política. Em seguida, publicaria uma série de editoriais dando ênfase a certos pontos, e aprofundando outros. E mandaria um jornalista de primeira linha — Antônio Callado — para observar in loco a situação da região e as consequências desastrosas da política que vinha sendo seguida pelo governo.

A atuação do *Correio da Manhã* foi decisiva para transformar um simples embrião de projeto, ainda em minha cabeça, em um dado novo e de peso no debate político nacional. Veiculando informações precisas desde o primeiro momento, esse jornal deu credibilidade ao projeto e balizou o espaço em que se desenvolveria o enorme debate subsequente. Tudo teria sido mais difícil caso houvessem circulado duas ou três versões no primeiro momento. Paulo Bittencourt era um homem que via no jornalismo uma forma superior de exercício de poder, e se sentia frustrado por não encontrar com mais frequência causas que estivessem à altura de seu espírito de cruzado. Ele precisava acreditar no Brasil. De sua formação inglesa, guardava modos discretos que encobriam o ardor que aflorava quando se tratava de defender uma grande causa.

Graças às informações veiculadas pelo *Correio da Manhã*, fui poupado da miríade de perguntas insensatas que são formuladas com respeito a todo evento que se transforma, do dia para a noite, em *cause célèbre*. As pessoas que desejavam alguma precisão começavam dizendo: "Li sua entrevista no *Correio da Manhã*", e eu já ficava tranquilo. Foi o que aconteceu com d. Helder Câmara, que me telefonou pedindo-me, "se não for demasiado incômodo", que o visitasse em sua casa em Botafogo. Começou dizendo que lamentava não ter participado da reunião convocada pelo presidente. Havia participado de outras anteriores, e não imaginara que algo de novo pudesse acontecer. Eu o via e ouvia pela primeira vez, e não me cansava de observá-lo. Um homem pequeno, cabeça desproporcionalmente grande, braços ágeis e mãos expressivas. Os olhos instilam ternura e ironia a um só tempo. Fez um relato do que a Conferência dos Bispos estava fazendo no Nordeste, insistindo em que a Igreja não se substituía ao Estado. Sua principal preocupação era aproximar pessoas, estabelecer vínculos entre instituições, muitas vezes empenhadas na mesma causa mas sem se conhecerem. Fez várias referências à minha "reconhecida competência". Estava satisfeito, pois a agitação de ideias que ele havia suscitado em torno da questão nordestina agora dava frutos, assumindo o governo o papel que lhe corresponde.

O que d. Helder tinha em vista, muito provavelmente, era formar uma ideia a meu respeito. Certamente tinha confiança em sua capacidade para julgar as pessoas. Deve ter percebido a paixão que eu punha no que dizia quando falava do descalabro que era a situação do Nordeste, terra onde ele e eu havíamos nascido. A minha era uma paixão contida e disciplinada, como correspondia a alguém que por tantos anos habitara terras estrangeiras. A sala em que estávamos exibia modesto mobiliário de estilo nordestino. Eu começava a sentir grande simpatia por aquele homem franzino, com um traço infantil em seu riso fácil. Era um sacerdote, e eu, um simples racionalista, mas uma atitude ética em face do desvalimento do povo nordestino nos uniu desde aquele momento. Quando me despedi, ele disse: "Você vai necessitar de apoios nessa luta dura contra privilégios e abusos de poder. Pode contar comigo sem reservas".

Meu trabalho agora se desdobrava em várias vertentes: havia de completar, no prazo combinado, o estudo compreendendo diagnóstico e esboço do plano de ação, havia de definir de imediato a estratégia visando mobilizar forças de apoio e reorientar a ação do governo federal na região, e havia de parlamentar com políticos e "chefes" regionais, todos inquietos com o tremor de terra provocado pelas informações emanadas da chefia da Casa Civil e de minha entrevista ao *Correio da Manhã*.

Em meus contatos com Sette Câmara, ficou estabelecido que, na reunião de lançamento da Operação Nordeste (Openo), o presidente falaria, dando as diretrizes maiores do que seria a nova política, e em seguida assinaria mensagem ao Congresso Nacional propondo a criação de uma nova entidade, à qual caberia a responsabilidade de implementar essa política. Mas, não convindo cruzar os braços enquanto o Congresso deliberava, o presidente assinaria um decreto instituindo um Conselho de Desenvolvimento do Nordeste (Codeno), o qual poria em andamento tudo aquilo que fosse possível ao governo realizar no âmbito da competência que lhe dava a legis-

A FANTASIA DESFEITA

lação vigente. A reunião se encerraria com uma exposição minha, de caráter "técnico", relacionando alguns projetos e os meios a mobilizar para pô-los em ação. Dessa forma, ficaria consolidada minha posição como responsável principal pelo comando da Openo. Seriam convidados os nove governadores da região (Maranhão, Piauí, Ceará, Rio Grande do Norte, Paraíba, Pernambuco, Alagoas, Sergipe e Bahia) e toda a bancada nordestina no Senado e na Câmara, além de personalidades ligadas à região que se considerasse de bom alvitre convidar.

Partíamos de uma nova concepção do Nordeste, mais ampla do que a convencional estabelecida pelo IBGE, a qual deixa fora o Maranhão e a Bahia. Este último estado entra com parcela importante para o Polígono das Secas, mas para outros fins sempre fora considerado fora do Nordeste. Ora, do ponto de vista político, era importante incorporar a Bahia à região, tanto mais que, no plano cultural, pode-se falar de uma matriz comum, devido à contemporaneidade da colonização (séculos XVI e XVII), à preeminência do sistema de grandes plantações e à forte presença africana. A importância de incorporar o Maranhão, região subamazônica, estava em trazer para o Nordeste um contingente de terras úmidas de considerável dimensão. Contando com a fronteira aberta maranhense e com a região úmida do sul da Bahia, desaparecia o constrangimento da pressão demográfica sobre os solos aráveis, sendo possível pensar em um plano de ampla redistribuição de populações na própria região. Não que se pretendesse excluir a hipótese de canalizar populações nordestinas para outras áreas do país com maiores disponibilidades de terras aráveis. Mas um tal projeto fora sempre interpretado como tendo por objetivo "abandonar" a região nordestina, convindo, portanto, não apresentá-lo como prioritário.

O NOVO PAPEL DOS GOVERNADORES

As mudanças no quadro político do Nordeste vinham favorecendo a figura do governador. Não pelo que este podia fazer administrando os parcos recursos que arrecadavam as administrações estaduais, mas pelo que podia extrair do governo federal ou obter de empréstimos com a caução deste. O prestígio do governador na cena política revertia em benefício para o estado, e para esse prestígio muito contribuía seu potencial eleitoral. A eleição majoritária para governador era, de longe, a mais duramente disputada, e o governador era indiretamente um grande eleitor dos demais pleitos.

Surgia, assim, um populismo provinciano que tendia a ser tanto mais ativo quanto maior o grau de urbanização do estado e mais articulados os segmentos populares da sociedade civil. A emergência de organizações de trabalhadores rurais, como as Ligas Camponesas, em Pernambuco e na Paraíba, introduziu dimensão nova nos movimentos de massa, a qual começava a inquietar as classes dirigentes.

OBRA AUTOBIOGRÁFICA

Em alguns estados, a eleição para governador começava a realizar-se tendo como pano de fundo a mobilização de forças populares, sendo corrente o tema do "tratamento desigual" que recebia a região do governo federal; já havia quem prometesse a desapropriação de terras em benefício dos trabalhadores rurais, e quem acenasse com projetos industriais capazes de criar empregos nas zonas urbanas.

Destarte, o cargo de governador de estado, antes privilégio indisputado de algumas famílias oligárquicas, aparecia agora como expressão do pacto de um líder com importantes segmentos da população. Esse quadro somente se apresentava com plena nitidez no estado mais urbanizado, Pernambuco, mas nos outros começava a esboçar-se. Era de esperar, portanto, que as relações entre governadores estaduais e o governo federal, de onde podiam provir os recursos, tendessem a ser tensas e mesmo conflituosas. Por outro lado, as pressões exercidas sobre o governo federal por interesses locais privavam-no de liberdade de ação. Com frequência, os órgãos federais mais importantes eram entregues a grupos políticos locais, nem sempre em bons termos com o governo estadual, aparecendo os governadores como força renovadora que era obstaculizada por interesses retrógrados apoiados no governo federal. Daí que os elementos mais progressistas se aglutinassem em torno do governo estadual, ainda que a capacidade de ação deste fosse pequena, enquanto no Congresso apareciam os representantes das velhas oligarquias. O controle dos órgãos federais na região, por via de regra, estava em mãos de representantes dos interesses rurais ou corporativos.

Era importante deixar claro, desde o início, que o novo órgão a ser criado se distanciaria desses esquemas tradicionais de enfeudação. Com essa preocupação, apoiei o projeto do *Correio da Manhã* de enviar o jornalista Antônio Callado, como repórter itinerante, para projetar um pouco de luz nos desvãos das instituições federais atuando no Nordeste. Na região semiárida, nesse momento assolada pela seca, ele teve a oportunidade de constatar que as máquinas e equipamentos do DNOCS, principal órgão do governo federal, eram utilizados por fazendeiros a seu bel-prazer. Nas terras irrigadas com água de açudes construídos e mantidos pelo governo federal, produzia-se para o mercado do litoral úmido, e em benefício de alguns fazendeiros que pagavam salários de fome. As obras de emergência eram pré-financiadas por comerciantes que, de um lado, se beneficiavam da forte elevação dos preços dos gêneros de primeira necessidade, e, de outro, cobravam dos trabalhadores juros escorchantes, embutidos nos adiantamentos que faziam. Em síntese, a seca era um grande e próspero negócio para muita gente. Callado, com sua fina ironia, revelava aos leitores perplexos do prestigioso *Correio da Manhã* a existência, no Nordeste, de uma classe social sui generis, os "industriais da seca". E essa classe contava com importante bancada no Congresso Nacional.

Voltando-se para o outro lado do Nordeste, Callado visitou a região litorânea, onde os camponeses começavam a organizar-se para ter acesso aos mínimos direitos de cidadania. As reivindicações desses trabalhadores se cingiam a direitos elementares inscritos no Código Civil, pois a legislação trabalhista estava praticamente fora de seu alcance. Herdeiros da tradição escravista, muitos senhores de terras escandalizavam-se de que seus trabalhadores reivindicassem indenizações pelo que haviam construído no solo em que viviam, ao serem forçados a abandoná-lo. Tendo a primeira associação de camponeses organizada para a defesa de seus interesses surgido num velho engenho chamado Galileia, Callado aproximou a luta desses homens simples, que tentavam escalar os primeiros degraus da atividade cívica, da saga do Galileu que, de pés descalços, iniciou uma caminhada que acenderia a chama da esperança no coração de milhões de seres humanos.

Minhas conversas com os governadores convenceram-me de que era indispensável envolvê-los na nova política. Sendo os mais prestigiosos deles do partido da oposição, tratava-se de operação que envolvia riscos políticos. Era de esperar dificuldades do lado dos partidos do governo, então uma coligação do PSD com o PTB. Coloquei com cuidado o problema, primeiro a Sette Câmara, e em seguida ao presidente. Comecei afirmando que os novos governadores, que haviam feito muitas promessas para eleger-se, logo estariam batendo à porta do Tesouro Nacional. Convinha que aproveitássemos a oportunidade para comprometê-los com a nova política, levando-os dessa forma a cooperar com o governo federal. Como tudo seria feito dentro de programas amplamente debatidos, prevaleceria o interesse coletivo, e não o deste ou daquele partido. O que eu propunha era que se procurasse administrar os recursos da União por consenso entre as autoridades federais e estaduais. A ideia pareceu interessante para Kubitschek. Comecei a perceber que, tratando-se de causas maiores, nele predominava a ótica do estadista. O homem de partido, consciente das necessidades eleitorais, estava sempre alerta. Mas se eu dizia: "Presidente, vamos tirar o Nordeste da politicagem, discutir abertamente os grandes problemas da região; os governadores serão convidados a opinar sobre problemas que nem sempre dizem respeito ao próprio estado, terão de habituar-se a pensar a região como um todo; vamos criar um embrião de uma instância regional de governo", os seus olhos se dilatavam de uma forma muito particular que ele tinha de demonstrar intensa satisfação. "É uma nova era que se inicia para o Nordeste", corroborava com ênfase.

O que estávamos programando tinha o alcance de uma reforma constitucional, porquanto nosso sistema federativo estabelece nítida separação entre instâncias federal e estadual de governo. A experiência já havia demonstrado que o recorte federal era um engodo para o Nordeste: os pequenos estados aparecem como sendo sobrerrepresentados na Câmara, e mais ainda no Senado, mas carecem de qualquer peso político, quando o que está em jogo são problemas de economia e de finanças públicas. Era necessário encontrar uma maneira de unir os estados da região a fim de que esta viesse a ter algum peso nos centros nacionais de decisão.

Mas como fazer isso no quadro constitucional vigente? Adotou-se o princípio de que, no texto legal, os governadores seriam "convidados" a tomar assento no conselho deliberativo do novo órgão, com direito a voto. Criava-se um complexo sistema de contrapesos. Por um lado, cada governador controlava os demais para que a repartição de recursos não o prejudicasse. Por outro, os governadores do partido da oposição exerceriam vigilância para que os ligados ao governo federal não levassem vantagem. Demais, como os planos seriam formulados tendo na devida conta o esforço realizado pelos estados, o governo federal disporia de instrumentos para influir na aplicação desses recursos, fazendo prevalecer uma ótica regional. Meu propósito era fortalecer os governadores, expressão mais legítima da vontade popular em cada estado. E, ao mesmo tempo, introduzir o espírito regional em todos os debates e libertar a aplicação dos recursos federais da politicagem local. Com esse fim, o conselho deliberativo do novo órgão deveria operar com absoluta transparência, seus debates sendo veiculados pela imprensa.

As deliberações do conselho se fariam em torno de *projetos* previamente estudados e fundamentados pelo secretariado técnico, e inseridos em programas cujas diretrizes seriam previamente estabelecidas por esse mesmo conselho. Evidentemente, havia que preservar para o governo federal uma posição majoritária, pois seria ele o provedor de recursos a ser aplicados. Isto seria assegurado mediante pequena maioria no conselho, ao qual também cabia a função de coordenar a ação dos distintos órgãos federais na região. O diretor da instituição a ser criada exerceria suas funções como delegado do chefe do governo federal, cabendo-lhe amplo poder de iniciativa.

Mas tudo isso dependeria de lei a ser votada pelo Congresso Nacional. Enquanto o projeto de lei estivesse tramitando, seria instituído, mediante decreto executivo, um órgão de ensaio. Falei com os governadores e a repercussão foi favorável, uns porque aí viam a vontade do presidente de dar mais atenção à região, e outros porque, estando na oposição, descobriam uma forma de envolver-se com o governo federal sem aparecer como "adesistas". Afora essas considerações táticas, notava-se uma percepção generalizada de que algo de novo e importante estava para acontecer no Nordeste.

O papel do presidente foi, a esse respeito, decisivo. Graças à confiança que ele transmitia, de que coisas iam efetivamente acontecer, de todos os lados brotavam adesões. As classes dirigentes brasileiras foram tradicionalmente tímidas, cautelosas, pobres de imaginação. A construção de Brasília, mesmo que não houvesse desempenhado outro papel, teria servido para mudar momentaneamente esse quadro. Aonde eu chegava para falar, logo se manifestava um entusiasmo contagiante. Universidades, associações de classes, corporações militares, cenáculos religiosos, por toda parte eu encontrava ouvintes interessados, um estado de expectativa favorável. Choviam perguntas, mas, em sua grande maioria, motivadas pelo desejo de obter resposta positiva. Eu insistia que o Nordeste tinha um potencial de desenvolvimento, que a população era dedicada e industriosa, e ansiava por uma oportunidade para ir adiante. Usava uma linguagem simples, mas não simplificava abusivamente os problemas. Um observador estrangeiro que me viu falar em algum lugar, nessa época, escreveu que eu era um apóstolo que convencia os mais incrédulos, usando com elegância argumentos racionais. Assis Chateaubriand, que me ouviu na escola de engenharia do Recife, comentou desabusado: "Este é um novo Antônio Conselheiro, de fraque".

A NOVA POLÍTICA DE DESENVOLVIMENTO PARA O NORDESTE

Kubitschek também compreendeu que não se tratava de criar mais um órgão burocrático. O que se tinha em vista era uma mudança estrutural no aparelho administrativo federal, no que dizia respeito à sua atuação direta ou indireta no Nordeste. Os investimentos do governo passariam a articular-se em função das diretrizes de um plano diretor plurianual. A execução, sempre que possível, estaria descentralizada, sem que isso quebrasse a unidade de propósito do conjunto, a qual seria obtida fazendo-se com que os principais órgãos estivessem representados no conselho deliberativo da agência de planejamento. A elaboração do plano diretor plurianual seria uma tarefa comum, prevista anualmente, por ocasião da preparação da proposta orçamentária. A palavra definitiva, evidentemente, seria dada pelo Congresso Nacional.

O plano diretor compreenderia recursos atribuídos a órgãos executores e recursos adjudicados à nova entidade de planejamento, a fim de reforçar a autoridade desta. Por outro lado, o dirigente dessa entidade seria membro de ofício dos colegiados responsáveis pela política nacional nos setores fiscal e monetário, para que fossem tidas em conta as repercussões no Nordeste das medidas que tomassem.

Era corrente que medidas de política cambial, causadoras de amplas transferências de renda em desfavor do Nordeste, fossem decretadas sem que esse aspecto do problema tivesse sido considerado. O que agora se pretendia deixar claro era que o Brasil enfeixa disparidades regionais de caráter estrutural, razão pela qual determinada medida de política econômica pode acarretar consequências diversas, ou mesmo contraditórias, conforme a região do país. A política de desenvolvimento em curso ignorava essa fratura estrutural, que não devia ser vista como uma "anomalia" a ser corrigida a curto prazo, e sim como um dado básico de um país de dimensões continentais; a essa ignorância se devia que uma região onde habitava um terço da população brasileira andasse para trás numa época em que o Brasil era tido como passando por rápido crescimento. Ao pretendermos ignorar as disparidades regionais, estávamos encobrindo problemas que no futuro aflorariam com maior gravidade.

O que se pretendia agora era inaugurar um novo estilo de governo, fundado numa visão mais abrangente e mais realista da problemática brasileira. Uma reforma com essa profundidade somente seria possível caso o Nordeste se unisse e fizesse valer, no Congresso Nacional, o seu peso político. Ainda assim, tudo se frustraria se devêssemos contar apenas com a velha máquina administrativa de que dispunha o governo federal.

Havia de pensar em nova política de salários que permitisse reter na região pessoal competente e, acima de tudo, era necessário formar quadros técnicos para atender à demanda dos mesmos, que não poderia deixar de criar-se à medida que se concretizassem os projetos.

O órgão de planejamento seria um ente autárquico, com prerrogativas similares às de que gozava o BNDE, que tivera êxito em formar um quadro técnico e de excepcional competência. Para evitar a sobrecarga administrativa, seriam criadas empresas com funções específicas para a prestação de serviços auxiliares. Limitar-se-iam os vínculos empregatícios com o governo, e pretendia-se concorrer no mercado de mão de obra sem distorcê-lo. Sempre que possível, os serviços técnicos seriam contratados com empresas privadas. Inexistindo estas, tomar-se-ia a iniciativa de criar empresas com participação do poder público em seu capital.

O lançamento da nova política pelo presidente da República cumpriu-se, finalmente, em março de 1959. Tudo se fez conforme os pendores teatrais de Kubitschek. Em torno da grande mesa do Palácio do Catete, estavam sentados os governadores e numerosos parlamentares da região. Eu havia fornecido a substância para o discurso do presidente, que foi redigido a seu gosto pela equipe dirigida por Sette Câmara. Era preciso tudo colocar no contexto das grandes transformações que conhecia o país. O presidente assinou, em seguida, mensagem ao Congresso Nacional, propondo a criação da Superintendência para o Desenvolvimento do Nordeste (Sudene), e o decreto instituindo, com sede no Recife, o Conselho do Desenvolvimento do Nordeste (Codeno).

Falei em seguida, apresentando uma síntese do documento que estava sendo distribuído e se destinava a fundamentar o que intituláramos de "Uma política de desenvolvimento econômico para o Nordeste". Com 94 páginas, incluindo 27 quadros estatísticos, esse documento compreendia quatro partes: I — O Nordeste na economia brasileira; II — Elementos dinâmicos da economia do Nordeste; III — Aspectos econômicos do problema das secas; e IV — Plano de ação. Além de uma introdução-síntese.

O ponto de partida ecoava como um grito de alerta: "A disparidade de níveis de renda existente entre o Nordeste e o Centro-Sul do país constitui, sem lugar a dúvida, o mais grave problema a enfrentar na etapa presente do desenvolvimento econômico nacional". A região nordestina se transformara, dizia-se, na mais vasta zona de miséria do hemisfério ocidental. Passava-se em seguida a medir a defasagem de nível e a desigualdade de ritmo de crescimento entre as duas regiões brasileiras. Em moeda corrente da época, a renda per capita da região era inferior a cem dólares, correspondendo a cerca de 30% daquela do habitante do Centro-Sul.

A diferença de ritmo de crescimento da produção e da renda por habitante, assinalava-se, havia sido, nos últimos dois decênios, considerável em desfavor do Nordeste. Com base na experiência histórica de outras áreas do mundo, advertia-se para o risco de "institucionalização" dessas diferenças: os grupos sociais da região mais rica procurarão articular-se na defesa dos níveis de salários e da própria estrutura de mercado criada por estes em detrimento da mobilidade geográfica de mão de obra. Ora, prosseguia-se, essa tendência à divisão do país em dois vinha sendo agravada pela própria política de desenvolvimento. Com efeito, às causas básicas que respondem pelo atraso relativo da região — menor abundância de terras aráveis, maior irregularidade na precipitação pluviométrica, excessiva concentração da renda, predominância do setor de subsistência na hinterlândia semiárida — vieram adicionar-se outras, decorrentes da política de industrialização seguida num passado recente. A escassez de divisas intensificada pela política de desenvolvimento e os maciços subsídios aos investimentos industriais, observava-se, davam lugar a importantes transferências de renda em detrimento das regiões mais pobres.

Apresentavam-se os resultados de cuidadosa análise das relações comerciais do Nordeste com o exterior e com o Centro-Sul do país. Metade das divisas obtidas pela região de suas exportações para o exterior era despendida com compras no Centro-Sul. Ora, no período considerado, os preços nesta última região haviam triplicado relativamente aos preços das importações do exterior. Ao ser forçado pela política protecionista a abastecer-se no Centro-Sul, o Nordeste perdia parte significativa de sua renda. Essa perda de recursos, que alcançava 1,3% do produto regional, explicava em parte a taxa relativamente baixa de investimento.

Independentemente dessa transferência de recursos reais, provocada pela política cambial e de controle de importações, existia um duplo fluxo de rendas entre o Nordeste e o Centro-Sul, operando o setor privado como instrumento de drenagem para o Centro-Sul, e o setor público, em sentido inverso. No período analisado (1948--56), essas transferências mais ou menos se equivaliam, concentrando-se o fluxo de recursos públicos nos anos de seca, e o de recursos privados, nos de prosperidade. Assinalava-se que as transferências públicas em grande parte dissolviam-se em obras assistenciais, pouco contribuindo para criar capacidade produtiva e emprego, ao passo que as privadas reduziam o potencial de investimento da região, aumentando-o no Centro-Sul.

No período analisado, a dinâmica da economia nordestina refletiu o comportamento de suas exportações globais. Assim, o coeficiente de exportação (incluindo vendas ao exterior e ao Centro-Sul) manteve-se praticamente estável, em torno de 30%. As vendas ao exterior representavam, em 1948, cerca de metade do valor total das exportações, e menos de um terço no final do período. Houvesse a política cambial sido menos desfavorável à região — os preços em cruzeiros das exportações para o exterior declinaram consideravelmente com respeito ao nível geral de preços na região e aos preços das vendas ao Centro-Sul —, é de admitir que a taxa de crescimento da economia tivesse sido mais alta.

O governo federal, pela transferência de recursos que realiza, ponderávamos, influencia significativamente o comportamento da economia regional. Estudos feitos sobre um ano determinado (1953) revelaram que 40% dos dispêndios federais na região foram financiados com transferências, montando estas a cerca de 3% do produto regional. Fossem esses recursos aplicados em investimentos, a taxa de crescimento seria significativamente mais alta. Em seguida, passa-se ao essencial, que é a busca de um novo impulso dinâmico para a região. Aumentar as exportações de produtos primários, dizia-se, é sem dúvida uma forma "barata" de crescer, mas nem sempre a praticável. Com frequência, o desenvolvimento somente é factível mediante a diversificação da própria produção interna, ou seja, pela industrialização. Estima-se que 30% da força de trabalho humana do Nordeste se encontra desempregada, ou subempregada, situação essa que se agrava dia a dia. A política de industrialização visaria ao "triplo objetivo de dar emprego a essa massa de subempregados, criar uma classe dirigente nova, imbuída de espírito de desenvolvimento, e fixar na região os capitais formados em outras atividades econômicas que atualmente tendem a emigrar".

Um diagnóstico preciso da problemática da região semiárida constitui um dos pontos fortes do documento. Complexo de pecuária extensiva e agricultura de subsistência, a economia dessa região opera como uma armadilha para reter um excesso de população que somente sobrevive porque o governo federal a assiste periodicamente. Na fazenda típica do Semiárido, a criação de gado e a cultura de alguma xerófita (quase sempre o algodão mocó), atividades que dão origem a uma renda monetária, combinam-se com a produção de gêneros alimentícios para subsistência, produção que praticamente desaparece nos anos de seca. Assim, no Ceará, em 1958, a produção de arroz caiu, com respeito ao ano anterior, 82%, a de milho, 83%, e a de feijão, 86%. "Se se pretende criar uma economia mais resistente às secas, o primeiro passo a dar consiste em reduzir o âmbito da agricultura de subsistência." Por essa forma, cresceriam produtividade e renda da população trabalhadora. "Se se aumenta a faixa monetária, consegue-se automaticamente que os efeitos da crise de produção, provocada pelas secas, não se concentrem nos grupos de população economicamente mais fracos."

O objetivo central do governo teria de ser apoiar unidades produtivas capazes de alcançar maior produtividade de mão de obra na criação e na cultura de xerófitas, inclusive para pasto. Consequência dessa política seria a redução da massa demográfica da região, o que coloca de imediato o problema de emprego alternativo para a mão de obra liberada. Introduz-se a ideia de abertura de uma fronteira agrícola na faixa subamazônica maranhense. As duas políticas se completam, uma vez que a região semiárida deveria transformar-se progressivamente, à medida que sua econo-

A FANTASIA DESFEITA

mia se monetize e se beneficie de elevações de produtividade, em zona importadora de alimentos.

Conclui-se com um projeto de plano de ação, estruturado em torno de quatro diretrizes básicas: a) intensificação dos investimentos industriais, visando criar no Nordeste um centro autônomo de expansão manufatureira; b) transformação da economia agrícola da faixa úmida, com vistas a proporcionar uma oferta adequada de alimentos nos centros urbanos, viabilizando a industrialização destes; c) transformação progressiva da economia das áreas semiáridas no sentido de elevar sua produtividade e de torná-la mais resistente ao impacto das secas; e d) deslocação da fronteira agrícola visando incorporar à economia da região as terras úmidas da hinterlândia maranhense que estão em condições de receber os excedentes populacionais criados pela reorganização da economia na faixa semiárida.

O documento "Uma política de desenvolvimento econômico para o Nordeste" revestiu-se de considerável importância, pois circunscreveu a área dos debates em torno da problemática nordestina, até então sem limites definidos. Ficava para trás a época da improvisação e do amadorismo. As proposições teriam de basear-se em dados, se possível quantitativos, e em análises consistentes. A nova equipe que se ia constituir penetraria no estudo da região com uma visão sistêmica que evitava a dispersão e a tendência ao isolamento dos especialistas. A unidade de propósito era mais facilmente assegurada.

O texto fora concebido e redigido por mim. Não houve tempo sequer para submetê-lo à leitura crítica de outras pessoas. Os estudos setoriais em que se aplicavam os técnicos do GTDN ainda estavam em gestação e se afastavam da ótica macroeconômica que eu adotara. Mas evitei assiná-lo ou encaminhá-lo ao presidente da República com texto oficial introdutório assinado por mim. Foi distribuído entre os presentes na reunião do Palácio do Catete como simples fundamentação técnica da exposição que fiz. Essa tática de apresentação foi providencial para a sua sobrevivência quando caíram sobre nós os dias sombrios da ditadura militar, que me cassou os direitos e tornou "suspeito" tudo o que contivesse o meu nome. Com efeito, ele pôde continuar a ser utilizado e citado, atribuindo-se a autoria ao GTDN, grupo incolor que praticamente deixou de existir quando recebi a missão de preparar o referido documento, texto básico da Operação Nordeste. Desligado do nome de seu autor, pôde ele continuar a exercer sua função de desvelador da realidade nordestina, enterrando as falácias que secularmente serviram para justificar a utilização de dinheiro público na perpetuação de estruturas anacrônicas e antissociais.

4. O Conselho de Desenvolvimento do Nordeste

OS PROGRAMAS PRIORITÁRIOS

A instalação do Conselho de Desenvolvimento do Nordeste (Codeno) realizou--se em 25 de abril de 1959, no belo recinto do Teatro Santa Isabel, no Recife, e foi a grande oportunidade para que Kubitschek assumisse uma posição clara com respeito ao Nordeste como "região-problema". Consciente de que no presente mandato já não podia fazer muito, falou com os olhos no futuro, como candidato certo a novo mandato, saltado o interregno de cinco anos imposto pela Constituição. O que se iniciava era uma "experiência nova", afirmou, não só de cooperação entre órgãos do governo federal, mas também de amplo entendimento entre este e os governos estaduais. Referiu-se elogiosamente à "iniciativa extraordinária" dos bispos do Nordeste que, sob a liderança de d. Helder Câmara, três anos antes, haviam, em Campina Grande, mobilizado a consciência coletiva para um esforço comum de soerguimento regional. O seu governo, portanto, não havia despertado tardiamente para a questão nordestina: estávamos agora colhendo os primeiros frutos de trabalho de alguns anos.

Contudo, o que apresentou foram planos de obras a ser realizadas no futuro, tudo na dependência de que o Congresso Nacional criasse a nova instituição que teria sob sua responsabilidade a execução desses planos. Terminou afirmando: "Ficai certos de que este governo cumprirá os compromissos que assumiu convosco, em hora atribulada, quando o flagelo da seca nos castigava mais uma vez".

Como a seca ocorrera no ano anterior, os compromissos de que falava o presidente datavam de meses, e não da reunião dos bispos, em maio de 1956. Contudo,

250

seu discurso teve dupla importância: transmitiu uma mensagem de confiança em que uma nova era se iniciava para a região e deixou empenhada a palavra do presidente da República de que o Nordeste passaria a receber tratamento prioritário dentro de seu governo. A Kubitschek importava, acima de tudo, ganhar estatura numa região que, havia pouco, se considerava como preterida, vítima do "tudo para Brasília". Era um investimento político sólido, numa estratégia de volta à Presidência.

Terminado o evento espetacular, despedido festivamente o presidente, havia que enfrentar a realidade. No dia seguinte, estávamos reunidos os membros do conselho deliberativo do Codeno, em um modesto auditório da Delegacia Federal de Saúde, no Recife, com a fantástica missão de "começar a transformar o Nordeste". Da credibilidade que conquistássemos dependeria o apoio da opinião pública, sem o qual nada se passaria no Congresso Nacional, onde estavam amplamente representados os interesses contra os quais estávamos nos mobilizando. De imediato, era necessário comprometer os governadores, colocá-los diante da alternativa de desgastar-se em face da opinião pública ou ter de engajar-se no movimento reformista.

Na primeira reunião estavam presentes o governador Cid Sampaio, de Pernambuco, que assumiu a presidência, e os governadores Chagas Rodrigues, do Piauí, José de Mattos Carvalho, do Maranhão, José Parsifal Barroso, do Ceará, Dinarte Mariz, do Rio Grande do Norte, Pedro Moreno Gondim, da Paraíba, Luís Garcia, de Sergipe. Os governadores das Alagoas e da Bahia se fizeram representar, sendo que o segundo, pelo ilustre economista Rômulo de Almeida, grande conhecedor dos problemas da região. Além dos governadores, estavam presentes representantes dos ministérios da Fazenda, da Saúde, da Educação, da Viação e Obras Públicas, e da Agricultura; e das Forças Armadas, do BNDE e os dirigentes da Comissão do Vale do São Francisco, do DNOCS, do Banco do Nordeste e do Banco do Brasil.

O risco de nos perdermos em discussões vagas, lamentações e recriminações era grande, tanto maior que as reuniões contavam com a presença da imprensa de todo o país, que acompanhava atentamente o alçar voo da flamante Operação Nordeste. Considerei de bom aviso assumir a ofensiva, dando início às sessões do conselho com uma exposição dos trabalhos em curso na secretaria executiva, sob minha direção. As decisões teriam de ser tomadas com base em parecer técnico elaborado por essa secretaria, e a agenda seria enviada com antecipação aos conselheiros, os quais receberiam igualmente, com a devida antelação, os estudos técnicos relacionados com a matéria a ser discutida. Cabia-nos preparar um plano diretor para o desenvolvimento do Nordeste, a ser enviado ao Congresso Nacional. Mas havia o risco de que tudo isso demorasse e de que fôssemos vistos como um grupo de gente que fala muito e nada de concreto faz.

Era necessário apresentar rapidamente algo tangível, que significasse a mudança de estilo de governo. Logo descobri que havia centenas de obras e outras coisas a realizar, com projeto pronto ou em fase avançada de elaboração, dependendo apenas da "liberação de verbas". O orçamento da República não era votado para ser cumprido, e sim como simples declaração de intenção. O Congresso vinha perdendo autoridade, na medida em que votava orçamentos de despesa sem a adequada cobertura financeira. Cabia ao Poder Executivo decidir que partes desse orçamento seriam cortadas em fase da insuficiência das provisões de receita. Por essa forma, o Congresso abdicava de sua prerrogativa de programar os gastos públicos, em benefício do Poder Executivo. Daí que fosse corrente presenciar parlamentares assediando o presidente para obter a "liberação de verbas".

Seria uma ajuda ao presidente libertá-lo dessa pressão, apresentando-lhe programas prioritários de obras a ser efetivamente realizadas, porquanto existia a possibilidade de se obterem recursos para a realização imediata de obras. Com esse fim, foi elaborado um programa prioritário de obras rodoviárias, dentro da nova orientação integradora do mercado regional, tendo em conta a provável localização das atividades industriais, igualmente objeto de planejamento. Foram definidas prioridades para obras portuárias, e foi detalhado um importante programa de investimentos no setor energético. As redes de transmissão seriam financiadas a fundo perdido, a fim de que a tarifa viesse a ser unificada no conjunto da região. Esses planos poderiam ser "armados" em breve prazo, com base em estudos técnicos disponíveis no Departamento Nacional de Estradas de Rodagem, na Companhia Hidrelétrica do São Francisco e em outros órgãos especializados.

A cooperação que obtivemos foi entusiasta, pois era conhecido de todos o compromisso assumido pelo presidente de aprovar os planos que elaborássemos. Abria-se uma porta de acesso a novos recursos. O governo acabava de publicar o extenso "plano de economias", ou seja, de cortes de verbas orçamentárias. O Codeno era uma proteção contra essa guilhotina. Assim, não é de admirar que as reuniões do conselho deliberativo hajam, desde o início, atraído atenções e suscitado interesse. Os governadores lá estavam para defender de viva voz os projetos referentes a seus respectivos estados. Contudo, essa defesa se fazia sem prejuízo da orientação geral, que era viabilizar a integração regional como meio de intensificar o desenvolvimento. Os "planos prioritários" constituíram os blocos iniciais na construção do plano diretor, que seria enviado ao Congresso Nacional alguns meses depois.

A atividade do conselho deliberativo desdobrou-se em outras direções. Os governadores tinham importantes reivindicações a fazer com respeito a problemas específicos de seus estados. Ora, apresentar um problema no Codeno era atrair a atenção de autoridades regionais e nacionais. Em pouco tempo, passamos à constituição de um grupo misto, reunindo autoridades monetárias, fiscais, e incumbidas do registro de câmbio, da redução de tarifas alfandegárias e da concessão de licenças para importação de equipamentos, a fim de tratar prioritariamente dos projetos nordestinos. A complexidade e a distância dos centros de decisão do governo federal constituíam enorme obstáculo a ser enfrentado pelas autoridades estaduais e pelos empresários da região.

Quando necessário, organizaram-se reuniões de governadores na capital da República, como forma de pressão para obter decisões de órgãos do governo federal. Outro modo de ação que contribuiu para dar visibilidade ao novo órgão consistiu em enviar missões técnicas aos estados, atendendo a solicitações dos governadores. Fosse para estudar o problema do babaçu no Maranhão, da carnaúba no Piauí, do algodão mocó no Ceará, da xelita no Rio Grande do Norte, do sisal na Paraíba, da palma forrageira nas Alagoas, do sal-gema em Sergipe, essas e outras solicitações dos governadores davam origem a grupos de trabalho que visitavam a região em causa e apresentavam sugestões que a secretaria executiva encaminhava ao conselho deliberativo. Dessa forma, foi possível recolher material de primeira mão que seria utilizado na elaboração do plano diretor. Reunindo-se mensalmente, em diversas capitais nordestinas, o conselho deliberativo viria a ter uma significativa função didática: os governadores tomavam conhecimento da realidade de outros estados que não o seu, e o debate público dos problemas regionais repercutia na imprensa local, e não apenas na das grandes capitais do Centro-Sul. Longe de perder-se no palavrório, o novo órgão prefigurou o que seria a futura Superintendência, cujo projeto de criação tramitava no Congresso Nacional.

A REUNIÃO DOS BISPOS EM NATAL

A preocupação de Kubitschek em reconhecer publicamente o que vinham realizando os bispos era mais do que um gesto formal. Constava que muitos dentre eles abrigavam dúvidas sobre a seriedade da nova iniciativa política do presidente, e alguns estariam criticando d. Helder Câmara por permitir o abandono do pouco terreno que haviam conquistado. Um mês depois da reunião do Teatro Santa Isabel, realizou-se em Natal um novo encontro dos bispos do Nordeste, com o objetivo de apreciar a situação criada pelo lançamento da Operação Nordeste. Antes do debate público, fui submetido a uma estrita sabatina que me permitiu expor ampla e metodicamente a forma como estávamos encarando a problemática regional. A ação que vinham realizando os bispos era tópica, circunscrita a problemas locais e limitada por uma extrema carência de recursos financeiros e humanos. Havia programas, como o educativo, de d. Eugênio Salles, no Rio Grande do Norte, que abarcavam área importante. Mas estes eram raros. A atividade dos bispos em nada colidia com a ação abrangente que pretendíamos desenvolver no plano da infraestrutura, particularmente no que dizia respeito à eletrificação rural, aos serviços de água e saneamento, e estradas vicinais.

Sem dificuldades, chegamos a um amplo entendimento, e Kubitschek, que

OBRA AUTOBIOGRÁFICA

encerrou a reunião, pôde sem titubeios declarar que o governo ia concentrar no órgão que vinha de ser criado todas as iniciativas relacionadas com o desenvolvimento da região nordestina. A sessão de encerramento, grande espetáculo no Teatro Municipal de Natal, serviu-me de advertência para os imprevistos que podem surpreender quem participa da política em nosso país. Na sabatina a portas fechadas com os prelados, eu havia sido explícito sobre o que era e o que não era possível fazer, particularmente com respeito a prazos. D. Helder havia colocado a questão do tempo requerido para a construção da linha de alta tensão (220 mil volts) que levaria energia de Paulo Afonso até Natal. Informei que os estudos estavam avançados, e que, tendo em conta o prazo requerido para importar alumínio e outros materiais, não seria possível concluí-la antes de 1962. O presidente me interpelara sobre a matéria, pois lhe agradaria inaugurar a obra. Mas havia aceitado minha explicação bem fundamentada, com prazos para cada etapa do grande projeto que incluía muitas centenas de quilômetros de linhas e obras complementares.

À noite, no teatro, qual não foi minha surpresa quando, em um discurso inflamado, d. Helder desafiou o presidente a trazer as linhas de Paulo Afonso até Natal durante seu governo. Suas últimas palavras — "Dê luz a este povo, presidente" — levaram a sala ao delírio. Kubitschek me cochichou: "Se não tivesse batina, eu o faria presidente da República". Encerrando a solenidade, o presidente prometeu "dar luz", em seu governo, ao povo de Natal, acrescentando em voz baixa: "Ainda que saiba que o dr. Furtado não concorde com o que estou dizendo". Não podia ser maior a alegria dos presentes. Ovações delirantes se prolongaram. Meu sentimento foi de indignação, mas, depois de refletir sobre o que vira e ouvira, perguntei a mim mesmo se o uso extremado de argumentos racionais que eu fazia também não era uma forma de demagogia. Eu insistia em que o povo estava cansado de ouvir mentiras, promessas falaciosas. Com certa arrogância, indagava: "Querem ouvir uma resposta verdadeira ou preferem uma meia verdade?". É o mesmo que perguntar a um doente, cujo diagnóstico acaba de ser feito: "Quer saber toda a verdade?". A resposta, quase certamente, será afirmativa, o que não significa que sempre haja sabedoria em expressá-la. A população nordestina havia atingido um tal ponto de desencanto e desânimo que administrar-lhe uma dose de ópio demagógico talvez não fosse a impostura que então me parecia. As linhas de Paulo Afonso, na realidade, só chegaram a Natal em 1963. Mas por que privar-se de um momento de ilusão?

A LEI DE IRRIGAÇÃO

Conquistada a confiança dos governadores, ocorreu-me que seria conveniente acelerar o passo, forçando a abordagem de uma questão que exigisse dos líderes regionais um engajamento mais explícito. Sentia que contava com o apoio entusiasta

254

do presidente, cujo mandato terminaria em pouco mais de um ano. Por que não aproveitar as circunstâncias e tentar uma vitória maior, capaz de criar uma situação irreversível? Falávamos muito de industrialização, mas eu sabia que as dificuldades maiores tinham a ver com a agricultura, nó górdio do intrincado problema do subdesenvolvimento regional. Se me fosse dado escolher, começaria por contestar a utilização das terras úmidas do litoral, secularmente monopolizadas pelos latifundiários do açúcar. Bastaria que parte dessas terras fosse destinada à produção de alimentos, e teríamos uma melhor base para projetar atividades criadoras de empregos urbanos. Mas a Constituição vigente fechava todos os canais de acesso a um começo de reforma agrária.

Mais adiante, quando se apresentou a perspectiva de obter apoio no quadro da Aliança para o Progresso, avançaríamos a ideia de financiar o aumento do rendimento das plantações de cana-de-açúcar (até mesmo mediante irrigação suplementar por aspersão), sempre que os proprietários aceitassem pagar os empréstimos com terras liberadas, as quais seriam utilizadas em projetos de colonização orientada para a produção de alimentos. Dávamos por assentado que a demanda internacional de açúcar seria cada vez mais inelástica. Esse projeto permitiria conciliar o aumento do rendimento das plantações de cana com a intensificação da produção local de alimentos, e mesmo com a criação de emprego agrícola. Ocorreu que, por essa mesma época, o mercado internacional do açúcar sofreu profunda transformação, com a eliminação das cotas de que se beneficiava Cuba nas importações norte-americanas. De súbito, abrem-se perspectivas alvissareiras, inclusive de acesso privilegiado ao mercado protegido dos Estados Unidos. Tem então início uma nova fase de expansão da produção açucareira nordestina, fechando-se a porta à liberação de terras para a produção de alimentos. O Nordeste aferrava-se à sua "vocação" colonial.

Em face desse bloqueio, voltamo-nos para a frente da irrigação. Não me escapavam as potencialidades do rio São Francisco. Desde os primeiros dias da instalação do Codeno, obtivemos apoio técnico das Nações Unidas, através de seu Fundo Especial, que nos concedeu empréstimo de 974 mil dólares para explorar as possibilidades de irrigação no segmento médio do rio, onde já estava disponível a energia de Paulo Afonso. Ali a água era abundante, e a energia elétrica, barata (particularmente se utilizada *off peak*). Restava desvendar o problema dos solos, numa das áreas mais ásperas da caatinga. Tratando-se de terras praticamente sem utilização, seu valor comercial era pequeno, o que facilitaria sua aquisição para fins de colonização. Foi esse, na verdade, o primeiro projeto importante de irrigação no Nordeste. Mas eu estava consciente de que antes de dez anos não se manifestariam resultados significativos. Os estudos pedológicos tomam tempo, e era preciso em seguida instalar estações experimentais para fazer "falar os solos", como dizem os agrônomos. Com efeito, passaram-se dois anos antes que fosse feita a primeira identificação de áreas significativas (da ordem de centenas de milhares de hectares) com potencial agrícola.

OBRA AUTOBIOGRÁFICA

Restavam as bacias dos açudes, onde estavam acumulados cerca de 7 bilhões de metros cúbicos de água. Por que não pensar em utilização dessa água para fins de irrigação, fazendo surgir nas áreas povoadas do Semiárido uma constelação de núcleos produtores de alimentos? Nem sempre os açudes haviam sido construídos com vistas a maximizar as possibilidades de irrigação, mas os estudos já disponíveis punham em evidência que 45 mil hectares adicionais podiam ser irrigados com a água já acumulada nos sistemas Jaguaribe, Piranhas, Curu, Acaraí, Paraíba, Pajeú, Moxotó e Itapicuru. As obras em curso permitiram ir mais longe. O governo federal não dispunha de terras, mas tinha o controle do fator mais escasso, a água represada, e podia fazer valer essa carta.

Em plena seca, eu tivera oportunidade de visitar as áreas em que se ensaiavam projetos de irrigação com recursos do governo federal. Era total a promiscuidade entre patrimônios público e privado, em benefício de alguns fazendeiros. Fornecia-se água praticamente de graça, e os canais, financiados a fundo perdido, eram mantidos pelo governo. Plantava-se de preferência banana, que pouca mão de obra exige e em nada contribuía para a oferta local de alimentos. E também se plantava arroz, cultura muito exigente em água. Em áreas que observara, o consumo de água por hectare alcançava 70 mil metros cúbicos, que era mais de cinco vezes o observado em áreas similares em países com tradição de irrigação. As terras irrigadas estavam em mãos de um pequeno número de proprietários, e os trabalhadores empregados não viviam em melhores condições do que os seus vizinhos dos latifúndios tradicionais. Os privilegiados da irrigação financiada pelo governo federal eram conhecidos em certas cidades sertanejas pelas luxuosas residências que ostentavam. Calculei em seiscentos dólares de então o que custava ao erário público um hectare irrigado, sem contar o investimento na barragem. E tudo contribuía para reforçar a estrutura latifundiária. As vultosas aplicações do governo federal de nada serviam para minorar a crise de alimentos, principal problema criado pelas secas.

O que nos faltava era uma lei regulamentando o uso das águas e das terras nas bacias de irrigação beneficiárias do investimento público. Não me escapava que suscitar esse problema era pôr o dedo em ponto extremamente sensível. Era atacar de frente a cidadela da indústria da seca. Havia de aproveitar a mobilização da opinião pública e o entusiasmo do presidente para medir forças em campo raso com o núcleo duro do latifundismo.

Foi constituído um grupo de trabalho, com pessoas da maior competência, tendo à frente o professor José Guimarães Duque e os doutores Estevam Strauss e Vinícius Berredo, três mestres da agronomia nordestina, com dezenas de anos de atividade profissional em matéria de irrigação. Tudo foi feito para recolher a experiência das poucas instituições com atuação nesse terreno no Nordeste, e a cooperação obtida foi entusiasta, o que se explica por estarem quase todos os técnicos convencidos do absurdo de não se aproveitar racionalmente a água, cuja acumula-

256

ção absorvia o essencial dos escassos recursos encaminhados pelo governo federal à região.

O projeto elaborado seguia, em linhas gerais, leis de irrigação que havia muito vinham sendo aplicadas em outros países, inclusive nos Estados Unidos. O objetivo era criar uma classe de agricultores regantes, organizados em unidades familiares. Os antigos proprietários conservariam uma parcela de terra, que podia ser maior do que as demais, sempre que se dedicassem com exclusividade à nova agricultura irrigada. Em alguns casos, seria necessário remover da região parte da população de minifundistas integrados nos latifúndios. O objetivo, portanto, era menos a criação de empregos do que a elevação da renda dos agricultores e a criação de perímetros de policultura. Evitar-se-iam culturas permanentes, a fim de que, em caso de seca, os regantes pudessem ser orientados para a produção exclusiva de alimentos de uso local. Tudo isso exigia tempo, particularmente para a formação dos novos regantes, a partir de uma mão de obra sem qualquer qualificação e destituída de capacidade para autodirigir-se.

O projeto foi enviado com antecipação aos governadores e demais membros do conselho deliberativo. Pareceu-me de bom alvitre que, para discutir matéria tão importante, o conselho se reunisse fora de sua sede no Recife. A ressonância seria maior. Assim, em 5 de agosto de 1959, reunimo-nos em Teresina, capital do mais pobre dos estados nordestinos, única sede de governo incrustada na região semiárida, se bem que à margem de um rio perene, o Parnaíba.

As terras do Piauí foram inicialmente ocupadas por grandes fazendas pecuárias, fundadas em fins do século XVII por um bandeirante que as legou à Ordem dos Jesuítas. Com a expulsão destes, um século depois, trinta e tantas fazendas passaram à propriedade do governo metropolitano, e, em seguida, imperial, e no correr de decênios seriam alienadas. Deitando raízes no sistema totalitário de controle social dos jesuítas, a tutela exercida pelos coronéis do sertão foi aí particularmente rigorosa, o que explica a extrema apatia da população. A maioria dos participantes presentes à reunião do conselho deliberativo tomava pela primeira vez contato com os extremos do subdesenvolvimento nordestino.

O projeto de lei de irrigação era a primeira iniciativa séria, de que havia registro, visando modificar as bases da ordem social em que assentava aquele quadro de estagnação e miséria, sendo considerável a expectativa em torno de sua discussão. A maioria dos governadores mostrou-se surpreendida com a rapidez com que havíamos preparado o projeto, que colocava muitos em posição incômoda. Para fins de retórica, todo mundo denunciava a situação existente, mas outra coisa era pagar o preço político exigido para mudá-la. Foi do Ceará, terra de predileção da indústria da seca, que veio a reação aberta. O governador Parsifal Barroso, seguramente para não perder a face diante da opinião pública, mandou um representante, a quem coube demonstrar que o projeto era "inconstitucional". Rômulo de Almeida, com sua habitual prudên-

OBRA AUTOBIOGRÁFICA

cia, procurou contornar a coisa recomendando que o projeto fosse submetido a uma primeira discussão e, em seguida, "encaminhado a personalidades e instituições dos estados".

É provável que o único governador a aprovar efetivamente o projeto fosse Cid Sampaio, em cujo estado pesava pouco ou nada a classe de latifundiários de bacias de açude. Ele discordou da tese do governo do Ceará, afirmando que, "se a admitimos, a obra de irrigação ficará para as gerações futuras". Surgida a bipolarização de posições, tudo indicava que teríamos de aceitar uma saída procrastinadora, o que seria uma derrota, pois quebraria o elã de mobilização de opinião pública. Para surpresa minha, o coronel Afonso Augusto de Albuquerque Lima tomou a palavra e afirmou peremptoriamente que "as Forças Armadas discordam inteiramente do parecer do representante do governo do Ceará". Referindo-se implicitamente à campanha que já surgira acoimando o projeto de "reforma agrária disfarçada", pediu que constasse da ata a "convicção das Forças Armadas de que o projeto não contribuirá, de qualquer modo, para a intranquilidade social da região". E continuou, enfático: "Este projeto há de sofrer contestações, e talvez mesmo forte oposição, porque virá modificar, em parte, os alicerces econômicos da região nordestina e, sobretudo, porque irá atingir uma poderosa classe de grandes proprietários de terras". A manobra de recuo foi geral. O governador do Rio Grande do Norte, Dinarte Mariz, logo compreendeu que não era ali o local para neutralizar aquela iniciativa incômoda, e se apressou em afirmar que não havia mal em que se desse andamento à coisa, pois a competência para decidir sobre a matéria cabia, efetivamente, ao Congresso Nacional. Assim foi possível abordar o assunto, analisando e aprovando o projeto, artigo por artigo. A repercussão na imprensa foi considerável: o Codeno atacava o caroço duro do problema nordestino.

AS ARMAS DOS ADVERSÁRIOS

O que obtivemos em Teresina foi, contudo, uma vitória de Pirro. Por pouco, a tempestade que se desencadeou não pôs a pique o conjunto da Operação, que, com exageros de confiança, eu liderava. Mobilizaram-se de imediato contra mim as poderosas forças que, dentro e fora do Congresso Nacional, defendiam os interesses do latifundismo. O projeto de lei que o presidente se apressou em encaminhar ao Congresso enfrentou todas as barreiras que a chicana parlamentar é capaz de inventar. Não que seu texto fosse submetido a debate amplo, como convinha em matéria que envolvia óbvios conflitos de interesses.

Os postos de liderança no próprio Congresso eram, nessa época, com frequência ocupados por nordestinos, e estes não se atreviam a fazer avançar uma matéria que feria poderosos interesses. Meus esforços esbarravam em um muro de pedra: fulano pediu vista, sicrano engavetou, convém que você se explique com beltrano.

258

A FANTASIA DESFEITA

Durante horas, respondi a perguntas na comissão do Polígono das Secas, na Câmara. Foi então que compreendi que, sem amplo apoio da opinião pública no Centro-Sul, nada de importante poderia ser feito no Nordeste. A classe dirigente e a elite política da região nada fariam para modificar o quadro estrutural existente. Sem pressão de fora, as velhas estruturas continuariam a reproduzir-se, até que, um dia, explodisse a caldeira. Fosse o Nordeste um país, sua evolução histórica seria similar à das repúblicas centro-americanas, onde a via para a mudança tem sido frequentemente a violência. Somente porque não era um país cabia pensar em uma "revolução dirigida", graças a apoios obtidos em outras regiões.

Dobrei, então, o esforço de pregação nas grandes capitais do Centro-Sul. Com frequência, contava com o apoio dos nordestinos que viviam fora da região, desligados dos interesses que dominam a política de seus estados de origem. Isso tinha particular importância com respeito à imprensa, em que por essa época era considerável a presença de pessoas originárias da região. Mas também havia o apoio interessado de muita gente que alimentava contra o Nordeste uma série de preconceitos, vendo na migração que ali tinha origem uma permanente ameaça de favelização de suas cidades. Para essa gente, o Nordeste, com sua pobreza e estruturas anacrônicas, era uma ameaça para todo o país. Esse sentimento de que a região era "diferente", "outra coisa", forma elíptica de pensar que seu povo é "inferior", me parecia ser a verdadeira ameaça à unidade nacional. Envergonhava-me de explorar tal sentimento negativo para obter apoios. Mas que fazer, se a alternativa era mobilizar os camponeses, como fazia Julião, e o que se obtinha por esse meio era colocar as forças mais poderosas do Centro-Sul a serviço do imobilismo social na região?

Nos albores da Operação Nordeste eu tivera a sorte de encontrar na chefia do Estado-Maior do IV Exército, no Recife, o general Antônio Henrique de Moraes, meu primo em segundo grau. Era um dos oficiais mais brilhantes de sua geração, estudioso dos problemas do país, dono de uma bela brasiliana que me acostumei a frequentar logo que cheguei ao Rio de Janeiro para realizar estudos superiores. Ele me pusera a par da corrente de opinião dominante entre militares, a qual via nos movimentos camponeses a ameaça maior à "intranquilidade social" na região. Ora, a reunião de Teresina deixara ver que um avanço considerável já havia sido feito, fruto do amplo debate que havíamos aberto e da orientação clara que tínhamos dado a toda a Operação. O que dissera o coronel Afonso refletia a opinião que se estava formando no Estado-Maior das Forças Armadas. A convite desse comando, fiz ampla exposição sobre o que começávamos a realizar no Nordeste, e contei com a presença de mais de cem oficiais, inclusive cerca de trinta generais.

A presença do general Djalma Dias Ribeiro no comando do IV Exército, quando nos trasladamos para o Recife, foi sobremodo positiva, porquanto ele acompanhava nosso trabalho e procurava desfazer as intrigas contra nós que surgiam nos altos escalões do Ministério da Guerra. Necessitávamos de evolução similar em outras instâncias decisórias nacionais. Os parlamentares mais independentes ou esclarecidos da região, e, mais ainda, os das regiões politicamente mais avançadas, não podiam deixar de ser sensíveis ao nosso enfoque da realidade nordestina.

Os adversários das mudanças não tardaram em perceber que o caminho mais curto para alcançar seus objetivos consistia em privar-me da confiança do presidente. Concentraram em mim as baterias pesadas. O senador paraibano Argemiro de Figueiredo, com base eleitoral na cidade de Campina Grande, cujo comércio era tradicionalmente ligado à indústria da seca, iniciou uma campanha de difamação pessoal contra mim, "astuto economista empenhado em bolchevizar o Nordeste". Recordava-me de que, em minha época de estudante do Liceu Paraibano, o então interventor do estado, Argemiro de Figueiredo, recebera da classe comerciante de Campina Grande, como presente de aniversário, uma bela mansão, evento que havia chocado minha consciência política de adolescente. Não seria com o apoio dessa gente que transformações teriam lugar no desvalido Nordeste. Não contasse eu com a simpatia de boa parte da imprensa nas grandes capitais do Centro-Sul, e minha imagem de homem público teria sido seriamente enodoada.

Os discursos de denúncia de infiltração comunista no Codeno se multiplicavam nas duas casas do Congresso, e logo alguém logrou obter de autoridades policiais (o Departamento Federal de Segurança Pública da então capital federal) uma bela "ficha" em que eu era apresentado como uma espécie de agente da Internacional Comunista. Não posso assegurar que a "ficha", distribuída a todos os parlamentares, tenha sido exatamente a obtida do DFSP, em todo caso a repercussão na imprensa foi limitada.

No auge da campanha, o deputado Expedito Machado, do Ceará, homem ligado à atividade industrial e, por essa razão, seguindo com interesse a ação do Codeno, procurou-me em minha residência, no Rio de Janeiro, e convenceu-me de que fôssemos encontrar o coronel Luiz França, diretor da divisão de ordem política e social do DFSP, para clarificar o caso. Este recebeu-me atenciosamente, e afirmou que as informações que estavam circulando a meu respeito não tinham a chancela da Polícia Federal, à qual não cabia fornecer fichas ideológicas. Contudo, foi buscar meu "dossiê" e comprovou que, ali, estavam reunidas inúmeras "denúncias", se bem que nenhum estudo houvesse sido feito para verificar sua validade. Observou, para minha surpresa, que dispunha de um perfil ideológico meu, traçado por "pessoas competentes", e que aí nada havia que me desabonasse. Saí sentindo um travo de humilhação. A nossa era uma democracia em que uma repartição pública acumulava "denúncias" contra um cidadão — que podiam ser usadas contra ele, pois a fonte das "informações que estavam circulando" a meu respeito tinha que ser a polícia —, não as submetia a exame e nada comunicava ao interessado.

Limitei-me a dar uma entrevista à imprensa, que foi publicada no *Jornal do Brasil* e em *O Globo*, nos seguintes termos:

A FANTASIA DESFEITA

Adotei como norma não responder a acusações que me fazem visando distrair-me da tarefa em cuja realização estou concentrado. Tenho sido um simples trabalhador intelectual, e, como tenho grande respeito pelo papel do intelectual numa sociedade democrática, habituei-me a escrever o que penso com absoluta liberdade. Meus livros e meus artigos, publicados em vários países, aí estão como testemunho de minhas ideias. Sei que existe, para quem queira comprar, uma "ficha ideológica" minha, supostamente elaborada pela polícia, em que me imputam "inclinações comunistas" durante o período 1945-47. Aos interessados na evolução de minhas ideias, recomendo que consultem diretamente as fontes originais, ou seja, minhas publicações dessa época: publiquei um livro de contos sobre minha experiência de expedicionário na Itália; publiquei uma série de reportagens sobre os países que visitei na Europa: Inglaterra, França, Alemanha, Tchecoslováquia e Iugoslávia; publiquei uma monografia no campo da ciência política, "Trajetória da democracia na América", que mereceu o prêmio Franklin D. Roosevelt concedido pelo Instituto Brasil-Estados Unidos. A partir de 1948, minhas publicações passaram a ser estritamente técnicas, na qualidade de funcionário das Nações Unidas, a cujos quadros pertenci durante dez anos.

Minha preocupação maior era preservar a confiança que me depositava o presidente. Que informações estariam sendo levadas a ele? Fiz ver-lhe sem rodeios que considerava necessário que minha situação fosse clarificada. Somente assim poderia desempenhar as difíceis funções que me cabiam no governo. Ele chamou o general Nelson de Mello, chefe da Casa Militar, e deu instruções para que satisfizesse minha solicitação de ter acesso às informações a meu respeito existentes no Conselho de Segurança Nacional.

Alguns dias depois, fui contatado pelo coronel Humberto de Mello, secretário do CSN, que me convocou para tratar de "assuntos do meu interesse". Encontrei-o em um edifício da avenida Rio Branco para uma conversa pessoal. Tratava-se de pessoa oblíqua na maneira de falar, aparentemente buscando impressionar, ou mesmo amedrontar. Disse-me que os documentos que me mostraria eram altamente secretos, certos deles guardados em cofres especiais para poderem ser incinerados a qualquer momento. Alguns desses documentos provinham de outros serviços secretos, e citou-me, não sei com que intenção, os de Israel e os da Alemanha Federal. Levou-me para uma sala especial, onde estavam esses cofres, fez-me sentar em face de uma mesa, sobre a qual colocou uma pilha de papéis, e desapareceu por algum tempo. Eu tinha a impressão de estar sendo vigiado e submetido a uma prova.

Foi certamente uma das mais fascinantes experiências que me coube viver. Os documentos estavam datilografados e se referiam às coisas mais variadas, sem conexão entre si. A certa altura, afirmava-se que em 1948 eu havia regressado ao Brasil "por meios desconhecidos" depois de haver participado, em Belgrado, da reunião da

OBRA AUTOBIOGRÁFICA

Internacional Comunista que criara o Kominform. Em 1949, eu teria participado no México de reunião dessa mesma instituição. Havia acusações que nada tinham a ver com política, como a de que eu me envolvera, no Chile, em negociatas de câmbio. Mas o que me deixou estarrecido e me fez desistir de continuar lendo foi a acusação peremptória que me faziam de que eu teria participado, no Chile, de grupos implicados em especulações para comprar terras que se destinariam à construção de bases secretas soviéticas naquele país andino.

Fiquei indignado e deu-me vontade de descompor o coronel. Veio-me ao espírito que ele simplesmente pretendia atemorizar-me. Se acusações tão graves pesavam sobre minha cabeça, ai de mim! Chamei-o e disse-lhe que estava surpreendido com o fato de que um serviço de informações que se prezava de ter acesso a fontes fidedignas internacionais pudesse acumular tais despautérios. Ele tratou de se explicar, dizendo que tudo aquilo era matéria bruta, que dispunha de uma equipe de "professores universitários" para tudo passar no pente-fino, inclusive ler e avaliar livros como os meus. Acrescentou que a conclusão desses "estudos" era que eu ainda não me havia "definido", que devia ser ambicioso e oportunista. E lembrou, com alguma malícia, que minha opinião fora a mesma que a do Partido Comunista no recente debate sobre o FMI. Em seguida, como de maneira casual, interpelou-me: "Como é que o senhor faz uma carta ao Cid recomendando um estrangeiro de um país da Cortina de Ferro para assessorá-lo em matéria de reforma agrária?".

Veio-me subitamente a impressão de que tinha diante de mim um mitômano perigoso. Disse-lhe que jamais havia escrito carta qualquer ao governador Cid Sampaio. Ele retrucou que seu informante era pessoa de "toda a confiança", tanto assim que já tinha dado ciência do caso ao Ministério da Guerra. Retorqui lamentando que o tempo de gente responsável fosse tomado por informações sem nenhum fundamento, e acrescentei que faria chegar ao Conselho de Segurança Nacional uma descrição minuciosa de minha vida passada naquilo que pudesse ter interesse público, indicando inclusive os meios de transporte e datas de minhas entradas e saídas do país.

Saí pela rua estatelado, meditando nas palavras de Platão sobre a corrupção da vida pública. Quanta mentira é forjada para alimentar a fome de poder de instituições mantidas com o dinheiro do povo! Como participar da vida pública sem se deixar contaminar por esses processos infecciosos? Pode uma estrutura de poder sobreviver sem apelar para formas de corrupção? Platão pensava que esse é problema do cidadão. Cabe a cada um de nós lutar contra a corrupção social.

Poucos dias depois, voltei ao presidente para expor-lhe minha estupefação. O general Nelson de Mello, que estava a meu lado, obtemperou: "Celso, não dê importância a isso. A cada um de nós cabe parte dessa sujeira que ali se acumula". E ele era chefe do Conselho de Segurança Nacional! A explicação, aparentemente, era que a quantidade de "informação bruta" que chega está muito acima da capacidade de digestão do sistema. Se uma pessoa encontra-se em particular evidência, como era o

A FANTASIA DESFEITA

meu caso, a indigestão do sistema é maior. Mas como é possível que intrigas delirantes, cuja falsidade facilmente se demonstra, não sejam logo expelidas? Este é, certamente, um dos mistérios que levaram Platão a dizer que a corrupção é inerente ao sistema de poder.

A OFENSIVA DO FMI

A condição de membro da diretoria do BNDE, que eu conservava, envolvia-me de uma ou outra forma nos problemas maiores do país, particularmente na área econômica. A situação da balança de pagamentos agravava-se, o que trouxe ao Brasil uma missão do FMI, que logo se apressou em prescrever as suas conhecidas receitas de purga e de emagrecimento. A equipe que assessorava o presidente no campo financeiro era conservadora, e assustou-se com os comentários alarmistas que faziam os técnicos do FMI. Kubitschek mantinha essa gente em torno de si porque precisava de apoios nos círculos econômicos e financeiros, mas os tratava a gritos e sabia resistir quando pretendiam demovê-lo de certas posições.

No dia 7 de junho de 1959, ele recebeu a Cleantho Leite e a mim, no seu quarto de dormir, às dez horas da manhã, no Palácio das Laranjeiras. O presidente lia deitado a *História da República*, de José Maria Bello, e comentou conosco uma passagem sobre os começos do nacionalismo brasileiro, no governo de Venceslau Brás. Pensei com meus botões o que seria o governo de Venceslau, cuja indecisão deu lugar a amplo anedotário. Também sobre a cama havia um toca-discos com que ele procurava melhorar o seu conhecimento de inglês. Estava indignado com o FMI e com as pessoas do governo que rezavam pelo mesmo catecismo, em especial Roberto Campos e Lucas Lopes. Disse que "pusera Lucas no Ministério da Fazenda" para modificar a política cafeeira e porque Alkmin se inimizara demasiado com a imprensa. "Perdia a metade de seu tempo respondendo ao *Correio da Manhã*", afirmou, ríspido. Em sua opinião, Lucas Lopes estava pintando a coisa mais feia do que era, com relação às negociações com o Fundo. Havia poucos dias, viera vê-lo e exclamara, teatral: "Os estadistas se manifestam nas grandes decisões. Creio que chegou o momento em que você teria de anunciar ao país a paralisação das obras de Brasília". "Dei um salto", disse Kubitschek, "e quase o mandei à puta que o pariu!" Elevando a voz, declarou que iria para a demagogia na praça pública, mas não cederia à pressão do Fundo.

Querem fazer comigo o que fizeram com Frondizi [presidente da Argentina], mas estão equivocados. Seria um louco se pretendesse fazer este país digerir novas elevações de preços através de reajustamentos de câmbio. Sinto que não conseguiria terminar o meu mandato, se me deixo levar por essa gente. Já mandei dizer a esta

OBRA AUTOBIOGRÁFICA

senhora [referia-se a Claire Booth, que se supunha seria a nova embaixadora dos Estados Unidos] que não venha para cá se antes não me resolver esse problema.

Minha impressão, contudo, era que as decisões últimas seriam tomadas pelo ministro da Fazenda, operando o presidente como poder moderador. Já fora feita uma contraproposta ao FMI que embutia uma ampla reforma cambial (passar tudo para o câmbio livre, exceto o café e o cacau, limitar as bonificações ao trigo, petróleo, papel de imprensa e elementos para a indústria automobilística). O Fundo queria mais: exigia cortes brutais nos gastos públicos, queria ver recessão. Kubitschek afirmava com ênfase que estava disposto a partir para a briga, assumir atitudes "contra os Estados Unidos". Reuniria os ministros militares para expor-lhes a situação. Observei que o Fundo não tinha interesse em rompimento espetacular com o Brasil, que estava pressionando porque a equipe do Ministério da Fazenda trabalhava na direção das exigências que ele, Fundo, fazia. O presidente pretendia mudar o ministro da Fazenda, mas o substituto — corria a notícia de que seria Sebastião Paes de Almeida, o que logo se confirmou — era homem de poucas luzes, disse ele, incapaz de assessorá-lo na matéria. Essa, imaginei, a razão pela qual estava querendo ouvir outras pessoas.

Kubitschek não estava propriamente contra a orientação doutrinária do FMI. O núcleo central de seus assessores comungava pela cartilha da instituição. A política de obras públicas que ele seguia com entusiasmo era compatível com essa doutrina, enquanto a conjuntura externa fosse favorável. Alterada a conjuntura, haveria de modificar a política (como o fez ver Lucas Lopes), e isso ele não aceitava. Obtemperei que os "realinhamentos" cambiais que vinham sendo feitos por recomendação do FMI estancavam a conta de ágios, e que um esforço fiscal maior teria de ser exigido da coletividade, caso se pretendesse manter o nível de investimentos públicos. O grave — observei — é que o governo estava seguindo a política do Fundo pela metade. O presidente contava com o milagre de uma ajuda externa maior, e sua Operação Pan-Americana fora como um apelo nesse sentido. Por que os norte-americanos, que tinham no Brasil um aliado dócil e certo, não nos davam a colher de chá de que necessitávamos para romper os grilhões do subdesenvolvimento? Ele não tinha suficiente malícia para perceber que o Brasil desenvolvido poderia ser um concorrente comercial, e mesmo político, para os Estados Unidos, instalado no coração de sua área de influência. Mas nada disso o impedia de lutar com todos os meios a seu alcance por aquilo que considerava importante. Quando se sentia acuado, crescia e se colocava muito acima da mediocridade de seus auxiliares.

No dia seguinte, 8 de junho, o presidente convocou ao Laranjeiras um grupo de pessoas para considerar as medidas a tomar em face do endurecimento da posição do Fundo, que dobrava suas exigências. Estavam presentes o ministro das Relações Exteriores, Negrão de Lima, o novo ministro da Fazenda, Sebastião Paes de Almeida,

264

o embaixador em Washington, almirante Amaral Peixoto, e alguns dirigentes de órgãos técnicos. O choque foi geral quando Kubitschek comunicou que tivera uma conversa "em termos extremamente ásperos" com o encarregado de negócios dos Estados Unidos. "Pedi-lhe que comunique a seu governo o extremo descontentamento suscitado pela forma como o Brasil vem sendo tratado", e acrescentou, enfático: "Foi uma conversa na canelada". Dera por rompidas as negociações com o FMI. Já nenhuma missão seria enviada.

Impressionou-me a insignificância dos comentários feitos pelos presentes. Eram palavras vagas, nas quais transparecia o temor ou a perplexidade. Na véspera, o presidente me alertara para o fato de que "Sebastião era incapaz de aprofundar um problema" e que "o Amaral não era embaixador para enfrentar uma situação dessas". A verdade é que a discussão foi irrelevante, como se os participantes não se sentissem realmente concernidos. O presidente havia tomado as grandes decisões e parecia satisfeito.

Um pouco para chocar os presentes, eu disse, enfático: "Presidente, o que o Fundo deseja é uma capitulação. Basta ver o que já fez na Argentina, no Chile e na Bolívia". Senti que alguns baixavam os olhos, como se desejassem dar a impressão de que nada tinham ouvido. Alguém observou que os Estados Unidos "sempre nos haviam ajudado", que havia o risco de represálias. Ponderei que era importante saber se poderíamos passar sem o auxílio dos magros recursos do Fundo. Falou-se da necessidade de buscar financiamento para as importações de petróleo, da conveniência de reduzir ou suspender a venda de divisas no câmbio livre. Como se desejasse abreviar a discussão, Kubitschek disse, peremptório: "Minha decisão está tomada".

Quando saímos, prometi ao presidente preparar um documento técnico que servisse para justificar a decisão do governo brasileiro. O texto, elaborado nos dias imediatos, começava afirmando que "a diretriz central da política do governo, da qual ele não pretendia afastar-se, era promover o desenvolvimento econômico deste país de incomparáveis potencialidades". O subdesenvolvimento constituía o grande problema do Brasil: superá-lo tinha que ser a responsabilidade máxima do governo. E prosseguia: "Hoje sabemos que razões históricas, e não causas fatais, respondem por nossa presente inferioridade material. E que está a nosso alcance encurtar a distância que nos separa dos povos que tomaram a dianteira do desenvolvimento". Em seguida, eram referidos alguns dados estatísticos, para mostrar que, mesmo que se conseguisse dobrar a taxa de crescimento de nossa economia, ainda assim chegaríamos ao final do século com uma renda por pessoa que não superaria um quinto da renda atual do cidadão norte-americano. Esses dados, dizia, explicam nosso empenho em intensificar o desenvolvimento. Referi-me depois ao papel estratégico do comércio internacional no desenvolvimento de economias retardadas, como a nossa. "Aumentar o intercâmbio externo significa ter acesso mais fácil às fontes da técnica moderna. Mas é necessário ter em conta a situação difícil das economias exportadoras de produtos primários." Chamava-se a atenção para o fato de que, no período de 1950-55, a produção manufatureira crescera 39% nos Estados Unidos, e 30% na Europa Ocidental, e o produto bruto, respectivamente, 29% e 20%. Ora, nesse mesmo período, o volume físico do comércio mundial de matérias-primas crescera apenas 12%, e, caso se exclua o petróleo, esse crescimento se reduz a 6%. Daí nossa opção pela industrialização como fonte de dinamismo.

Abordava, em seguida, o problema central da balança de pagamentos. De um ponto de vista formal, dizia eu, esse desequilíbrio pode ser considerado manifestação de pressão inflacionária, o que justificaria a aplicação de medidas recessivas. Não é este o caso brasileiro, pois não se manifestam aumento de importações nem declínio de exportações determinado por elevações de custos. Basta lembrar que o quantum das importações, em 1958, fora o mais baixo dos últimos oito anos. Se existe desequilíbrio de balança de pagamentos, com um nível tão baixo de importações, é que suas causas não são internas, e sim externas.

A primeira dessas causas foi a crise do café, a segunda, o excesso de compromissos financeiros a curto prazo. O preço médio da saca de café baixou de 59 dólares, em 1957, para 53,4 dólares, em 1958, e 43,3 dólares no primeiro trimestre de 1959. A perda anual era de 230 milhões de dólares. Se se tinha em conta que os compromissos financeiros alcançariam, em 1959, 350 milhões de dólares, não era difícil explicar a pressão na balança de pagamentos, não obstante o baixo nível das importações, cujo valor não alcançava 1 bilhão de dólares. Esse tipo de desequilíbrio devia ser corrigido mediante operação externa, e não provocando recessão interna. Ter mantido certo nível de emprego e certo dinamismo da economia era a demonstração de acerto da política que seguia o governo brasileiro. Cortar ainda mais as importações brasileiras era criar dificuldades a outras economias, particularmente à dos Estados Unidos, que havia entrado em recessão no ano anterior. Tampouco se pode afirmar que a participação dos gastos públicos no produto é excessiva ou cresceu abruptamente em períodos recentes.

E afirmava, em seguida, que declinara a participação da despesa orçamentária federal no Produto Interno Bruto, passando de 12,1%, em 1956, para 11,7%, em 1958. Outros temas, como as tarifas dos serviços de utilidade pública, a cooperação do capital estrangeiro e multilateral, foram igualmente abordados. Mas o que importava era denunciar a incapacidade do Fundo para cumprir sua função estatutária, de apoiar com recursos as economias submetidas a pressões externas, e deixar bem claro que a política de desenvolvimento não seria sacrificada para satisfazer exigências doutrinárias de uma agência multilateral que estava longe de desempenhar a missão para a qual fora criada.

Não creio que esse texto ou as conversas que tive com Kubitschek sobre a matéria hajam sido de muita significação em sua decisão de romper as negociações com o Fundo. O que pesou efetivamente foi a descoberta que fez de que, por trás de tudo aquilo, havia um conluio para forçá-lo a paralisar a construção de Brasília. A alta administração começava a temer a aproximação do dia da mudança, e saía do limbo e se dotava de ectoplasma. Na direção do BNDE, eu percebia o pavor que invadia certas pessoas quando alguém caía em si e afirmava, como acordando de um pesadelo: "No ano que vem, por esta época, estaremos acampados no Planalto Central!". Contudo, minhas palavras serviram para dar ao presidente um pouco da tranquilidade de que ele necessitava. E o apoio popular, que não tardou a se manifestar, veio confirmar em seu espírito que ele havia escolhido o caminho certo.

AÇÃO PREVENTIVA CONTRA A SECA

O ano de 1959 desfrutou do que se pode chamar um "inverno" normal, o que permitiu fosse reconstituída parte das reservas de água exauridas na seca do ano anterior. Isso não impediu que surgissem, aqui e ali, clamores para que fosse decretada uma situação de emergência, por insuficiência de precipitação pluviométrica. Tive que tranquilizar o presidente, que se preocupava com declarações alarmistas de certos governadores, particularmente de Dinarte Mariz, do Rio Grande do Norte.

Em uma imensa zona semiárida como a do Nordeste, é natural que todos os anos, mesmo nos mais "normais", apresentem-se pontos, áreas limitadas, em que a precipitação pluviométrica se distribui de forma a prejudicar a agricultura de ciclo anual, cujos rendimentos se colocam bem abaixo das médias históricas. Declarar estado de emergência em uma microzona é contribuir para desorganizar a economia de uma região maior, pois as populações subempregadas das redondezas se deslocam, atraídas pelas "frentes de trabalho" abertas pelo governo federal.

No passado, fora corrente que governadores lançassem levianamente um grito de alarme de seca, para obter alguma forma de ajuda, a magnitude desta dependendo de seu maior ou menor prestígio. Agora, esse grito era trombeteado no conselho deliberativo do Codeno, o que nos permitia aprofundar o conhecimento do fenômeno da "seca". Sempre que ocorria um grito de alarme, mandávamos mapear a área e identificar a irregularidade que se manifestava. Foi possível observar que, em certas áreas, mais densamente povoadas, uma queda moderada no rendimento da agricultura de subsistência — decorrência de irregularidade na precipitação, sendo normal o nível anual desta — era suficiente para criar uma situação localizada de calamidade pública.

Tornava-se necessário injetar um pouco de poder de compra na população, mas evitar que isso fosse feito com obras de emergência. Delimitávamos a área da falsa seca e tratávamos de ali iniciar ou intensificar obras permanentes, de preferência rela-

OBRA AUTOBIOGRÁFICA

cionadas com a regularização do suprimento de água, como poços tubulares e barreiros. Com esse propósito, foi criada uma empresa especializada em hidrogeologia do cristalino, que formou a primeira equipe de hidrogeólogos atuando na região. Era fácil demonstrar que neste ou naquele caso não se tratava de "seca", mas isso não bastava, pois estaríamos ignorando a extrema fragilidade de certas subáreas e os graves efeitos de irregularidades pluviométricas menores.

Havíamos sido beneficiados por um "inverno" normal, mas quem nos asseguraria que isso se repetiria no ano seguinte? Essa era a minha maior preocupação. Se caísse uma seca em nossa cabeça, em 1960, seríamos desbaratados em campo raso. Eu antevia um quadro dantesco, de centenas de milhares de retirantes deslocando-se pelas estradas, a vanguarda da indústria da seca, triunfante, gritando por verbas nos gabinetes ministeriais da capital da República, a imprensa me acossando para que reconhecesse o fracasso da Operação Nordeste, dado que tudo permanecia como antes.

Desde o mês de agosto, abri o debate no conselho deliberativo sobre o que fazer para que o governo não fosse mais uma vez surpreendido por uma seca. Nosso objetivo era aumentar a resistência da economia do Semiárido, de alguma forma incorporar a irregularidade climática ao viver de uma população preparada para enfrentar a seca. Mas esse objetivo somente seria alcançado a longo prazo, e a batalha definitiva somente seria ganha se não fôssemos desbaratados em curto prazo. Perderíamos totalmente a credibilidade se a possível seca do próximo ano nos apanhasse desprevenidos. Assim como os estados-maiores militares tinham nos escaninhos planos para enfrentar situações remotas de agressão externa, deveríamos dispor de um bem elaborado plano para agir na eventualidade, não tão remota, de uma seca.

Em primeiro lugar, era necessário ter uma ideia mais precisa do que é exatamente esse fenômeno. Solicitei a cada governador que, com o auxílio do departamento estadual de estatísticas, levantasse um mapa detalhado, em nível de município, da produção agrícola dos anos 1956, 1957 e 1958, a fim de que pudéssemos dispor de referência para estabelecer padrões de "normalidade". Estatísticas agrícolas detalhadas nos capacitariam para avaliar o déficit na oferta de alimentos por microárea, na hipótese de seca. Em segundo lugar, oficiei a todos os órgãos com responsabilidade de obras na região que nos comunicassem os trabalhos em curso de realização, os prazos de conclusão, as possibilidades de intensificação, a mão de obra adicional requerida, e também as obras com projetos elaborados cuja execução dependia, para ter início, tão somente de liberação de verbas. A ideia era preparar um mapa da localização de emprego de mão de obra não especializada e do potencial de expansão desse emprego. Em terceiro lugar, solicitei um levantamento sobre a capacidade de armazenagem e silagem dos produtos agrícolas, com sua exata localização. Em quarto lugar, providenciei para que fosse centralizada no Codeno a totalidade da informação sobre precipitação pluviométrica. Tratamos, de imediato,

268

de completar a rede de pluviômetros e pluviógrafos, e de subministrar meios para que os agentes coletores fizessem chegar por telegrama as informações que iam colhendo.

A experiência logo mostraria que, aos primeiros indícios de insuficiência de precipitação em cada região, era possível completar e precisar as informações, fazendo sobrevoar a área com pequenos aviões e enviando observadores a pontos estratégicos. Na sessão do conselho deliberativo de 4 de novembro de 1959, foi debatido amplamente o que seria a estratégia para atuar na hipótese de uma seca futura. Havia de delimitar com antecipação a zona em que se configurava o risco de seca, e não esperar que a população explodisse em desespero. Havia de ativar meios para reforçar a oferta de alimentos, e havia de pôr em marcha um vetor de oferta de emprego com o mínimo de deslocação da população atingida.

Deu-se início, de imediato, ao estudo sobre a formação de um estoque estratégico de alimentos, a ser mobilizado em caso de emergência com vistas a regularizar o fluxo de oferta enquanto esta não era reforçada por compras fora da região. Lembrei que esse estoque poderia ser financiado pelo Fundo de Secas, constituído de 1% da arrecadação federal. Quatro quintos desses recursos haviam sido entregues ao Banco do Nordeste, e o quinto restante estava à disposição do presidente da República. Nenhuma aplicação para esse resíduo seria mais apropriada do que a formação de um estoque a ser utilizado para evitar a alta de preços dos alimentos que a seca necessariamente provocava. Propus que nas obras de emergência os salários fossem pagos, em três quintas partes, em alimentos. Dado que a rede regional de armazéns e silos tinha então uma capacidade de 100 mil toneladas, propus ainda que 20% dela fossem empregados na constituição de um fundo rotativo a ser mobilizado em caso de seca. Seriam 20 mil toneladas injetadas no circuito de abastecimento, à medida que as obras de emergência fossem sendo instaladas.

Para aumentar o emprego em obras altamente absorvedoras de mão de obra, era indispensável dispor de instrumentos de trabalho mobilizáveis a curto prazo. A experiência de 1958 demonstrara que somente para adquirir instrumentos como pás, picaretas e carros de mão, no sul do país, decorriam de dois a três meses, tempo durante o qual as levas de trabalhadores permaneciam de braços cruzados às margens das estradas. Cabia recensear o instrumental de trabalho já existente, assegurar-lhe correta manutenção e providenciar sua complementação, trabalhando-se com a hipótese de que um mínimo de 250 mil pessoas seriam convocadas para utilizar esses instrumentos.

Tudo isso parece elementar e evidente, mas a verdade é que muitos eram os órgãos do governo que padeciam dos vícios criados pela descontinuidade de direção e pela interferência da politicagem em seus desempenhos. Aquilo que nos parecia um simples esforço de racionalização constituía, para eles, verdadeiros transtornos. Os seus dirigentes estavam obcecados pela ideia de concluir esta ou aquela obra, e os

OBRA AUTOBIOGRÁFICA

políticos influentes, pela de inaugurá-las. Por vezes, praticava-se uma política de terra arrasada para alcançar determinado objetivo que deveria marcar a "passagem" de certo administrador.

A LEI INSTITUINDO A SUDENE

Mas a frente principal de luta nesse momento estava no Congresso, felizmente ainda sediado no Rio de Janeiro, onde a imprensa acompanhava de perto o debate dos problemas do Nordeste. O *Correio da Manhã* assumira posição clara e firme na defesa do projeto de lei de irrigação que havíamos preparado. Em face dessa pressão, a bancada ligada aos interesses latifundiários realizou uma manobra audaciosa que a todos nos desnorteou. Alguém desencavou das gavetas um outro projeto de lei de irrigação, iniciativa antiga de um deputado paraibano ligado aos interesses da açudagem tradicional, cujo propósito não era outro senão reforçar juridicamente a política até então seguida. A aprovação desse projeto, que mereceu preferência na votação, inviabilizaria a iniciativa do Executivo. Em tempo recorde, foi ele aprovado e encaminhado à sanção presidencial.

Tudo se fizera com tanto ardil que foram poucas as pessoas a perceberem que o projeto originário do Codeno havia sido substituído. Tratando-se de matéria técnica, somente os iniciados poderiam captar o alcance da diferença entre os dois textos. Quando acordamos para a manobra, restava apenas o recurso de obter do presidente da República o veto da falsa lei de irrigação em sua totalidade. Ademais, era necessário obter no Congresso que o veto não fosse posto abaixo. Tudo isso tinha custo político, absorvia tempo e considerável esforço da pequena equipe que havíamos constituído. Ganhamos a dupla batalha do veto. Mas já não havia condições políticas para prosseguir, no momento, a luta nessa frente. Cabia dar por encerrado sine die nosso belo projeto de lei de irrigação.

A crispação que daí resultou em muitos congressistas exacerbou a dura guerra de guerrilha dos grupos ligados aos interesses latifundiários contra a aprovação do projeto de lei que instituía a Sudene, sem a qual não teriam continuidade os trabalhos que estávamos iniciando.

Havíamos contado na Câmara com compreensão graças ao hábil deputado cearense, professor Martins Rodrigues, relator da matéria. Houve uma tentativa de dissolver o poder do superintendente, iniciativa do líder da oposição, João Agripino, deputado paraibano que subsequentemente seria um dos esteios, no Congresso, da Operação Nordeste. Mas foi no Senado que se travou a luta decisiva, visando descaracterizar o órgão que se pretendia criar. Não se discutiam os fundamentos da política proposta, menos ainda se defendia aquela que havia sido implantada até então. O debate se circunscrevia a pontos particulares, relacionados com a defesa de interesses criados. Além de preservar o sistema decisório do Codeno, a nova lei introduzia a obrigatoriedade de planejamento plurianual para os investimentos federais na região e da organização preventiva do combate aos efeitos da seca. Não menos importante, instituía-se um amplo sistema de incentivos, que deveria possibilitar o revigoramento dos investimentos privados.

A sessão legislativa aproximava-se do fim, e tínhamos de jogar tudo por tudo, pois dificilmente poderíamos sobreviver no ano seguinte se não encontrássemos um espaço próprio no orçamento da República. Na reunião do conselho deliberativo de 4 de novembro, expus com realismo a situação em que nos encontrávamos. Todos os projetos elaborados e em começo de execução dependiam, para prosseguir, da criação da Sudene, que possibilitaria a introdução, no orçamento de 1960, de um anexo com os recursos pertinentes. Até então, tínhamos vivido precariamente, graças a pessoal emprestado por outros órgãos, e alguns recursos adiantados pelo BNDE. Se, após um ano de debates, o Congresso se negava a institucionalizar a nova política iniciada na região, não nos restava senão reconhecer com realismo que ainda não chegara o momento de tentar aquela mudança histórica de rumo em que nos havíamos engajado.

No mesmo dia, em um programa de televisão no Recife, fui ainda mais explícito e declarei que as modificações introduzidas no projeto do Executivo, pelo Senado e por iniciativa do senador paraibano Argemiro de Figueiredo, o descaracterizavam, pois mantinham inalteradas as bases institucionais da indústria da seca. Com efeito, uma das emendas aprovadas retirava o DNOCS da área de interferência da Sudene, cuja razão de ser era exercer a supervisão, a coordenação e o controle da ação do governo federal na região. Nosso propósito havia sido transformar o DNOCS em uma agência responsável pela execução dos projetos relacionados com o aproveitamento da água, principalmente na irrigação, reduzindo sua atividade na construção rodoviária, que passaria para os governos estaduais, e deixando ao governo federal a construção das estradas nacionais, sob a responsabilidade do DNER. Subtrair o DNOCS à supervisão da Sudene seria inviabilizar este órgão, responsável pela elaboração dos planos de desenvolvimento e pelo controle de sua execução. A mensagem que transmiti foi clara: "Se a lei de criação da Sudene não for aprovada até o fim da sessão legislativa, ou for objeto de mutilações em seu espírito, eu darei por terminada a minha missão no Nordeste". Dava a briga por perdida. Assim, as coisas ficariam mais claras. Trasladei-me em seguida para o Rio de Janeiro a fim de expor a situação ao presidente, que tanto empenho havia demonstrado em levar a bom termo a Operação Nordeste.

A notícia logo se difundiu, e a reação foi considerável em várias capitais nordestinas. Pude constatar, não sem alguma surpresa, que a ideia de que um novo Nordeste começava a ser construído penetrara no espírito de pessoas dos mais variados segmentos sociais. De todos os lados, vinham mensagens de encorajamento. Dois dias depois, surgiu no Ceará um "manifesto" de apoio à Operação Nordeste, assinado por 28 presidentes de sindicatos de trabalhadores e dezenas de líderes de classe e estudantis, ao mesmo tempo que se organizava um ato público com a presença de operários, jangadeiros, estudantes, escritores, jornalistas, radialistas e o povo em geral, de onde saíram mensagens ao Congresso Nacional. No Recife, o comércio fechou em sinal de protesto e houve grande aglomeração de gente no centro da cidade, onde foi improvisado um comício que contou com a presença do governador do estado. Os estudantes "enterraram" o senador Argemiro de Figueiredo e o proclamaram persona non grata na cidade. De todos os lados, surgiam apelos ao Congresso em favor da instituição da Sudene.

Conforme averiguei com detalhes *post facto*, o presidente assumiu pessoalmente as negociações para desobstruir a votação final na Câmara dos Deputados. A dificuldade maior não esteve em corrigir as mutilações que haviam sido praticadas no Senado, nem mesmo em aprovar o projeto. A votação vinha sendo bloqueada por um grupo de parlamentares nordestinos, que queriam obter de Kubitschek a minha cabeça. A Sudene seria criada, mas eu não seria o seu superintendente. Em dado momento, meu observador dentro da Câmara mandou-me uma mensagem secreta: "O coronel Humberto de Mello, do Conselho de Segurança Nacional, confirma existência de acordo no sentido de troca da posição do dr. Celso na Sudene pela aprovação da emenda, mantendo DNOCS na mesma. Provável sucessor seria dr. Apolônio Salles".

Logo depois, em 15 de dezembro de 1959, era aprovada a lei 3692 instituindo a Superintendência para o Desenvolvimento do Nordeste.

No dia 2 de dezembro, o conselho deliberativo do Codeno, em sua última reunião, que teve lugar em Salvador, sob a presidência do governador Juracy Magalhães, havia aprovado por unanimidade "proposta no sentido de tornar público seu apoio e confiança no trabalho que seu diretor executivo, o economista Celso Furtado, vem realizando em benefício da região e do país". Mensagem nesses termos foi encaminhada ao presidente da República.

Eu me havia empenhado na luta para modificar a política do governo federal no Nordeste, com o ardor de quem atende a um chamado do destino. Aceitei todos os sacrifícios e assumi todos os riscos. Metamorfoseara-me em homem-orquestra, trabalhando nos aviões, nos hotéis e nos acampamentos. Recebia dezenas de pessoas nos dias de trabalho, nos fins de semana percorria a região, na ânsia de melhor identificar os problemas e no propósito de estimular os companheiros, a quem incumbiam as tarefas mais duras. Cometera até mesmo a leviandade de avalizar um empréstimo de 5 milhões de cruzeiros, contraído junto ao BNDE, para fazer frente aos primeiros gastos correntes do Codeno, empréstimo que foi pago com recursos de crédito especial obtido posteriormente. Tive de responder perante o Tribunal de Contas por essa irregularidade, pois não cabe a ninguém assumir antecipadamente a responsabilidade de gastos da União. Reconhecida a minha boa-fé e "abnegação", a

A FANTASIA DESFEITA

punição que sofri foi apenàs simbólica. Eu constituíra uma equipe de pessoas dedicadas, que trabalhavam sem limite de horário e que se haviam identificado com a causa do Nordeste com o espírito de cruzados.

Agora, já não me cumpria senão me afastar discretamente, fazendo votos para que o meu sucessor mantivesse alta a bandeira que havíamos levantado. Saí em passeio pelo meu sertão de origem, em plena estação seca, e dei asas à fantasia, antecipando a transfiguração daquelas terras ásperas mediante a proliferação de oásis onde se repetiria o milagre da multiplicação dos frutos do trabalho humano. É caminhando à noite, sob céu estrelado, que o sertanejo se deixa arrebatar pelo orgulho de sua terra. Os ventos que prolongam os alísios avançam céleres pelo horizonte aberto, e o mundo inteiro parece estar ao alcance da vista.

Poucos dias depois, chegou-me uma mensagem do Rio comunicando que o presidente desejava me ver. Recebeu-me com aquele riso desnorteante, que me deixava entre confuso e constrangido, e foi dizendo: "Você me cria problemas, homem! Nunca me havia acontecido uma coisa dessas. Fui obrigado a simular, faltar à verdade, para arrancar daquela gente a aprovação da Sudene. Dei a entender que não nomearia você. Só assim eles aprovaram. Mas já está nomeado. Prepare-se para tomar posse". Respondi, emocionado: "Presidente, se errei quando imaginava que contaria com o apoio dos políticos do Nordeste para levar adiante essa luta, não me equivoquei quando acreditei em sua determinação".

Na realidade, a lei havia sido aprovada *contra* a maioria das bancadas nordestinas, graças ao apoio majoritário dos deputados do Centro-Sul. Não creio que Kubitschek houvesse propriamente faltado à verdade, como ele dizia, em gracejo. Provavelmente, mandara dizer a certos parlamentares que a questão da direção do novo órgão estava em aberto. Isso serviu para contentar os mais renitentes, que se sabiam de toda forma derrotados. Uma maioria de políticos não nordestinos havia compreendido a importância para o Brasil da mensagem do presidente.

5. A Superintendência para o Desenvolvimento do Nordeste

O I PLANO DIRETOR

Em meu discurso de posse, no cargo de superintendente da Sudene, procurei transmitir uma mensagem de otimismo, e fiz uma síntese do que havia de inovador na lei recém-sancionada. Em primeiro lugar, ela abria novos espaços para o entendimento das forças políticas, "com base na discussão aberta no confronto de critérios". "A união", dizia, "em torno das mesmas diretrizes de homens de governo vinculados a diferentes partidos contribuirá, seguramente, para o aperfeiçoamento das instituições democráticas na região." Esses elementos de reforma política, contidos na lei da Sudene, assinalava eu, são da maior significação, porquanto os objetivos de desenvolvimento devem ser afastados das faixas de fricção da luta partidária.

Em segundo lugar, introduzia a lei formas mais racionais de intervenção do Estado na esfera econômica. Afirmei: "Com a criação da Sudene, o governo federal equipou-se para formular sua política de desenvolvimento no Nordeste dentro de diretrizes unificadas. Os investimentos federais serão agora submetidos a critérios de essencialidade, consubstanciados num plano diretor, a ser apresentado pelo sr. presidente da República ao Parlamento Nacional, que poderá assim exercer o seu trabalho crítico da forma mais fecunda". Os incentivos à iniciativa privada seriam administrados com uma visão unificada, que permitiria emprestar-lhes coerência e transparência. Por último, acrescentei, surgia uma nova concepção do fazer administrativo. A Sudene seria o primeiro órgão de administração direta com todo o seu pessoal especializado trabalhando em regime de tempo integral. Com efeito, os técnicos da

Sudene seriam remunerados de acordo com as condições que prevalecessem no mercado de trabalho, dentro de nova concepção do Estado como agente promotor do desenvolvimento.

Agora seria possível recrutar número maior de especialistas se apelássemos para nordestinos residentes no Centro-Sul e desejosos de retornar à região. A nova lei abria um crédito importante, mas estatuía que ele deveria ser aplicado conforme discriminação estabelecida em um plano diretor elaborado pela Sudene e aprovado pelo Congresso.

Nossa primeira tarefa consistia em "armar" esse plano diretor, com base no abundante material que havíamos reunido. Já no mês de abril de 1960, o conselho diretor da Sudene, cuja constituição era idêntica à do conselho do antigo Codeno, iniciava o debate sobre a matéria, e em maio era enviada mensagem ao presidente do Congresso, encaminhando o projeto daquilo que viria a ser o I Plano Diretor para o Desenvolvimento do Nordeste. Este cobria os setores de eletrificação, transportes, aproveitamento dos recursos hídricos, reestruturação da economia rural, melhoria das condições de abastecimento, levantamento e prospecção mineralógicos, levantamento cartográfico, serviços de abastecimento de águas das cidades do interior, acesso das populações a condições mínimas de instrução e incentivos aos investimentos privados no setor industrial.

Pela primeira vez, tínhamos uma visão global do que cumpria fazer, e uma noção mais clara do enorme atraso que havia acumulado a região. Seriam necessários muitos anos para alcançar os níveis médios de bem-estar que já conheciam as populações do Centro-Sul. Mas todos nós, no conselho deliberativo, quando completamos o trabalho, estávamos cheios de alegria. Tínhamos o sentimento de haver dado um passo firme na caminhada que levaria a mudar o curso da história na região. Pensávamos: dez anos de esforços com a intensidade prevista no plano diretor, e o novo Nordeste terá vindo à superfície.

Mas nossos adversários não haviam cruzado os braços. Aquele plano diretor, que enfeixava tantas esperanças, ficaria um ano e sete meses dando voltas entre comissões das duas casas do Congresso. Durante todo esse tempo, choviam contra mim as acusações mais disparatadas: "Celso Furtado", gritava um jornal do Recife em cinco colunas, transcrevendo discurso parlamentar, "elaborou um verdadeiro plano subversivo para o Nordeste, fazendo eclodir através da Sudene a atmosfera social explosiva de uma guerra civil". Contudo, isso não impediu que iniciássemos a execução de uma parte das obras incluídas no plano, ao abrigo da lei da Sudene, obtendo a liberação antecipada dos recursos nela previstos e de outros que haviam sido incluídos no orçamento da União para 1960. Os incentivos de várias ordens, previstos na legislação, nos permitiram aprovar, já em 1960, 23 projetos de *novas* indústrias que deveriam proporcionar 6 mil oportunidades de emprego. Foi grande a nossa satisfação quando constatamos que a participação do Nordeste nas emissões de capi-

OBRA AUTOBIOGRÁFICA

tal efetuadas em todo o Brasil haviam subido de 1,6%, em 1959, para 6,7%, em 1960. Começava-se a acreditar na região.

A CATÁSTROFE DE ORÓS

Havia muito que fazer para aprofundar nosso conhecimento da região. Simplesmente estabelecer o "estado das artes", ordenar a informação existente dispersa já constituía um desafio. Mas não eram poucos os adventícios que se propunham a cooperar conosco. Certa vez, sentou-se a meu lado um cidadão que me abordou diretamente: "Tomei este avião para ter a oportunidade de trocar algumas palavras com o senhor, que sei ser pessoa muito ocupada". Continuou sem inibições, enquanto eu recolhia os papéis que havia escolhido para bem utilizar o tempo de voo: "Eu devo ser, no Brasil, a única pessoa", disse, "especializada em recursos de água que aborda na globalidade o ciclo hídrico. Especializei-me nos Estados Unidos. No Nordeste, o problema da água deve ser tratado com essa visão global. Vou deixar com o senhor alguns textos meus, para que os leia quando tiver tempo. Perdoe-me a intrusão. Era o que tinha a dizer". Calou-se.

Guardei os textos que me deu e voltei às minhas leituras de rotina. Poucos dias depois, mandei chamar o cavalheiro e disse-lhe que necessitava dele para iniciar a programação da utilização sistemática dos recursos hídricos do Nordeste, e queria partir de um levantamento do que se sabia sobre a matéria. Contratei-o para a tarefa. No prazo estipulado, ele apresentou um relatório, na verdade um plano para pôr em prática uma política hidrológica. Pensei em contratá-lo para prosseguir com o trabalho na qualidade de diretor do serviço pertinente. Ele se escusou polidamente e me informou que pretendia criar uma empresa, a qual estaria à minha disposição para levar adiante tarefas específicas no campo de aproveitamento de recursos de água. De início, fiquei decepcionado, mas logo compreendi que era importante que surgissem empresas especializadas naquele setor, das quais pudéssemos lançar mão. No caso, tratava-se do engenheiro Henry Maksoud.

Que necessitávamos levar muito mais a sério os estudos do ciclo hídrico, logo se fez patente com a tragédia do Orós. O DNOCS vinha construindo essa obra a toque de caixa, com a preocupação de que Kubitschek pudesse inaugurar "a maior barragem do Nordeste". O "inverno" de 1960 foi generoso, ainda que tardio, para alívio de toda a região, sem contudo afastar-se de valores modais. No mês de março, começaram a chegar notícias de que, se as chuvas continuassem no ritmo dos últimos quinze dias, a barragem de terra em construção estaria ameaçada. No dia 24, a situação começou a ser crítica. Passamos toda a noite do dia 25 para o 26 em um ponto alto ao lado da imensa barragem, siderados pelo espetáculo, poucas vezes presenciado no mundo, do possível desbordamento de uma massa de 700 milhões de metros cúbicos de água.

A barragem tinha na base trezentos metros de largura, e formava um imenso arco de mais de seiscentos metros. As águas alcançaram a crista mais ou menos às 23 horas do dia 25. Às quatro horas da madrugada seguinte, a água transbordava praticamente todo o arco. Em torno das onze horas, a barragem começou a ceder, e, às quinze horas, estava feita a brecha por onde as águas passaram a grande velocidade. Essa brecha foi crescendo, ganhando profundidade, até alcançar cerca de duzentos metros. Passei por volta de vinte horas ali plantado, hipnotizado pelo inusitado do espetáculo. A avalanche de água — os 700 milhões de metros cúbicos acumulados, mais a volumosa vazão do Jaguaribe — avançava rápida, inundando quilômetros de terra em cada margem. Quando foi total a inundação, formaram-se grandes ilhas, isolando grupos de população. No fim da tarde do dia 26, sobrevoei o vale. As populações se haviam refugiado nos pontos altos.

A direção do DNOCS, incerta sobre a dimensão da catástrofe, optou por disseminar o pânico entre as populações da área potencialmente afetada, a fim de induzi-las a abandonar a tempo suas moradias. Repetidas mensagens de alarme eram transmitidas pelo rádio e por alto-falantes de viaturas que circulavam no perímetro concernido.

Entre perplexo e indignado, eu pensava como era possível que serviços técnicos do governo cometessem um crime daquela ordem, desperdiçando tanto dinheiro e ameaçando a vida e a propriedade de tanta gente, quase sempre pessoas humildes. Não se tratava de acidente fortuito, como aqueles provocados por um raio. Era puro erro de planejamento em obra relativamente simples, como a construção de uma barragem de terra. O diretor-geral do DNOCS, engenheiro José Cândido Pessoa, declarou à imprensa que a causa do desastre fora o "atraso de verbas", insinuando que esse atraso se devia ao descrédito lançado sobre o órgão, na imprensa, por iniciativa minha. Tratei de desmentir, informando que a obra havia absorvido bem mais recursos do que aqueles consignados no orçamento para tal fim. Ele então mudou de tática e induziu o ministro da Viação, almirante Amaral Peixoto, a afirmar que a causa fora o excesso de chuva, como só ocorre no Nordeste a cada mil anos. Fui então colocado ante a alternativa de ter de pactuar com uma mentira ou contradizer um ministro de Estado, que também era presidente do PSD, partido de Kubitschek. Mas não vacilei. Declarei à imprensa que "aparentemente" tinha havido erros técnicos que dilataram o período de construção da obra. Esclareci que erros dessa natureza podem ocorrer, dado o volume do material a ser removido. E acrescentei: "O que não se explica é que não hajam introduzido modificações compensatórias. A partir do momento em que a barragem precisou ser construída em período chuvoso, era indispensável tomar medidas de segurança adicionais", e, como indagassem se a chuva havia sido sem paralelo no Nordeste, respondi: "De nenhuma forma. A precipitação ocorrida no mês de março e que determinou a catástrofe criou uma descarga de pouco mais de 1 bilhão de metros cúbicos. Descargas mensais dessa magnitude

OBRA AUTOBIOGRÁFICA

ocorrem três ou quatro vezes em um decênio. A enchente de 1924, essa, excepcional, provocou uma descarga mensal, em abril, de 3,7 bilhões de metros cúbicos".

Chocava-me que o ministro da Viação fizesse declarações para escusar de qualquer culpa os responsáveis pelo desastre, usando para esse fim informações proporcionadas pelos interessados em encobrir os fatos. Em vez de abrir um inquérito, valendo-se de pessoas independentes, limitava-se a acobertar os responsáveis.

A Sudene encarregou-se, então, de fazer um levantamento rigoroso das avarias causadas em propriedades privadas pelo desastre, a fim de que a indenização das vítimas fosse feita o mais rapidamente possível, e sem favoritismo. Onze mil propriedades haviam sido danificadas, avaliando-se as perdas em 205 milhões de cruzeiros. Para evitar maiores sofrimentos, provocados pela demora na indenização, a Sudene adiantou os recursos, sendo ressarcida por crédito especial posteriormente votado pelo Congresso. O presidente não aprovou meu procedimento — não quero ver meu ministério desarticulado, disse ele —, mas se mostrou compreensivo.

A ESCASSEZ DE TÉCNICOS

Na luta contra o subdesenvolvimento, nenhum problema é de mais difícil solução do que aquele apresentado pela escassez de pessoal especializado e adequadamente motivado. A assistência técnica internacional foi concebida para suprir essa carência, mas ela mesma é de difícil utilização. Eu ganhara experiência na matéria nos dez anos que passara nas Nações Unidas, experiência que me foi de grande valia. Os técnicos estrangeiros necessitam de algum tempo para tomar pé no país aonde chegam pela primeira vez e quase sempre são inaptos para abordar problemas gerais. É necessário inseri-los em programas adrede preparados e com serviços de apoio assegurados. Em outras palavras, eles são peças, portanto supõem a existência de mecanismos onde deverão encaixar-se. Requerem monitoramento, que somente pode ser realizado por pessoal de nível elevado. Sem isso, os técnicos estrangeiros tendem a dispersar-se, a brigar uns com os outros e a procurar escusas para o resultado nulo da missão para a qual foram chamados.

Para utilizar a assistência técnica estrangeira, é necessário haver alcançado certo nível de organização e estar preparado para definir claramente as áreas que precisam de ajuda. Obtivemos, já no primeiro ano, assistência técnica da ONU e de suas agências especializadas nos setores de transporte, geologia, política de utilização de águas, agricultura de zonas semiáridas, hidrogeologia, comercialização de alimentos, artesanato, economia industrial, indústria têxtil, pedologia, hidrologia geral, aerofotogrametria, utilização de águas salgadas. Ademais, contávamos com o apoio de uma missão francesa para projetar centros de abastecimento e formar técnicos em operação de pequenas unidades térmicas. O governo japonês encarregou-se de instalar e equi-

278

par um centro de treinamento técnico para indústria têxtil, e a Fundação Ford nos concedeu quarenta bolsas de estudo, sobretudo para jovens técnicos que participassem do projeto de irrigação do submédio São Francisco e do programa de hidrogeologia. Bem utilizar esse potencial de ajuda externa, que afluía de todos os lados graças à crescente visibilidade e ao prestígio que obtinha a Sudene no exterior, era um desafio. E este era apenas um aspecto do problema do acesso às técnicas modernas.

O levantamento que fizemos do desempenho das escolas superiores mantidas pelo governo federal deixou-nos alarmados. A subutilização do equipamento existente era flagrante. A Universidade Rural, localizada nas proximidades do Recife, tinha menos de dez alunos cursando o primeiro ano de agronomia. Os custos de formação de um médico na Universidade Federal de Pernambuco eram mais altos do que nas boas universidades do Centro-Sul, em razão do baixíssimo número de alunos. No ensino especializado, vige a lei de rendimentos crescentes, até que se otimize a utilização do capital imobilizado em material e pessoal.

A causa apontada da subutilização de capacidade era a insuficiência dos cursos médios, que inviabilizavam o vestibular para a grande maioria dos candidatos. Fizemos um estudo sobre a origem social dos agrônomos trabalhando na região para o governo federal e verificamos que, em sua quase totalidade, eram originários de famílias de grandes proprietários de terras. Certamente, não eram os agentes mais adequados para conceber e executar um programa de reforma agrária. Não havia como desconhecer que era indispensável realizar um grande esforço no campo da formação de profissionais de nível superior, se o propósito era efetivamente mudar o Nordeste.

Organizou-se um programa de treinamento preparatório para o vestibular de agronomia, recrutando os alunos no interior, entre jovens de origem modesta, e concedendo-lhes bolsas que, em seguida, seriam mantidas, caso ingressassem nas escolas superiores. Esse programa permitiu, em dois anos, aumentar consideravelmente o número de estudantes nas principais escolas de agronomia da região. Em outros setores, como geologia, demos apoio aos estudantes que preparavam o seu mestrado, fornecendo veículos para pesquisa de campo e assegurando colocação em órgãos técnicos da Sudene, a partir do momento em que concluíssem os estudos.

Esses programas possibilitavam manter contato direto com a população universitária, difundir entre os estudantes os trabalhos técnicos preparados pela Sudene e despertar interesse em permanecer na região e integrar-se na luta em prol de sua modernização. A verdade é que as universidades operavam como bombas de sucção das melhores inteligências, canalizando-as para o Centro-Sul do país. Ascender à universidade era, de alguma forma, candidatar-se à emigração. As escolas superiores que asseguravam uma boa formação recebiam anualmente visitas de agentes de grandes empresas do Centro-Sul que iam avaliar a safra do ano e colher sua fina flor com propostas aliciadoras.

OBRA AUTOBIOGRÁFICA

A SUDENE E A SUCESSÃO PRESIDENCIAL

O ano de 1960 foi agitado pela mudança da sede do governo federal para Brasília e pela campanha presidencial. Baldaram-se nossos esforços para fazer avançar no Congresso a discussão sobre o Plano Diretor. Não fora a decisão do presidente de nos dar cobertura para obter adiantamentos sobre o crédito especial previsto na lei da Sudene, e alguns recursos de outras fontes a que tivemos acesso, nossa credibilidade teria sido seriamente afetada. O projeto do Plano Diretor, pela massa de obras que previa e por sua abrangência, criara uma grande expectativa entre os governadores, que ainda tinham pela frente mais da metade de seus mandatos. Contatei os mais influentes dentre eles para abordar com franqueza o problema do futuro da Sudene.

A próxima mudança de equipe do governo federal trazia consigo a ameaça de descontinuidade do trabalho já realizado. Tudo indicava que o Plano Diretor não sairia no governo Kubitschek. E se o novo presidente desejasse engajar-se em coisa nova, desvinculada do nome de seu antecessor? Minha tarefa pessoal estava cumprida, pois o cargo que eu ocupava era de auxiliar direto de um presidente que concluía seu mandato. Distinta era a situação dos governadores, que estavam na metade do caminho. E expus, com ênfase, o fundo do meu pensamento: o nosso pobre Nordeste não pode se dar ao luxo de perder uma eleição presidencial. Por que não colocar a política de desenvolvimento da região acima da confrontação partidária? O Plano Diretor foi elaborado com a colaboração entusiasta de governadores dos dois partidos que disputam agora a Presidência. É natural que, seguindo os partidos respectivos, os governadores se dividam em torno dos candidatos à Presidência da República. Mas por que não obter dos dois candidatos um compromisso de levar adiante o Plano Diretor? Eles poderiam assumi-lo de público em uma das visitas que necessariamente fariam à região. O novo superintendente seria escolhido no quadro desse compromisso de continuidade da política de desenvolvimento regional.

Uma reação favorável à ideia logo deitou raízes, suscitando o apoio de Juracy Magalhães e Cid Sampaio, da UDN, e de Parsifal Barroso, do PTB. Os governadores dos dois maiores estados da região tomaram a iniciativa de promover reuniões com os demais e de falar aos futuros candidatos de seus respectivos partidos. Para facilitar o trabalho, preparei um texto sintético traduzindo o essencial da política de desenvolvimento regional em curso de execução.

Eu havia afirmado esse ponto de vista sobre o problema sucessório quando tinha início, nos partidos, o processo de escolha de seus candidatos. Em começos de outubro, Rômulo de Almeida, primeiro, e Virgílio Távora, em seguida, procuraram-me com uma mensagem do governador Juracy Magalhães, presidente da UDN e pré-candidato a presidente da República por esse partido. A ideia, um tanto ingênua, era que o futuro vice-presidente da República devesse assumir a superintendência da

280

A FANTASIA DESFEITA

Sudene. Juracy retiraria sua candidatura à Presidência, na condição de que se preservasse para o Nordeste o direito ao vice, e estava disposto a apresentar o meu nome à convenção da UDN para o cargo, certo de que grande parte do Nordeste se uniria para apoiar-me. Eu disse aos dois interlocutores que não discutiria esse assunto, pois já assumira posição de tentar colocar a Sudene ao abrigo da campanha da sucessão presidencial.

Ainda assim, no dia 21 de outubro procurou-me Juracy Magalhães, no Rio de Janeiro, para abordar o assunto. Disse-me que não tinha grandes esperanças em sua própria candidatura à Presidência, e que não havia base moral para aceitar a vice. Se aceitasse esta, pareceria haver feito um jogo e perderia credibilidade. "Meus eleitores votariam em Cacareco", disse. Acrescentou que considerava Jânio Quadros, seu principal concorrente na UDN, "pessoa instável, de trajetória imprevisível". Contudo, ponderou, "não creio que ele caminhe para aceitar soluções de emergência, discricionárias". Repeti as considerações que expusera a seus dois emissários, insistindo que a única forma de "aglutinar o Nordeste", como ele, Juracy, dizia, era comprometer os candidatos à Presidência com a política que, com apoio pluripartidário, vinha sendo implementada. Meu esforço no sentido da união dos governadores da região visava a esse objetivo: colocar a política de desenvolvimento regional ao abrigo das incertezas que envolvem necessariamente a sucessão.

Jânio Quadros, o crítico feroz de Kubitschek, logo percebeu o alcance da ideia e a apoiou publicamente, em comício na cidade de Campina Grande. O general Lott, candidato da situação, também viria a dar seu apoio, mas com relutância, como se a Sudene não fosse uma grande conquista do governo ao qual lhe caberia dar continuidade. Na realidade, conforme pude constatar posteriormente, ele não captara o essencial da política que estava sendo executada.

A pedido de Armando Falcão, ministro da Justiça, tive uma longa entrevista com o general candidato, na sede de seu escritório eleitoral. Pareceu-me pessoa opaca, fechada sobre si mesma. Falou todo o tempo, e pouca atenção deu ao que eu dizia, se bem que o objetivo do encontro tivesse sido alimentá-lo de ideias sobre a situação do país. A certa altura, afirmou: "Dizer que temos inflação porque há excesso de dinheiro em circulação, quando não temos mais de dois contos de réis por pessoa neste país! O problema é a produção que se perde por aí, não chegando aos mercados". A partir desse momento, tratei de evitar a abordagem de qualquer problema econômico, e desviei a conversa para o Nordeste. Ele logo se apressou em afirmar que os governadores da região estavam "acirrando o separatismo". Referia-se ao manifesto que eles haviam lançado reivindicando prioridade para a política de desenvolvimento regional. É possível que alguém lhe houvesse dito que a união do Nordeste iria favorecer o governador Juracy Magalhães, pré-candidato udenista.

Tratei de explicar que a recuperação econômica do Nordeste era a maior obra em prol da unidade nacional que se podia realizar no Brasil. Somente o desenvolvi-

OBRA AUTOBIOGRÁFICA

mento daquela região poderia eliminar os atuais ressentimentos. Disse-lhe que o manifesto dos governadores havia sido concebido e redigido por mim, e tinha por propósito assegurar permanência à política do governo de que ele era candidato. Dessa forma, tentávamos preservar o grave problema nordestino, de fácil exploração demagógica, das incertezas da campanha eleitoral. Aproveitei para referir-me à inabilidade de declarações suas de que não havia um problema do Nordeste, que Furnas e a indústria automobilística eram tão boas para o Nordeste como para o Centro-Sul. E acrescentei que, por coincidência, no mesmo dia a imprensa nordestina publicara, ao lado de suas declarações, entrevista de Jânio Quadros proclamando que "não podem existir dois Brasis, um rico e um pobre". Ele reagiu com veemência: "Esse é irresponsável, diz qualquer coisa. Eu só digo o que penso!".

Ainda assim, minhas palavras devem ter tido algum efeito, pois Lott declarou no Recife que pretendia pôr em execução, caso eleito, o Plano Diretor da Sudene. Não o vi mais durante a campanha, mas algum tempo depois enviei-lhe, por intermédio de um oficial do Exército, amigo meu, a seguinte missiva:

> Acabo de receber uma mensagem reservada, urgente, do ministro da Economia de Cuba, solicitando-me que tome contato com Vossa Excelência para informá-lo do seguinte: a) o sr. Jânio Quadros entrou em contato com o governo de Cuba indicando que gostaria de ser convidado para visitar aquele país; b) caso Vossa Excelência tenha interesse, o convite será feito aos dois candidatos presidenciais brasileiros. Desejo informar Vossa Excelência de que o fato de que eu esteja servindo de intermediário nessa démarche resulta da circunstância de ser o atual ministro da Economia cubano um velho amigo meu, que trabalhou durante cinco anos na ONU sob minha direção. Estou seguro de que o ministro cubano tem a melhor das intenções no caso, pois se trata de homem que viveu no Brasil mais de um ano e que, se fosse eleitor brasileiro, votaria em Vossa Excelência. Muito lhe agradeceria uma resposta, que pode ser nos seguintes termos: *considero convite conveniente* ou *impossível aceitar convite*, e que pode ser transmitida ao major…, portador da presente.

A resposta foi *não aceitação do convite*. Assim, o governo cubano formulou-o apenas ao sr. Jânio Quadros, o que valeu a este bons dividendos eleitorais junto à opinião progressista e jovem, que, nesse começo do governo revolucionário cubano, abria amplo crédito a Fidel Castro.

A EXPERIÊNCIA DE ISRAEL

Meu interesse em outras experiências de desenvolvimento programado levou-me a aceitar um convite para participar de conferência sobre "a ciência e novos paí-

A FANTASIA DESFEITA

ses", iniciativa de uma instituição universitária de Israel. Mais do que a conferência, interessava-me ver de perto o que se fazia nesse país, e tentar dele extrair alguma forma de assistência técnica. Eu não ignorava que, do ponto de vista geológico e pedológico, Israel é muito diferente do Nordeste. Um técnico de lá, que me visitara, chamou-me a atenção para esse fato com um gracejo: "O último israelita que tirou água de pedra, como vocês estão tentando aqui, foi Moisés".

Mas o desenvolvimento de uma zona escassa em água não enfrenta apenas problemas hidrológicos. A formação de uma classe de agricultores com gente originária de zonas urbanas me interessava em particular. A primeira surpresa foi constatar que o país *existia*. A formação do Estado tinha pouco mais de um decênio, e tudo funcionava como se estivesse cimentado em longa experiência. Para esse milagre, muito contribuiu a restauração da língua hebraica, falada pela quase totalidade da população. Primeiramente, como idioma veicular, em uma forma simplificada, em seguida, como língua plenamente desenvolvida.

A conferência se inscrevia no esforço de Israel para aproximar-se dos países africanos que haviam ascendido recentemente à independência. Os líderes africanos presentes eram, em sua quase totalidade, antigos funcionários coloniais que se autofiguravam desempenhando um papel histórico. Os israelenses, que haviam conquistado a fogo e sangue um espaço nacional, olhavam com condescendência para aqueles líderes de países cujas fronteiras haviam sido recortadas à conveniência do poder colonial. Falaram dois prêmios Nobel de Física, e outras notabilidades, pessoas que desconheciam totalmente o que fosse subdesenvolvimento. Que contribuição pode dar a ciência para ajudar os "países novos" a resolver os seus problemas? Perguntas desse tipo comportam respostas mais ou menos vazias de sentido real. Isso não impede que falem grandes nomes da ciência, abordando superficialmente assuntos fora de sua especialidade, e que o público aplauda com entusiasmo. Contudo, a conferência se justificava pela oportunidade que oferecia para um contato com a rica experiência de Israel.

Tratarei de transmitir minhas impressões, naquela época, utilizando palavras que registrei em meu diário, pois Israel conheceu importantes modificações nos quase três decênios ocorridos desde minha visita. Viajei pelo sul e pelo norte do pequeno país, zonas de desertos e trechos montanhosos, e por toda parte comprovei o entusiasmo e o orgulho com que a população falava do que estava fazendo. Todos se situavam numa perspectiva histórica, e tinham consciência da grandeza da época que viviam. Com gente das mais diversas origens culturais se havia criado um povo novo, cuja ideologia dominante era de cariz nacionalista, quando os judeus haviam primado, no passado, por uma visão internacionalista. Falando com gente originária de regiões tão diversas como a Índia, a Polônia, a Inglaterra, percebi facilmente que pertenciam a sistemas de culturas diferentes, mas ali estavam amalgamando-se, dispostos a desaparecer para que surgisse um povo portador de uma cultura nova. Era

283

OBRA AUTOBIOGRÁFICA

suficiente observar a nova geração nas ruas, sem nenhum dos traços que diferencia-vam, e mesmo caricaturavam, a figura do judeu da Diáspora.

Perguntava-me se essa transfiguração cultural não apagaria nos israelenses o messianismo que caracterizara seus antepassados. E que aconteceria com os judeus do exterior, que sempre serão maioria, e cujo número continuará aumentando? Tanto mais se estes continuam a elevar seu nível de vida, como havia ocorrido nos últimos decênios nos Estados Unidos.

Em um hotel de Beersheba encontrei um numeroso grupo de adolescentes judeus vindos dos Estados Unidos. Em seguida ao jantar, puseram-se a dançar e can-tar canções religiosas. Esses jovens vinham passar o ano no país para trabalhar nas aldeias agrícolas e impregnar-se dos valores que cimentavam o Estado de Israel. Era evidente a preocupação dos dirigentes em influenciar a Diáspora, particularmente ali onde é mais forte a tendência à assimilação.

Graças a uma tradição pluralista cultural, nos Estados Unidos a resistência à assimilação não coloca maiores problemas, e tem contribuído para aumentar a in-fluência internacional desse país. A vastidão dos Estados Unidos permite que ali se acasalem grupos étnicos ou culturais com várias formas de dupla lealdade. A evolu-ção da Polônia no pós-guerra possivelmente teria sido diversa caso não existisse nos Estados Unidos uma minoria de vários milhões de descendentes poloneses que sobre-valorizam o passado de sua pátria de origem. O entrosamento cultural com os Esta-dos Unidos fará, provavelmente, com que Israel tenda a integrar-se mais e mais no complexo universo político constituído pela grande nação americana.

O que mais chamava a minha atenção era a diversidade de experiências visando amalgamar populações de origens diferentes. Visitei um plano de colonização na região sul, onde eram instituídas comunidades de cinquenta a oitenta famílias, quase sempre da mesma origem cultural mas sem que houvesse atividades comuns, exceto religiosas. Cinco ou seis dessas comunidades integravam-se em um centro: cidade com serviços coletivos, o que permitia a profissionais (médicos, agrônomos, profes-sores etc.) criar um ambiente de convívio, e, ao mesmo tempo, permanecer na zona rural. Tudo estava orientado para ruralizar parte da população, romper a afinidade, mais que etimológica, de civilização com cidade. A pequena comunidade homogê-nea culturalmente serve para soldar o homem à terra.

Observando a experiência do ângulo econômico, obtinha-se uma ideia do sui generis que é o caso de Israel. A Agência Judia aplicava, por família, cerca de 15 mil dólares; o Ministério da Agricultura proporcionava assistência técnica com pelo menos um agrônomo por comunidade; o capital de trabalho era fornecido in natura, e não se contabilizavam juros no primeiro ano; sendo necessário, o ministério faria empréstimos a longo prazo, até 3 mil dólares por família. O dinheiro da Agência Judia seria pago a partir do 11º ano, por um período de vinte anos, com juros anuais de 4%. Em síntese, investimentos, em parte a fundo perdido, de 20 mil dólares por família,

284

A FANTASIA DESFEITA

intensidade de capital na época comparável a uma indústria pesada. Os projetos que tínhamos em vista no Nordeste requeriam aplicações de capital por família correspondentes a 5% dessa soma.

Mas a verdadeira explicação para o êxito do que se fez em Israel não está na quantidade de capital, e sim na qualidade do fator humano, na unidade de propósitos e no entusiasmo que põem as pessoas no que fazem. Em viagem pelo norte do país, encontrei um senhor de origem argentina que criava nútrias, o que devia ser um bom negócio. Ele sintetizou sua experiência assim: "Aqui o trabalho é algo tão sério como o que mais o seja na vida; lá [na Argentina], é a coisa pelo que menos se tem respeito". Disse-me que com duas pessoas estava fazendo melhor o trabalho que, na Argentina, exigia sete trabalhadores.

Esse respeito e confiança mútua entre as pessoas, e a certeza de que trabalham por uma causa comum, pude ver com clareza quando aproveitei o sábado, dia de repouso, para passá-lo entre brasileiros que formam um kibutz perto de Gaza, região densamente povoada de palestinos, nessa época sob controle egípcio. Lá estavam umas cem famílias de jovens judeus de origem brasileira e umas quinze famílias de judeus de origem egípcia. Originariamente constituído com exclusividade de famílias vindas do Egito, o kibutz entrara em decadência, tendo sido os brasileiros chamados para recuperá-lo, havia seis anos. São uns duzentos hectares irrigados, e uns seiscentos mais com pastos melhorados e um pouco de cereais. Também vendem leite, galináceos e ovos. O investimento total feito, fora a terra, foi da ordem de 1 milhão de dólares.

No ano anterior, pela primeira vez o kibutz tinha conseguido manter sua população e amortizar o capital. No ano corrente, entretanto, haveria grande prejuízo em razão de condições climáticas adversas. O interesse maior residia na experiência social que representava. A renda era coletiva e a população praticamente não pegava em dinheiro. O princípio ordenador era: a cada um de acordo com suas necessidades e os meios disponíveis. A quantia módica de quarenta dólares era distribuída a cada adulto, anualmente, para gastos miúdos. As necessidades de alimentação, vestuário, habitação, e de natureza cultural, eram satisfeitas mediante serviços prestados diretamente pela comunidade, a qual também se encarregava das crianças, que permaneciam com os pais entre dezesseis e 21 horas, e dormiam fora do lar. A comunidade estava constituída de pessoas de nível cultural relativamente elevado, todos com ·curso médio e alguns com curso universitário.

Nesse kibutz, a comunidade se autogoverna, conforme um sistema de democracia direta, realizando-se assembleia aos sábados, para tratar de todas as questões econômicas e da vida social. No dia em que lá estive, a assembleia debateu a candente questão de saber se deviam ou não aceitar operários assalariados para ajudar nas colheitas e, futuramente, numa fábrica de legumes desidratados. A impressão que tive foi de que as pessoas estavam satisfeitas, referindo-se com frequência à "segu-

OBRA AUTOBIOGRÁFICA

rança" que sentiam vivendo em comunidade. Será que isso é suficiente para motivar pessoas jovens e vigorosas? Perguntei a alguns se não lhes parecia que o futuro que tinham diante de si era demasiado limitado. Não lhes parecia estranho que cada pessoa devesse ter as mesmas necessidades? Disseram-me que isso não chegava a constituir um problema. Se aparecesse um maníaco com algum desejo extravagante, eles tratariam de satisfazê-lo no possível.

Sempre me pareceu que a sociedade ideal seria aquela em que o indivíduo alcançasse elevado grau de integração social, no sentido de viver em harmonia com o todo. Harmonia, não no sentido de Fourier, que se preocupava em compatibilizar instintos. No sentido de um desenvolvimento pleno, de preferência não competitivo, das personalidades. Isso somente seria possível abrindo espaço para o indivíduo. A excessiva integração social não pode deixar de inibir o desenvolvimento pessoal. Evidentemente, o kibutz era uma engrenagem destinada a extrair o máximo de trabalho de seus membros. Das seis às dezesseis horas, aplicavam-se nas tarefas, e depois cuidavam dos filhos, e ainda tinham que participar da gestão coletiva. Enquanto não aumentar consideravelmente a produtividade do trabalho, o tempo de ócio será mínimo. Tudo está orientado para induzir o homem a dar o máximo de esforço à construção da pátria emergente, inclusive mantendo o entusiasmo na procriação. Em condições históricas correntes, dificilmente atrairia indivíduos portadores de um projeto pessoal, movidos pelo desejo de acumulação ou de pleno desenvolvimento de suas potencialidades intelectuais. Se os constrangimentos sociais desestimulam a afirmação do indivíduo, como ocorre nas comunidades religiosas, ou o obrigam a restringir-se à satisfação das necessidades elementares, como é o caso ali onde prevalece a miséria, não haverá espaço para a criatividade, limitando-se o presente a reproduzir o passado.

De minhas discussões com as autoridades israelenses, resultou um frutífero plano de assistência técnica no campo da genética agrícola e da perfuração de poços em áreas sedimentares. Nesses e noutros terrenos, a experiência que haviam acumulado poderia ser de grande valia para o Nordeste.

INTERPRETANDO SARTRE

Tomei conhecimento pelos jornais de que Jean-Paul Sartre estava no Recife e faria uma conferência na escola de arquitetura. Era um fim de tarde de sexta-feira, pela metade de outubro de 1960. Fui dirigindo a caminhonete Rural-Willys a fim de não ocupar o motorista, que trabalhara desde cedo. Sartre sempre me pareceu dessas personalidades que produz a cultura francesa, em quem a inteligência domina, diria mesmo atropela, tudo o mais. Por isso mesmo, cometeu falhas de ajuizamento que o arrastaram a caminhos que mais tarde abandonaria sem explicação. Sua capacidade

286

criativa não conhecia limites. Mas, talvez porque escrevesse improvisando, tanto poderia alcançar grande profundidade como permanecer na superfície dos temas que abordava. As pessoas que o citam raramente o leram a sério. Seu estilo pode ser puro e cristalino, mas também difuso e monótono. Em todo caso, era sempre sedutor, como são as pessoas verdadeiramente inteligentes.

Sentei-me num banco da sala para ouvi-lo, mas logo se criou um impasse, porquanto não haviam providenciado intérprete. Fizeram um apelo aos presentes e eu me ofereci para dar uma ajuda, o que me obrigou a seguir atentamente tanto o que ele disse como o debate subsequente.

O carro-chefe da exposição foi Brasília. Não poupou críticas à concepção urbanística da cidade. Argumentou que a "unidade de vizinhança" era algo que tendia a eliminar a vida privada, assemelhando-se a refúgios. Seu argumento era que, em nossa civilização, a vida pública tende a tudo invadir, alastrando-se em torno de nós de forma asfixiante. Contribuir para desprivatizar o que resta de espaço privado é desumano. Ele mesmo tivera oportunidade de assistir a briga de marido e mulher através de vidraças de apartamentos. Transitar de uma "unidade de vizinhança" para outra requeria um veículo. "Tomemos um carro para atravessar a rua", disse, chacoteando. Na tradução, eu tentava imitar o tom em que ele falava, arredondando as frases e escandindo as palavras, como bom *normalien* que ele era. Alguém indagou como era possível que homens de esquerda, caso notório de Oscar Niemeyer, houvessem concebido uma cidade que impunha um estilo de vida fascista. Sartre atalhou observando que a palavra "fascista" era demasiado forte. Disse que ia fazer uma revelação: ouvira do próprio Niemeyer que não é possível criar uma cidade capaz de conduzir a um sistema socialista de coabitação em um país que não é socialista. A ideia de Niemeyer, acrescentou, fora construir um sistema onde partilhassem o mesmo espaço habitacional, sem distinção, pessoas que servem e pessoas que são servidas. Mas fora obrigado a descartar essa ideia, forçado pelas circunstâncias.

Em seguida, o debate tomou o rumo dos problemas sociais. Sartre afirmou que a mentalidade prevalecente no proletariado do Centro-Sul do Brasil era reformista. Por estar constituído de ex-camponeses, ou de filhos de camponeses, carecia de tradição de consciência de classe. Ademais, como a economia do Centro-Sul estava em rápida expansão, formara-se um contexto favorável à satisfação das poucas reivindicações dos trabalhadores, todas de caráter estritamente reformista, sem vinculação com modificações da estrutura social, ou seja, sem qualquer conteúdo revolucionário. Ele reconhecia a existência no país de uma numerosa classe camponesa potencialmente revolucionária, mas totalmente carente de consciência revolucionária. Insistiu em que o dever dos que têm consciência do problema é ajudar aos que dela necessitam para ascender a esse nível. O desafio que se apresentava ao país estava em incorporar as dezenas de milhões de camponeses à vida nacional. Outro desafio, acrescentou, era o desequilíbrio norte-sul.

OBRA AUTOBIOGRÁFICA

Declarou-se impressionado com a liberdade de expressão que prevalecia no Brasil. "Formulam-se abertamente todas as questões, em todos os lugares", disse, "inclusive nas universidades, na presença de seus reitores. Aqui existe uma verdadeira democracia, pelo menos para a minoria que participa da vida política." Alguém indagou sobre o alcance alternativo das filosofias marxista e existencialista. Respondeu, categórico: "Somente o marxismo se dá conta cabalmente dos problemas do mundo atual". Mas obtemperou que o marxismo havia deixado de lado o homem. Os filósofos da existência, acrescentou, procuram integrar o homem numa filosofia capaz de captar os problemas reais. Por último, alguém o inquiriu se ele havia tomado conhecimento da nova política para o Nordeste, lançada pelo governo federal. Respondeu que ouvira falar da coisa por cima, sem dar maior atenção, pois esse tipo de abordagem que não toca no essencial era mais *plaisanterie* do que verdadeira política. Na interpretação, conservei a palavra "plaisanterie", e mais de uma pessoa riu, não sei se da resposta ou da cara de pau que eu fazia no humilde papel de fiel tradutor.

Na saída, descobriram que não havia um carro para conduzir Sartre ao hotel. Pus minha caminhonete à sua disposição, servindo eu de motorista. Enquanto corríamos pelas ruas do Recife, em direção a Boa Viagem, mostrou-se curioso de saber de que me ocupava. Expliquei que era o responsável pela nova política para o Nordeste, que ele qualificara de *plaisanterie*. E antecipei-me a qualquer resposta, para poupar-lhe o constrangimento, dizendo que era modesto o alcance do que estávamos fazendo, mas que ainda assim enfrentávamos grandes dificuldades, criadas pelos latifundiários e outros grupos que controlam em benefício próprio os vultosos recursos financeiros que o governo federal canaliza para a região. O conhecimento técnico que estávamos acumulando sobre a região seria de grande valia para outros que, no futuro, se atrevessem a ir mais longe na abordagem dos problemas fundamentais. Sartre recolheu-se em extrema humildade, repetindo que pouco ou nada sabia dos problemas da região, que imaginava complexos.

Anos depois, quando o encontrei em Paris, na situação de exilado, ele riu das circunstâncias em que nos havíamos conhecido. Disse-me: "Tenho tentado, sem êxito, publicar um número de *Les Temps modernes* sobre o Brasil. Começa que os brasileiros não respondem cartas". Prometi-lhe que organizaria o número. Obtive a colaboração de Helio Jaguaribe, Francisco C. Weffort, Fernando Henrique Cardoso, Florestan Fernandes, José Leite Lopes, Otto Maria Carpeaux, Jean-Claude Bernardet e Antônio Callado, e três meses depois o número brasileiro da prestigiosa revista de Sartre estava circulando. Graças ao interesse que suscitou, foi traduzido na forma de livro para outras línguas europeias.

Na noite em que deixei Sartre em seu hotel, no Recife, caminhei longamente pela praia, enquanto matutava sobre questões que nunca conseguimos esclarecer,

A FANTASIA DESFEITA

que sempre vêm à tona quando baixamos a guarda. Qual o papel do intelectual na sociedade? Será específico dele poder opinar sobre matéria de que pouco entende? Tendo uma visão global das coisas, ele pode captar o sentido de um detalhe, sem o haver exatamente compreendido. Sartre era coerente a partir do momento em que se aceitasse sua premissa de que todo "reformismo" é inócuo, ou mesmo uma impostura. Mas em que nível de generalidade o conceito de reformismo pode ser usado sem maiores cautelas? É evidente que "reformar" a escravidão é uma indecência, mas foi eficaz, pelos resultados que produziu, reformar as sociedades europeias que se industrializaram a partir da metade do século xix. Se o reformismo é de curto alcance, que dizer dos riscos a que se expõe uma sociedade que se embrenha pela via revolucionária? O difícil está em identificar as situações em que não cabe reforma, impondo-se reconhecer que, sem medidas revolucionárias, nenhum avanço é possível. Surge então a pergunta: como evitar que a ruptura institucional necessária conduza ao desfiladeiro que desemboca na tirania?

O pensamento de Sartre somente estaria completo se começássemos pelo fim de sua exposição: em primeiro lugar, está o homem, que não é apenas um produto das relações sociais e que aspira a liberar-se dos constrangimentos criados por estas, a assumir sua criatividade. Essa premissa limita consideravelmente o alcance dos processos revolucionários.

Coube-me falar, no mesmo fim de semana da conferência de Sartre, para um grupo numeroso de oficiais do iv Exército e, em local distinto, para outro, ainda maior, de universitários. Tentei demonstrar que, no Nordeste, se iniciava uma confrontação de forças sociais. A estrutura agrária deveria ser modificada profundamente, sem o que a miséria continuaria a prevalecer no campo, e a criação de empregos nas cidades, dependente de industrialização, não seria suficiente para mudar o quadro atual. Mas o resultado dessa confrontação era incerto.

Falava como intelectual, empenhado em difundir a consciência crítica, precondição para que uma sociedade saia do imobilismo, na linha que havia recomendado Sartre. Estava consciente da ambiguidade de minha posição, pois os que me escutavam não viam em mim um intelectual; certamente, ali não estariam se eu fosse apenas isso. Viam em mim um homem que exercia poder, cujas decisões, em graus distintos, afetavam a vida de muita gente. Minha única fonte de legitimidade para contrapor-me a latifundiários, industriais da seca e similares provinha da confiança do presidente da República, em cujo nome eu falava. E nunca me ocorrera perguntar ao presidente até onde eu poderia ou deveria ir, mesmo no plano do discurso. Não estava ligado a um partido político, cuja plataforma eu interpretasse e houvesse merecido a sanção do voto popular. Contudo, nos debates, inclusive parlamentares, as críticas não eram dirigidas ao presidente, e sim a mim. Se o presidente me mantinha no posto, não obstante as acerbas críticas que recebia, era porque eu adquirira peso próprio.

OBRA AUTOBIOGRÁFICA

Pude perceber isso num dia de novembro de 1960, quando encontrei Kubits-chek à hora do café. Como sempre, muita gente o assediava, mas parecia descansado. A vitória de Jânio Quadros, o "homem da vassoura", não parecia tê-lo assustado. E devia partir às nove e meia para o Rio de Janeiro, a fim de enfrentar uma ameaça de greve geral, ligada à questão da paridade de vencimentos dos civis com os dos milita-res. A atmosfera era pesada, falando-se inclusive da possibilidade de "estado de sítio". Humberto Bastos, velha cassandra, vaticinava grandes perturbações da ordem. Cha-gas Rodrigues, governador do Piauí, deblaterava em meio à ameaça de intervenção federal solicitada pelo Tribunal de Justiça de seu estado. Diante daquela confusão, Kubitschek se movia tranquilo.

O presidente tomou-me pelo braço e disse: "Não sei o que teria sido de nós no Nordeste, não fosse a Sudene". Referia-se a ele mesmo, preocupado com a preserva-ção de sua imagem para o futuro. Sabia que a agitação do presente se dissolveria como bolhas de sabão. Observou com vivacidade: "Celso, você tem que me ajudar. Vou ser tremendamente atacado". Ponderei que, iniciado o novo governo, não se necessitaria de muito tempo para comprovar que a era dos milagres já havia passado. Os novos governantes, disse, logo perceberão que os desequilíbrios que aí estão vão arrastar-se por muito tempo. E, a partir desse momento, começarão a vir à tona os aspectos positivos de seu governo. Em seguida, Kubitschek dirigiu a sua atenção para o quadro geral do país, e mais uma vez demonstrou sua extraordinária capacidade para apreender situações complexas e fixar rumos em meio à confusão. "Nunca tive tanta calma, enfrentando uma situação confusa como agora", afirmou. "É que neste momento sei que todos querem ajudar-me a preservar a ordem." Ele sabia que a época das críticas udenistas e levianas havia passado. Seus adversários preparavam-se para assumir o governo, e tudo fariam, agora, para que as coisas não se deteriorassem mais. Podia desembarcar tranquilo no Rio. Os agentes provocadores da oposição se haviam recolhido.

Creio que Kubitschek fugiu de Brasília para escapar às pressões dos pedidos de nomeações de fim de governo. Era uma batalha, cuja decisão final dava-se na imprensa oficial. Mais de uma vez, sob pressão, o presidente chegou a nomear duas pessoas para o mesmo cargo. O que saía primeiro no *Diário Oficial* prevalecia. Ele usava qualquer meio para defender-se. Tentava escafeder-se porque lhe doía no cora-ção a choradeira dos pedintes. Mas, quando o que estava em jogo era importante, sabia golpear duro. Certa vez que eu jantava com ele no Laranjeiras, trouxeram-lhe o telefone à mesa — era Amaral Peixoto, que falava em nome da Executiva do PSD, naquele momento reunida para decidir sobre a candidatura à sucessão presidencial. O nome do general Lott era aceito com dificuldade, mas o que não parecia passar era a candidatura de Jango para reeleger-se como vice-presidente. O PSD, maior partido, ficaria sem nada, posto que Lott era apartidário, e Jango, do PTB. Kubitschek argu-mentou, inicialmente com calma, e depois levantou a voz: "Ainda não compreende-

290

A FANTASIA DESFEITA

ram que, se ficarmos sem o PTB, estaremos mais do que perdidos? A aliança PSD-PTB tem sido a base de nossa política, e é a garantia para o futuro. Jango é essencial para que tenhamos alguma chance de obter a vitória". O futuro lhe daria dobrada razão. Goulart seria o único sobrevivente da chapa PSD-PTB.

A última viagem de Kubitschek ao Nordeste foi na primeira semana de janeiro de 1961. Estivemos juntos no avião, e pude observar que ele estava sereno em face da procela que Jânio Quadros pretendia desencadear com sua vassoura. Terminava o mandato como candidato, preocupado com o que se diria de sua obra. Tive a impressão de que ele havia mantido contatos mais do que formais com Quadros, quiçá desde o começo da campanha. Disse-me que este pretendia dar grande importância ao Nordeste, pois "aqui há grandes coisas a fazer, e ele não poderá ofuscar-me no conjunto da obra". Acrescentou, em tom íntimo: "Fiz elogios a você, em entendimento pessoal com ele, e posteriormente ele observou que minhas referências haviam sido confirmadas". Mudando de assunto, Kubitschek disse que pretendia ir para o Senado, mas que a atividade parlamentar não lhe interessava. "O ambiente ali é mesquinho, sei das dificuldades que você tem tido com o Plano Diretor da Sudene. Só se pensa em vantagens pessoais." Assinalei que, no setor externo, Jânio encontraria espaço para movimentar-se. Ele logo se entusiasmou, seguramente pensando no próprio futuro. "Estamos entre os maiores países do mundo subdesenvolvido. Somente a Índia e a China pesam mais do que nós." E voltou a debruçar-se sobre o próprio futuro: "Preciso de sua cooperação para defender-me", disse, "ainda há pouco estive relendo o seu livro *Formação econômica do Brasil*. Vou ausentar-me para descansar um pouco, mas logo voltarei para dar fôlego ao movimento JK-65". Olhou para o botão que tinha no peito com o dístico do movimento e emocionou-se. "Isto aqui restituiu-me o entusiasmo de viver", disse, "essa chama tem de ser mantida acesa, pois, se se apaga, dificilmente retornará." Agradeci-lhe a oportunidade que me tinha dado de realizar um trabalho que me honrava e gratificava, e, em particular, que me houvesse defendido contra todas as interferências da pequena política. Ele respondeu que os verdadeiros agradecimentos era ele que tinha de formular pela cooperação corajosa e competente que lhe dera.

AUTOSSUCESSÃO NA SUDENE

A vitória de Jânio Quadros abriu o debate em torno de minha sucessão na Sudene. Meus principais adversários até o momento haviam sido os políticos do PSD, à frente o presidente do partido, almirante Amaral Peixoto. Não que este fosse um crítico da política que me cabia executar no Nordeste, mas o seu ministério, o da Viação e Obras Públicas, abrigava o DNOCS, base de operação da indústria da seca. Os pessedistas haviam argumentado insistentemente, junto a Kubitschek, que a Sudene repre-

291

sentava uma oportunidade extraordinária para que os governadores udenistas (de oposição ao governo federal) realizassem uma grande administração. Liderando os dois maiores estados, Bahia e Pernambuco, a UDN era a grande beneficiária das transformações em curso na região, se bem que iniciativa e dinheiro viessem do governo federal. Meu argumento era que todos os governadores, independentemente do partido a que pertenciam, se estavam beneficiando, e ainda mais o povo nordestino.

Agora que a UDN imaginava haver conquistado a curul presidencial, modificava-se o quadro. Os udenistas de Pernambuco reivindicavam a direção da Sudene, de longe o mais importante cargo do governo federal na região. O apoio que me haviam dado inscrevia-se em suas manobras táticas. Os grandes do açúcar me consideravam um intruso e aguardavam a primeira oportunidade para excluir-me da cena. Um membro do clã, Renato Ribeiro Coutinho, no momento dirigindo a Federação de Indústrias de Pernambuco, dissera de público que era preciso "tirar esse comunista da Sudene". Eu havia julgado improcedente uma reivindicação dele de subsídio cambial para um negócio têxtil. Acostumados a obter do governo o que queriam, viam insolência na independência com que a Sudene tomava decisões.

O pessoal da indústria da seca adotava tática distinta. A Sudene em si não lhes interessava, pois um órgão onde tudo era transparente, que contava na sua direção com governadores de partidos distintos, minava as raízes desse negócio escuso, que medrava nos subterrâneos de uma burocracia corrupta. O chefe da bancada desses interesses na Câmara, o deputado cearense Euclides Wicar, cujo irmão dirigia o DNOCS, conseguiu uma mensagem do Executivo propondo a criação de dois distritos adicionais para o órgão. O projeto, com uma emenda incolor, que não despertava atenção, foi engordado nas comissões da Câmara com vários penduricalhos e erigido em reforma do DNOCS, aparelhando-o para fazer frente à Sudene. À semelhança desta, aquele órgão seria dotado de um conselho deliberativo, do qual a própria Sudene participaria, intitulado Conselho das Secas. Quebrava-se, assim, o princípio de unidade de planejamento, e colocava-se a Sudene em posição subalterna em tudo o que dissesse respeito à região semiárida.

A tramitação desse estranho projeto e sua aprovação em todas as comissões da Câmara dos Deputados chamaram-me a atenção para os riscos a que expunha o Congresso seu confinamento em Brasília. Manipulando a escolha dos relatores, e cuidando da tramitação nas comissões, um parlamentar astuto pode tornar praticamente secreto o processo legislativo. Em tais circunstâncias, as lideranças ligadas ao Executivo passam a ter responsabilidade acrescida.

O projeto-fantasma já havia sido aprovado na Câmara e contava com parecer favorável em várias comissões do Senado, quando acordei para a coisa. Levei a matéria ao conhecimento da imprensa, o que suscitou imediata reação fora e dentro do Congresso. Era preciso abortar a manobra dentro do próprio Congresso, o que obtivemos, pois o presidente, em fim de mandato, não desejava correr o risco de ver um

A FANTASIA DESFEITA

veto seu rejeitado, veto que não podia ser total, pois se tratava de iniciativa do Executivo. Enquanto o Plano Diretor, enviado ao Congresso fazia já um ano, permanecia engavetado, um projeto espúrio como aquele avançava lépido por atalhos secretos.

Assim, em um clima de vale-tudo, preparava-se a transição na Sudene. Fui limpando com tempo as minhas gavetas, pondo em dia tudo que dependesse de mim. Consegui do presidente autorização para ausentar-me do país, sem ônus para o governo. Aceitara um convite para ir à Índia, o que me permitia, inclusive, passar alguns dias na Europa. Dado que o novo superintendente podia ser pessoa com outra concepção do papel que cabia ao governo federal no Nordeste, a passagem do cargo me colocava em situação desconfortável. Se dissesse claramente o que pensava, poderia parecer um desafio. Se ficasse calado, decepcionaria aqueles que haviam lutado duramente a meu lado. À sombra do Taj Mahal, eu iria meditar sobre a fragilidade de tudo o que criam os homens, quando não seja uma obra de pura beleza.

Estava consciente de que não contava com apoio de nenhuma força política organizada, e me havia feito muitos e poderosos inimigos. Alguém que participara dos conciliábulos em torno da constituição do novo governo, em São Paulo, dissera-me que contra mim aliavam-se as forças mais disparatadas, dos interesses do café aos da indústria automobilística. Na diretoria do BNDE, as posições que tomei haviam incomodado grupos poderosos. Defendera o ponto de vista de que o dinheiro do banco era patrimônio público, sendo imoral emprestá-lo a juros negativos, particularmente a poderosas empresas estrangeiras cujos dividendos remetidos às matrizes iriam pesar na balança de pagamentos. Por que não transformar esses falsos empréstimos em participação societária que em nada afetaria a independência de gestão das empresas? Posições como esta, que me pareciam fundadas em princípios éticos e não ideológicos, valeram-me ser qualificado de "estatizante".

Fatos dessa ordem convenceram-me de que não tinha futuro na grande política nacional. Teria que abrigar-me em alguma universidade e dedicar-me com afinco ao trabalho intelectual. Preparando-me esse futuro, havia apresentado minha candidatura a uma cátedra de professor de economia na antiga Faculdade Nacional de Direito, onde obtivera minha primeira graduação. A tese que submeti tratava dos desequilíbrios de balança de pagamentos em economias subdesenvolvidas, tema sobre o qual havia publicado artigos na imprensa especializada internacional. A cátedra estava vacante, mas foi suficiente que eu me candidatasse para que o concurso fosse postergado. Por via de regra, esses concursos são organizados intramuros, em benefício de candidatos da casa, mais precisamente, de um interino que já ocupa o lugar. Enquanto mantive minha candidatura, o concurso ficou em suspenso. Esse impasse perdurou até minha privação de direitos políticos, o que me inabilitava para exercer qualquer cargo em instituição do governo. Mas isso são coisas futuras.

Naquele início de 1961, estava cheio de esperança de poder ingressar na vida

OBRA AUTOBIOGRÁFICA

universitária brasileira. Meu livro *Formação econômica do Brasil*, publicado no começo de 1959, era objeto de debates em muitas instituições de pesquisa e ensino, e eu acabava de preparar um livro de teoria econômica que intitulei *Desenvolvimento e subdesenvolvimento*.

Para surpresa minha, quando regressei ao Brasil, decorridas duas semanas, nada que me afetasse havia acontecido. Não tendo sido publicada a minha exoneração, decidi aguardar alguns dias no Recife, e sem propriamente assumir o cargo. Poucos dias depois, recebi um telegrama de José Aparecido de Oliveira, secretário particular do presidente, convocando-me para uma audiência com Quadros em determinado dia da semana, às sete e meia da manhã. Eu nunca havia despachado com Kubitschek no Palácio do Planalto, encontrando-o ocasionalmente no Alvorada, se bem que no dia 19 de novembro de 1960 ele houvesse convocado nesse palácio, para um arremedo de reunião ministerial, todos os seus subordinados mais imediatos.

Nos últimos meses do governo Kubitschek, os ministros não conseguiam despachar regularmente com o presidente. Quando convocados, quase sempre para tratar de assuntos políticos, os encontros se davam nos lugares mais diversos. O ministro da Agricultura, dizia-se, não conseguia jamais acesso ao presidente, que considerava os problemas da pasta "pequenos". Dizia-se que Horácio Lafer, ministro das Relações Exteriores, somente despachava com Kubitschek quando estava em jogo alguma viagem deste ao exterior, ou quando se tratava de designar delegações, objeto de disputa entre muita gente de peso.

O objetivo da reunião de despedida no Planalto foi incitar os presentes a que extraíssem o essencial de seus relatórios finais e o apresentassem na televisão. Esses resumos deveriam constituir o último volume da obra *O governo de Juscelino Kubitschek*. A matéria devia ser, em seguida, reordenada, "personalizando cada obra" por ordem alfabética, em volume que se intitularia *Enciclopédia JK*. Após a reunião, cada participante recebeu uma carta do presidente na qual ele exigia que, em quinze dias, fosse feita a prestação final de contas, assumindo cada um a responsabilidade em caso de inobservância das "constantes recomendações para que fossem obedecidas as normas de boa administração no uso do dinheiro público". Kubitschek preparava-se para enfrentar a "devassa" que Quadros anunciara repetidamente, ao mesmo tempo que se apetrechava para a reconquista do poder.

O ambiente, agora, iniciada a era Jânio Quadros, era outro. Havia muito menos gente e reinava silêncio por todos os lados. Cheguei na véspera e procurei José Aparecido para tomar pé na situação. Este abraçou-me com sua jovialidade sem falha e me confundiu com uma série de indagações extemporâneas e contraditórias.

Esse cargo que você exerce é uma coisa monstruosa, ninguém sabe direito para que serve, mas desperta inveja por todos os lados. O presidente me dizia outro dia: "Por que tanta gente ambiciona esse cargo?". Respondi-lhe: "Nem tanto; há gente alta-

A FANTASIA DESFEITA

mente qualificada para exercê-lo que o rejeita. É o caso do antigo superintendente, que se largou pelo mundo". Ele retrucou: "Convoque esse homem. Quero vê-lo".

Essa a razão de ser do telegrama que eu havia recebido.

Retirei-me para o hotel e tentei pôr um pouco de ordem em minha cabeça. Eu nunca tinha visto Jânio Quadros, nem mesmo pela televisão. Isso revela o pouco interesse que ele me despertava. À distância, principalmente fora do país, acompanhara sua vida política, da qual tinha uma visão algo caricatural. As histórias de caspa artificial, de rato dentro da gaiola, de comportamento sexual compulsivo, tudo me parecia da esfera da política-ficção. Inclinava-me a pensar que ele fazia política para exteriorizar-se, como um trapezista que nos corta o fôlego com inconcebíveis contorções corporais no espaço. Ele dava a impressão de pouco entender de matérias econômicas, e menos ainda interessar-se por elas. Seus anacronismos verbais me pareciam encobrir insuficiências não reveladas. Era um homem secreto e solitário, que saltava de um cargo para outro sem concluir mandatos. Eleito deputado federal, furtara-se a todas as formas de atividade parlamentar, como se tivesse ojeriza ao trabalho cooperativo. Como atuaria em face de um Congresso dominado por seus opositores?

Decidi adotar atitude discreta, prestando as informações que me solicitasse e reagindo como alguém que já não participasse do governo. No dia seguinte, cheguei à sala de espera às 7h25. Fez-me entrar na hora exata, mas comportou-se de início como se eu não estivesse presente, aparentando concluir tarefas urgentes. Assim, pude observá-lo a meu gosto. Vestia-se com apuro, à sua maneira original. O penteado era cuidado na minúcia. Tudo nele parecia responder a uma programação meticulosa. Feições tensas, com ligeiros tiques faciais. Dissimetria nos olhos que desorientam o interlocutor. Dirigiu-se abruptamente a mim, voltando-se de lado, com palavras incisivas: "Senhor superintendente, quero informar-me de tudo sobre o Nordeste. Conheço e admiro a sua obra". Fiquei desorientado e titubeei: "Senhor presidente, suas palavras me honram, mas já não me considero superintendente". Ele me interrompeu: "Agora é que o senhor é superintendente com todos os poderes". Antes que eu abrisse a boca, fez um gesto como pedindo uma pausa, mexeu em papéis, tomou o telefone e deu algumas ordens. Assim, durante cerca de quarenta minutos estive a seu lado, respondendo a perguntas rápidas, sem poder tomar fôlego para articular uma breve exposição sobre a situação do Nordeste. A única coisa que pude dizer foi que a Sudene só tinha razão de ser se fosse administrada com critério suprapartidário, pois a colaboração dos governadores era essencial.

Nessa altura, ele tomou o telefone e ordenou uma ligação urgente para o chefe do Estado-Maior das Forças Armadas, e começou a falar com ele de forma enfática sobre o problema do porta-aviões, então objeto de disputa entre Marinha e Aeronáutica. Com aquela atitude, mandava-me uma mensagem de leitura fácil: o senhor é membro do governo, pode ter acesso a todo tipo de informação, merece confiança.

295

OBRA AUTOBIOGRÁFICA

Como se estivéssemos nesses teatros em que se representa simultaneamente mais de uma cena, voltou-se para mim e disse:

Agradeço-lhe as preciosas informações que me deu. O senhor não será apenas o superintendente do Nordeste. Será membro de pleno direito do governo. Participará das reuniões ministeriais que serão convocadas mensalmente. Destaque um auxiliar seu para que se mantenha em contato permanente com a Presidência, a fim de que tudo o que seja de seu interesse receba aqui prioridade. Conto com sua cooperação e pretendo bem utilizá-la.

Tudo teve que ser decidido em um instante, como se eu tivesse de tomar um avião na iminência de partir. Não me cabia ponderar isto ou aquilo. Tudo que eu pudesse reivindicar havia sido concedido de antemão. Cabia-me dizer que não aceitava, sem ter razões para dar. Ou agradecer a confiança e levantar-me para retomar o trabalho interrompido três semanas antes. Foi o que fiz.

NOVO ESTILO DE GOVERNO

O ambiente, no primeiro mês do governo Jânio Quadros, era de expectativa geral. Na administração, recém-saída da fase final de Kubitschek, instalou-se um clima de calmaria. Ninguém mexia em nada, à espera de que aparecessem as comissões de inquérito que deveriam apurar as supostas irregularidades do governo anterior. O presidente tinha a arte de manter o país em suspenso. Cada medida que tomava, de grande ou pequeno alcance, era dirigida a toda a cidadania e punha em marcha uma cascata de repercussões na opinião pública, como ecos de uma voz em um desfiladeiro de múltiplas gargantas.

Quadros assumiu o poder com um programa de governo que se limitava a diretrizes gerais, e sem equipe. Necessitaria de algum tempo para preparar um verdadeiro plano de ação. Couberam-lhe todas as desvantagens de ser o primeiro presidente que governava de Brasília, simples acampamento da classe política. Nessa época, o pessoal preparado, com conhecimento da realidade do Brasil, concentrava-se no Rio de Janeiro, cidade que ele conhecia pouco e com a qual parecia ter pouca afinidade. Corria o risco de sofrer rápido desgaste, dado que o país se habituara a esperar grandes coisas do governo federal. Kubitschek, ao assumir, levara consigo preparados o Plano de Metas e a equipe para executá-lo. Foi tomar da batuta e reger um grandioso concerto. Certa vez em que ele me convidara para jantar no Laranjeiras, ouvi d. Sara expressar preocupação com o futuro, observando: "Jânio fará tudo para destruí-lo, Juscelino". Com sua tendência inata a ver as coisas pelo lado que o favorecia, Kubitschek respondeu, calmo: "O que Jânio pode fazer comigo é imitar o

296

que fiz com Getúlio: referia-me a ele polidamente, mas o ignorava". Contudo, acrescentou, precavido: "Necessito de um mandato de senador para defender-me; sem isso, estarei perdido".

O problema de Quadros era outro. Ele partia com um grande capital de popularidade e temia pelo seu desgaste. O país estava exausto do esforço que dele exigira Kubitschek. Havia um desequilíbrio externo considerável, que impunha negociações com o exterior. Inevitáveis concessões a ser feitas implicariam reduzir por algum tempo a capacidade de manobra do governo, com risco de desgaste diante da opinião pública. O presidente ouvia uns e outros, mas não discutia propriamente, como se desejasse preservar toda a liberdade para decidir por conta própria. Discutir é aceitar a possibilidade de ter que ceder diante de argumentos. E, aparentemente, ceder em qualquer coisa se lhe afigurava perda de autoridade. Ele parecia sempre preocupado com a preservação da plenitude de sua autoridade. Tão grande obsessão devia encobrir uma insegurança cujas raízes se perdiam em seu subconsciente. As relações com os ministros de Estado, que ele tratava de "Excelência", eram formais e distantes.

Não sendo fácil constituir uma equipe de assessores competentes em Brasília, o espaço ocupado pelos ministros tendia a crescer. Eram donos exclusivos de suas áreas. Portanto, seria de esperar que o presidente criasse canais de comunicação ágil com eles, fonte quase única de informação sobre problemas da administração. Mas isso estava longe de acontecer. Coube-me participar de todas as reuniões ministeriais que Quadros convocou. Não havendo, no regime presidencial, a figura jurídica do gabinete, cujos membros são corresponsáveis pelas decisões tomadas, os ministros geralmente evitam expor seus problemas mais delicados ao presidente na presença dos colegas, protegendo sua reserva de caça. Tampouco lhes agrada opinar sobre o que se passa na seara do vizinho, temerosos de que os outros pretendam meter a colher no que é seu. Dessa forma, as reuniões de um ministério presidencialista circunscrevem-se ao debate dos temas de iniciativa do presidente, que se limita a interpelar um ou outro ministro.

Nas reuniões convocadas mensalmente por Jânio Quadros, falava ele, transmitindo orientações de caráter geral, em tom extremamente formal, entre advertências, em face da gravidade da situação que vivia o país, e incitações a agir com decisão para que a presença do governo se fizesse sentir. Os militares mantinham-se sempre mudos, e um ou outro ministro aproveitava a oportunidade para defender-se de acusações veiculadas pela imprensa.

Com frequência, o presidente chamava a atenção para a necessidade de estarmos atentos a tudo o que dizia a imprensa sobre o governo. A primeira coisa que fazia pela manhã, dizia, era informar-se do que havia sido impresso nas folhas volantes. Nenhuma acusação devia ficar sem resposta. Pensava com os meus botões: se passo a preocupar-me com tudo o que de mim diz a imprensa, não faço mais nada.

OBRA AUTOBIOGRÁFICA

Mas o clima da reunião não encorajava a soltar a língua. Estávamos ali como um grupo de calouros em face de um mestre carrancudo.

Aquele homem necessitava de ajuda, dadas as condições adversas em que lhe cabia governar um país em transformação tumultuosa, a partir de um acampamento situado a quilômetros de distância dos centros nevrálgicos da sociedade. Mas o temor que tinha de ver arranhada a sua autoridade fazia com que os próprios ministros se inibissem diante dele e encaminhassem a conversa para temas que fossem de seu agrado, eludindo com frequência assuntos fundamentais.

Tive a prova clara de que aqueles encontros não se destinavam a deliberação num dia do mês de abril, quando o presidente convocou o ministério para reunião às oito horas da manhã. Tomara na véspera a decisão de aprovar a resolução 204 da Sumoc (reforma cambial), tendo se aberto grande debate na imprensa sobre a matéria. A negociação com os credores externos fora concluída e agora se tratava de pagar a conta, exigência do FMI. A reunião ministerial não foi para abordar o mérito de nenhuma das graves questões em causa, e sim para concitar os ministros a saírem em campo na defesa do que já havia sido decidido. Não me contive e tomei a palavra para advertir o presidente sobre as consequências das medidas tomadas. De imediato, ele me interrompeu para completar ou reiterar o que havia dito, agradeceu a presença de todos, encerrando a reunião.

Eu estava seguro de que Quadros não sabia exatamente o que havia feito. O ministro da Fazenda, Clemente Mariani, lhe havia apresentado um prato preparado pelo FMI, com a coadjuvação do grupo de Eugênio Gudin, argumentando que se tratava de medidas absolutamente indispensáveis que, por falta de coragem para enfrentar a realidade, o governo anterior engavetara, criando sérios problemas ao país. Essa a origem do slogan "a verdade cambial", que com grande convicção o presidente levou à televisão. Convenceram-no de que o objetivo da medida era acabar com o "subsídio ao trigo e ao petróleo, que saía da guitarra", como proclamou o professor Gudin em artigo na grande imprensa. Finalmente, dizia-se que estava jugulado o dragão da inflação. O presidente reconhecia que se expunha a grande desgaste, por isso esperava que todo o ministério se mobilizasse para defendê-lo. Ora, o subsídio ao trigo e ao petróleo não saía da "guitarra", e sim do fundo dos ágios criado pelas diferenças de câmbio. O verdadeiro objetivo da reforma era enterrar de uma vez o sistema de câmbios diferenciais, anátema para o FMI.

Ocorre que o fundo dos ágios vinha sendo uma fonte de caixa para o governo mais importante do que o próprio imposto de renda. Liquidado esse fundo, o governo criava um sério desequilíbrio financeiro, sendo de imaginar que a "guitarra" passasse a solar ainda mais alto. Na lógica do FMI, a reforma teria que ser completada com amplas medidas fiscais. Aparentemente, isso não foi explicado ao presidente, que estava consciente das dificuldades que enfrentaria para obter esse tipo de reforma no Congresso Nacional. A dura verdade é que ele dera um salto no escuro e devia ter

298

A FANTASIA DESFEITA

intuição do risco, a julgar pelo nervosismo com que reagiu quando, inadvertidamente, pretendi abrir o dossiê naquela reunião.

Sem dúvida, o reescalonamento da dívida externa que fora obtido, ainda que por curto prazo, constituía um alívio para o governo, inclusive no plano financeiro. Mas não passava de sursis, ao passo que a drenagem financeira causada pela redução do fundo dos ágios seria permanente, exigindo imediata contenção de gastos e compensação no plano fiscal que, na melhor das hipóteses, valeria para o próximo ano. Essa bomba de retardamento seria legada ao governo João Goulart.

Consciente de que seu governo necessitava de tempo para alcançar a velocidade de cruzeiro, o presidente aplicou-se em multiplicar medidas que confirmavam seu propósito de abrir mais espaço internacional ao Brasil. Mais de uma vez ouvi-o dizer: "É impressionante como os brasileiros não olham para o mapa deste país. Se o fizessem, não seriam tão timoratos em matéria de política internacional".

Assim, tratou de tomar pé na África negra, onde começava a brotar toda uma constelação de nações independentes que, de todos os lados, estavam recebendo atenções; iniciar as démarches para o reconhecimento do governo da União Soviética — já afastada dos nevoeiros stalinistas —, processo que será concluído por San Tiago Dantas como ministro das Relações Exteriores do governo parlamentarista, em novembro de 1961; tentar convencer os norte-americanos de que não se precipitassem em atirar Castro nos braços dos soviéticos; abrir um diálogo de novo estilo com a Argentina; mandar o vice-presidente da República à China, que começava a firmar sua independência em face da União Soviética. O mundo estava em plena efervescência com a emergência do Movimento dos Não Alinhados, a afirmação internacional da França com a política de De Gaulle, o começo da surpreendente ascensão econômica do Japão, o forte brilho da estrela de Mao.

Homem habituado a viajar e a ter acesso à imprensa internacional, Jânio Quadros possuía uma clara percepção do que estava ocorrendo no mundo e se apressou em espanar o pó em um Itamaraty que ainda vivia para autogratificar-se com a glória do Barão. Esse imobilismo tradicional de nossa política externa era uma forma de isolar o país de "influências externas nefastas", ou seja, de tentar congelar uma realidade social cuja fragilidade já não escapava às classes dirigentes. Durante toda a época colonial, os portugueses procuraram isolar o Brasil, impedindo a criação de escolas superiores, a importação de livros, a instalação de gráficas. Esse temor ao povo, o qual se pretendia conservar em completo obscurantismo, herança da época da escravidão, permanecia entranhado no espírito da velha classe dirigente brasileira.

Na época de Jânio Quadros, começava a emergir no país um segmento importante de classe média, em grande parte constituída de descendentes de imigrantes originários de outras matrizes culturais que não a lusitana. Mas só lentamente essa evolução social ia repercutindo no estamento dirigente e, em especial, no elemento burocrático do serviço diplomático. As medidas que tomou o presidente no setor

OBRA AUTOBIOGRÁFICA

externo valeram-lhe apoio de forças progressistas, nacionalistas, de esquerda em geral, exatamente aquelas que o haviam combatido na campanha eleitoral. No plano interno, entretanto, ele assumia posições ortodoxas no que se referia às questões econômicas e financeiras, e de corte autoritário na esfera dos direitos sociais.

No governo Jânio Quadros, o Nordeste se situou à parte pela feliz razão de que ali tudo estava programado e em processo de execução no que dependia do poder público. A autoridade do superintendente cresceu sensivelmente, não só porque o presidente explicitou o seu status de ministro, mas também porque os órgãos que eram articulados à Sudene passaram a depender da interferência desta para ter os seus recursos liberados. A indústria da seca recolheu-se em seus redutos burocráticos mais discretos e contra-atacou bloqueando o Plano Diretor no Congresso. O deputado Oliveira Brito, conhecido como "dono do DNOCS na Bahia", conseguiu engavetar o projeto por vários meses. Só muito depois da renúncia de Quadros seria possível trazê-lo de volta à superfície. Mas havia os recursos inseridos no orçamento de 1961, os quais estavam sendo aplicados aqui e ali, dentro da disciplina do Plano.

Falei mais de uma vez ao presidente sobre a necessidade de uma ação política para fazer andar o Plano no Congresso, sem que conseguisse sensibilizá-lo. Era como se qualquer forma de entendimento com o Poder Legislativo estivesse fora de suas cogitações. Certa vez, quando me retirava após o despacho, disse-me, abruptamente: "Considerou o senhor a possibilidade de aprovação desse Plano através de decreto do Executivo?". Eu certamente mostrei surpresa, e, meio aturdido, fiz como se não houvesse entendido. Ele engrolou umas poucas palavras que não compreendi, e despediu-se rápido.

Sem que me desse conta da causa, criara-se entre nós um forte vínculo afetivo. Nossas reuniões de trabalho me gratificavam quando eram poucos os participantes. E, particularmente, quando se tratava de esmiuçar um problema que dependia de decisão presidencial. Quadros ouvia atento, concentrado. Formulava poucas perguntas, mas sempre precisas. Não lhe agradava desnudar sua ignorância, mesmo sobre coisas tópicas. Demonstrava excepcional capacidade para apreender o que era importante em um problema complexo. Com extrema agudeza, punha o dedo no essencial, ignorando tudo o que fosse irrelevante. Era um poderoso cérebro que captava em um flash as relações entre múltiplas variáveis e sabia ordená-las em um modelo mental. Não sei que conhecimentos de matemática tinha, mas dava a impressão de poder resolver mentalmente sistemas de equações com muitas variáveis. Era evidente que esse tipo de trabalho lhe dava prazer, orgulhando-se de pôr à mostra suas faculdades intelectuais. Contudo, cercava-se de gente medíocre e, no mais das vezes, tomava decisões despreparado.

Maior ainda era a satisfação do presidente quando encenava governar em recintos abertos. Acompanhei-o em duas dessas operações de "mudança da sede do governo" para esse ou aquele estado. Armava-se um estrado numa grande sala, no centro do qual se improvisava uma curul presidencial, ladeada de cadeiras onde se sentavam alguns ministros. Dali ele ouvia reivindicações dos líderes locais, e mesmo de governadores da região. Pedia informações a ministros ou a técnicos presentes e prescrevia alguma coisa que podia ser apenas uma recomendação ao ministro para que desse prioridade ao problema. A sala estava aberta ao público e enchia-se, desbordando os curiosos pela rua afora. Os ministros e outros altos funcionários corriam o risco de sofrer humilhações, expostos que estavam a todas as formas de reclamações e denúncias dos postulantes.

O presidente parecia saborear o poder em estado puro que imaginava estar exercendo. Era a atividade de governo transformada em espetáculo. Algumas pessoas chegaram a dizer que aquilo tinha algo que ver com a democracia direta, o governante na ágora ateniense. Ledo engano. Na democracia direta, as decisões são tomadas pela cidadania, que delibera e decide, e por isso mesmo é tão volátil e sujeita a manipulação demagógica. Ali, quem decidia era o presidente, do alto de sua benevolência e sabedoria, como um príncipe das mil e uma noites.

Retirando-se da sala improvisada em sede de governo, Quadros se deixava arrebatar pela multidão. Era tomado de verdadeiro frenesi, convulsionando-se sua fisionomia. O rosto, que na curul presidencial exibia o sensualismo do poder com sua máscara estoica, agora, nos braços da multidão, perdia toda a continência, num desgarramento dionisíaco.

O elemento emotivo parecia prevalecer em Quadros nas mais diversas circunstâncias, quando desfrutava do exercício do poder ou mesmo quando realizava um trabalho intelectual em companhia de outras pessoas. Repetidas vezes ele revelou que estava febril, pedindo-me que o comprovasse sentindo a temperatura de seu braço. As fortes emoções que o empolgavam transmitiam mensagens somáticas. Limitava-me a recomendar-lhe tomar uma aspirina. Parecia-me evidente que ele se excedia, exigia extremos de si mesmo, era demasiado indulgente com seus impulsos. Fosse ele capaz de autodisciplina, reservando suas energias para o essencial, capaz de coibir suas explosões de concupiscência, e em minha geração o Brasil teria contado com um estadista de ordem superior. Um comportamento sujeito a espasmos compulsivos e uma personalidade autoritária faziam de Quadros um indivíduo frágil, inapto para tirar partido de suas excepcionais faculdades de pensar e de julgar na dura contenda em que se transformara a vida política brasileira.

A ALIANÇA PARA O PROGRESSO

A ascensão do presidente John Kennedy abria um horizonte de novas expectativas em toda a América Latina. Pela primeira vez, o mundo universitário sentia-se próximo do poder nos Estados Unidos. A caricatura do intelectual como um sibarita

OBRA AUTOBIOGRÁFICA

que joga com ideias sem compromissos com a realidade era substituída pela figura do trabalhador intelectual de espírito inovador, capaz de contribuir para a abertura de novos horizontes no desenvolvimento da sociedade.

Os Estados Unidos, que haviam surgido como uma civilização de pioneiros, reencontravam agora sua vocação histórica, franqueando novas fronteiras ao avanço da humanidade graças a seu formidável potencial científico e tecnológico. Os homens de pensamento assumiam posições de vanguarda nessa nova cruzada. O presidente, ele mesmo um estudioso da História, autor de livros influentes, sentia-se bem entre intelectuais, o que contribuiu para modificar profundamente o ambiente da Casa Branca.

Os países da América Latina constituíam terreno privilegiado para introduzir novas ideias nas relações internacionais. Havia que dar outra orientação à política norte-americana com respeito a esses países, valorizando na região o espírito inovador, apoiando as forças empenhadas em reformar as estruturas anacrônicas. A Aliança para o Progresso, sem lugar a dúvida, foi a iniciativa mais audaciosa de política externa saída de Washington desde o Plano Marshall. Os Estados Unidos deixavam de ser o gendarme do status quo na América Latina, o aliado tácito de todas as forças aplicadas em manter o imobilismo social, para assumir o papel de estimuladores de mudanças orientadas para a modernização e o desenvolvimento. Com os meios formidáveis de que dispõem para agir na região, começariam prestigiando os movimentos reformistas, apresentando-os como vetores do progresso. E, apoiando financeiramente projetos estratégicos, operariam como fator catalisador para precipitar a deslocação de velhas estruturas que criavam obstáculos ao desenvolvimento.

Uma equipe de auxiliares do presidente Kennedy, que incluía George McGovern, Richard Goodwin e Arthur Schlesinger, visitou a Sudene para informar-se da problemática nordestina. Ainda na época da campanha de Kennedy, duas reportagens assinadas por Tad Szulc, no *New York Times*, haviam chamado a atenção para a situação do Nordeste brasileiro. As Ligas Camponesas eram apresentadas como indicação de que a região estava em fase de agitações sociais. "O primeiro-ministro de Cuba, Fidel Castro, e Mao Tsé-Tung, chefe do Partido Comunista da China, estão sendo apresentados como heróis a ser imitados pelos camponeses, operários e estudantes do Nordeste", dizia esse artigo, entre outras coisas alarmistas. Mas o que realmente focalizava o jornalista era a extrema miséria a que estava condenada a população.

Os auxiliares de Kennedy mereceram o melhor de minha atenção, como se comprova lendo o livro de Schlesinger sobre os *Mil dias* de Kennedy. Deram-se conta de que o quadro nordestino era grave, mas também de que os problemas estavam sendo enfrentados com realismo, e, principalmente, de que a Sudene contava na região com ampla credibilidade.

Pela primeira vez, vinha ao Nordeste uma missão de um governo dos Estados Unidos que não ia ouvir, de preferência, os usineiros, os clientes do Chase e similares.

Os planos em execução no Nordeste podiam não contar com o beneplácito do velho establishment, mas tinham o apoio de importantes segmentos da população. Compreenderam os auxiliares de Kennedy que era de boa tática para nós manter relações cordiais com as Ligas Camponesas e outros movimentos que expressavam a insatisfação da população. Disse-lhes com franqueza que a imagem dos Estados Unidos era a pior possível, mas que isso poderia mudar se o novo presidente retomasse a saga de Roosevelt, com sua política de boa vizinhança. Eles logo perceberam que o Nordeste poderia ser o caso exemplar para pôr em prática a Aliança para o Progresso que vinha de anunciar Kennedy. Aproveitaram a vinda ao Brasil do embaixador Adlai Stevenson, então chefe da missão dos Estados Unidos junto às Nações Unidas, para formular oficialmente um convite para que eu fosse a Washington expor o que estávamos fazendo no Nordeste.

Pouco tempo depois, apareceu no Recife uma jornalista norte-americana, da cadeia de rádio e televisão ABC. Helen Jean Rogers era uma personalidade relacionada com o círculo mais íntimo da Casa Branca e que seduzia tanto por sua beleza como pela audácia com que abordava temas controvertidos. Fizemos boa camaradagem e dei-lhe todo o apoio para que produzisse um filme sobre o Nordeste capaz de sensibilizar a opinião pública norte-americana. Visitamos algumas feiras da Zona da Mata e escolhemos o que poderia ser um camponês típico das plantações de cana. Severino era um homem envelhecido, mas ainda não tinha quarenta anos. Olhar plácido, barba crescida, chapéu de palha amassado no alto da cabeça, dentadura degradada, mas ágil nos gestos e rápido nas respostas. Entramos em conversa, enquanto ele fazia sua feira: uma cuia de farinha, meio quilo de feijão, uma quarta de carne-seca. Acompanhamo-lo à sua casa, inserida na franja de um canavial, restando-lhe um pequeno pedaço de terra onde plantava algo de subsistência. Palhoça miserável, alguns filhos maltrapilhos, a mulher sem dentes e envelhecida.

Era o material de que necessitava Miss Rogers para dar início a seu extraordinário média-metragem que intitulou *The Troubled Land* e que passou em horário nobre na televisão americana, com extraordinária repercussão. Ela contou a história de um camponês preso na armadilha da miséria, sem nenhum horizonte diante de si, que é atraído pelo movimento social das Ligas Camponesas, onde começa a descobrir que o mundo poderia ser diferente. De volta à casa, fala à mulher do que viu e esta se assusta, temendo que lhes aconteça alguma desgraça maior. Do mundo do camponês isolado faz-se a transição para o mundo da massa trabalhadora que se organiza. Surge Francisco Julião propondo a união entre trabalhadores, denunciando a exploração, acenando para um futuro de liberação da miséria. Em seguida, ela faz um corte para o mundo do grande senhor do açúcar, bela casa com piscina, jardins exuberantes, onde, à sombra de grandes árvores, se beberica uísque escocês despreocupadamente.

Todas as cenas são tomadas do real. O senhor do açúcar é simplesmente o patrão de Severino, ou melhor, o latifundiário em uma de cujas propriedades trabalha Severino como mísero "condiceiro". Miss Rogers consegue conduzir a conversa com o latifundiário para o problema social, as inquietações que aparentemente começam a se manifestar na região. A resposta é contundente: "Não dê ouvidos a essa gente. Aqui todos têm um trabalho, e os que querem trabalhar estão satisfeitos". Miss Rogers insiste: "Tem havido manifestações de descontentamento, e a coisa pode se agravar". O latifundiário levanta a voz e diz: "Nesse caso, eles terão o que merecem, a força". Empolga a pistola que trazia à cintura e diz, confiante: "Olhe aqui o que terão!". Dá vários tiros para o ar e ri com estridência. Tiros e risos se misturam enquanto a câmera gira para envolver o belo jardim da residência do senhor-pistoleiro. A conclusão é uma visita à Sudene, cujos planos visam modificar as estruturas arcaicas na região, buscando uma saída fora da violência. Expondo sucintamente esses planos em entrevista, indico que mais rapidamente alcançaremos nossos objetivos se obtivermos uma eficaz ajuda internacional.

Esse filme não pôde passar na televisão brasileira. Segundo fui informado, o Conselho de Segurança Nacional o julgou inconveniente. Seguramente o consideraram "subversivo". Não tratei de aprofundar a questão. Já havia alcançado meu objetivo, que era contribuir para que se formasse nos Estados Unidos uma opinião favorável à Aliança para o Progresso, a qual ainda dependia de medidas legislativas, e para qualificar o Nordeste a ser atendido prioritariamente.

A FRONTEIRA MARANHENSE

A expectativa de que poderia obter recursos adicionais significativos encorajou-me a abordar o problema da colonização em larga escala. Era evidente que existia pressão demográfica sobre os solos em grande parte do Semiárido e nas terras úmidas monopolizadas pelo açúcar. Qualquer tentativa visando aliviar a situação nessas duas áreas liberaria mão de obra que as zonas urbanas estavam incapacitadas de absorver. Era necessário sustar a inchação das grandes cidades, onde o contingente de subempregados já era considerável.

Por outro lado, como deixar de ter em conta a disponibilidade de terras públicas da franja pré-amazônica? Não seria difícil delimitar áreas capazes de abrigar dezenas, ou mesmo centenas de milhares de famílias. Faltava-nos conhecimento da matéria: mapeamento das terras, estudos dos solos, estimativas do pré-investimento, experiência em projetos de colonização em áreas de floresta úmida. Constituí um grupo de trabalho e começamos a visitar as áreas potenciais no Maranhão, e, à medida que obtivemos material informativo, aumentou nosso interesse.

Demos prioridade à construção da estrada que corta a região litorânea de São Luís a Belém. Nossa primeira surpresa foi deparar-nos com um grande número de pessoas que se deslocavam espontaneamente para a região que havíamos escolhido e que supúnhamos ser praticamente desabitada. Os migrantes espontâneos avançavam tendo como eixo de orientação a linha telegráfica, cuja localização não se afastava muito do traçado da futura rodovia. A frente de penetração estava marcada por queimadas, verdadeiras feridas na floresta.

Montamos uma operação de implantação na área, admitindo que seria melhor apoiar os migrantes espontâneos do que pretender ignorá-los. A técnica que praticavam era a da derrubada e a da queimada. As terras plantadas se esgotavam com rapidez e eram abandonadas. Dado que não havia possibilidade de armazenagem local, e que o transporte na época de chuva era muito difícil, mesmo em lombo de mula, a situação desses agricultores raiava pelos extremos da penúria. Começamos organizando alguma forma de apoio a essa gente que sobrevivia na negra miséria, sem qualquer assistência sanitária.

Fizemos um rápido recenseamento da população, que já se aproximava das 50 mil pessoas, e os dados obtidos sobre o quadro sanitário foram alarmantes. Dificilmente encontrava-se alguma pessoa que não estivesse enferma, sendo que 90% dos homens estavam afetados de doenças venéreas. O que no início tomamos como um projeto simples logo se configurou tarefa das mais árduas, autêntico desafio. Havia que montar uma rede de postos de saúde, prover educação básica, criar infraestrutura de transporte, instalar unidades geradoras de eletricidade, assegurar o escoamento da produção etc. etc. Gratificou-me o entusiasmo com que tantos de nossos companheiros se ofereceram para participar dessa operação pioneira, na qual lidávamos com uma população que sobrevivia em condições infra-humanas.

O pessoal da Sudene instalou-se em habitações improvisadas, de extrema precariedade, em que tudo, a começar pela água, constituía ameaça à saúde. Mas sabíamos que aquele era um laboratório onde iríamos aprender a lidar racionalmente com a floresta subamazônica. Adquirindo esse conhecimento, estaríamos capacitados para abrir imensos espaços à colonização nordestina.

Desde os primeiros momentos, foi criada uma estação experimental, para o que contamos com apoio técnico francês, gente que trabalhara em áreas de floresta tropical na África. E começamos a nos informar sobre outras experiências de colonização em áreas similares de outros continentes. O primeiro ponto a reter era a necessidade de preservar o quadro ecológico, vale dizer, conservar grande parte da floresta original. O segundo era dar preferência a culturas permanentes, que complementam a floresta original na proteção dos solos, em geral frágeis. As culturas de ciclo anual deveriam ser objeto de rodízio, inclusive deixando o solo "descansar", à maneira tradicional, caso se pretendesse minimizar o uso de fertilizantes químicos.

Era necessário pensar em unidades de exploração familiares de dimensões relativamente grandes, da ordem de cinquenta hectares. Imaginou-se uma distribuição de terras radial, agrupando certo número de famílias, a fim de facilitar a prestação de serviços, mas assegurando que a residência familiar se localizasse no lote de terra do

OBRA AUTOBIOGRÁFICA

próprio colono. A largura do lote aumentaria na razão direta da distância da casa do morador. O espaço ocupado pela floresta era contínuo entre os lotes. Dessa forma, seria possível conviver com a floresta, manter uma agropecuária rentável e desfrutar das facilidades oferecidas pela vida em uma comunidade equipada dos serviços essenciais. Tudo isso, evidentemente, tinha caráter experimental. O que importava era manter a diretriz básica: utilização econômica do complexo amazônico sem grandes dispêndios de capital e preservando seu equilíbrio ecológico.

Em uma primeira fase, nos limitaríamos a pôr ordem no caos que havíamos encontrado, ao mesmo tempo que se ia adquirindo experiência, treinando pessoal e preparando o projeto de implantação dos primeiros núcleos de colonização, conforme as diretrizes que estavam sendo traçadas. Estávamos convencidos de que, se desenvolvêssemos técnicas de colonização da Amazônia — área florestal que "invadia" o perímetro de responsabilidade da Sudene, pois alcançava o rio Mearim, cobrindo toda a bacia do Pindaré e do Gurupi, vale dizer, cerca de metade do estado do Maranhão —, teríamos dado um passo decisivo para modificar favoravelmente a relação homem-solos aráveis no Nordeste. E teríamos aberto a porta à ocupação racional da vasta reserva amazônica.

Quando eu viajava pela área, ficava estupefato e deprimido com o espetáculo de dimensões ciclópicas das vastas queimadas, instrumento de penetração de homens destituídos de quaisquer recursos técnicos modernos para explorar a floresta equatorial. O braseiro estendia-se por quilômetros, e as labaredas se alçavam dezenas de metros, projetadas como fachos por troncos gigantescos que o fogo consumia. Aquela imensa destruição de recursos florestais, com tudo que estes enfeixam de fauna e de elementos biológicos formadores do húmus do solo, se produzia para permitir duas ou três mirradas colheitas de arroz. Restava a terra arrasada a ser ocupada pela pecuária extensiva dos grandes latifúndios.

VISITA AO PRESIDENTE KENNEDY

O projeto de colonização visando trasladar, em alguns anos, cerca de 1 milhão de pessoas das áreas rurais mais congestionadas do Nordeste demonstrava que estávamos pensando grande. Contudo, era apenas um elemento de um Plano Diretor abrangente que, em cinco anos, deveria dar novo rumo à região. Foi com esse material devidamente ordenado em mãos que viajei para os Estados Unidos na primeira quinzena de julho de 1961, como convidado oficial.

Durante quatro dias, mantivemos reuniões no Departamento de Estado, com a participação de técnicos das diferentes agências governamentais com responsabilidade no programa de ajuda econômica ao estrangeiro. Entre diversas autoridades, fui recebido por três ministros de Estado (Exterior, Finanças e Agricultura) e pelo

306

presidente do Banco Mundial. Em Nova York, visitei o presidente do Fundo Especial das Nações Unidas e o presidente da Fundação Ford. E fui recebido no Senado para expor as diretrizes de nosso plano a um grupo de parlamentares das duas casas do Congresso.

Na manhã do dia 14, o presidente Kennedy recebeu-me na Casa Branca, em presença de várias autoridades norte-americanas e do encarregado de negócios do Brasil, ministro-conselheiro Carlos Bernardes. Eu era portador de uma carta do presidente Jânio Quadros, que Kennedy leu atentamente em minha frente. O tratamento era "grande e bom amigo", e no primeiro parágrafo estava escrito:

> A necessidade de um diálogo corajoso e construtivo sobre os problemas continentais, entre dois dos maiores países do hemisfério, nunca foi tão presente como hoje. O amadurecimento político e cultural das populações latino-americanas despertou-as para a consciência insuportável de sua miséria, no mundo em que os progressos da tecnologia e da ciência tornaram possível enfrentar com êxito o obstáculo representado pela estagnação econômica. Esse acordar, entretanto, é hoje objeto de competição ideológica entre os sistemas e as fórmulas que pretendem resolver esse desafio histórico. Hoje, o homem latino-americano compara, a cada instante, o método democrático e o totalitário, à procura do que lhe permita atingir, no mais curto espaço de tempo, o desenvolvimento econômico e o progresso social. É preciso, sem demora, provar às populações ansiosas do hemisfério que a democracia não se esgota na enumeração teórica de direitos irrealizáveis, mas constitui um caminho seguro e eficaz de ascensão coletiva. Nesse sentido, vejo com alegria que a iniciativa da Operação Pan-Americana deitou raízes no continente e que movimentos como a Aliança para o Progresso vêm provar que nossas aspirações e enfoques convergem, dia a dia, para um terreno comum.

Referia-se, em seguida, ao interesse já demonstrado por Kennedy pelos problemas no Nordeste brasileiro, interesse que se traduzira no convite feito a mim para expor no mais alto nível "o projeto governamental para aquela área, dentro do plano quinquenal de minha administração". E concluía, dizendo: "Dirijo-me aos herdeiros de uma tradição de governo sempre criadora que soube, inclusive, quando o imperativo se fez sentir, colocar o planejamento a serviço de sua prosperidade".

Kennedy leu em voz alta, como saboreando, *"heirs of an ever creative tradition of government"*. A carta ia ao essencial, como Quadros sabia fazê-lo, o que criou um clima de simpatia. Kennedy não era homem de rodeios. Ia logo ao mais importante. Quis saber se o Congresso brasileiro aprovaria os recursos de que necessitávamos, e adiantou que também ele estava na dependência de decisões parlamentares, referindo-se ao conflito no Congresso americano em torno da Lei de Ajuda. Ouviu com atenção uma exposição sintética que fiz sobre a grave situação do Nordeste, a nova política já em execução do governo brasileiro, e a importância, para nós, da cooperação internacional. Solicitou precisões sobre a situação da população rural e o grau de concentração da propriedade da terra. Mostrou grande interesse pelo plano de transferência de populações rurais e de melhor aproveitamento das terras monopolizadas pelos plantadores de cana. Eu fiz ver a necessidade de ação rápida: "Para restituir esperança a um povo que atualmente não tem nenhuma".

Kennedy foi categórico dirigindo-se aos auxiliares: "Temos que chegar a uma solução, pois os Estados Unidos desejam ajudar a levar adiante essa política". Teve palavras gentis referentes a mim, e disse-me que seu irmão mais moço iria ao Brasil e seguramente me visitaria, e ainda me convidou para visitar os jardins da Casa Branca. Dava a impressão de grande energia contida, mas não inibia o interlocutor. Certamente, ia às audiências devidamente preparado para evitar improvisações. Rapidamente passou das palavras ao que era prático, exequível. Percebera a relevância do problema do Nordeste brasileiro e, como provavelmente ouvira comentários controvertidos sobre o que estávamos fazendo, houve por bem formar uma opinião pessoal. Minha impressão foi de que essa opinião cristalizou nele durante aquela entrevista, e por isso exigiu dos auxiliares uma fórmula para passar de imediato à ação.

Pareceu-me, com base nos contatos que eu já havia tomado, que o presidente Kennedy estava muito avançado com respeito ao Congresso, e mais ainda com respeito a grande parte dos altos funcionários do Departamento de Estado, sobre como atuar na América Latina. Nas múltiplas e variadas entrevistas com autoridades e com representantes da imprensa, procurei transmitir a mensagem que sintetizo:

• o Brasil é um país de grandes dimensões, crescendo e transformando-se rapidamente, abrindo caminhos novos no desenvolvimento de uma cultura complexa em suas bases étnicas e ecológicas;

• o povo brasileiro tomou plena consciência dos problemas que deve enfrentar para lograr os objetivos que se propõe, o que explica a atitude otimista das novas gerações com respeito ao futuro do país;

• os líderes atuais estão conscientes das aspirações populares emergentes;

• nenhum problema preocupa mais esses líderes do que o das desigualdades regionais, cuja manifestação principal se apresenta na área nordestina, onde vive um terço da população brasileira em condições extremamente precárias;

• existe consciência de que a situação do Nordeste deve ser sensivelmente modificada em prazo não muito longo, se se pretende manter a situação sob controle;

• também há consciência de que esse é um problema nosso, de que somente nós, brasileiros, poderemos adequadamente equacioná-lo e efetivamente solucioná-lo; a ajuda externa é de grande importância para apressar os resultados que buscamos, mas poderia ser negativa se nós mesmos não estivéssemos em condições de enfrentar a situação;

• o plano de ação do governo brasileiro, já em execução no Nordeste, não obedece às técnicas convencionais do planejamento econômico, cuja aplicação pressupõe a existência de um sistema econômico viável que já demonstrou sua aptidão para crescer; no caso do Nordeste, não se pode propriamente desenvolver o que já existe; o que se pretende é caminhar corajosamente para lançar as bases de uma nova economia, capaz de autogerar as forças de seu próprio crescimento;

• o plano tem como principal objetivo criar no Nordeste uma nova agricultura, pois é no setor agrícola que a estrutura existente demonstrou ser mais deficiente, incapaz de criar condições adequadas de vida para o trabalhador; neste setor, o plano inclui dezoito projetos, que vão desde a abertura de grandes frentes de povoamento em terras públicas, na direção da Amazônia, até a criação de nova agricultura de base familiar na zona açucareira, passando por ampla irrigação das bacias dos açudes e outras áreas na região semiárida;

• ao lado dos grandes projetos de tipo econômico, o plano compreende uma multiplicidade de programas de caráter social, cujo objetivo é trazer para a maioria da população do Nordeste imediata melhora nas condições de vida, abrindo novos horizontes de esperança àqueles que terão de aguardar por algum tempo os efeitos positivos das ações de maior profundidade.

Nos mais diversos círculos, obtive reações favoráveis, como o reconhecimento de que diagnosticáramos com justeza a problemática nordestina, de que dispúnhamos de um dispositivo administrativo para enfrentá-la, e de que estávamos decididos a realizar, com recursos próprios, um esforço financeiro de grande porte para levar o plano adiante. Portanto, davam-se os requisitos para que a ajuda externa alcançasse sua plena eficácia.

À medida que evoluíam as discussões, fui percebendo uma diferença de enfoque entre o grupo da Casa Branca, onde a personalidade mais marcante era Richard Goodwin, e o Departamento de Estado. O primeiro, preocupado em dar exemplaridade ao caso do Nordeste, considerou conveniente a mobilização dos distintos órgãos de ajuda financeira, na forma de um consórcio articulado por um organismo multilateral — o BID, por exemplo —, o qual assumiria a responsabilidade de financiar a totalidade do déficit previsto no plano quinquenal da Sudene, no montante de 400 milhões de dólares. A direção do consórcio apreciaria cada projeto em particular e decidiria a que entidade caberia o seu financiamento. Sendo a coordenação de responsabilidade de uma agência multilateral, havia a possibilidade de que novos organismos e países viessem associar-se ao esforço.

O Departamento de Estado pensou desde o início em algo na linha da antiga Comissão Mista Brasil-Estados Unidos, organismo que se havia encarregado de supervisionar a elaboração de projetos, o que assegurava às autoridades norte-americanas uma presença desde o nível técnico até o das decisões finais. Fiz ver que, no

OBRA AUTOBIOGRÁFICA

caso da Sudene, os planos já estavam traçados, e os projetos, prontos, cabendo a avaliação final à autoridade específica incumbida de dar apoio financeiro a cada projeto. Em face da resistência que opus — minha tese era de que a política era brasileira, de nossa total responsabilidade —, os funcionários do Departamento de Estado passaram a argumentar que seria então necessário enviar ao Nordeste uma missão para apreciar in loco a capacidade da Sudene de efetivamente pôr em prática os programas que deveriam merecer apoio.

No relatório de viagem que fiz ao presidente, eu assinalava: "Existem duas propostas concretas: a do consórcio de financiamento, sob liderança multilateral, e a do envio de uma missão técnica. Esta última vincula-se a uma posição ainda mais conservadora assumida anteriormente pelo Departamento de Estado. Convém, portanto, avançar rapidamente na direção da primeira. É de toda conveniência que se deem passos decisivos nessa direção já em Montevidéu". Referia-me à conferência que pouco tempo depois se realizaria em Punta del Este, Uruguai, para oficializar a Aliança para o Progresso, mas na verdade a palavra final seria dada pelo Departamento de Estado. Na entrevista que tive com Dean Rusk, então secretário de Estado, senti a relutância com que encarava as iniciativas dos *frontiersmen*, expressão que a ala conservadora do governo utilizava com ironia para classificar os assessores diretos de Kennedy. A vitória que significara obter o apoio direto do presidente iria diluir-se à medida que tudo passasse a depender da maquinaria do Departamento de Estado, a qual tudo subordinaria a suas apreciações da situação geral do Brasil. Mas isso, eu somente viria a perceber com clareza algum tempo depois.

ENCONTRO COM CHE GUEVARA

Após ouvir meu relatório circunstanciado da viagem aos Estados Unidos, que fiz oralmente antes de entregar a versão escrita, o presidente Jânio Quadros limitou-se a observar, seco: "Quero ver o que eles ainda vão exigir". Sua estratégia de avançar no plano externo — o que fazia com facilidade, dado o atraso que o Brasil havia acumulado nessa esfera — para cobrir-se no interno, e ampliar sua base de apoio conquistando setores da esquerda, não era compreendida nos Estados Unidos, e isso, aparentemente, o desnorteava.

Se contassem com melhores informantes, os norte-americanos não se teriam confundido com certos gestos de Quadros — colocar uma foto de Tito no seu gabinete, receber Gagárin —, que interpretavam como reveladores de afinidades profundas com as esquerdas ou de sentimentos antiamericanistas. Que Carlos Lacerda denunciasse atividades "esquerdizantes" de Quadros compreende-se, enciumado que estava pela ascensão do rival. Atitude similar, da parte de autoridades norte-americanas, refletia falta de perspicácia que raiava pela idiotice.

A FANTASIA DESFEITA

Cabia a Quadros convidar um amigo seu esclarecido — Nelson Rockefeller, por exemplo — e ter com ele uma conversa franca que chegasse, em seguida, aos ouvidos de Kennedy. Mas era demasiado orgulhoso para fazê-lo. Assim, quando a delegação norte-americana passou por Brasília, em viagem para Punta del Este, de onde sairia a Carta da Aliança para o Progresso, o presidente a recebeu com grande cortesia e fez várias afirmações que podiam ser interpretadas como mensagens cifradas, reveladoras do fundo de seu pensamento. Referiu-se, por exemplo, à responsabilidade que caberia ao Brasil, no quadro da segurança do hemisfério, em caso de a "subversão" alcançar a Guiana Inglesa, em transição algo acidentada para a independência. Mas esses sinais não foram captados.

Ao constituir a delegação brasileira, Quadros incluíra o governador Leonel Brizola, deixando os norte-americanos alarmados. Possivelmente imaginasse que os homens de Washington, com o tempo, viessem a apreender e decifrar os seus gestos paradoxais, reconhecendo nele um autêntico aliado.

Nossa delegação para a conferência de Punta del Este era, com efeito, um exército de Brancaleone, que dificilmente podia ser tomada a sério. O presidente conversou em separado com alguns delegados, e falou de forma que podia ser interpretada ao gosto de cada um. Pelo menos, foi o que aconteceu comigo e com Roberto Campos, dois membros da delegação, que, após as referidas conversas com o presidente, não conseguimos nos pôr de acordo sobre o que ele esperava da conferência. Na verdade, essa reunião era uma operação de relações públicas, visando modificar a imagem dos Estados Unidos junto à opinião latino-americana.

O governo norte-americano oferecia-se para apoiar os governos latino-americanos que adotassem políticas de desenvolvimento incorporadoras de autênticas reformas estruturais, inclusive e principalmente a agrária, e se orientassem para a adoção de formas adequadas de planejamento. Em poucas palavras: o pensamento mais avançado surgido na América Latina, a doutrina da Cepal, passava a orientar a política do governo dos Estados Unidos nas áreas subdesenvolvidas do hemisfério. Chegara a vez do Plano Marshall para a América Latina, velha reivindicação da região junto a seu poderoso vizinho setentrional.

Fiquei na expectativa de oportunidade para discutir aspectos operacionais da cooperação — aqueles que me haviam preocupado em Washington —, mas logo percebi que isso estava fora de cogitação. O presidente da delegação brasileira, ministro Clemente Mariani, entregou o assunto a profissionais do Itamaraty, e os demais membros foram dispensados de qualquer pena. Ainda tentei obter que se discutissem os critérios de prioridade, a fim de inserir o Nordeste na linha de frente, mas sem êxito.

De início, havia-se imaginado que o próprio Kennedy faria uma aparição na conferência, o que teria efeito dramático considerável, graças à inegável popularidade de que o novo presidente norte-americano desfrutava. Excluído esse evento de impacto, a vedete da conferência passou a ser, para desgosto dos norte-americanos, o

311

OBRA AUTOBIOGRÁFICA

presidente da delegação cubana, Ernesto "Che" Guevara, que ali estava como um estranho no ninho. Nada tendo a perder, a delegação cubana adotou a tática de falar, sempre que uma oportunidade surgisse, dirigindo-se à plateia "externa". Razão tinham os norte-americanos para se sentirem frustrados. Haviam dado um salto para a frente e assumido posições de vanguarda. Agora, se davam conta, naquele espetáculo que eles mesmos tinham armado, de que surgira nova vanguarda para confundir a opinião pública.

Como a discussão não incluía opções políticas — limitava-se a considerar o que fazer para a melhoria das condições de vida dos povos latino-americanos —, os cubanos assestavam suas baterias para denunciar o quadro de miséria que prevalecia em grandes áreas da América Latina, responsabilizando os governos, muitos dos quais somente se mantinham graças ao apoio dos Estados Unidos. Ainda assim, diversos delegados latino-americanos expressaram o ponto de vista de que se abria nova era na cooperação com os Estados Unidos, e se autofelicitavam pelo fato de que isso fora possível graças à adoção de ideias que antes vinham sendo defendidas pelas forças progressistas da região. Em nenhuma conferência interamericana, das muitas a que assisti, pude observar um clima tão caloroso de confraternização entre latinos e norte-americanos.

Visitei Che Guevara no escritório que ele mantinha no modesto hotel em que se hospedara. A guarda pessoal que o seguia estava presente por todo lado. Utilizei como escusa para procurá-lo o desejo de obter notícias de Juan Noyola, economista mexicano, meu fraternal companheiro de muitos anos na Cepal, que se colocara a serviço de Cuba nos primeiros momentos da vitória de Castro. Noyola trabalhava com Guevara no Banco Central, e era seu assistente preferido. Contara-me ele das longas reuniões com Guevara, começando cedo pela manhã com repasse da matemática básica que usa o economista. Guevara era um devorador de textos, mas, não tendo formação de economista, tropeçava em muitos pontos. Queria tudo entender, e encontrou em Noyola um verdadeiro enciclopedista, não apenas em assuntos econômicos, e com alma de pedagogo. É natural, portanto, que se hajam entendido maravilhosamente, o argentino e o mexicano, partícipes daquela saga caribenha em que a revolta latino-americana contra a arrogância do vizinho imperial conheceu dias de glória.

Guevara recebeu-me com simpatia e disse-me, em tom de burla, que tantas foram as vezes que meu nome apareceu em suas conversas com Noyola que chegara a ter ciúme de mim. Meio encolhido na cadeira, mantinha na mão a bombinha contra asma. Estava descontraído, mas um ar meio constrangido que não o abandonava parecia encobrir alguma dor física. Talvez fosse uma maneira de manter-se em posição de reserva contra perguntas indiscretas ou incômodas lisonjas. Seus olhos pareciam recobertos por uma sombra de tristeza, mas seu olhar era incisivo e penetrante. A conversa encaminhou-se para o Nordeste e logo pude me dar conta de que ele havia absorvido a visão mítica que Francisco Julião transmitia a interlocutores que

312

A FANTASIA DESFEITA

tudo ignoravam da região. Ele imaginava as Ligas Camponesas como vigorosas organizações de massa, capacitadas para pôr em xeque qualquer iniciativa da direita visando modificar a relação de forças em benefício próprio. Superestimava Julião como líder e como organizador, e subestimava as estruturas de poder enraizadas secularmente no Nordeste. A ideia que eu fazia de Julião era muito distinta: um homem sensível, poeta, sujeito a crises psicossomáticas periódicas, capaz de perder o rumo por influência de uma mulher, mais um advogado astucioso e brilhante do que um líder capaz de dirigir as massas em ações violentas.

Evitei aprofundar o assunto. Procurei explicar-lhe as peculiaridades do quadro nordestino, que não deve ser isolado do complexo panorama brasileiro. A Aliança para o Progresso, argumentei, é principalmente criticada porque poucos acreditam que os norte-americanos abandonem seus aliados naturais na América Latina e deem apoio às forças que efetivamente desejem mudanças na região. Mas, se houvesse uma mutação na atitude dos norte-americanos, na linha do que desejam um Richard Goodwin e outros assistentes de Kennedy, não seria descabido pensar em avanço significativo em determinados países. O que estamos fazendo no Nordeste, observei, funda-se na ideia de que as forças dominantes do Centro-Sul do país estão decididas a apoiar iniciativas de mudanças estruturais na região, cuja modernização também favorecerá as atividades industriais do Centro-Sul, abrindo-lhes novos mercados. O contexto nacional brasileiro permite pensar em mudanças estruturais de âmbito regional sem rupturas institucionais. Quando me convencer de que isso não é possível, concluí, porei o chapéu na cabeça e me retirarei.

Guevara ouvia polidamente, aqui e acolá meneando a cabeça. Devia estar pensando que eu usava a minha dialética para dourar o que fazia. Imagino que, para ele, o que não contribuísse para antecipar o dia da revolução era secundário e subalterno. Mas esses pensamentos não eram explicitados. Falamos sobre outras coisas e eu me despedi enviando um abraço fraternal para Juan Noyola.

Ficou-me, como um travo amargo, a sensação de que havia querido explicar-me, justificar-me. Por que não dissera claramente que não aceito a revolução como opção, exceto para enfrentar uma ditadura? Tentar mudanças sociais por meios violentos em uma sociedade aberta, com governo representativo e legítimo, é meter-se por um túnel sem saber onde ele vai dar. Não era o caso de falar dessas coisas a Guevara, que, sendo um herói, era prisioneiro das circunstâncias que lhe permitiram alçar-se muito acima do que é corrente na vida de pessoas ordinárias como nós.

COMEÇO DOS INCENTIVOS

De regresso ao Brasil, pus-me a preparar a recepção da missão norte-americana que viria avaliar o que estávamos fazendo a fim de qualificar a Sudene para obter os recursos da Aliança para o Progresso, e ao mesmo tempo retomei contatos no Parlamento, tentando desobstruir os canais em que encalhara nosso Plano Diretor. Aprovado na Câmara, ele fora engavetado no Senado.

Tinha a sensação de que remávamos contra a maré. A resolução 204 da Sumoc, ao desmantelar o sistema de incentivos cambiais em que se fundara o desenvolvimento industrial de São Paulo nos anos do pós-guerra, destruíra um dos pilares em que se assentava a Sudene. Com efeito, o artigo 26 da lei que a criara estatuía que seria colocada à sua disposição, trimestralmente, "importância nunca inferior a 50% do valor dos ágios arrecadados mediante a venda de divisas provenientes da exportação de mercadorias oriundas do Nordeste". Ademais, atribuía à Sudene a função de fazer "concessão de câmbio favorecido ou de custo".

Tudo isso fora reduzido a zero por um ato administrativo. Se o Centro-Sul, que se beneficiava de total proteção alfandegária, necessitou de uma parafernália de incentivos para alçar o voo da industrialização, que dizer do Nordeste? Considere-se o caso da indústria automobilística, gozando de reserva de mercado, beneficiando-se de empréstimos oficiais a juros negativos e de subsídios cambiais para a importação de equipamentos e também das peças que ainda não se produziam no Brasil.

Era necessário repensar o sistema de incentivos especificamente em função do Nordeste, cuja industrialização teria lugar sob o fogo da concorrência das indústrias consolidadas no Centro-Sul. Cabia aproveitar o atraso na votação do Plano Diretor para introduzir emendas capazes de criar incentivos que tornassem a região nordestina mais atrativa aos investidores industriais, em particular com respeito ao Centro-Sul. A experiência de outros países já demonstrara que um tratamento diferencial, administrativamente simples, como o que tínhamos em vista, somente seria viável por meio de instrumento fiscal.

Entre as várias sugestões que surgiram fora e dentro do Congresso, a que colheu maior apoio inspirou-se na legislação italiana da Cassa del Mezzogiorno. O princípio era simples: quem investisse em projetos considerados prioritários para o desenvolvimento da região estava autorizado a descontar do imposto de renda devido metade do montante investido. O artigo 34 da lei n. 3995, de 14 de dezembro de 1961, que aprovou o Plano Diretor, dirá textualmente: "É facultado às pessoas jurídicas de capital 100% nacional efetuarem a dedução de até 50%, nas declarações do imposto de renda, de importância destinada ao reinvestimento ou aplicação em indústria considerada, pela Sudene, de interesse para o desenvolvimento do Nordeste".

Estava dado o passo inicial de uma política que certamente envolvia riscos mas que foi decisiva para impulsionar a industrialização da região. Era como se o Estado dissesse aos empresários de todo o país: aquele que investir no Nordeste obterá um financiamento a fundo perdido, correspondente à metade da aplicação feita. Mas estabelecia uma condição: esse investimento terá de enquadrar-se na política de desenvolvimento definida pela Sudene. Na realidade, cada projeto teria que ser aprovado por esse órgão, e os desembolsos, supervisionados em função da execução da obra.

A substituição do subsídio cambial pelo fiscal tinha a virtude de reforçar a indústria de equipamentos do Centro-Sul, que vinha sendo prejudicada pelos diferenciais de câmbio beneficiadores dos equipamentos importados. A legislação posterior (lei n. 4239, de 27 de junho de 1963, que aprovou a continuação do Plano Diretor) modificaria o artigo acima citado em dois pontos: estendeu os incentivos às atividades agrícolas e eliminou a exigência de que as empresas tivessem 100% de capital nacional. Considerou-se que essa restrição privava o Nordeste da cooperação de grande número de empresas, muitas das quais essenciais para o desenvolvimento da região. Optou-se por uma salvaguarda, incluída no parágrafo 4º do artigo 18, e que diz:

> Não poderão ser transferidos para o exterior, direta ou indiretamente, e a qualquer título, as receitas derivadas das parcelas de investimentos financiados com os descontos previstos neste artigo, sob pena de revogação do favor obtido e exigibilidade das parcelas não efetivamente pagas do imposto de renda, acrescidas de multa de 10% e juros de mora de 12% ao ano, sem prejuízo das sanções estabelecidas na legislação específica do imposto de renda.

Dessa forma, e à diferença do que ocorrera no passado com subsídios de várias ordens dados aos industriais, os recursos que o governo colocava à disposição dos investidores que aplicavam no Nordeste eram "nacionalizados", vale dizer, não criariam pressão sobre a balança de pagamentos, devendo submeter-se às leis que regulam a exportação de capitais brasileiros. Assim, desde fins de 1961, a Sudene se armara de poderosos instrumentos para estimular e apoiar financeiramente empreendimentos privados. Ao mesmo tempo, ela recebia a incumbência de orientar esses investimentos para que efetivamente impulsionassem o desenvolvimento regional.

A RENÚNCIA DO PRESIDENTE

A impressão que dava o governo Jânio Quadros era de uma nau em mar proceloso, sem rumo claramente definido. Em sua carta ao presidente Kennedy, Quadros referira-se ao "plano quinquenal" de seu governo, mas, passados seis meses, não se havia reunido nenhum grupo para debater as possíveis diretrizes desse plano. A resolução 204 podia ser interpretada como elemento de uma política de estabilização no sentido de retorno à unidade das taxas de câmbio e de eliminação de subsídios. Para levar adiante essa política, seria necessário o entendimento com o Congresso, posto que peça essencial da mesma seria uma reforma fiscal capaz de proporcionar ao governo meios para prosseguir com o esforço de investimento em que o país se havia engajado.

OBRA AUTOBIOGRÁFICA

O presidente multiplicava as iniciativas. Falou-se algum tempo que ele convidaria Rômulo de Almeida para organizar sua assessoria econômica. A escolha não poderia ser mais acertada, dada a competência e a experiência de Rômulo, que fora chefe da brilhante assessoria econômica do segundo governo Vargas, havendo sido anteriormente o principal assessor de Roberto Simonsen e Euvaldo Lodi, os dois líderes de mais descortino que a classe industrial brasileira produziu até o presente. Mas esse convite não se concretizou. Cândido Mendes, professor de ciências políticas, que assumira um posto de assessor de Quadros, começou a envidar esforços para esboçar um plano. Mais de uma vez, presenciei o presidente dar-lhe instruções pelo *tele- -speaker* para que incluísse no futuro plano este ou aquele projeto. Eu tinha o sentimento de que ele o fazia para impressionar o político presente, que lhe formulara o pedido. O plano elaborado por aquele método não seria mais que um rol de pré-projetos de obras. Também é possível que aquelas ordens à distância não fossem para ser tomadas a sério, tendo sido o professor Cândido Mendes adrede advertido.

Com frequência, o presidente agia de forma a desorientar as pessoas, quiçá para submetê-las mais facilmente a seus desígnios. As relações do governo com a alta hierarquia da Igreja católica foram, a esse respeito, exemplares. Quadros permitiu que se criasse um clima de desentendimento, e mesmo de conflito verbal, com alguns hierarcas, em particular com o núncio apostólico. Quando o clima parecia mais tenso, o presidente convocou-os a Brasília. Era como se desejasse precipitar aquilo que os norte-americanos gostam de chamar de um *show down*. Criou-se uma grande expectativa no país, cujos reflexos eram perceptíveis no próprio Palácio do Planalto, onde por acaso eu me achava no exato momento em que se daria o encontro presidencial com os dignitários da Igreja.

Não sei por que razão, estes foram reunidos em sala muito distante de onde se encontrava o presidente. Em vez de recebê-los, como de costume, nas dependências de seu gabinete, Quadros decidiu caminhar até onde estavam os prelados, e o fez de forma tão contundente que o ruído causado por seus sapatos ressoava ao longe, o que pareceu dar um tom extremamente agressivo à sua aproximação. Percebi que a tensão entre os prelados era grande, e que aumentava com o staccato daquelas passadas que se aproximavam. Enfim, abriu-se a porta e apareceu o presidente, com o rosto tenso. Seus olhos circularam, para fixarem-se no hierarca mais graduado. Caminhou então em passos rápidos para ele e precipitou-se de joelhos a seus pés, beijando- -lhe as mãos. Era como se houvesse esticado a corda ao máximo para soltá-la abruptamente.

Quando Quadros me falou da aprovação do Plano Diretor por decreto (se não prosseguiu com a conversa, foi, certamente, em razão de minha perplexidade), muito possivelmente refletia sobre alternativas de cenários para uma confrontação com o Congresso. Este estava debilitado, em consequência do traslado para Brasília. Dificilmente se obtinha número para tomar decisões. A inoperância resultante era interpre-

A FANTASIA DESFEITA

tada pelo presidente como hostilidade a seu governo. Esse estado de confrontação tácita teria de conduzir a um impasse. Enquanto este não se produzia, a máquina do governo perdia eficácia. O contraste era chocante entre um presidente que multiplicava iniciativas verbais, criando um clima generalizado de expectativa na população, e uma máquina administrativa semiparalisada.

A Sudene gozava de situação particular, pois ali nada sofrera solução de continuidade, mas se desvanecia a esperança de conseguir a aprovação do Plano Diretor. Em 23 de agosto, despachei longamente com o presidente, aproveitando para fazer um *tour d'horizon* da situação no Nordeste, onde a política já fervia em função das eleições do próximo ano. Ele aprovava com entusiasmo a linha que eu seguia de não permitir que disputas partidárias interferissem no trabalho que realizávamos. Quando nos despedimos, ele me tocou no braço de forma afetiva e disse: "Celso, conserve essa pureza". Algumas horas depois, quando me preparava para tomar o avião para o Recife, recebi um chamado urgente do Planalto: o presidente desejava falar comigo. Cheguei a seu gabinete o mais rápido que pude, preocupado em não perder o voo. O chamado me causara espécie, porquanto havíamos esgotado a agenda pela manhã, e algum ponto que nos tivesse escapado ele poderia tratá-lo pelo telefone. Quando me recebeu, limitou-se a dizer: "Recebi um convite de Kennedy para visitar os Estados Unidos. Aceitei-o e desejo que você me acompanhe. Será antes do fim do ano. Vá pensando no assunto".

Dois dias depois, estava em meu gabinete, no Recife, quando alguém entrou correndo com a notícia de que o presidente renunciara, deixara Brasília e fora para São Paulo. Minha reação imediata foi de estupor, em dúvida se estava em vigília ou sonhando. À medida que as informações chegavam, fui tomado de enorme pasmo, invadido por um aturdimento. Veio-me ao espírito que naquela segunda entrevista ele pretendera me dizer algo, mas relutara e saíra com a notícia do convite de Kennedy, o qual chegara às suas mãos um mês antes. Dessa forma, quiçá me tenha privado da chance de tentar influir em sua decisão.

Em minha entrevista com o presidente Kennedy, quarenta dias antes, este demonstrara desejo de responder à carta do presidente Quadros de forma que eu pudesse ser portador da missiva. Como alguém observasse que eu viajava no dia seguinte, ele concordou em que a resposta seguisse por via diplomática. Dez dias depois (25 de julho), o embaixador Moors Cabot visitava o presidente Quadros para entregar-lhe uma carta de Kennedy, a qual continha o convite para ir aos Estados Unidos. A reação de Quadros foi entusiasta, conforme se veio a saber posteriormente, com a divulgação do relatório feito pelo embaixador Cabot para o governo norte-americano. Ele expressou o desejo de permanecer três dias em visita oficial a Washington e de, em seguida, viajar pelos Estados Unidos dirigindo seu próprio veículo, detendo-se em San Francisco e em Los Angeles. Isso leva a pensar que Quadros incluía em seus planos futuros a ideia de projetar-se nos Estados Unidos, ganhando a

317

OBRA AUTOBIOGRÁFICA

simpatia da opinião pública desse país, única explicação para o propósito de despren-
der-se dos circuitos oficiais e manter contatos diretos com a população, atraindo a
atenção dos grandes meios de informação. Pretendia dirigir-se tanto aos líderes como
ao povo norte-americano, construindo-se uma imagem de estadista em quem os
Estados Unidos poderiam confiar. A condecoração de Ernesto "Che" Guevara — episódio ocorrido quando já havia recebido o convite de Kennedy para ir aos Estados
Unidos —, bem como outros atrevimentos que haviam desnorteado o pouco arguto
Moors Cabot, inseria-se nesse quadro. Como na entrevista com os prelados, o último
ato seria de tanto mais efeito quanto mais tensa houvesse estado a corda.

APROVAÇÃO DO I PLANO DIRETOR PARA O DESENVOLVIMENTO DO NORDESTE

O período de turbulência que se seguiu à renúncia do presidente da República
prolongou-se por alguns meses. A perplexidade era geral. Os ministros militares, que
se instituíram em junta improvisada, não haviam sido os menos perplexos, sendo
apropriadamente acoimados pelo homem da rua de "Três Patetas". A opinião dos
norte-americanos, que foram informados da renúncia antes que a notícia desse
evento fosse divulgada no Brasil, conforme documento da CIA posteriormente dado a
conhecer, era de que Quadros saíra para voltar com mais força. "Fidel Castro renun-
ciou com esse objetivo uma vez, e Perón, mais de uma vez", consta do referido documento. O certo é que o vice-presidente estava do outro lado do mundo, e logo ficou
claro que o processo não era reversível dentro do quadro institucional existente.

Com o jogo perigoso que vinha praticando, Quadros comprometera a confiança da direita, e sem o apoio desta não haveria ativação de forças militares a seu
favor. Carlos Lacerda certamente havia percebido essa deslocação das forças que
apoiavam Quadros, e procurou de imediato ocupar o espaço que ele alienava sem o
saber. Quadros parece haver excluído a hipótese de que as forças de direita o abando-
nassem em época de aguda intranquilidade social, tanto mais que a opção era ter,
como presidente, João Goulart, político comprometido com o que lhes parecia ser o
pior da herança getulista.

Ademais, Quadros subestimara o papel da classe política, que dele vinha merecendo tantas afrontas. Que praticamente não existissem partidos políticos entre nós
não significava que o exercício da política estivesse em mãos de amadores. O que foi
feito pela classe política brasileira após o verdadeiro imbróglio criado por Quadros
com sua renúncia é obra de alto virtuosismo, que arrancou aplausos na esfera internacional. Tudo se compunha para que o país devesse escolher entre o regresso do
renunciante e uma ditadura, que transitaria ou não por uma guerra civil. Para surpresa geral, produziu-se uma metamorfose no sistema de governo, que modificou os
dados do problema, abrindo caminho a uma solução que, se bem que não tenha satis-

A FANTASIA DESFEITA

feito a nenhum dos contendores, permitiu ao país preservar a ordem constitucional e recuperar a normalidade política.

Jânio Quadros, fora desencadear o processo, nenhuma influência teve no desenrolar dos acontecimentos, o que confirma sua total desvinculação da classe política e a pouca profundidade de sua implantação nas forças de direita que tradicionalmente o apoiavam. Um enorme carisma permitiu-lhe manipular os segmentos sociais mais variados, sem contudo plantar raízes em nenhuma parte, em razão de sua incapacidade como organizador político.

O parlamentarismo, implantado como expediente político, provocou uma dispersão do poder. À diferença do presidente do passado, cuja eleição direta por prazo determinado o colocava acima dos partidos, como chefe da nação, o primeiro-ministro atuava dentro de um espaço definido pelas alianças políticas que o apoiavam no Congresso. É certo que a vida parlamentar foi vitalizada, o que permitiu retomar a discussão do nosso Plano Diretor, finalmente aprovado (lei n. 3995, de 14 de dezembro de 1961) em sua primeira fase, referente ao ano de 1962. Mas também era verdade que o envolvimento partidário do chefe do governo (o primeiro-ministro) facilitava o estilo de política que havia feito a força da Sudene.

A lei do Plano Diretor proporcionou recursos para que levássemos adiante a execução de um conjunto considerável de projetos nos setores de eletrificação, transportes, hidrologia, reconstrução da economia agrícola, industrialização, saneamento básico, silagem e armazenagem, estocagem de alimentos para emergência de seca, aproveitamento de recursos minerais, educação de base, colonização, perfuração de poços e levantamento cartográfico — tudo reunido em doze anexos ao texto da lei. Ademais, esta completava a construção legal da Sudene em pontos essenciais. Já no artigo 3º, introduzia o princípio da aplicação de recursos com vigência plurianual. Instituía a Sudene como órgão fiscalizador no caso de delegação da execução das obras e a fazia membro, com direito de voto, do conselho da Superintendência da Moeda e do Crédito (Sumoc), da Comissão de Financiamento da Produção e do Conselho de Política Aduaneira. Também facultava à Sudene "promover a organização, a incorporação ou a fusão de sociedades de economia mista, para execução de obras de interesse do desenvolvimento do Nordeste, assim como a prestação de assistência técnica, contábil ou administrativa a entidades estaduais ou municipais responsáveis pela execução de serviços de importância básica para aquele desenvolvimento". Por último, instituía o sistema de incentivos fiscais a que fizemos referência.

Era uma nova época que se abria para o Nordeste. O Plano incluía, para realização em 1962, cerca de cem obras rodoviárias e outras cem no setor de eletrificação (principalmente linhas de transmissão e estações correspondentes), todas elas já projetadas, devendo sua execução ser objeto de convênios com órgãos federais e estaduais. O conselho deliberativo, que passou a incluir o governo de Minas Gerais,

OBRA AUTOBIOGRÁFICA

adquiriu uma considerável importância, porquanto todas as discriminações de verbas deveriam ser por ele aprovadas.

Alguns governadores, nessa época já preocupados em fazer o seu sucessor, pressionavam de uma ou outra forma a Sudene para obter recursos. A saída habitual era reconhecer a existência da *seca* e decretar o estado de emergência em certas áreas. As chuvas se atrasavam em 1962 e isso era o suficiente para que fossem desencadeadas campanhas na imprensa apresentando um quadro calamitoso em certas regiões. Mas, por essa época, já dispúnhamos de um dispositivo para agir a tempo e ordenadamente. Decidimos reconhecer o estado de "seca parcial" em áreas perfeitamente delimitadas, abrindo frentes de trabalho e pagando parte dos salários em alimentos, particularmente feijão, arroz e carne-seca. Os dados pluviométricos não autorizavam a falar propriamente de seca, mas se configurava o consabido quadro de miséria causado por irregularidades mais acentuadas na precipitação.

Em certa ocasião em que eu inspecionava, acompanhado de alguns técnicos, uma área onde haviam sido abertas umas frentes de trabalho, choveu copiosamente. Os jornais publicaram fotos de minha comitiva abrigando-se da chuva em plena "seca", o que contribuiu para desarmar os que pressionavam a fim de ampliar a "área flagelada".

A verdade é que o clima político geral se modificara, generalizando-se a intranquilidade a partir da renúncia estapafúrdia do presidente da República. Tudo era interpretado, em certos círculos, como ameaça à ordem social. O governador de Pernambuco, que ajudara Miguel Arraes a eleger-se prefeito do Recife, pretendia agora barrar-lhe o passo na conquista do governo do estado. Na distribuição de verbas para a construção de chafarizes, considerei que devia ser dada prioridade aos projetos das municipalidades, posto que se tratava de obras que exigem contato muito direto com as populações de mais baixa renda. O governador, cuja visão da coisa pública sempre me merecera respeito, argumentou que os chafarizes, mais do que qualquer outra coisa, tinham um valor político. Eu estaria, portanto, favorecendo seu adversário. Essa pequena história, que pode parecer simples detalhe, serve para dar uma ideia da modificação que estava ocorrendo no conselho deliberativo, reflexo da dispersão do poder na cúpula do governo.

Em abril, aceitei um convite para visitar a feira internacional de Hanover, o que me permitiria tomar contato com o governo da Alemanha Federal, de onde me haviam acenado com um programa de ajuda técnica e financeira. A viagem foi infrutífera. O comportamento dos alemães parecia revelar total perda de sensibilidade para o que ocorria no exterior. Era como se dissessem: isso é da responsabilidade dos países que ganharam a guerra, que cultivam suas esferas de influência. Estavam concentrados na recuperação da economia do país, e a forma ríspida como falavam deu-me a impressão de que a história recente continuava a traumatizá-los. Abreviei minha estada e regressei ao Brasil.

320

No Rio de Janeiro, encontrei uma mensagem urgente de Virgílio Távora, então ministro da Viação, dizendo que desejava falar comigo. Recebeu-me em sua residência particular na Zona Sul, de maneira cordial, forçando a intimidade, o que lhe era habitual. Olhos voltados para cima, como num delíquio, com miradas de esguelha, desenvolvia circunlóquios. Falou da importância do trabalho realizado pela Sudene, das dificuldades de fazer qualquer coisa no Brasil. Eu o observava, buscando captar a direção da conversa. A certa altura, disse:

> Você precisa compreender que o cargo que ocupa tem grande importância política, muita gente depende, no Nordeste, do que você faz. Vou ser franco. Um governo necessita de apoios políticos. Temos pela frente o desafio de uma eleição. [Ele, Virgílio, era candidato ao governo do Ceará.] As pressões são enormes para que o primeiro-ministro interfira na Sudene. Estou falando em nome dele e dos ministros nordestinos. Quero que você compreenda.

Veio-me um calafrio. Agora que havia conseguido o Plano Diretor, que começava a pôr as coisas para andar, recebia aquela mensagem. Era escolher entre ceder parte dos recursos da Sudene para ser queimados na campanha eleitoral e botar o chapéu na cabeça e ir embora. Disse: "Virgílio, você me conhece, e sabe que não será comigo na superintendência que a política da Sudene será mudada. Entendo a mensagem. Vou-me embora". E nos despedimos.

Minhas relações com Tancredo Neves, primeiro-ministro, eram cordiais, mas formais. Como Minas Gerais, seu estado, passara a integrar o conselho deliberativo da Sudene, ele começara a preocupar-se em seguir mais de perto o que se fazia nessa região. Não havia muito, eu tivera a oportunidade de redigir, a seu pedido, um discurso que ele aprovara na íntegra, no qual se expunha o alcance da política que executava o governo no Nordeste, com rara continuidade no país. Eu escrevera o texto pensando em conquistá-lo para nossa causa, consciente de sua influência na classe política. Ali se dizia:

> O Parlamento Nacional, ao criar a Sudene, realizou uma autêntica reforma de base. Em primeiro lugar, superou a dicotomia Estado-União, no que respeita a política de obras públicas. Essa dicotomia é menos acentuada no sul do país, onde as unidades federativas são particularmente grandes. No Nordeste, ela tem tido consequências nefastas, impedindo a unificação do mercado regional. O desenvolvimento industrial tem sido particularmente prejudicado pela compartimentação do território regional. A Sudene trouxe para uma mesa de trabalho os responsáveis pelas administrações estaduais, possibilitando entendimento entre eles e os responsáveis pelos investimentos federais. Outro ponto em que se pode falar de reforma de base diz respeito à articulação dentro do próprio governo federal, tanto no que respeita a

OBRA AUTOBIOGRÁFICA

obras públicas como no que concerne à política geral de desenvolvimento. Com efeito, a Sudene, a quem cabe a supervisão no Nordeste de toda a ação do governo federal, imprimiu a este uma unidade de direção que se traduz em muito maior eficácia. E não se trata apenas de obras públicas. Talvez ainda mais importante foi atribuir a um mesmo órgão a responsabilidade de administrar incentivos fiscais, creditícios e cambiais. Temos neste país clara consciência de que a evolução administrativa está longe de corresponder aos requerimentos das funções do governo em suas novas responsabilidades como promotor do desenvolvimento econômico. Também a lei da Sudene foi de grande audácia inovadora, permitindo o recrutamento de pessoal técnico no mesmo plano das empresas privadas. Para execução de obras e de estudos, foram igualmente criadas facilidades dentro da moderna técnica de administração.

Depois de apresentar detalhes sobre a atuação da Sudene em várias áreas, concluía: "Com respeito ao Nordeste, não é exagero afirmar que o atual governo dispõe de uma política, do adequado instrumento de trabalho e da vontade de realizar".

Tancredo Neves era homem perspicaz e percebeu minha intenção. Comentou comigo, em nosso primeiro encontro, após haver pronunciado o discurso: "A lição foi bem dada". Mas ele era, acima de tudo, um político manobrando em terreno escorregadio. Virgílio Távora fora contundente. Procurar o primeiro-ministro seria constrangê-lo e dar a impressão de que eu pretendia "explicar-me".

Decidi telefonar ao presidente para informá-lo dos resultados da visita à Alemanha e aproveitar para despedir-me. Comportava-se João Goulart, nessa fase de parlamentarismo, como alguém que entrasse numa sala e não soubesse onde se sentar. Limitava-se a dar a impressão de que estava seguindo os "negócios do Estado". Daí as perguntas que fazia. Convidou-me a visitá-lo imediatamente no Palácio das Laranjeiras. Falamos da viagem e ele riu quando comentei que "o ouro do Reno continua bem escondido". Agradeci as atenções com que sempre me honrara — eu convivia no governo com ele desde a época de Juscelino — e despedi-me dizendo que estava deixando a Sudene. Sua fisionomia, de hábito burlona, fechou-se instantaneamente. "Que é isso? O trabalho que você realiza é da maior importância para o país." Comuniquei-lhe então, sucintamente, a mensagem que havia recebido e limitei-me a acrescentar: "Presidente, estamos em ano eleitoral. A política tem suas exigências". Ele se mantinha carrancudo e disse com desprezo: "Querem fazer da Sudene um balcão de emprego. Para que você saia de lá será preciso duas assinaturas: a do primeiro-ministro e a minha. E a mim, me cortam a mão, mas eu não assino". Tomado de forte emoção, fitei-o nos olhos sem saber o que dizer. Tocou-me no braço e disse, já calmo: "Volte para o Nordeste. Continue seu trabalho". Permaneci mudo e retirei-me.

Essa peripécia, que de forma fragmentária filtrou para a imprensa, reforçou minha posição muito além do que eu pudera desejar. A dispersão do poder, que

322

enfraquecia o governo, não afetava a Sudene. Dispúnhamos de um plano para executar, cujos recursos eram "registrados automaticamente no Tribunal de Contas", conforme estipulara o artigo 3º da lei que o aprovara, e contávamos com o apoio do presidente da República contra interferências político-partidárias. Os poderes do presidente eram limitados, mas suficientes para assegurar a continuidade de nosso trabalho.

A SÍNDROME DE CUBA ENTRE OS NORTE-AMERICANOS

Continuávamos pendentes de entendimentos com os norte-americanos, de quem esperávamos apoio financeiro. A missão técnica enviada pelo Departamento de Estado concluíra seu trabalho em fevereiro de 1962. A presença do embaixador Merwin L. Bohan, em sua chefia, servira para advertir-me de que os aspectos políticos deveriam primar sobre tudo o mais. As tarefas que tive oportunidade de realizar na América Latina para as Nações Unidas levaram-me a cruzar com ele à frente de outras delicadas operações políticas de seu governo. Homem insinuante, de vasta experiência e falando fluentemente o espanhol, era utilizado pelo Departamento de Estado quando algo verdadeiramente importante estava em jogo. Eu dedicara pessoalmente um tempo considerável à missão, inclusive acompanhando os seus membros em visita à frente de colonização do Maranhão.

Por essa época, executávamos a primeira parte de nosso Plano Diretor e já dispúnhamos de uma equipe de mais de trezentos técnicos. Dificilmente se encontraria em toda a América Latina uma instituição atuando no campo do desenvolvimento econômico tão bem apetrechada e com tanto apoio de opinião pública como a nossa. Estava convencido de que preenchíamos todos os requisitos da chamada Carta de Punta del Este, doutrina básica da Aliança para o Progresso. Imaginara que a missão viria para fazer uma avaliação in loco de nossa capacidade de ação e decidir sobre o montante do apoio a nos dar.

Para surpresa minha, o relatório apresentado propôs uma política alternativa de espírito diverso da que estávamos executando. Iniciava com um chamado "programa de curto prazo", constituído de um conjunto de projetos destinados a obter forte impacto de opinião pública. Alguns desses projetos estavam contidos no nosso plano, mas como parte de uma ação ampla e não como simples operações de fachada. Em primeiro lugar, figurava um programa de implantação de chafarizes nas zonas de favelas e mocambos das grandes cidades, incluindo perfuração de poços onde não houvesse água encanada. Em seguida, aparecia um programa de instalação de "casas do trabalhador" na região canavieira e noutras áreas rurais densamente povoadas, utilizando-se para esse fim construções populares, onde os trabalhadores obteriam "informações sobre emprego, relações de trabalho, serviços de saúde, distribuição de

OBRA AUTOBIOGRÁFICA

alimentos, facilidades educativas". A ideia era transformar tais centros em pontos de reunião de "organizações trabalhadoras de boa-fé". O terceiro ponto referia-se à organização de "unidades geradoras móveis", no quadro de um programa de eletrificação rural. O quarto era um projeto de apoio à educação elementar, com fornecimento de "filmes educacionais". Finalmente, falava-se de prover um "número substancial de unidades móveis de saúde", como "programa de impacto a curto prazo" que deveria contar com a cooperação de médicos norte-americanos ou recrutados em outros países, "tais como França, Bélgica e Holanda".

Todos esses projetos deveriam estar visualmente ligados à Aliança para o Progresso. Seriam "chafarizes da Aliança para o Progresso", "casas do trabalhador da Aliança para o Progresso", "centros de saúde da Aliança para o Progresso". Havíamos lutado contra "projetos de impacto", superficiais, que visavam desviar a atenção do que era realmente importante. Assim, no campo da saúde nada nos parecia mais contraproducente do que as unidades de elevado custo de operação equipadas com pessoal de altos salários. Quarenta por cento da mortalidade infantil na região tinha como causa a poluição da água, o que nos induziu a dar absoluta prioridade aos investimentos em serviços de abastecimento de água. As "unidades de saúde móveis" criariam a ilusão de melhoria, além de alimentar expectativas de acesso a uma medicina cara, ao passo que as obras sanitárias introduziam mudanças permanentes.

Saltava aos olhos que as "casas do trabalhador" eram uma tentativa para esvaziar as Ligas Camponesas, nas quais víamos um esforço de organização dos trabalhadores, portanto algo positivo. A verdade é que a síndrome de Cuba impedia os norte-americanos de ver a realidade. Era natural que os jornalistas carregassem nas tintas e apresentassem à opinião pública norte-americana Julião como um novo Fidel Castro. Mas quem tomava contato com a realidade logo percebia que o movimento camponês do Nordeste era um protossindicalismo de reivindicações sobremodo modestas.

Quando Edward Kennedy, irmão mais moço do presidente Kennedy, visitou o Nordeste, preocupei-me em levá-lo à sede das Ligas, e ele, em contato direto com os líderes destas, reconheceu o sentido positivo do movimento. Emocionado, fez a doação de um pequeno gerador à comunidade, mostrando-se surpreendido com a cordura daquela gente.

Numa região onde a polícia agia arbitrariamente, a serviço dos senhores de terras, e estes mantinham milícias paramilitares, as nascentes organizações sindicais camponesas deviam ser vistas como elemento promotor do progresso social. À pergunta de um jornalista norte-americano se a Sudene era um remédio contra as Ligas, respondi: "A Sudene é uma tentativa para solucionar o problema do desenvolvimento. As Ligas são uma tentativa do trabalhador agrícola para organizar-se, e como tal não podem ser combatidas. A Sudene pode ser um remédio contra a exploração das Ligas pelos demagogos". Edward Kennedy concordou, e nos concitou a continuarmos agindo naquela direção. A outro jornalista norte-americano que perguntou

A FANTASIA DESFEITA

se o Nordeste era um vulcão prestes a entrar em erupção, respondi: "Creio que o Nordeste, neste momento, é mais uma advertência do que um vulcão".

Surpreendeu-me que os membros da missão Bohan, que certamente haviam sido amplamente assessorados por agentes da CIA, não compreendessem quão contraproducente seria encher o Nordeste de tabuletas da Aliança para o Progresso, alardeando pequenas obras de fachada. E, principalmente, não percebessem que, enveredando por esse caminho, a Sudene perderia credibilidade, o seu principal capital, e atrairia contra si os ruidosos movimentos da opinião progressista.

Um relatório de subcomissão da Comissão de Relações Exteriores da Câmara dos Deputados dos Estados Unidos, a qual visitou o Nordeste posteriormente, deixa bem claro que as autoridades norte-americanas se consideravam com o direito de contrapor-se e sobrepor-se às autoridades brasileiras (no caso, a Sudene) para alcançar seu objetivo de "deter a subversão no hemisfério". Aí se afirma:

> De início, ficou claro que o órgão brasileiro responsável pela implementação do programa do Nordeste, Sudene, estava em desacordo básico com os Estados Unidos. A Sudene manteve uma teoria de desenvolvimento econômico diferente da adotada pelos Estados Unidos. A Sudene não acreditava que a chave para melhorar a produção era conseguir melhor saúde, melhores escolas e melhores condições sociais, mas sim que os problemas sociais eram resultado da baixa renda e que o ataque adequado a tais problemas consistia em elevar a renda. Não era interessante para os Estados Unidos permitir que a recalcitrância de um grupo de burocratas bloqueasse os esforços no sentido de ocupar-se com os sérios problemas dali.

Dessa forma, eles se consideravam com o direito de impor sua doutrina, atropelando-nos, se necessário.

Dentro desse espírito, foi criada uma "missão de operações dos Estados Unidos no Brasil", com forte implantação no Nordeste, a qual se encarregou de levar adiante o programa que eles mesmos haviam traçado. Como nós insistíssemos em dar prioridade ao que estava em nosso Plano Diretor, aprovado pelo Congresso, o chefe local da missão de operações estabeleceu contato com os governos estaduais, alguns dos quais reagiram com entusiasmo à possibilidade de obter recursos fora da disciplina imposta pela Sudene. É revelador das preocupações dos que dirigiam a "missão das operações" em que se transmudara a Aliança para o Progresso o fato de que um dos primeiros programas de assistência técnica que ofereceram aos governos estaduais — o governo de Pernambuco logo o aceitou — tinha como objetivo "modernizar e equipar as polícias civis", o que lhes permitiu ter acesso ao fichário destas e, conforme pôde constatar posteriormente o jornalista norte-americano Joseph Page, infiltrar-se em seu corpo de agentes.

Por essa época, o sr. John Dieffenderfer, chefe do escritório da Aliança para o

Progresso no Nordeste, atacou abertamente a Sudene em entrevista à revista *Newsweek*, afirmando que seu programa estava "de pés e mãos atados ao órgão do governo brasileiro (Sudene), o qual parece estar deliberadamente arrastando os seus passos, possivelmente por fortes sentimentos antiamericanistas".

Havíamos lutado duramente para impor um planejamento coerente e submeter as iniciativas dispersas dos governos estaduais a diretrizes orientadas para a integração regional. É natural, portanto, que resistíssemos às ingerências de uma agência de um governo estrangeiro que pretendia sobrepor sua doutrina e suas prioridades a uma política tecnicamente consistente, democraticamente concebida na região e sancionada pelo Congresso Nacional.

Surgiu desde o início o problema de evitar que os governos dos estados competissem, permitindo que a agência norte-americana, fonte de recursos, pudesse exercer o direito de cooptação entre eles, premiando uns e punindo outros. Essa questão se apresentou com gravidade quando houve a sucessão dos governadores. Foi flagrante a preocupação dos norte-americanos de influenciar as eleições, particularmente em Pernambuco, assim como seria notória sua mudança de comportamento, com respeito ao governo desse estado, quando o usineiro Cid Sampaio foi sucedido pelo "esquerdista" Miguel Arraes. Assim, do projeto de financiamento de obras rodoviárias que havíamos apresentado, eles excluíram três estradas (fundamentais para a integração regional), aparentemente porque seriam construídas pelo governo do estado de Pernambuco. Observei que a Sudene utilizava a capacidade técnica dos departamentos estaduais de estradas de rodagem para a construção de estradas, mas que o plano rodoviário havia sido concebido para beneficiar toda a região. Não podíamos aceitar a discriminação contra este ou aquele estado.

Outro problema dizia respeito à excessiva interferência da agência norte-americana na execução das obras e na utilização futura dos bens comprados com os recursos emprestados. Assim, em um projeto de contrato de financiamento para a compra, nos Estados Unidos, de um conjunto de geradores diesel-elétricos destinados a servir à cidade de Fortaleza — aliviando-a enquanto era construída a linha de transmissão de Paulo Afonso —, foi introduzida uma cláusula estipulando que qualquer utilização futura desse equipamento, que pertencia à Sudene, ficaria na dependência de decisão de autoridade norte-americana. Cláusulas idênticas deveriam ser aplicadas no caso de financiamentos para importação de equipamento rodoviário, de irrigação ou qualquer outro. Era como se pretendessem introduzir miríades de ataduras aos órgãos operacionais da Sudene, que no futuro, para tomar qualquer decisão envolvendo parte de seu equipamento de trabalho, deveria pedir autorização por escrito e submeter-se a sindicância e auditoria.

Partira do princípio de que a Aliança para o Progresso, sob a liderança de Kennedy, iniciava uma nova era em nossas relações com os Estados Unidos, fundadas na confiança. Quando assinamos o primeiro convênio, em maio de 1962, afirmei que

A FANTASIA DESFEITA

"estava em processo uma modificação significativa na visão que se tinha, no Nordeste, dos Estados Unidos e de seu papel na criação de um mundo em que teremos de viver todos no amanhã". A prática estava demonstrando que não havia confiança. Nós éramos vistos como parte do problema, e não da solução. A grande torpeza que fora a operação da baía dos Porcos, em Cuba, fazia-os comportar-se com a arrogância de pessoas colhidas em falta. Dessa forma, tornaram-se também eles — os dirigentes locais da agência responsável pela Aliança — um problema adicional para nós.

UM NOVO QUADRO SOCIAL

Éramos apontados por alguns governadores como obstáculo à liberação dos recursos que estariam oferecendo os americanos. O jornalista Assis Chateaubriand fez ampla campanha nesse sentido. O governador da Guanabara, Carlos Lacerda, indigitou-me à opinião pública nacional como "sabotador da Aliança para o Progresso", qualificando-se por esse meio para receber recursos dos norte-americanos, aliás substanciais. Nessa época, chegou ao auge a campanha de difamação orquestrada contra mim. A revista de maior circulação nacional, *O Cruzeiro*, lançou uma série de reportagens ilustradas para denunciar a "trama comunista" no Nordeste. Em letras garrafais: "Sinal vermelho. Fome não conta para o marxista Celso". E cuspia conhecidas sandices forjadas nos "serviços de segurança": "Compareceu à União Soviética para a fundação do Kominform" etc. etc. A acusação central era sempre a mesma: a Sudene não estaria interessada em atacar de imediato o problema da fome. A tese subjacente, recém-descoberta, era de que uma subversão causada pela miséria e pela fome era iminente. Cabia apagar esse incêndio antes de pensar em construir qualquer coisa. Era a tese do programa de choque dos americanos, que nos parecia fundar-se numa visão catastrofista ingênua, nascida da síndrome de novas Cubas.

Meu decidido esforço visando criar uma nova imagem dos Estados Unidos no Nordeste, em especial minha visita a Washington para concitar as autoridades norte-americanas a participar do trabalho que realizava o governo brasileiro a fim de resgatar a região da grave situação em que se encontrava, valera-me as críticas mais acerbas da extrema esquerda. O *Semanário*, órgão ligado ao Partido Comunista, enfeitou sua primeira página com letras de uma polegada de altura: "Mister Celso Furtado, o novo agente de Wall Street". Uma grande fotografia de flagelados nordestinos trazia como legenda: "Com a miserável colaboração de Mister Celso Furtado, caixeiro de Wall Street, além da fome, serão escravos dos ianques". Por outro lado, continuava o matracar da bancada da indústria da seca, sem desfalecimento, no Congresso. O senador Argemiro de Figueiredo perorava, com grande repercussão na imprensa: "É preciso tranquilizar o Nordeste e mudar o rumo subversivo da Sudene".

Essa violência verbal inseria-se num clima de intranquilidade social que não é

327

OBRA AUTOBIOGRÁFICA

fácil captar à distância no tempo. Manifestando-se um pouco por todo o Nordeste, essa intranquilidade chegava ao paroxismo na zona úmida de Pernambuco, onde se encontra encravada a cidade do Recife. Muitos fatos contribuíram para isso. Em primeiro lugar, a densidade de uma população rural aglomerada nos arredores de núcleos urbanos, onde a informação circula mais facilmente. A miséria dessa população vinha se agravando à medida que os senhores do açúcar a privavam de terra para o cultivo de subsistência. De um lado, estava a obtusidade córnea da classe de proprietários rurais, com uma mentalidade que deitava raízes no passado escravista secular. De outro, emergiam líderes políticos que se aplicavam em ativar forças eleitorais até havia pouco confinadas em currais que se desmoronavam.

Essa numerosa população, vivendo nas proximidades da capital do estado, estava preparada para romper os grilhões e assumir a cidadania. Dela dependia, em boa medida, a eleição do governador do estado, cargo monopolizado tradicionalmente por representantes da oligarquia latifundiária. Daí a significação excepcional que teve a eleição de 1962 para governador, da qual emergiu vitorioso um candidato apoiado pelas forças populares, Miguel Arraes.

A modificação do quadro social havia sido rápida. O ruído em torno das Ligas Camponesas, ampliado a partir de 1959 pela síndrome de Cuba, contribuíra para conscientizar a massa secularmente adormecida. A reação mais articulada foi a da Igreja católica, que atuou em dois planos. Como tropa de choque, foi lançado o padre Antônio Melo, um sergipano temperamental — visto por uns como místico, e por outros, como histrião histérico —, que assumiu, em 1961, a freguesia do Cabo, em plena zona canavieira de Pernambuco. A Igreja católica fora tradicionalmente aliada dos poderosos, mas mantinha uma forte penetração na massa da população rural, particularmente entre as mulheres. A tática do padre Melo consistia em radicalizar as posições de Julião, como se desejasse demonstrar que as palavras, que se perdiam no vento, podiam ser usadas e abusadas. "A terra não produtiva deve ser confiscada e entregue aos camponeses", dizia ele, invocando a "doutrina da Igreja". Como a desapropriação de terras somente seria possível mediante o pagamento imediato em dinheiro, e seu preço devia ser decidido em justiça, vale dizer, pela própria classe de proprietários, o que dizia o padre Melo servia apenas para "escandalizar" as pessoas que conheciam a verdadeira posição da Igreja, cautelosa e conservadora. Ainda assim, aquelas tiradas demagógicas repercutiam na imprensa e serviam para alimentar o debate, valorizando a massa rural como ativo político.

Enquanto o padre Melo ia roubando espaço a Julião diante das câmeras da imprensa nacional e estrangeira, um homem de sentido prático, hábil organizador, o padre Paulo Crespo, montava uma organização que seria a base principal da sindicalização da massa rural na Zona da Mata Pernambucana. O ponto de partida dessa operação foi o Serviço de Orientação Rural de Pernambuco (Sorpe), que formava líderes camponeses e encorajava a organização de cooperativas. "As Ligas", dizia o

328

A FANTASIA DESFEITA

padre Crespo, "são insuficientes, pois se assemelham a sociedades de beneficência. É preciso ir mais longe." Posteriormente, ficaria comprovado que o padre Crespo foi assessorado e financiado (quiçá sem o saber), no seu movimento cooperativista, pela CIA. A verdade é que os americanos seguiam de perto essa contenda pelo controle das massas camponesas e apoiaram, em 1962, sem muitos rodeios, o candidato da UDN, ligado à classe açucareira, ao governo do estado de Pernambuco.

À medida que foi se tornando claro que a massa camponesa caminhava para a sindicalização, o Partido Comunista começou a tomar posição na disputa. Graças à competência do velho lutador Gregório Bezerra, ex-sargento do Exército e deputado federal constituinte em 1946, a região de Palmares, onde se concentra a população mais pobre da área açucareira pernambucana, emergiu como zona de influência desse partido.

Sem lugar a dúvida, foi essa agitação política na zona açucareira do Nordeste que levou o Congresso Nacional, em março de 1963, a aprovar o Estatuto da Terra, o qual especificava os direitos e benefícios de que passavam a ser titulares os trabalhadores rurais e formalizava os direitos e responsabilidades dos sindicatos do campo. Deu-se, então, a corrida para a sindicalização e pelo controle político dos sindicatos. É verdade que leis sociais somente eram aplicadas no Nordeste com restrições e a passo de cágado. A explicação dos empresários era sempre a mesma: se temos de aplicar as leis sociais, em particular pagar salário mínimo, seremos forçados a fechar a fábrica. Um débil sindicalismo, acossado por um enorme "exército de reserva" de trabalhadores subempregados, curvava-se docilmente diante desse tipo de argumento.

O que ocorreu de novo e fez de 1963 um marco na história social do Nordeste foi que a disputa pelo controle político da massa que se sindicalizava ativou a consciência de classe desta. Miguel Arraes, que acabava de assumir o governo de Pernambuco, percebeu a potencialidade do quadro político emergente e assegurou a aplicação imediata da nova lei. Para isso, foi bastante retirar o apoio policial que dava impunidade aos latifundistas. As Forças Armadas federais mantinham-se afastadas da confrontação político-social graças à ação do general Jair Dantas Ribeiro, que assumira o Ministério da Guerra em junho de 1963. A conjugação da mobilização dos trabalhadores, rapidamente sindicalizados, com a decisão de Arraes de aplicar a lei recém-promulgada criou a sensação generalizada de que mudanças de grande alcance, uma quase revolução, estavam em curso em Pernambuco.

Para a direita, era como se o mundo estivesse virando de pernas para o ar. Como sempre ocorre quando muitos parâmetros são alterados, os atores diretamente envolvidos fizeram dos acontecimentos uma leitura distorcida, que permitia deduzir o que lhes convinha. Do lado da direita, o pânico servia para legitimar a preparação do golpe. O número de técnicos da missão norte-americana chegou a 133, o que chamava a atenção de muitos de nós. Tomei conhecimento, por essa época, de que os pedidos de vistos nos consulados do Brasil para cidadãos norte-americanos

OBRA AUTOBIOGRÁFICA

com destino ao Nordeste cresceram brutalmente. Aparentemente, a direita fizera sua opção: dar um basta ao avanço das forças sociais. E contava com apoio externo.

Do lado da esquerda, prevalecia a ideia de que as massas organizadas estavam ocupando novas posições e conseguindo mudar a relação de forças, o que justificaria radicalizar as confrontações.

As duas leituras eram vesgas, pois o que estava ocorrendo era a incorporação ao processo político de importantes segmentos da população ainda vitimada pelas sequelas do escravismo. Ora, essas leituras distorcidas da realidade induziam a comportamentos irracionais, cujas graves consequências não era difícil apreender.

Anteriormente, eu percebera o risco desses desvios e procurara intervir no debate com um ensaio, cujo objetivo era contribuir para desarticular a sinistra engrenagem que estava conduzindo a uma alienação crescente nos dois lados da contenda, todos limitando-se a dizer o que queriam ouvir e a só ouvir o que eles mesmos diziam. De forma provocativa, intitulei o ensaio "Reflexões sobre a pré-revolução brasileira". O objetivo era desmistificar o que a direita chamava de "marxismo" e mostrar às esquerdas que existia uma contradição entre os fins que ela colimava e os meios que tendia a preconizar para alcançá-los. Vou transcrever a parte essencial desse trabalho a fim de que se possa melhor captar o clima que então prevalecia, marcado por um desejo de participação e por uma grande confiança na capacidade que tinha o país para enfrentar os problemas criados pelo próprio desenvolvimento. Como o essencial do debate se dava na imprensa do Centro-Sul, coloquei os problemas em termos nacionais. O Nordeste era o ponto mais sensível, mas não seria possível pensar em soluções fora do âmbito nacional. Como se verá em seguida, a própria linguagem desse ensaio é reveladora do quadro ideológico então predominante.

Começava observando que entre a juventude se havia generalizado "a consciência de que o país caminha para transformações de grande alcance" e que questões importantes são formuladas com insistência. A primeira delas diz respeito "ao desmedido custo social do desenvolvimento que se vem realizando no Brasil". Grandes massas, particularmente as que trabalham nos campos, nenhum ou quase nenhum benefício daí auferem. Havia um problema de aberrante concentração de renda. Ademais, em razão do "anacronismo da estrutura agrária", o desenvolvimento estava provocando aumento relativo da renda da terra, premiando grupos parasitários. A falta de uma política que preservasse o caráter social da ação do Estado medrava um sistema de subsídios que premiava investimentos supérfluos. "A ampliação e diversificação das funções do Estado não têm sido acompanhadas das necessárias reformas no próprio Estado, aumentando enormemente o coeficiente de desperdício na ação administrativa pública."

Em seguida, afirmava que "muita gente, aqui e fora do Brasil, me tem perguntado por que existe tanta penetração do marxismo na atual juventude brasileira". A resposta é simples, explicava. A consciência de que somos responsáveis pelo que está

A FANTASIA DESFEITA

aí cria um estado de intranquilidade que somente pode ser superado pela ação. Daí a busca de uma filosofia da ação, e o marxismo é uma delas, em qualquer de suas variantes. Mas o que vem a ser esse marxismo? Podemos resumi-lo em uns poucos pontos:

a) o reconhecimento de que a ordem social que aí está funda o bem-estar de uma classe que abriga muitos parasitas e ociosos na miséria de parte da população;

b) o reconhecimento de que a ordem social é *histórica*, portanto mutável; e

c) o reconhecimento de que é possível identificar os fatores estratégicos que atuam no processo social, o que abre a porta à política consciente de reconstrução social.

Esse enfoque conduz a uma atitude positiva e otimista. "Trata-se de um estádio superior do humanismo, reconhecendo que a plenitude do desenvolvimento do indivíduo somente pode ser alcançada mediante a orientação racional das relações sociais."

Devemos entender-nos sobre o que é fundamental e o que é simplesmente operacional. "Por exemplo: não cabe atribuir mais que um caráter operacional à propriedade privada dos meios de produção. A empresa privada é uma simples forma descentralizada de organizar a produção e que deve ser subordinada a critérios sociais."

Quais são os objetivos fundamentais em torno dos quais poderemos nos unir? Esses objetivos devem estar ligados à nossa concepção de vida. Se não os definirmos com clareza, aquilo que é meio para outros povos poderá transformar-se em fim para nós. Assim, a competição Leste-Oeste, que é para as grandes potências um meio de alcançar a dominação mundial, poderá condicionar nossos fins, se a ela nos subordinarmos, embora nada possamos fazer para modificar a relação de forças entre as superpotências. A preservação de nossa autodeterminação é pré-requisito para podermos definir nossos fins, que são "a liberdade e o desenvolvimento econômico".

Definidos os objetivos, como concertar-nos para a ação? "Como prevenir que a luta por objetivos intermediários ou secundários nos faça perder de vista os fins verdadeiros?" A experiência histórica dos decênios anteriores havia criado "a aparência de uma forçada opção, para os países subdesenvolvidos, entre liberdades do indivíduo e rápido desenvolvimento material da coletividade". É feita referência à experiência da União Soviética, que acelerara a acumulação ao mesmo tempo que reprimira as liberdades do indivíduo. "A apropriação dos excedentes agrícolas, destinados a financiar o desenvolvimento industrial, fora feita manu militari, mediante coletivização compulsiva e repressão violenta de toda a resistência." De maneira geral, o rápido desenvolvimento econômico dos países de economia coletiva tem sido acompanhado de restrições, além do tolerável, de todas as formas de liberdade individual. O grave é que, do ponto de vista das massas dos países subdesenvolvidos, esse problema parece não existir. "Não podem compreender o verdadeiro alcance do argumento, porquanto não tiveram acesso às formas superiores de vida pública." O fato é que essas massas sabem o quanto lhes custa o subdesenvolvimento.

331

OBRA AUTOBIOGRÁFICA

Contudo, esse é um falso dilema, pois as ditaduras coletivistas não são mais do que a continuação de regimes autoritários preexistentes — casos da União Soviética, da China, de Cuba — ou foram implantadas por imposição externa. Ademais, o método adotado para implantá-las — o marxismo-leninismo — demonstrou total ineficácia aplicado em sociedades abertas. "O marxismo-leninismo identifica no Estado — que define como 'força especial de repressão' — a ditadura de uma classe, a burguesia." Ali onde o Estado é uma estrutura representativa de várias classes, aquela técnica revolucionária perde eficácia. Mais ainda:

> Baseando-se o marxismo-leninismo na substituição de uma ditadura de classe por outra, constituiria um regresso, do ponto de vista político, aplicá-lo a sociedades que hajam alcançado formas de convivência social mais complexas, isto é, nas modernas sociedades abertas. Esse regresso se traduziria em termos de sacrifício dos objetivos mesmos que antes definimos como essenciais. Ter logrado formas superiores de organização política e social representa uma conquista pelo menos tão definitiva quanto haver atingido altos níveis de desenvolvimento material.

Não se coloca, portanto, a opção entre desenvolvimento e liberdade, pois estes são dois objetivos irredutíveis um ao outro. Ali onde foram alcançadas formas superiores de organização social, "o problema fundamental consiste em desenvolver técnicas que permitem conciliar rápidas transformações sociais e padrões de convivência humana de uma sociedade aberta".

Considera-se, por último, mais diretamente o caso brasileiro, no qual se identifica uma estrutura político-social dualista. "A nossa sociedade é aberta para a classe operária, mas não para os camponeses [o Estatuto da Terra, votado um ano depois de publicado o ensaio, era o primeiro passo no sentido de correção dessa disparidade]. Não possuindo direitos políticos elementares, os camponeses não podem ter reivindicações legais. Se se organizam, infere-se que o fazem com fins subversivos."

Havia, portanto, que reconhecer a existência na sociedade brasileira de um setor em que as técnicas revolucionárias do marxismo-leninismo podiam medrar. Se isso viesse a acontecer, a "consequência prática seria o predomínio do setor de menor evolução político-social, frustrando de antemão os autênticos objetivos de nosso desenvolvimento". A segunda possibilidade de efetivação e de ação revolucionária do tipo marxista-leninista estava ligada a um retrocesso na estrutura política, vale dizer, à imposição de uma ditadura de direita.

> Em face do grau de desenvolvimento já alcançado por nossa estrutura social e política, devemos considerar como um retrocesso os métodos revolucionários que desembocariam necessariamente em formas políticas ditatoriais, sob a égide de classes sociais, grupos ideológicos ou rígidas estruturas partidárias. Cabe, portanto, pre-

A FANTASIA DESFEITA

venir toda forma de retrocesso em nosso sistema político-social e criar condições para uma mudança rápida e efetiva da anacrônica estrutura agrária do país.

Esse ensaio foi inicialmente divulgado na imprensa de São Paulo, em abril de 1962, e algum tempo depois seria publicado em forma de livro, alcançando grande circulação. Logo em seguida, foi amplamente difundido na América Latina, transcrito em publicações de grande tiragem, como o semanário *Marcha*, editado em Montevidéu, e em revistas acadêmicas, como *El Trimestre Económico*, editado na Cidade do México. Foi traduzido e publicado em vários países da Europa e, por último, na mais prestigiosa revista de ideias dos Estados Unidos, *Foreign Affairs*, já em 1963.

A publicação nesta última revista repercutiu amplamente no Brasil, sendo o texto republicado, traduzido da versão inglesa. Os títulos com que os jornais encabeçaram a notícia da publicação em *Foreign Affairs* refletem bem o clima político que então prevalecia. *O Globo*: "Celso Furtado admite a penetração do marxismo na juventude brasileira"; *Jornal do Brasil*: "Furtado diz a revista que os nossos jovens são marxistas"; *Tribuna da Imprensa*: "Celso Furtado ao *Foreign Affairs*: marxismo penetrou fundo na juventude brasileira"; *Folha de S.Paulo*: "Marxismo-leninismo no Brasil: Celso Furtado"; *Correio Paulistano*: "Revolução marxista-leninista poderá ocorrer no Brasil, diz Celso Furtado".

Meu esforço em demonstrar que o suposto "marxismo" de nossa juventude não era nenhum bicho-papão, simples busca de uma filosofia da ação, desaparecia na versão fabricada pelas agências internacionais e servilmente reproduzida pela grande imprensa brasileira. O texto completo fora amplamente publicado no Brasil, mas a versão que foi transmitida ao grande público fundou-se em notícias de agências telegráficas, buscando sensacionalismo, senão propositadamente desinformar.

Essa repercussão ampliada da transcrição do ensaio em *Foreign Affairs* encontra explicação no fato de que, na época em que isso ocorria, eu assumira mais amplas responsabilidades no governo Goulart, como ministro extraordinário do Planejamento. *O Estado de S. Paulo*, em uma série de quatro editoriais, sentenciou a meu respeito: "É um adepto do materialismo histórico e, portanto, um elemento com que os comunistas podem contar na sua ação contra as instituições". Em outra oportunidade, fala de "trabalho de colorido intensamente marxista-leninista [...] em que transparece sua aversão pela democracia". O professor Eugênio Gudin, em dois artigos publicados em *O Globo* sobre "A filosofia de Celso Furtado", levantou as mesmas suspeitas. Assis Chateaubriand, em *O Jornal*, classificou-me de "inimigo jurado de sua pátria".

A crítica mais acerba que me faziam esses três expoentes da direita brasileira centrava-se em minha afirmação de que "não se pode atribuir mais do que um caráter instrumental à propriedade privada dos meios de produção, não sendo ela mais do que uma forma descentralizada de organizar a produção". O que eu tentava explicar é que a propriedade privada dos meios de produção se legitima porque, sendo a forma de descentralizar esta, é o caminho para alcançar a eficiência. A alternativa é atribuir-lhe um caráter sacrossanto, devendo ser conservada mesmo ali onde venha a ferir o interesse público. Há formas de propriedade privada que podem ser assimiladas a um valor supremo na organização social, pois sem elas a liberdade do homem não se concretizaria. No caso dos meios de produção, a propriedade privada não é mais do que uma forma de promover a descentralização, portanto de assegurar a eficiência. Mas não pode haver eficiência contra o interesse público, o que limita o exercício desse tipo de propriedade privada.

Meu empenho de preservar para os jovens o direito a uma filosofia da ação, sem o que eles se sentiriam excluídos do processo político, e ao mesmo tempo de convencê-los de que o marxismo-leninismo os afastaria de forma irremediável dos objetivos fundamentais de convivência social que buscavam alcançar, repito, isso que havia sido meu propósito central passou totalmente despercebido. Minha tese era simples: a sociedade brasileira deverá avançar no processo de democratização, abrindo espaço para a participação de todos os segmentos sociais na vida política. O desenvolvimento é uma aspiração da coletividade, e nenhum governo se legitima se descura esse ponto. Mas o desenvolvimento não pode ser pago com a alienação da liberdade, sem a qual a vida social se desumaniza. Conciliar a luta pelo desenvolvimento com a preservação da liberdade era o desafio maior com que nos defrontávamos naquele momento.

Convém assinalar que as críticas mais articuladas da direita traziam embutida a tese de que o Brasil não é propriamente um país, e sim um "arquipélago", na expressão do professor Gudin. O articulista de *O Estado de S. Paulo* é mais explícito e afirma que "o Brasil não é uma sociedade, nem mesmo uma nação". E, sem rodeios, diz: "O Brasil deveria ser colocado entre aqueles impérios, como o inglês e o francês, tal como eram antes da guerra de 1939-45 [...], é um complexo heterogêneo de grupos sociais antagônicos vivendo no mesmo território". Eu estava convencido de que o Brasil era uma nação, cuja matriz cultural se formou nos séculos XVI-XVIII, e foi amplamente enriquecida nos séculos XIX-XX. O Nordeste é parte integrante dessa matriz cultural, possivelmente a que mais próxima permaneceu de suas raízes originais. Imaginar o Brasil sem o Nordeste é como pensar na Itália sem o Lácio, ou na França sem a Île-de-France. A atual pobreza material do Nordeste é circunstancial, podendo amanhã ser superada. Mas ninguém pode pretender ser mais brasileiro do que o nordestino. Admitir a tese da "estrutura imperial" é postular que as relações entre regiões são de dominação e exploração. Historicamente, tais situações evoluíram para o desmembramento, com frequência à custa de penosas guerras de "liberação nacional". Preocupava-me que o pensamento da direita no Centro-Sul caminhasse para a adoção dessa tese, mas evitava que o debate fosse orientado nessa direção, certo de que nossa maior força resulta de um sentimento de unidade nacional fundado na comunhão de valores culturais.

A FANTASIA DESFEITA

O II PLANO DIRETOR PARA O DESENVOLVIMENTO DO NORDESTE

A execução regular do I Plano Diretor não nos fizera perder de vista a precariedade do futuro. Não obstante a lei que a criara estabelecesse que a ação da Sudene devia pautar-se por um programa plurianual, não fora possível obter do Congresso, em 1961, a aprovação de recursos para período superior a um ano. Havia de encaminhar ao Congresso, de imediato, novo projeto a fim de evitar descontinuidade nos trabalhos. Esse novo projeto, cuja tramitação parlamentar foi realizada em menos de um ano, cobria o período 1963-65, e por sua abrangência, duração e estrutura merece ser considerado como o I Plano Diretor para o Desenvolvimento do Nordeste, na conformidade do espírito da lei que instituíra a Sudene.

Graças à experiência adquirida e aos progressos realizados na formação do quadro de técnicos, foi possível dar maior profundidade ao trabalho de planejamento, em particular no que se referia a projetos de levantamentos de recursos naturais e à atuação na agricultura. Pela primeira vez, foram incluídos recursos para pré-investimentos ligados ao aperfeiçoamento do fator humano, bem como à eletrificação de pequenas comunidades e à habitação popular.

No I Plano Diretor, os investimentos infraestruturais (transporte e energia) haviam absorvido três quartos dos recursos financeiros. Agora, a participação deles reduzia-se a menos da metade. Os investimentos ligados diretamente à produção tiveram sua participação elevada de 15% para 25% do total, e os pré-investimentos saltaram de 5% para 15%, graças a uma atenção muito maior dada à melhoria da capacitação do fator humano. Não menos significativo era o fato de que os investimentos ligados diretamente ao bem-estar social tiveram sua participação, no total, elevada de 5% para 15%.

A experiência de três anos nos havia ensinado que era grande a economia que se podia fazer em obras de infraestrutura caso se aumentasse a eficácia de sua execução e caso esta não sofresse descontinuidades. Bastava evitar a dispersão de recursos para andar mais rápido. Estávamos conscientes de que é quando começa a investir na pesquisa sistemática dos recursos potenciais e no próprio homem que o poder público se constitui em efetivo agente de desenvolvimento. O esforço na ampliação do sistema produtivo concentrava-se na agropecuária, mas havíamos assinalado, na mensagem ao Congresso, que, "tanto no que concerne à irrigação em terras beneficiadas pela açudagem pública como no que concerne ao aproveitamento intensivo e diversificado das terras úmidas da faixa litorânea, a ação do governo está tolhida pela falta de legislação que possibilite a reconstrução da estrutura agrária em função das necessidades do desenvolvimento econômico e social do Nordeste".

Com base no reordenamento das aplicações, pretendia-se alcançar, em 1963, resultado bem superior, por unidade de esforço financeiro, ao que se estava obtendo em 1962. Em termos reais, programava-se um aumento de 10% para 1964 e outro

335

adicional de 20% para 1965. Entre as inovações institucionais que incluía o novo plano, destacava-se a criação de um fundo de emergência "destinado à formação de estoques estratégicos", a fim de que as zonas afetadas por calamidades (secas ou enchentes) tivessem o seu abastecimento regularizado a curto prazo para prevenir manobras especulativas, e de outro fundo de inversões com a quádrupla função de: a) permitir que o governo assumisse os riscos envolvidos na pesquisa de recursos naturais; b) facilitar a criação de indústrias básicas, de longo período de maturação e de tecnologia complexa; c) criar um mecanismo para amortecer o impacto das bruscas flutuações na taxa cambial sobre os empreendimentos que se houvessem beneficiado de financiamento externo; e d) permitir a mobilização de recursos para financiar um plano a longo prazo de habitações populares.

A Sudene não era um órgão de financiamento que se limitasse a prover recursos e controlar a execução de projetos. Sua ação promotora do desenvolvimento abrangia muitas frentes. Consideremos o caso da indústria têxtil, ameaçada de desaparecer pela concorrência do Centro-Sul. De início, realizou-se ampla pesquisa sobre o estado da indústria, e em seguida pôs-se em marcha um programa que incluía os seguintes pontos: a) treinamento de cerca de duzentos mestres e contramestres de fiação e tecelagem, mediante cursos intensivos que se realizaram em seis estados da região; b) realização de seminários e reuniões com industriais do ramo, a quem era distribuída literatura técnica sobre métodos e processos de controle e de elevação de produtividade; c) prestação de assistência técnica às fábricas para elaboração de projetos de financiamento; e d) concessão de incentivos para comprar no país e importar equipamentos destinados à modernização das fábricas.

O II Plano Diretor foi aprovado pelo Congresso em junho de 1963. Os parlamentares recentemente eleitos mostraram ser mais sensíveis aos problemas do desenvolvimento em geral, e da região em particular, como ficara patenteado na aprovação rápida do Estatuto da Terra, desde o início da nova sessão legislativa.

PROJETO DE "MANIFESTO" DAS FORÇAS PROGRESSISTAS

As eleições de fins de 1962, para renovação do Congresso e escolha dos governadores dos estados, assumiram grande importância em razão da situação anômala em que se encontrava o país, com um presidente que não aceitava o parlamentarismo e primeiros-ministros que se sentiam sem legitimidade para assumir plenamente a chefia do governo.

A partir do gesto de João Goulart, defendendo e reforçando minha posição, procurei-o com mais frequência. Percebi que sua preocupação dominante era restaurar o presidencialismo, ou seja, assumir a plenitude dos poderes presidenciais. Mais de uma vez, ouvi-o dizer: "Não se deduza do que estou fazendo que aceito este regime".

A FANTASIA DESFEITA

Ele queria dizer que cooperava para o normal funcionamento do governo, mas o fazia com reserva de consciência. Meus entendimentos substantivos eram com o chefe de governo (primeiro-ministro). Com este, discuti as linhas gerais do II Plano Diretor, cabendo-lhe assinar a mensagem de encaminhamento ao Congresso Nacional. Mas não me privava de ir ao presidente e pô-lo ao tanto do que fazia.

A luta política se polarizara enormemente, havendo a direita montado o Instituto Brasileiro de Ação Democrática (Ibad) para financiar a campanha de seus candidatos. Parecia-me que algo devia ser feito para estimular a ascensão ao Parlamento de um número importante de eleitos comprometidos com as reformas de base necessárias para reduzir o custo social do desenvolvimento. Em Pernambuco, as forças progressistas se haviam polarizado em torno da candidatura de Miguel Arraes. Eu me perguntava por que algo similar — não em torno de uma pessoa, e sim de um programa de reformas — não se tentava em escala nacional. Ainda não me havia capacitado plenamente de que a política no Brasil, e quase por toda parte, faz-se primeiro com pessoas, e secundariamente com ideias. Com o tempo, chegaria a perceber que todos os chamados líderes progressistas eram rivais entre si, seus entendimentos sendo puramente táticos, traduzindo conveniências momentâneas.

Abordei com o presidente o problema da união das forças progressistas, necessária para que surgisse no Parlamento uma maioria operacional, sem o que o país não empreenderia as reformas que todos estávamos preconizando. Eu dava como certo que o presidencialismo seria restaurado, e perguntava: "O senhor vai ganhar os poderes, mas como exercê-los se não tem maioria no Parlamento? Ficará em situação similar à que conheceu Jânio Quadros, ou terá que fazer tais concessões que será o mesmo que não ter poderes". Ele concordava, mas não mostrava entusiasmo por fazer algo, como se quisesse reservar todas as suas forças para uma só briga, a de restauração do presidencialismo. Eu voltava à carga: "Se não obtivermos agora um parlamento capaz de levar adiante as reformas, uma verdadeira chance histórica terá sido perdida, pois não sabemos quando será eleito o novo presidente capaz de liderar o movimento visando modernizar as estruturas do país".

A crise das instituições, pensava eu, abrira um processo cujas potencialidades deveriam ser exploradas. A tese das reformas dominava a campanha eleitoral, mas era apresentada de modo pouco consistente, carecendo de fundamentação. Finalmente, sugeri ao presidente que fizesse uma tentativa para unir os principais líderes progressistas. Eu me encarregaria de redigir um documento e, em seguida, de tomar contato com esses líderes, para pressenti-los sobre o assunto. Teria que ser um documento convincente, mas escrito em linguagem moderada, sem sectarismos, capaz de aglutinar personalidades de um amplo espectro político. A ideia era que cada candidato ao Parlamento fosse convidado por esses líderes a assiná-lo, e, a fortiori, a cumpri-lo uma vez no exercício do mandato. Daí surgiria uma frente parlamentar pelas reformas de base, cuja atuação marcaria a próxima sessão do Congresso.

337

OBRA AUTOBIOGRÁFICA

Preparei o texto e submeti-o ao presidente, que o leu em minha presença, com atenção, e o aprovou integralmente. Transcrevo-o em sua totalidade, dado que o texto, coisa rara, permaneceu inédito até hoje. As ideias essenciais sobre reformas foram recolhidas no debate então em curso, e constituem o que na época me pareceu ser um consenso das forças progressistas:

"As causas últimas das tensões sociais e políticas que afligem o país no momento atual estão no próprio desenvolvimento, que se vem abrindo caminho graças ao esforço da população brasileira e a despeito das enormes resistências criadas por um marco institucional em grande parte obsoleto. O país cresce, ainda que tudo pareça estar contra esse crescimento. Grande parte da população permanece semi-isolada da vida política por ataduras feudais que sustentam o velho sistema de organização agrária. O governo está manietado por um sistema fiscal que fez do desenvolvimento um mecanismo de enriquecimento para uns poucos e de empobrecimento para muitos. O sistema bancário, a máquina administrativa, o sistema universitário, tudo, enfim, que tem significação como marco institucional foi superado pela rápida evolução material do país, que de mero exportador de produtos primários chegou a ser uma nação industrial nos últimos três decênios.

"A situação presente preocupa a todos que amam a pátria e pensam no seu futuro, mas não justifica uma atitude pessimista. A nossa é uma nação que se desenvolve apoiando-se em si mesma, em um mundo superorganizado em benefício de cartéis internacionais e de grupos de nações poderosas. Como país exportador de produtos tropicais primários, o Brasil continua a enfrentar as tradicionais dificuldades desse tipo de comércio, agora acrescidas de outras, decorrentes dos sistemas de privilégios que estão sendo introduzidos no comércio internacional. Em face de um mercado internacional cada vez mais difícil, em que a procura de produtos primários cresce muito menos do que a população das áreas que exportam esses produtos, com sua capacidade para importar praticamente estacionária nos últimos quinze anos, o Brasil conseguiu, ainda assim, abrir o caminho do desenvolvimento, transformando o seu sistema produtivo, criando um mercado interno. Graças à capacidade de iniciativa de seus homens e ao sentido de unidade e solidariedade dos principais grupos de população foi possível, em condições adversas de comércio externo, e sem benefício de qualquer dos grandes esquemas de ajuda internacional organizados no pós-guerra, vencer no espaço de uma geração as etapas que vão da agricultura de exportação extensiva e predatória à economia industrial.

"Havendo alcançado essa capacidade de crescer apoiando-se em si mesmo, o Brasil adquiriu também consciência de sua própria capacidade para autodirigir-se. Indicação clara desse grau de madureza é dada pela política externa inspirada diretamente nos interesses nacionais, que vêm seguindo os últimos governos com o apoio de grande maioria da opinião pública. Outra indicação não menos significativa é a firmeza com que essa opinião vem exigindo que sejam enfrentados, sem relutância ou desfalecimento, problemas de grande magnitude, como o do atraso do Nordeste.

"Esse extraordinário crescimento econômico do Brasil teve, entretanto, aspectos negativos, que seria perigoso ocultar. O marco institucional do país de latifúndios semifeudais e exportador de produtos primários permaneceu quase inteiro de pé, condicionando o processo político que, assim, foi submetido a uma crescente asfixia. Não havendo adequada correspondência entre a realidade nacional e a representação política, os órgãos de governo ficaram incapacitados, de forma cada vez mais notória, para o desempenho de suas verdadeiras funções. Desse fato de extrema importância decorrem duas consequências que estão na base de tensões que alcançam neste momento seu ponto crítico. A primeira consequência consistiu na manipulação das instituições existentes com objetivos antissociais, a segunda, na multiplicação dos empecilhos ao desenvolvimento.

"A manipulação das instituições decorre da necessidade inelutável de adaptá-las à nova realidade que surge. Como essa adaptação é feita a partir da pressão de grupos para enfrentar crises ocasionais, inexistem visão de conjunto e perspectiva a mais longo prazo. São os interesses do momento e dos grupos de pressão os que são atendidos. Explica-se, assim, que as modificações introduzidas ocasionalmente na política de câmbio, na política fiscal, no sistema de crédito, se bem que exigidas pelo desenvolvimento, tenham favorecido persistentemente grupos de interesses, criando novas estruturas de privilégios. Em consequência, o desenvolvimento acarretou injustiças sociais cada vez mais flagrantes. Para justificar tal situação, criou-se a falácia de que o desenvolvimento sempre exige 'sacrifício' da população. O verdadeiro sacrifício, quem o exige é a estagnação, como sabem as populações do Nordeste e das outras regiões marginais do país. Somente existe sacrifício no desenvolvimento quando seus frutos não são partilhados com todos aqueles que deram a sua cota de esforço. No Brasil, país em que os preços dos produtos de consumo básico crescem mais do que os de objetos de luxo, e os ricos pagam relativamente menos impostos do que os pobres, o sacrifício é real. Mas não decorre ele do desenvolvimento, e sim do sistema institucional que foi conformado por interesses particularistas.

"O marco institucional anacrônico não opera apenas como instrumento de injustiça social. É, demais, um elemento de desgaste que freia o desenvolvimento. É o caso da atual estrutura agrária. Dificultando a modernização da agricultura, vem ela submetendo as populações a um racionamento que, por ser anárquico, tem exigido mais daqueles que menos podem dar. Por outro lado, a elevação ocasional dos preços relativos dos produtos agrícolas em nada beneficia aqueles que efetivamente trabalham no campo, freando-se, por essa forma, o crescimento do mercado interno. A crise inflacionária é outra indicação do desgaste que o marco institucional obsoleto vem impondo às forças criadoras da economia nacional. Exigindo a opinião pública do governo ação efetiva na solução dos problemas básicos nacionais, inclusive pelo

OBRA AUTOBIOGRÁFICA

investimento maciço em setores estratégicos, não permite, entretanto, o sistema fiscal que se arrecadem os impostos, na medida correspondente, daqueles que concentram em suas mãos os benefícios do desenvolvimento. Apela então o governo para emissões de papel-moeda, que são o imposto que mais duramente incide sobre os pobres. Em face dessa realidade, o governo tem muitas vezes que omitir-se, interrompendo obras básicas do interesse da população.

"No momento presente, já não existe dúvida de que as tensões causadas pelos fatores indicados alcançaram um ponto crítico. Por um lado, o processo inflacionário desorganizou grande parte das atividades do governo, obrigando-o a interromper obras de importância fundamental. Por outro, os sacrifícios impostos a grandes grupos de população estão levando ao desespero os mais resignados. Já é perfeitamente claro que o desenvolvimento não poderá continuar nas linhas que o caracterizaram no último decênio. Estamos em face de um processo histórico que esgotou suas potencialidades dentro de um determinado marco. Suas forças dinâmicas estão vivas, mas represadas ou submetidas a processos de autodesgaste. Em que direção abrirão caminho essas forças? A forma que assumirá o desenvolvimento futuro dependerá, tudo indica, das decisões a ser tomadas nos próximos meses. Se as modificações institucionais, ou reformas de base, forem realizadas com a necessária profundidade e como resultado de um amplo entendimento entre as forças sociais de maior relevância na vida do país, o curso do desenvolvimento continuará dentro de um clima de liberdades cívicas que correspondem aos anseios profundos do povo brasileiro. Mas, se as forças que se opõem a essas reformas prevalecerem nesta fase crítica, tudo indica que as transformações advirão de choques, sucedendo-se períodos de avanço e de atraso com enorme desgaste de energias sociais e regressão dos padrões da vida política nacional. Neste último caso, o rumo dos acontecimentos não resultará de um confronto de opiniões nem da agregação da capacidade criadora expressada espontaneamente por todas as correntes de opinião. Resultará principalmente de decisões arbitrárias, muitas vezes tomadas sob pressão dos acontecimentos e condicionadas principalmente pelos interesses de grupos minoritários.

"No momento presente, a opinião pública nacional está polarizada pela expectativa do resultado das próximas eleições. Existe consciência generalizada de que deverá surgir um parlamento com a responsabilidade de criar bases institucionais que permitirão a plena expansão das forças que impulsionam o desenvolvimento nacional. E existe também consciência de que, caso essa missão não seja cumprida, o país penetrará em uma fase de grande instabilidade institucional.

"Em face da preocupação do povo de que, caso o Parlamento não corresponda às ansiedades gerais, abrindo caminho a modificações institucionais, estas terão que vir por rotas imprevisíveis, é natural que todos nos interroguemos sobre o que esperar e o que exigir dos homens que surgirão como novos representantes do povo nas eleições de outubro próximo. Um parlamento que legitimamente represente o povo não poderá negar ao país rápida solução para seus angustiantes problemas. Negando-a, estaria autodestruindo-se, pois as forças que impulsionam as transformações não poderão ser represadas muito tempo. E, em sua autodestruição, o Parlamento estaria eliminando as bases da convivência democrática nacional e condenando o povo brasileiro a uma vida política confinada, antagônica a seus anseios profundos de liberdade.

"Que cabe esperar do próximo Parlamento e, desde já, que cabe exigir como compromisso de todos aqueles que se candidatam a representar o povo? Independentemente dos partidos a que estejam ligados, é necessário que todos os candidatos se definam de forma insofismável sobre aqueles problemas de cuja rápida solução dependerão o desenvolvimento do país e a sobrevivência da democracia. Esse compromisso deve ser exigido de cada candidato, a fim de que se dê ampla difusão, em todo o país, dos nomes daqueles que estão decididos a lutar pelo desenvolvimento e pela democracia. Não se trata de uma tomada de posição em termos vagos, e sim de um compromisso formal, com data marcada. O povo acompanhará, da praça pública, o desenrolar dos acontecimentos e, se vierem a expirar os prazos sem que as reformas tenham sido realizadas, na forma e com o alcance claramente indicados nos compromissos públicos, conhecerá os nomes daqueles que o traíram e poderá legitimamente exigir sua exclusão da vida pública. A democracia autêntica terá perdido a sua grande oportunidade, mas também haverá terminado a época dos mistificadores da falsa democracia.

"O programa mínimo, cujo cumprimento deve ser exigido nos primeiros seis meses de atividades do novo Parlamento, é sintetizado em seguida:

I — *Reforma agrária* capaz de garantir a consecução dos seguintes objetivos:

a) que nenhum trabalhador agrícola, foreiro ou arrendatário, que esteja por dois anos ou mais em uma propriedade possa ser privado de terras para trabalhar ou de trabalho sem justa indenização;

b) que nenhum trabalhador que obtenha da terra que trabalha, no nível da técnica que lhe é acessível, rendimento igual ou inferior ao correspondente a um salário familial mínimo, a ser fixado regionalmente, pague renda sobre a terra, qualquer que seja a forma que esta assuma;

c) que todas as terras consideradas necessárias à produção de alimentos e que não estejam sendo utilizadas ou o estejam para outros fins com rendimentos inferiores a médias estabelecidas regionalmente possam ser desapropriadas para pagamento a longo prazo;

d) que se reorganize a economia agrária do país, redistribuindo as funções de supervisão entre governos federal e estaduais, devendo aquele assegurar, durante um período de dez anos, a aplicação na agricultura de recursos, sob a forma de assistência técnica e financeira, não inferiores a um terço do orçamento público federal e um décimo dos investimentos totais realizados no país;

OBRA AUTOBIOGRÁFICA

e) que se organize a distribuição de alimentos de forma a que haja preços mínimos fixados em termos reais para o produtor e a preços máximos para o consumidor, por regiões, com apoio numa rede nacional de armazéns e silos e em sistemas de mercados centrais urbanos.

II — *Reforma fiscal* capaz de assegurar os seguintes objetivos:

a) que o aumento de renda decorrente de desenvolvimento econômico se destine prioritariamente ao aumento dos investimentos e ao aumento do consumo do povo trabalhador, inclusive os trabalhadores agrícolas;

b) que toda a estrutura fiscal seja modificada a fim de que a carga impositiva possa ser concentrada sobre os grupos de altas rendas, reduzindo-se o número de contribuintes dos impostos diretos e aumentando-se na medida requerida a eficácia da fiscalização;

c) que toda a política de subsídios do governo ao setor privado, tanto de caráter financeiro como fiscal ou cambial, seja reconsiderada de forma a evitar que seus benefícios se utilizem para aumentar o consumo dos grupos de altas rendas e para concentrar o poder econômico;

d) que se assegure a estrita punição daqueles que fraudam o fisco, particularmente no setor dos impostos diretos.

III — *Reforma administrativa* capaz de assegurar:

a) que toda a atividade do governo ligada ao desenvolvimento seja submetida a um plano de duração não inferior a três anos;

b) que se faça estrita identificação das atividades de planejamento, cujas diretrizes gerais deverão ser formuladas por um órgão criado por lei e que atue sob a supervisão direta do chefe do governo;

c) que os recursos dos planos de desenvolvimento do governo sejam votados no Parlamento de forma global, evitando-se todo critério político localista na distribuição de verbas;

d) que se descentralizem o mais possível as atividades de execução, atribuindo-as o quanto possível a órgãos estaduais, que ficarão submetidos a estrito controle técnico e financeiro dos órgãos federais;

e) que, ao lado do plano de investimentos do governo federal, seja igualmente elaborado um plano plurianual de levantamento dos recursos naturais do país, o qual deverá ser unificado em suas diretrizes pelo órgão central de planejamento;

f) que se modifique toda a política de pessoal do governo federal no que respeita a recrutamento e remuneração de técnicos de nível superior, a fim de competir em igualdade de condições com a empresa privada;

g) que se assegure a efetiva punição daqueles que malversam fundos públicos.

IV — *Reforma universitária* capaz de assegurar que:

a) se triplique em dois anos, e decuplique em cinco, o número de estudantes de nível superior no país;

b) garantam-se na escala necessária bolsas aos estudantes de nível superior que demonstrem real capacidade e não disponham de meios para manter-se;

c) elimine-se a vitaliciedade das cátedras e institua-se um sistema flexível de recrutamento de professores e assistentes;

d) efetive-se a plena utilização dos equipamentos das universidades e escolas superiores pela criação de institutos que reúnam disciplinas afins e pela instituição ampla do sistema de aulas noturnas;

v — *Reforma eleitoral* que estenda o direito do voto aos analfabetos, permita o controle dos recursos despendidos nas eleições e assegure aos partidos o mínimo de recursos para organizar-se, funcionar e promover campanhas eleitorais.

vi — *Estatuto disciplinar do capital estrangeiro* que permita:

a) definir exatamente o que é capital estrangeiro;

b) estabelecer que margem de lucros esse capital pode repatriar sob qualquer forma, anualmente;

c) definir que setores da atividade econômica nacional ficam interditados à ação desse capital, demais do petróleo, energia elétrica, minerais estratégicos, bancos de depósitos e outros;

d) estabelecer as condições em que se pode repatriar esse capital;

e) identificar a utilização dos lucros desse capital não repatriado, mas submetidos ao controle de grupos estrangeiros;

f) conhecer as relações de tipo financeiro e comercial desse capital com suas matrizes;

g) estabelecer anualmente que parcela das divisas disponíveis pode ser utilizada para o serviço do capital estrangeiro.

vii — *Reforma bancária* que permita:

a) submeter a uma adequada orientação e utilização toda aquela parte de poupança nacional que passa pelo sistema bancário;

b) criar uma estrutura de bancos especializados que permita orientar recursos em condições adequadas para o setor agrícola, o setor exportador e o setor produtor de equipamentos;

c) evitar que o sistema bancário contribua para concentrar o poder econômico em benefício de grupos reduzidos, através de uma estrita fiscalização bancária;

d) evitar as grandes apropriações de recursos que em todo período de inflação são realizadas através do sistema bancário;

e) evitar que organizações estrangeiras operem como bancos de depósitos no Brasil.

"Esse programa não deve ser visto como uma indicação imprecisa de intenções, e sim como um compromisso a ser cumprido nos primeiros seis meses de atividades do novo Parlamento. Nas organizações sindicais, estudantis, de classe em geral, ou simplesmente de estudos e pesquisas, devem instituir-se grupos de trabalhos que contribuirão com subsídios para o debate desses problemas. O povo acompanhará de perto as atividades de seus representantes e saberá de onde vêm as resistências antepostas às reformas que assegurarão a sobrevivência das instituições democráticas. Aqueles que lutam pela manutenção das atuais estruturas de privilégio não poderão mistificar o povo, confundindo a sua causa com a da democracia."

Eu estava convencido de existir consciência generalizada de que o país sufocava em seu quadro institucional. E, como não havia nenhum movimento político organizado capaz de pilotar a nau das reformas, as instituições democráticas me pareciam seriamente ameaçadas. Os líderes progressistas faziam um jogo pessoal, preocupados cada um em ampliar a área própria de influência. Era como se não percebessem que o teto podia a qualquer momento cair sobre a cabeça de todos. Como não perceber que a radicalização vazia e a luta personalista para ocupar espaço fortaleciam a direita radical, que nenhum compromisso tinha com as instituições democráticas?

Saí em minha peregrinação para auscultar as personalidades que me pareciam ter peso político e que já se haviam expressado em favor de reformas institucionais dentro do quadro democrático. Em Belo Horizonte, visitei o governador Magalhães Pinto e San Tiago Dantas. Em São Paulo, tomei contato com o ex-presidente Jânio Quadros, e, em Porto Alegre, com o governador Leonel Brizola. A nenhum deles entreguei o documento, porque a conversa não me encorajou a isso. Falava em meu nome pessoal, mas deixava entender que o presidente estava informado de minha iniciativa. Tratava-se de que um grupo de líderes políticos de expressão nacional convocasse os candidatos de todos os partidos para que subscrevessem um compromisso com a nação, a fim de promover, no Congresso, um conjunto de reformas que estavam sendo exigidas para que o desenvolvimento do país prosseguisse no quadro das instituições democráticas e com menor custo social.

O governador Magalhães Pinto prontificou-se a assinar, sempre que os signatários não fossem "um grupo de pessoas de esquerda". San Tiago achou boa a ideia, mas preferiu primeiro conversar com o presidente. Quadros expressou pela ideia um entusiasmo que seguramente era empostado, e limitou-se a comentar: "Você, Celso, continua com seu idealismo". Brizola aproveitou para passar em revista toda a sua atividade no governo do estado, e pouca atenção deu ao que pude dizer sobre a iniciativa de unir as lideranças políticas empenhadas em conduzir o país pelo caminho das reformas no quadro da democracia.

A impressão que me ficou foi de que as instituições democráticas não lhes pareciam tão ameaçadas quanto eu estava supondo. Em tudo isso, movia-me a ideia de que o país necessitava de reformas institucionais urgentes, que a pressão social nesse sentido continuava aumentando. Largadas a si mesmas, essas forças conduziriam a ameaças de ruptura, que justificariam a intervenção militar a serviço da direita. Para

A FANTASIA DESFEITA

a maioria dos meus interlocutores, essas reformas não pareciam tão urgentes, o sistema ainda podia absorver tensões por muito tempo. Portanto, para eles havia espaço para continuar a dar mais atenção às preocupações biográficas que aos problemas de alcance histórico.

O presidente, por seu lado, nem chegou a indagar-me sobre os resultados de minhas démarches. Mas, alguns meses depois, casualmente, me disse: "Celso, aquele seu manifesto tem sido apreciado por várias pessoas. O Osvino [o general Osvino Alves, então no comando do I Exército] achou que ele está ótimo para ser utilizado num golpe". Fiquei frio e nada indaguei. Como da vez em que Quadros me falou em passar por cima do Congresso para aprovar o Plano Diretor, veio-me a ideia de que podia ser uma sondagem. Vendo meu embaraço, o presidente riu à sua maneira habitual e enveredou por outra conversa. Saí pensando nas ciladas que o destino arma para cada um de nós, particularmente para os "idealistas", eufemismo que Quadros usara por "ingênuo". Preocupado em salvar as instituições democráticas, eu teria forjado instrumentos para aqueles que queriam antecipar o seu enterro. Fazer política com eficácia requer uma dose de "astúcia" da qual eu certamente carecia.

6. O Plano Trienal

UMA NOVA MISSÃO

Pouco mais de um mês após o episódio do "manifesto", ou seja, em fins de setembro de 1962, o presidente chamou-me a Brasília e me disse à queima-roupa: "Quero que você assuma o Ministério Extraordinário do Planejamento. Vamos ter que nos preparar para o plebiscito, que devolverá os poderes ao presidente, e quero me apresentar aos eleitores com um plano de governo nas mãos". No apagar das luzes da sessão legislativa, o Congresso, num gesto de bom senso, iria antecipar o plebiscito, previsto no ato constitucional que introduzira o parlamentarismo, e que deveria confirmar este ou encerrar sua curta vida.

San Tiago Dantas, conforme soube depois, chamara a atenção de Goulart para o fato de que ele não escaparia de ser interpelado sobre o que faria no próximo governo, na hipótese de restauração do presidencialismo. Seria de toda conveniência que apresentasse ao país um bem estruturado plano de governo, explicitando suas intenções. Goulart, a quem a ideia pareceu interessante, retrucou: "Como fazer isso em tão curto espaço de tempo?". San Tiago, com sua voz neutra de professor, obtemperou: "A pessoa que é capaz de fazer isso é o Celso. Mas seria necessário colocar à sua disposição meios adequados. A melhor solução será criar um Ministério Extraordinário do Planejamento. Como membro do conselho de ministros, ele poderia se dirigir aos colegas com o máximo de autoridade".

Respondi ao convite do presidente dizendo que tudo faria para desempenhar a difícil missão, mas que apresentava uma condição: conservar sob meu controle a

Sudene, onde permaneceria como superintendente interino meu atual substituto. A verdade é que eu tinha uma dívida com o presidente, desde aquele momento em que ele salvara a Sudene do assalto da politicagem eleitoreira. *Noblesse oblige*. Mas sabia que aceitava uma missão que dificilmente poderia cumprir dentro dos padrões profissionais que impunha a mim mesmo. Tinha diante de mim três meses para realizar uma tarefa que requeria tomar contato com grande número de instituições públicas e privadas, representantes da sociedade civil, personalidades influentes na vida nacional. Havia todo um trabalho técnico a realizar, que exigia a constituição de equipes especializadas. E havia de defender-se das pressões dos grupos de interesses e da bisbilhotice implacável da imprensa.

Passei a ser seguido passo a passo e a ser interpelado de todos os lados. Quando tomei posse, diante do primeiro-ministro, professor Hermes Lima, deixei transparecer claramente o meu embaraço, afirmando que trataria de "cumprir a missão para a qual fui convocado, sem rir nem chorar, como disse Espinosa em face de outra não menos difícil". E aproveitei para afirmar: "Conheço o grave que é a situação presente do país, afetado por sérios desequilíbrios econômicos internos e externos". E fui ao essencial: "Como conservar o dinamismo, e ao mesmo tempo intensificar o crescimento, devolvendo à economia uma adequada estabilidade? É este o nosso problema central. Creio que a única solução se encontra no planejamento". E frisei o caráter instrumental deste:

> Em economia, como em tudo o mais, planejar significa apenas disciplinar o uso dos meios, para conseguir, com o mínimo de esforço, fins previamente estabelecidos. Para que exista planejamento, é necessário, portanto, que a política econômica estabeleça com nitidez e coerência os fins a alcançar. Em segundo lugar, é necessário que exista compatibilidade entre esses fins e os meios disponíveis. A coerência dos objetivos e a compatibilidade entre meios e fins são requisitos prévios a todo planejamento autêntico.

Chamava a atenção para a especificidade do nosso caso, em que o crescimento exige modificações estruturais. "Para evitar as tensões inflacionárias", disse eu, "é necessário que tais modificações sejam antecipadas." Somente assim conseguiríamos reduzir o custo social do nosso crescimento. Assinalava, por último, as dificuldades a ser enfrentadas numa primeira fase, posto que "medidas de curto prazo se impõem".

Com isso, pretendi deixar claro que dispositivos visando ao ajustamento da economia seriam integrados ao planejamento. Assim, o plano deveria abrir caminho a reformas estruturais e, ao mesmo tempo, comportar ajustamentos de curto prazo.

Meu trabalho desdobrou-se em duas esferas. Por um lado, comecei a tomar notas sobre pontos relevantes, tentando visualizar o que seria um plano de governo com a abrangência dos três anos de mandato que restavam ao presidente, tida em conta a conjuntura extremamente adversa que atravessávamos. Por outro lado, ape-

OBRA AUTOBIOGRÁFICA

lei para os colegas do gabinete ministerial para que destacassem alguns especialistas que nos fornecessem informação específica e explicitassem os objetivos a ser colimados na área de cada ministério no período concernido. A existência de um regime parlamentar, com reuniões regulares do gabinete e consciência de responsabilidade coletiva dos ministros, facilitava o meu trabalho. Mas sabia, de experiência, que não podia contar com a máquina administrativa. Tinha de proceder diretamente à coleta de informações, pois qualquer atraso na entrega destas pelos grupos ministeriais seria de graves consequências para o conjunto do trabalho.

O fato de que houvesse entre os ministros homens de grande competência, e mesmo entusiastas do planejamento, facilitou consideravelmente a minha tarefa. Ali estavam o economista Otávio Dias Carneiro, na Indústria, o antropólogo Darcy Ribeiro, na Educação, o engenheiro Hélio de Almeida, nos Transportes, o engenheiro Eliezer Batista da Silva, nas Minas e Energia, para citar aqueles de cuja ajuda eu necessitava mais prontamente. Contudo, o estado-maior que comigo trabalhou mais diretamente, recrutei-o nas experimentadas equipes do BNDE e da Sumoc. O grupo responsável pelo setor agrícola ficou sob a supervisão do economista José Pelúcio Ferreira, o que teve a seu cargo o setor industrial foi dirigido pelo economista Juvenal Osório Gomes, e o que se encarregou dos fluxos financeiros externos foi monitorado pelo economista Casimiro Ribeiro, cabendo o setor de saúde ao sanitarista Menandro Novais.

Mantinha-me em contato direto com todas as equipes e multiplicava as entrevistas externas: debates com associações de classes, diálogos com grupos políticos, recepção de um sem-número de pessoas que, com ou sem razão, se consideravam no direito de opinar sobre o que devia ou não ser tal plano de governo em preparação. E tudo isso se desenvolvia em meio a uma apaixonada campanha eleitoral, primeiro para eleger governadores e parlamentares, e em seguida para plebiscitar o parlamentarismo.

Seguindo o método a que me habituara, elaborei um esquema de conjunto do que deveria ser o plano e me pus de imediato a escrever suas partes essenciais, de forma que, em caso de atraso na preparação de capítulos setoriais, eu sempre estivesse em condições de apresentar um conjunto de objetivos macroeconomicamente consistentes. O esforço que exigi de mim mesmo foi de tal ordem que, em dado momento, tive de ser retirado de circulação e confinado, por determinação médica, tudo isso no mais absoluto segredo. Um diagnóstico apressado, que me obrigou a submeter-me a estrito controle médico por algum tempo, não me impediu de retomar o ritmo infernal de trabalho a que me submetera.

CONFERÊNCIA FRUSTRADA DA OEA

Um mês depois de assumir o Ministério do Planejamento, tive de ausentar-me do Brasil para chefiar a delegação brasileira da IV Sessão Plenária da Organização dos

Estados Americanos, que se realizou na Cidade do México, à qual caberia apreciar o andamento do programa da Aliança para o Progresso. Aproveitei a oportunidade para expor meu ponto de vista de que a Aliança somente prosperaria se a autonomia de cada país latino-americano para conceber e assumir a execução de sua própria política de desenvolvimento fosse respeitada. A razão de ser da Aliança, disse, "é que existe em cada um de nossos países um decidido propósito de progresso, do qual temos uma concepção comum, centrada em torno de certos valores humanos, que defendemos como objetivos últimos da convivência social". E acrescentava, com um toque de ironia: "Não se trata de fazer a revolução antes que o povo a faça, pois não existe revolução sem povo, e sim de contribuir com inteligência e realismo para iluminar os caminhos dessa revolução e evitar que oportunistas e fanáticos assumam seu comando". E ia mais longe, insistindo em que o desenvolvimento latino-americano tinha como um de seus suportes a busca da autoidentidade. Disse, enfático: "É por essa razão que a mística do desenvolvimento tem entre nós uma dimensão nitidamente nacionalista. Não reconhecer um sentido positivo nesse nacionalismo e emprestar-lhe necessariamente as conotações agressivas de outros processos históricos essencialmente diversos é incapacitar-se para a identificação de elementos irredutíveis de nossa realidade social presente". Com respeito à Aliança, lembrava que ela somente alcançaria significado se partisse de uma clara compreensão do que é relevante para o desenvolvimento de cada país.

Mas nada foi possível fazer nessa conferência, que se realizou sob o impacto da "crise dos mísseis" de Cuba. O chefe da delegação norte-americana, o secretário do Tesouro Douglas Dillon, apareceu no primeiro dia para expressar seu ponto de vista e anunciou que se retiraria por ter coisa mais importante a fazer. Como eu havia sido designado pelos delegados latino-americanos para falar em nome de todos no primeiro dia, solicitei imediatamente uma audiência a Mr. Dillon, que me recebeu com mostras de impaciência. Fiz-lhe ver a decepção que era para mim, e certamente para muitos outros delegados que haviam comparecido à conferência com o propósito de ter uma discussão franca sobre as dificuldades que estava enfrentando o programa da Aliança para o Progresso, ter de nos limitar a ouvir o chefe da delegação norte-americana. Esperávamos que permanecesse pelo menos um dia para tomar conhecimento de nossos comentários sobre o que ele mesmo dissera. Mr. Dillon retrucou, bruscamente, que os problemas de segurança de seu país prevaleciam sobre tudo o mais, que os russos estavam instalando em Cuba foguetes que podiam alcançar qualquer parte do território dos Estados Unidos. Reconheci a gravidade dos fatos a que ele se referia, mas reiterei que considerava meu dever transmitir-lhe minha insatisfação pela pouca atenção dada ao que tínhamos a dizer.

Na verdade, a crise dos mísseis somente seria dada por encerrada no dia 27 de outubro, e nós estávamos reunidos no dia 24. Essa crise, muito provavelmente, marcou o começo do fim de Nikita Khruschóv, que seria expelido do poder dois anos

OBRA AUTOBIOGRÁFICA

depois. Por outro lado, pôs em evidência a histeria dos comandos militares americanos, unânimes em propor uma ação militar imediata para destruição dos mísseis. Graças à clarividência e à firmeza de Kennedy, uma perigosa escalada foi evitada. Se os mísseis situados em Cuba estavam sob estrito controle soviético, cabia reconhecer que sua significação militar era pequena ou nula, porquanto, em caso de confronto nuclear, não seriam eles, e sim os balísticos intercontinentais, os que iriam ser acionados. A manobra de Khruschóv, obviamente insensata, objetivou explicitar o apoio que a União Soviética estava decidida a dar a Cuba. Ora, a defesa com que podia efetivamente contar esse pequeno país fundava-se, e continua a fundar-se, em sua determinação de defender-se. Sem embargo das bravatas de Khruschóv, ninguém de bom senso admitia que, para defender um país situado do outro lado do planeta, uma superpotência pusesse em risco sua própria existência. Mas não se deve perder de vista que as confrontações internacionais nem sempre são processos reversíveis, e por vezes os atores que delas participam são levados a fazer aquilo que mais condenam.

INOVAÇÕES NO PLANEJAMENTO

Pela metade de dezembro, ou seja, ao cabo de dez semanas de trabalho, dispúnhamos de uma primeira redação do que se convencionou chamar de Plano Trienal, para circular entre os membros do conselho de ministros. Eu havia exposto as diretrizes básicas ao presidente e ao primeiro-ministro, e os dois me haviam dado a sua aprovação e autorizado a prosseguir. Na reunião do conselho de ministros, o debate foi rico, mas permaneceu no nível setorial. Em um ou outro caso, eu havia alterado as metas básicas sugeridas pelos grupos técnicos dos ministérios. À exceção do ministro da Educação, Darcy Ribeiro, que pretendia abarcar mais do que estava em nosso alcance, os demais colegas haviam sido compreensivos quando se tornaram necessários ajustamentos em seus respectivos planos de trabalho.

Quanto aos objetivos fundamentais, que enumero em seguida, a aprovação foi geral:

1. Assegurar uma taxa de crescimento da renda nacional compatível com as expectativas de melhoria de condições de vida que motivam, na época presente, o povo brasileiro. Essa taxa foi estimada em 7% ao ano, correspondente a 3,9% de crescimento per capita;

2. Reduzir progressivamente a pressão inflacionária para que o sistema econômico recupere uma adequada estabilidade de nível de preços, cujo incremento não deverá ser superior, em 1963, à metade do observado no ano corrente (1962). Em 1965, esse incremento deverá aproximar-se de 10%;

3. Criar condições para que os frutos do desenvolvimento se distribuam de maneira cada vez mais ampla pela população, cujos salários reais deverão crescer

com uma taxa pelo menos idêntica à do aumento de produtividade do conjunto da economia, demais dos ajustamentos decorrentes da elevação de custo de vida;

4. Intensificar substancialmente a ação do governo no campo educacional, da pesquisa científica e tecnológica, e da saúde pública, a fim de assegurar uma rápida melhoria do homem como fator de desenvolvimento e de permitir acesso de uma parte crescente da população aos frutos do progresso cultural;

5. Orientar adequadamente o levantamento dos recursos naturais e a localização da atividade econômica, visando desenvolver as distintas áreas do país e reduzir as disparidades regionais de níveis de vida, sem com isso aumentar o custo social do desenvolvimento;

6. Eliminar progressivamente os entraves de ordem institucional responsáveis pelo desgaste dos fatores de produção e pela lenta assimilação de novas técnicas em determinados setores produtivos. Entre esses obstáculos de ordem institucional, destaca-se a atual estrutura agrária brasileira, cuja transformação deverá ser promovida com eficiência e rapidez;

7. Encaminhar soluções visando refinanciar adequadamente a dívida externa, acumulada principalmente no último decênio, a qual, não sendo propriamente grande, pesa desmesuradamente na balança de pagamentos por ser quase toda a curto e médio prazos. Também se tratará de evitar a agravação na posição de endividamento do país no exterior, durante o próximo triênio;

8. Assegurar ao governo uma crescente unidade de comando dentro de sua própria esfera de ação, submetendo as distintas agências que o compõem às diretrizes de um plano que vise à consecução simultânea dos objetivos anteriormente indicados.

A elaboração desse plano constituiu um desafio, pois se tratava de demonstrar, contra a ortodoxia dos monetaristas esposada e imposta pelo FMI, que era possível conduzir a economia a relativa estabilidade sem impor-lhe a purga recessiva. Com efeito, o Plano Trienal foi o primeiro exercício do que posteriormente se chamaria terapêutica gradualista de tratamento da inflação. Eu me havia convencido dessa tese ao observar a experiência brasileira de desenvolvimento nos anos 1950. Durante esse período, o comportamento do setor externo deixara de ser o fator básico condicionante do nível de atividade econômica: a simples manutenção de um elevado nível de atividade produtiva engendrava um volume de investimentos capaz de manter a economia crescendo a taxa relativamente alta. Sempre que o nível de importações não se reduzisse abruptamente, a dinâmica da substituição de importações era suficiente para manter a economia crescendo. Durante esse período, o consumo crescera com a mesma intensidade que o produto interno, e o consumo público, mais intensamente do que o privado.

A crescente participação do consumo público e a circunstância de os serviços

OBRA AUTOBIOGRÁFICA

governamentais (educação, saúde etc.) alcançarem parcela cada vez maior da população indicavam que o aumento do produto se estava traduzindo em efetiva melhoria das condições de vida do povo. O incremento dos gastos sociais dera-se na primeira metade dos anos 1950, e fora viabilizado pelo aumento da arrecadação tributária (inclusive saldo líquido da conta de ágios e previdência social), cuja participação no produto crescera de 14,3%, em 1950, para 20%, em 1956. O setor público passou a ser fonte de pressão inflacionária na segunda metade dos anos 1950. Com efeito, os gastos correntes e a arrecadação tributária mantiveram-se, entre 1956 e 1960, em torno de 20% do produto, enquanto os investimentos públicos passaram, no mesmo período, de 3,3% para 5,7%.

Não me escapava que esse desequilíbrio tinha sua causa básica no grande esforço que exigiu a construção de Brasília, sendo de admitir redução significativa desse esforço no período subsequente. Também me parecia que o consumo público apresentava um coeficiente de importações inferior à média da economia, o que explicava que, no período em que ele mais cresceu (primeira metade dos anos 1950), a pressão sobre a balança de pagamentos fora menor. O comportamento do salário mínimo real também permitira distinguir duas fases: a primeira metade do decênio, de crescimento significativo, e a segunda, de retenção dos ganhos realizados, mas sem qualquer novo avanço, sem embargo do aumento da produtividade média.

Em síntese, os ganhos sociais se haviam concentrado no primeiro quinquênio. A intranquilidade social tinha sua causa básica na mudança de estilo de desenvolvimento: mais rápido o crescimento e menor atenção às demandas sociais observadas no segundo quinquênio. Era, portanto, de bom aviso reorientar o desenvolvimento para que o salário real acompanhasse o crescimento da produtividade média do trabalho, e para que os gastos públicos se canalizassem para os objetivos sociais. Mas, acima de tudo, era necessário preservar uma taxa adequada de crescimento do produto, o que exigia um nível correspondente de investimentos. No centro, estava a necessidade de sustentar o nível de demanda efetiva que assegurasse a utilização da capacidade produtiva existente. Somente assim a poupança seria suficiente para financiar os investimentos. Ao mesmo tempo, era necessário diversificar as exportações a fim de fazer face à degradação dos preços relativos das exportações tradicionais.

Tudo isso exigia tempo. Ora, minha responsabilidade imediata consistia em apresentar um plano convincente, capaz de aliciar apoios nas diversas classes sociais, a fim de que o presidente, agora em vésperas de assumir mais amplos poderes, viesse a obter uma base de sustentação política mais efetiva. Não nos escapavam as duas dificuldades maiores a ser enfrentadas. A primeira era o desequilíbrio do setor público, cuja correção exigia uma reforma fiscal profunda; bastava ter em conta que, em 1956, a receita líquida obtida por meio das diferenças de câmbio representava 42% da receita total do Tesouro, e agora praticamente não mais existia. Essa reforma dependia da composição do novo Congresso que estava sendo eleito, e, se aprovada,

A FANTASIA DESFEITA

somente teria validade em 1964. A segunda dificuldade era a renegociação da dívida externa, sem o que a economia seria estrangulada por insuficiência de capacidade para importar. A esse respeito, contava acima de tudo a atitude do governo de Washington. Daí que o plano de governo devesse conter um conjunto de medidas visando restaurar a estabilidade econômica.

A essência do plano consistiu em apresentar as medidas de ajustamento, destinadas a restabelecer os equilíbrios interno e externo, embutidas em uma política global visando assegurar o crescimento da economia e a estimular as transformações estruturais requeridas para que esse crescimento se fizesse com menor custo social. Essas medidas de ajustamento eram detalhadas apenas com referência ao primeiro ano, devendo ser corrigidas e aprofundadas com respeito aos anos subsequentes, em função de normas a ser ditadas pelo Congresso.

O orçamento da União, que acabava de ser votado, previa uma receita que correspondia a 10,7% do Produto Interno Bruto, e estimava uma despesa correspondente a 14% desse mesmo Produto. Contudo, uma leitura mais cuidadosa dos compromissos assumidos pelo Tesouro indicava que a despesa montaria a 20,7% do PIB, sendo o déficit potencial cerca de 10% deste. Nossa previsão era de que a pressão inflacionária dobraria se o governo seguisse por esse caminho. Foi elaborado um criterioso plano de redução de despesas (de desembolsos de caixa), o que permitiu reduzir o déficit potencial em 60%. E foi elaborado um plano de financiamento para o remanescente, correspondente a 4% do PIB. Para esse fim, lançamos mão do então existente sistema de depósitos vinculados às vendas de câmbio, que deveriam cobrir quase a metade do déficit. Esses depósitos podiam ser convertidos em obrigações do Tesouro. Havia, portanto, necessidade de ampliar a faculdade do Tesouro para emitir obrigações, o que dependia de autorização do Congresso.

Eu tivera o cuidado de, no plano de economias visando reduzir o déficit de caixa do Tesouro, abrigar-me no artigo 7º da lei orçamentária para 1963, o qual estabelecia que as despesas variáveis podiam ser contidas em até 45%, "mediante proposta a ser submetida pelo Poder Executivo ao Congresso". Por outro lado, respeitara os planos de investimentos públicos, concentrando o corte nos subsídios diretos e indiretos, dentre os quais se destacavam os ao trigo e aos combustíveis e lubrificantes derivados do petróleo. Sempre me parecera que se os consumidores de farinha de mandioca e de arroz, que são os mais pobres, não se beneficiam de subsídios, carece de fundamento moral ou de razão econômica que as populações de rendas mais altas, consumidoras de trigo, mereçam esse favor dos cofres públicos.

O problema que apresentava a insuficiência de capacidade para importar era ainda mais grave. A fim de simplesmente manter o nível estacionário de importações, o país se havia embrenhado, nos anos recentes, em um processo de endividamento a curto prazo. Expondo a gravidade do quadro, o plano retratava como segue a situação de 1961:

OBRA AUTOBIOGRÁFICA

Para exportações, em milhões de dólares, de 1403, o país importou 1292 e teve um saldo negativo de serviços de 361. Como o débito de capitais (amortização de dívidas) alcançou 383, o saldo negativo montou a 624. Tendo-se em conta que a entrada de capitais, como investimentos autônomos, alcançou apenas 108, o descoberto a ser financiado elevou-se a 516 milhões de dólares. Para que o Brasil tivesse pagado as suas dívidas, em 1961, sem apelar para novos empréstimos e financiamentos, teria sido necessário reduzir as importações a 776 milhões de dólares, o que não seria possível sem provocar transtornos na economia nacional. A situação em 1962 é ainda mais grave, pois o débito de capitais e a remessa de lucros alcançam conjuntamente 564 milhões de dólares, ou seja, 45% do valor das exportações. Tivessem os compromissos de ser todos satisfeitos, e o valor das importações em 1962 pouco teria passado de 500 milhões de dólares.

Na projeção da balança de pagamentos para o triênio 1963-65, limitamos a entrada de capitais ao necessário para atender aos encargos financeiros do país, impedindo o aumento do endividamento externo. O nível deste não era alto — correspondia ao valor das exportações em dois anos —, mas o esquema de amortização era inadequado, dado que se concretizava no curto prazo. Procurei ser explícito a esse respeito: "A taxa de crescimento de 7% teria de ser reajustada para baixo se não fosse possível contar com adequado refinanciamento da dívida externa como meio de manter a atual capacidade para importar". E prosseguia:

O déficit previsto na conta-corrente da balança de pagamentos e os atuais esquemas de amortização da dívida a curto e médio prazos implicariam, caso não seja possível refinanciar a dívida externa, uma redução de pelo menos 30% nas importações. Dado o baixo nível destas, tal redução influiria de forma extremamente adversa sobre a taxa de crescimento do produto e tornaria ainda mais difícil toda a política de estabilização.

A montagem do plano consistiu em demonstrar que, mantidos os gastos públicos em um nível de 14% do dispêndio global (o déficit do setor público de 4% sendo adequadamente financiado) e assegurado determinado nível de importações, caberia proceder a uma política de crédito tal que o saldo dos empréstimos ao setor privado, tanto pelas autoridades monetárias como pelos bancos comerciais, pudesse crescer com a mesma taxa do incremento programado para o produto. A expansão correspondente dos meios de pagamento fazia prever uma inflação anual de 25%, ou seja, cerca de metade da do ano anterior. Partíamos do princípio de que a maior coerência dos investimentos contribuiria para elevar a eficiência média destes, assim como o alto nível da atividade econômica se refletiria em maior disponibilidade de poupança — tudo contribuindo para que a taxa de crescimento programada fosse alcançada

A FANTASIA DESFEITA

sem impor maior sacrifício à população, à diferença do que ocorrera na segunda metade dos anos 1950.

O INSUCESSO DE SAN TIAGO DANTAS

Nem todas as dificuldades a ser enfrentadas foram explicitadas, mas, para bom entendedor, o essencial estava dito. A tarefa era complexa, mas exaltante. O texto estava marcado por um toque de otimismo, que demonstrou ser contagiante. Sem lugar a dúvida, a confiança que o plano despertou contribuiu amplamente para a esmagadora vitória obtida pelo presidencialismo no plebiscito realizado nos primeiros dias de 1963. A imprensa ocupou-se extensamente da matéria, e mesmo aqueles que negavam todo crédito a Goulart reconheciam que o país se encaminhava para um novo estilo de administração e governo calcado em critérios racionais.

Em seu discurso de Ano-Bom, quando apresentou o plano, o presidente foi cauteloso, insistindo em que estava apenas submetendo à nação um conjunto coerente de medidas que, esperava, fosse objeto de debate franco pelas entidades representativas da sociedade. Mas o tom de confiança no futuro do país, que transparecia nos comentários, após a fase de incertezas que se vivera, era inequívoco. Não se tratava de dar as dificuldades por superadas, nem de fechar os olhos aos graves problemas estruturais que continuariam por muito tempo desafiando a imaginação da classe política. Mas, pela primeira vez entre nós, um plano de governo continha um conjunto de diretrizes das reformas de base mais urgentes — a administrativa, a bancária, a fiscal e a agrária —, as quais seriam objeto de mensagens específicas ao Congresso Nacional. Era evidente, pelo tom da imprensa, que o debate fora canalizado na boa direção, o que não significava pouco, tratando-se de matérias tão controvertidas.

Ganho o plebiscito e restaurado o presidencialismo, dei minha tarefa ministerial por concluída. Nas diretrizes relacionadas com a reforma administrativa, eu sugeria a criação de um sistema de planejamento, instituindo-se em cada ministério um núcleo específico para assessorar o ministro na elaboração de seu próprio plano e no acompanhamento de sua execução. Mas uma reforma desse gênero dependia do Congresso, e a execução do Plano Trienal, tal qual fora aprovado pelo chefe do governo, requeria ação urgente. O essencial dos poderes estava enfeixado nas mãos do ministro da Fazenda.

O presidente, ao perceber que uma reforma na estrutura ministerial envolvia um custo político, teria me liberado de imediato, não fora o risco de que se interpretasse a minha saída como o começo do abandono do plano. Paulo Bittencourt, diretor do poderoso *Correio da Manhã*, contou-me que o havia advertido a esse respeito. Permaneci como ministro do Planejamento no regime presidencial restaurado, mas consciente de que minhas funções se limitariam a assessorar o presidente e, em certas matérias, o ministro da Fazenda. Sendo este San Tiago Dantas, a tarefa seria para mim sobremodo gratificante.

San Tiago Dantas rapidamente se deu conta de que, na ausência de apoio externo, o governo seria forçado a adotar medidas drásticas, simplesmente para garantir o funcionamento da economia, medidas impopulares que dificilmente o presidente apoiaria. E, não sendo aplicada essa terapêutica, o país deslizaria para o desgoverno, pondo em sério risco as instituições democráticas. É de imaginar que os norte-americanos, bem informados como estavam, tivessem uma percepção clara do que estava em jogo entre nós, particularmente da significação, para o futuro da democracia, das démarches de San Tiago Dantas junto a nossos credores.

O convite que fora feito ao presidente Quadros para visitar os Estados Unidos havia sido confirmado, da ponta dos lábios, quando assumiu Goulart. Como ministro das Relações Exteriores, San Tiago Dantas acompanhara o novo presidente em sua visita à Casa Branca, em abril de 1962, a qual serviu apenas para que os norte-americanos reiterassem suas reivindicações com respeito ao tratamento dado, no Brasil, aos capitais estrangeiros. O comunicado conjunto disse que "o presidente do Brasil declarou que seria mantido o princípio de justa compensação" no caso então em foco de compra das concessionárias de serviços públicos pelo governo brasileiro. No ano transcorrido desde essa visita, o comportamento de Washington traduzira crescente preocupação com os rumos da política brasileira.

Na elaboração do Plano Trienal, eu tivera o cuidado de embutir um conjunto de providências estabilizadoras que estavam longe de ferir a sensibilidade ortodoxa dos técnicos do FMI. Assim, San Tiago Dantas não teve dificuldade em entender-se com eles, e chegou mesmo a telefonar-me de Washington, eufórico: "Você pode se orgulhar de haver preparado o primeiro plano de controle gradualista da inflação contra o qual os técnicos do Fundo nada têm a dizer". Mas os problemas importantes não estavam na alçada dos técnicos. Então, como hoje, sem o sinal verde das autoridades americanas, particularmente do Tesouro, nada de verdadeiramente importante se fazia nas agências criadas em Bretton Woods. Por alguma razão, FMI e Banco Mundial estão sediados em Washington.

O governo Goulart, desde seus primeiros dias, vinha sendo mantido em estrita observação e, pela metade de 1963, aparentemente os americanos já haviam feito a opção pelos grupos que se empenhavam em abatê-lo. Estive em Nova York, no primeiro trimestre de 1963, para integrar um grupo de especialistas em planejamento econômico convocado pelas Nações Unidas, e lá encontrei San Tiago Dantas. Impressionou-me seu estado de desânimo. Poucos homens terei conhecido que depositassem tanta fé na razão como instrumento para remover obstáculos. Ele confiava em que sempre lograria o que buscava argumentando. Estava seguro de que os objetivos da política que lhe incumbia executar não conflitavam com os interesses da comunidade financeira internacional. As iniciativas irracionais que brotavam aqui e ali na

A FANTASIA DESFEITA

cena política brasileira, ele as via como peripécias, e tendia a minimizar o seu significado. Impacientava-se quando alguém dava muita importância ao secundário, perdendo de vista o essencial. Foi exatamente isso que ocorreu naquelas circunstâncias.

No momento em que nos encontramos, San Tiago procurava entendimento com os banqueiros de Nova York, sem nada de concreto para oferecer-lhes, quando não fosse sua fé no futuro do país como grande e promissor mercado. Ora, em se tratando de banqueiros, como dizem os americanos, *there is no free lunch*. Não há comida de graça, ninguém se alimenta de promessas. Para cúmulo de tudo, nesse exato momento os supostos amigos de Goulart deram entrada no Congresso a um projeto de reforma bancária que estava longe de tranquilizar os bancos multinacionais instalados no Brasil. San Tiago sabia que se tratava de um gesto para a galeria, que projetos dessa ordem acumulavam-se nas comissões parlamentares, a exemplo daqueles referentes à reforma agrária, os quais, na época, já somavam cerca de três centenas. Mas essa gesticulação retórica reforçava a posição dos banqueiros nas negociações. David Rockefeller, na época o chefão do Chase e possivelmente o homem que em Wall Street dava as cartas quando se tratava de opinar sobre o que fazer com o Brasil, chamou San Tiago Dantas ao telefone e lhe passou o que bem se pode chamar de espinafração: "Ou vocês retiram de imediato esse projeto de lei ou eu mando cortar todas as linhas de crédito de que hoje se beneficia o Brasil". Ele sabia, mais do que ninguém, que o Brasil estava no limite do sufoco no que respeita ao financiamento de curto prazo em suas transações comerciais com o exterior.

San Tiago dava a impressão de estar arrasado. Era dessas pessoas que têm muito em conta a liturgia do poder. Certamente, não se deixaria humilhar por argentários arrogantes. Mas passava maus momentos, e me doía vê-lo tão acabrunhado. Contudo, estava longe de esmorecer e continuava a empenhar-se para criar um clima de compreensão nos círculos de negócios dos Estados Unidos. Por certo, não lhe escapava que, se fracassasse nessa tentativa, as incertezas cresceriam com respeito ao processo político brasileiro.

Esse estado de apreensão em que San Tiago se encontrava explica que haja subscrito a proposta de entendimento com o grupo da American Foreign Power (Bond and Share), grande concessionária de serviços de energia elétrica em várias regiões do Brasil. Era evidente que esse grupo do setor energético se empenhava em transferir para o governo suas usinas geradoras, linhas de transmissão e sistemas de distribuição pouco rentáveis, visando instalar-se em setores mais promissores e menos expostos a estrito controle, como eram os antigos serviços públicos explorados em regime de concessão. O entendimento, assinado em 22 de abril, em Washington, por Roberto Campos, embaixador do Brasil, e pelo sr. William Nydorf, vice-presidente da Amforp, fixava o preço de venda ao governo brasileiro em 135 milhões de dólares. Parte devia ser paga em dinheiro, e cerca de 100 milhões seriam pagos em parcelas semestrais com juros de 6% ao ano, tudo a ser reinvestido no Brasil "em empreendimentos selecionados pela Amforp em setores que estejam franqueados aos investimentos estrangeiros em geral". Ora, o preço global foi considerado por muitos especialistas como excessivo, sendo grande o desgaste político sofrido por San Tiago Dantas, que enfrentava incompreensão no exterior e, dentro do país, era acusado de conluio com interesses externos. Durante toda a primeira metade de 1963, bateu-se ele para introduzir alguma racionalidade na ação do governo.

O que veio depois foi consequência inexorável do insucesso de San Tiago durante os meses iniciais do ano. Conforme eu havia previsto no plano, na ausência de apoios externos para enfrentar os problemas da balança de pagamentos, haveria que escolher entre recessão e desequilíbrio, o que levaria o país à ingovernabilidade. O contexto político inviabilizando a via recessiva, o descontrole financeiro apresentava-se como uma quase inevitabilidade.

As autoridades americanas muito provavelmente já haviam tomado o seu partido: nada fariam para "ajudar Jango a salvar-se". Presenciei a conversa de Robert Kennedy com o presidente em Brasília, e causou-me perplexidade a forma como reproduzia as críticas mais levianas feitas a Goulart pelos inimigos jurados deste. Por essa época, o governo de Washington mantinha no Brasil dois embaixadores de facto: o sr. Lincoln Gordon e o então coronel Vernon Walters. Lincoln Gordon não era um diplomata de carreira e recebera a etiqueta de *frontierman* de Kennedy. É natural que se sentisse inseguro em uma situação complexa como a brasileira. Já em começos de 1963, ele se apresentara no Congresso dos Estados Unidos para denunciar "infiltrações comunistas" no Brasil. Seu comportamento de "intelectual" e suas frases de efeito, entre agressivas e sibilinas, faziam com que nem sempre ele pudesse ser tomado a sério. Nas vésperas do golpe militar, visitei-o no Rio de Janeiro, ao regressar de uma reunião em Washington relacionada com a Aliança para o Progresso. Ele estava tenso, preocupado com a ameaça de golpe de esquerda. Reconheci que as esquerdas haviam cometido graves erros, mas estava convencido, disse, de que nada daquilo aproximava os comunistas do poder no Brasil. Em que lugar do mundo, observei, os comunistas tomaram o poder sem que o caminho lhes fosse aberto por uma derrota militar, caso da Rússia, ou por uma ocupação militar, caso da China? A menos que se fantasiassem de outra coisa, como fizera Fidel, que contava inclusive com o apoio do *New York Times*. Ele retrucou, afirmativo: "Isso não é verdade. Lembre-se do golpe de Praga em 1948". Argui que era fácil dar um golpe de Estado quando já se tinha o controle da polícia e se contava com a presença encorajadora do Exército Vermelho.

Ao lado de um embaixador *fumiste* encontrava-se essa personalidade sem-par no mundo das maquinações que era o então coronel Walters. Gozando da intimidade dos chefes militares brasileiros mais influentes, ele seguramente tinha acesso a informações que dificilmente o embaixador podia controlar. A conspiração militar, que ganhou consistência a partir do primeiro trimestre de 1963, foi considerada pelos americanos, desde o início, como opção séria para recolocar o Brasil nos trilhos.

A FANTASIA DESFEITA

Portanto, as decisões de maior significado foram tomadas num plano distinto daquele em que atuava San Tiago, o que explica a ineficácia de seus belos argumentos. À medida que ele perdia terreno, e se agravavam os desequilíbrios financeiros, uma situação nova se configurava. Os parâmetros estabelecidos pelo plano para os ajustes salariais passavam a ser ignorados, abrindo-se o caminho a um brutal conflito distributivo.

FAREWELL A PREBISCH

Em começos de maio de 1963, o ministro das Relações Exteriores, Hermes Lima, solicitou-me que presidisse a delegação brasileira do x Período de Sessões da Cepal, a realizar-se em Mar del Plata, Argentina. A luta em que nos havíamos empenhado, no quadro do Plano Trienal, para manter sob controle a situação econômica estava praticamente perdida. Medrara em certos grupos exaltados a ideia ingênua de que o desgoverno não seria necessariamente desvantajoso para os que se empenhavam em forçar as "reformas de base". A isso se adicionava o oportunismo de agentes corporativistas disfarçados em líderes sindicais. Ouvi de mais de um expressões desabusadas, como "não tenho compromissos com isso aí". O próprio presidente, submetido a pressões, referia-se ao Plano Trienal, cujos parâmetros estavam sendo totalmente ignorados, de forma oblíqua: "Nisso não é possível seguir o plano do Celso". Fiz ver com veemência que o plano era do governo, havia sido aprovado pelo conselho de ministros e suas diretrizes tinham merecido o beneplácito dele, presidente.

Nesse clima, foi para mim um grande alívio reencontrar meus velhos companheiros da Cepal. Prebisch acompanhava o trabalho que eu realizava no Brasil como se se tratasse de uma prolongação daquelas lutas em que nos havíamos empenhado juntos pelas plagas latino-americanas. Quando assumira a missão de ministro extraordinário do Planejamento, ele me enviara uma mensagem que revela o espírito das discussões que havíamos tido em torno do papel que nos cabia: *"No obstante que usted reiteradamente manifestó sus deseos de dedicarse a la vida de estudio y ejercer su influencia intelectual, los acontecimientos le obligarán con frecuencia a cambiar sus designios y a influir decididamente sobre los hechos, y no solo sobre la mente y el corazón de los hombres"*. Em Mar del Plata, ele se despediria da Cepal, após tê-la dirigido durante catorze anos.

A instituição alcançara o fastígio: suas ideias reformistas haviam sido incorporadas ao programa da Aliança para o Progresso, ganhando a adesão de praticamente todos os governos do hemisfério ocidental, e logo serviriam de embasamento para a Conferência Mundial de Comércio e Desenvolvimento (Unctad), recém-convocada pela Assembleia Geral das Nações Unidas.

Por uma dessas peripécias próprias dos países latino-americanos, coube a mim presidir a sessão de encerramento da conferência de Mar del Plata. No penúltimo dia

359

dos trabalhos, houve uma crise ministerial na Argentina, renunciando todo o gabinete. O ministro da Economia, presidente da conferência, ausentou-se bruscamente e não regressou. Como vice-presidente, coube-me a honra e a satisfação de pronunciar o discurso de encerramento, que também era um *farewell* a Prebisch.

Comecei caracterizando o trabalho realizado pela Cepal nessa fase que vinha de encerrar-se. Coubera-lhe a tarefa de "diagnosticar a crise profunda que conhecia a América Latina no imediato pós-guerra, crise de desajustamento na economia mundial e também de incapacidade para promover as modificações estruturais internas requeridas para superar aquele desajustamento". E prosseguia:

> Havendo detectado as razões da crise, aplicou-se a Cepal na preparação dos instrumentos sem os quais não nos teria sido possível atuar eficazmente e abrir novos caminhos. Preparar esses instrumentos significou destruir dogmas que prevaleciam na região, tais a ilusão do desenvolvimento espontâneo e a mística da estabilidade. Havendo crescido, em uma primeira fase, sob o impulso de correntes de comércio exterior, os latino-americanos se habituaram a pensar no desenvolvimento como algo que ocorria independentemente de suas vontades. Graças à Cepal, descortinou-se a nova visão do desenvolvimento, fruto da vontade política. Também a ela devemos a visão da estabilidade como um meio, que se legitima na medida em que permite lograr maior racionalidade nos processos econômicos.

E acrescentava: "Temos hoje uma percepção de nossa realidade e dispomos dos instrumentos para atuar sobre ela". Com vistas ao futuro, dizia eu: "Não cabe dúvida, a julgar pelos debates que agora encerramos, que o novo ciclo de atividades da Cepal focalizará, de preferência, o processo de integração regional. Seus novos estudos, para que tenham a eficácia que alcançaram os do passado, deverão ter como referência básica a ideia de que seremos uma economia multinacional, ou não venceremos a barreira do subdesenvolvimento". E, como palavras finais:

> Quando afirmei que encerramos um ciclo na vida da Cepal, indiquei que esse fato não se deve propriamente ao afastamento da secretaria executiva do dr. Raúl Prebisch. Isso porque a influência do pensamento desse grande mestre da América Latina, que somente agora se exerce em sua plenitude, continuará presente como força orientadora de todos nós. Para os homens que se projetam pelo pensamento criador e têm a faculdade de influir sobre os acontecimentos pela força de suas ideias, não existem despedidas, porque eles sempre estarão presentes.

7. O último mandato

A SUDENE A PLENO VAPOR

Havia já algum tempo, eu solicitara ao presidente que me liberasse da função ministerial, nos termos seguintes:

> Recebi de V. Ex.ª a honrosa incumbência de dirigir a elaboração de um plano de desenvolvimento econômico e social e de encaminhar, junto aos diversos ministérios, medidas visando à execução desse plano. Estando concluída essa tarefa, pois cabe especificamente aos ministérios o detalhamento dos planos setoriais, dentro dos esquemas financeiros já estabelecidos, solicito ao eminente amigo queira liberar-me das responsabilidades de ministro extraordinário a cargo do Planejamento.

Durante mais de mês, estive à espera da decisão presidencial, e, para minha surpresa, foram todos os ministros despedidos de uma só vez, no mês de junho. Algum tempo depois, o presidente deu-me esta explicação: "Para afastar o Kruel do Ministério da Guerra, tive de mandar embora todos os ministros". Era aquela uma insólita forma de governar, e o menos que se podia dizer é que a margem de manobra de que ele dispunha para agir se fizera muito estreita. As forças que se haviam organizado para apeá-lo do poder estavam avançando. E ele devia sabê-lo.

Minha saída do ministério coincidiu com a aprovação, pelo Congresso, do II Plano Diretor para o Desenvolvimento do Nordeste. Assim, em tempo oportuno, reassumi plenamente o comando da Sudene. Embora os recursos somente hajam estado disponíveis na segunda metade do ano, 1963 constituía uma boa referência do que era possível realizar no Nordeste dentro das atribuições legais da Sudene. Os recursos reais comprometidos dobraram o montante que havia sido aplicado no ano anterior. Esses recursos alcançaram 115 bilhões de cruzeiros, ou seja, 185 milhões de dólares da época. Tendo em conta a erosão dessa moeda, caberia pensar hoje (1989) em pelo menos meio bilhão de dólares. Como referência, convém lembrar que a arrecadação total do imposto sobre a circulação de mercadorias, realizada pelos estados do Nordeste, de longe sua principal fonte de recursos, não alcançou naquele ano 60 bilhões de cruzeiros.

Do total dos 115 bilhões, 47,8% provieram diretamente da Sudene, 30,4%, do setor privado em projetos incentivados, e 20,7%, da ajuda externa, principalmente do programa da Aliança para o Progresso e do Banco Interamericano de Desenvolvimento. Dos recursos da Sudene, 78% correspondiam a investimentos diretos, e 22%, a subsídios fiscais concedidos ao setor privado. Dos investimentos diretos, 55,7% foram para as obras de infraestrutura, 10%, para a agricultura e o abastecimento, e 11%, para pré-investimentos ligados ao fator humano e ao levantamento de recursos naturais. Foram aprovados e incentivados 86 projetos industriais, sendo vinte na indústria têxtil algodoeira, catorze na alimentar, catorze na metalurgia, treze na de cimento, cerâmica e vidro, nove na química. Já não havia dúvida de que fora interrompido o processo de desindustrialização do Nordeste, passando a região a ocupar posição na linha de frente no que respeita ao dinamismo dos investimentos manufatureiros.

Nesse ano, foi inaugurada a grande linha de transmissão levando energia de Paulo Afonso a Natal, e 22 outras cidades nordestinas passaram a beneficiar-se da energia dessa mesma fonte. São Luís, Fortaleza e Teresina, que ainda não se haviam integrado no sistema de distribuição que irradiava das grandes centrais hidrelétricas, tiveram seus sistemas locais térmicos substancialmente melhorados. Teve início o projeto de construção da usina hidrelétrica de Boa Esperança, do Parnaíba, que em futuro breve serviria Teresina, São Luís e muitas outras cidades do Nordeste setentrional. Fortaleza seria, no ano seguinte, alcançada pela grande linha de transmissão que a conectaria a Paulo Afonso. Foi igualmente iniciada a instalação de pequenas unidades térmicas, num plano de eletrificação rural.

Uma das metas principais do plano prioritário de rodovias, em cuja execução se empenhou a Sudene desde o início, era a ligação com o Centro-Sul em condições técnicas modernas. Essa obra foi realizada em 1963, com a pavimentação da Rio-Bahia. No que respeita ao saneamento básico, em particular o abastecimento de água potável, os trabalhos concluídos em 1963 beneficiaram 4,3 milhões de pessoas, representando 55% da população urbana do Nordeste. Foi nesse ano que se deu início à constituição de uma frota de carros-pipas, a ser utilizados em situações de carência localizada de água, bem como nas fases de seca reconhecida.

A FANTASIA DESFEITA

O esforço visando formar profissionais de nível superior pôde ser intensificado: foram concedidas 510 bolsas de estudo a candidatos aos cursos de habilitação às faculdades de agronomia (199), veterinária (61) e engenharia (250). Iniciou-se o levantamento dos laboratórios de ciências básicas dos colégios secundários oficiais do Nordeste, sendo examinados os 51 colégios. Firmou-se um acordo para aquisição de equipamento para sessenta laboratórios de química, fisica e biologia. Foram concedidas bolsas de aperfeiçoamento no Centro-Sul a professores nessas disciplinas e em matemática.

Cerca de mil alunos passaram pelos cursos organizados pela Sudene de programação orçamentária, administração municipal, gerência de cooperativas, programação educacional, economia agrícola, aproveitamento de recursos de água, e pavimentação rodoviária. O principal objetivo desses cursos era elevar o nível técnico das administrações estaduais. Um amplo e complexo programa de apoio a projetos de construção popular, incluindo trabalhos para recuperação de alagados no Recife e em Salvador, mereceu atenção prioritária.

Concluiu-se nesse ano o mapeamento semidetalhado de 368 mil hectares no submédio São Francisco, ponto de partida do importante programa de irrigação da área. E tiveram início trabalhos experimentais de cultura de sorgo, amendoim, feijão, milho, batata-doce, trigo, alfafa, fumo, gramíneas forrageiras e outras. Instalaram-se as estações experimentais de Mandacaru e Bebedouro para estudos de drenagem, testes com aspersores, determinação das propriedades hidrodinâmicas do solo, declividade etc. Igualmente importantes foram os estudos iniciados no vale do Jaguaribe. O projeto de desenvolvimento integrado desse vale, que deveria servir de modelo a outros, incluía pesquisas econômicas, sociológicas, geológicas, hidrológicas, hidrogeológicas, pedológicas, agronômicas, de irrigação, cobertura vegetal e erosão.

A experiência adquirida na hidrogeologia do cristalino permitiu que se perfurassem 160 poços localizados em zonas onde mais precário era o fornecimento de água. Fato de grande significação foi a conclusão da rede hidrológica, com a instalação de 2 mil pluviômetros em todo o Nordeste, o que permitiu controlar, dentro de padrões técnicos, as irregularidades climáticas.

Iniciou-se um programa de incentivo à organização cooperativa, sendo inventariadas 680 cooperativas já existentes na região. Na área açucareira de Pernambuco, foi possível dar início a uma experiência de organização cooperativa (Tiriri) graças à cessão à Sudene de importante gleba por seu proprietário. Nossa intenção era realizar uma experiência à maneira da Austrália, onde a cana é produzida em unidades familiares organizadas em cooperativas, as quais constituem um contrapeso ao poder dos usineiros. Era necessário um período de transição, com monitoramento da Sudene, para transformar um cortador de cana nordestino em um agricultor moderno. A classe dos usineiros reagiu com hostilidade, talvez porque toda iniciativa da Sudene lhes sabia a "subversão".

363

OBRA AUTOBIOGRÁFICA

Também a cooperação internacional começava a dar seus frutos. O programa de irrigação do São Francisco fora viabilizado pelo apoio do Fundo Especial das Nações Unidas. O projeto do vale do Jaguaribe, graças à decidida contribuição do governo francês. O comprometimento financeiro do governo norte-americano, principalmente orientado para o setor educacional e fornecido em grande parte aos governos dos estados, alcançara 37 milhões de dólares, e o do BID, orientado para o saneamento básico, 13 milhões de dólares. Uma missão japonesa prestava valiosa colaboração num projeto de instalação de um centro de treinamento têxtil, cujo equipamento fora doado pelo governo nipônico. Por último, uma missão de Israel estava dando assistência às pesquisas de milho híbrido para produção de sementes, o que abria a possibilidade de aumento de 40% no rendimento desse cereal.

Ao apresentar ao presidente relatório das atividades do ano, eu dissera sem disfarçar minha satisfação: "O Nordeste é, hoje, em termos relativos, isto é, em comparação com os seus próprios níveis anteriores, a região que mais cresce no Brasil. Os governos estaduais e o governo federal têm, na Sudene, um instrumento de ação eficaz. Há ainda muito a realizar, mas a experiência adquirida e a vontade de construir que hoje anima todos os nordestinos permitem olhar para a frente com confiança".

A visão que eu tinha do que havíamos conseguido está claramente expressada nas palavras que, ao ensejo das festas de fim de ano, dirigi aos companheiros de trabalho:

> Não obstante o II Plano Diretor só haja sido aprovado no mês de junho, graças ao esforço excepcional dos técnicos e servidores administrativos foi possível apresentar no final do ano uma apreciável soma de realizações. A presença da Sudene já marcou definitivamente a fisionomia do Nordeste, com novo estilo de governo e administração, e pela magnitude da obra material já realizada [...]; lutando contra forças que se alimentam da corrupção, dos privilégios de grupos e de classes e do malbaratar do dinheiro do povo, os legionários da Sudene encontraram ânimo para sobreviver quando todas as posições pareciam perdidas.

O DECLÍNIO DA AUTORIDADE DO PRESIDENTE

Desde o início, eu seguira a norma de não "inaugurar obras", a menos que se tratasse de algo muito importante que justificasse a presença do presidente da República. Kubitschek era o mais sensível a ver seu nome "imortalizado" numa placa celebradora. Certa vez, me disse com amargura: "No Rio Grande do Sul, Celso, você não encontrará em nenhuma das obras que lá realizei o registro de meu nome". Jânio Quadros preocupava-se menos com o registro de seu nome para a posteridade do que com a manifestação popular no presente. Vivia intensamente o momento de gló-

A FANTASIA DESFEITA

ria, que devia estampar-se em calorosa presença do povo, como se confiasse em que o futuro se bastaria a si próprio. João Goulart ofendia-se quando alguém desejava "brilhar" na sua presença. A modéstia que gostava de aparentar ocultava verdadeira obsessão em ser louvado, particularmente no que se referia à sua habilidade política. Dava-me por vezes a impressão de matutar sobre o que faria o dr. Getúlio, como ele o chamava, nesta ou naquela situação. Como a fama maior de Vargas vinha de sua suposta matreirice, nada o comprazia tanto como ouvir elogios à sua astúcia política.

Tive, no apagar das luzes do governo Goulart, o prazer e a honra de presidir em Brasília uma reunião de delegados dos governos latino-americanos preparatória do que em seguida viria a ser o Sistema Econômico Latino-Americano (Sela), primeira instituição intergovernamental exclusivamente de latino-americanos. Era como se estes começassem a tomar consciência da necessidade de se coordenarem antes de se apresentar em instâncias internacionais, em especial antes de negociar com os Estados Unidos. O Brasil, melhor dito, o Itamaraty, sempre relutara em entender-se com os demais latino-americanos, no suposto de que "isolado" seria mais bem tratado. Mas o governo Goulart era demasiadamente fraco no plano internacional, o que explica que então haja prosperado a ideia, que tinha no Chile seu principal defensor, de institucionalizar a coordenação de esforços em nível regional. Trabalhei com afinco nessa direção, e foi motivo de real satisfação para mim presidir a reunião de Brasília, preparatória de outra que logo se realizaria em Alta Gracia, Argentina, da qual sairia a Comissão Especial de Coordenação Latino-Americana (Cecla).

O presidente recebeu os delegados no Palácio da Alvorada, e eu o acompanhei todo o tempo, proporcionando as informações que se faziam necessárias e, ocasionalmente, servindo de intérprete. Recepções desse tipo são uma oportunidade privilegiada para que as pessoas mais diversas "cavem" uma chance de ter acesso ao ouvido do presidente. Entre esses cavadores, apareceu alguém para oferecer-lhe terras, em condições que aparentemente lhe interessaram. Não me contive e, logo que ficamos a sós, fiz referência à importância que o governo estava dando naquele momento à reforma agrária. Bruscamente, ele retrucou: "Que pensa você? São terras para serem bem aproveitadas!". Por coincidência, apareceu pouco depois alguém conhecido como porta-voz do Partido Comunista e, de forma bombástica, elogiou o presidente pela habilidade que tivera em "envolver os militares na reforma agrária", atribuindo ao serviço cartográfico do Exército a função de delimitar terras disponíveis para esse fim. O decreto em causa não tinha qualquer alcance prático, mas aquele senhor o utilizava para edulcorar o humor do presidente.

Tudo era dito, de alguma forma, para agradar-lhe o ouvido, confortá-lo. Não se requer muita perspicácia para descobrir o que certa pessoa gosta de ouvir. E o que gostamos de ouvir retrata nosso caráter. No final da recepção, encontrei uma maneira de desembuchar algo que me atravessava a garganta, e disse: "Deve ser difícil para um presidente ver a realidade tal qual é, se todas as pessoas que dele se apro-

365

OBRA AUTOBIOGRÁFICA

ximam procuram dizer o que é agradável ouvir". Goulart voltou-se para mim com aquele franzimento de testa que lhe era característico, e ficou mudo, mas seu olhar parecia dizer: que impertinente! Pude, assim, comprovar que ele tomara a sério o essencial do que ouvira.

Na área de ação da Sudene, todos os programas estavam sendo cumpridos dentro de seu cronograma de execução. Os recursos incluídos no plano que aprovara o Congresso asseguravam meios para que avançássemos até 1965, quando chegaria a seu término o tumultuado mandato presidencial iniciado por Jânio Quadros. Eu estava determinado a dar minha tarefa por concluída nessa época. As instituições também envelhecem, mas o fazem mais rapidamente quando não renovam em tempo devido os seus dirigentes. Havíamos praticamente ocupado todo o espaço a que nos habilitara a lei que criara a Sudene. Surgira uma nova mentalidade na região. O número e a diversidade dos projetos industriais não deixavam dúvida sobre a afluência de recursos para o Nordeste, assinalando a reversão da velha tendência de fuga de capitais. Dificilmente se encontraria uma cidade na região que não se estivesse beneficiando dos investimentos em transporte, energia, saneamento básico e outros. Vencida a inércia inicial, fácil seria multiplicar por dez o que estávamos fazendo: passar de cem poços perfurados para mil, de quinhentas bolsas de estudo em escolas técnicas superiores para 5 mil. Criara-se um clima de confiança no governo. Se um problema era entregue à Sudene, ninguém duvidava de que alguma solução seria encontrada.

Procurei mais de uma vez transmitir a Goulart a mensagem de que fora no seu governo que a Sudene se consolidara, abrindo nova era para o Nordeste. Ele parecia absorto, com o espírito em outra esfera. Consegui que fosse ao Recife para participar de uma reunião do conselho deliberativo, na qual seriam assinados convênios com vários governos estaduais, abrangendo obras de considerável importância. Preparei para ele o rascunho de um discurso que sintetizava o essencial do que estava sendo feito, ao mesmo tempo que assinalava a necessidade de avançar nas reformas estruturais. Goulart olhou o texto por cima, fez um gesto negativo com a cabeça e devolveu-me.

A única coisa que suscitou seu interesse foi participar de um comício na zona canavieira, com a presença de uma massa considerável de camponeses. Era como se estivesse em campanha, disputando votos. Havia algum tempo, aflorara uma rivalidade dele com Arraes em torno do controle dos novos sindicatos rurais. Mas Arraes evitava a radicalização verbal, armava-se de prudência. Os camponeses, entusiasmados com as vitórias logradas, prestavam-se a todas as formas de encenação. Apareciam armados de foices, aqui e ali, para "apoiar" greves, e coisas similares. Havia algo de patético naquela coorte de homens esquálidos, maltrapilhos, exibindo uma arma

366

cuja eficácia desaparecera com a invenção da pólvora. Seria apenas a rivalidade com Arraes que levava o presidente a subir em palanque para arengar a cortadores de cana no Nordeste, contribuindo para exacerbar as ilusões destes, fazê-los crer que podiam a curto prazo, com as mãos, romper os grilhões da miséria? Creio que não. Aquilo era uma pequena cena que somente tinha sentido se inserida em uma ampla cadeia de acontecimentos. O presidente compreendera, desde o fracasso das démarches de San Tiago junto aos americanos, que seus adversários não lhe dariam quartel. As forças que o combatiam estavam cada vez mais organizadas, o que podia ser aferido pela redução da eficácia da ação governamental que emanava diretamente dele.

Um dado revelador de que o poder de Goulart murchava como uma *peau de chagrin* foi a malograda visita que fez ao Brasil o marechal Tito, herói da história moderna, homem que enfrentou com êxito Hitler e Stálin, fundador, com Nehru e Nasser, do Movimento dos Não Alinhados. Sendo hóspede oficial do governo brasileiro, Tito não pôde desembarcar nem no Rio de Janeiro, nem em Belo Horizonte, nem em São Paulo. A falta de civismo dos governadores dos estados respectivos maculava o Brasil, mas humilhava nosso presidente, anfitrião em todo o país do ilustre visitante.

Mudado o ministério na metade do ano de 1963, o presidente já não pensou em governar, e sim em defender-se. As previsões feitas no Plano Trienal com respeito à balança de pagamentos resultaram ser acuradas. As exportações superaram em 6% nossas estimativas, e as importações em 7,8%, sendo o saldo da balança comercial, em 1963, inferior em 85 milhões de dólares ao que havíamos programado. Os investimentos líquidos diretos (estrangeiros), que havíamos estimado em 100 milhões de dólares, reduziram-se a 30 milhões. Havíamos considerado que os empréstimos e financiamentos não deveriam baixar de 302 milhões, e o que se obteve, em condições onerosas, não passou de 250 milhões. Por um lado, foi necessário reduzir a zero a remessa de lucros e dividendos — o que suscitou forte animosidade da colônia estrangeira —, queimar 76 milhões de dólares das parcas reservas de ouro, e contratar custosas operações de curto prazo na undécima hora. Os credores tinham a corda na mão e sabiam que bastava continuar a puxá-la para asfixiar um governo que enfrentava internamente poderosa coalizão de forças.

O Congresso aprovara uma lei de remessa de lucros de corte "nacionalista" e o presidente a reteve algum tempo na gaveta, sem regulamentá-la, como carta para negociar. Essa lei, mais espantalho do que outra coisa, limitava a 12% a remessa. Na prática, esse limite nunca era superado, pois a empresa que o fizesse se exporia a sério ônus fiscal. Mas, como espantalho, serviu amplamente à direita, que queria forçar o presidente a fazer concessões na regulamentação e, assim, expor-se a críticas também da esquerda.

Posto contra a parede, Goulart apelou para a mobilização popular, e aquele ruidoso comício na zona açucareira se inscrevia nesse quadro. Haveria alguma chance de que, acenando com o perigo de uma guerra civil, conseguisse induzir a direita golpista a recuar e contemporizar até o fim de seu mandato? Não sei o que a esse respeito pensava ele. Mas a verdade é que o núcleo golpista mais duro estava bem informado e devia saber quão ineficazes eram aquelas massas que Goulart tentava mobilizar.

Ao fazer concessões a grupos corporativistas, na contenda distributiva, o governo tendeu a perder o controle da situação financeira. O índice geral de preços ao consumidor, que na segunda metade de 1962 crescera 17,7%, já saltara, na primeira metade de 1963, para 34,9%. Em uma época em que o sistema de indexação inexistia, esse nível de pressão inflacionária era suficiente para criar o pânico entre grande número de pessoas, que viam seus rendimentos e ativos monetários ser implacavelmente erodidos. A mobilização das forças sociais com que contava o presidente para deter a ofensiva da direita golpista foi minada e tornada inoperante pelo descrédito do governo provocado pela desordem financeira crescente.

Ao defender-se mobilizando forças da sociedade, ativando segmentos de opinião pública descontentes, o presidente fornecia argumentos à direita, a qual procurava assustar a classe média. Ao mesmo tempo, permitia que grupos esquerdistas ingênuos se iludissem com a miragem de uma "revolução" que já estaria ao alcance da mão. Minha impressão é que Leonel Brizola, consciente ou inconscientemente, fez o jogo de Goulart. Se se tratava de advertir a direita golpista de que "o almoço não seria de graça", de que muitas cabeças estariam ameaçadas de rolar numa guerra civil, a gesticulação ruidosa de Brizola adquiria significação. Fora disso, iniciativas como a organização dos "Grupos dos Onze" não têm explicação, podendo ser catalogadas no gênero "cruzada infantil".

Mas cabe indagar: o presidente, cuja ofensiva nada mais era do que uma manobra para sobreviver, teria um objetivo estratégico único — chegar ao fim do mandato — ou pensaria em antecipar a própria saída, induzindo os adversários a assumirem o ônus de depô-lo para impedirem a realização das "reformas de base"? Algumas conversas que mantive com ele deixaram-me dúvidas a esse respeito. Do ângulo em que me situava, dirigindo amplo segmento da máquina administrativa e mantendo contatos permanentes com governadores e personalidades públicas, o que mais me preocupava era o clima de incerteza e a impressão, que começava a predominar na opinião pública, de que o país estava à deriva. Eu sabia que isso não era verdade, pois, no meu setor, tudo estava sendo feito conforme programado. Mas o que conta nesses momentos é a imagem de si mesmo que o governo projeta. Participando de reuniões em muitas instâncias decisórias, percebia um clima geral de desânimo, como se houvesse da parte de muitos dirigentes uma perda de rumo.

Algumas das pessoas que Goulart colocara em cargos-chave eram despreparadas e tinham como única preocupação fazer aquilo que mais lhe agradasse. Meu dever, parecia-me, era expressar-lhe minha opinião franca sobre o que eu testemu-

A FANTASIA DESFEITA

nhava. Mas ele dava a impressão de interpretar tudo o que eu dizia como admoestação. Estaria me prevalecendo da condição de "intelectual" para dar-lhe uma lição. Essa forma de comportamento, ele a adotava com San Tiago Dantas, diante de quem procurava comportar-se como se fosse um bronco, homem do campo. Chamava San Tiago de "professor", com ligeira entonação irônica, como quem dissesse: "O senhor sabe muito, mas sabe à sua maneira livresca, não posso acompanhá-lo, mas sei com meus botões onde estou e aonde quero ir".

Eu havia lançado tudo aquilo na conta das ambições de San Tiago no PTB, mas agora estava vendo que não se tratava apenas disso. A verdade é que não era do feitio de Goulart enfrentar a realidade. Preferia olhá-la de esguelha e tentar contorná-la. Mas, naquele dia, no Torto, ele parecia à vontade, bebericando uísque em torno da piscina. Apareceu a filha e ele fez tais demonstrações de afetividade que me senti comovido. Estando a sós, avancei a observação: "Presidente, lá no Nordeste o senhor goza de grandes simpatias. O governo está cumprindo lá tudo o que programou, mas existe uma desorientação geral, não sabemos para onde vamos. Se o senhor tomasse uma posição clara com respeito à sucessão, tudo se simplificaria". Ele, olhando-me baixo, sem ocultar o desagrado de ter que abordar aqueles assuntos, retrucou: "Você acha? Que posso fazer?". Aproveitei e fui mais longe: "As candidaturas já estão lançadas. Das que têm peso, a única que não é hostil ao senhor é a de Juscelino". Ele se voltou, com brusquidez, encarou-me e disse, evasivo: "Juscelino? Que pretende ele?". Era uma forma de dizer: entregar o governo ao Juscelino é voltar ao marco zero no movimento de reformas de base, pois ele será agora ainda mais conservador do que foi no primeiro governo. Não me dei por satisfeito e, delicadamente, observei: "Presidente, o senhor pode não ter candidato, mas, nesse caso, seria de grande importância que desde agora prepare o seu espírito para passar o governo a quem quer que seja eleito o seu sucessor. Convém que o senhor transmita à opinião pública esse sentimento". E acrescentei, enfático: "Mesmo que seja Carlos Lacerda". Senti que havia ido longe demais, pelo gesto de enfado e a expressão de nojo que ele deixou transparecer. Com um movimento evasivo, como se indicasse que queria ficar só, murmurou: "A esse, não! Esse foi o assassino do dr. Getúlio, e eu sou um soldado do dr. Getúlio".

Isso foi em começos de 1964. Decidi não mais abordar com o presidente esse tipo de assunto, mas veio-me a ideia de que a interrupção do mandato — livrando-o da ordália em que para ele se transformara a sucessão — podia estar incluída em seus objetivos estratégicos. A chamada "travessia do deserto" tem dado frutos pingues na vida de grandes políticos. O retiro em Itu desse modelo que para ele era Vargas permitira ao velho caudilho não comprometer-se com o morno sucessor que ele mesmo indicara e renovar-se, surpreendentemente, para um retorno triunfal. Essa forma de ver as coisas tinha sentido no âmbito de uma biografia. Mas para quem pretendesse descortinar a História, a falácia estava à vista. Não estávamos lidando com o udenismo retórico de 1945, num contexto internacional de derrocada das ditaduras. A

OBRA AUTOBIOGRÁFICA

nova direita que se preparava para empolgar o poder estava instrumentalizada, armada de "projetos" para enfrentar todos os problemas do país, calçara-se de efetivos apoios internacionais.

O narcisismo natural dos políticos faz com que, com frequência, eles tenham do futuro uma visão demasiado influenciada pelas projeções da própria biografia. Para escapar a essa tentação, em difíceis circunstâncias políticas, se requer um tipo de coragem própria dos temperamentos ascéticos. Lembrei-me da forma como ele tratara a filha, da visível carência de afetividade que denunciava um temperamento tudo, menos ascético.

ALUCINAÇÕES

Ao afirmar que todos os nossos programas estavam sendo executados no Nordeste, não pretendi dar a impressão de que as tensões políticas e sociais que se manifestavam no país repercutissem menos nessa região. A tese de que havia uma conspiração em marcha, com o beneplácito do governo federal, para implantar no país um "regime comunista", uma "república sindicalista", no parlapatório da direita, era matraqueada pela grande imprensa local, à semelhança do que ocorria no Centro-Sul. A versão mais difundida, esposada pelos funcionários americanos, era a de que o governo se estava dissolvendo e que pequenos grupos de comunistas, treinados em subversão, vinham ocupando posições estratégicas. A estrutura do Estado seria como uma árvore que secava, atacada pelo cupim: sua forma externa estava sendo preservada, mas a qualquer momento tudo viria abaixo, surgindo um novo poder de espírito totalitário. Goulart estaria cavando o próprio túmulo ao empenhar-se em dividir as Forças Armadas.

A forma como se comportava Brizola contribuía para dar alguma substância a essa fabulação. Não podendo ser candidato à Presidência, ele nenhum compromisso parecia ter com a realização de eleições, agindo de forma a dar a impressão de que disputava a Goulart a liderança das forças de esquerda na eventualidade de uma saída não convencional. Dentro desse quadro confuso, o comportamento de muitas pessoas se metamorfoseara: uns se faziam extremamente suspicazes, outros, meio misteriosos, como se fossem detentores de grandes segredos. Eu não mantinha nenhum serviço de informação, mas tomava conhecimento de muita coisa graças ao círculo de pessoas com quem estava em contato.

Informações curiosas me eram ocasionalmente transmitidas pelos jornalistas estrangeiros e outras personalidades do exterior que me procuravam. Essas pessoas falavam com muita gente importante e, pelas perguntas que me faziam, eu me dava conta dos rumores que circulavam. Tocava-me a simpatia que muitos jornalistas americanos e europeus demonstravam pelo trabalho que realizávamos, o que ficava claro nos artigos que publicavam. Alguns me escreveram posteriormente e se transformaram em meus amigos definitivos. Eu lhes criava facilidades para que tomassem contato com líderes locais, visitassem áreas-problema, conhecessem os projetos da Sudene em curso de realização. Beuve-Méry, então diretor do *Le Monde*, de Paris, deixou em uma série de artigos um lúcido testemunho do quadro nordestino na época de maior tensão. Joseph Page, americano, escreveu uma série de artigos e depois produziu um livro valioso que recebeu o título significativo de *The Revolution that Never Was* [A revolução que nunca existiu], até hoje não traduzido. Ralph Nader, que posteriormente se faria famoso nos Estados Unidos como o "cruzado dos consumidores", também nos visitou e produziu uma valiosa série de artigos no *Christian Science Monitor*.

Desses jornalistas, hábeis observadores, recebi mais de uma informação curiosa. Assim, um holandês, homem de grande experiência que, havendo antes visitado Cuba, encheu-se de entusiasmo pelo trabalho que realizávamos, disse-me que nosso conselheiro Gilberto Freyre lhe fizera uma catilinária contra a direção da Sudene, transformada em "perigoso antro de comunistas". Gilberto Freyre fora convidado por mim — contra a opinião de Kubitschek, que desaprovou a escolha — para integrar o conselho deliberativo do antigo Codeno, permanecendo na Sudene, onde representava o Ministério da Educação. Era assíduo às reuniões, mas mantinha uma atitude displicente, e mesmo indiferente. Jamais tomara a iniciativa de um projeto, como se desejasse deixar claro que não estava "envolvido" ou que não atribuía importância ao que ali se fazia. Intervinha raramente, e, nas poucas vezes que o fazia, lia o que dizia, como se desejasse precaver-se contra adulterações de suas palavras nas atas que registravam os debates. A hipertrofia de seu ego e sua vaidade desvairada eram motivos de chacota geral, mas todos nós, que muito havíamos aprendido em sua obra, lhe tributávamos um tratamento respeitoso. Eu atribuía seu comportamento a certa ojeriza pela economia, matéria que não lhe despertava qualquer interesse e da qual pouco conhecimento tinha. Certamente ele via economicismo em tudo o que fazia a Sudene, mas, sendo um homem de elevado nível cultural, que habitava no Recife, onde estava o grosso de nosso staff, eu não via explicação para que nos caracterizasse daquela forma a representantes da imprensa internacional.

Em face desse antecedente, despertou-me preocupação que ele, na fase em que éramos mais atacados, tivesse feito uma representação verbal contra a administração da Sudene, acusando-a de haver falsificado a sua assinatura para surrupiar o seu jetom. Podia parecer algo irrelevante, mas uma informação que daí surgisse, envolvendo o nome de grande notoriedade, seria certamente explorada na imprensa por nossos inimigos. A única coisa de que nunca nos haviam acusado era de desonestidade. Mandei meu chefe de gabinete visitá-lo com instrução de reconhecer que algum lapso poderia ter havido por parte da administração, causando extravio dos honorários. Posto que ele havia assinado o recebimento do dinheiro, teríamos que limitar o inquérito à hipótese de extravio. O conselheiro negou-se a todo entendi-

OBRA AUTOBIOGRÁFICA

mento, afirmando categoricamente que sua assinatura fora falsificada. Tomei de imediato a decisão de instaurar um inquérito reservado, a fim de que fosse colhido dele um depoimento escrito. Em seguida, enviei cerca de duas centenas de assinaturas suas, recolhidas no passado, e a contestada ao Instituto de Grafologia de São Paulo, e obtive uma certidão de autenticidade desta última. A comissão de inquérito apresentou suas conclusões e, de acordo com elas, foi-lhe comunicado que, para fins legais, ficava estabelecido que não houvera falsificação da assinatura. Estávamos cobertos para qualquer eventualidade de informação a respeito que surgisse na imprensa. Mas, felizmente, nada transpirou sobre o caso. Cito-o agora porque ilustra bem a sensação, que se apoderara de nós, de que estávamos assediados.

Tudo tinha que ser escrupulosamente controlado, nada deixado ao acaso. A mínima suspeita de irregularidade dava lugar a uma devassa. Para esse fim, eu havia treinado um grupo de choque, de absoluta confiança. Por essa época, a Sudene supervisionava a execução de várias centenas de projetos espalhados por todo o Nordeste. Tratávamos de tudo delegar, principalmente aos governos estaduais, cujos quadros técnicos estavam melhorando a olhos vistos. Mas respondíamos pelo bom cumprimento de todos os contratos. A satisfação dos governadores e outros políticos locais de assumir a paternidade das obras era grande, e nos parecia justo que assim fosse, afastando-se a Sudene do primeiro plano no momento das comemorações.

AJUSTE DE CONTAS

Na segunda metade de 1963, as relações com a agência americana da Aliança para o Progresso foram adquirindo certo grau de normalidade. Os americanos insistiam em entender-se diretamente com os governos estaduais, mas já não pretendiam ignorar os planos que havíamos aprovado, e era corrente a intervenção da Sudene em tudo o que faziam. Dos 25 bilhões de cruzeiros que eles comprometeram em 1963, 70% foram canalizados para ajudar programas de ensino primário dos estados, e 10% destinaram-se a obras de abastecimento de água. O estado mais bem aquinhoado foi o Rio Grande do Norte, cujo governador udenista, Aluízio Alves, por essa época disputava a Carlos Lacerda, governador da Guanabara, a primazia das atenções das autoridades americanas, então empenhadas em barrar a "infiltração comunista" que havia denunciado o embaixador Lincoln Gordon. Não é de surpreender, portanto, que o estado de Pernambuco haja sido totalmente boicotado. A Aliança para o Progresso se transformara em um instrumento de intervenção do governo de Washington, estando acima de nossas forças poder modificar a situação.

Ainda assim, os americanos insistiram em que eu aceitasse integrar o Comitê Interamericano da Aliança para o Progresso (Ciap). É possível que alguns remanescentes da administração Kennedy se esforçassem em salvar algo das ideias iniciais —

372

A FANTASIA DESFEITA

abandonadas, mesmo formalmente, desde o assassínio de Kennedy, em novembro de 1963 — ou que simplesmente meu nome traduzisse certa mensagem que convinha preservar na moldura do programa. Assim, tive que ausentar-me do Nordeste e viajar a Washington em pleno mês de março de 1964, quando me parecia que a corda tensa que sustentava a legalidade chegava ao limite de sua resistência.

Algumas autoridades americanas deviam estar mais bem informadas do que eu sobre o que estava para acontecer no Brasil a qualquer momento. As evasivas com que me formularam certas perguntas deixaram-me preocupado. Em recepção no dia em que se instalou o novo comitê, encontrei-me com o presidente Lyndon Johnson. Quando lhe fui apresentado, ele me encarou como se desejasse dizer algo, mas permaneceu calado. Afastei-me discretamente. Ainda assim, interessava-me a reunião para deixar um registro do que pensava de um programa ao qual me ligara com entusiasmo no início. Falando em nome do Brasil, disse que a América Latina estava realizando um esforço de desenvolvimento dentro da tradição que coloca o homem como fim do processo social; que esse esforço estava exigindo modificações de estrutura, o que era tanto mais difícil quanto as classes dirigentes nem sempre se capacitavam disso; que essa realidade não estava sendo compreendida pelas potências que têm peso no comércio internacional; e que a Aliança para o Progresso fora uma tentativa de introdução de novas formas de cooperação internacional à altura dos desafios da época que vivíamos. Ora, o que se estava vendo era "uma tendência da parte do governo dos Estados Unidos para dar um caráter cada vez mais político à ajuda que já vinha concedendo". E acrescentava, com ênfase: "É fundamental que se reconheça que o desenvolvimento não pode ser senão tarefa da responsabilidade de cada povo. Não cabe à cooperação internacional tutelar o desenvolvimento latino-americano, e sim contribuir para reduzir os seus custos sociais e evitar que as tensões se extremem e causem dano à convivência internacional".

Terminava enumerando um conjunto de diretrizes a ser tidas em conta caso se pretendesse preservar o espírito inicial do programa: a) devemos reconhecer que o problema do desenvolvimento, sendo, como é, uma aspiração nacional, constitui a responsabilidade de cada povo, que deve ter autonomia para formular sua própria política; b) devemos evitar toda tentativa para apresentar o desenvolvimento como um problema cuja solução depende de qualquer pacto internacional, pois isso tende a ser interpretado como tutelagem; c) devemos reconhecer que a responsabilidade das reformas é exclusivamente nacional, e que a interferência externa em nada facilitará a sua realização; e d) devemos evitar toda pretensão de "julgar" a política de desenvolvimento de um país de fora para dentro, partindo de modelos preestabelecidos e concebidos longe da complexa realidade política que se apresenta em cada caso.

Dessa forma, deixei registrado nos arquivos da OEA o alcance que atribuía a um programa de cooperação internacional, ao qual ligara meu nome desde o seu nascimento.

OBRA AUTOBIOGRÁFICA

TESTAMENTO INTELECTUAL

A responsabilidade que me cabia ia bem mais longe do que o desempenho de funções administrativas. De todos os lados me chegavam convites para participar de debates, paraninfar formandos, intervir em colóquios e mesas-redondas. Era uma época em que a juventude estava mobilizada e se sentia parte do processo político que vivia o país. Muitas instituições da sociedade civil promoviam ciclos de debates, satisfazendo os anseios de seus membros mais militantes. Dirigia-me aos públicos mais variados, mas procurava manter coerência no que dizia e para esse fim tomava notas e redigia textos.

Sentindo que o horizonte se fechava, apressei-me em ordenar essas notas, com o propósito de colocar à disposição dos jovens um conjunto consistente de ideias capaz de dar resposta às perguntas que com mais frequência me dirigiam. Certos conceitos eram utilizados de maneira confusa, a outros atribuía-se o poder de exorcizar os males sociais como num passe de mágica.

Meu primeiro objetivo foi quebrar um tabu em torno dos chamados "clássicos do marxismo". Havendo estudado na Europa, habituara-me a dialogar com esses pensadores, considerando-os parte importante de nossa herança cultural. O segundo objetivo seria precisar o alcance da *dialética*, que voltara à voga com a *Crítica* de Sartre, deixando claro que utilizá-la não nos dispensava de aplicar com rigor os métodos científicos na abordagem de problemas sociais. O terceiro ponto seria desmistificar o conceito de "luta de classes", de fundamental importância para entender a dinâmica das sociedades capitalistas. O quarto ponto seria a abordagem das transformações sociais realizadas por métodos revolucionários. Interessava-me demonstrar, em particular, que muitos dos conceitos que usávamos no essencial haviam surgido no contexto da história social europeia, sendo falacioso o universalismo que entre nós lhes atribuíam.

Morando na praia de Boa Viagem, eu fazia grandes caminhadas pelo seu vasto areal, durante as quais ia arrumando as ideias, que punha no papel nos fins de semana não dedicados a visitas às obras e projetos na região interiorana. Conforme me referi, estava decidido a deixar a Sudene com a conclusão do mandato presidencial, época em que publicaria o texto fruto dessas matutações, o qual marcaria nitidamente minha posição a respeito dos objetivos da luta em que tanto me empenhara. Pressentia naquele primeiro trimestre de 1964 que o horizonte se estreitava. Não teria tempo para ir tão longe quanto havia pretendido. Tinha de alinhavar e arrematar o que estava à mão, expondo-me quiçá a incompreensões. Desse esforço de última hora resultou uma monografia de seis capítulos, à qual dei o título provocativo de *Dialética do desenvolvimento*, cujos pontos essenciais são em seguida reproduzidos:

1. *Reencontro na dialética*. Partindo de Hegel, esta é definida como um conjunto de princípios de uma lógica do processo histórico. O impulso criador da História está

374

no conflito de forças contrárias, mas é porque existe um equilíbrio móvel dessas forças que os processos históricos apresentam um "sentido"; daí a concepção de "necessidade histórica". A essência do pensamento dialético está na ideia simples de que o todo não pode ser apreendido pelo estudo isolado de suas partes, contrapondo-se ao enfoque analítico. Ora, a ciência tem sido um esforço sistemático do homem para compreender o mundo que o circunda, prescindindo de uma percepção do todo. Eu defendia a tese de que os dois métodos podiam completar-se, o que se fazia mais evidente com a introdução do enfoque sistêmico nas ciências sociais.

No caso das ciências chamadas exatas, o método dialético de pouca valia tem sido. Herschel, eu exemplificava, inferiu a existência de um planeta desconhecido; analisando o comportamento das partes, ele aperfeiçoou o conhecimento do todo. Na realidade, o todo — a ideia de sistema solar — não é mais do que uma hipótese formulada para explicar o comportamento das partes. E acrescentava: "A ideia de sistema não deve ser confundida com a de todo, cuja imagem se forma antes do conhecimento analítico das partes". "A importância da dialética na compreensão dos processos históricos", afirmava, "deriva exatamente do fato de que a História, no nível dos conhecimentos presentes do homem, não pode ser reconstituída a partir da análise da multiplicidade de fenômenos que a integram."

Observava em seguida que a totalização dos processos históricos que realizou Marx, englobando todas as relações sociais em duas esferas — a infraestrutura e a superestrutura —, era uma audaciosa simplificação que podia ser vista como o primeiro modelo dinâmico de representação da realidade social. Ora, o esforço de elaboração teórica das ciências sociais tem se orientado no mesmo sentido de proporcionar modelos totalizantes dos processos de mudança social, tais os que diferenciam as esferas da cultura material e não material, atribuindo a elas distintos comportamentos e assinalando a importância da interação das duas. Considerava em seguida o modelo de causação circular dinâmica de Gunnar Myrdal, construído no mesmo nível de abstração e de extraordinária eficácia explicativa. O importante no enfoque dialético é que ele se baseia na ideia de que o histórico se encontra necessariamente em desenvolvimento. Mas, se esse enfoque se mantém em nível de abstração demasiadamente alto, sua significação prática pode ser nenhuma. E o próprio da ciência é produzir vias para a ação prática.

2. *O desenvolvimento econômico no processo de mudança cultural.* O caráter a-histórico que marcou a ciência econômica moderna é contrastado com o conceito de mudança social na antropologia, o qual concebe a cultura como um processo e valoriza a ideia de herança cultural. Observando que as mudanças sociais têm sua explicação básica na introdução de inovações (de origem endógena ou de empréstimo), chamo a atenção para as características particulares das mudanças introduzidas na cultura material por inovações tecnológicas, que tendem a provocar reações em cadeia. O modelo de rápidas modificações tecnológicas é derivado da história social

OBRA AUTOBIOGRÁFICA

europeia, e é dele que inferimos o conceito de desenvolvimento econômico, caso particular de mudança social que nos reaproxima da visão hegeliana da História como dotada de *sentido*. Assim, rompendo com o preconceito antievolucionista da antropologia, define-se o desenvolvimento como "um processo de mudança social pelo qual um número crescente de necessidades humanas — preexistentes ou criadas pela própria mudança — são satisfeitas através de uma diferenciação do sistema produtivo decorrente da introdução de inovações tecnológicas".

Da ideia de mudança social parte-se para a de conflito, resistência à mudança, e para conflito entre classes quando existe a propriedade privada dos meios de produção. O aumento do produto, que decorre da introdução de inovação tecnológica, assume a forma de excedente, cuja utilização abre opções à comunidade. Também a esse respeito, a propriedade privada dos bens de produção desempenha papel fundamental, orientando o excedente, total ou parcialmente, para a acumulação. Quanto a isso se observa: "Prevaleceram historicamente as formas de organização social que, a longo prazo, proporcionaram um crescimento mais rápido da riqueza social".

3. *As lutas de classes e o desenvolvimento das instituições políticas*. Os padrões de organização social que resultaram ser mais eficazes, e vieram a predominar, provocaram a formação de classes sociais com interesses antagônicos e formas múltiplas de lutas de classes. A importância que têm os conflitos sociais no processo de introdução de inovações e de difusão de novos valores em uma cultura é hoje universalmente reconhecida. Também é ponto pacífico que as formas de divisão do trabalho se projetam em esquemas de estratificação social. Liga-se em seguida o processo de urbanização à forma particular de organização do capitalismo industrial, contrapondo-se a cidade que conglomera grandes massas homogêneas de trabalhadores industriais às cidades-entrepostos, com populações heterogêneas e mutantes. E afirma-se: "Foram estas condições particulares que permitiram a formação da consciência de classe, sem a qual não teria sido possível transformar conflitos ocasionais de grupos em lutas de classes organizadas. Pela primeira vez, o principal elemento motor do processo histórico deixa de ser os conflitos entre facções da classe dirigente para ser os conflitos engendrados pela própria organização social".

Chama-se a atenção para a significação da atividade política nesse tipo de sociedade sujeita a uma instabilidade interna bem maior do que as sociedades anteriores. O papel do Estado nesse tipo de sociedade adquire extraordinário relevo. Ora, a marcada diferenciação entre sociedade civil e Estado, introduzida por Hegel sob a influência das peculiaridades da esfera política nos povos de língua alemã, conduziria às notórias simplificações do pensamento de Marx e de Engels a esse respeito. Hegel idealizou o Estado e admitiu que a sociedade civil poderia desempenhar-se das funções de prestação de serviços que àquele correspondem correntemente. Ora, é fato reconhecido que toda estrutura social que haja alcançado certo grau de diferenciação necessita organizar-se politicamente, a fim de que seus conflitos internos não a tornem inviável.

376

A existência de Forças Armadas e de um quadro de funcionários constitui a exteriorização dessa organização política, em cuja cúpula estão os elementos dirigentes, que são o vínculo entre a *máquina* do Estado e o corpo social. Desde Aristóteles, sabemos que o poder público precisa de legitimidade e de eficácia para ter durabilidade. Reduzi-lo a simples instrumento de repressão da classe dirigente, como afirmou Engels, é deixar de lado o essencial.

O desenvolvimento do capitalismo industrial repercutiu de duas formas na configuração das organizações políticas: a maior instabilidade decorrente das lutas de classes inerentes ao sistema exigiu a criação de estruturas políticas mais flexíveis e, a fortiori, mais representativas; ademais, o enriquecimento da sociedade fez aumentar enormemente as necessidades coletivas, o que se traduziu em inusitado crescimento do aparelho estatal. Os regimes democráticos modernos são a resultante da ação convergente desses dois processos. Com efeito, a luta pelo poder, no passado circunscrita a grupos rivais oriundos de um mesmo estrato social, contaria com a participação de grupos cada vez mais amplos, o que exigiu a criação de instituições políticas suficientemente flexíveis. Sem isso, as lutas de classes não teriam desempenhado o papel de elemento propulsor do desenvolvimento do capitalismo. Paralelamente a essa evolução, deu-se o processo de profissionalização e burocratização do poder, tão bem identificado por Max Weber. Ora, "o processo de burocratização não significa apenas o crescimento do aparelho estatal, significa também importantes mudanças nos processos políticos". Aumentando a *eficácia* do poder, a burocratização o consolida em níveis mais baixos de legitimidade.

Em síntese: o regime democrático é aquele que permite o pleno desenvolvimento das tendências divergentes próprias das sociedades de classes surgidas do capitalismo industrial, e que permite encontrar solução construtiva para conflitos engendrados por essas divergências. Em seguida, abordava um ponto sensível: saber até onde as desigualdades sociais desempenham um papel positivo nessas sociedades. Inquiri diretamente: "Cabe indagar até que ponto o complexo de privilégios que existe no cerne da economia capitalista é condição necessária para o funcionamento de uma ordem democrática pluralista". Muitos pensadores do século XIX opinaram que, sendo o Estado, *inter alia*, uma forma repressora para assegurar a manutenção de uma estrutura de privilégios, desaparecendo estes o próprio Estado já não teria razão de ser. Ora, a propriedade privada dos bens de produção não se mantém pela repressão das liberdades, e sim porque demonstrou ser uma forma descentralizada de organizá-la, capaz de alcançar altos padrões de eficiência.

O avanço das liberdades políticas não ameaçou a propriedade privada dos bens de produção, exceto em casos especiais em que esta conflitava com o interesse público. A causa do avanço das liberdades nas sociedades democrático-capitalistas foi a crescente estabilidade institucional destas. Foi a institucionalização dos conflitos sociais — o reconhecimento do direito de greve, por exemplo —, no último quartel do século XIX, que encerrou o ciclo de revoluções com raízes nos antagonismos de classes. Se a existência de uma classe orientada para aumentar sua participação no produto — a assalariada — empresta dinamismo à sociedade capitalista, a sobrevivência nessa mesma sociedade de outra classe com amplos interesses criados opera no sentido de lhe dar estabilidade institucional. Sempre que o sistema se mantenha crescendo, faz-se possível atender a reivindicações dos assalariados, sem comprometer no essencial a estrutura de privilégios. Concluía o ponto dizendo: "O progresso das liberdades nas sociedades burguesas resultou menos da participação dos trabalhadores nas decisões políticas do que da confiança que a classe capitalista foi adquirindo num quadro de instituições políticas flexíveis".

Chamava em seguida a atenção para a complexidade do problema referente à manutenção da estabilidade nas experiências de socialização dos bens de produção. "A inexistência de privilégios", dizia, "não significa que haja desaparecido o apetite pelos privilégios." Citando Mannheim, assinalava que o poder revolucionário teria que resolver o problema de proporcionar novos incentivos ao trabalho, de descobrir novos fatores de diferenciação da posição social, mas, principalmente, de criar um novo grupo dirigente disposto a garantir uma ordem social estável. Este último problema foi resolvido mediante a introdução de nova estrutura de privilégios que seria apropriada pelo poder burocrático, produzindo uma rigidez institucional que iria comprometer a construção do socialismo.

4. *As ideologias de classe na luta pelo poder.* Não foi sem tropeços que se avançou na construção das instituições flexíveis a que me referi. Pela primeira vez, surgira um sistema social em que os conflitos de classes antagônicas desempenhavam papel fundamental em seu desenvolvimento. O desemprego em massa provocado por crises cíclicas, as greves paralisadoras de parte do sistema produtivo e outros fenômenos sociais igualmente inusitados expunham a duras provas o marco institucional e exigiam das lideranças políticas um novo virtuosismo. Compreende-se a intermitência de revoluções e quase revoluções que marcaram a vida política europeia até avançado o século XIX. Esse pano de fundo deve ser tido em conta para a compreensão do que disseram muitos pensadores da época a respeito do papel das revoluções na História.

Ao eclodir a Revolução de 1848, em Paris, Marx imaginou presenciar o primeiro ato de amplo processo de transformação das estruturas de poder, quando a burguesia começava a ser apeada. A ideia era simples: as crises econômicas seriam de gravidade crescente e levariam à implosão do sistema capitalista. Com o correr dos anos, e a não agravação das crises, essa tese "economicista" seria substituída por outra derivada de seu modelo de dinâmica social: o desaparecimento da burguesia decorreria de sua inutilidade social em uma fase em que a sociedade estaria praticamente dividida em duas classes. Subjacente, havia uma concepção do ciclo vital das classes dominantes: irrompem, ascendem, declinam, até abandonarem o espaço a uma nova. Faltava, contudo, um entendimento mais rigoroso do que era a classe domi-

A FANTASIA DESFEITA

nante capitalista. O que ocorreu na prática foi que a burguesia, por susto ou astúcia, foi admitindo as modificações de crescente significação nas instituições políticas, o que fixou a classe operária em posição de corresponsabilidade nos centros de decisão.

No final do século XIX, o partido da classe operária, na Alemanha, contava com um quarto dos eleitores e mantinha ampla representação parlamentar. Lênin, que lidava com problemas de uma sociedade no essencial pré-capitalista, retomou a ideia de revolução como instrumento de mudança social num plano distinto. Em sua época, prevalecia a tese, formulada por Karl Kautsky, de que "a consciência socialista é um elemento importado de fora para a luta de classes do proletariado, e não qualquer coisa que surja espontaneamente". O máximo que a classe operária pode criar espontaneamente é uma mentalidade sindicalista. Nas condições que prevaleciam na Rússia, a difusão da ideologia socialista somente seria possível mediante a organização de um partido constituído de "revolucionários profissionais". "A arte profissional do revolucionário", escreveu ele, "é a luta contra a polícia política." Mas não bastava que esses profissionais propusessem a ideologia; era necessário que surgisse um quadro pré-revolucionário que debilitasse o poder, criando condições para o assalto a este por minorias organizadas.

Abandonada a ideia de agravação dos ciclos econômicos, o assalto ao poder por pequenos grupos organizados passou a ser visto como resquício do utopismo de Louis Blanqui. Mas a História premiou Lênin, pois o czarismo seria dessangrado em longa guerra externa e cairia sob o golpe de uma burguesia inexperiente e débil. Uma sociedade em que penetra o capitalismo industrial, permanecendo as instituições políticas bloqueadas, tende a acumular tensões sociais que enfraquecem o poder do Estado. Em tais circunstâncias, um partido do tipo leninista pode ter a sua chance e chegar a controlar o poder. Mas, dizia eu, o importante nesse caso é menos a ideologia marxista do que a organização partidária e a capacidade de liderança de seu chefe. Como duvidar de que se possa chegar ao mesmo resultado apoiado em ideologias de outro tipo? Os grupos de direita que se organizaram em muitos países da Europa Central e Ocidental, visando essencialmente excluir a presença de representantes da classe trabalhadora nos governos — as famosas ditaduras da burguesia, conhecidas como fascismo —, usaram as mesmas técnicas de assalto ao poder.

5. *Dialética do desenvolvimento capitalista*. O desenvolvimento nas sociedades capitalistas assenta em duas forças mestras: a) o impulso à acumulação, por meio do qual a minoria dirigente procura limitar o consumo da coletividade; e b) o impulso à melhoria das condições de vida, que atua a partir da massa da população. Numa fase inicial, o primeiro impulso predomina, mas nas fases mais avançadas o polo dinâmico tende a deslocar-se para a massa consumidora. A institucionalização das desigualdades de riqueza e renda assegura uma elevada oferta de recursos para a acumulação, e, como a oferta de mão de obra tende a se tornar inelástica, a instabilidade surge das limitações da aptidão para efetivar novos investimentos. Com efeito, a acumulação

OBRA AUTOBIOGRÁFICA

de capital tende a ser, nos países capitalistas desenvolvidos, de duas a três vezes mais rápida do que o incremento da força de trabalho. Essa tendência, que ameaça a hegemonia da classe capitalista, foi coarctada porque a tecnologia orientou-se no sentido de aumentar indiretamente a oferta de mão de obra. Financiada pelas próprias empresas, a pesquisa tecnológica moldou a evolução dos processos produtivos, de forma a permitir que o investimento absorvesse a poupança disponível, ao mesmo tempo que restabelecia a elasticidade da oferta de mão de obra.

É a própria atuação da classe trabalhadora no sentido de aumentar sua participação no produto que impulsiona o avanço da tecnologia. À interação dessas forças deve-se que, nesse tipo de sociedade, o exercício do poder tenda a autolimitar-se. Para existir como sociedade que apoia seu desenvolvimento em antagonismos de classes, a democracia capitalista necessita de flexibilidade institucional. Os antagonismos de classe nessas sociedades traduzem-se, no plano subjetivo, em pluralidade ideológica.

Como o desenvolvimento moderno se realizou no marco do Estado-nação, através da formação e defesa dos mercados nacionais, os interesses econômicos encontraram sua expressão mais corrente no nacionalismo, ideologia que integra visões do mundo de classes antagônicas. Graças à multiplicidade de posições ideológicas e à autolimitação no exercício do poder, as democracias capitalistas são as sociedades em que se abre mais amplo poder à ação do indivíduo e em que a criatividade se sente mais estimulada. Constitui invariância na evolução política dessas democracias a dupla tendência para aumentar e reduzir, ao mesmo tempo, as funções do Estado. Aumentá-las como órgão prestador de serviços, e reduzi-las com respeito à interferência nos processos econômicos. A compreensão de tudo isso deve ser buscada na história europeia. A limitação do poder do Estado foi uma conquista da nobreza, tendo seu ponto de partida na Inglaterra do século XIII, quando emerge a ideia de governo representativo de grupos sociais. A filosofia do direito natural, com sua noção de inalienabilidade dos direitos fundamentais do homem, que se formaliza no século XVIII, serviu de embasamento a toda essa visão do mundo. As duas aspirações maiores do homem moderno — as liberdades cívicas e o governo representativo de base popular — traduzem um processo histórico que transcende os horizontes do capitalismo industrial, mas não é menos verdade que foi no quadro deste que mais prosperaram e avançaram aquelas aspirações.

O crescimento inusitado da máquina estatal, a partir da Primeira Guerra Mundial, introduziu novos elementos nas estruturas do poder. A máquina burocrática, com profundas ramificações no sistema econômico, passou a representar poderoso fator de defesa do status quo, reduzindo o espaço dos órgãos de governo autenticamente representativos. Hoje, apresenta-se o seguinte problema: como dar uma plena eficácia representativa ao governo antes que as classes dirigentes protejam sua constelação de privilégios com a muralha do poder burocrático?

380

6. *Projeções políticas do subdesenvolvimento*. As atuais estruturas subdesenvolvidas constituem caso especial na evolução capitalista. A economia preexistente era de tipo colonial, o que significa entre os grupos dirigentes uma alienação do tipo ptolomaico, ou seja, incapacidade para perceber a própria posição em um sistema de forças. Por outro lado, a tecnologia absorvida não decorre de evolução interna, é transplantada de sistemas mais avançados. Como a industrialização se orienta para a substituição de importações, a transplantação da tecnologia se faz em função da estrutura de preços do setor importador, e não do conjunto da economia. Dessa forma, o investimento pode ser orientado para a criação de desemprego, não obstante existam grandes massas subempregadas, dentro e fora da economia monetária.

Dois fatores podem atuar no sentido de dinamizar uma economia subdesenvolvida: conflitos entre setor capitalista e as estruturas sociais preexistentes, e conflitos entre grupos capitalistas à medida que se diversifica o setor. Portanto, tudo decorre do comportamento dos grupos dirigentes, que incluem um setor latifundiário, outro ligado aos interesses do comércio exterior e um terceiro principalmente apoiado no mercado interno. O grupo latifundiário age como força de resistência à mudança, e os interesses ligados ao comércio exterior podem frear, em benefício próprio, a formação do mercado interno. Em síntese: a classe dirigente, por sua própria heterogeneidade, está incapacitada para formular um projeto de desenvolvimento nacional.

A massa de assalariados urbanos, em grande parte empregada no terciário, apresenta baixo grau de organização, cercada que está pelo exército de reserva de subempregados. Em razão do importante papel que desempenha o Estado, o controle deste é fortemente disputado pelos grupos que compõem a classe dirigente. Inexistindo um processo endógeno capaz de engendrar a formação da consciência de classes, a massa trabalhadora industrial comporta-se de forma similar aos assalariados de classe média, sendo tão vulnerável quanto estes à penetração de ideologias da classe dominante. Tais ideologias, do gênero *populista*, acenam para um distributivismo de efeitos deletérios para a operacionalidade do Estado e da própria economia. A inflação, que permite dar favores com uma das mãos e tirar com a outra, cria enormes possibilidades à ação populista.

O jogo populista gera instabilidade e tende a desembocar em golpes "restauradores da democracia", que são, na realidade, instauradores de ditaduras de direita. E dizia eu, com ênfase: "A consecução ou manutenção de um regime democrático aberto, em que as classes assalariadas podem organizar-se para lutar por objetivos próprios, deve ser considerada como condição necessária do desenvolvimento social de um país subdesenvolvido". E acrescentava: "Se é fundamental manter o regime democrático aberto para a ação das classes assalariadas urbanas, não o é menos estender esse regime político à imensa massa camponesa. Essa ampliação das bases políticas é essencial para que tome seu rumo definitivo, com custo mínimo para a sociedade, o processo de transformações sociais requerido pelo desenvolvimento".

OBRA AUTOBIOGRÁFICA

★ ★ ★

Como frontispício a esse texto, coloquei uma citação de Péricles falando aos atenienses, segundo Tucídides: "Não existe felicidade sem liberdade, e o fundamento da liberdade é a coragem".

E dediquei-o "aos companheiros da Sudene, peregrinos da Ordem do Desenvolvimento".

A DEPOSIÇÃO DO GOVERNADOR ARRAES

O clima que se criara no país, particularmente no Rio de Janeiro, nos primeiros meses de 1964, confirmava minha ideia de que o presidente descartara a hipótese de concluir o seu mandato. Tudo se passava como se ele estivesse preparando uma saída wagneriana. A tentativa falha de estado de sítio, último gesto para demonstrar aos militares que ia restabelecer autoridade no país, servira apenas para pôr a claro a fraqueza do seu "dispositivo militar" e a falta de unidade das forças de esquerda.

Por mais incompetentes que fossem seus assessores, Goulart devia estar informado da ampla articulação que vinha sendo armada, com o apoio dos governadores de Minas Gerais, São Paulo e Rio de Janeiro, para afastá-lo do poder ou submetê-lo a uma tutela. É possível que a face mais visível do golpe exibisse de preferência essa segunda hipótese e que ele se estivesse preparando para denunciar a tentativa de tutela, tornando inevitável a deposição. Bastaria que um segmento importante do Exército o apoiasse para que a saída assumisse, mais uma vez, a forma de um compromisso, afastando-se ele do poder com garantias pessoais e preservação de espaço para continuar a atuar politicamente. Parafraseando os franceses: *on revient toujours à ses désirs...*

Não escapava a ninguém que os únicos apoios militares sólidos com que contava o presidente vinham dos setores que se aferravam à defesa da ordem constitucional. No momento em que Goulart deu argumentos — apoiando implicitamente a indisciplina militar — aos que o acusavam de infringir a ordem constitucional, já não havia dúvida de que a cortina subira para que fosse representado o último ato do drama.

Na Sudene, nossa atividade era febril, pois eu desejava que tudo estivesse em ordem para qualquer eventualidade. No dia 31 de março, estava em meu gabinete quando, às dez e meia da noite, entrou um auxiliar para informar-me de que ouvira pela *Voz da América* que uma sublevação militar brotara em Minas Gerais, citando os nomes dos cabeças etc. Engoli o meu travo de humilhação, pensando que seria sempre pelos "irmãos do Norte" que tomaríamos conhecimento do que de importante acontecia entre nós. Várias confirmações chegaram em seguida. À meia-noite, um

382

vigia subiu nervoso informando que militares haviam postado uma metralhadora diante do edifício. Saí do meu gabinete à uma e meia da madrugada de 1º de abril, e a metralhadora havia sido escondida, pois eu não a vi.

Dirigi-me para casa, em Boa Viagem. A meio caminho, veio-me ao espírito, como uma faísca que subitamente deixa ver no meio do escuro, que tudo podia estar sendo decidido naquele instante. Em casa, eu seria facilmente preso e posto à margem de tudo. Se havia que ser preso, desejava antes assumir uma posição que me identificasse com as forças que lutavam para preservar a ordem democrática no país. Disse ao motorista que desse meia-volta e se dirigisse ao Palácio das Princesas, sede do governo estadual. Lá encontrei um grupo de pessoas em torno do governador Miguel Arraes, que falava no telefone. Tinha aspecto cansado, e mesmo de doente, exibindo uma forte inflamação em um dos olhos. Vestia roupão, como se houvesse saído da cama. Enquanto ele falava, observei as fisionomias apreensivas nos presentes.

Estavam aqueles generais em revolta, a mais de 2 mil quilômetros de distância, modificando o nosso destino. As fisionomias tensas, vincadas de rugas, de olhos esbugalhados, fixos no governador, lembravam-me um quadro de pintor clássico flamengo. Muitas das pessoas presentes haviam vivido intensamente aquele curto período de tempo em que o campo do possível, sempre tão estreito no Nordeste, se ampliara, permitindo que fossem feitas algumas coisas importantes. Como por um passe de mágica, tudo agora estava suspenso no ar, na dependência do que decidissem aqueles generais. Arraes estivera falando com o presidente da República, e este lhe solicitara que tentasse unir todos os governadores da região em torno de um manifesto legalista em defesa dos mandatos e da Constituição.

Em momentos como esse, logo se comprova que nada existe efetivamente organizado no país, fora das Forças Armadas. Contudo, a Sudene dispunha de alguns meios. Francisco de Oliveira, meu substituto, pôs-se em campo para localizar nossos aviadores, e conseguimos mobilizar um bimotor e um monomotor que, estacionados em aeroclubes, estavam em condições de decolar. Quem poderia estar contra a Constituição e não querer defender o seu mandato? Mas a coisa não estava ali. Os governadores sabiam que o rumo dos acontecimentos independia do que dissessem. O melhor era ficar em cima do muro. Com efeito, dos consultados, o único governador que tomou uma atitude clara em defesa da Constituição foi Petrônio Portela, do Piauí. Também é de admitir que mais de um estivesse ligado às forças sublevadas.

Em conversa com Arraes, fiz ver que, se o governador Magalhães Pinto dava cobertura ao movimento, não podia haver dúvida de que a sublevação era bem mais ampla do que muitos de nós nos inclinávamos a crer. Várias ligações foram feitas para o Sul, mas nem Brizola nem o ministro da Justiça, Abelardo Jurema, souberam informar mais do que já sabíamos. Era como se estivéssemos voando sem nenhuma visibilidade. Correu uma primeira notícia de que o general Kruel, alegadamente "amigo" de Goulart e comandante do II Exército, com sede em São Paulo, aderira ao movimento. Nenhum pronunciamento claro a favor do governo emergiu. Esse tipo de confrontação circunscrita aos quartéis tende a ser decidida com lápis e papel na mão. A maioria fica em cima do muro, calculando o poder de fogo de um lado e outro. No momento decisivo, salta para o que for mais forte, e celebra-se a vitória sem mortos ou feridos, quase todo mundo do lado do vencedor.

Às três horas, Arraes recolheu-se para repousar e, passadas as quatro horas, decidi ir até minha residência, onde vivia sozinho, tendo como única companhia um cachorro. Aqui e acolá cruzei tanques de guerra, mas em nenhum momento meu carro, de placa do governo federal, foi convidado a parar. Às oito e meia da manhã, estava de volta à cidade, dirigindo-me à Sudene. A associação dos funcionários, seguindo ordens do Comando Geral dos Trabalhadores (CGT), decretara greve. Pareceu-me uma insensatez esse ato, servindo apenas para debilitar a posição de Arraes, um dos governadores da região (o segundo era Seixas Dória, de Sergipe) que efetivamente tinha o mandato ameaçado. Voltei ao palácio do governo e encontrei Arraes apreensivo com a movimentação dos militares locais.

Decidi então visitar o comandante do IV Exército, general Justino Alves, numa manobra arriscada mas que podia dar frutos, descobrindo as intenções dos militares locais. O general Justino era um homem comunicativo, mais sabido do que parecia, pois muitos tendiam a subestimá-lo. Seu comportamento no comando do IV Exército, que assumira em setembro de 1963, fora de sistemática hostilidade a Arraes, não hesitando em ocupar militarmente a capital do estado para frustrar um ato cívico de iniciativa do governador, mas as diretrizes firmes do ministro da Guerra Jair Dantas Ribeiro, de não intervenção na política local, o coibiam. Representante mais graduado do governo federal no Nordeste, eu mantinha contatos regulares com ele. Em meio a todo aquele suspense, encontrei-o no melhor humor.

Na verdade, naquele momento, dez horas da manhã, ele já havia saído de cima do muro, sabia para que lado os ventos da vitória sopravam. Contudo, pareceu-me ainda estar jogando com a hipótese de colocar cabresto em Goulart, sem precisar ir muito longe na ruptura da ordem constitucional. Disse-me que a situação teria de mudar, as coisas não podiam continuar daquela forma, que "Jango sabia transigir", que em último caso ele também tinha uma fazenda em São Borja... Mas bastava que mudasse a sua política, substituísse ministros, levasse o governo para outra direção e, principalmente, restabelecesse a ordem. E acrescentou: "Ele já teve ministros bons, o San Tiago, o senhor...". E informou-me que estava tomando todas as medidas de segurança, que prenderia os cabeças se houvesse qualquer alteração da ordem. Na verdade, prenderia arbitrariamente, já no 1º de abril, cerca de mil pessoas que considerou "suspeitas".

Percebi que tudo estava decidido. Na hipótese de recuo do presidente, que espaço restaria para Arraes? E que sentido tinha continuar o meu trabalho se viesse para Pernambuco um interventor disposto a amordaçar os movimentos sociais nascentes? Enquanto eu falava com o general Justino, entrou um oficial e disse: "A proclamação já foi lida". Tratava-se da tomada de posição a favor dos rebeldes. Aí se dizia que seriam respeitados os mandatos daqueles que adotassem o ponto de vista dos sublevados. Era, portanto, uma mensagem a Arraes: repudie suas posições ou vá embora.

Voltei rapidamente ao palácio e pude perceber que Arraes estava a portas fechadas parlamentando com um grupo de oficiais. Como também participava o prefeito do Recife, Pelópidas Silveira, decidi empurrar a porta e aproximar-me. Arraes chamou-me para que me sentasse a seu lado. À sua esquerda, estavam três oficiais do Exército em traje de campanha, dois coronéis e um tenente-coronel — identifiquei o coronel João Dutra de Castilho, comandante do 14º Regimento de Infantaria; a seu lado estava o vice-almirante Augusto Rodrigues Dias Fernandes, comandante do 3º Distrito Naval; e, um pouco afastado, havia um major do Exército. O vice-almirante dizia que estavam ali solicitando a cooperação do governador. Este tinha influência junto ao presidente e poderia demovê-lo de sua atual posição. Afirmou que todos os demais governadores do Nordeste estavam unidos ao IV Exército, o qual havia tomado todas as medidas de segurança e era totalmente senhor da situação. Arraes respondeu que não podia parlamentar, senão na condição de governador, no pleno exercício de seu mandato, e que os militares, lançando de antemão um manifesto, haviam prefixado condições de negociação que ele não aceitava. Como político, e mesmo como cidadão, não tinha ele condições de sobreviver caso não defendesse o seu mandato até o fim. Era pai de nove filhos, e estes não o respeitariam se não defendesse suas prerrogativas de mandatário do povo que nele votara.

A discussão estendeu-se por cerca de uma hora, circulando em torno desses pontos, dentre os militares falando apenas o vice-almirante, e, ocasionalmente, Arraes. Este, em posição inabalável na defesa da integridade de seu mandato. Era evidente que os militares queriam obter qualquer concessão de Arraes para sair dali dizendo que ele *também* estava de acordo em que algo devia ser feito para "pôr ordem" no país, desarmando por essa forma toda possível resistência que pudesse brotar. As condições do IV Exército eram a entrega da Polícia Militar e o controle de toda a situação, devendo o governador, ademais, interceder junto ao presidente a fim de que este "mudasse a sua política". No fundo, queriam que Arraes renunciasse às suas prerrogativas de governador e ainda se apresentasse diante da opinião pública nacional como apoiando, ou pelo menos "justificando", o comportamento dos insurretos.

Durante essa longa discussão, na qual interferiu na parte final um dos coronéis, o vice-almirante fez uma série de afirmações reveladoras.

> Os militares nada tinham contra Arraes, considerado um homem da lei. Mas o país estava nas mãos de um irresponsável, impatriota, cujos desígnios não eram conhecidos. Era claro o seu objetivo de desagregar as Forças Armadas. A Marinha do Bra-

sil já não existia, sobrevivia graças ao apoio do Exército; na realidade, a única coisa da Marinha que estava de pé era o 3º Distrito Naval. Desmontadas as instituições militares, que se poderia esperar do futuro do país? Isso interessava a todos, e o governador deveria pensar nos próprios filhos. O presidente se cercara de pessoas irresponsáveis, ou de líderes sindicais, não ouvindo senão essa gente. Na verdade, se tornara prisioneiro de forças sindicalistas. Por que não procura ministros que mereçam respeito? Esse ministro da Marinha é um simples fantoche. Que pessoa decente poderia sentar-se num ministério ao lado de um Abelardo Jurema?

Essas observações que fazia o vice-almirante, de rosto meio convulsionado, impressionaram-me porque deixavam claro que Goulart alcançara em parte seu objetivo de criar certo pânico entre os militares, se se confirmava minha hipótese de que o que ele buscava era imobilizá-los, deixando a direita sem meios de ataque. Mas é provável que o pânico houvesse penetrado mais a fundo na Marinha, em razão da chamada "sublevação dos marinheiros", uma dessas farsas em que a vida imita a arte. Um grupo de marinheiros teria sido influenciado pela exibição de um filme de Eisenstein, *O encouraçado Potemkin*. Ora, na cena histórica que inspirou o cineasta, os marinheiros iniciavam sua revolta trucidando alguns oficiais. Os nossos começavam largando ao léu suas armas, como numa manifestação pacifista. Contudo, a coisa podia ser vista como sintoma de desagregação da Marinha. Havia que ter em conta o que estava ocorrendo com o comando do corpo de fuzileiros navais, tropa de elite, cujo poder de fogo duplica o de uma unidade de infantaria do Exército de igual efetivo. O comportamento de certos oficiais desse corpo, particularmente o do almirante Cândido Aragão — homem simplório, mas de ambições políticas e propenso a atitudes demagógicas —, criou um sentimento de insegurança na Marinha, a qual se encontrava na dependência do Exército para proteger-se contra seus próprios infantes.

Arraes reiterou que, com seu mandato diminuído, não tinha autoridade para dirigir-se ao presidente da República. Um dos coronéis interveio para afirmar que não cabia parlamentar com o presidente, pessoa com quem não podia haver entendimento. Este estava mais avançado do que o vice-almirante, prenunciava a *linha dura*. Arraes havia feito referência a ato de indisciplina. O mesmo coronel retrucou que o presidente não tinha autoridade para falar de disciplina, pois havia acobertado, e em seguida louvado, o mais flagrante ato de indisciplina na Marinha. Mas, sem lugar a dúvida, eles, militares, insistiram todo o tempo em que eram legalistas, em que se sentiam constrangidos com o que estavam fazendo, em que muitos haviam desejado que tudo ocorresse de outra forma. O vice-almirante repetia: a Marinha foi destruída.

Depois de toda essa discussão, Arraes volta-se para mim e pede minha opinião. Eu observei que constatava a existência de um ponto comum: o desejo de todos de evitar a violência, toda destruição numa região tão pobre como a nossa. Minha tarefa era ajudar a construir algo. Sabíamos que o importante seria decidido fora do Nordeste. Se os militares afirmavam estar defendendo a legalidade, lutando para restabelecer a ordem constitucional, que começassem respeitando o mandato do governador. Eles se haviam antecipado, tomando posição a favor de um dos lados da contenda. Mas, se nada havia contra o governador, que ficassem todos na expectativa até que a situação no Centro-Sul do país se aclarasse. Pelópidas Silveira disse algo em apoio às minhas palavras, e travou-se em seguida uma discussão acre.

O vice-almirante dirigiu-se a mim em tom exaltado, citando casos de falta de ordem no estado — a presença de grupos de camponeses apoiando greves —, referiu-se em tom acrimonioso ao coronel Humberto Freire de Andrade, secretário de Segurança do governo de Pernambuco, interpelando-me se eu não o considerava um crápula, denunciador de seus colegas. O coronel Freire de Andrade dirigira uma carta ao ministro da Guerra denunciando atividades conspiratórias de oficiais do IV Exército, citando os tenentes-coronéis Hélio Ibiapina e Antônio Bandeira, do Estado-Maior, o que foi amplamente confirmado pelos fatos posteriores. Ficou então claro, para mim, que o objetivo deles era neutralizar Arraes, sem pagar nenhum preço diante da opinião pública. Na conversa anterior, haviam dito que a substituição de Arraes seria obtida na Assembleia estadual, caso ele não aceitasse as condições que estavam sendo impostas. Ainda assim, pareceu ficar claro, quando se retiraram, que submeteriam ao comando do IV Exército uma contraproposta: respeito ao mandato do governador, não requisição da polícia (o coronel Humberto, que estava ausente, não reassumiria). Seria assinado um documento (ideia do vice-almirante) definindo a área de ação da polícia.

À saída dos militares, havia grande nervosismo no palácio, pois tropas do Exército tinham cercado a área enquanto se parlamentava. A verdade é que durante aquela longa discussão os acontecimentos tinham avançado no sul do país, e a direita local estava impaciente, querendo apossar-se do poder estadual. A prolongada conversa que mantivemos podia ser interpretada como um reflexo de discrepâncias entre eles, legalistas contra linha dura, ou como uma hábil manobra para manter Arraes fora de qualquer ação durante um lapso de tempo em que podiam acontecer coisas importantes.

As notícias que chegavam eram todas ruins, aumentando o nervosismo entre as pessoas que haviam permanecido no palácio. Houve uma reunião rápida com o secretariado de Arraes, durante a qual Pelópidas fez uma síntese do que se havia parlamentado. A maioria continuava convencida de que o governo federal dispunha de meios para controlar a situação, graças à "fidelidade" do I Exército. Às treze horas, o *Repórter Esso* local informou que o IV Exército acabava de convidar o vice-governador para assumir, sendo iminente a saída do governador. Arraes sentou-se e gravou uma última proclamação, afirmando que não abandonara o mandato e que continuava confiando na vitória das forças democráticas. Ainda foi possível transmitir para o Rio

OBRA AUTOBIOGRÁFICA

de Janeiro, pelo telefone, essa proclamação, que foi divulgada pela Rádio Mayrink Veiga quase imediatamente.

Logo em seguida, anunciaram a aproximação de dois oficiais, o coronel João Dutra Castilho, que estivera parlamentando, e um tenente-coronel. Arraes decidiu sair para encontrá-los embaixo, e eu o acompanhei, juntamente com três ou quatro outras pessoas, inclusive sua irmã Violeta. O rumor era de que vinham prendê-lo. A certa distância, o coronel Castilho parou, como para esperá-lo, e disse em voz alta: "Governador, o senhor está deposto, por ordem do IV Exército". Arraes respondeu: "Deposto, não. Poderei estar preso". O coronel, como surpreendido, contestou: "O senhor está livre, podendo dirigir-se a qualquer parte do país ou do estrangeiro". Arraes retomou: "Ninguém pode retirar meu mandato que me outorgou o povo. Considero uma desatenção que me hajam cercado enquanto conferenciávamos a portas fechadas". O coronel, sempre meio desorientado, respondeu: "Não houve cerco, apenas mudança de guarda. O senhor pode retirar-se para sua residência". Arraes deu uns passos à frente, como se fosse sair. Violeta fez um gesto desaprovando. Ele recuou e disse: "Aqui é minha casa, só saio preso". O coronel respondeu, em tom conciliador: "Perdoe-me, não sabia que esta é a sua residência. Pode permanecer". E retirou-se.

Voltamos para o palácio. Chegavam pelo telefone notícias de comícios de apoio ao governador na cidade. Num desses comícios, um estudante fora morto a tiros. Discutimos, três ou quatro pessoas, se convinha que ele escapasse ou se deixasse prender. Eu era de opinião que, se havia uma chance, era melhor ir para o Sul. Lá é que tudo seria decidido. Perdida a liberdade, nada restaria a fazer. As pessoas da família pensavam diferentemente: "Se o liberam agora, é para não responder por sua segurança, poderão matá-lo de mãos limpas". Ouviram-se tiros. Era o Exército reprimindo manifestações. Olhei pela janela e vi que a tropa que ocupava o palácio e estava na frente deste tomou posição de fogo, como se esperasse algum ataque vindo de fora.

Eram dezesseis horas quando se anunciou a vinda de um oficial. Circulou a notícia (ouvida no rádio) de que o vice-governador estava exigindo da Assembleia o impedimento do governador antes de tomar posse. Também circulou a notícia de que Lacerda escapara do Rio de Janeiro e de que o presidente reunira-se com o ministério no Laranjeiras. Eu acompanhava pela janela a cena de pantomima militar em torno do palácio, e quando me voltei vi que estava na sala um capitão do Exército, acompanhado de um tenente que empolgava uma metralhadora e de um praça que trazia um fuzil de baioneta calada. Arraes estava no banheiro. Quando saiu, recebeu ordem de prisão.

Chamei Francisco de Oliveira e descemos rapidamente pela escada. Quando meu carro se aproximou do portão, apareceu um oficial. Abri a porta para falar-lhe de pé, como convém com os militares. "As pessoas que estão neste palácio devem ser

388

recolhidas ao IV Exército", disse ele. Respondi: "É exatamente o que estou fazendo, tenente. Dirijo-me ao IV Exército". Ele me cumprimentou e eu passei. Pela metade do caminho, deixei Francisco e fui diretamente ao comando do IV Exército. Lá estava reunida toda a coorte dos políticos que nos haviam combatido, a começar pelo ex--governador Cid Sampaio. Alguns olharam para mim perplexos, como se se deparassem com um fantasma. Fui ao gabinete do general Justino para dizer-lhe que estava à sua disposição em minha residência, e segui para a Sudene, onde encontrei pouca gente. Reuni os dirigentes do órgão, e os instruí para que limpassem as mesas o mais rapidamente possível, pois eu já não voltaria a partir do dia seguinte. Mandei tirar uma passagem para Brasília.

Eram dez horas da noite, e eu me esquecera de comer durante todo o dia. Mas não era fome o que sentia. Fui para casa e subitamente senti o peso de estar só. A solidão pode ser uma coisa rica, mas também terrificante. Quis arrumar papéis, ver as notas que estivera redigindo como um testamento intelectual. Mas tudo perdera sentido. Era como se um grande vazio se houvesse formado em torno de mim, repentinamente. Ocorreu-me ouvir música. Como uma túnica inconsútil, ela me foi envolvendo suavemente. Ouvi a cantata *Alexander Nevsky*, de Prokófiev. Deixei-me embalar pelo elã de sua cavalgada, quase chorei na travessia do campo dos mortos, e respirei aliviado com o canto da vitória. Sem música, viver seria muito mais difícil.

A RETIRADA

Havia de cuidar do imediato. O cachorro, meu companheiro de longas caminhadas nas areias da praia, dei-o ao filho do vizinho, que a ele se afeiçoara. O que havia de utensílios de copa e cozinha, dei-os à senhora que cuidava da casa. Os livros, Osmário Lacet, meu chefe de gabinete e amigo de todas as horas, encarregou-se de providenciar seu encaixotamento e despacho para o Rio de Janeiro. Dois dias depois de meu enclausuramento voluntário, visitou-me um dos mais graduados militares — eram vários, quase todos especialistas — que trabalhavam sob minhas ordens na Sudene e nas empresas por esta criadas. Mostrou-me constrangido um papel assinado pelo comandante do IV Exército, incumbindo-o de me substituir, pequeno fato que vinha me alertar de que já não vivíamos em estado de direito, instalara-se no país uma ditadura militar. Mas, pelo menos, era alguém que tinha respeito à obra que havíamos realizado. Prontifiquei-me a ir com ele até a Sudene para entregar-lhe as chaves de meu gabinete, o que me permitiu recolher meus papéis pessoais, os quais foram transportados para a minha residência em veículo oficial. Muitos de meus auxiliares mais diretos haviam buscado refúgio, pois a caça às bruxas já se desencadeara.

Despedi-me das pessoas presentes, acompanhado do oficial superior que me substituía e que se esforçava para dar a impressão de que tudo se passava "entre ami-

OBRA AUTOBIOGRÁFICA

gos". Atravessava pela última vez a porta daquela instituição que surgira e adquirira fama mundial sob minha direção. Era muito mais do que uma agência administrativa. Graças a ela, emergira o Nordeste como entidade política. Tudo tivera de ser disputado palmo a palmo. Aquele mesmo edifício do Iapi, em parte ocupado pelo comando da Sudene, fora por nós invadido na calada da noite, forma a que tivemos de apelar para fazer prevalecer decisões superiores contra manobras escusas da baixa burocracia.

No mundo moderno, o Estado é uma arena onde se confrontam os interesses mais diversos. As circunstâncias podem favorecer estes ou aqueles grupos, mas nem sempre são alheias à vontade dos atores, como havíamos comprovado com freqüência. Sem ousar, não se conhecem os limites do possível, e muita coisa é possível no plano político se o povo não está privado do direito de organizar-se e de participar da contenda.

Voltei para casa e, no dia seguinte, embarquei para Brasília. Cheguei ao aeroporto no último minuto e ocupei o lugar de um amigo que se prestara a "desistir" da viagem, cedendo-me a vez. Essa preocupação se explica pelo clima de total insegurança que se implantara na cidade, sendo o aeroporto um dos locais mais sensíveis. Osmário Lacet e José Maria Aragão, dois lugares-tenentes de meu "grupo de intervenção", tudo fizeram para que minha saída fosse o menos possível notada. Nunca me ocorrera pensar que a Operação Nordeste tivesse um ponto final tão melancólico, com seu comandante saindo sub-repticiamente, em meio a pessoas que, temendo comprometer-se, evitavam cumprimentá-lo.

No aeroporto de Brasília, esperava-me José de Medeiros Vieira, outro companheiro de minha total confiança. Na capital federal, não era menor o estado de tensão, ainda que, no aeroporto, a presença militar fosse menos ostensiva. Recolhi-me ao apartamento de minha irmã Antonieta, funcionária do Senado Federal, de onde discretamente acompanhei o desenrolar dos acontecimentos. A essa altura, os políticos ainda imaginavam poder interferir no processo desencadeado com a ruptura da ordem constitucional, o que levaria Kubitschek e muitos outros a dar cobertura no Congresso à "eleição" do marechal Castelo Branco como presidente da República. Essa atitude conciliatória pareceu-me um erro estratégico, porquanto deu aos golpistas uma auréola de legalidade, confundindo os espíritos.

Ainda assim, não dava muita importância a esses eventos, parecendo-me que estávamos condenados a viver por muito tempo sob tutela militar. As prisões se multiplicavam, como se estivesse sendo executado minucioso plano adrede preparado para desmantelar toda a capacidade de resistência da sociedade civil. Dedicava-me a ler coisas sem conexão com o presente. Caiu em minhas mãos o livro de Albert Camus, *La Peste*, que li com forte emoção. A cidade de Brasília, ainda simples acampamento, prestava-se maravilhosamente como cenário para um assalto de animais malignos. De minha janela, via a circulação incessante de veículos militares movi-

390

mentando-se em todas as direções. Que fariam eles? Quiçá atacassem pontos onde se refugiavam os que pensavam, estudavam, criavam o mundo de fantasias ou simplesmente escondiam livros. Nesse ataque sem desfalecimento, iam penetrando no sistema ganglionar da cidade, imobilizando-a. Tirava os olhos do livro de Camus e via a cidade invadida por roedores enormes, a deslocar-se com grande rapidez, despejando no ar gases pestilentos. Foi nesse estado de espírito que ouvi pelo rádio a leitura dos atos institucionais que excluíam da vida pública um grande número de cidadãos.

Entre os nomes que constituíam o pelotão de frente, figurava o meu. Cassado de direitos! Proibido de ocupar-se da coisa pública! Processo secreto. Provavelmente, a acusação fora a mesma feita a Sócrates: perverter a mocidade!

Quem estaria por trás daquele golpe, interessado em suprimir-me o futuro, ocultando a cara? Castelo Branco e Costa e Silva, que haviam comandado recentemente o iv Exército, com sede no Recife, prestigiaram com entusiasmo o trabalho da Sudene. Não bastaria afastar-me do cargo? Era uma medida punitiva ou preventiva? Anos depois, chegaria a meu conhecimento, revelação de alta patente do Exército, que coube ao então coronel José Costa Cavalcanti a "iniciativa" de propor minha cassação de direitos. Esse senhor fora secretário de Segurança do governo Cid Sampaio, elegendo-se em seguida deputado federal, o que lhe permitiu dedicar-se à atividade conspiratória, protegido por imunidades parlamentares. Faria em seguida bela carreira na "revolução", como membro de um círculo estreito de coronéis que acolitaram o general Golbery do Couto e Silva. Mas, no momento da cassação, era apenas alguém ligado a um ex-governador usineiro, este preocupado em destruir a raiz da "infecção esquerdista" que abalara suas bases eleitorais. É de admitir, portanto, que o sr. Costa Cavalcanti não tenha sido mais do que um moço de recados dos oligarcas do açúcar.

A única pessoa que me visitava em meu refúgio brasiliense era José de Medeiros Vieira. Certa vez, encontrou-me devorando a trilogia *Oréstia*, de Ésquilo. Diante de sua curiosidade, comentei que ali aprendera que os povos são prisioneiros de seu passado, e que a História é, em grande parte, fruto do esforço para escapar à sedução dos mitos. Mas, nesse dia, Medeiros queria falar de outra coisa. Disse-me: "O João Agripino, a quem eu informei que você está aqui, quer muito vir vê-lo". Estivéramos bem próximos no governo Jânio Quadros, do qual ele fora ministro das Minas e Energia, e posteriormente ele se entusiasmara pelo trabalho da Sudene, passando a ser na oposição um de seus mais eficientes defensores na Câmara dos Deputados.

No dia seguinte, apareceu João com seu porte banzeiro e ar constrangido. Como udenista, era pessoa ligada aos que haviam assaltado o poder, mas gostava de exibir sua independência de julgamento. Tinha certo orgulho de ser sertanejo, e meio na burla me dissera numa ocasião que as gentes de nossas terras (éramos originários de regiões vizinhas no sertão da Paraíba) disputavam entre si a primazia de ter entre seus filhos os cangaceiros mais sanguinários. Ele ali estava para oferecer-me seus

OBRA AUTOBIOGRÁFICA

préstimos. Quando se despedia, eu disse, meio em tom de brincadeira: "Oh, João, você, que circula aí entre esses gorilas, quiçá possa informar-me se eu posso descer no aeroporto do Rio sem ser agarrado pela gola. Nego-me a asilar-me em embaixadas, porque, nada tendo a ocultar, estou disposto a encarar essa gente em qualquer processo. Mas se é para ser preso, quero sê-lo *en homme d'honneur*, o que não posso esperar dos esbirros de Lacerda".

Logo depois, Agripino reapareceu e foi dizendo: "Transmiti ao chefe da Casa Militar, general Ernesto Geisel, sua preocupação. Em minha presença, ele telefonou para o chefe da polícia política do Rio, e disse-me em seguida que você podia viajar tranquilo".

A situação no Rio de Janeiro era constrangedora. Muitos amigos estavam nas prisões ou asilados em embaixadas. E os encontros fortuitos nas ruas podiam ser embaraçosos, pois muita gente não queria ser vista (fotografada, se dizia) na companhia de um "cassado". Amigos me advertiam para que não me expusesse, dado que, a qualquer momento, podia ser agarrado e metido num camburão. Um "cassado" solto na rua atraía gente desejosa de apresentar serviço.

Decidi então aceitar um convite do Instituto Latino-Americano de Planejamento Econômico e Social (Ilpes), ligado à Cepal, para pronunciar uma série de conferências em Santiago do Chile. Um contrato de três meses que me daria tempo para tomar pé na nova realidade e encaminhar decisões a mais longo prazo. Convites de várias universidades de prestígio, particularmente dos Estados Unidos, estavam chegando às minhas mãos.

Havia o problema de obter um passaporte, o que meus amigos mais bem informados consideravam "impossível" para um "cassado". Objetei que não tentaria um passaporte na polícia: utilizaria o diplomático a que tinha direito como membro do Conselho Interamericano da Aliança para o Progresso. Arguiram que eu, havendo sido privado de direitos, estava destituído de todas as funções ligadas ao governo brasileiro. "Ocorre", obtemperei,

que eu também sou representante de dois outros países da América Latina nesse conselho, e o governo do Brasil não me pode destituir dessa função. Eu pretendo renunciar a ela, mas não sob pressão do governo brasileiro. Se me privarem do passaporte diplomático, me estarão impedindo de exercer um mandato que recebi de países amigos. É claro que poderão praticar qualquer arbitrariedade. Que o façam e assumam a responsabilidade. Mas eu não me privarei de meu direito de sair legalmente do país e continuar investido de um mandato internacional que o governo brasileiro deve respeitar.

Nada disso impedia que os amigos se mobilizassem, convencidos que estavam de que o embarque não se faria sem acidentes. Américo Barbosa de Oliveira pôs em cena essa pessoa extraordinariamente dedicada às vítimas de arbitrariedades que é o despachante Alcino Guedes, a quem coube colher discretamente informações no aeroporto, por trás das cortinas. Os amigos do *Correio da Manhã* enviaram um carro com fotógrafo para registrar meu deslocamento pela cidade e meu embarque, e a embaixada do Chile mandou um automóvel, com um diplomata, para a eventualidade de que eu decidisse apelar para o asilo no correr dos eventos.

Mas tudo transcorreu conforme eu previa. Devo ter sido o único indivíduo privado de direitos a sair de seu país com a cobertura de um passaporte diplomático. Registro esses fatos menores porque são reveladores de meu estado de espírito, disposto a correr qualquer risco para fazer valer um direito do qual não me podiam privar, pois sentia como uma mutilação a ignomínia que caíra sobre mim.

No aeroporto de Buenos Aires, deparei-me com Felipe Herrera, colega chileno do referido Conselho Interamericano. Ali mesmo redigi um pedido de renúncia do mandato que recebera de outros dois governos, e pedi-lhe que, uma vez em Washington, o encaminhasse às embaixadas concernidas. Ele me perguntou, algo surpreendido: "Você acha que essa coisa estranha que se implantou no Brasil vai durar? Não seria melhor esperar um pouco?". Minha resposta surpreendeu a mim mesmo. Eu não havia propriamente refletido sobre o assunto, as palavras brotaram-me do inconsciente: "Ora, Felipe, essa gente levou dez anos para se apossar do poder. Não esqueça que o primeiro assalto foi em 1954, quando encurralaram Vargas e o levaram ao suicídio. Não creio que saiam em menos de quinze anos. Vou organizar minha vida em função dessa hipótese".

Em poucos minutos, meu avião decolava rumo ao Pacífico. Sentira certa angústia ao cortar o último vínculo com o mundo que por tanto tempo dera sentido à minha vida. Dedicara anos a organizar minha fantasia, na esperança de um dia transformá-la em instrumento de ação a serviço de meu pobre e desvalido Nordeste. Agora, essa fantasia estava desfeita, desmoronara como uma estrela que se estilhaça. Era como se uma enxurrada tudo houvesse arrastado. Subitamente, deparei à direita do avião o perfil altaneiro dos picos gelados dos Andes. Deixei-me levar pelo deslumbramento. Eram os vastos horizontes do mundo com seu sedutor canto de sereias. Senti ligeiro calafrio, como se meu adormecido espírito de cavaleiro andante fizesse sinais de despertar.

OS ARES DO MUNDO

[…] corazón, cabeza,
en el aire del mundo.

Juan Ramón Jiménez

Prefácio

Na linha de minhas duas *Fantasias*, o presente livro reúne textos que se relacionam com experiências pessoais e reproduzem reflexões sobre a problemática desenvolvimento-subdesenvolvimento, a cujo estudo dediquei o essencial de minha atividade intelectual. Textos há que se situam em sua integralidade em um ou outro desses dois polos, mas a intenção predominante foi abarcar sempre as duas vertentes.

O capítulo 1 se refere ao período que se seguiu ao golpe de Estado de 1964. A saída para o Chile deu-me oportunidade de retomar de imediato a atividade intelectual no âmbito da América Latina. Mas minha experiência recente no Brasil convencera-me de que o mais necessário era uma melhor compreensão das transformações que estavam ocorrendo nos Estados Unidos, dado que esse país assumira na plenitude o papel de centro mundial de poder. A força gravitacional que exerce esse centro sobre os países latino-americanos crescera tanto que se tornara impraticável captar o sentido do que nestes ocorria se não dispuséssemos de hipóteses com respeito ao comportamento do sistema de poder norte-americano. Este ganhara tal complexidade — suas ramificações abrangiam muito mais que as instituições políticas — que de quase nenhum alcance para compreendê-lo eram os conhecimentos tradicionais de teoria do Estado. As velhas ideias sobre o imperialismo, fundadas nas rivalidades entre Estados nacionais manipulados por interesses econômicos, eram de pouca valia para entender a ação transnacional das grandes empresas que entrelaçam os circuitos econômicos e financeiros nacionais.

Daí que o capítulo 2 seja uma incursão no vasto processo histórico que produziu a especificidade norte-americana — primeira economia a se planetarizar. O projeto original era tratar exaustivamente o fenômeno norte-americano, visando contribuir para que nos países latino-americanos se criem institutos de pesquisas e cursos universitários dedicados a seu estudo. As circunstâncias, conforme se verá, levaram-me a modificar esse projeto e antecipar o meu traslado para a Europa. Contudo, considerei conveniente incluir no texto o essencial do material preparado no quadro dessa pesquisa.

Na segunda metade de 1965 inicio minhas atividades universitárias em Paris. A energia com que De Gaulle acabava de liquidar os restos do colonialismo francês e enfrentava o hegemonismo norte-americano abrira à França um espaço na arena internacional que ela se apressava em ocupar. Paris se transformara no polo de atração de todos os movimentos de libertação ou de contestação da vasta e heterogênea área que começava a ser referida como Terceiro Mundo. Sem lugar a dúvida, vivíamos um desses períodos excepcionais da História em que as utopias desempenham um papel de relevo no desenho do destino dos povos. Uma mensagem política emitida em Paris, nessa época, obtinha facilmente grande repercussão. Os livros aí publicados eram rapidamente difundidos em amplas áreas do mundo. Logo percebi que era importante repensar as estruturas de poder em sua nova configuração mundial e escapar aos chavões das doutrinas recebidas do século XIX; mas não menos urgente era fazer com que as ideias renovadoras se difundissem eficazmente. Com o passar do tempo, dera-me conta de que a fraqueza maior do Terceiro Mundo estava no plano das ideias: éramos colonizados mentalmente, por um lado, e por outro permanecíamos prisioneiros de velhas doutrinas "revolucionárias" que haviam passado de moda nos centros metropolitanos.

A esses anos de febril atividade intelectual e de busca de novas pistas refere-se o capítulo 3, anos em que se agudiza no Brasil a reação contra o pensamento crítico independente. Também estão aí reunidas observações que tive oportunidade de fazer em países que lutavam para libertar-se dos grilhões do subdesenvolvimento, e o registro de minha participação em debates ocorridos na época em que foi maior a esperança de reconstrução da ordem econômica mundial. Esses textos estão datados quando reproduzidos em sua forma original.

As lutas sociais do século XX são caudatárias de ideologias concebidas nos dois séculos anteriores, particularmente no XIX. Em torno desse tema elaborei um ensaio que se destinava a fundamentar uma investigação sobre as experiências contemporâneas de reconstrução voluntarista das estruturas sociais. Esse ensaio teórico abre o capítulo 4, dedicado ao que chamei de "experiências de engenharia social". As observações que fiz em alguns países que se empenhavam em reconstruir suas estruturas sociais são apresentadas na forma original, com as datas respectivas. Por todas as partes, pude comprovar que a um período inicial de entusiasmo seguia-se a frouxidão, e mesmo a esclerose, sendo mínima a participação da cidadania na gestão da coisa pública e no controle dos que exercem o poder.

Minha longa vivência das atribulações dos países que ficaram presos na armadilha do subdesenvolvimento levou-me à convicção de que o esforço requerido para daí escapar é de tal monta que somente a formação de um amplo consenso nacional poderá fazê-lo viável. Ora, um consenso dessa ordem dificilmente pode emergir e perdurar em uma sociedade altamente estratificada e na qual os grupos dominantes possuem poderosos aliados externos. Por outro lado, a imposição de mudanças estruturais por uma minoria, qualquer que seja sua orientação ideológica, tende a engendrar uma burocratização das engrenagens do sistema de poder de difícil reversibilidade. Os casos em que circunstâncias externas forçaram e tornaram possível a modernização das estruturas sociais são exceções que confirmam a regra.

Somente uma sociedade aberta — democrática e pluralista — é apta para um verdadeiro desenvolvimento social. Mas como desconhecer que nos países do Terceiro Mundo — dadas as condições atuais de entrosamento internacional dos sistemas produtivos e dos circuitos financeiros — as estruturas de privilégios praticamente são irremovíveis? Empiricamente se comprova que nos países ricos a sociedade é cada vez mais homogênea, no que respeita às condições básicas de vida, e, no mundo subdesenvolvido, ela é cada vez mais heterogênea. Não surpreende, portanto, que esta época de grande enriquecimento da humanidade seja também de agravação da miséria de uma ampla maioria.

O avanço político, que é o mais difícil e importante de todos que logra o homem, faz-se aprendendo a administrar conflitos. Daí que só as sociedades democráticas o realizem com segurança. Trata-se de manter a sociedade aberta, num mundo de crescente interdependência, preservando e exercendo a capacidade de autogoverno. É um problema com mais incógnitas do que equações. Mas será que existe solução para todos os problemas que envolvem o destino dos homens?

C. F.
Paris, dezembro de 1990

1. A retirada

QUE RUMO TOMAR?

Haviam decorrido quinze anos desde que, em 1949, se iniciara a experiência da Cepal, caso único de escola de pensamento surgida em terras latino-americanas. Santiago se transformara, desde então, em importante centro de atividade intelectual, especialmente no campo dos estudos sociais aplicados. Além da própria Cepal e seu adjunto Instituto Latino-Americano de Planejamento Econômico e Social (Ilpes), estavam presentes nessa cidade um aguerrido grupo de pensadores jesuítas e um não menos ativo núcleo de economistas neoliberais que se tornariam conhecidos como os "Chicago Boys". Prevalecia em todos esses grupos, que competiam no plano doutrinário, o sentimento de que o que viesse a ocorrer na América Latina dependeria de alguma forma do que ali se discutia.

Quiçá ninguém tivesse dos acontecimentos em curso uma visão tão lúcida como o sociólogo espanhol José Medina Echavarría, meu velho companheiro dos primórdios da Cepal, quando ainda tínhamos perto de nós essa outra guinada da História que foi a Guerra Civil Espanhola. Para José Medina, o que estava ocorrendo em Cuba teria profundas consequências na América Latina, pois estava conduzindo a uma radicalização de esquerda e de direita que seria de efeitos nefastos.

A nenhum de nós escapara que se produzira um *tournant* na América Latina a partir do incidente dos mísseis soviéticos instalados a poucos quilômetros da Flórida, do fracasso do projeto Kennedy da Aliança para o Progresso e da consolidação da Revolução Cubana.

O Chile se constituíra em polo de atração da primeira vaga da diáspora brasileira após o golpe militar de 1964. Muitos brasileiros se haviam refugiado em embaixadas ou tinham cruzado a fronteira do Uruguai sem documentos, e agora começavam a afluir a Santiago. A referência principal na cidade era o poeta Thiago de Mello, que ocupava o cargo de assessor cultural na embaixada do Brasil e morava em bela mansão de propriedade de Pablo Neruda, situada na encosta do morro de San Cristóbal, bem no centro da cidade. Thiago dedicava todo o seu tempo a receber refugiados brasileiros e pô-los em contato com personalidades chilenas que pudessem ser-lhes de alguma utilidade. Ele gozava de extraordinário prestígio no mundo cultural chileno e suas múltiplas relações foram de grande valia para muitos dos que aportavam sem maiores conexões locais. Essa situação ambígua não se prolongou por muito tempo, mas, enquanto durou, Thiago colocou os meios de que dispunha a serviço dos compatriotas que chegavam fugindo do terror instalado no Brasil, onde os presos políticos já se contavam por milhares.

Neruda participava ocasionalmente dos encontros dos refugiados brasileiros na mansão do morro de San Cristóbal. Ele parecia estar sempre em posição de defesa, guardando-se contra toda improvisação como se, em nenhum momento, desencarnasse do papel de membro da direção do Partido Comunista chileno. Para mim, ele fora sempre uma esfinge. Perguntava-me como era possível que o poeta da "Canção desesperada" se extasiasse diante dos feitos do carrasco Vichinski. Sua alma parecia-me dotada de compartimentos estanques. De um lado da parede de vidro, situava-se o cantor das alturas de Machu Picchu e das *Odes elementares*; de outro, o versejador partidário, desprovido de espírito crítico. Alguém perguntou-me em certo momento o que eu pretendia fazer com as medalhas condecorativas de que vinha de ser destituído pelo governo militar brasileiro. Respondi que iria pô-las no lixo, com exceção das que ganhara como membro da Força Expedicionária Brasileira. Neruda mostrou-se surpreso e aconselhou-me a ser paciente e a dar tempo aos militares para que voltassem à razão.

Darcy Ribeiro, que se fixara em Montevidéu, passou por Santiago em direção à Europa. Era dos que consideravam que os militares no Brasil não tinham base de sustentação na sociedade e, por isso, não se manteriam no poder por mais de seis meses. Em reunião na casa de Thiago, trocamos impressões sobre o assunto, alguns aproveitando a deixa para dizer o que esperavam do futuro. Samuel Wainer era dos que contavam reassumir posições de luta no Brasil a curto prazo. Foram muitos os que ficaram perplexos quando eu disse supor que meu exílio seria longo, e que estava fazendo planos para viver no estrangeiro em torno de quinze anos. Diante da incredulidade geral, expliquei-me:

Esse golpe não foi improvisado; por trás dele estão dez anos de conspiração. Começou quando acurralaram Getúlio e o levaram ao suicídio. No Brasil, todo processo

OBRA AUTOBIOGRÁFICA

de mudança político-social é lento. Se os golpistas, que dispunham de amplos meios de ação, inclusive ajuda externa, necessitaram de dez anos para tomar o poder, como imaginar que em prazo menor reverteremos a situação? Não digo que nada há a fazer. Cabe a cada um de nós fazer o melhor que possa no seu setor, mas não vejo possibilidade de que a situação se reverta senão a longo prazo. O que importa é que aqueles dentre nós que, em dez ou vinte anos, regressem não cometam uma vez mais os erros que facilitaram o trabalho dos golpistas.

Tivera uma conversa dessa natureza no Rio de Janeiro, quando me despedi de alguns companheiros de trabalho que estavam indecisos sobre o rumo a tomar. "Sempre que possível", dissera eu, "devemos resistir nos lugares que ocupamos, pois o golpe não foi improvisado e a reversão tomará tempo." Lembro-me de que Nailton Santos, que dirigia o setor de recursos humanos da Sudene, entrou em profunda tristeza quando me ouviu. Ele estava com prisão decretada e não lhe restava senão evitar o pior, saindo do país: "Se o que você diz é verdade", arguiu, "temos de reconhecer a falência de nossa geração". De alguma forma, eu partia do pressuposto dessa falência. Tinha dúvida, apenas, sobre a profundidade do dano que faria ao Brasil uma ditadura militar que se prolongasse por um decênio ou mais.

Todos percebíamos que algo de "novo" estava ocorrendo no Brasil. Era evidente que as motivações dos que se haviam apossado do poder nada tinham a ver com o idealismo raso e inconsistente dos "tenentes", que tinham vacilado entre a direita e a esquerda. Estávamos agora diante de um projeto "modernizador", que partia da ideia de que tanto a distribuição equitativa da renda como a convivência democrática somente são alcançadas nas fases superiores do desenvolvimento. Assim, havia antes que conhecer as dores do parto da "acumulação primitiva". Para essa gente, o desenvolvimento é um processo de domesticação da sociedade, requer o exercício de um poder autoritário. Enfim, era a vitória da doutrina da modernização tutelada. As pessoas que pensam assim são alérgicas ao debate aberto; sem que o percebam, pensam em revólver quando ouvem falar de intelectual.

Nossos debates, agora, se realizavam de preferência no edifício da Cepal, onde eu trabalhava na preparação de um seminário sobre os primórdios dessa instituição. Com frequência, saíamos para perambular pelas margens do rio Mapocho. Havia sempre novos participantes em nossas reuniões. Alguns vinham para respirar, sufocados pelo clima de repressão criado no Brasil, mas logo se impacientavam e preparavam o regresso. Outros haviam escapado à perseguição e exploravam a possibilidade de encontrar um abrigo. Na verdade, a quase totalidade partia do princípio de que "a coisa em breve melhorará", viabilizando o regresso. Fernando Henrique Cardoso insistia em que era necessário encontrar ou abrir espaços para a luta dentro do Brasil. Alguma forma de intelligentsia independente teria de sobreviver, se desejávamos evitar que o obscurantismo aprofundasse as suas raízes. Não nos escapava que os novos donos do poder tudo fariam para cooptar essa intelligentsia, dificultando o mais possível a sobrevivência dos renitentes. A tentativa de Fernando Henrique Cardoso de voltar à universidade, de onde seria finalmente expelido, e a posterior criação do Centro Brasileiro de Análise e Planejamento (Cebrap) inscrevem-se nessa linha. Eu não desaprovava, mas sentia que não seria este o meu caminho. Minha opinião era que deveríamos instalar no exterior antenas captadoras e transmissoras, a fim de alimentar de ideias as redes de trabalho intelectual independente que lograssem sobreviver no país. Lembrava-me dos versos de Juan Ramón Jiménez, "coração, cabeça, nos ares do mundo".

Sentia que mais uma vez viria a prevalecer em mim a vontade de andar sozinho, de vagabundar como um lobo solitário. Respeitava aqueles que se organizavam para sobreviver e pensar com independência no Brasil. Mas também sabia o importante que era observar de perto o que se passava no vasto mundo, sem o que tenderíamos a cair no isolamento e a correr o risco de ficar prisioneiros de uma visão exterior concebida para reforçar nossa dependência. Era necessário acompanhar de perto o que se passava nos Estados Unidos, em cujo campo gravitacional estávamos inseridos. Isso, sem desconhecer que também era necessário manter contatos em várias áreas da América Latina e, no possível, instituir mecanismos de ajuda mútua.

JORGE AHUMADA

A experiência política chilena é certamente das mais ricas da América Latina. Há no Chile uma tradição de vida partidária e havia, naquela época, um quadro institucional que impunha autodisciplina à classe política. Um poder autônomo, a Contadoria Geral da República, exercia forte vigilância sobre o uso do dinheiro público. A imprensa informava e debatia com independência os problemas da atualidade. O mundo universitário tinha peso considerável na vida política e social por meio de debates que organizava e de publicações especializadas. O que singularizava o Chile, diferenciando-o de países como a Argentina e o Brasil, era a autonomia financeira do Estado vis-à-vis das oligarquias dominantes. A principal fonte de recursos do Estado chileno eram impostos (ou diferenças de câmbio) cobrados do setor mineiro-exportador, o qual mantinha vínculos limitados com o tecido social do país. As grandes companhias produtoras e exportadoras de cobre eram empresas norte-americanas que extraíam e processavam o minério em regiões longínquas de um território que se alongava por mais de 4 mil quilômetros nessa "louca geografia" a que se referiu Subercaseaux.

A oligarquia dominante no Chile — a classe de proprietários agrícolas — manteve por muito tempo hábitos morigerados, ainda que cultivando formas sofisticadas de viver. A peculiaridade das finanças públicas chilenas explica que a crise de 1929 ali haja concentrado seus efeitos negativos nos setores urbanos, dependentes de financiamento e gastos públicos. Os movimentos reformistas, que tomaram força nos anos 1930, eram de base urbana e refletiam, de preferência, flutuações nos gastos do Estado e, só secundariamente, diferenciação social gerada pelo desenvolvimento industrial. Ademais, o populismo não desempenhou papel importante na evolução política chilena. Ainda nos anos 1930, o Estado empenhou-se em utilizar seu potencial financeiro como fator de desenvolvimento, vale dizer, de diversificação da estrutura produtiva. É desse decênio a criação da Corporación de Fomento de la Producción, primeiro banco de desenvolvimento da América Latina.

A riqueza da experiência política chilena fascinava a nós todos. Aos ensaios de modernização pela direita do governo Alessandri sucedia agora o grande projeto de reforma de estruturas da Democracia Cristã de Eduardo Frei. Pela primeira vez, se tentaria na América Latina uma ampla reforma agrária com base em estudos aprofundados dos distintos aspectos — econômicos, sociais e políticos — do problema. O Estado chileno não dependia do setor agrícola para financiar-se, o que lhe valia ampla margem de manobra para atuar. Ao iniciar-se, em 1964, o governo Frei, o clima era de grandes esperanças. Muitos de meus amigos e antigos companheiros de Cepal estavam de uma ou outra forma integrados nesse movimento.

Jorge Ahumada era um dos assistentes mais próximos de Frei e de alguma maneira simbolizava o espírito de cruzada renovadora que prevalecia no país. Eu mantinha com Ahumada relações de amizade as mais profundas. Assim que cheguei ao Chile, em maio de 1964, ele me procurou exultante com a vitória política que, ali, vinha de ser alcançada. O caminho lhe parecia aberto para a realização das reformas econômicas e sociais com que tanto havíamos sonhado. Eu, que acabara de viver uma experiência amarga, mostrava-me cauteloso. Ahumada me parecia um liberal confiante no poder purificador das forças do mercado. Seu paradigma era a sociedade dos Estados Unidos, esse contínuo que vai da *township* à grande metrópole — conglomerados humanos dinamizados pelo impulso de personalidades de estirpe schumpeteriana. Ele fora aluno de Schumpeter em Harvard e reunia a fé na vontade inovadora de líderes excepcionais e a concepção solidarista da vida social que era seu lado democrata-cristão. Escapara à visão funcionalista dos projetos sociais tão frequente entre os economistas formados nas universidades norte-americanas, o que o protegia contra a tendência ao conformismo. Os estudos que fizera, ainda jovem, da agricultura de seu país possivelmente o convenceram de que, sem reformas estruturais, o Chile não se libertaria dos grilhões do subdesenvolvimento.

Naquele momento, Ahumada estava realizando uma obra notável na Venezuela, pois coube-lhe criar e dirigir, em sua primeira fase, o mais importante centro de pesquisas em ciências sociais desse país. Agora, necessitava ele de algum tempo para desvincular-se dessa tarefa, e então assumir uma responsabilidade plena no governo Frei. Tomou-me pelo braço, num gesto afetivo que traía sua emoção, e disse-me: "Celso, você vai me ajudar a resolver um problema. Se você aceitar ir para a Venezuela, poderei sair de lá sem pôr em perigo o projeto que estamos realizando. Estou convencido de que ele é importante para toda a América Latina".

Eu já havia tomado algumas decisões com respeito a meu futuro. Estava decidido a aproximar-me dos centros de onde emana o poder real para estudar os sistemas de dominação que comandam o nosso destino de povos periféricos. Busquei a melhor maneira de me explicar àquele amigo caloroso que se dava todo ao que fazia. Sentamos num café e eu estiquei a conversa, pedi informações sobre o centro de estudos de Caracas, pois gostaria de visitá-lo na primeira oportunidade e, quiçá, lá permanecer algum tempo. Fui ampliando a conversa e afirmei que nós, sem o saber, constituíamos uma Ordem, a dos pregadores da fé no Desenvolvimento. Ele riu e disse: "O pior é que os jesuítas começaram a concorrer conosco e eu não sei o que vai sair de tudo isso". Recordei nossa ida a Buenos Aires como peregrinos da Ordem do Desenvolvimento, quando nos empenhamos na reconstrução da velha faculdade onde estudara e ensinara Raúl Prebisch, então devastada pelo populismo peronista. Coubera-nos examinar cerca de cem candidatos a professores e selecionar uma trintena. Entre os candidatos, estava Julio Olivera, que certamente sabia mais economia do que nós dois juntos. Ahumada riu e comentou: "Saber muito economia é perigoso. Sempre me recordo de um dia em que você disse que não levava Samuelson a sério, porque ele sabe demais economia. Foi a partir desse momento que comecei a admirar você". Despediu-se rápido, pois tinha uma reunião e aparentemente já estava atrasado. Essa consciência do dever levou-o a prolongar a permanência na Venezuela, viajando com frequência ao Chile para ajudar na grande obra que se iniciava e para cuja concepção contribuíra decisivamente. Mas foi demasiado o que exigiu de si mesmo. Alguns meses depois, encontraram-no morto em sua mesa de trabalho em Caracas, fulminado por um enfarte.

NOVA LEITURA DOS TEXTOS DA CEPAL

Ao afastar-se Prebisch da secretaria executiva da Cepal, em 1963, surgiu a ideia de retê-lo no sistema das Nações Unidas criando o Ilpes, que teria o fim específico de formar especialistas em desenvolvimento econômico para os governos latino-americanos. Os cursos que organizou a nova instituição vieram a constituir o instrumento de difusão das ideias da Cepal e permitiram que se conhecessem mutuamente muitas das melhores inteligências da região voltadas para a problemática do desenvolvimento. Gozando de acesso a todo o material relacionado com a América Latina de que dispunha a Cepal, e sem os constrangimentos das organizações que têm uma pauta de trabalho ditada pelos governos, o Ilpes logo se firmou como um autêntico centro de tipo universitário. Coubera-me participar de sua organização inicial, integrando um grupo de trabalho na qualidade de representante do governo de Jânio Quadros, e ocupara em seguida o cargo de membro de seu conselho de direção, órgão consultivo que se reunia uma vez por ano. Com o Ilpes, tornara-se possível reter Prebisch, alcançado seu limite de idade, próximo à Cepal, sem sobrecarregá-lo de tarefas administrativas.

A realidade é que, desde fins dos anos 1950, a Cepal se encontrava em fase de aguda autocrítica. As ideias sobre o desenvolvimento elaboradas em sua grande fase criativa (1949-54) continuavam válidas, mas eram reconhecidamente insuficientes na abordagem de uma nova problemática que se fazia visível nos países que mais êxito haviam alcançado em seus esforços de industrialização. Era indubitável que a Cepal elaborara uma teoria da industrialização periférica, ou retardada. No centro dessa teoria, estava a ideia de que a progressiva diferenciação dos sistemas produtivos permitida pela industrialização conduziria ao crescimento autossustentado. Criado um setor produtor de bens de capital e assegurados os meios de financiamento — o que em boa parte competia ao Estado —, o crescimento se daria apoiando-se na expansão do mercado interno. Naquele momento, a aplicação dessas ideias tropeçava em dificuldades em mais de um país. A Argentina, então o país mais adiantado economicamente de todos os pontos de vista, tivera de enfrentar o problema da elevação dos preços relativos dos bens de capital, à medida que sua capacidade para importar se estreitava.

Parecia evidente que um país com uma taxa de salários razoavelmente elevada, onde o mercado interno ao expandir-se concorria com as exportações (a carne que se consumia deixara de ser exportada), e que, graças a substanciais vantagens comparativas, mantinha os preços dos equipamentos importados relativamente baixos — esse país teria de enfrentar sérias dificuldades para crescer se fosse obrigado a reduzir sua inserção nos mercados internacionais. Explica-se, assim, que as possibilidades de desenvolvimento com base na substituição de importações se hajam esgotado rapidamente na Argentina. O segundo país empenhado no processo de industrialização, cuja taxa de crescimento vinha declinando persistentemente, era o Chile. Nesse caso, colocava-se o problema da excessiva dependência do financiamento dos investimentos com respeito a um produto de exportação — o cobre — cujos preços eram particularmente instáveis. Demais, as dimensões de algum modo modestas do mercado interno chileno reduziam a eficácia da industrialização substitutiva de importações, mesmo nas linhas convencionais de bens de consumo corrente.

A reflexão sobre esses problemas estava um tanto mascarada pelo debate em torno das formas complexas e persistentes de inflação que se manifestavam, especialmente na Argentina e no Chile. Se aprofundávamos a análise das causas da inflação, logo descobríamos as tensões estruturais subjacentes. Mas qualquer debate sobre inflação abre janelas escapatórias — a dimensão monetária do problema, o laxismo das autoridades emissoras etc. — que tendem a desviar as atenções do essencial. E todos sabíamos — Prebisch em primeiro lugar — que a questão primordial deitava raízes nos constrangimentos criados pela forma de inserção internacional.

Um enfoque aproximativo do problema dera origem ao conceito de "estrangulamento externo", que circulava desde os anos 1950. Na conferência da Cepal de maio de 1963, realizada em Mar del Plata, essa questão esteve no centro dos debates que se orientaram para a justificação da tese da integração regional. Um tratado de livre-comércio havia sido assinado em 1960 e sua área de abrangência crescia. Mas sua reduzida eficácia era patente. Criar zonas de livre-comércio entre economias subdesenvolvidas não leva muito longe. E há o risco de que as atividades produtivas se concentrem geograficamente em detrimento de certas áreas. Isso acontecera no Brasil quando foram eliminadas as barreiras ao comércio entre os estados da federação, nos anos 1930. Com efeito, a concentração geográfica da renda brasileira repercutiu negativamente na região mais pobre, que é o Nordeste, sem que os efeitos dinâmicos para o conjunto do país tenham sido perceptíveis. Contudo, ninguém duvidava de que, no quadro de um planejamento que estimulasse a instalação de indústrias beneficiárias de rendimentos crescentes, os efeitos teriam de ser positivos. O debate sobre a integração regional ligava-se assim à questão do planejamento como instrumento de luta contra o subdesenvolvimento.

No momento em que eu chegara a Santiago, Prebisch se encontrava em Genebra presidindo a primeira conferência da Unctad, aquela que serviu de plataforma para o lançamento de um projeto de criação de novo órgão das Nações Unidas dedicado a promover o comércio internacional como instrumento do desenvolvimento. Essa conferência — à qual eu deveria ter comparecido como membro da delegação brasileira, não fora o golpe militar — era o resultado de prolongado esforço de Prebisch para ligar os problemas do desenvolvimento aos do comércio em escala mundial. A crítica realizada na Cepal aos projetos apoiados exclusivamente no mercado interno, ou melhor, a tomada de consciência de que a industrialização na América Latina tropeçava em dificuldades devido à estreiteza dos mercados nacionais levou Prebisch à convicção de que a frente de luta devia ser ampliada. Não bastava criticar a divisão internacional do trabalho em sua forma tradicional; não menos importante era demonstrar a necessidade de novas formas de inserção externa, pois o dinamismo gerado pelo mercado interno tendia a esgotar-se, sempre que o processo de fechamento das economias nacionais alcançasse limites que já estavam à vista. Essa a razão pela qual Prebisch lançara a ideia de uma nova organização — mais precisamente, uma conferência permanente sobre comércio e desenvolvimento — orientada para a reestruturação da ordem econômica mundial.

Como não reconhecer que os preços dos produtos manufaturados que circulavam no comércio exterior gozavam de crescente estabilidade — eles são administrados no quadro de oligopólios —, enquanto os preços dos produtos primários exportados pelos países do Terceiro Mundo continuavam a ser objeto de desenfreada

OBRA AUTOBIOGRÁFICA

especulação? Organizar esses mercados, operando os estoques reguladores e promovendo a cooperação entre países produtores e consumidores, era de primordial importância para que o comércio exterior desempenhasse sua função de motor da expansão das economias periféricas. Mas havia de tentar ir ainda mais longe. O comércio exterior que estava efetivamente crescendo era constituído pelo intercâmbio de manufaturas por manufaturas. Por que os países desenvolvidos não abriam seus mercados às importações de manufaturas originárias dos países subdesenvolvidos, quando a ninguém escapava que essas importações seriam pagas com exportações de outras manufaturas mais sofisticadas, que incorporavam mão de obra mais cara? Para isso era necessário reconhecer que as relações internacionais comportavam assimetrias, devendo os países industrializados fazer concessões unilaterais aos subdesenvolvidos. Convinha, portanto, abandonar a ideia de reciprocidade e limitar o escopo da cláusula da nação mais favorecida. Prebisch lutava em Genebra pela reconstrução das relações comerciais internacionais, consciente de que as que então existiam bloqueavam a expansão das economias periféricas.

O momento, portanto, era de reflexão sobre os esquemas teóricos produzidos no começo dos anos 1950 e sobre a experiência dos países latino-americanos. Propus no Ilpes que organizássemos um seminário para promover uma releitura crítica dos textos "clássicos" da Cepal. Coube-me fazer a apresentação desses textos como introdução ao debate. De Genebra, Prebisch acompanhava com atenção o que fazíamos, bem informado que estava por relatórios minuciosos que lhe mandava seu fiel escudeiro Benjamin Hopenhayn. Enviou-nos uma mensagem felicitando-nos pelo trabalho e delicadamente solicitou que nada fosse divulgado antes de seu regresso a Santiago.

Pela primeira vez reunimo-nos um grupo de economistas e sociólogos para debater a problemática do desenvolvimento/subdesenvolvimento a partir de uma série de textos teóricos elaborados na própria América Latina, compaginando-os com a experiência vivida da qual muitos de nós tínhamos conhecimento direto. Estava longe de ser um seminário acadêmico, pois ninguém fazia jogo pessoal, marcando cartas, preservando suas ideias supostamente mais originais para publicações pessoais. Dos presentes, apenas eu participara da redação dos textos originais. José Medina Echavarría fora contemporâneo e dera alguma contribuição crítica. Os demais vinham da geração que se incorporara à Cepal a partir da metade dos anos 1950.[1]

---

1. Participaram desse seminário, cujas reuniões se realizaram às quartas-feiras e tiveram início em 3 de junho de 1964, Cristóbal Lara, Eric Calcagno, Fernando Henrique Cardoso, Ricardo Cibotti, Norberto González, Benjamin Hopenhayn, Carlos Matus, Gonzalo Martner, José Medina Echavarría, Julio Melnick, Luis Ratinoff, Osvaldo Sunkel, Pedro Vuskovic e Francisco Weffort.

DA DEPENDÊNCIA TECNOLÓGICA À CULTURAL

O tema central que a todos preocupava era o da "perda de dinamismo" das economias latino-americanas, em especial aquelas que haviam avançado bastante pelo caminho da industrialização. O documento inicial, escrito por mim, começava formulando duas questões: a) que condições teriam sido requeridas, em um país latino-americano dado, para que o desenvolvimento substitutivo de importações houvesse conduzido naturalmente a um processo de crescimento autogerado?; e b) que tipo de ação intencional, promovida pelo Estado direta ou indiretamente, se requer de dado país para pôr em marcha o processo de crescimento autogerado a partir de uma fase de desenvolvimento substitutivo de importações?

Para facilitar a abordagem desses problemas, elaborei uma série de modelos simplificados referentes à estrutura de uma "economia tradicional", ao processo de crescimento gerado por impulso externo de origem primário-exportadora (desenvolvimento para fora, na linguagem de Prebisch) e ao crescimento impulsionado pela substituição de importações. Dos textos dos principais documentos, extraí um certo número de teses que me pareciam representativas do pensamento "clássico" da Cepal.

A título de provocação, escolhi duas teses para dar início ao debate.

Primeira: a forma como se deu a propagação do progresso técnico dos centros industrializados à periferia da economia mundial engendrou um sistema de divisão internacional do trabalho que opera como mecanismo de concentração dos frutos do progresso técnico naqueles centros industrializados.

Segunda: a industrialização periférica não poderá realizar-se na conformidade do modelo que conheceram os atuais centros industriais. A tecnologia atualmente disponível corresponde às necessidades de economias de elevados níveis de produtividade e poupança, e os padrões de consumo que se universalizam correspondem a altos níveis de renda. Na assimilação dessa tecnologia avançada, esses padrões de consumo dispendiosos põem em marcha forças tendentes a frear o desenvolvimento periférico.

De maneira provocativa, já no primeiro encontro avancei a ideia de que poucas pessoas se davam conta de que a concepção centro-periferia pressupunha uma teoria do imperialismo. Com efeito, a propagação do progresso técnico que acompanhou a Revolução Industrial inglesa estivera longe de ser um ato espontâneo. A exportação de tecnologia embutida nos equipamentos era estritamente controlada pela Inglaterra. A emigração de operários especializados não era menos dificultada. Referi-me ao caso de John Slater, que fugira da Inglaterra com alguns segredos de construção de máquinas têxteis para os Estados Unidos. E lembrei a ofensiva diplomática inglesa na América Latina forçando a assinatura de acordos comerciais de livre-câmbio. E se isso tudo não bastasse para impor certo padrão de divisão internacional do trabalho, convinha lembrar a ofensiva ideológica a serviço da doutrina ricardiana dos custos comparativos.

OBRA AUTOBIOGRÁFICA

Eu sabia que Prebisch se limitara a constatar a existência da estrutura centro-periferia, sem referir-se à sua formação histórica. Mas pouca dúvida podia haver de que a conformação do comércio internacional era fruto de uma política deliberada de dominação por parte da nação que liderara a Revolução Industrial em seus albores. Na verdade, estávamos lidando com a única verdadeira teoria do imperialismo, pois a doutrina de Hobson, retomada por Lênin, refere-se ao capitalismo em sua fase avançada, já supostamente ameaçado de declínio na taxa de lucro e necessitando exportar capitais. Essa doutrina está longe de explicar a forma de divisão internacional do trabalho, a qual foi responsável pela lenta penetração do progresso técnico na periferia e pelas distorções estruturais das economias periféricas.

Minha introdução não tratava do objeto principal do seminário: a recente tendência à estagnação das economias latino-americanas. E pareceu-me conveniente mantê-la off-the-record. Ainda assim, sua repercussão foi considerável. A Cepal sofrera demasiados ataques, mas entre seus "pecados" ainda não se havia incluído a suposta paternidade de uma teoria do imperialismo. Porém, como esconder que sempre havíamos falado de tendência secular à degradação dos termos de intercâmbio, em detrimento dos países exportadores de matérias-primas? Se se podia comprovar empiricamente uma tendência à concentração da renda em escala mundial — a renda gerada pelo intercâmbio internacional —, cabia então esclarecer se isso resultava de causas naturais, o que não seria fácil explicar, ou da interação das forças que intervêm nesse processo e condicionam a formação dos preços relativos. Não menos importante era esclarecer a gênese histórica dessas forças.

A segunda tese apontava diretamente para a questão da tendência à estagnação, ou, mais precisamente, da perda de dinamismo das economias latino-americanas. Grande parte do debate que veio a dominar o pensamento latino-americano nos anos subsequentes desenvolveu-se em torno desse ponto. Prebisch havia adotado o ponto de vista de que somente agindo sobre o conjunto do sistema — modificando a própria divisão internacional do trabalho — seria possível alterar essa tendência. Mas muitos de nós julgávamos que a saída por esse lado não seria tão fácil quanto parecia pensar Prebisch.

A verdade é que esse problema comportava muitos desdobramentos. Uma primeira leitura conduzia à doutrina da *dependência tecnológica*: a tecnologia, fator exógeno, impunha um montante de investimento por trabalhador em desacordo com a fraca capacidade de poupança das populações periféricas. Sem dúvida, essa forma de discutir o problema nos parecia demasiado rígida. Fora de certas indústrias de processo contínuo, com frequência era possível admitir um uso mais extensivo da mão de obra, aumentando os turnos das fábricas, usando equipamentos de segunda mão e recorrendo a outros métodos similares. Mas não se podia ignorar que, na medida em que se diversificava o sistema produtivo, tendia a ser maior o peso de indústrias com coeficiente de capital elevado.

OS ARES DO MUNDO

Uma segunda leitura permitia introduzir nova dimensão nesse problema, em conexão com o comportamento da demanda. O conceito de modernização já havia sido introduzido para descrever a adoção de padrões de consumo engendrados pelo avanço das técnicas. Tratava-se de decorrência do sistema de divisão internacional do trabalho: os países exportadores de produtos primários eram ao mesmo tempo importadores de manufaturas de consumo que incorporavam técnicas em permanente avanço. Por um lado, criavam-se obstáculos à difusão das técnicas ligadas aos processos produtivos; por outro, forçava-se a propagação daqueles avanços técnicos que se incorporavam aos bens de consumo. O produtor de açúcar ou de café de começos do século XX podia continuar adotando técnicas produtivas similares às da época de seus avós, mas seus padrões de consumo eram os da época do automóvel e do telégrafo sem fio.

Esse processo de modernização engendrava uma *dependência cultural* que condicionava a estrutura econômico-social. A industrialização tardia se realizava no quadro dessa dependência. Ao contrário da industrialização clássica, na qual a produção manufatureira assumia a forma de um fluxo de inovações e disputava os mercados à produção artesanal, na industrialização tardia o produto manufaturado local concorre com o importado, frequentemente de melhor qualidade. Daí que as técnicas utilizadas sejam, de alguma forma, predeterminadas. Por conseguinte, a dependência tecnológica não é mais do que um aspecto da dependência cultural.

Passar da produção primário-exportadora (a produção de café, por exemplo) para a produção industrial substitutiva de importações significava dar um salto no nível da capitalização por trabalhador. Mais se avançava por esse caminho, maiores teriam de ser os requerimentos de capital. Como elevar a taxa de poupança para satisfazer essas exigências de capitalização? Ou por que se surpreender com o declínio da taxa de crescimento? É certo que outros fatores intervinham nesse processo. A dimensão do mercado interno, por exemplo. No Chile, as dificuldades se haviam apresentado já na fase de substituição de bens de consumo corrente. No Brasil, o quadro de insuficiência de poupança só se configurou com clareza na fase de substituição de equipamentos e de insumos industriais de elevado coeficiente de capital. Mas no fundo o problema era o mesmo.

Estava fora de dúvida que os países subdesenvolvidos haviam penetrado em uma via que os levava a um impasse. A dependência cultural, ao exacerbar as formas de consumo, incitando a sua permanente diversificação, reduzia o potencial de poupança e aumentava os requerimentos de capitalização. Havia de atacar o problema pelos dois lados: estabelecer um teto aos gastos de consumo, o que requeria complexa política fiscal, e modificar o perfil de distribuição da renda em favor das massas da população a fim de limitar a tendência à diversificação do consumo.

Mas que possibilidade prática havia de que tais políticas fossem adotadas? Eu colocava essa questão aos sociólogos. Em seu trabalho "Hacia una dinámica del

413

OBRA AUTOBIOGRÁFICA

desarrollo latinoamericano", Prebisch fizera a advertência de que a via da industriali-zação substitutiva, ao fechar progressivamente a economia, conduziria a um Estado autoritário, pois, para continuar avançando, era necessário, no dizer de Prebisch, "evitar a contaminação de novos gastos, novas necessidades e novas aspirações". Essa constatação é que o levara a dedicar-se à obra maior de modificação das estrutu-ras do comércio internacional. O que afirmava Prebisch era que a bandeira do desen-volvimento, que estivera em mãos de gente progressista, poderia passar a ser empol-gada por forças de direita.

A contribuição dos sociólogos consistia principalmente em ampliar o horizonte do debate. Todos insistiam em que a problemática do desenvolvimento levantava questões que sobrepassavam os limites da análise econômica. Fernando Henrique Cardoso avançara suficientemente na matéria para afirmar que, "pelo momento, não me parece que o procedimento analítico constitua o modo mais adequado para res-ponder à pergunta fundamental acerca da possibilidade de desenvolvimento". A seu ver, convinha recuar para o nível dos estudos monográficos, vale dizer, para o nosso ponto de partida quinze anos atrás. Às questões que eu levantara ele acrescentara outras: "Que grupos (setores empresariais, novas classes médias, setores operários) impulsionam o desenvolvimento, e a partir de que condições concretas de interação política e social o fazem?".

O pensamento mais recente de Prebisch — síntese de nossos debates nos últi-mos quinze anos — conduzia, ainda que de forma indireta, a uma alternativa descon-certante. Fora da estagnação, com sua sequela de instabilidade social, havia que esco-lher entre a "via do desenvolvimento voltado para o mercado interno, somente possível no quadro de um regime autoritário" e a via do desenvolvimento aberto, compatível com a democracia, o que pressupunha um quadro internacional bem dis-tinto do que então prevalecia. Demais, Prebisch enxergava no Estado o instrumento de importantes funções no plano social com vistas a superar os obstáculos estruturais que inibiam o desenvolvimento. Parecia-me que essa era uma visão idealista do papel que podia desempenhar o Estado nas condições do subdesenvolvimento. Reduzir o consumo dos grupos de altas rendas, dizia eu, já constitui por si só uma autêntica revolução. Dessa forma, tudo levava a crer que o modelo clássico da Cepal era insuficiente para explicar o quadro de tendência à estagnação que se observava na América Latina, sendo necessário ampliar o seu escopo na direção do social e do político.

José Medina era quem mais insistia em que se devia ampliar o quadro da discus-são. Necessitamos de uma revolução no plano do pensamento, dizia ele, similar à que promoveu F. List na metade do século XIX. List havia postulado a criação de uma "teoria do desenvolvimento" que fosse distinta da que conduzia à política preconi-zada pela Inglaterra, então apresentada como modelo exemplar. "Queiramos ou não", observava Medina, "utilizamos o pensamento econômico dos países plena-

414

OS ARES DO MUNDO

mente desenvolvidos, sofremos portanto uma forma de imperialismo." Era a "dependência cultural", de que temos consciência mas da qual permanecemos prisioneiros.

Mais ainda, ele insistia em que a crise do modelo da Cepal não era o mais importante. Não se podia ignorar que enfrentávamos uma crise da economia como ciência (reflexo daquele imperialismo) e que necessitávamos nos descolonizar mentalmente. Porque imaginávamos que tudo seria feito por via democrática, enfatizava ele, esquecemos de elaborar um modelo das transformações políticas. A dimensão histórica estava sendo negligenciada, o que explicava a ausência de progresso nos anos recentes no plano das ideias políticas. A crise cubana, afirmava Medina, havia acelerado os acontecimentos, desempenhando entre nós o papel que coube à Revolução Russa na Europa. Sua ideia era que a revolução leninista havia paralisado o processo político que permitira o avanço do socialismo na Europa. A revolução castrista, por seu lado, estava levando ao bloqueio da via democrática na América Latina. Esse pensamento, José Medina desenvolveu mais amplamente em conversa pessoal comigo.

A verdade é que por um ou outro caminho o debate levava sempre a uma forma de impasse. Na América Latina não medrara mais do que um capitalismo bastardo, incapaz de sustentar-se por suas próprias forças. A industrialização substitutiva de importações perdia fôlego e tudo indicava que continuar por essa trilha era abrir as portas às forças que levam ao autoritarismo. E contar com uma modificação significativa no quadro internacional a muitos de nós parecia uma miragem.

Não era suficiente reconhecer que reformas estruturais se haviam tornado por demais necessárias. Todos sabíamos que a experiência chilena de reformas estruturais, que se iniciava naquele momento sob a liderança de Eduardo Frei, seria a esse respeito decisiva. Mas será que essas reformas alcançariam a profundidade exigida? Pedro Vuskovic, que alguns anos depois viria a ocupar posição-chave no governo de Salvador Allende, mostrava-se cético com respeito à possibilidade de mudanças significativas no quadro que então prevalecia. Não basta que o Estado tente modificações, dizia ele, o que importa é saber se existem forças sociais capazes de aproveitar as novas oportunidades e de ocupar os espaços que venham a ser abertos. Voltávamos às questões colocadas pelos sociólogos em torno da necessidade de identificar os movimentos sociais pró-desenvolvimento, os quais se fundavam em visões ideológicas distintas.

O debate em torno da evolução recente das economias latino-americanas, ao dar ênfase à alternativa fechamento-reabertura, deixava na sombra aspectos importantes de uma realidade complexa. A industrialização latino-americana se distinguia em aspectos fundamentais da que tivera lugar antes da Segunda Guerra Mundial. A economia internacional, por seu lado, conhecia transformações de grande alcance. Em trabalho que publiquei algum tempo depois,[2] chamei a atenção para as novas for-

---

2. *Um projeto para o Brasil*. Rio de Janeiro: Saga, 1968.

OBRA AUTOBIOGRÁFICA

mas que estava assumindo o fenômeno da concentração do poder econômico, ao criar distinções entre conglomerados funcionais e geográficos. Estes últimos, que viriam a ser conhecidos como empresas transnacionais, estavam ocupando espaços crescentes nos novos sistemas produtivos em emergência na América Latina. Beneficiando-se de tecnologia já amortizada e, em alguns casos, de equipamentos usados e recondicionados, as grandes empresas norte-americanas e europeias, protegidas por tarifas aduaneiras, conseguiam fazer rentáveis seus investimentos manufatureiros a despeito da estreiteza dos mercados locais.

Daí que o "fechamento" das economias latino-americanas fosse apenas aparente. O coeficiente de comércio exterior declinava, mas os sistemas produtivos se internacionalizavam e os custos em divisas da produção cresciam. Esse processo tinha projeções importantes no plano social. "Como a penetração se faz por todas as partes", dizia eu,

> independentemente do grau de desenvolvimento industrial já alcançado, interrompeu-se de maneira geral a formação de uma classe de empresários com nítido sentimento nacional. [...] Das fortes posições financeiras que ocupam, os conglomerados estendem rapidamente o seu controle sobre os setores manufatureiros mais dinâmicos. Por outro lado, os homens mais capazes surgidos nas indústrias locais puderam ser cooptados para integrar a nova classe gerencial a serviço dos conglomerados. A ação empresarial nacional ficou restringida a setores secundários ou decadentes, ou ao trabalho pioneiro, isto é, à abertura de novas frentes a ser mais adiante ocupadas pelas grandes organizações estrangeiras.

Fernando Henrique Cardoso chegou a conclusão similar pela mesma época quando introduziu o conceito de "internacionalização do mercado interno".[3] Chamara a atenção de Cardoso a mudança na forma de vinculação internacional ocorrida nas economias periféricas de industrialização avançada. "Pareceria", diz ele, "que a relação entre a economia e os centros dinâmicos das economias centrais se estabelece no próprio mercado interno." E acrescentava: "O início de um processo de industrialização nas nações periféricas requer volumosos recursos de capitais, uma forte soma de conhecimentos tecnológicos e grau avançado de organização empresarial [...]". O preço a pagar para ter acesso a tudo isso era nada menos do que aceitar novas formas de dependência. Portanto, a industrialização não leva necessariamente à autonomia de decisão, ao desenvolvimento autossustentado, como estava implícito no modelo da Cepal.

Dessa forma, a visão da realidade latino-americana que emergia de nossos debates em Santiago, em 1964, apontava na direção do reconhecimento da perda de auto-

---

3. F. H. Cardoso e Enzo Faletto, *Dependencia y desarrollo en América Latina*. México: Siglo XXI, 1969.

nomia de decisão. Cardoso tinha razão quando falava de "Revolução Industrial de novo tipo", a qual conduzia não à autonomia de decisões, mas a formas mais complexas de dependência. Se essa perda de autonomia desembocasse em estagnação econômica — o que parecia haver ocorrido em alguns países latino-americanos —, devíamos indagar de que forma seria possível sair dessa armadilha.

UMA SOCIEDADE INVIÁVEL?

Prebisch havia chamado a atenção para o fato de que a estagnação prolongada levaria à acumulação de tensões sociais e conduziria inexoravelmente ao autoritarismo. Para muitos de nós, o que acabava de ocorrer no Brasil tinha aí sua explicação. A forte pressão demográfica, o deslocamento de mão de obra para as zonas urbanas, as expectativas em alta geradas durante os anos de intenso crescimento econômico eram fatores que contribuíam para a instabilidade social. Dado que a chave para sair da estagnação estaria na elevação da taxa de poupança, o consenso para o qual tendiam naturalmente os grupos de maior poder econômico era atribuir ao populismo os males que afligiam o país. Antes de pensar em distributivismo, havia que fazer crescer o bolo, diziam. Certo, não bastava aumentar a poupança; não menos importante era reduzir o estrangulamento externo. Daí a conclusão para a qual se inclinavam os críticos de direita: impunha-se um autoritarismo com efetivo apoio financeiro externo.

Quando a discussão chegou a esse ponto, começamos a nos indagar seriamente se não se estava abrindo na América Latina uma era de obscurantismo político. Era preciso observar com atenção o que estava ocorrendo no Brasil. A industrialização substitutiva conhecera nesse país seus melhores dias de glória. Para muitos de nós, a perda de impulso do crescimento tinha sua primeira causa nas crescentes exigências de capitalização impostas pela nova fase de industrialização, na qual predominava o peso das indústrias de bens duráveis, de insumos básicos e de equipamentos. Ora, esse obstáculo poderia ser superado no Brasil por uma adequada política de concentração da renda. É verdade que nenhum dirigente se atrevera a preconizar tal política em um país cuja população vivia, em sua grande maioria, na miséria. Em nossas discussões, não se chegara sequer a admitir essa hipótese. Não obstante, devíamos ter em conta importantes precedentes históricos. O stalinismo outra coisa não fora senão uma forma brutal de aumento do excedente, o qual seria utilizado para modificar a estrutura do sistema produtivo — crescimento privilegiado das indústrias de base — visando reforçar o potencial militar e também beneficiar uma classe burocrática.

Uma política de retenção do valor real dos salários e mesmo de baixa desse valor, seguida durante uns poucos anos, produziria no Brasil um aumento considerável do excedente, que poderia ser empregado na elevação do coeficiente de pou-

OBRA AUTOBIOGRÁFICA

pança/investimento e também para dinamizar o mercado de bens duráveis de consumo mediante facilidades de crédito. Uma tal política não podia ser abertamente preconizada, mas, ainda que imposta pela força, logo conseguiria legitimar-se junto à classe média, principal consumidora de bens duráveis, e certamente contaria com o apoio das empresas transnacionais, os maiores produtores desses bens. Uma fase de crescimento com empobrecimento da massa da população poderia ser seguida de outra em que os salários reais de base se estabilizariam, ou mesmo cresceriam moderadamente. Dado que as indústrias de mais alta produtividade estariam crescendo com relativa intensidade, o salário médio do conjunto da população trabalhadora poderia conhecer melhora real. E, como o emprego industrial se estaria expandindo, o clima social tenderia a amenizar-se, não obstante a rápida e brutal concentração de renda. Cabe acrescentar que essa industrialização com salários baixos e reprimidos, sob controle de empresas integradas em circuitos internacionais, poderia ser o ponto de partida de uma ofensiva exportadora. O interesse em colocar parte da produção no exterior seria tanto maior quanto mais as empresas produtoras necessitassem transferir parte de seus lucros para as matrizes.

A concentração da renda emergia, dessa forma, como a chave para a solução de um grande número de problemas e não podia haver dúvida de que, uma vez posto em marcha esse processo, não seria fácil detê-lo, visto que o segmento mais dinâmico da demanda tenderia a reproduzir os padrões de consumo mais e mais diversificados e sofisticados das classes médias dos países ricos. Como as empresas transnacionalizadas procuram uniformizar por cima das fronteiras os padrões de consumo, o processo de internacionalização do mercado interno, a que se referia Cardoso, buscaria necessariamente aprofundar-se, da mesma forma que se aprofundaria o hiato entre esses segmentos privilegiados de consumidores e a massa da população do país. Caberia, portanto, indagar: não existiria o risco de que essa industrialização retardada, no quadro do autoritarismo, engendrasse uma sociedade em que os excluídos constituiriam uma maioria crescente e que, portanto, seria intrinsecamente inviável?

OS VAGARES DO INTELECTUAL

Volta e meia eu me surpreendia perdido nessas elucubrações. Chegara o inverno e o frio seco de Santiago estimulava a perambular pelos jardins. Crescia o número de companheiros vindos do Brasil. Muitos, preocupados com a família de que se haviam separado, agarravam-se a qualquer ilusão que apontasse para um retorno próximo. Entretinham-se em conversas circulares que levavam sempre aonde se queria chegar. Mas também havia a preocupação com o dinheiro que restava no bolso. O exilado é corroído por dúvidas que o assediam de todos os lados. Faz repetidas vezes as mesmas perguntas e com frequência se autoilude ligando pedaços

OS ARES DO MUNDO

de verdades para construir uma inverdade. Até que se coloca a dura questão da sobrevivência. Aí, muda a vida. Uns poucos se integram rapidamente e se empenham em novas tarefas com tanto mais ardor quanto é grande o desejo de ver chegarem os seus. É preciso ter vivido nessas circunstâncias para compreender a angústia que em muitos criam a solidão, a ausência dos "seus", o ter de comunicar-se em outro idioma. A grande maioria assume uma atitude hostil com o país que lhe serve de abrigo. Ou, pelo menos, assume um complexo de superioridade que nada mais é do que um escapismo.

Os raciocínios que eu desenvolvia irritavam muitos companheiros de exílio. Parecia-lhes que eu fechava todas as portas para o futuro. "Se você está com a razão", dizia um, "minha geração já nada tem a fazer no Brasil." Outro arguia: "Se é para viver sem participar de nada, sem vida política, o melhor é já não pensar em retorno, fixar-se definitivamente no estrangeiro". Eu percebia nessas palavras uma crítica velada à maneira "fria" com que eu analisava a situação brasileira. Era da vida de cada um que se tratava, e não de material de estudo. Eu reconhecia que eles tinham razão. O primeiro desafio que enfrenta o homem — e o exilado não é mais do que um homem desvalido — é o de encontrar uma justificativa para a vida, inventar todos os dias uma compensação para o esforço que significa viver. Essa compensação pode vir simplesmente da luz do dia, de um horizonte que se ilumina diante do caminhante que repousa à beira da estrada, do respirar de alguém que dorme confiante a seu lado. Mas também pode vir do ânimo de continuar uma luta para mudar a própria vida.

O intelectual tem de próprio a capacidade sem limites de inventar-se razões para viver. Se está em um país novo para ele, tudo lhe interessa, pois tudo encerra o segredo de outra experiência de vida de homens e mulheres que não compartilham de sua memória e que viram mil coisas que ele desconhece. A solidão do intelectual é de qualidade diferente. Raramente o domina o sentimento da inutilidade, a angústia do não ser. É como se ele carregasse consigo mil questões que esperam pela oportunidade de ser abordadas. Em pessoas superdotadas, a atividade intelectual chega a ser compulsória. Diz-se de Picasso que não fazer nada significava para ele desenhar, pintar, esculpir. Em outras palavras, fazer essas coisas não decorre forçosamente de um comportamento intencional. Einstein respondeu a alguém que se desculpava por tê-lo deixado esperando na rua: "Não tem importância, eu trabalho onde quer que me encontre".

ENTRE PESSIMISMO E IDEALISMO

Em razão da estreiteza de seu mercado interno, o Chile tropeçara em obstáculos, na sua industrialização, bem antes do Brasil. Mas sua classe política dispunha de mais recursos do que a nossa e o país vinha recebendo dos Estados Unidos ajuda considerável. Era o único país latino-americano onde atuavam autênticos partidos de esquerda com ampla experiência de luta parlamentar. Se a Democracia Cristã não cumprisse o seu programa de reformas estruturais — em especial a reforma agrária —, dizia-se, uma vitória da esquerda nas próximas eleições seria inevitável. E no Chile esquerda queria dizer aliança do Partido Comunista com um Partido Socialista que se apresentava como de formação marxista. O acesso ao poder pela via eleitoral de uma esquerda que se considerava marxista era algo sem precedentes, o que explica o enorme interesse que despertava a experiência política em curso no país que nos acolhia.

Os chilenos que participavam de nossos debates não imaginavam poder ir além do horizonte de aspirações da social-democracia. As diferenças de posições entre democrata-cristãos e socialistas eram grandes apenas no plano retórico. Todos reconheciam que, no quadro de um parlamentarismo pluralista, o que uns e outros fariam não seria muito diferente. Ahumada pensava em "reabrir" a economia chilena, expondo o seu parque industrial à concorrência externa. Por que não dotar o Chile, dizia ele, de uma grande indústria de construção naval voltada para as exportações, dado que o país já dispunha de uma sólida base siderúrgica? Os socialistas contavam em aumentar a taxa de poupança com medidas fiscais. Mas ninguém ignorava que os problemas de fundo — a estreiteza do mercado, os constrangimentos externos, os hábitos consumistas da classe média — requeriam anos de esforço no plano administrativo para ser superados.

Para mim, os obstáculos a ser transpostos eram maiores do que lhes pareciam. O desenvolvimento — a generalização do acesso aos padrões de vida modernos com base na elevação da produtividade física do conjunto da população ativa — já não estava ao alcance de todos os povos. A industrialização não conduzia necessariamente ao desenvolvimento, e essa mesma industrialização podia perder fôlego pela ação de fatores que escapavam ao nosso controle. Um governo socialista — por caminhos revolucionários ou democráticos — seria capaz de reduzir as desigualdades sociais, mas dificilmente lograria intensificar o crescimento em razão das constrições externas existentes.

Esse estado de espírito pessimista refletia em boa medida as perspectivas cada vez mais sombrias que se configuravam no Brasil. Eu desfrutava de relações pessoais no Chile e podia escapar ao círculo dos exilados, prisioneiros de uma memória dolorosa. Entre as personalidades que eu frequentava, estava Hernán Santa Cruz, que reunia em sua bela casa na praia de Cachagua os intelectuais mais progressistas ligados ao velho Partido Radical. Eram pessoas que muito haviam viajado e se comportavam como cidadãos do mundo. Sua forma de ver as coisas era tudo menos paroquial. Se havíamos lutado e estávamos lutando por causas nobres, dizia Hernán, podíamos ter a consciência tranquila. Como não reconhecer que nossos países haviam realizado progressos consideráveis? Nossos problemas não eram maiores que os de outros povos. Os estrangeiros que vinham habitar entre nós, afirmava ele, logo criavam raízes, seus filhos se sentindo mais chilenos ou brasileiros do que nós, de velhas famílias da terra.

Como ex-combatentes que se reúnem, rememorávamos batalhas gloriosas, misturando aqui e acolá nossos desejos com a realidade. Hernán gostava de recontar seus *passes d'armes* nas Nações Unidas com Vichinski, o Torquemada do stalinismo. Essa sua clareza de posições permitira-lhe, chegado o momento, enfrentar os norte--americanos na batalha pela criação da Cepal. Foram anos extraordinários aqueles do imediato pós-guerra, quando se imaginou que uma ordem internacional menos injusta poderia ser forjada no quadro das Nações Unidas e de suas agências especializadas. Mas os americanos se haviam extraviado nos sendeiros da Guerra Fria. A estúpida Guerra da Coreia, cujas origens permaneciam obscuras, deu legitimidade à política irracional que seguiam os americanos, empenhados em dividir o mundo, tarefa em que se entendiam com os soviéticos. O macarthismo completou a obra devastadora, implantando nas Nações Unidas, por pressão do governo de Washington (e nisso eram apoiados pelos soviéticos), o espírito de denúncia e o paroquialismo. Hernán falava do alto de uma vasta experiência.

Embora homem de esquerda, ele em tudo se diferenciava de Pablo Neruda. Vinha de uma família ilustre que dera dois presidentes ao Chile. E Neruda era filho de um ferroviário. O gênio verbal deste não encontrava igual na América Latina. Com ideias simples e uma imaginação algo rasteira, criava coisas extraordinárias. Quando abordava grandes temas, tendia para o gongorismo, mas, caso se tratasse de extrair do idioma recursos para expressar o essencial, o que fazia alcançava a pureza do mais fino cristal. Nunca a cenoura recebeu um tratamento poético tão nobre, menos ainda o fígado, "essa usina submarina". Neruda seduzia quando falava de coisas simples, particularmente quando contava histórias relacionadas com sua vida. Por trás do que dizia, vislumbrava-se um sentimento de autopiedade, ânsia de se sentir admirado. Necessitava de proteção, o que explica sua incondicionalidade pelo Partido Comunista. Sentia-se cômodo no estreito quadro ideológico da era stalinista. Quando os chineses se afastaram da linha de Moscou, ele passou a criticá-los sem titubeios. Suas opiniões sobre o que se passava no mundo eram balizadas ideologicamente. Na verdade, o único assunto que fazia sua conversa interessante, e muito interessante, era ele mesmo. Não parecia dar grande importância ao que estava ocorrendo no Brasil. Mas aconselhava aos cabeças quentes não radicalizar, pois a seu ver uma confrontação direta com os militares não podia trazer senão desvantagens.

Thiago de Mello mantinha íntimas relações com a comunidade intelectual chilena, especialmente com os pintores. Nesse momento, ele coordenava a preparação de uma edição especial de um livro de poemas de Neruda sobre pássaros. Nemesio Antúnez, uma das maiores expressões da pintura chilena naquela época, preparava as ilustrações. Nemesio era pessoa simples e muito afetiva. Levou-me à casa da segunda

OBRA AUTOBIOGRÁFICA

mulher de Neruda, uma argentina da família Del Carril, que vivia isolada nos arredores de Santiago, cercada de objetos de arte. Essa mulher dedicara o melhor de seus anos a Neruda e foi somente quando dele se separou que descobriu seu talento para a pintura. Como argentina de família de estancieiros, tinha uma grande paixão por cavalos. Pintava-os de mil formas, situando-os nos contextos mais inusitados. Nemesio a queria muito e não poupava elogios ao que ela fazia. Vendo a capacidade criativa daquela mulher, que começara a pintar depois dos sessenta anos, não pude deixar de pensar no quão elevado pode ser o preço que certas mulheres pagam para viver ao lado de um grande homem. O criador de muito talento com frequência é como certas árvores que drenam toda a água ao redor, impedindo que medre a vida na área que as circunda. Isso é verdadeiro no relacionamento com as mulheres, culturalmente condicionadas para ceder a primazia ao homem. Lembrei-me de uma conversa que tivera certo dia com a primeira mulher de Prebisch, que começara uma carreira de pianista e fora obrigada a abandoná-la. Com graça e humildade, ela me dissera: "Eu tinha consciência de que o que fazia Raúl era tão importante que me teria sido penoso não dedicar todas as minhas energias para ajudá-lo. Não se pode ter tudo…".

Ocasionalmente eu acompanhava Nemesio em incursões a uma esplêndida sauna finlandesa nos arredores de Santiago. Expúnhamo-nos a temperaturas elevadas, deitados em torno de um braseiro para, em seguida, sair ao descampado e mergulhar em uma piscina com água a quatro graus centígrados. Daí saíamos revigorados, com o sangue à flor da pele, para desfrutar do ar fresco do inverno de Santiago. Em certa ocasião, juntou-se a nós uma linda jovem, que me disseram ser filha dos proprietários da sauna, uma família de finlandeses. A moça estava na adolescência e eu provoquei Nemesio dizendo que o modelo que servira ao escultor da Vênus de Cnido não seria mais harmoniosamente perfeito. E indaguei: "Por que vocês, pintores modernos, já não pintam o corpo humano? Ou, se o fazem, é para destruir toda a riqueza de simetrias que nele existe?". Nemesio retrucou: "Se os gregos esgotaram tão rápido sua capacidade criativa foi porque imaginaram que a beleza obedece a leis rigorosas como as da simetria". "Ora", eu disse, "as leis da simetria estão embutidas em quase tudo o que vocês fazem. O quadro que você me deu, e que representa Santiago como uma cidade que condensa muito sofrimento, abafada que está por uma bruma triste, retira seu efeito de monotonia das regularidades simétricas que contém." E continuei divagando: "Os gregos eram prisioneiros da ideia de que a essência das coisas está na forma, que preexiste ao mundo real. Para Platão, o pintor não é um criador e sim alguém que copia de maneira aproximativa formas ideais. Mas será que o corpo de nossa companheira casual deixa de ser belo porque Platão era um idealista?". Nemesio riu e comentou: "Ah, isso não! Que a pequena é maravilhosa, não tenho dúvidas".

422

As pessoas que chegavam do Brasil pareciam escapar de um país que tivesse sido ocupado por um exército inimigo. Não era fácil perceber onde terminava o medo e onde começava o repúdio ou a simples estupefação. Não raro, os intelectuais são mais frágeis psicologicamente do que eles mesmos suspeitam. Um amigo, que se vira atirado de surpresa ao fundo de uma masmorra, contou-me: "Passei a sonhar todas as noites com grandes avenidas, que percorro às pressas, pois me sinto asfixiado se vejo uma porta diante de mim". Passar uma semana sem ver a luz do dia pode ser simples peripécia para certas pessoas, mas pode também levar outras à fronteira da loucura. Dizer que as vítimas da agressão não passaram de algumas centenas ou milhares é não saber do que se está falando. Em uma guerra, a população se prepara para enfrentar o ruim e o pior. A insegurança em graus diversos passa a fazer parte da vida. Mas a caça às bruxas e o exercício brutal do arbítrio no poder, a exemplo do ocorrido abruptamente no Brasil em abril de 1964, ao apanharem uma população desprevenida geram uma onda de pânico capaz de modificar profundamente o comportamento de muitas pessoas que passam a autoflagelar-se, a destruir bens inestimáveis, a odiar antigos amigos, a espreitar armadilhas por todos os lados.

As notícias que chegavam do Nordeste eram acabrunhadoras. Instaurado o inquérito policial-militar na Sudene, já nenhum servidor podia afastar-se do posto. Quem não comparecesse ao trabalho logo era suspeito de estar "foragido". Alguns de meus auxiliares mais imediatos haviam sido encarcerados arbitrariamente. Outros conseguiram escapar para o Sul e tentavam de uma ou outra forma sair do país. Francisco de Oliveira, meu substituto na direção da Sudene, após sessenta dias de prisão conseguiu deslocar-se para o Rio de Janeiro e depois de muitas peripécias se juntara a nosso grupo em Santiago. Francisco é uma pessoa sobremodo emotiva, que se submete a estrita autodisciplina, temperada por uma dose de senso de humor. Fora privado de tudo e deixara no Nordeste uma família numerosa. Coube-lhe viver um longo e difícil exílio sem que contra ele tivesse sido formulada qualquer acusação. Na realidade, não havia acusação porque não havia nada a apurar. Tão sem fundamento era o inquérito policial-militar que se instaurara na Sudene que o responsável por tudo o que se fizera na organização, o seu superintendente, eu mesmo, não foi sequer convocado para depor. O objetivo da caça às bruxas era simplesmente criar pânico, fazer sentir que mudara a natureza do poder. Nesse novo clima, medrariam espontaneamente os colaboradores da nova ordem.

UMA INTERPRETAÇÃO DO BRASIL

Paralelamente ao debate do Ilpes sobre a temática *cepalina*, que consistia em nova leitura dos textos "clássicos" à luz da experiência recente de perda de dinamismo das principais economias latino-americanas, um grupo mais restrito de brasileiros

OBRA AUTOBIOGRÁFICA

reunia-se à noite para trocar ideias sobre a situação específica do Brasil. Muita gente aparecia ocasionalmente — Paulo Freire, Francisco de Oliveira, Estevam Strauss, Jader de Andrade, Cid Carvalho, Darcy Ribeiro, Thiago de Mello, Samuel Wainer, entre outros —, mas o núcleo permanente era reduzido. Participávamos dele Cantoni, Weffort, Cardoso e eu. Concordávamos todos em que o Brasil não fugia ao quadro geral da América Latina, mas não nos escapava que a explicação do que ocorrera entre nós tinha de ser buscada na realidade particular de nosso país. Que estaria acontecendo no Brasil? Esta a questão a ser respondida antes de tudo o mais.

Estávamos convencidos de que não se tratava de um simples assalto ao poder, no estilo de um Pérez Jiménez, na Venezuela, ou de um Fulgencio Batista, em Cuba. Era fácil carregar as tintas a propósito da irresponsabilidade e imaturidade das esquerdas. Chegavam-me muitas cartas de amigos que me interpelavam sobre os fatos. Do professor Maurice Byé, de Paris, de Dudley Seers, que andava então pela África, de Werner Baer, que estava em Yale, de Albert Hirschman, de Princeton. Este último dizia-me em carta:

> Esses acontecimentos podem com demasiada facilidade ser interpretados como a prova definitiva de que nunca houve uma chance real de que reformas viessem a ser introduzidas no Brasil, de que os que pensavam de outra forma eram incuravelmente ingênuos. Ora, eu creio que você concorda comigo que essa interpretação é equivocada, a menos, evidentemente, que incluamos entre as inevitabilidades históricas os erros, inépcias e crimes da esquerda.

E fazia um apelo para que eu escrevesse alguma coisa, pois muitos eram os perplexos em busca de uma luz.

Aproveitei um convite que viera de Londres, mais concretamente do Royal Institute of International Affairs (Chatham House), no quadro de uma conferência sobre "Obstáculos à mudança na América Latina", para ordenar minhas ideias sobre o que estava ocorrendo no Brasil.[4] Não podia desejar um meio mais eficaz de comunicar-me com os amigos do mundo universitário. Comecei chamando a atenção para o fato de que não basta que o desenvolvimento se transforme na aspiração suprema de uma coletividade nacional para que, como objetivo político, venha a prevalecer sobre os interesses de classes e grupos dominantes.

Na tradição liberal, o desenvolvimento era visto como fruto da interação de fatores gerados dentro de uma sociedade, produto daquele instinto para a troca que Adam Smith pretendeu identificar nos homens de todas as épocas. A ideia de uma política ativa de desenvolvimento é um fenômeno recente, subproduto dos esforços

---

4. Uma versão deste texto foi inserida, sob o título "Análise do caso do Brasil", em *Subdesenvolvimento e estagnação na América Latina*. Rio de Janeiro: Civilização Brasileira, 1966.

424

de estabilização anticíclica. Nas economias capitalistas maduras, a busca da estabilidade — as chamadas políticas de pleno emprego — levou naturalmente à formulação de políticas de desenvolvimento e produziu os instrumentos de regulação macroeconômica.

Esse tipo de política se aplica com êxito ali onde existe um sistema econômico apto a crescer, vale dizer, capaz de gerar seu próprio dinamismo. Não é este o caso da grande maioria dos atuais países subdesenvolvidos, cujo dinamismo depende essencialmente de fatores exógenos. Política de desenvolvimento, nesse caso, seria criar as bases de um sistema econômico que, sendo apto a crescer, encerrasse um esforço de reconstrução de estruturas econômicas e sociais.

Fora de situações históricas muito especiais — a Revolução Meiji, no Japão, a Revolução Bolchevique, na Rússia —, dificilmente as classes dirigentes de um país se põem de acordo para transformar suas estruturas, nas quais se funda o seu próprio poder.

A industrialização brasileira, ocorrida a partir dos anos 1930, deu-se sem modificações estruturais significativas, independentemente da existência de uma política de desenvolvimento. O ponto de partida foi a crise do sistema primário-exportador, crise que envolveu o Estado, porquanto este vinha intervindo amplamente na comercialização do principal produto de exportação, o café. Assegurando preços altos a esse produto, o governo estimulou a superprodução, agravando a crise gerada no plano internacional pelo *crash* financeiro de 1929.

Preso na engrenagem que ele mesmo havia criado, o governo brasileiro continuou comprando café e foi levado, por esse meio, no decurso de um decênio, a destruir o correspondente a três vezes o consumo mundial do produto, na época. Ao empenhar-se dessa forma na defesa dos interesses do café, portanto na preservação das estruturas existentes, o governo praticou uma política de defesa do nível da renda monetária. Ora, ao manter esse nível em condições de declínio da capacidade para importar, a política de favores ao setor cafeeiro resultou ser, em última instância, uma política de industrialização. Com a rápida desvalorização da moeda, subiam os preços das mercadorias importadas, criando-se condições favoráveis à produção interna. Dessa forma, entre 1929 e 1937, enquanto o volume físico das importações caía 23%, a produção industrial crescia 50%.

A segunda fase da industrialização brasileira — o imediato pós-guerra — também foi marcada por uma política cambial concebida para a defesa dos interesses do café. Com o objetivo de sustentar os preços do produto — o governo dispunha de grandes estoques, acumulados nos anos de guerra, quando eram baixas as exportações —, praticou-se a sobrevalorização do cruzeiro, o que significava ignorar os interesses dos industriais, em particular porque, na época, a tarifa brasileira era específica, não acompanhando sequer a elevação dos preços internacionais. As consequências indiretas dessa medida foram as mais inesperadas. As importações aumentaram com

OBRA AUTOBIOGRÁFICA

rapidez, provocando o esgotamento das reservas de câmbio, o que deu início a um processo de endividamento externo a curto prazo. Preocupado acima de tudo com os preços do café, o governo preferiu à desvalorização cambial uma política de estrito controle das importações, a qual viria a favorecer o setor industrial. A preferência era dada às importações de insumos — a baixos preços — com o objetivo de dificultar a entrada de produtos finais.

O que convém assinalar é que a industrialização brasileira foi menos o fruto de uma política deliberada e mais o resultado de pressões geradas no sistema produtivo pela conjuntura internacional durante os anos de depressão e de guerra pela ação do governo na defesa dos interesses do principal produto de exportação.

Contudo, essa industrialização trouxe significativas modificações às estruturas sociais do país. Até 1930, três quartos da população brasileira viviam no campo, onde prevalecia a combinação do latifúndio com o minifúndio. Pouco mais de 1% da população tinha participação efetiva no processo político. As autoridades locais, mesmo quando integradas no governo federal, estavam sob a tutela dos grandes senhores proprietários de terras. O Estado, como organização política nacional, tinha uma escassa significação para a massa da população. O Brasil era uma república oligárquica de base latifundiária.

À margem dessa sociedade essencialmente estável, surgiu como fator de instabilidade uma população urbana ocupada em atividades ligadas ao comércio exterior, ao próprio Estado e a serviços em geral. Essa população, que desfrutava do mais amplo acesso à informação, consumidora em escala maior de bens importados, sente mais diretamente os altos e baixos da política cambial. Sempre que baixam os preços dos produtos exportados nos mercados internacionais, desvaloriza-se a moeda e se transfere para os importadores o essencial da perda de renda real.

Com o declínio relativo das importações a partir de 1930, e a concomitante expansão da atividade industrial e das funções do Estado, intensificou-se o processo de urbanização. Em 1920, viviam nas zonas urbanas 7 milhões de pessoas. Quatro decênios depois, esse número já alcançava 35 milhões, subindo a proporção de 20% para 50%. Como na população urbana é maior a parcela alfabetizada — e apenas os alfabetizados participavam do processo eleitoral—, a atividade política sofreu importante modificação durante esse período, deslocando-se seu centro de gravidade do mundo rural para o urbano.

À diferença do padrão clássico do desenvolvimento capitalista, no Brasil a indústria cresceu (substituindo importações que se faziam inviáveis) sem conflitar com a agricultura. Numa primeira fase, as atividades industriais foram em boa parte fruto da iniciativa de imigrantes de primeira ou segunda geração, que se mantinham isolados da atividade política, reserva de caça da velha oligarquia rural e de seus prepostos. A partir da crise de 1929, em razão da queda de rentabilidade da agricultura tradicional de exportação, os investimentos se orientaram de preferência para as atividades

426

manufatureiras. Deu-se assim uma aproximação dos interesses agrícola-exportador e industrial, o que explica a pouca resistência dos cafeicultores às transferências de renda em favor do setor industrial, provocadas pela política cambial. Daí que as importantes modificações sociais, que acompanharam a industrialização e a urbanização, não se hajam refletido de forma significativa nas estruturas políticas.

As circunstâncias em que se desenvolveu o movimento operário também contribuíram para a lenta diferenciação das lideranças industriais. A forte participação de contingentes europeus na formação inicial da classe operária em São Paulo concorreu para que se estabelecesse um nível de salário real relativamente elevado, o que se faria evidente à medida que o desenvolvimento das comunicações provocasse a unificação do mercado de trabalho. Em condições de oferta totalmente elástica de mão de obra e de salários reais relativamente elevados — com respeito aos praticados nas zonas rurais de colonização mais antiga —, a classe operária assumiu precocemente atitudes moderadas, o que facilitou a tutela das organizações sindicais pelo Estado. Na ausência de antagonismos conscientes entre trabalhadores e classe patronal, os empresários industriais se habituaram a um clima social não muito distinto do que prevalecia no setor agrícola.

À falta de uma classe industrial com identidade definida deve-se em boa medida o atraso na modernização do quadro político brasileiro. As constituições políticas representaram poderoso instrumento nas mãos da velha oligarquia de base rural para preservar sua posição como principal força política. O sistema federativo, ao atribuir importantes funções ao Senado, onde os pequenos estados agrícolas localizados nas regiões mais atrasadas têm um peso considerável, coloca o Poder Legislativo sob influência decisiva dos interesses mais retrógrados. Demais, na Câmara dos Deputados a representação era proporcional (pela Constituição de 1946) à população de cada estado. Maior o número de analfabetos, mais valor tinha o voto da minoria que participava do sufrágio. Como era nas regiões com mais analfabetos que a velha oligarquia tinha mais peso, o sistema eleitoral contribuiu para manter o predomínio oligárquico.

Mas o controle dos centros principais de poder não basta para que a autoridade daí resultante seja aceita como legítima pela maioria da população. É exatamente ao declínio dessa legitimidade que cabe atribuir a baixa de eficácia do poder exercido pela classe que controla o Estado.

As modificações na estrutura social trazidas pela urbanização conduziram inevitavelmente à predominância do eleitorado urbano. Essa predominância manifestou-se claramente nas eleições majoritárias para presidente da República e para os cargos de governador nos estados mais urbanizados.

Dessa forma, criaram-se condições para que o Poder Executivo viesse a representar as forças que desafiam as oligarquias tradicionalistas, estas concentradas no Congresso. As tensões entre os dois centros de poder político tenderiam, em consequência, a agravar-se.

OBRA AUTOBIOGRÁFICA

Para identificar as forças que vinham desafiando a estrutura tradicional de poder, convém observar mais de perto a natureza do processo de urbanização. Este teve na industrialização apenas um de seus fatores formativos. Não se tratou da urbanização de tipo clássico, caracterizada por forte crescimento do emprego nas manufaturas. No período 1950-60, a massa trabalhadora agrícola ainda cresceu em 4,5 milhões de pessoas, enquanto as manufaturas criavam apenas 436 mil novos empregos. Contudo, a taxa de crescimento da população urbana foi praticamente o dobro da taxa de aumento da população rural. A urbanização brasileira tem sido principalmente fruto da explosão do terciário, à qual não é estranho o processo de concentração da renda — o excedente rural é principalmente despendido nas cidades —, de crescimento do setor público e de aumento do salário invisível auferido nas cidades graças aos melhores serviços e às economias de aglomeração.

Enquanto o emprego nas manufaturas cresceu à taxa anual de 3%, a população urbana se expandiu com uma taxa de 6%. As massas que se foram aglomerando nas cidades acomodaram-se em um terciário de baixa produtividade que se prolonga no subemprego e numa cultura da pobreza característica das grandes aglomerações urbanas brasileiras.

Essa população urbana, sem estrutura definida que lhe assegure alguma estabilidade e sem consciência social que não seja o sentimento de exclusão, veio a representar o novo fator decisivo nas lutas políticas brasileiras. O processo de massificação daí resultante está na origem do populismo político que caracterizaria as lutas pelo poder nos decênios recentes.

Essas circunstâncias explicam que o princípio da legitimidade do poder haja tropeçado em dificuldades crescentes. Para legitimar-se, o governo deve operar dentro de normas constitucionais, mas, para corresponder às expectativas da grande maioria que o elegeu pelo voto, o presidente da República deve visar a objetivos que conflitam com as posições das forças que dominam o Congresso. Os dois princípios de legitimação da autoridade — o enquadramento nas normas constitucionais e a lealdade no cumprimento do mandato substantivo vindo diretamente da vontade popular — entram em conflito, colocando o presidente em face da alternativa de ter que trair o seu mandato ou forçar uma saída não convencional. Explica-se, dizia eu num esforço de síntese, que no correr de um período de dez anos um presidente haja apelado para o suicídio, outro tenha renunciado e um terceiro, sofrido a deposição pela força.

O pacto direto com a massa tem constituído, no período do pós-guerra, condição necessária para alcançar o Poder Executivo no Brasil. O candidato que se limita a apresentar um programa "realista" — sempre interpretado como visando à manutenção do status quo — será facilmente superado por outros mais audaciosos. Ora, a heterogeneidade da massa dos votantes exige dos líderes populistas compromissos com objetivos nem sempre conciliáveis. Por outro lado, maior a sua audácia, maior a

428

OS ARES DO MUNDO

suspeita que desperta na classe dirigente tradicional. Assim, entre ambiguidade e suspeita arma-se a arena política em que se dá o jogo populista.

O conflito entre as massas urbanas, de estruturas fluidas e com líderes populistas, e o velho sistema de poder que controla o Estado permeia todo o processo político do Brasil atual. Os líderes populistas falam de modernizar o país por meio de "reformas de base", "modificações estruturais". A classe dominante tradicional utiliza habilmente a pressão populista como espantalho para submeter a seu controle os novos grupos de interesses patrimoniais surgidos com a industrialização e ocasionalmente amedrontar os segmentos sociais médios, principais beneficiários da industrialização.

A existência de um conflito que põe em xeque o próprio funcionamento das instituições em que se apoia o poder político criou condições propícias à arbitragem militar, o que explica a facilidade com que esta se efetivou. Sem eliminar as causas do conflito, essa arbitragem promove meios para a superação do impasse. Ela tanto pode vir para consolidar a estrutura tradicional de poder, submetendo as massas a um processo de adormecimento, como para forçar mudanças nas estruturas tradicionais. Esta segunda hipótese abre espaço para um populismo militar, o qual assusta, mais que qualquer outra coisa, as classes dirigentes tradicionais e conduz necessariamente a outra forma de instabilidade. O mais provável, entretanto, é que a arbitragem militar seja apresentada, mediante manipulação da opinião pública, como encarnação do interesse nacional, retorno à estabilidade e preservação da "ordem".

Cabe indagar: um sistema de poder que expressa as aspirações das classes dirigentes tradicionais terá meios de formular e executar uma política de desenvolvimento num país em que desenvolvimento significa necessariamente mudanças sociais? Se a resposta é negativa, não estaremos caminhando para um novo impasse, agravado agora por maior frustração das massas excluídas? A inevitável nova ruptura que se prepara não se tornará ainda mais severa com o prolongamento do novo impasse? A experiência política brasileira futura deverá esclarecer essas questões, dizia eu, concluindo essa primeira análise do processo histórico que se abrira com o golpe militar de 1964.

O NOVO CONTEXTO

Algumas coisas me pareciam claras. Para mim afigurava-se evidente que o processo de urbanização-industrialização não tivera correspondência na evolução dos estratos sociais que, de uma ou outra forma, controlavam os centros do poder político. Tampouco me escapava que a precoce emergência de uma sociedade de massas criara sérios obstáculos ao funcionamento das instituições públicas nos moldes adotados no Brasil. Também estava fora de dúvida que os militares puderam legitimar-se

OBRA AUTOBIOGRÁFICA

apresentando-se como árbitros — debeladores da subversão rompante, restauradores da "democracia".

Mas não se via claro em que direção se marchava. Será que os militares intervieram, à semelhança de 1945, para dar uma freada no populismo, na qualidade de simples gendarmes das classes dominantes tradicionais? Meu ponto de vista era outro. De meus contatos com os quadros dirigentes da Escola Superior de Guerra ficara-me a convicção de que ali se formara um centro de pesquisas com a pretensão de pensar o Brasil, e que esse pensamento já se encontrava em estado operacional sob a forma de um projeto de "organização nacional". Esse projeto sofrera forte inflexão com o advento da Revolução Cubana, deslocando-se do eixo do *desenvolvimento* para o da *segurança*. A influência da doutrina norte-americana da "contrainsurgência" fora considerável e contaminara toda a linha de pensamento antes voltada prioritariamente para a ideia de desenvolvimento nacional.

O novo enfoque tudo subordinava à premissa de que vivemos uma confrontação em escala planetária, a qual obedece às regras de um conflito bélico. A morfologia desse conflito podia ser nova, mas sua essência derivava da velha lógica da guerra. Mais importante ainda: em razão do impasse termonuclear, o objetivo dessa guerra tendia a ser cada vez mais o debilitamento do inimigo interno, sua desarticulação. A "guerra revolucionária", que se imaginava estar em processo adiantado na América Latina — o inimigo realizara avanços significativos com a tomada do poder em Cuba e a instalação de focos permanentes de guerrilha na Guatemala, na Venezuela, na Colômbia e no Peru —, constituía a referência central na formulação das políticas nacionais.

Essa nova visão levaria os militares brasileiros a rever o "projeto de organização nacional", cuja referência básica passava a ser o problema da segurança, com ênfase na ideia de "insurgência". Em um documento reservado da Escola Superior de Guerra, dizia-se: "A impressão crescente nos Estados Unidos é de que, até o fim do século, não haverá um enfrentamento direto com a URSS, e sim com o comunismo internacional, em diferentes áreas da Ásia, África e América Latina". Dessa maneira, o cenário do conflito mundial era arranjado de forma que cabia a nós, povos do Terceiro Mundo, ocupar a linha de frente. Estávamos, portanto, mais expostos do que os principais contendores, aqueles que disputavam a hegemonia planetária. No mesmo documento, dizia-se: "O êxito do comunismo em qualquer país da América Latina significa ameaça — maior ou menor — à segurança dos Estados Unidos e do Brasil". Dentro dessa nova visão, o Brasil deveria apoiar a criação de uma força interamericana de paz e "reestruturar, rearticular e reequipar suas Forças Armadas, tendo em vista particularmente o seu emprego na guerra revolucionária no Brasil e na América Latina". Era uma doutrina que pretendia legitimar a intervenção, inclusive militar, nos demais países da América Latina, bem como a utilização de tropas estrangeiras no Brasil.

Refletindo sobre esses pontos, na época ainda não explicitados cabalmente, eu

430

me inclinava a ver na tomada do poder civil pelos militares brasileiros algo distinto do ocorrido no passado entre nós e nas outras nações latino-americanas. Reconhecida a prioridade do problema da confrontação mundial, a segurança dos Estados Unidos teria forçosamente de prevalecer sobre tudo o mais. Era de esperar, todavia, uma contrapartida de apoios financeiros suficientemente amplos para modificar a situação de estrangulamento externo que vinha freando o desenvolvimento brasileiro. Os militares se apresentavam como fiadores desse novo relacionamento com os Estados Unidos, que somente se efetivariam caso fosse implantada uma ordem institucional interna por eles tutelada. Cabia pensar em um pacto dos militares com segmentos das classes dirigentes, de preferência aqueles mais voltados para a *modernização*, vale dizer, os grupos empresariais ligados às indústrias que compõem o "poder nacional". No documento já referido, incluía-se como um dos principais objetivos "intensificar a política de industrialização, com prioridade para as indústrias mais ligadas à segurança nacional".

A tutela exercida pelos militares sobre o governo tornava-se pré-requisito para conter as forças distributivistas de que se alimentava o populismo, e assegurar que a visão de confrontação planetária viesse a prevalecer na formulação da política externa brasileira. Não era difícil perceber que os requisitos para a retomada do crescimento começavam a se explicitar dentro de um quadro em que a tutela militar se configurava como elemento essencial. Quanto mais aprofundava a análise, mais se fazia claro para mim que o Brasil penetrava em uma fase de sua evolução política na qual não havia espaço para que as forças de base popular se expressassem, e na qual a presença tecnocrática teria peso crescente. A perfeita sincronia dos militares brasileiros com o governo norte-americano vinha de ser comprovada pelo embaixador Lincoln Gordon em palavras entusiastas pronunciadas no recinto da agora altamente prestigiada Escola Superior de Guerra, nos dias imediatos ao golpe de 31 de março de 1964: "Não me surpreenderia se os historiadores do futuro assinalarem a revolução brasileira como a mais decisiva vitória da liberdade na metade do século xx". Era evidente que os acontecimentos no Brasil estavam sendo vistos como, acima de tudo, um episódio da guerra em escala planetária em que estavam empenhados os Estados Unidos.

À medida que avançava em minha análise do processo político brasileiro, mais me convencia de que um corte definitivo ocorrera em minha vida. Não porque devesse enfrentar dificuldades de várias ordens, comuns aos que vivem no estrangeiro como apátridas, dificuldades que podem chegar a ser consideráveis. Mas porque o sentido de muitas coisas se modificara bruscamente para mim. Com efeito, a opção que fizera de dedicar-me ao estudo das ciências sociais, em particular da economia, fora fruto de meu desejo de entender o Brasil e também de tentar contribuir para dar um sentido de justiça social à ação de seu governo.

O reconhecimento de que a sociedade brasileira estava marcada pela herança das sequelas da escravidão e pelas taras de um processo de colonização em que o con-

OBRA AUTOBIOGRÁFICA

trole do acesso às terras fora utilizado para explorar a massa da população, a ponto de desumanizá-la, e a visão de que o país acumulou considerável atraso no quadro de uma civilização implacável com os retardatários foram fatores decisivos na construção de meu projeto de vida. E a ilusão, que chegou a dominar meu espírito em certo momento, de que uma feliz conjuntura internacional — consequência da Grande Depressão dos anos 1930 e do conflito mundial dos anos 1940 — abrira uma brecha pela qual quiçá pudéssemos nos esgueirar para obter uma mudança qualitativa em nossa história, agora se desvanecia. O Brasil continuaria prisioneiro de suas estruturas anacrônicas, crescendo em benefício de uma minoria privilegiada, acrescentando cada ano pelo menos 1 milhão de pessoas à sua imensa legião de desnutridos, desabrigados, desvalidos.

Não me fugia a ideia de que a História é um processo aberto, sendo ingenuidade imaginar que o futuro está cabalmente contido no passado e no presente. Mas, quando toda mudança relevante é fruto de intervenção de fatores externos, estamos confinados ao quadro da estrita dependência. E os povos que se privam de toda margem de ação para construir o próprio destino — para romper a cadeia de forças que moldaram seu passado — não têm propriamente história. As tendências que se manifestavam no Brasil levavam a pensar que as mudanças significativas já não seriam fruto da ação de fatores endógenos. Assumíamos uma situação de dependência — como tantos povos que no passado aceitaram a vassalagem que lhes assegurava aparente proteção — com plena consciência de que estava em jogo uma confrontação mundial na qual pouco podíamos influir e que condicionava nosso destino. Os novos líderes do país pareciam partir da hipótese de que as linhas gerais desse quadro estavam definidas num horizonte de tempo que se estendia até o fim do século. Como nos cabiam responsabilidades grandes no esforço de conter a "luta revolucionária" que se manifestava nos países nossos vizinhos, a possibilidade de uma autêntica cooperação com esses países no plano da integração dos mercados se reduzia. Professar a doutrina da intervenção aberta na casa do vizinho é fechar a porta à ideia de autêntica integração dos espaços econômicos.

Não achava eu propriamente que constituíssemos uma "geração perdida", e tampouco admitia que nossos esforços houvessem sido inteiramente inúteis. Algo sobraria de significativo do que havíamos feito. Mas como desconhecer que nossa geração logo seria vista como superada? Nossa esperança de que o quadro da dependência que nos constrangia pudesse ser rompido, o que havia ocorrido no caso do Japão no curso de uma geração, de que nosso desenvolvimento viesse a ser mais e mais fruto de decisões internas, de que nossa política daria prioridade ao social, de que escaparíamos da armadilha do subdesenvolvimento sem exigir da população pobre sacrifícios adicionais — nossa esperança seria agora vista como devaneio idealista, hipótese sem substância, doutrina anacrônica.

Essa passagem da visão histórica para a perspectiva pessoal nem sempre se faz

432

sem trauma. Uma geração superada raramente percebe de imediato que a corrente dominante da História mudou de rumo, que sua atuação se transformou em pura gesticulação, que seu discurso tende a ser simples cacofonia para auditórios pouco atentos. Ainda assim, a geração superada pode guardar extraordinária lucidez e, por isso, contribuir para que a memória histórica não se dilua completamente. Os movimentos que triunfam, em particular aqueles que conduzem à tomada do poder pela força, tendem a mergulhar seus líderes em profunda obtusidade, mesmo que isso não reduza no tempo o papel histórico que desempenham.

Minhas longas conversas com José Medina me ajudaram a perceber que a situação brasileira somente podia ser entendida se colocada no quadro de conjunto das Américas, "no hemisfério", como gostam de dizer os norte-americanos. Não era sem razão que uma quartelada no Brasil, que tantas já conhecera, era vista como um grande acontecimento político pelo corifeus de Washington. A chave de tudo parecia estar em Cuba, essa ilha cuja história ficara defasada em razão da incapacidade dos espanhóis em fins do século XIX para inserir-se na contemporaneidade. Os cubanos, já iniciada a segunda metade do século XX, se empenhavam numa luta para completar a construção de seu Estado nacional. Fidel Castro fora claro a esse respeito, quando declarou, ainda na Sierra Maestra, que seu "destino era confrontar os ianques".

Convém recordar que a famosa Emenda Platt, incorporada à Constituição cubana, assegurava aos norte-americanos o direito de interferir nos assuntos internos da ilha, e que essa emenda foi suspensa por decisão unilateral no governo de F. D. Roosevelt, no quadro da "boa vizinhança". Ora, essa luta pela afirmação de um Estado nacional foi arrastada pelas águas turbulentas da Guerra Fria. Que Khruschóv haja levado o mundo à beira de uma confrontação nuclear para consolidar a independência cubana vis-à-vis dos Estados Unidos é fato único na história contemporânea, que só encontra explicação na psicologia do líder soviético, inclinado a golpes espetaculares e a subestimar o adversário. Mas a partir desse ato quixotesco, que resultou em humilhação para os soviéticos, todo movimento visando reduzir ou minorar a dependência externa de um país latino-americano tendeu a ser visto em Washington como deslocação de uma peça na confrontação com a União Soviética.

Como o apoio dado a Cuba estava longe de poder ser estendido a outros países da região — os meios de que dispunham os soviéticos não davam para tanto —, o resultado final foi o reforço considerável da tutela que exercem os Estados Unidos sobre as nações latino-americanas. Cuba foi condenada ao isolamento e não teve como escapar de uma estreita dependência da União Soviética, e os demais países latino-americanos se viram submetidos a rígida *surveillance*, com risco de internacionalização de seus conflitos internos. Somente assim se explica que a intensificação do confronto entre populistas e conservadores ocorrida em 1964 no Brasil — país que nem sequer dispunha de partidos de esquerda de alguma significação — haja mobilizado a esquadra norte-americana e suscitado extrema tensão em Washington.

OBRA AUTOBIOGRÁFICA

Era essa a nova moldura dentro da qual tínhamos de nos mover. Os grupos de extrema esquerda, os movimentos de guerrilha podiam despertar simpatias enfrentando as ditaduras militares, mas não conduziriam a nada concreto, quando não fosse ao endurecimento das forças de direita e ao florescimento da Internacional dedicada ao combate aos movimentos subversivos.

Minhas conversas com José Medina contribuíram para moderar meu otimismo congênito. Nós, da periferia — parecia a ele —, tínhamos do mundo uma visão distorcida. Carecíamos de perspectivas para globalizar, para captar o sentido dos processos que determinam o curso dos acontecimentos em que estamos envolvidos. Não nos apercebemos de que somos, cada vez mais, peças de uma engrenagem abrangente. A erupção do caso cubano nos empurra brutalmente para a zona de maior turbulência. Seríamos doravante escrutinados de muito mais perto. Como observara Richard Nixon, a era em que a América Latina suscitava ideias amenas — *"siesta, mañana, chachachá"*, em suas próprias palavras — fora encerrada definitivamente. Nossa história se desprovincianizava, malgrado nós mesmos. Estávamos agora sendo integrados em correntes que envolviam o planeta nas direções leste-oeste e norte-sul. Teríamos de nos preparar para agir nesse novo quadro.

Essas reflexões fizeram-me consciente de que tudo se tornara mais complexo, de que eventos em que estávamos envolvidos deviam ser observados de perspectiva mais ampla; havia de captar o sentido da longa duração, como diria Fernand Braudel. Assim, fui me convencendo da conveniência de ganhar certa distância com respeito aos acontecimentos do dia a dia — do curto prazo, como dizem os economistas —, do pouco que as pessoas em condições similares às minhas podiam fazer para influenciar o quadro político brasileiro. Ocorrera um terremoto e teria de passar algum tempo para que uma outra paisagem se esboçasse.

O que importava no momento era buscar o sentido do acontecer histórico, em sua dimensão mais ampla, vislumbrar a lógica do que ocorria nos grandes centros de poder. Era contribuir para que a próxima geração no Brasil viesse a exercer o poder com melhor percepção da realidade mundial. Havíamos sido incorporados ao processo de globalização da História aos empurrões e perdêramos a inocência dos que são protegidos pela ignorância. Ora, quem supera a ignorância ganha graus de liberdade. O aprendizado podia ser longo, mas, cedo ou tarde, uma nova geração teria de perceber que o Brasil fora arrastado a uma guerra errada. Seu maior problema não era a "insurgência", e sim a fome; por outro lado, as relações econômicas internacionais estavam em rápida evolução, independentemente da confrontação política alimentada pela Guerra Fria. Estávamos aprisionados dentro de um círculo de giz que alianças impostas nos faziam crer intransponível. Algo podia ser feito para ajudar a geração vindoura a abrir seu caminho. Era imperioso, por exemplo, manter abertos os canais de circulação de informações, e contribuir para que esses canais fossem adequadamente utilizados. Enfim, cumpria adotar o que Liddell Hart chamou de *indirect*

434

approach: evitar a confrontação quando o inimigo é evidentemente mais forte; franqueá-lo e, como Fabiano, construir para o futuro durante a retirada.

Pareceu-me importante sair do primeiro plano, das confrontações táticas que produzem material para os mass media, e que na prática tendem a reforçar aqueles que se instalaram nas posições dominantes; circular no mundo universitário tão somente em função do objetivo principal, que era aprofundar o conhecimento do processo de dominação-dependência no quadro da Guerra Fria — processo que tinha mudado a história do Brasil e marginalizado aqueles que acreditaram no desenvolvimento autônomo do país. Era de evitar, nessa primeira fase, fixar-se em cidades como Nova York, Paris ou Londres, centros fabricadores e devoradores de notoriedades. As circunstâncias me haviam transformado em notícia veiculada pela imprensa internacional, o que me assegurava, ao menos por algum tempo, certa proteção. Mas como não perceber que isso era fogo de palha e que logo se colocariam os problemas reais de ter documentação para viver e circular fora de meu país, de dispor de meios materiais de subsistência e condições para realizar o trabalho intelectual que era a razão de ser de meu viver?

Para mim era evidente que, sem uma clara percepção do que estava acontecendo nos Estados Unidos, o próprio sentido das transformações em curso em escala planetária nos escaparia. Era conveniente aproveitar a onda de simpatia que se formara em torno de minha pessoa no mundo universitário norte-americano para obter cobertura do Departamento de Estado, indispensável para residir nos Estados Unidos. Eu dispunha de um passaporte diplomático, a rigor sem validade. Bastaria que a embaixada norte-americana no Chile cumprisse as normas ordinárias — solicitasse a carta da embaixada do Brasil explicitando minha missão, que acompanha correntemente qualquer pedido de visto em passaporte diplomático — para eu ser imobilizado e ver impossibilitada minha entrada nos Estados Unidos. Isso me obrigaria a abandonar parte essencial da tarefa que me havia proposto. Graças ao apoio que obtive das universidades e da imprensa americanas, esse obstáculo foi superado. Decidi então fixar-me na Universidade Yale, a meio caminho entre Nova York e Boston, e onde existia um dos principais centros de estudos do desenvolvimento dos países do Terceiro Mundo. Tinha consciência de que me afastava do Brasil e da América Latina por muito tempo, e não me escapava que os obstáculos a enfrentar não seriam pequenos.

2. Interregno norte-americano

O MOLDE DE UMA NOVA CIVILIZAÇÃO

A matriz cultural dos Estados Unidos é de aparente simplicidade, e não foram poucos os analistas que, seduzidos por essa suposta simplicidade, passaram por alto muito do que ela tem de mais original. A maravilhosa experiência de colonização comunitária da Nova Inglaterra ocupa o centro de todas as atenções. À diferença do ocorrido entre nós, onde tudo partia do poder estatal e o núcleo colonizador inicial era rigidamente hierarquizado sob a forma de empresa agroexportadora, as colônias de povoamento do que veio a ser chamado de Nova Inglaterra nasceram de uma opção pela liberdade de grupos de famílias de obediência puritana que se sentiam asfixiados pela Igreja anglicana. Esses grupos de dissidentes eram de nível cultural relativamente elevado e ansiavam por espaço onde, fora de todo constrangimento, pudessem fundar uma nova civilização em que primassem os ideais de vida simples — que imaginavam ser a essência do cristianismo.

Eram indivíduos portadores do essencial da cultura inglesa, a qual no início do século XVII já continha muito do que logo em seguida viria a ser conhecido, no continente, como Iluminismo ou *Aufklärung*. Esses puritanos, que tudo submetiam ao prisma de seus valores religiosos, consideravam que o conhecimento era o caminho mais seguro para defender o espírito humano das tentações do Demônio. Surgia, assim, o embrião de uma civilização que visava alcançar a liberação do homem pelo desenvolvimento de seu espírito, com base no conhecimento. Este último devia ser universal e a primeira responsabilidade cívica da comunidade era assegurar o ensino em escolas, sendo obrigação inarredável dos pais enviar-lhes os filhos. A norma era tão estrita que a comunidade podia separar os filhos dos pais que não cumprissem essa obrigação fundamental.

Um mundo em que as terras cultiváveis eram abundantes, e o acesso a elas, livre, e onde os conhecimentos eram universalmente difundidos constituía algo que não tinha precedente. O ensino superior organizado e o interesse pela pesquisa científica manifestaram-se desde o primeiro momento. A segurança externa fundava-se na proteção dada pela pátria-mãe, a qual foi reforçada uma vez afastada a ameaça francesa que vinha do Canadá.

O semi-isolamento dessas comunidades — as da Nova Inglaterra dedicavam-se de preferência a uma economia de subsistência — contribuiu para que se acentuassem certos traços que a evolução da vida religiosa na Inglaterra tenderia a atenuar no começo do século XVIII. Os puritanos, cuja vida espiritual era intensa, pretendiam ter um encontro diário com Deus.[5] Seus ministros exibiam elevado padrão cultural, versados que eram nas Escrituras, na cultura clássica e em lógica. Mas tendiam a confundir a ideia de beleza com a de futilidade. Dessa forma, a extraordinária aplicação que punham em tudo o que faziam, se por um lado favorecia o espírito de acumulação — Max Weber foi o primeiro a aproximar o *espírito* do capitalismo dos hábitos de vida dos puritanos —, por outro inibia a capacidade criativa no plano estético. O bom puritano se imaginava um *eleito*, tocado pela graça. Mas os fortes vínculos comunitários não impediam que nele se desenvolvesse um profundo sentido da própria individualidade, e que se considerasse um predestinado.

Além das comunidades puritanas, contribuíram para a formação da matriz cultural norte-americana outros agrupamentos sociais igualmente significativos. As colônias que surgiram na faixa litorânea que se estende de Nova York à Filadélfia foram desde o início centros voltados para a atividade comercial, e contaram com forte presença de alemães, holandeses, huguenotes franceses e irlandeses protestantes. Na região de Nova York, os primeiros colonizadores holandeses haviam dividido as terras em grandes propriedades, sistema que permaneceu sob o controle inglês, dando origem a uma aristocracia rural que vivia do arrendamento de terras e de outras atividades.

Quadro totalmente diferente se observa nas colônias do Sul, onde grupos de ingleses anglicanos se instalaram para criar uma economia agrícola de exportação. A mão de obra foi inicialmente importada das Ilhas Britânicas em regime de semisservidão: o emigrante vendia sua capacidade de trabalho antecipadamente para pagar os custos da viagem e de instalação, recuperando a liberdade ao cabo de certo número de anos. Esse sistema foi substituído, no século XVIII, pela importação de escravos afri-

---

5. Wallace Notestein, *The English People in the Eve of Colonization (1603-1630)*. Nova York: Harper Torchbooks, 1954, p. 158.

OBRA AUTOBIOGRÁFICA

canos. A grande plantação de açúcar, de fumo, de algodão exigia importantes investimentos e dava origem a uma estrutura social em que pequena minoria aristocratizada exercia rígida tutela sobre a população branca não proprietária de terras e a massa de trabalhadores escravos.

A matriz cultural norte-americana está, assim, marcada por um profundo espírito comunitário, pela prática do autogoverno, pelo cosmopolitismo e por uma confrontação que conduzirá a uma guerra civil de grandes proporções opondo o espírito democrático a uma rígida estratificação social.

Mas o que importa assinalar é que, na época de sua luta pela independência, os norte-americanos constituíam um caso único de sociedade em que prevaleciam as liberdades fundamentais do cidadão, inclusive a de imprensa. Nas palavras de um historiador contemporâneo: "Os súditos ingleses da América, com exceção evidente dos negros, eram o povo mais livre do mundo. Eles lutaram não para *obter* a liberdade, e sim para *confirmar* a liberdade de que já gozavam. Eram mais avançados na prática do autogoverno do que sua pátria-mãe".[6]

Dessa forma, um quadro institucional que incorporava as conquistas materiais do povo inglês nascera com as colônias da América. Cada uma dessas dispunha de uma legislatura própria, e os direitos dos indivíduos eram garantidos por leis escritas, um Judiciário independente e a instituição do júri. O governo inglês via nas colônias, acima de tudo, uma fonte de riqueza para a classe comercial. Os conflitos que levaram à independência tiveram origem exatamente em tentativas desse governo de impor aos colonos obrigações fiscais que não haviam sido por eles votadas. Não estando representados no Parlamento inglês, não cabia a este, em sua opinião, decidir sobre legislação fiscal que lhes concernia.

A participação da classe de grandes comerciantes nas iniciativas de colonização havia sido considerável, tanto organizando companhias que arcavam com a responsabilidade direta do transporte e do financiamento de plantações como apoiando grupos de "peregrinos" que se dispunham a emigrar assumindo pesados ônus financeiros. O contraste com os países latino-americanos é flagrante, porquanto nestes foram criadas, com a independência política, instituições (copiadas exatamente dos Estados Unidos) que não tinham raízes nas tradições locais.[7]

Durante dois séculos, essa matriz cultural de base comunitária, mas também urbano-comercial, e mesmo hierárquico-aristocratizante, cujos elementos essenciais eram derivados da cultura inglesa, cristalizou e assumiu a forma que seria o molde definitivo da civilização norte-americana. Com a Independência e a forte expansão econômica que lhe valeu a neutralidade nas Guerras Napoleônicas, o fluxo imigrató-

6. Samuel Eliot Morison, *The Oxford History of American People*. Oxford: Oxford University Press, 1965, p. 172.
7. Henry Bamford Parkes, *The American Experience*. Nova York: Vintage, 1947, p. 23.

438

rio cresceu. De 1775 a 1790, a população passou de cerca de 2,5 milhões para quase 4 milhões de habitantes. Mas esse ímpeto demográfico arrefeceu, e na época em que visitou o país Alexis de Tocqueville, no começo dos anos 1830, a população não superava os 5 milhões.

A DICOTOMIA ELEITOS-EXCLUÍDOS

Quiçá nenhum povo haja sido observado com tanta perspicácia no momento em que seus traços mais característicos se definiam como foi o dos Estados Unidos por esse político-filósofo francês, Alexis de Tocqueville. Ele mesmo nos adverte que "as circunstâncias que acompanharam o nascimento de um povo e permitiram seu desenvolvimento influenciam o resto de sua carreira".[8] Tocqueville pôs o dedo no essencial, assinalando o que distinguia os Estados Unidos de todas as demais nações: autonomia de gestão municipal, liberdade de consciência, uma imprensa sem mordaças, a independência dos juízes.

Foi nesse molde já perfeitamente definido em fins do primeiro terço do século XIX que se construíram os verdadeiros Estados Unidos — a nação que assumiria um papel hegemônico em escala planetária no século XX. Essa construção se fez por um processo de duas dimensões: a incorporação de novos territórios em um espaço contínuo e a absorção de população europeia em escala sem precedentes na história das migrações humanas. As primeiras vagas de migrantes, entre 1840 e 1888, alcançando uma dezena de milhões de indivíduos, são na sua essência provenientes das mesmas fontes de onde haviam saído as populações fundadoras: as Ilhas Britânicas e os países germano-escandinavos. Isso contribuiu para que se consolidassem os traços originais da cultura norte-americana. A abundância de terras e o espírito comunitário permitiram reforçar a ideia de que a independência do indivíduo pressupunha certa autonomia econômica, e que esta era mais facilmente alcançada quando se tinha acesso à propriedade da terra. À diferença do que ocorria na Europa, nos Estados Unidos o agrarismo será uma das principais fontes do espírito democrático. A luta contra os privilégios alicerçados em favores governamentais e o ideal de uma democracia fundada no amplo acesso à propriedade — ideais que vinham de Thomas Jefferson e que pela metade do século constituíram a bandeira de Andrew Jackson — foram um fermento renovador da política norte-americana até avançado o século XIX.

Mas é a partir de 1880 que assume dimensões explosivas a vaga migratória para os Estados Unidos. Entre esse ano e 1914 chegam ao país 22 milhões de pessoas, em sua quase totalidade de origem europeia. Essa nova vaga apresenta uma composição étnica bem distinta da anterior. Britânicos e germânicos em conjunto representam

---

8. Alexis de Tocqueville, *De la Démocratie en Amérique* (1835). Paris: [s.n.], 1963, p. 35.

OBRA AUTOBIOGRÁFICA

uma quarta parte, sendo a grande maioria eslavos e latinos. Em sua maior parte, são populações pobres e de baixo nível cultural, recrutadas por agências de comércio marítimo. Os novos contingentes tendem a localizar-se nas grandes regiões urbanas em busca de trabalho assalariado.

Para penetrar na complexidade da matriz cultural norte-americana convém não perder de vista o fato de que a colonização foi na sua origem um subproduto das lutas de religião na Inglaterra. Os primeiros colonos, fundadores da Nova Inglaterra, eram "dissidentes" que já haviam abandonado as Ilhas Britânicas pela Holanda. Estavam embebidos de espírito puritano. Em sua versão calvinista, o puritanismo era avesso à ideia de culto à hierarquia, atribuindo à autoridade religiosa uma origem democrática. Demais, relegara toda a tradição a um segundo plano. E, acima de tudo, valorizava o dogma da predestinação.

Se, por um lado, dava-se ênfase à origem democrática da autoridade, por outro, atribuía-se um papel superior àqueles que se autoinstituíram "eleitos". "O calvinismo", lembra-nos um estudioso da cultura norte-americana, "promovia uma atitude de extrema militância e agressividade. Dividia a humanidade em dois grupos, os eleitos e os amaldiçoados."[9] E exemplifica: "Uma consequência incidental de tal atitude foi que os habitantes aborígenes da América foram vistos como servos do Demônio [...]. Muitos colonos da Nova Inglaterra advogaram o extermínio deles".[10]

A doutrina da predestinação era essencialmente, como observa Cassirer,[11] uma antropologia filosófica medieval. Ela nasceu do propósito agostiniano de combater o racionalismo dos estoicos e de estabelecer a primazia do pecado original. Pascal soube revestir esse dogma de linguagem moderna ao introduzir a sutil diferença entre *esprit géométrique* e *esprit de finesse*. Explica-se o mundo exterior pela razão, penetra-se no seu conhecimento apoiado nas regras universais da lógica. Mas há objetos que, em razão de sua sutileza e infinita variedade, escapam a esse método. Assim ocorre com o próprio homem, cuja existência se funda em contradições. A única forma de penetrar no segredo do homem seria pela experiência religiosa.

Assim, numa época em que avançava o saber humano baseado na observação empírica e nos recursos do método científico, continuava a prevalecer na América uma antropologia filosófica que legitimava a divisão entre eleitos e excluídos e "estimulava a vontade de dominação [...] e identificava esta com o bem".[12] A civilização norte-americana contém em sua própria essência essa contradição. Ela nasce com o Iluminismo, a busca da ampliação dos horizontes do homem pelo conhecimento empírico do mundo. Em nenhuma parte a escola foi tão cedo universalizada, e o

9. H. B. Parkes, op. cit., p. 67.
10. Ibid., p. 71.
11. Ernst Cassirer, *An Essay on Man*. New Haven: Yale University Press, 1944, p. 10.
12. Ibid., p. 72.

440

saber científico, considerado como instrumento de luta contra o mal que espreita o homem neste mundo. Ao mesmo tempo, essa civilização se nutria de uma visão do mundo fundada no dogma da graça divina, vale dizer, numa antropologia de origem medieval a contracorrente da revolução cultural que surge com o Renascimento e está na base da modernidade. Essa contradição fará da cultura norte-americana um misto de supramodernidade e anacronismo, de pioneirismo e conservadorismo, de tolerância e suspicácia, de universalismo e tribalismo, enfim, essa mistura de futuro e de passado sem base sólida no presente.

O contraste entre essas duas vertentes do viver norte-americano pode ser facilmente observado nas pequenas localidades onde a vida comunitária se mantém, ainda que de um ponto de vista estritamente formal. "A ilusão do controle democrático dos assuntos locais que resulta da preservação formal da estrutura de governo contrasta com a base real da atividade política, a qual é controlada por agências exteriores", nas palavras de observadores meticulosos do viver comunitário atual nos Estados Unidos.[13] A vida comunitária — quadro em que cristalizou o sistema dos valores que dão identidade cultural aos Estados Unidos — mantém-se como um mundo de aparências que protege os indivíduos dos desgarramentos a que são submetidos pela distância cada vez maior entre as duas vertentes da cultura. Dessa forma preservam-se "a fé e a ilusão da independência local e da autodeterminação".[14]

Com sua extraordinária acuidade, Tocqueville pressentiu, desde os primórdios da formação norte-americana, essa ruptura que conduziria a um esvaziamento crescente da vida política do país. Ele percebeu o problema pelo lado da influência que a busca de acumulação de riqueza teria sobre os valores constituídos no ambiente comunitário. Os melhores cidadãos, diz ele, tenderão a negligenciar a esfera política, a qual será ocupada pelos medíocres. "O dinheiro fará nascer uma classe de ricos cujo poder será sem limite, irresponsável, sem piedade [...], acima da cidadania se elevará um poder imenso e tutelar que de tudo tomará conta [...]." Tocqueville intuía que o sistema de divisão do trabalho engendrado pela civilização industrial levaria ao enriquecimento de uma minoria e à degradação da massa trabalhadora. "Pode-se afirmar que [nesse sistema] o homem se degrada à medida que o trabalhador se aperfeiçoa."[15]

A admiração que nos suscitavam as instituições norte-americanas não nos impedia de perceber a contradição entre uma moral comunitária, fundada numa visão do homem de raiz medieval, e a pulsão para a modernidade, alimentada pelo formidável investimento em conhecimentos feito na população. A comunidade foi preservada formalmente, e o avanço da modernidade deu-se fora de seu quadro de valores. À medida que futuro e passado divergiram, as contradições do presente foram se aprofundando.

13. A. J. Vidich e Joseph Bensman, *Small Town in Mass Society*. [S.l.: s.n.], p. 291.
14. Ibid., p. 292.
15. A. de Tocqueville, op. cit., p. 295.

OBRA AUTOBIOGRÁFICA

SALVAGUARDAS CONTRA O "DEMOCRATISMO"

Seria erro imaginar que o arcabouço institucional que deu estabilidade à sociedade norte-americana e propiciou sua extraordinária expansão — e, de alguma
forma, a preparou para operar como um sistema de poder mundial — deriva diretamente da matriz comunitária a que nos referimos. Seria mais correto afirmar que
esse quadro institucional emergiu como reação contra os riscos do "democratismo",
ou governo das maiorias, que se manifestou ao desaparecer o poder moderador exercido pela Coroa inglesa. A Convenção Constitucional que se reuniu na Filadélfia e
promulgou a Constituição dos Estados Unidos ocorreu em 1787, ou seja, uma dezena
de anos depois da Declaração da Independência. Os convencionais demonstraram
grande realismo ao darem prioridade à montagem de um sistema de governo que
embutisse mecanismos estabilizadores.

À diferença da Assembleia Constituinte francesa que, dois anos depois, daria
prioridade a uma declaração dos direitos do homem e do cidadão, na convicção de
que nada podia ser construído no plano político se de antemão os homens não ascendiam à condição plena de seres livres, os convencionais da Filadélfia partiram do princípio de que os homens deveriam inicialmente ser submetidos a uma disciplina para,
só então, ter acesso à liberdade. Nas palavras de Madison, em primeiro lugar estava o
problema de assegurar que o povo fosse governado e, em seguida, o de garantir que
o governo se autocontrolasse. Alguém já afirmou que o embasamento doutrinário
desses homens de grande realismo era uma mistura da filosofia de Hobbes com a religião de Calvino.[16] Admitia-se como ponto de partida que o egoísmo é ingrediente
irredutível das motivações humanas, e seria ingênuo imaginar que se poderiam opor
virtudes a vícios.

Enquanto os constituintes franceses consideravam que havia inicialmente que
proteger "direitos naturais" do homem, os convencionais norte-americanos estavam
persuadidos de que o homem era a ameaça, sendo necessário, acima de tudo, enqua-
drá-lo institucionalmente. Essa a razão pela qual a Constituição norte-americana
trata apenas das instituições governamentais. O *Bill of Rights*, ou seja, a Declaração
dos Direitos do Homem, surgirá quatro anos depois (1791), sob a forma de emendas
à Constituição. Os homens, disse Hamilton, sempre procurarão satisfazer seus interesses. O máximo que se pode tentar é canalizar esses interesses no sentido do bem
público. O fundamento da liberdade é a propriedade, pois somente aqueles que têm
um patrimônio a preservar se empenham em estabilizar as instituições. Sem essa
estabilidade, a liberdade não sobreviveria.

Convém não esquecer que os convencionais da Filadélfia eram em sua totalidade homens de fortuna pessoal, comerciantes, especuladores, proprietários de ter-

16. Cf. Richard Hofstadter, *American Political Tradition*. Nova York: Alfred A. Knopf, 1948, p. 3.

442

ras e de escravos. A Constituição deveria criar garantias contra as arbitrariedades do governo, no plano fiscal e no das liberdades de comércio, contra tudo o que pusesse em risco os direitos de propriedade e os dos credores.

Merece nota o fato de que esses homens, que tão claro viam o peso do fator humano na vida social, se hajam empenhado em criar instituições supostamente regidas por uma ordem natural. Nas palavras de John Adams, tratava-se de "erigir um governo a partir de princípios simples da natureza". Era um ensaio de transposição da ordem física para as instituições políticas. Um grupo de interesses seria neutralizado por outro grupo de interesses, na linha da mecânica newtoniana.

Para obter esse extraordinário mecanismo de contrapesos, com o qual os homens haviam sonhado de Aristóteles a Montesquieu, três princípios foram seguidos. Em primeiro lugar, vinha a descentralização federativa. A disciplina social seria mais facilmente assegurada e o risco de subversão popular, minimizado. O segundo princípio consistia no mecanismo da representação. A instabilidade da democracia direta era conhecida desde o tempo dos gregos. A representação reforçava consideravelmente a participação no poder daqueles grupos sociais que dispunham de meios financeiros. Por outro lado, o sistema de representação abre espaço a ampla participação da cidadania na vida política, dando legitimidade ao poder. Como republicanos, os convencionais tinham plena consciência de que, sem participação do povo, o poder carece de legitimidade. Mas como ignorar que uma ampla participação das massas seria fator de instabilidade? O mecanismo da representação trouxe solução para esse problema crucial.

O terceiro princípio foi a introdução do bicameralismo, o qual, segundo John Adams, permitia uma síntese do princípio democrático e do aristocrático. Na verdade, o bicameralismo, conjugado com o veto presidencial, transformava o sistema de decisões no campo legislativo em um complexo mecanismo, protegendo-o de toda ação improvisada. Se a isso se adiciona um Executivo independente, mas circunscrito e controlado, compreende-se que o sistema de decisões que vinha de ser criado estivesse mais ameaçado de imobilismo do que de ações arbitrárias suscetíveis de afetar os interesses patrimoniais da cidadania. Envolvendo esse complexo sistema de decisões estava o Poder Judiciário independente, cuja inércia natural aumentava ainda mais o imobilismo das instituições.

A ERA DO PROTECIONISMO

Em nenhuma parte o papel do contexto histórico foi tão transparente na formação de um Estado-nação como ocorreu nos Estados Unidos. Sendo no período colonial simples extensão da fronteira econômica inglesa, o país havia conhecido um desenvolvimento paralelo ao da metrópole no que respeita a atividades artesanais e

OBRA AUTOBIOGRÁFICA

manufatureiras, em particular na produção de instrumentos de trabalho e de transporte. Os próprios ingleses haviam estimulado o desenvolvimento da construção naval e da produção de ferro, duas indústrias que dependiam da disponibilidade local de madeira, produto de que careciam as Ilhas Britânicas. Um forte comércio triangular desenvolvera-se com as Antilhas (produtoras de açúcar e derivados) e com as metrópoles europeias. As importações de manufaturas inglesas podiam assim ser pagas com excedentes obtidos nos mercados das Índias Ocidentais. Esse quadro tradicional foi dinamizado no período que se seguiu à Independência em razão dos transtornos provocados nos mercados internacionais pelas Guerras Napoleônicas. Único país neutro que dispunha de importante frota marítima e de excedentes agrícolas, as colônias recém-libertadas passaram a ocupar espaço considerável no comércio internacional.

A Inglaterra, que por essa época penetrava com força na Revolução Industrial, via-se privada de mercados tradicionais pelo bloqueio continental. Os recém-libertados Estados Unidos puderam, assim, expandir suas importações de manufaturas, que obtinham a preços relativamente baixos, o que contribuiu para mudar os hábitos de consumo da população, incorporando aos circuitos comerciais importantes segmentos desta, antes abastecida por produção artesanal local. No último decênio do século XVIII, as importações norte-americanas mais que triplicaram, em parte financiando-se com receitas dos serviços de transportes marítimos. Essa forte expansão prosseguiu no primeiro decênio do século XIX, ao abrigo dos transtornos trazidos ao comércio internacional pelas Guerras Napoleônicas. Mas se interrompe brutalmente ao entrarem os Estados Unidos em guerra com a Grã-Bretanha, em 1812. Tem então lugar o primeiro processo de industrialização por substituição de importações.

Dispondo a nova república de indústrias de base, como a produção de ferro e a construção naval, e de mão de obra qualificada, a escassez de produtos manufaturados criada pela guerra impulsionou fortemente a iniciativa local. "Instalações para a produção de tecidos de algodão, de lã, de produtos de ferro, de vidro, de cerâmica e outros artigos surgiram como cogumelos",[17] na expressão de um autor clássico.

As ideias protecionistas, tão bem fundamentadas no "Report on Manufactures", de Hamilton, publicado em 1792, se incorporariam à política comercial norte-americana por meio de uma experiência que foi sendo adquirida na confrontação com os ingleses. Na época, a Inglaterra desfrutava de considerável avanço tecnológico, sendo impraticável competir com suas indústrias sem uma proteção. Contudo, é mais fácil proteger indústrias que já existem, que já demonstraram viabilidade. No primeiro ano da guerra, as importações inglesas se reduziram à quarta parte, e foi nesse espaço que brotaram os cogumelos industriais de que fala Taussig. Naquela época, como hoje, o acesso à tecnologia de vanguarda estava longe de ser fácil. Assim, foram

17. F. W. Taussig, *The Tariff History of the United States* (1892). Nova York: Capricorn, 1991, p. 19.

444

OS ARES DO MUNDO

necessários três decênios para que a indústria siderúrgica norte-americana superasse o seu atraso tecnológico em relação à inglesa. Isso foi alcançado mediante desenvolvimento de tecnologia própria, adaptada ao tipo de carvão mineral disponível no país. Mas, se foi possível realizar o esforço financeiro requerido, é que a indústria preexistente pôde sobreviver protegida por tarifas.

Assim, ao estabelecer-se a nova ordem internacional no período pós-napoleônico, sob a égide da Inglaterra, os Estados Unidos já dispunham de um mercado interno diversificado e haviam aprendido a defender suas indústrias, mesmo quando estas estavam marcadas por notório atraso tecnológico.

ENTRE MITOS E REALIDADES ECONÔMICAS

Como não admirar essa formidável engrenagem que é o sistema econômico norte-americano? Tudo parece preparado para responder prontamente à menor solicitação de um indivíduo perdido em qualquer recanto de um imenso território. O viajante tem a impressão de atravessar incomensuráveis vazios, mas em qualquer aglomerado urbano em que se detenha, por pequeno que seja, poderá facilmente tomar contato com um sistema de redes de atividades que cobrem o território do país e se projetam no exterior.

Tem-se a impressão de estar em face de miríades de atividades que se articulam entre si, gozando cada unidade de plena autonomia. Tudo aparenta reproduzir-se automaticamente, num esforço para preservar a autonomia de decisão no plano microeconômico, sem ferir a harmonia que traduz a coerência de um todo de contornos elusivos. Se observamos as atividades econômicas de uma pequena localidade, vemos que elas se complementam como se obedecessem a um sistema de leis ordenadoras.

A inteligência dessa ordenação espontânea ocupou os economistas desde que surgiram os rudimentos da ciência econômica. Até hoje os norte-americanos continuam a ensinar nas escolas que existe uma ordem imanente às atividades econômicas derivadas do funcionamento dos mercados. É a mesma explicação dada por Adam Smith em fins do século XVIII. Se os homens são livres para buscar a satisfação de suas necessidades e a propriedade privada é respeitada, surgirá uma ordem econômica que harmoniza os interesses dos membros da coletividade. Estes, enquanto consumidores, decidem livremente o que comprar. É o princípio que A. Smith chamou de soberania do consumidor. Aqueles que são produtores, por seu lado, procuram orientar suas atividades de forma a tirar o máximo de proveito da situação. É o princípio complementar de maximização dos lucros.

Essas ideias elementares e atrativas por sua simplicidade — com as qualificações que os entendidos possam introduzir — continuam a ser os conceitos essenciais utilizados para explicar o funcionamento da imensa máquina econômica dos Estados

445

OBRA AUTOBIOGRÁFICA

Unidos de hoje. No centro de tudo está a ideia de mercado — originariamente o lugar para onde convergiam os membros de uma comunidade que desejavam comprar ou vender objetos de valor. Na afirmação usada por um livro de texto atual: "O mercado é uma área na qual os compradores e vendedores negociam o intercâmbio de uma mercadoria bem definida".[18] Esclarece o professor Lipsey: "A teoria econômica que nos ocupa diz respeito ao comportamento dos mercados livres". E acrescenta: "Uma economia de mercado livre é uma coleção de mercados livres individuais".[19]

A "soberania do consumidor" é a prevalência da cidadania, da sociedade civil nas decisões econômicas. Produz-se aquilo que os cidadãos desejam consumir. É evidente que grande parte dos produtos que hoje consome o cidadão nem sequer existia há alguns anos. Mas teria sido a decisão soberana dos cidadãos o que sancionou a introdução desses produtos nos mercados. Reconhece-se, portanto, que o produtor tem papel ativo, mas nem por isso o consumidor deixa de ser soberano. Nas palavras do professor Lipsey: "Uma sociedade de mercado livre atribui soberania a dois grupos, produtores e consumidores, as decisões de ambos afetando a alocação de recursos".[20]

A propriedade privada é condição necessária para que exista poupança, vale dizer, para que o usufruto de parte dos bens disponíveis seja transferido para o futuro. Por outro lado, o processo produtivo — a disponibilidade de instrumentos e de meios financeiros para pagar salários — pressupõe a existência de poupança. Daí que, sem a propriedade privada, não seria fácil imaginar a acumulação que permite expandir a produção. Dentro dessa visão, os produtores são indivíduos que acumularam riqueza e aplicam-na no processo produtivo, aceitando os riscos inerentes a uma economia de mercado, na qual a última palavra cabe aos consumidores. As ideias de propriedade privada, iniciativa pessoal e risco de mercado estão, portanto, intimamente relacionadas.

Dessa forma, bem entender o complexo mundo econômico dos Estados Unidos — certamente a experiência mais rica e bem lograda no agenciamento de riquezas produzidas no passado e de atividades realizadas no presente para atender às necessidades e aspirações humanas — implica admitir que na sociedade norte-americana cabe ao cidadão, como consumidor, decidir sobre o que se faz e o que não se faz, e, como proprietário das riquezas, dirigir os processos produtivos.

Ocorre que qualquer observador com acesso a informações sistematizadas sobre a economia norte-americana tal qual ela se constituiu nos últimos cem anos dá-se conta, facilmente, de que sua conformação estrutural pouco tem a ver com o quadro conceitual que vimos de apresentar. A linha de força que primeiro se mani-

18. Richard G. Lipsey, *An Introduction to Positive Economics*. Londres: [s.n.], 1963, p. 69.
19. Ibid., p. 70.
20. Ibid., p. 69.

446

OS ARES DO MUNDO

festa é de prevalência da empresa organizada sob a forma de sociedade anônima (*corporation*). O censo de 1899 já revelava que dois terços da atividade manufatureira provinham nos Estados Unidos de organizações desse tipo. Em 1919, 87% dos bens eram produzidos por sociedades anônimas, e, no final dos anos 1920, já mais de 90%.[21] As exigências da tecnologia e da organização fizeram da concentração um imperativo do crescimento do sistema produtivo.

A *corporation* entronca-se, em sua origem, com o Estado. Ela surge no século XVII nos Países Baixos e na Inglaterra, sob a forma de concessão pública beneficiada por um privilégio (*franchise*). Nas palavras de Adolf Berle Jr., o maior especialista na matéria, "a própria existência da *corporation* estava condicionada por um favor concedido pelo Estado".[22] Por vezes, esse favor assumia a forma de autorização para explorar como monopólio um serviço público. O documento de concessão do favor (a "carta", hoje, certificado de incorporação) definia o modo de organização da empresa: o número de ações, os administradores, a forma de subordinação destes, a norma de distribuição dos lucros e de disposição dos bens em caso de liquidação.

Portanto, a *corporation* originariamente era a expressão de um contrato entre o Estado e um grupo de pessoas beneficiárias de um privilégio concedido pelo poder público. "Ainda que privadas, no sentido de que não são propriedade nem operadas por agências do governo, muitas *corporations* também são públicas, no sentido de que suas ações estão amplamente dispersas na mão do público. [...] É essa qualidade de ser pública que coloca a *corporation* à parte da noção tradicional de empresa privada."[23]

A verdade é que a eficiência do sistema econômico norte-americano não se explica sem se ter em conta o papel que nele desempenham as *corporations*. Sem estas, não teria sido possível reunir as grandes massas de recursos, fruto da cooperação de milhares e mesmo de centenas de milhares de poupadores individuais. Menos ainda teria sido possível dar continuidade no tempo, característica de uma instituição perene, a atividades que requerem planejamento a longo prazo. Todos os setores importantes da atividade econômica nos Estados Unidos são hoje da competência de grandes *corporations*. As maiores delas têm um volume de negócios que supera em valor o orçamento de qualquer dos estados da federação.

A *corporation* quase pública moderna, para usar expressão de Adolf Berle, é em realidade a resultante das exigências da tecnologia e da organização que estão na base do crescimento da atividade econômica. Mas também exprime a evolução da empresa privada tal qual já a descrevia A. Smith. É interessante observar que esse autor, que tão lucidamente captou a essência das instituições capitalistas, considerou

21. Adolf A. Berle Jr. e Gardiner C. Means, *The Modern Corporation and Private Property*. Nova York: Macmillan, 1932, p. 14.
22. Ibid., p. 28.
23. Wilbert E. Moore, *The Conduct of the Corporation*. Nova York: Random House, p. 16.

447

que a sociedade por ações era inadequada ao bom funcionamento das atividades econômicas, pois a dispersão da propriedade levaria, segundo ele, à diluição da responsabilidade e à ineficiência.[24] É que ele via na propriedade privada dos bens de produção o verdadeiro motor do sistema econômico, o que correspondia a uma visão ideológica que seria superada com o andar do tempo.

É verdade que até avançado o século XIX a economia norte-americana era dominada por empresas, propriedade de um indivíduo ou de um grupo de indivíduos, gerenciadas por eles ou sob sua supervisão direta, limitadas em tamanho pelo patrimônio de seus proprietários. A transformação dessas empresas em *corporations* deveu-se exatamente à conveniência de separar o patrimônio das pessoas do capital comprometido na empresa. Ainda assim, tratou-se de início de empreendimentos privados, ligados à personalidade de seus donos. Mas logo seria adotada a forma definitiva de *corporation* que permitiu a metamorfose da empresa privada em pública. Nesse quadro, o princípio da "soberania do consumidor" se eclipsa, posto que a produção organizada em grandes unidades modifica a estrutura dos mercados, requer planejamento a mais longo prazo e interferência nos hábitos dos consumidores pelas técnicas de marketing. O princípio de maximização do lucro também sofre uma metamorfose, pois a grande empresa está mais preocupada com sua posição nos mercados e com sua autonomia de decisões do que com a taxa de lucro no ano corrente. O princípio da propriedade privada dos bens de produção sofre alterações de não menor significação. A autonomia do estamento gerencial na *corporation* é por todos reconhecida, e tende a aumentar com a dispersão da propriedade.

A propriedade que, no passado, expressava o vínculo com os bens tangíveis no âmbito de determinada empresa metamorfoseara-se em posse de um pacote de ações, substituível por outro quando conveniente. Por último, a ideia de mercado livre também começou a modificar-se no capitalismo organizado em grandes corporações semipúblicas. Quando a empresa cresce — seja verticalmente, absorvendo fornecedores, seja horizontalmente, eliminando concorrentes —, necessariamente se substitui aos mercados. Mais precisamente, substitui-se o mercado pelo planejamento, uma forma de reduzir riscos. "Muito do que a firma considera planejamento", observa com agudeza John Kenneth Galbraith, "consiste em minimizar ou eliminar a influência do mercado."[25] Demais, cabe assinalar uma mudança fundamental introduzida pela corporação quase pública no capitalismo com respeito ao quadro conceitual que utilizam os textos de economia. Nestes, a poupança é apresentada como um sacrifício autoimposto pelos agentes que asseguram o financiamento da expansão do sistema produtivo. Sacrificando seu consumo presente, esses agentes promovem a melhoria do bem-estar futuro da coletividade, sacrifício que tem como contrapartida

---

24. A. Smith, *The Wealth of the Nations*. Nova York: Macmillan, p. 229. v. II.
25. J. K. Galbraith, *The New Industrial State*. Londres: Hamish Hamilton, p. 26.

a remuneração que recebem. A corporação quase pública estabelece uma linha demarcatória entre a remuneração dos proprietários de ações, que auferem dividendos, e a acumulação de capitais para autofinanciamento. "Três quintas partes dos capitais utilizados pelas corporações no período do pós-guerra derivaram de fontes internas, isto é, de lucros retidos e reservas de depreciação", como nos informa uma publicação oficial norte-americana.[26]

Dessa forma, a corporação é um ente que cresce por suas próprias forças. Ao decidir sobre o próprio crescimento, ela se erige em árbitro da taxa de poupança da coletividade. Mas também é verdade que esse autofinanciamento se traduz em ganho de capital para os acionistas, porquanto o valor patrimonial das ações estará aumentando.

Se é verdade que a poupança dos indivíduos não desempenha papel direto no financiamento das corporações, o mesmo não se pode afirmar com respeito às instituições que prestam certos serviços à coletividade, como as companhias de seguros, os fundos de pensão e os fundos mútuos. Os recursos consideráveis que coletam essas instituições podem ser aplicados em títulos de renda fixa emitidos pelas corporações, assumindo a forma de empréstimos, sem qualquer interferência no sistema de decisões da empresa que se endivida. Os fundos de pensão assumem um caráter particular, dado que seus compromissos são com o futuro: as pensões terão que ser pagas pelo nível futuro de preços e de acordo com as remunerações que prevalecerão no futuro.

Não basta, portanto, um investimento que apenas assegure o valor nominal do ativo, dados os preços relativos do presente. A forma prática de enfrentar esse problema é adquirir ações de empresas, cujo valor evoluirá em função do desenvolvimento da economia como um todo. Ora, esses fundos cresceram de forma considerável e se apropriaram de uma fração importante do estoque de ações de muitas corporações. Já se registraram casos em que a totalidade das ações de determinada empresa foi adquirida pelos fundos de pensão de seus empregados.

A tendência tem sido, portanto, para que se ampliem as estruturas que se interpõem entre o agente individual gerador da poupança — o proprietário passivo — e os sistemas de decisões. Se bem que os acionistas sejam, em última instância, os proprietários de todo o patrimônio constituído da empresa, quem decide quanto pagar de dividendos e quanto reter para autofinanciamento é um conselho diretor constituído de indivíduos que veem nessa empresa a fonte do emprego que ocupam, e não uma propriedade pessoal. As ações, por seu lado, não são possuídas diretamente por indivíduos, e sim por instituições que só indiretamente são propriedade de indivíduos, e cuja direção se encontra em mãos de outra estrutura gerencial. Existem, por conseguinte, pelo menos duas estruturas decisórias autônomas entre o indivíduo titular da

---

26. *Survey of Current Business*, set. 1957, p. 8, cit. em Adolf Berle, *Power without Property*. Nova York: Harcourt, Brace and World, p. 39.

OBRA AUTOBIOGRÁFICA

poupança e o poder que comanda a aplicação dessa poupança como parte de um sistema de produção.

O poder real, no vasto sistema econômico norte-americano, é exercido, dessa forma, por estruturas intermediárias tripuladas por um número relativamente limitado de pessoas. Nas palavras do maior especialista da matéria: "Uma oligarquia relativamente pequena de homens que vivem em uma mesma atmosfera, que absorvem as mesmas informações, que se movimentam nos mesmos círculos, conhecendo-se mutuamente na maioria dos casos, tendo mais em comum que em dessemelhança [...], trata-se essencialmente de um grupo de servidores públicos não estatais — a menos que abusem do poder".[27]

Muito se pode dizer a respeito do grupo que exerce o poder no sistema econômico dos Estados Unidos. Podemos identificá-lo como constituído de "autocratas econômicos", como fez Berle em 1932, ou assimilá-lo a um verdadeiro sacerdócio sob controle da opinião pública.[28] Mas não se pode desconhecer que esse grupo se reproduz por autocooptação e que os ganhos formidáveis que auferem os seus membros são estabelecidos por eles mesmos. O controle do poder exercido no setor público por mandatários ou funcionários é fruto de longa evolução das instituições democráticas. Limitam-se no tempo os mandatos e submetem-se os funcionários ao controle de órgãos representativos da cidadania, assessorados por auditorias independentes. Na esfera das corporações, ainda que estas tenham sua origem no poder público, coloca-se o problema de que nada limita o seu crescimento, fruto de imposições tecnológicas. "Fazer esse poder responsável em sentido positivo e obrigá-lo a prestar contas, em sentido negativo, é tarefa que o povo norte-americano ainda não realizou cabalmente",[29] afirma um estudioso da matéria.

A crescente concentração de poder econômico não deve deixar de ter ampla repercussão na esfera política. Conforme observa o professor Edwin Epstein, "nem o direito constitucional norte-americano nem a teoria política explicam a presença das corporações na arena política [...]; contudo, é inegável a atividade das corporações na cena política norte-americana". Daí que o problema do controle do poder político pela cidadania se haja transformado, nos Estados Unidos, em problema de controle por essa mesma cidadania do poder econômico. Ora, não houve evolução das instituições políticas — daquelas diretamente representativas da cidadania — no sentido de equipá-las para o exercício de um efetivo poder da esfera econômica. A interferência do Estado na área econômica orientou-se no sentido de exercício da função reguladora, ali onde estava em jogo a saúde pública. Foram criadas agências capacitadas para proteger os consumidores, os trabalhadores, o ar, a água, os alimentos e os medicamentos

27. Adolf A. Berle Jr., *Power without Property*, op. cit., p. 51.
28. J. K. Galbraith, "Corporate Man", in *A View from the Stand*.
29. Wilbert E. Moore, op. cit., p. 285.

450

contra agressões do poder econômico. Mais diretamente na esfera econômica, tentou-se inibir concentrações monopolistas no pressuposto de que destas decorrem necessariamente manipulações de preço em detrimento dos interesses da coletividade.

Ora, formas mais eficazes de concentração do poder econômico do que o simples controle monopolista foram desenvolvidas, ao mesmo tempo que caía em desuso a prática de maximização de lucros a todo custo. Por outro lado, a validade da função reguladora do Estado começaria a ser posta em xeque, acusada de reduzir a competitividade das indústrias norte-americanas em face da concorrência internacional.

Essa ausência de evolução institucional faz que o problema dos limites do exercício do poder econômico seja transposto diretamente para o plano da consciência pública. Da defesa do consumidor à preservação do patrimônio ecológico — ou daquilo que dele sobrevive — existe uma vasta área de controle do exercício do poder econômico, e mesmo político, totalmente na dependência de iniciativas surgidas diretamente na sociedade civil. Concomitantemente, alastra-se esse relacionamento simbiótico do sistema industrial com o Estado a que se refere Galbraith. A "desregulamentação" que entraria na moda na era de Ronald Reagan outra coisa não é senão o recuo do poder político em face do avanço arrasador do poder econômico.[30]

O FASTÍGIO DO PODER NORTE-AMERICANO

Os Estados Unidos da metade dos anos 1960, quando lá procurei abrigo, apresentavam o extraordinário espetáculo de uma grande civilização em seu fastígio. Nessa época, entendia-se por desenvolvimento econômico o avanço no sentido da reprodução dos padrões de consumo, do estilo de urbanização e de desfrute dos tipos de lazer que conformam o viver dos norte-americanos. O suporte de tudo isso eram um formidável processo de acumulação e de avanço tecnológico e um quadro institucional estruturado para operar em um espaço de dimensões continentais aberto dando para dois oceanos.

Durante século e meio, a economia dos Estados Unidos havia crescido com extraordinária regularidade. A taxa de incremento da produtividade da força de trabalho deslocara-se de forma crescente em longos ciclos. Na primeira metade do século XIX, essa produtividade conhecera um aumento de 25%. Na segunda metade desse mesmo século, o aumento da produtividade foi de 50%. Na primeira metade do século XX, ela praticamente triplicou.[31]

---

30. Veja-se a esse respeito Susan Tolchin e Martin Tolchin, *Dismantling America: The Rush to Deregulate*. Nova York: Oxford University Press, 1983.

31. Summer H. Slichter, *Economic Growth in the United States*. Nova York: Collier, p. 52.

OBRA AUTOBIOGRÁFICA

Recentes e bem documentados estudos punham em evidência que por trás desse processo de crescimento se desenrolara uma vasta revolução tecnológica. No primeiro meio século referido, essa revolução assumira, de preferência, a forma de aumento da importância relativa dos instrumentos utilizados no trabalho, vale dizer, de incremento da densidade de capital por trabalhador. Na segunda fase, que se prolonga até fins do século XIX, a elevação de produtividade deveu-se não apenas à acumulação de capital, mas também ao uso crescente de formas de energia de origem não animal. A terceira fase se caracterizou por mudanças extraordinárias no plano tecnológico, inclusive nas técnicas de gerenciamento.[32] Nesse último período, o crescimento da renda foi mais intenso que a acumulação de capital.

À medida que a expansão econômica resulta mais da criatividade do homem, os horizontes que se abrem à sociedade são mais e mais vastos. Os produtos naturais tendem a ser substituídos por outros, frutos da inventiva humana, o que reduz a pressão sobre os solos agrícolas. Por outro lado, as fontes de energia são utilizadas com eficácia maior. O fator de produção de grande importância, capaz de substituir os demais, é o homem como produtor de conhecimentos.

Não eram menos sólidos os avanços nas técnicas de monitoramento macroeconômico. Dava-se por superada a época da instabilidade gerada por insuficiência de demanda efetiva. Os desajustes provocados no sistema econômico pelas flutuações cíclicas vinham sendo diagnosticados com antecipação e eram tratados exitosamente com a terapêutica keynesiana. Pelos benefícios que trazia à comunidade, quiçá nenhum outro avanço tecnológico haja sido tão importante quanto aquele que permitira sair da engrenagem infernal que condenava milhões de trabalhadores ao desemprego forçado e as empresas, a interromper periodicamente o processo de investimento. Assegurado um elevado nível de emprego do fator trabalho, a sociedade capitalista se sentia muito mais segura com respeito a seu futuro, pois era o emprego intermitente de grandes massas de trabalhadores que constituía seu flanco mais vulnerável aos ataques ideológicos.

O clima de otimismo que prevalecia nos Estados Unidos pela metade dos anos 1960 fundava-se, sem lugar a dúvida, na extraordinária confiança então depositada na posição de vanguarda do país, cuja criação tecnológica abria possibilidades tanto no campo da produção como no do monitoramento macroeconômico. Mas também contribuía para esse clima a evolução da conjuntura internacional no quadro da Guerra Fria. É verdade que o período compreendido entre 1957, quando os soviéticos lançaram o seu primeiro *Sputnik*, e a chamada "crise dos foguetes", de outubro de 1962, caracterizara-se por um agudo sentimento de insegurança.

Interrompera-se assim, por curto tempo, um processo de evolução secular. Como observa George Kennan, nenhum país, quiçá desde a época dos romanos,

32. Ibid., pp. 78-9.

452

OS ARES DO MUNDO

gozara de tão profundo sentimento de segurança como os Estados Unidos desde o fim da guerra com a Inglaterra, no começo do século XIX, até a metade do século XX. Uma aliança tácita com os ingleses, os quais por essa forma asseguravam o controle do vasto território do Canadá, colocara o poder naval deles a serviço da defesa do hemisfério ocidental. Na base de tudo, estava o êxito dos persistentes esforços da Inglaterra para evitar a emergência de um poder que dominasse a Europa continental.

As duas grandes guerras do século XX tiveram como causa primária os esforços da Alemanha para firmar-se como potência dominante no continente europeu. A Segunda Guerra produziu um resultado ambíguo, pois, se barrou a ascensão do poder alemão, abriu espaço para a consolidação do poder soviético, provocando a divisão da Europa em dois campos antagônicos. A segurança dos Estados Unidos passou a fundar-se, essencialmente, na "contenção" do poder soviético, ao qual se atribuía um projeto de expansão, em particular na área europeia. Mediante a Aliança Atlântica, os Estados Unidos reconheceram que sua fronteira passava pelo centro da Europa, e se dispuseram a assegurar a integridade dos territórios europeus incluídos nessa fronteira com todos os meios ao seu alcance. O domínio de tecnologia nuclear pelos soviéticos não modificara esse quadro cujo traço principal era que a fronteira norte-americana sob pressão soviética se encontrava a 10 mil quilômetros do território dos Estados Unidos.

Mudança fundamental ocorreu em 1957, quando os soviéticos fizeram ver que dominavam a técnica de foguetes com capacidade de ação intercontinental. No momento em que eles passaram a dispor de vetores para ogivas nucleares desse alcance, o território dos Estados Unidos tornou-se tão vulnerável como qualquer país fronteiriço à União Soviética. O enorme poder naval e a força aérea com que se protegiam os Estados Unidos contra toda tentativa de ataque externo caíam rapidamente em obsolescência, e deviam ser reciclados em função do advento de uma tecnologia militar superior. Havia, portanto, que partir de uma nova realidade: os Estados Unidos já não eram o país privilegiado, do ponto de vista da segurança, porquanto podiam ser atingidos em poucos minutos pelas armas mais destruidoras.

Os anos que se seguiram a 1957 foram de grande nervosismo para a população norte-americana. Tanto mais que os soviéticos se aplicaram em desenvolver foguetes de grande potência — capazes de colocar no espaço cargas de porte considerável —, além de produzir bombas termonucleares de enorme poder destrutivo, alcançando 58 megatons nos ensaios de 1961. Uma só dessas bombas seria capaz de destruir qualquer das grandes metrópoles norte-americanas.

É por essa época que se implanta fortemente na opinião pública do país a ideia de que uma confrontação bélica com a União Soviética era inevitável. Especulava-se sobre como reduzir o impacto destruidor de tal confrontação. Certas personalidades afirmavam, como Henry Kissinger, que a confrontação nuclear seria "limitada"; outras, como Herman Kahn, opinavam que ela, ainda que terrível, seria "suportável". A revista *Life* publicou uma série de artigos explicando que, dado o total despreparo da população, uma confrontação, mesmo limitada, provocaria a morte de cerca de 45 milhões de norte-americanos. O presidente Kennedy dirigiu-se a seus compatriotas, por meio dessa revista, recomendando-lhes a leitura desses artigos.[33] A publicação dos textos em *Life* era parte de uma grande campanha visando induzir a população a cooperar na construção de "abrigos", coletivos ou mesmo individuais. Ora, uma bomba da dimensão das que estavam sendo fabricadas nos dois lados da contenda tinha um tal poder destrutivo — a tempestade de fogo que ela originaria deveria propagar-se numa área com cerca de cem quilômetros de extensão — que pretender "abrigar-se" contra seus efeitos era o mesmo que fabricar um sarcófago para as próprias cinzas.[34]

Mas pela metade dos anos 1960 o pior desse momento de tensão havia passado. A jogada irrefletida de Khruschóv, pretendendo instalar sub-repticiamente uma base de foguetes soviéticos em Cuba, teve consequências de longo alcance. O estado de nervosismo da opinião pública norte-americana foi levado ao paroxismo. O presidente Kennedy, ainda que agindo com moderação, teve de responder aos soviéticos em um tom de desafio que os obrigou a tomar consciência da gravidade do que estava ocorrendo. Aparentemente, os soviéticos não se haviam dado conta da rápida evolução do estado de espírito dos norte-americanos verificada no período aberto pelo lançamento do *Sputnik*. Do contrário, não teriam tentado a manobra cubana.

Hoje sabemos que os Estados Unidos não passavam a ser mais vulneráveis porque alguns foguetes de médio alcance foram instalados em território cubano. Em caso de confrontação nuclear, a ameaça ao território americano teria como verdadeira causa os foguetes transcontinentais com base na União Soviética. Por outro lado, não é fácil aceitar a hipótese de que a URSS se deixasse arrastar a uma confrontação nuclear com os Estados Unidos para defender o território cubano de uma agressão. Portanto, a manobra de Khruschóv parece ter sido destituída de fundamento racional. Mas não se pode ignorar que ela teve vastas consequências, ao pôr em evidência que a opinião pública norte-americana ainda não havia se conformado com a perda da situação privilegiada de invulnerabilidade do território dos Estados Unidos.

Esse choque brutal marcou o início de nova forma de relacionamento entre os dois grandes rivais. A comunicação direta entre os chefes dos dois governos logo demonstrou sua utilidade. Também ficou claro que erros de cálculo e interpretações equivocadas do comportamento do contendor na Guerra Fria podiam pôr em marcha uma engrenagem fatal e difícil de ser detida. O mais importante é que ficava evi-

---

33. Fred. J. Cook, *The Warfare State*. Nova York: Collier, p. 340.

34. A pressão de interesses econômicos ligados ao que o presidente Eisenhower chamou de "complexo industrial-militar" contribuiu em não pequena medida para exacerbar a opinião pública. Cf. T. Coffin, *The Armed Society: Militarism in Modern America*. Baltimore: Penguin, 1964, p. 165.

denciado que a Guerra Fria não podia ser ganha por meios militares. Era em outras esferas que se devia provocar o adversário, buscando o seu desgaste.

O teórico mais lúcido da Guerra Fria, George Kennan, havia chegado a essa conclusão desde começos dos anos 1950. Ele vinha condenando o que chamou de enfoque legalista-moralista nos assuntos internacionais por parte do governo dos Estados Unidos.[35] Este enfoque conduzia à adoção do *conceito de vitória total*,[36] que lhe parecia superado na época do equilíbrio do poder nuclear. Caberia aos Estados Unidos "conter" a expansão soviética onde esta se manifestasse, "pela aplicação correta e vigilante de contramedidas numa série de pontos móveis geográficos e políticos, correspondendo às manobras da política soviética".[37] O que estava em jogo era uma confrontação entre dois sistemas de vida, dois estilos de civilização. Devia-se demonstrar na prática que o norte-americano é o *de melhor performance*, mais apto a atender aos anseios do homem.

Afastado o temor de um holocausto termonuclear, os norte-americanos se voltaram para a busca de um projeto político mais realista, à altura de seu imenso poder econômico. Por essa época, tudo lhes parecia ao alcance da mão. É então que floresce o projeto da "Grande Sociedade" do presidente Lyndon Johnson. Voltam ao primeiro plano as preocupações com o social, descuidadas desde a época de F. D. Roosevelt. Descobre-se, ou redescobre-se, que a pobreza nos Estados Unidos não é apenas um problema de "bolsões" ou de minorias étnicas. Cabe reconhecer que grande parte da população pobre do país se constitui, em termos absolutos, de brancos. Esses pobres representam cerca de um quarto da população americana, o que em 1963 significava algo entre 40 e 50 milhões de pessoas. Os pobres são mais numerosos entre os idosos, as crianças, as famílias dirigidas por mulheres e as pessoas de baixo nível de educação.[38] Portanto, a sociedade americana está longe de poder apresentar-se como modelo aos demais povos da Terra.

Mas a solução desses problemas estava ao alcance da mão, conforme pretendia demonstrar o novo projeto político: "A Grande Sociedade", afirmou o presidente Lyndon Johnson em maio de 1964, "funda-se na abundância e na liberdade para todos. Ela exige o fim da pobreza e da injustiça social, objetivos que deveremos alcançar em nosso tempo".

Estabilizada a situação internacional, e tidas em conta as possibilidades abertas pelo avanço tecnológico em curso, bastava que se assegurasse o pleno funcionamento do sistema econômico para obter o fluxo de bens e serviços necessários à consecução dos objetivos da nova política. O volumoso excedente canalizado para o

---

35. George F. Kennan, *American Diplomacy 1900-1950*. Nova York: Mentor, 1951, p. 82.
36. Ibid., p. 88.
37. Ibid., p. 99.
38. Michael Harrington, *The Other America*. Baltimore: Penguin, 1962, p. 185.

OBRA AUTOBIOGRÁFICA

Estado permitiria financiar a efetivação do projeto da Grande Sociedade. Esta não seria mais do que a "sociedade afluente" de Galbraith, governada com critério de justiça social. Nas palavras de Walter Lippmann, "a concepção de Johnson da Grande Sociedade funda-se em dois pilares: a afluência controlada e o consenso político".[39] A extraordinária vitória que obteve Johnson em sua eleição para um segundo mandato em 1964 parecia indicar a existência desse consenso na sociedade norte-americana, e o anacronismo de seu contendor, o senador Barry Goldwater, podia ser aferido pelo título de seu livro-manifesto: *Why not Victory?*.

PROJEÇÕES DA GUERRA FRIA NO TERCEIRO MUNDO

A constatação de que o chamado equilíbrio do terror impedia o uso dos grandes meios militares na Guerra Fria, de que esta era em essência uma confrontação a longo prazo de estilos de civilização deslocou para o Terceiro Mundo a principal área de competição. Seriam as populações pobres da Terra que, em última instância, decidiriam para que lado penderia a balança. A vitória do comunismo na China, em 1949, se traduzira na incorporação de um quarto da população mundial à órbita da influência soviética. E os êxitos na solução dos problemas básicos da população que estava obtendo o novo regime na China não podiam deixar de influir em vastas áreas do mundo que se confrontavam com problemas similares. Muitas dessas áreas ainda viviam sob tutela colonial nos anos 1950. Houve, assim, uma tendência a aproximar os anseios de liberação nacional daqueles outros objetivos, mais amplos, de destruição dos sistemas tradicionais de dominação social. De maneira mais geral, toda tutela externa de tipo colonial ou semicolonial — vale dizer, toda forma de dominação econômica externa — passou a ser combatida pelos movimentos nacionalistas, os quais buscavam apoio na União Soviética e na China.

O novo quadro internacional que emergia nos anos 1960 foi claramente percebido pelos soviéticos, conforme se comprova pelo discurso de Khruschóv em 6 de janeiro de 1961, no qual ele afirmou com sua franqueza habitual: "Os comunistas são aqueles que mais se opõem às guerras mundiais, e de maneira geral também se opõem a guerras entre Estados". Pensava Khruschóv que estas últimas podiam degenerar em guerras mundiais. Em seguida, ele distinguia as "insurreições de liberação nacional em busca do direito de autodeterminação e do desenvolvimento autônomo social e nacional". E concluía com ênfase: "Estas são insurreições contra regimes reacionários e colonizadores, e como tais devem ser apoiadas pelos comunistas".

Os norte-americanos interpretaram essas palavras como nítida indicação de que a área principal da confrontação havia sido deslocada para o Terceiro Mundo. O

39. America Tomorrow: Creating the Great Society. Symposium.

456

secretário da Defesa do governo Kennedy declarou enfaticamente no Congresso: "À medida que vamos logrando dissuadir a União Soviética de iniciar as guerras mais amplas, devemos nos preparar para enfrentar esforços cada vez maiores de sua parte em áreas bélicas limitadas". O problema passava a ser de guerra de insurgência no Terceiro Mundo. Nas palavras de um analista militar norte-americano: "Tudo leva a crer que os modos do conflito entre o Ocidente e os Estados comunistas serão provavelmente indiretos, mutáveis, e de alguma forma ambíguos. Tudo indica, também, que esses conflitos se concentrarão nas áreas subdesenvolvidas".[40]

As grandes transformações em curso nas vastas áreas do planeta em que a Revolução Industrial penetrou tardiamente, onde as sequelas do colonialismo se manifestavam como deformações sociais, em que os velhos sistemas de cultura resistiam ao impacto da modernidade — enfim, a ampla convulsão social resultante da crescente interdependência econômica imposta pela difusão da moderna tecnologia, sob a égide de empresas transnacionais —, eram interpretadas como mero produto de uma confrontação ideológica, servindo de cobertura a uma disputa entre duas superpotências pela hegemonia mundial. Essa visão simplificada condicionaria a política externa dos Estados Unidos exatamente no momento em que, no fastígio de riqueza, os norte-americanos pretendiam construir a Grande Sociedade.

Na grande e heterogênea área constituída pelos países de industrialização retardada que, por conveniência, se passaria a chamar de Terceiro Mundo, nem sempre era possível deslindar a insurreição anticolonial, ou um broto de simples nacionalismo, de movimentos inspirados em motivos ideológicos. Por outro lado, os avanços alcançados no quadro de uma nova ordem social podiam ser fruto, no essencial, de fatores culturais. Na China, por exemplo, a simples recuperação da estabilidade interna respondia em boa medida pelos avanços do bem-estar da população, avanços apresentados para fins de propaganda ideológica como devidos à nova ordem social. Mas não há dúvida de que os movimentos progressistas — anticolonialistas, anti-imperialistas ou de simples revolta contra oligarquias locais — passavam a confundir-se, e sempre buscavam apoio no bloco socialista. O desentendimento que se manifestaria entre a União Soviética e a China, pela metade dos anos 1960, não chegou a modificar esse quadro, competindo os dois rivais por áreas de influência no Terceiro Mundo.

O mais grave erro de diagnóstico praticado pelos Estados Unidos ocorreu certamente no Vietnã, onde um movimento anticolonial em um país com larga tradição de luta pela afirmação de sua identidade cultural foi confundido com uma revolta manipulada do exterior. Esse erro seria de consequências consideráveis, e mais do que qualquer outro fato contribuiu para o fracasso do projeto norte-americano de Grande Sociedade.[41]

---

40. John S. Pustay, *Counter-Insurgency Warfare*. Nova York: Free Press, 1965, p. 4.
41. Walter Lippmann, em *America Tomorrow: Creating the Great Society* (op. cit.), pressentiu esse pe-

OBRA AUTOBIOGRÁFICA

Ao esposar a doutrina segundo a qual a confrontação da Guerra Fria dava-se no Terceiro Mundo sob a forma de "insurgências" contra a ordem estabelecida, os norte-americanos estavam reconhecendo a inevitabilidade de intervir nos assuntos internos de grande número de países. Esse passo teria graves efeitos nas relações com os países latino-americanos. O longo avanço na consolidação do princípio de não intervenção, que se consumara na véspera do segundo conflito mundial, iria ruir abruptamente. Já em 1965, a Organização dos Estados Americanos, cujo fundamento era a não intervenção, seria utilizada para cobrir e pretensamente legitimar a intervenção armada do governo norte-americano na República Dominicana. Mas não bastava dispor de uma força de intervenção, dado que o verdadeiro desafio estava em evitar as "insurgências"; para isso, as formas de intervenção eram de matizes os mais diversos. Cabia fomentar a instalação, em cada país, de governos que tivessem como objetivo prioritário prevenir subversões sociais. Uma tal política levaria o governo de Washington a apoiar o status quo social e a combater muitos movimentos cujo objetivo era promover a simples modernização das estruturas sociais, os quais passavam a ser vistos como conspirações visando reforçar o seu contendor na Guerra Fria.

A Aliança para o Progresso constituiu uma tentativa do presidente Kennedy para sair da situação desconfortável que era bloquear os esforços de renovação social em países com estruturas anacrônicas e regimes políticos incapazes de respeitar os direitos humanos. Mas logo ficaria demonstrado que não era possível proteger os regimes políticos existentes sem dar apoio aos sistemas de dominação social instalados na região. Dessa forma, os reflexos da Guerra Fria foram na América Latina particularmente negativos. No momento em que urgia introduzir reformas sociais para evitar que uma industrialização tardia viesse a agravar as tendências estruturais à concentração da renda, reforçava-se a rigidez do sistema de dominação social. Tal política levou o governo norte-americano a prestigiar, se não a fomentar, a instalação de ditaduras militares na maioria dos países latino-americanos.

Estabelecida a doutrina segundo a qual a segurança dos Estados Unidos podia ser ameaçada por movimentos sociais ocorridos em países latino-americanos, já não era de surpreender que as Forças Armadas dos Estados Unidos passassem a se preocupar com esses movimentos e neles viessem a interferir. O espírito da nova política externa norte-americana manifestou-se claramente durante o debate em torno do projeto de pesquisa social que ficou conhecido pelo nome de Camelot. O objetivo desse projeto, financiado pelo Departamento de Defesa, era "identificar com crescente fiabilidade aquelas medidas que um governo pudesse adotar para aliviar as tensões que contribuem para produzir potencial gerador de luta interna e idealizar pro-

---

rigo, pois, após afirmar que o projeto da Grande Sociedade não tinha falha de concepção, afirmou: "Se ele falhar, será por alguma causa externa, porque nos deixamos desviar para algum envolvimento em outro país".

458

cedimentos para atuar sobre esse potencial de luta interna dentro de sociedades nacionais". O memorando de apresentação do projeto, que seria posto em prática em começos de 1965 na América Latina, dizia textualmente: "O Exército dos Estados Unidos tem uma missão importante a cumprir nos aspectos positivos e construtivos da edificação dos Estados nacionais e responsabilidade na prestação de assistência aos governos amigos confrontados com problemas de insurreição ativa". Aí também se reconhecia que "é pouco o que se sabe com respeito aos processos sociais que devem ser compreendidos para se poder manejar eficazmente os problemas de insurgência".

Por esses caminhos, a Guerra Fria veio a desembocar, na América Latina, numa estratégia orientada para diagnosticar precocemente tensões sociais capazes de produzir subversão da ordem estabelecida. Posta a serviço de regimes autoritários, essa estratégia serviria para perpetuar os anacronismos da ordem social existente.

Emergiu, assim, a doutrina segundo a qual as subversões sociais nos países do Terceiro Mundo visavam diretamente enfraquecer a posição militar dos Estados Unidos. Essa doutrina foi assimilada rapidamente pelos sistemas de poder instalados na América Latina, principalmente ali onde se implantara uma ditadura militar. Em documento elaborado em 1966, o governo militar do Brasil pretendeu amarrar em um mesmo conjunto de princípios "ações a desenvolver em todos os campos no planejamento da segurança nacional". Esse conceito abstrato era instituído em princípio normativo da ação do governo em todas as esferas. A obsessão com a "segurança nacional" decorria de que os militares brasileiros haviam tomado ao pé da letra a ideia de que estávamos imersos numa guerra mundial, na qual todos os meios estavam sendo mobilizados e utilizados da forma mais insidiosa. No referido documento se afirma, sem titubear, que "estamos vivendo em uma época de conflito, de uma sistemática revolução mundial, entre comunistas e capitalistas ou entre comunismo e democracia". Logo em seguida se diz: "O comunismo internacional, sob a liderança da URSS e da China, considera os Estados Unidos como o inimigo número um e para destruí-lo esboçou uma estratégia mundial de ação indireta que inclui expansão na Ásia, na África e na América Latina".

A intranquilidade que se observou em muitos países latino-americanos não seria outra coisa senão reflexo dessa guerra indireta contra os Estados Unidos. Portanto, "apoiar a institucionalização da Junta Interamericana de Defesa e a criação da Força Interamericana de Paz" impunha-se como uma evidência. Dava-se assim como obsoleto o princípio de não intervenção nos assuntos internos dos países vizinhos, pedra angular da política externa brasileira seguida até então. Desse elevado nível de abstração se baixava a detalhes. Por exemplo: cabia "pacificar o meio estudantil, anulando os agitadores profissionais, inclusive pela regulamentação da liberdade de cátedra". Em síntese, toda a vida nacional devia subordinar-se aos ditames de uma suposta guerra do comunismo internacional contra os Estados Unidos. As Forças Armadas nacionais deviam ser "reequipadas tendo em conta, particularmente, seu

OBRA AUTOBIOGRÁFICA

emprego na guerra revolucionária no Brasil e na América Latina". O Brasil transformava-se, por esse caminho, em ameaça para seus vizinhos, e suas Forças Armadas recebiam como função precípua a missão de congelar a ordem social com todas as injustiças que esta comportava entre nós.

O HOMEM DO MUNDO PÓS-INDUSTRIAL

A decisão de fixar residência nos Estados Unidos não foi simples. Tive de explicar aos amigos por que me afastava da América Latina. Não me teria sido difícil encontrar uma ocupação interessante na Venezuela, na Argentina, no Chile e mesmo no México. Mas isso exigia de mim empenhar-me de imediato em outra luta. Eu era demasiado conhecido e logo seria procurado pelos líderes dos movimentos de vanguarda locais — ainda mais se eu fosse para alguma universidade —, e a boa verdade é que me sentia exausto e desorientado, como alguém que despertasse de súbito sem o sentido da vista ou da audição. Sem saber bem por quê, desejava isolar-me, poder caminhar dias inteiros sem encontrar um qualquer conhecido. Será que perdera a confiança em minha capacidade de julgar, que começava a descobrir falhas, desacertos no que fizera? Sobretudo, não queria conversar sobre os acontecimentos recentes do Brasil; evitava que me pedissem explicações e odiava a peroração: agora, o que se pode esperar, ou o que se deve fazer?

Despedi-me dos amigos que me acompanharam ao aeroporto de Santiago e dirigi-me ao avião da Panagra ansioso por sentar-me em algum lugar tranquilo e entregar-me aos meus devaneios.

Havia passado o rubicão, doravante podia meter-me na pele daquele indivíduo de que fala Borges, cuja máxima aspiração é ser "uma pessoa qualquer". Por muitos anos viveria em terras às quais não me ligavam os vínculos essenciais que conformam a consciência da cidadania. Não me sentindo corresponsável pelo que acontecia na esfera pública, teria que buscar alhures a motivação que dá sentido e razão de ser à vida. Disporia de muito tempo para pensar. O que importava de imediato era pôr alguma ordem em minhas ideias com respeito ao gigantesco país a que me dirigia e onde teria de abrir uma brecha para inserir-me.

Enquanto sobrevoava a cordilheira dos Andes, em torno da qual se desenha essa louca geografia chilena a que se refere o poeta, comecei a devanear em busca das impressões que meus contatos passados com a civilização norte-americana registraram-me no espírito. Lembrei-me de uma frase que teria lido ou ouvido em alguma parte: dificilmente se encontrará um povo que desperte tanta simpatia no plano pessoal quanto o americano, e dificilmente se encontrará um país cujo comportamento possa parecer tão odioso como os Estados Unidos.

Eu tivera a fortuna de conhecer os americanos em condições muito particulares, que são as da guerra. Como membro do Corpo Expedicionário Brasileiro, integrei o v Exército dos Estados Unidos no teatro de operações da Itália na fase conclusiva da Segunda Guerra Mundial. As circunstâncias permitiram-me ter contato com os norte-americanos como oficial de ligação, em escola de treinamento intensivo, e como paciente em um de seus hospitais de campanha. O espírito democrático que prevalecia naquele exército, a aproximação fácil que se estabelecia entre oficiais e sargentos, e mesmo entre estes e os soldados, me despertara viva admiração. Logo fui percebendo que todos tinham educação básica similar, procediam de uma sociedade pouco estratificada. Com frequência, os sargentos eram especialistas, dominavam uma técnica que utilizavam na vida civil, pouco se diferenciando dos oficiais. O que mais me chamara a atenção fora a falta de "pose" dos oficiais superiores, coisa tão entranhada na liturgia militar. E também a naturalidade e espontaneidade no comportamento e, mais ainda, a alegria de viver, o que à primeira vista poderia interpretar-se como um traço pueril.

Logo percebi que o profissionalismo que lhes permitia alcançar altos padrões de eficiência em tudo o que empreendiam tinha como causa básica o considerável investimento realizado no fator humano desse país. Isso facilitava á comunicação entre eles e permitia que se substituíssem em múltiplas funções, uns aos outros. O material de transporte que utilizavam era de desenho simples para facilitar sua manutenção, que se resumia na reposição de peças desgastadas por outras novas. Davam grande importância ao aspecto psicológico da guerra, preocupando-se com que a tropa tivesse conhecimento atualizado do desenrolar dos acontecimentos. Utilizavam amplamente o cinema como instrumento educativo, inclusive para informar a tropa sobre a realidade da Alemanha, que começava a ser ocupada. Mantinham com os ingleses, cujo viii Exército estava no nosso flanco direito, relações cordiais mas pouco calorosas. Era comum ouvi-los falar da arrogância dos oficiais ingleses e, mais ainda, das diferenças sociais que havia entre eles. Os ingleses, me parecia, tratavam de encobrir sua estreiteza de meios — relativamente à abundância norte-americana — com cerimonial e altaneria.

Sem lugar a dúvida, os americanos haviam tomado consciência de seu enorme poder graças à ação que desenrolavam simultaneamente nos teatros de operações europeu e asiático, terrestre, naval e principalmente aéreo.

Comemorei o Independence Day (4 de julho) de 1945 em um clube de oficiais americanos em Cannes, na Riviera Francesa, e pude me dar conta do sentimento que prevalecia entre eles de pertencer a um povo poderoso, generoso e admirado. Sentimento que possivelmente haviam conhecido os romanos no apogeu de seu poder. Seria subestimá-lo confundir tal sentimento com orgulho ou soberba. Como pessoas, os americanos não se pretendiam superiores, continuavam sendo as mesmas criaturas simples e mesmo modestas. Mas, como povo, imaginavam-se guiados pela Providência, chamados a purificar a Terra dos miasmas que a empestam.

OBRA AUTOBIOGRÁFICA

A primeira viagem que fiz aos Estados Unidos, em 1951, abriu-me os olhos para a complexidade da civilização norte-americana. Graças a convites de colegas das Nações Unidas, pude ter uma ideia do quadro da vida familiar nos subúrbios de classe média das grandes cidades da região leste. O empenho em preservar um contato direto com a natureza, trabalhando no jardim privado ou participando de excursões, a preocupação com as aptidões físicas, não só praticando esportes mas também dedicando-se a atividades manuais ligadas ao bem-estar doméstico, a facilidade de comunicação entre gerações, o tempo dedicado a atividades comunitárias, o consenso em torno de uma mitologia nacional — ideia de pertencer a uma grande nação — que conforta a todos, enfim o mundo norte-americano me parecia bem diferente das sociedades europeias com que eu tomara contato. Como ignorar que estas últimas eram sociedades impregnadas de tensões herdadas de longa história de guerras, de lutas de classes, de insatisfações criadas por prolongadas crises?

No mundo em que me era permitido circular, os norte-americanos pareciam confiar no seu governo sem muito com ele preocupar-se. A ordem das coisas não dependia de decisões governamentais, e sim do respeito a certos princípios. Cabia aos cidadãos prezar as instituições e zelar pela integridade destas. A atividade política ocupava pouco espaço na vida das pessoas. O que ocorria na esfera internacional era visto e julgado de um ângulo moral. As intervenções do governo teriam sido sempre inspiradas pela preocupação de defender a causa da liberdade e do bem-estar dos povos. Eram vistas como um sacrifício que o povo norte-americano suportava. Fora da vida privada, o que realmente preocupava o cidadão era sua carreira profissional. Isso levava muitas pessoas a se deslocarem pelo vasto território. Daí que as relações pessoais fossem, via de regra, circunstanciais. Os irmãos se dispersavam e, a partir desse momento, dificilmente, ou raramente, reencontravam-se.

É pouco comum entre os norte-americanos que alguém se isole para ler nos fins de semana. O corrente é dedicar-se a uma atividade manual e participar de grupos formados por vizinhos.

A conversa é de preferência simplória ou terra a terra, o *small talking* casual. Isso não significa que pessoas de classe média não tenham atividade intelectual. Se eu ocasionalmente me referia a um livro que estava lendo, é possível que alguém inserisse um comentário pertinente. Mas, mesmo entre pessoas de nível cultural elevado, a atividade intelectual parece estar compartimentada, e não transborda para o viver corrente. Creio que essa compartimentação é própria da civilização norte-americana, na qual o fato político ocupa pouco os cidadãos, e a atividade estritamente intelectual é vista como diletantismo. Ademais, a forte preocupação com a carreira pessoal tende a exacerbar a competição entre indivíduos.

Tudo isso me interessava porque eu via nos Estados Unidos a vanguarda de um processo civilizatório que se espraia e se impõe por toda parte. *"De te fabula narratur"*, dissera Karl Marx do porvir daqueles povos que buscavam inserir-se no processo de industrialização iniciado na Inglaterra, significando com isso que deles não se podia esperar muita originalidade. É certo que a história de um povo, mesmo do mais despretensioso, não é contada de antemão. Mas como duvidar de que aquele mundo motorizado, aquela teia de aranha de estradas vicinais que confluíam para grandes eixos de circulação, aquela integração de zonas residenciais com áreas florestais, aquelas casas superequipadas de aparelhos que fazem de cada família um microcosmo voltado para si mesmo, tudo isso tende não a universalizar-se — isso não ocorre nem nos Estados Unidos —, mas a se reproduzir em todas as regiões do planeta como forma de viver representativa de plena modernidade? Essa exemplaridade me interessava porque nela eu via embutido um projeto de homem do futuro.

Assim como houve um homem do Renascimento, empenhado em abarcar o horizonte de conhecimentos acumulados até sua época, e um homem do Iluminismo, voltado para a conquista de patamares sempre mais altos de racionalidade, já era possível antever o homem do mundo pós-industrial, aplicado em galgar os degraus de uma carreira que lhe permita construir o seu reduto de individualidade. A esfera política quase lhe escapa, como se ela gozasse de autonomia, e as engrenagens da esfera econômica em que realiza sua carreira também estão fora de sua percepção, regidas que são por leis que lhe parecem emanar da própria essência da convivência social. Mas como ignorar que esse homem emergente, produto de uma civilização que pôs a serviço do bem-estar humano riquezas incomensuráveis, tem como traço marcante a solidão? Suas motivações pessoais o afastam da esfera política e a obsessão com a "carreira" o transforma em joguete da engrenagem em que está inserido.

Essas ideias me vinham ao espírito não como rejeição antecipada do mundo em que ia penetrar, mas como expressão da curiosidade que me dominava. Começava a compreender que a ida para os Estados Unidos respondia a um impulso profundo de meu espírito: o desejo de conhecer mais amplamente a sociedade que estava engendrando um modelo de civilização que caminhava inexoravelmente para universalizar-se. Não ia aí nenhum julgamento de valor, apenas a comprovação de que, em dados momentos, emergem tipos humanos portadores dos traços mais significativos de uma matriz cultural chamada a exercer papel dominante em amplas áreas do mundo. Foi o que aconteceu com o homem medieval europeu, forjado a partir do século VII pela fusão dos valores cristãos com a disciplina do direito romano, e que um milênio depois ainda estava presente numa Europa dominada pelas guerras de religião. O mesmo se pode dizer do homem chinês, conformado na era Ming, que ainda hoje é visível nas culturas de matriz confuciana que se estendem da Península Indochinesa ao Japão.

O homem moderno europeu é fruto da revolução burguesa — penetração da racionalidade nas relações sociais que conduziu à primazia do indivíduo — e da revolução científica galileana, de onde saiu a ciência experimental. No mundo da profissionalização da política, submetida às leis do marketing, e da predominância de

OBRA AUTOBIOGRÁFICA

megaempresas na ordem econômica, a criatura humana vai submergindo na imensa rede de sendeiros que ela percorre sem saber de onde vêm nem aonde aportam. À diferença da construção utópica socialista, o "homem novo" que emerge na sociedade pós-industrial não é fruto de um projeto idealizado. Ele está sendo plasmado pela interação de processos sociais que ganharam crescente autonomia. A miragem de uma democracia econômica de tipo jeffersoniano perdeu-se no horizonte.

Mas, para mim, os Estados Unidos não constituíam apenas a vanguarda da civilização industrial. Não menos interessante era a experiência que ali se dava de múltiplas formas de relacionamento entre populações de raças e etnias diferentes. Tivera a oportunidade de observar a segregação nos estados do Sul, quando ali ainda se interditava às populações "de cor" o acesso a certos hotéis, bancos de praça, espaços em veículos de transporte coletivo. Anteriormente, eu havia testemunhado esse espetáculo chocante no Exército norte-americano, com sua separação rígida entre unidades "brancas" e "de cor". Perguntava-me como era possível que aqueles homens, vítimas de tão brutal discriminação, fossem para a guerra e lutassem com convicção. A discriminação nos logradouros públicos e nos veículos coletivos não era menos chocante. Eu não percebia a razão de ser daquilo, quando não fosse o propósito de humilhar parte da população e incutir-lhe sentimento de inferioridade. Aparentemente, o que se pretendia era que em nenhum momento, mesmo quando desfrutavam instantes de lazer, se apagasse da consciência dessas criaturas que eram seres "inferiores". A fisionomia dos negros me parecia traduzir um misto de ressentimento e ódio, estampar uma máscara de seres desumanizados.

Em parte tudo vinha de minha imaginação e de meu mal-estar diante do que via. Nos estados do Norte, a discriminação era menos visível, mas nem por isso menos real. A hipocrisia de que se revestia devia ser sobremodo humilhante para uma população negra de nível econômico e social mais elevado. Tivera a oportunidade de presenciar, em Chicago, a invasão e brutal destruição de todos os bens das residências de negros que se haviam atrevido a instalar-se em bairros até então habitados apenas por brancos. Os negros deviam perceber intuitivamente aquilo que Gunnar Myrdal demonstrara com base em análise rigorosa: na luta contra o preconceito, a vitória obtida numa frente tende a propagar-se às demais. E seus adversários não estavam menos alertas. Sabiam que a penetração de uma família negra em um bairro branco provocava a depreciação de todos os imóveis desse bairro. Por isso, havia um pacto entre proprietários para não vender um imóvel a pessoas "de cor". Se um negro lograva burlar esse interdito, a reação era brutal, para ser exemplar.

A preservação de identidade cultural de tantas etnias é dado importante para captar a especificidade do povo norte-americano. As comunidades grega, armênia, polonesa e tantas outras preservam suas tradições e mantêm vivas relações com a pátria de origem, com respeito à qual guardam um profundo sentimento de lealdade. Ser americano é, acima de tudo, arvorar um sentimento de superioridade, estar cons-

464

OS ARES DO MUNDO

ciente de compor um país que suscita inveja em todo o mundo e que pretende cumprir uma missão civilizadora. Nem sempre a esse sentimento corresponde uma identificação completa com o país como sistema de instituições. Daí que o envolvimento na política possa ser restrito, seletivo ou ocasional. Os grupos étnicos de origem asiática, hoje numerosos na costa do Pacífico, encarnam ao extremo essa dicotomia: por um lado, mostram-se profundamente orgulhosos de ser norte-americanos, por outro, se identificam de forma altamente restritiva com a vida política do país.

Quando o avião começou a aproximar-se de Nova York, invadiu-me mais uma vez a sensação de que estava transpondo uma linha invisível que demarcaria definitivamente minha vida. A América Latina era para mim uma verdadeira pátria maior. Habitara em muitos dos países que a formam e a quase todos conhecia com alguma profundidade. Mais ainda, criara-se em mim um sentimento de identidade com os valores latino-americanos a ponto de não saber dizer o que em mim era latino-americano ou especificamente brasileiro. Daí que nunca pudesse me sentir exilado em terra latino-americana.

Agora eu aportava em um outro mundo, não mais como alguém que chega para cumprir uma missão, preservando seus vínculos com a casa paterna. Fora expelido de meu próprio país, que deixara de ser para mim a pátria que nos protege para transformar-se em ameaça. Sabia que meu exílio seria longo e que as condições tão particulares que me haviam permitido tentar ir além da esfera intelectual no empenho de realizar algo para minorar aflições de meu povo já não se repetiriam. Mas não aceitara a ideia de desvincular-me de meu mundo, de adotar uma nova pátria. Durasse dez, vinte ou trinta anos esse exílio, ainda assim conservaria a língua nativa como principal instrumento de expressão de minhas ideias. Havia uma tarefa intelectual a realizar: produzir ideias que fossem de utilidade para a nova geração. Devia engenhar-me para contornar uma inevitável censura, e saber esperar, caso os obstáculos se afigurassem intransponíveis. Nem sempre as ideias ficam obsoletas com o passar do tempo; por vezes, ganham em vigor. Veio-me então ao espírito que realizaria uma tarefa útil se contribuísse para que os latino-americanos tivessem um melhor entendimento dos Estados Unidos. Perguntava-me por que não existem entre nós cursos universitários ou simples debates públicos sobre os Estados Unidos, sua sociedade, suas estruturas de poder, sua tradição de intervenção nos assuntos internos dos países latino-americanos, seu peso na economia mundial, sua influência na atual conformação das instituições que regem o capitalismo.

Chamara-me a atenção o interesse que dedicam os europeus ao estudo dos Estados Unidos, em contraste com nossa negligência. Recordava-me do curso de André Siegfried no Instituto de Ciências Políticas em Paris, e dos cursos e seminários da Universidade de Cambridge que me haviam aberto os olhos para as peculiaridades

OBRA AUTOBIOGRÁFICA

da civilização norte-americana e sua crescente importância no desenho do estilo de vida contemporâneo.

No estudo dos países que se formaram nas terras americanas como projeção da expansão europeia, a partir do século XVI, a experiência norte-americana ganha significação particular. Nenhuma questão me obcecou tanto como esta: por que eles encontraram o caminho certo, o do desenvolvimento, e nós, o errado, o do subdesenvolvimento? Não há melhor método para compreender a regra do que estudar a exceção. Eu não teria escrito *Formação econômica do Brasil* se não me houvesse sido dada a oportunidade de estudar a colonização francesa e a inglesa nas terras do Caribe e da América do Norte. Houvesse prevalecido na formação da sociedade norte-americana o sistema de plantações — houvessem os estados do Sul escravagista constituído uma entidade política independente — e grande parte da América inglesa teria uma estrutura social similar à nossa ou à da África do Sul. É na colonização de povoamento — a qual pode ser considerada como uma anomalia na formação das nações americanas — que descobrimos a matriz social dos Estados Unidos. A colonização de povoamento engendrou ab initio uma sociedade autogerida, um sistema econômico voltado para a satisfação das necessidades locais.

A rigor, as colônias de povoamento inglesas só se diferenciaram da matriz social que as engendrou por terem aberto mais espaço à atuação do indivíduo. Os Estados Unidos não foram outra coisa senão uma prolongação da sociedade europeia em seu segmento mais dinâmico. Como essa prolongação se fez mediante incorporação de recursos naturais, particularmente solos abundantes, surgiram condições para alcançar uma homogeneização social mais ampla do que a prevalecente na Europa.

Cabia-me agora prolongar e aprofundar esses estudos, não mais com o objetivo de captar o fenômeno do subdesenvolvimento em sua formação histórica, mas principalmente para compreender a situação de dependência a que fomos arrastados numa fase relativamente avançada de nossa industrialização. Tomei então a decisão de anotar minhas observações, leituras e reflexões sobre os Estados Unidos durante o período que lá permanecesse, o qual me parecia dever prolongar-se por alguns anos.

WOODBRIDGE

No aeroporto de Idlewid, tomei uma limusine para New Haven, onde se localiza a Universidade de Yale. Estávamos no mês de setembro, e o verão nessa região da Nova Inglaterra se prolonga bem mais do que na Europa. Tem-se a impressão de estar em terras semitropicais pela alternância de áreas exuberantes e outras calcinadas ou de vegetação rarefeita. No outono, essa mesma região se transfigura, exibindo uma rica variedade de cores. Suas áreas urbanas são esgarçadas, perdem densidade e entremeiam-se nas florestas de coníferas até novamente ganhar cor em outra cidade.

466

OS ARES DO MUNDO

Toda a faixa atlântica que se estende ao norte da cidade de Nova York por centenas de quilômetros é praticamente urbanizada.

Quando cheguei a New Haven, comemorava-se o Dia do Trabalho. Algo entre festa carnavalesca e um desfile cívico entremeado de cartazes de propaganda comercial. O Primeiro de Maio, que em quase todo o mundo se celebra como o Dia do Trabalho, teve sua origem em violenta repressão de uma manifestação de trabalhadores nos Estados Unidos, país onde, porém, a data é ignorada. É possível que, por isso, o Primeiro de Maio por toda parte seja dia de afirmação da classe trabalhadora e denúncia das injustiças sociais. Rememoram-se as lutas dos trabalhadores para melhorar a condição dos assalariados, para poder ascender na esfera política e mesmo impor uma nova forma de organização social que se supõe mais justa. Daí que essas comemorações assumam uma linguagem de reivindicação e denúncia.

O que, naquele momento, eu estava presenciando era exatamente o inverso: um divertimento patrocinado por grandes empresas, explosão de alegria de um grupo social que expunha sua satisfação. Pensei comigo: esta é uma sociedade sem classes, ou pelo menos sem luta de classes. E esse era um ponto que deve ter em conta quem pretende captar o espírito da civilização norte-americana, na qual não vingou nenhuma tradição de luta com a pretensão de modificar a ordem social existente. John Dewey, o pensador liberal mais arguto que produziram os Estados Unidos, atribuiu essa situação à "adoração verbal e sentimental pela Constituição".[42] Mas não se pode afirmar que existe imobilismo social nesse país, o que seria incompatível com o dinamismo de uma sociedade que demonstrou ser apta para produzir e absorver doses tão fortes de avanço tecnológico. Eu estava simplesmente constatando que a sociedade norte-americana havia alcançado a fase em que as confrontações de classes já não desempenham papel de relevo em sua dinâmica.

Uma sociedade que ocupa posição de vanguarda no processo civilizatório não pode ser cabalmente compreendida; temos de nos satisfazer com a explicação tão somente de alguns de seus aspectos. A singularidade dos Estados Unidos não resulta apenas das particularidades de sua história, mas também do fato de que o seu presente está mais livre de constrangimentos que o dos países cujo desenvolvimento consiste em reproduzir os padrões de comportamento lá surgidos originariamente. Em outras palavras, os povos que ocupam a vanguarda no avanço de uma civilização desfrutam necessariamente de margem maior de liberdade.

Em 1964, ano em que me fixei em New Haven, a ninguém ocorria pensar que esse avanço dos Estados Unidos viesse a desaparecer no curso de uma geração.

Logo me instalei numa bela mansão na localidade de Woodbridge, nas proximidades da Universidade de Yale. A casa, construída em madeira, situava-se em um ter-

---

42. John Dewey, *Liberalism and Social Action. The Later Works, 1925-53*. Carbondale: Southern Illinois University, 1987. v. XI.

OBRA AUTOBIOGRÁFICA

reno de pelo menos meio hectare coberto de floresta, na qual se intercalavam árvores frutíferas, principalmente macieiras. A floresta se prolongava em todas as direções e os vizinhos estavam a suficiente distância para não ser vistos. A casa não tinha número, e sim o nome do ocupante em uma tabuleta sobre a caixa em que o carteiro deveria depositar a correspondência. Um pequeno riacho, que gelava no inverno, demarcava o terreno na parte dos fundos. Nenhum transporte coletivo servia à região, cujos habitantes deviam estar plenamente motorizados. A ninguém ocorria andar a pé por aquelas redondezas, a menos que fosse *flâneur* da vizinhança. Disseram-me que, se aparecesse um forasteiro, eu não me preocupasse, pois logo seria interpelado pela polícia de ronda.

Essa casa fora construída por um professor de zoologia que se fizera famoso por estudos do comportamento de certas espécies de símios que eram por ele criados em pequenos cubículos localizados a uma dezena de metros do corpo principal da construção, na parte posterior. O professor estudara o desenvolvimento da inteligência desses animais, utilizando como referência um filho seu de idade próxima, e pretendeu comprovar que, no correr de uma primeira fase, a inteligência humana e a do símio apresentavam comportamentos similares. Interessava-lhe determinar o momento preciso em que as duas curvas se distanciavam.

Posteriormente, a casa passara a um professor de francês, de cuja bela biblioteca eu desfrutava pressuroso. Beneficiava-me do ano sabático desse professor, passado na Europa, para gozar da maravilhosa tranquilidade proporcionada por aquele recanto, habitado pela alta classe média de um dos estados de mais elevado nível de renda do país. Surpreendeu-me sobremodo o fato de as portas da casa prescindirem de fechadura ou, havendo esta, inexistirem chaves. Era como se estivéssemos em um acampamento, onde trancar-se denunciava suspicácia com respeito aos vizinhos ou alguma mania de mau gosto. Fora o automóvel, que tive de comprar, e os objetos de uso pessoal que trouxera comigo, tudo existia na casa, cabendo-me apenas iniciar-me no complexo manejo dos múltiplos aparelhos domésticos. Descobrira o lugar ideal para isolar-me e para ocasionalmente reunir-me com colegas em tertúlias improvisadas. Dispunha de quarto de hóspedes para abrigar algum amigo de passagem, o que me permitia prolongar pela noite a conversa com as pessoas que me visitavam.

O CENTRO DE ESTUDOS DO CRESCIMENTO ECONÔMICO

No correr dos anos 1960, os estudos do desenvolvimento econômico adquiriram grande impulso nas universidades norte-americanas. A abundância de recursos financeiros destinados a esse fim era indicação clara de que o governo e as grandes empresas tinham tomado consciência da necessidade de instrumentos mais sofisticados para manter sob controle a vasta periferia do mundo capitalista. Havia em muitas universidades certa tradição de estudos de história e antropologia latino-americanas. Agora, se considerava necessário voltar-se para o presente e focalizar esses estudos no contexto de cada país individualmente.

Os rumos que tomam as pesquisas universitárias dependem, por toda parte, em boa medida, das facilidades de financiamento, mas o prestígio que advém ao pesquisador nem sempre segue na mesma direção. Assim, os trabalhos teóricos em torno do crescimento alcançaram relevo à medida que entroncaram com o tratamento da dinâmica das economias desenvolvidas; mas, se deslizavam para as especialidades das regiões "atrasadas", confundiam-se com os estudos de "áreas" de escasso prestígio nos círculos acadêmicos. Ainda assim, não havia dificuldade em recrutar pesquisadores, alguns de valor incontestável, particularmente entre estrangeiros em busca de oportunidade para fixar-se nos Estados Unidos.

No Centro de Estudos do Crescimento Econômico da Universidade Yale, a pesquisa estava orientada para a análise de países representativos do mundo subdesenvolvido, o que parecia ser imperativo para a obtenção de financiamento, se bem que o seu segmento mais nobre consistisse num esforço para restaurar o prestígio do pensamento neoclássico como base desses estudos. Tinha-se em vista resgatar os modelos dualistas, que Arthur Lewis havia baseado em premissas clássicas — estranhas ao enfoque do equilíbrio geral —, para integrá-los na corrente do pensamento neoclássico, então no começo de sua ofensiva contra o keynesianismo. Desvinculado de uma teoria institucional de distribuição da renda, ou de apropriação do excedente, o modelo de Lewis se esfumava em vazio exercício de geometria. Mas isso não impedia que o ambiente intelectual fosse estimulante, orientando-se cada pesquisador por suas próprias preferências.

Os estudos por países visavam ao duplo objetivo de reunir o máximo de informação econômica básica, que permitisse criar um verdadeiro banco de dados — o que serviria de material bruto para pesquisas futuras —, e de estabelecer relações com pessoal local dos países concernidos. Daí que o economista destacado para estudar determinado país devesse fixar nele sua residência por um certo número de anos. Esperava-se que ao cabo de dez anos o Centro estivesse equipado de informação e de pessoal para produzir estudos especializados em torno da situação econômica de cada um desses países. Para dar um exemplo: Carlos Díaz Alejandro, economista de origem cubana mas com formação universitária norte-americana, produziu dentro desse programa uma série notável de estudos sobre a economia argentina. Desse grupo de economistas jovens, todos ocupados em estudos por países, o que mais me impressionou foi o canadense Stephen Hymer, a quem coube especializar-se na economia de Gana. Percebendo que a grande empresa é uma forma de organização econômica que se sobrepõe aos mercados, ele se pôs a estudar os reflexos desse fenômeno no comércio internacional. Seus trabalhos foram seminais para a compreensão da transnacionalização como forma emergente de organização das atividades econômicas. Foi para mim de grande importância tomar contato com os trabalhos de Hymer e ter podido discutir amplamente com ele sobre o fenômeno da transnacionalização das empresas. Graças a isso, foi-me possível captar nos anos seguintes a verdadeira natureza do sistema bancário internacional, o qual viria a ser o elemento determinante na evolução da economia capitalista a partir dos anos 1970.

Parte de meu tempo era absorvido em visitas a outras universidades, de onde me chegavam convites para participar de seminários ou pronunciar conferências. Estas últimas me interessavam pouco, dado que com frequência eram abertas a um público heterogêneo, com participação da comunidade local. Cabia-me responder a perguntas ingênuas de pessoas cuja fonte de informação se limitava à imprensa local e aos programas de televisão. Todos se mostravam horrorizados com as arbitrariedades praticadas pelos militares que assaltavam o poder nesse ou naquele país latino-americano, mas se preocupavam acima de tudo com a "ameaça comunista". "O senhor não concorda que Goulart é um comunista ou está influenciado por marxistas?", era a pergunta-chavão.

Logo me fui dando conta da total futilidade de tentar esclarecer essas pessoas. Caso eu procurasse ser didático, começando pelo elementar, algum pedante me cortaria a palavra com a pergunta: "Por que os governos na América Latina são tão corruptos?". Eu podia responder em seco que não acreditava que houvesse necessariamente mais corrupção do que em outras partes, mas isso não levava a nada, servindo apenas para acabrunhar-me. Contudo, a discussão com parvos ou pessoas ignaras — em todas as partes catando argumentos para formar-se uma boa consciência — não era o que mais me afligia. Em ambientes mais restritos, em que o nível de informação era elevado, o debate da realidade latino-americana (mais especificamente da realidade brasileira) podia ser ainda mais constrangedor para mim. É que não se podia evitar abordar o problema da responsabilidade do governo de Washington, ou das empresas norte-americanas, no processo político latino-americano. Como ignorar que a sobrevivência das oligarquias mais anacrônicas, a longevidade das ditaduras mais sanguinárias se deviam ao apoio direto ou indireto dos interesses norte-americanos?

Reconhecer certos fatos nem sempre é fácil, ainda que muitas pessoas estivessem inclinadas a concordar que abusos eram praticados e mesmo denunciados à opinião pública norte-americana. Mas, se a conversa era aprofundada, raro seria o interlocutor norte-americano — fora ou dentro do mundo acadêmico — que não partisse da premissa de que a defesa dos interesses dos Estados Unidos, neste ou naquele país latino-americano, exigia ocasionalmente a interferência do governo de Washington. A doutrina da não intervenção nos assuntos internos dos demais países do hemisfério, formalizada no governo de F. D. Roosevelt, não fora assimilada em nenhum segmento da população norte-americana.

Ora, a partir do momento em que um povo se investe do direito de intervir nos assuntos internos de outro, tudo passa a depender do arbítrio e dos critérios do mais forte. Essa tela de fundo é habilmente disfarçada, construindo-se para encobri-la uma retórica de conteúdo moralista. A intervenção nunca seria inspirada pelo propósito de "fazer mal" a este ou àquele povo. Esse tipo de racionalização me deixava com os nervos à flor da pele. Não raro alguém se compadecia de mim — de preferência, um desses scholars europeus transplantados para as universidades norte-americanas, homens de muita sabedoria e não destituídos de algum cinismo. O conforto que me ofereciam era: "Temos de reconhecer que as relações internacionais quase sempre foram assimétricas. Nessa área, não se deve contar com benevolência ou filantropia. Os que não têm poder apelam para as normas do direito internacional. Os que têm poder utilizam-no ou não em função das circunstâncias. O clima da Guerra Fria não favorece os fracos na cena internacional".

Mas nem sempre as visitas a universidades me expunham a provas tão desgastantes. A visita a Harvard foi particularmente gratificante. Lá conheci Constantine Vaitsos, um economista grego que trabalhara alguns anos na Colômbia e realizara pesquisas pioneiras no campo da administração de preços pelas empresas transnacionais. Seus estudos permitiram comprovar o elevado custo da tecnologia "transferida" para os países periféricos e as limitações inerentes a essa suposta transferência. Dizia-se na época que o professor Raymond Vernon, coordenador das pesquisas sobre transnacionais em Harvard, insurgira-se contra as revelações de Vaitsos de forma violenta. O apoio de Galbraith, contudo, permitiu-lhe concluir seu doutorado. Um jantar que um grupo de colegas de Harvard teve a bondade de me oferecer contou com a presença do mesmo Galbraith, que fez as vezes de anfitrião. Em umas poucas palavras de agradecimento que pronunciei, disse-lhes que não procurassem entender o que me ocorrera e me arrastara ao exílio. O único culpado era eu mesmo, pois, sendo um simples intelectual, aventurara-me em águas que somente os navegantes provados podem afrontar. Galbraith, com muita graça, respondeu que minhas palavras eram incompreensíveis, não pelo que eu havia feito e sofrido, mas porque pretendia ser algo que nenhum norte-americano sabe o que é: um intelectual. Anos depois, ele me diria que se inspirara em minhas palavras para pintar um dos personagens de seu único romance. Naquela época, ele estava preocupado com coisas mais reais, pois acabara de escrever uma grande obra, *O novo Estado industrial*.

Na Universidade de Yale encontrei economistas que trabalhavam sobre temas de vanguarda, como Martin Schubic, James Tobin e Robert Triffin. Com este último, grande especialista em economia monetária internacional, minhas relações eram estreitas e datavam da época em que ele nos dera assistência na montagem de um sistema monetário latino-americano no âmbito das atividades da Cepal. Triffin percebia com extraordinária lucidez as consequências negativas da orientação que tomara a economia monetária internacional, se bem que o processo de transnacionalização dos bancos apenas se iniciasse. Ele se deu conta, antes de qualquer outro estudioso da matéria, de que as instituições de Bretton Woods estavam seriamente ameaçadas, e

OBRA AUTOBIOGRÁFICA

que com o crescimento desmedido das reservas em dólares de alguns bancos centrais europeus a posição da moeda norte-americana era insustentável. As medidas que vinham sendo tomadas em Washington contribuíam para agravar a situação.

O estudo desse problema me permitiu perceber que, não apenas entre nós, os economistas acadêmicos pouca ou nenhuma influência têm sobre os centros de decisão. Os interesses econômicos e financeiros vinham operando no sentido de internacionalizar a economia norte-americana, com as grandes firmas investindo de preferência no exterior, onde a mão de obra era mais barata e os mercados se encontravam em rápida expansão. Dessa forma, as firmas norte-americanas vinham conseguindo anular a pressão que os sindicatos exerciam no sentido de elevar a participação dos salários no valor agregado. A transnacionalização era vista, de preferência, como contribuindo para aumentar o poder econômico dos Estados Unidos, sendo poucos os que percebiam que na verdade esse poder se estava dissolvendo. O dólar perdia consistência como moeda reserva e a balança de pagamentos em conta-corrente apontava para uma mudança de signo de positivo para negativo. Triffin pensava que os gastos do governo norte-americano eram excessivos, mas o ano (1964) era de eleição e os dois candidatos apontavam para o aumento dos gastos governamentais: um no campo militar (Goldwater) e o outro no plano social (Johnson).

Havia no Centro de Estudos do Crescimento Econômico economistas com bom conhecimento do pensamento latino-americano em matéria de desenvolvimento, como era o caso de Werner Baer, grande especialista em economia brasileira. Mas esse pensamento parecia ser de total irrelevância para as pessoas de maior influência e inexistia no ensino universitário ministrado no Centro. Eu levantara essa questão, e muitos concordaram comigo em que o estudo do desenvolvimento requeria um enfoque interdisciplinar, e mesmo de novo quadro conceitual dentro da própria economia. Mas a verdade é que ninguém se atrevia a afastar-se do paradigma dominante, temendo uma inevitável desqualificação acadêmica. Até então, não me apercebera do verdadeiro terrorismo que exerce na economia a escola do pensamento dominante. Trabalhar fora do paradigma do equilíbrio geral era autodesqualificar-se. Aqueles que tentavam recuperar o conceito clássico de *excedente* deviam aceitar a etiqueta de marxistas, com as implicações que isso trazia, porquanto o marxismo não era tido como uma forma de conhecimento científico. O dogma implícito era que a ciência não é normativa, portanto prescinde de juízos de valor. Esse positivismo impregnava o estudo e o ensino da economia. É fácil criticá-lo, diziam-me, mas se sairmos dele perderemos o pouco de consistência científica que obtivemos até agora.

Como eu participava de muitos seminários, sendo convidado a expor meu pensamento, tomei a decisão de procurar ordenar minhas ideias de forma a lhes dar certa concisão. As improvisações que fora obrigado a fazer, respondendo a perguntas, me haviam colocado em situação desconfortável. Mais de uma vez saí deprimido dessas reuniões, pois as perguntas que me faziam obrigavam-me a recuar para posições nem sempre sustentáveis. Quando eu dizia que a problemática do subdesenvolvimento requer uma teorização autônoma, que subdesenvolvimento não é uma "etapa", e sim uma configuração que se reproduz em distintos níveis do crescimento, o ceticismo era a regra. Decidi-me então a preparar um texto que me servisse de base às exposições que teria de fazer em várias universidades e constituísse mesmo o conteúdo de pequeno curso introdutório. Evitei o quanto possível emaranhar-me no debate metodológico, mas não pude esquivar a abordagem de questões normativas, pois ninguém estuda o subdesenvolvimento senão para contribuir para sua superação.

EXPLICANDO O SUBDESENVOLVIMENTO

Em síntese, as ideias que expus foram as seguintes:

O avanço da civilização industrial em uma primeira fase — digamos, até os anos 1870 — caracterizou-se pela prevalência da ação de fatores de ordem econômica, principalmente ligados a transformações estruturais da oferta de bens e serviços. A moderna tecnologia ia sendo aplicada na criação de novos bens e na invenção de novos processos produtivos, os quais entravam em choque com o velho sistema de produção artesanal, acarretando modificações na estrutura social através da concentração de atividades produtivas e da urbanização. Em razão da elasticidade da oferta de mão de obra, os salários reais tendiam a permanecer estáveis, crescendo os lucros, parte substancial dos quais ia financiar novas indústrias.

O setor produtor de bens de capital demonstrou ser campo particularmente propício à penetração de novas técnicas, o que criaria condições para redução progressiva dos preços relativos dos equipamentos e para a consequente elevação da taxa de investimento. Foi possível, assim, progredir na absorção do excedente de mão de obra formado pela desorganização da produção artesanal e pela penetração da técnica moderna na agricultura. Eliminado o setor pré-capitalista como reservatório de força de trabalho, a classe trabalhadora passou a disputar aos capitalistas os frutos do incremento de produtividade criados pelo avanço tecnológico, o que conduziria a modificações na distribuição da renda.

Nessa segunda fase do desenvolvimento do capitalismo, o fator dinâmico básico esteve na pressão social da massa trabalhadora para aumentar sua participação no incremento do produto. Essa pressão não chegou a comprometer o desenvolvimento, por meio de redução na taxa de poupança, porque a classe capitalista estava em condições de contra-atacar com tecnologias poupadoras de mão de obra. Contudo, ao apoiar-se no avanço da tecnologia, a classe capitalista comprometeu-se fundamentalmente com o desenvolvimento, pois o progresso das técnicas não seria possível em uma economia estagnada. Existe, assim, um antagonismo de caráter social entre capitalistas e trabalhadores com respeito à divisão do produto. Esse antago-

OBRA AUTOBIOGRÁFICA

nismo, entretanto, vai sendo permanentemente superado por meio do crescimento do produto, o qual decorre da assimilação de novas técnicas de produção.

Apresentando esse quadro básico da dinâmica das economias industrializadas, voltei-me para o caso do subdesenvolvimento tal qual o víamos na América Latina.

Após longo período de busca de inserção mais ou menos exitosa nos mercados internacionais como exportadores de produtos primários, vale dizer, mediante a utilização mais intensiva de mão de obra e recursos naturais disponíveis, os países latino-americanos tentaram o caminho da diversificação das estruturas produtivas. A industrialização desses países não surgiu de uma deliberação política, ela é fruto indireto da longa depressão nos mercados internacionais de produtos primários iniciada com a crise de 1929. Foi necessário que se passasse um quarto de século para que o quantum do comércio mundial de produtos agrícolas superasse os níveis de 1929.

Em sua primeira fase, a industrialização latino-americana assumiu a forma de substituição dinâmica das importações. Os investimentos orientavam-se no sentido de diversificar a estrutura produtiva a fim de que a oferta interna cobrisse os espaços que uma oferta externa insuficiente deixava vazios. Como havia fatores de produção subutilizados, mesmo que a produção industrial fosse a custos relativamente altos pelos padrões internacionais, as novas indústrias contribuíam para aumentar o produto social. Na industrialização substitutiva, o competidor externo é eliminado em razão do colapso da capacidade para importar, o que permite ao produtor interno praticar uma política de preços elevados. Instalados no início em posições privilegiadas, os industriais substitutivos de importações procurarão nas fases subsequentes manter essas posições.

Outra causa básica da especificidade da industrialização latino-americana está em que ela se realiza em uma época em que a tecnologia disponível se orienta sistematicamente no sentido de poupar mão de obra. Se bem que haja vantagem de dispor de uma tecnologia já elaborada e provada, não se pode ignorar que uma tecnologia exógena não é a mesma coisa que a inovação tecnológica engendrada pelo próprio processo de desenvolvimento. Como a incorporação de fatores é feita não em função da disponibilidade destes, e sim do tipo de tecnologia utilizada, mesmo com uma taxa de salário igual a zero inexiste a possibilidade de absorção da mão de obra disponível. As consequências no plano da distribuição da renda são óbvias.

Seja porque os equipamentos disponíveis nos mercados internacionais incorporam tecnologia em uso nos países industrializados, seja porque o progresso técnico é multiforme, não sendo possível separar a economia de mão de obra da de outros insumos, seja ainda porque as empresas dos países subdesenvolvidos são subsidiárias de empresas transnacionais, o resultado final tem sido sempre o mesmo: os países subdesenvolvidos seguem de perto os padrões tecnológicos dos países industrializados. Em consequência, o excedente de mão de obra — o subemprego — manteve-se ou mesmo tendeu a crescer com a industrialização periférica. É essa incapacidade para alcançar a segunda fase do processo de desenvolvimento capitalista — fase em que as estruturas sociais tendem a homogeneizar-se — que configura o subdesenvolvimento atual.

Abordei em seguida as diferenças entre desenvolvimento e subdesenvolvimento no plano social.

A urbanização ocorrida paralelamente à industrialização dos países que lideram o capitalismo moderno deu origem a sociedades estruturadas em classes com antagonismos e complementaridade de interesses a um só tempo. A luta pela elevação dos salários reais traduz-se a curto prazo em ameaça aos interesses da classe capitalista. Contudo, a pressão daí resultante provoca uma resposta no plano tecnológico, acarretando a elevação da produtividade. Dessa forma, o antagonismo põe em movimento forças que engendram sua superação. Tomando consciência dessa realidade, a classe capitalista percebeu a vantagem de institucionalizar o processo de confrontação, o que foi feito por intermédio do reconhecimento e da regulamentação do direito de greve e de outras modificações nas instituições políticas visando adaptá-las aos requerimentos de nova dinâmica social.

A urbanização dos países de industrialização retardada é fenômeno diverso: decorre de complexas modificações na estrutura ocupacional, tais como o crescimento de atividades mercantis ligadas ao comércio exterior, a persistência de formas de organização pré-capitalista no campo, a penetração de técnicas modernas em certos setores da agricultura, a extrema concentração da renda que a industrialização substitutiva agrava, o aumento relativo das atividades estatais e a aceleração do crescimento demográfico. A pressão que essa massa urbana heterogênea exerce para aumentar sua participação na renda é fenômeno distinto do comportamento das massas trabalhadoras inseridas no setor moderno do sistema produtivo. Com efeito, as massas dos países subdesenvolvidos aspiram a ter acesso a empregos que o sistema produtivo moderno não está capacitado para criar.

Explica-se, assim, que nos países capitalistas industrializados os problemas sociais criados por conflitos em torno da distribuição da renda — problemas de racionalidade substantiva, na terminologia de Max Weber — tenham sua solução facilitada pelo próprio avanço da técnica, vale dizer, pela difusão de critérios de racionalidade instrumental. A tecnologia desata os nós engendrados pelos antagonismos de classe. De forma diversa, nas estruturas subdesenvolvidas a maneira como penetra a técnica moderna cria problemas de amplas projeções no plano social. A solução desses problemas terá de ser de natureza política, envolvendo tomada de posição com respeito a juízos de valor. Daí que a industrialização retardada se produza em um quadro de grande instabilidade institucional.

Passando ao plano ideológico, sublinhei o fato de que a industrialização no quadro do que chamei de capitalismo clássico suscitara meios propícios ao reformismo social, tanto pela via do liberalismo como pela do socialismo. Com efeito, a eficácia

OBRA AUTOBIOGRÁFICA

do liberalismo dá-se em um contexto social em que o progresso técnico opera no sentido de abrir caminho à solução dos principais problemas sociais surgidos com o desenvolvimento das forças produtivas, o que simplifica sobremaneira a ação do Estado ou a transfere para mecanismos reguladores só indiretamente condicionados por critérios políticos. Por seu lado, a doutrina socialista contribuiu para acirrar o desafio da classe trabalhadora ao sistema de distribuição da renda, sem contudo afetar a forma de organização da produção. Essa dinâmica social baseia-se em conflitos entre classes cuja visão política reflete a forma como estas se integram no processo produtivo. Daí que liberalismo e socialismo se hajam completado dialeticamente no processo de desenvolvimento econômico e social possibilitado pela industrialização de vanguarda.

Não é difícil perceber que nos países subdesenvolvidos a penetração do progresso técnico está longe de facilitar a solução dos conflitos sociais de natureza substantiva, pois as massas que se acumulam nas grandes cidades não estão estruturadas e capacitadas para disputar os frutos do progresso. Daí que os sistemas ideológicos tradicionais (liberalismo e socialismo) sejam de escassa aplicabilidade. No processo histórico latino-americano, o liberalismo — ideologia voltada para a preservação do status quo social mediante reformas graduais — foi substituído pelo autoritarismo. Mas este, ao afogar as forças sociais que pressionam no sentido de redistribuição da renda, frustra o desenvolvimento, pois limita os seus benefícios a uma minoria social. Por seu lado, o socialismo — ideologia voltada para a justiça social — transfigurou-se em populismo. Ora, o esforço redistributivista do populismo não encontra correspondência no aumento de produtividade, dado que a redistribuição não se apoia no desenvolvimento das forças produtivas, sendo mesmo corrente que lhes sirva de obstáculo.

Terminava eu afirmando que por motivos de várias ordens, particularmente éticos, tínhamos de condenar o autoritarismo. Ele agrava a exploração da massa trabalhadora e priva as pessoas de seus direitos fundamentais, que são os civis. Portanto, restava partir do populismo e conduzi-lo por etapas para um regime que conciliasse a busca prioritária do desenvolvimento com critérios de distribuição social. Isso requeria organizar massas heterogêneas, sem deslizar para a manipulação da opinião pública em função de objetivos personalistas.

Enquanto nos países industrializados as forças do mercado em princípio asseguram o crescimento econômico, podendo o governo limitar-se ao exercício das funções reguladoras macroeconômicas, nos países subdesenvolvidos quase sempre o crescimento requer modificações estruturais, vale dizer, uma atuação bem mais complexa do Estado. Nos países industrializados, o padrão de distribuição da renda traduz o equilíbrio das forças sociais organizadas e inseridas no sistema produtivo. De alguma maneira, é o mercado de fatores de produção que regula essa distribuição: a elevação histórica dos salários reais retrata a progressiva escassez relativa da mão de obra.

476

OS ARES DO MUNDO

Nas economias subdesenvolvidas, o mercado de fatores de produção opera no sentido da crescente concentração da renda, inexistindo na sociedade civil forças capacitadas para contrapor-se a essa tendência. Cabe reconhecer que só o Estado pode preencher a lacuna, arbitrando entre acumulação e distribuição. Ele atua numa ou noutra direção conforme as forças sociais que o controlam. Importa assinalar que, qualquer que seja o lado para o qual vá o sistema de poder — autoritarismo ou populismo —, a resultante é uma situação instável, pois o excesso de concentração da renda provoca instabilidade social e o excesso de distribuição frustra o crescimento.

Como buscar um consenso que permita conciliar as forças que se apresentam numa e noutra tendência? Parecia-me que a única saída estava num esforço de educação política, o qual só era factível em uma sociedade aberta e com maior participação social no processo político. Daí que o autoritarismo seja ainda mais danoso que o populismo; ele restringe a participação da cidadania na atividade política e degrada o exercício do poder ao privá-lo de controle social. Mantendo a sociedade aberta, o populismo é suscetível de aperfeiçoamento. Mas não tenhamos dúvida de que a evolução — entendida como superação das limitações atuais — não produzirá um liberalismo similar ao que prevalece nos países industrializados, pois, enquanto não for vencida a barreira do subdesenvolvimento, as funções do Estado se manterão complexas e estaremos longe daquela fase em que os problemas políticos têm sua solução facilitada pela simples assimilação de novas técnicas. Portanto, não se trata de transplantar para os países subdesenvolvidos instituições políticas que comprovam sua eficácia nos países pioneiros da industrialização. A prática política terá que indicar os caminhos a seguir na construção do quadro institucional que dê efetividade aos ideais de liberdade, bem-estar e tolerância, que são a essência da civilização moderna.

AS PRIMEIRAS RACHADURAS

Se nem sempre era gratificante falar sobre o que se passava no Brasil, e sobre a América Latina em geral, observar e estudar a realidade norte-americana enchia-me de satisfação. Tanto em sua perspectiva histórica como em sua dimensão contemporânea. Sempre que tinha oportunidade permanecia algum tempo em Nova York, essa megalópole única por sua heterogeneidade étnica e riqueza cultural. Lá eu tinha amigos da época em que trabalhava nas Nações Unidas e conhecimentos nos círculos universitários. Qualquer evento cultural era uma oportunidade para estabelecer novas relações.

No começo dos anos 1960 ainda existia por lá muito da intelligentsia que os cataclismos políticos e sociais dos anos 1930 e 1940 expeliram da Europa. Algumas dessas pessoas não haviam tido oportunidade de regressar, com frequência os originários da Europa Central; outras não voltaram porque haviam conquistado posições

OBRA AUTOBIOGRÁFICA

vantajosas. Mas quase todas tinham em comum a nostalgia de um mundo perdido, uma tendência a sobrevalorizar certa forma de vida que era ao mesmo tempo rica e provinciana. Viver numa cidade de dimensão média, onde se encontra de tudo no plano da cultura, deve ser o ideal. Está-se ao corrente do que acontece, há tempo disponível para manter contato com um grande número de pessoas, a obra de cada um obtém a repercussão que o autor imagina merecer.

Nova York, mais do que qualquer outra grande cidade, dissolve tudo, cria distâncias. São tantas as pessoas, os círculos, os circuitos, os ambientes, os guetos, que se pode dizer que ninguém conhece ninguém. Há sempre muita gente em qualquer evento cultural, mas toda essa gente se dispersa com rapidez, desaparecendo como por encanto. Todos estão na dependência de algum transporte que temem perder. "Que diferente da Viena do meu tempo", dizia-me alguém, "onde se podia ir a tantos lugares a pé ou no máximo tomando um bonde sempre disponível." Mas como não reconhecer que grande parte da intelligentsia do mundo se reunira ali, em difícil quadra da história europeia?

À primeira vista, o mundo norte-americano vive do presente e para o presente. O que ficou para trás perdeu-se no fundo da noite. Dez anos depois do macartismo, quase ninguém acreditava que aquilo tivesse existido ou mesmo fosse possível existir. As instituições mais tradicionais, tal como a maçonaria, pareciam ignorar tradições, viver apenas para perpetuar o presente. Daí que, quando acontecia algo inusitado, como o lançamento do *Sputnik* em 1957, todos despertassem estarrecidos. Um susto dessa natureza ocorreu em 1964, quando o Partido Republicano escolheu o senador Barry Goldwater como seu candidato à Presidência da República. No mundo intelectual, muita gente entrou em pânico. O homem encarnava todas as correntes do reacionarismo: no plano social interno, estava próximo do apartheid e, no plano internacional, era um belicista furioso.

É hábito dos americanos reunirem-se entre amigos para seguir a apuração da eleição, a qual toma várias horas em razão da extensão do território na direção oeste--leste. Quando os resultados são conhecidos na Costa Leste, as pessoas ainda estão votando na Costa do Pacífico. Como os dois estados mais populosos se situam em extremos opostos — Nova York e Califórnia —, o resultado final dificilmente se define desde o início da apuração. A reeleição de Johnson patenteou-se desde os primeiros momentos, por ampla margem, provocando grande alegria entre as pessoas, todas da universidade, a que eu me havia juntado. Aquela cena certamente se estava repetindo nas centenas de campi universitários do país. O temor de uma vitória de Goldwater devia ser maior do que eu havia imaginado.

O mundo universitário norte-americano me parecia dominado por um pensamento legitimador do status quo social. Nesse universo cultural, toda linha de pensamento autenticamente contestador é rejeitada ou condenada a vegetar em um gueto, como vinha acontecendo, por exemplo, com o pensamento de Herbert Marcuse, então

OS ARES DO MUNDO

em sua fase mais criativa. E, como fora das universidades não existe propriamente isso a que chamamos de intelligentsia — não se pode exercer influência intelectual sem desfrutar de prestígio universitário —, o pensamento de peso real é predominantemente conservador. Pode ser que isso se deva a que as universidades de maior prestígio, notadamente Harvard e Yale, hajam sido centros de atividade teológica durante os dois séculos em que nelas prevaleceu a doutrina calvinista. Ainda pela metade do século XIX, homens como Emerson e Thoreau percorriam caminhos complicados para descobrir Rousseau. O liberalismo norte-americano tem raízes éticas, e as doutrinas de que ele se revestiu — o unitarismo, o transcendentalismo e o perfeccionismo — são esforços ingentes no plano da ética para romper o círculo fechado do calvinismo.[43]

É fora de dúvida que o conservadorismo do pensamento norte-americano está bem calçado em princípios éticos. O líder de direita que se afaste desses princípios e apele para razões de Estado terá contra si o vasto mundo universitário.

Houve uma sensação de catarse quando se esfumou a ameaça representada pelo homem que parecia disposto a assumir qualquer risco para obter uma "vitória" na contenda com a União Soviética. Johnson aparecia como o político de "sensibilidade social", um guia que se dispunha a conduzir o país para as paragens miríficas da chamada "Grande Sociedade".

Percebi por essa época sinais claros de que estava em gestação no país uma formidável borrasca, a qual, uma vez desencadeada, convulsionaria a sociedade americana. Os efeitos dessa convulsão se prolongaram até começos do decênio seguinte, quando se manifestaram os primeiros sinais de declínio da posição dos Estados Unidos no plano internacional.

Em agosto de 1964, um obscuro incidente naval no golfo de Tonquim, perto das águas territoriais da República Democrática do Vietnã do Norte, foi utilizado pelo Poder Executivo dos Estados Unidos para obter do Congresso carta branca para responder com os meios que julgasse adequados a "todo e qualquer ataque" nessa área. Ora, a partir daí foi suficiente que o governo norte-americano declarasse que a Frente de Libertação Nacional (FLN) — força subversiva atuando no Sul do Vietnã com apoio do governo do Norte — era uma tropa invasora para considerar como justificada a participação direta das forças norte-americanas em um conflito que não passava de prolongação de uma guerra de libertação contra o colonialismo. Dado que o Vietnã do Norte contava com amplo apoio da União Soviética e da China, sua vizinha setentrional, uma guerra de libertação nacional transmutava-se em capítulo da Guerra Fria. E os norte-americanos encontravam-se na incômoda posição de suporte dos resquícios do colonialismo, eles que em seguida ao segundo conflito mundial se haviam apresentado como arautos da liquidação dos velhos impérios

---

43. V. L. Parrington, *Desarrollo de las ideas en los Estados Unidos*, t. II: *La Revolución romántica 1800- -1860*, cap. III. Pensilvânia: Lancaster Press, 1942.

479

coloniais. Os equívocos ainda são maiores se se tem em conta que a última coisa que desejavam os vietnamitas era terem como fiador de sua independência a China, contra cujo imperialismo haviam lutado secularmente.

Esse episódio — em 1964, um pequeno conflito nas fronteiras remotas da zona de influência dos Estados Unidos — serviu para pôr a nu os riscos que representava para o povo norte-americano a Guerra Fria. A prevalência da visão ideológica produziu a "doutrina do dominó", a qual pretendia que o capitalismo não sobreviveria no Sudeste da Ásia a uma derrota do governo títere do Vietnã do Sul. Segundo essa doutrina, tinha lugar na região uma grande confrontação ideológica, quando na realidade a ideologia marxista era com frequência um recurso tático utilizado nas lutas de libertação nacional. Ao subestimar a participação do povo nos movimentos de libertação nacional, os governantes norte-americanos foram conduzidos a cometer repetidos erros de julgamento.

Em fevereiro de 1965, sem maiores explicações ao Congresso e à opinião pública, teve início o bombardeio do Vietnã do Norte. Um mês depois, os norte-americanos desembarcavam as primeiras tropas no Sul, convencidos de que "em seis semanas poriam de joelhos o Vietnã do Norte" e que o pequeno adversário certamente seria chamado à razão. Assim foi montada a engrenagem que por sete anos viria a condicionar a vida da grande nação americana, marcando o início de seu declínio.

Era uma guerra não declarada, não explicada, não justificada. Os tecnocratas, que imaginavam haver alicerçado em modelos sofisticados os métodos que estavam utilizando, não tardariam a perder a face. Uma máquina de destruição constituída de mais de meio milhão de homens, com uma cobertura aérea cuja capacidade de bombardeio era superior à que fora usada contra os alemães na Segunda Guerra Mundial, agora parecia girar no vazio, pois a eficácia dos golpes desfechados pelo pequeno adversário crescia dia a dia. Repetia-se a saga de Leônidas. Enquanto isso, a economia e a sociedade do Vietnã do Sul eram sistematicamente destruídas, aumentando concomitantemente a carga que os norte-americanos deviam levar nos braços.

A primeira metade de 1965 foi o período de montagem desse drama. Eu percebi que a história do país mudara de rumo e que isso não poderia deixar de ter efeitos profundos no âmbito internacional. Ainda não se tinha ideia da amplitude da reação que se formaria em certos setores da sociedade, em especial por parte da juventude, que repudiaria sem qualquer ambiguidade o rumo que tomara o país; menos ainda que um presidente da República viria a ser escorraçado da Casa Branca como mentiroso. Mas logo que começaram os bombardeios no Vietnã do Norte senti uma mudança de tom na forma como eram abordados os problemas ligados à esfera internacional. O fato é que o país estava de novo em guerra, e se há uma coisa que nunca se sabe como termina, é uma guerra.

Pouco tempo depois, advieram outros acontecimentos que ensombreceram

OS ARES DO MUNDO

ainda mais o horizonte. A República Dominicana entrara em fase de turbulência política, o que não era propriamente uma novidade na América Latina, em especial no Caribe. Esse país infeliz sofrera por mais de trinta anos a ditadura brutal e corrupta do general Trujillo, que soubera acomodar-se com os interesses do governo de Washington. Com o assassínio do sanguinário caudilho, regressou ao país depois de 24 anos de exílio Juan Bosch, presidente do Partido Revolucionário Dominicano. Eleito para a Presidência da República, ele toma posse em fevereiro de 1963. Sete meses depois, a casta militar, nostálgica das benesses que na época de Trujillo lhe proporcionava a corrupção, toma o poder com um golpe. O repúdio que manifesta a população abre um período de instabilidade. Em abril de 1965, subleva-se o coronel Francisco Caamaño, pretendendo "restabelecer a ordem constitucional". Ocorre que Caamaño suscita grande apoio popular, sendo logo acoimado pelo establishment local de esquerdista e castrista.

A repercussão nos Estados Unidos é considerável. Estaria surgindo uma outra Cuba no hemisfério? Que fazer em face de uma ameaça de nova deslocação da fronteira ideológica na sensível área do Caribe? Em pouco tempo desembarcava na República Dominicana uma força expedicionária americana para intervir na guerra civil. O coronel Caamaño, com sua tropa, é isolado no bairro colonial da velha São Domingos, logo bombardeado. Em seguida, a Organização dos Estados Americanos é convocada para ratificar a intervenção, cabendo a um general brasileiro o comando simbólico das forças de ocupação, essencialmente norte-americanas. Assim, a OEA, que tanto havia lutado pelo reconhecimento do princípio de não intervenção nos negócios internos dos países do hemisfério, é arrastada pela Guerra Fria a assumir o humilhante papel de biombo de uma expedição imperialista.

Não há dúvida de que ainda se passariam alguns anos antes que eu viesse a perceber que os Estados Unidos viviam então um momento crucial de sua história. Deixando-se arrastar no Vietnã a uma guerra de onde não podia sair senão derrotado — uma vitória militar teria exigido nada menos do que um genocídio —, o governo norte-americano foi levado a apelar para todos os meios simplesmente para não se desmoralizar. Sua máscara moralista logo se fez irrisória. Tudo o que afirmava o governo passou a ser posto em dúvida, máxime quando chegou a conhecimento público que o episódio da baía de Tonquim, o qual servira de escusa para o início dos bombardeios, fora apresentado ao Congresso com dados truncados. Nos Estados Unidos, a política externa é avaliada pela opinião pública mais do que é corrente em outros países, o que se deve ao fato de que ela pretende se fundar em princípios morais. Daí que a reconhecida autoridade do governo possa rapidamente diluir-se e se transformar em fraqueza, bastando que a opinião pública venha a perceber, como na história legendária, que "o rei está nu".

A mutação que estava ocorrendo no país manifestou-se, de início, em sinais indiretos, como uma estenose coronária que se anuncia disfarçada em simples dor de

481

OBRA AUTOBIOGRÁFICA

dente. A candidatura Goldwater, ao permitir que viesse à tona a ponta do iceberg dos ódios raciais, deve ter contribuído para revelar à população negra os riscos que havia de retorno agravado ao segregacionismo. Entende-se assim que as primeiras rachaduras tenham se manifestado como autênticas sublevações das populações empilhadas em guetos. A explosão destrutiva que avassalou o gueto de Watts, em Los Angeles, exposta minuto a minuto e dias seguidos pela televisão, marcou o país com uma mistura de espanto e terror.

Mas esses primeiros anúncios somente se manifestaram em agosto de 1965. Os acontecimentos de São Domingos, ocorridos em abril desse ano, convenceram-me de que devia reconsiderar meu projeto de permanência prolongada nos Estados Unidos. Por essa época, tomei conhecimento de que o governo brasileiro fizera démarches junto à Universidade de Yale para que não me renovasse o contrato. Era provável que fosse exercida pressão similar sobre qualquer universidade a que me dirigisse para buscar uma opção. Não pretendo afirmar que tais iniciativas chegassem a ser frutíferas, pois conheço a independência das grandes instituições universitárias norte-americanas. Mas não tinha dúvida de que, caso brotasse nova onda de macartismo — o que não seria de admirar se a situação internacional continuasse a se degradar —, os projetos de pesquisa de real interesse na área do desenvolvimento tenderiam a rarefazer-se. Tais projetos dependem de fundos obtidos fora das universidades, e são as primeiras vítimas de uma "cruzada patriótica".

Logo em seguida, pude comprovar que as providências do governo brasileiro deviam ser tomadas a sério. Nessa época, viajei à Inglaterra para participar de seminários e atividades similares em Oxford e Cambridge. Quando fui buscar o visto para regressar aos Estados Unidos, informou-me a autoridade consular que ele me havia sido negado. Eu sabia que minha situação era "irregular" porquanto estava utilizando um passaporte diplomático sem desempenhar qualquer missão do governo brasileiro, e, mais ainda, sendo privado de direitos políticos, o que me inabilitava para exercer função pública em meu país. Mas também sabia que tudo isso já era do conhecimento do governo de Washington. Tratava-se, portanto, de mudança de atitude que não seria casual.

Naquele momento, eu era membro do corpo docente da Universidade de Yale. Ao privar-me de visto, também me impediam de exercer essa função. Pensei em tomar de imediato a decisão de não mais voltar aos Estados Unidos, mas não podia ignorar que lá deixara minha mulher e dois filhos na escola primária, e também um trabalho em curso na universidade com a cooperação de outros pesquisadores. Limitei-me a dizer ao cônsul norte-americano que ia telegrafar à Universidade de Yale informando que, por me ter sido negado o visto de entrada, estava impedido de reassumir minhas atividades. Ele então me pediu que aguardasse o resultado de novos contatos com o seu governo, e dois dias depois eu era convidado a passar no consulado para receber o passaporte, visado.

482

OS ARES DO MUNDO

Esse incidente, que pode parecer simples peripécia, advertiu-me para o fato de que dificuldades maiores poderiam advir no futuro. De regresso aos Estados Unidos, fui procurado por pessoa do consulado do Brasil que me comunicou polidamente que eu podia obter um passaporte ordinário, o qual estava à minha disposição desde que eu devolvesse o diplomático. Agradeci a informação e disse que em minha primeira ida a Nova York passaria pelo consulado para tratar do assunto. A verdade é que eu não me sentia cômodo usando um passaporte oficial do governo brasileiro. Fui ao consulado e a consulesa, sra. Dora Vasconcellos, que eu conhecia bem da época do governo Kubitschek, recebeu-me. E, algo nervosa, logo se desculpou porque precisava ausentar-se. Um secretário de embaixada pediu-me o passaporte diplomático e as fotografias necessárias. E, quando me trouxe o passaporte ordinário, folheei-o e logo percebi, por acaso, que era válido apenas para permanecer nos Estados Unidos e regressar ao Brasil. Tive a sensação de haver caído numa armadilha. Que pretendiam? Forçar-me a regressar ao Brasil? Com que objetivo? Certamente impedir-me de realizar um trabalho intelectual útil. Privado de acesso às universidades brasileiras, eu seria forçado, em meu país, a lutar para viver realizando algum trabalho em empresa privada que não temesse represálias do poder público. Vigiar de mais perto os meus passos? Privar-me do direito de pensar livremente? Que sentido teria para mim a vida se me encontrasse um dia, por coação ou necessidade material, interditado de alimentar minha inteligência com as informações de que necessitava para realizar o trabalho intelectual que me propunha? Ter sido esbulhado do direito de participar por todos os meios da luta contra a pobreza e o subdesenvolvimento em meu país fora para mim um golpe do qual só lentamente me recuperaria. Não menos grave seria esse outro golpe, cujo propósito não poderia ser outro senão impedir-me de atuar sobre o mundo por meio do pensamento.

Voltei-me para o secretário e disse-lhe que fora vítima de um engodo, que em nenhum momento me haviam avisado de que pretendiam privar-me do direito de viajar internacionalmente. Com aquele passaporte que agora me ofereciam, eu estava em mãos do governo dos Estados Unidos, que poderia obrigar-me a voltar ao Brasil privando-me do direito de residência temporária de que eu desfrutava.

Eu fora convidado pela Universidade de Paris e lá pretendia assumir novas funções dali a poucos meses. Para minha surpresa, o secretário disse em voz baixa: "Professor, eu recebi instruções de anular imediatamente o seu passaporte diplomático. Mas ainda não o fiz. Vou devolvê-lo para que o senhor viaje para a Europa e, lá, possa substituí-lo na forma que lhe convém". Eu agradeci, surpreso e emocionado. A transgressão de uma ordem iníqua tem seu elemento de grandeza.

483

3. Os anos de peregrinação

DE GAULLE E O NOVO POLICENTRISMO

Nos Estados Unidos, meu campo de ação confinava-se no mundo universitário. E o clima geral era de pouca simpatia por alguém que se fizera notório por atividades ditas "subversivas" na América Latina. O inconformismo de um latino-americano tendia a ser interpretado como hostilidade aos Estados Unidos, cujo governo assumia em toda a região, exceto em Cuba, a defesa do status quo social.

Na França, as possibilidades de ação eram mais amplas; inexistia aquela separação entre a vida intelectual e a atividade política, característica dos Estados Unidos. Demais, era a época em que, sob a liderança de Charles de Gaulle, os franceses procuravam recuperar espaço na arena internacional. A Guerra Fria alcançara seu paroxismo na crise dos foguetes de Cuba, em 1962, e conhecia novos desdobramentos com o conflito do Vietnã. Enquanto a Inglaterra mantinha uma atitude caudatária que excluía toda iniciativa, empenhando-se na defesa dos restos de sua influência imperial, e a Alemanha se concentrava no formidável esforço de reconstrução de seu poder econômico, comportando-se como um "anão político" — uma mente lúcida como Karl Jaspers chegou a afirmar que os alemães deviam comportar-se como se sua pátria fosse os Estados Unidos —, a França gaullista levantava-se na ponta dos pés e resgatava na plenitude sua soberania nacional.

As rachaduras que começavam a se manifestar no sistema de poder norte-americano — o dólar iniciava então o seu declínio como moeda reserva — são habilmente exploradas por De Gaulle com gestos espetaculares, como o reconhecimento

OS ARES DO MUNDO

do governo de Mao Tsé-Tung e a desvinculação das forças francesas, em particular as estacionadas na Alemanha, do comando da Organização do Tratado do Atlântico Norte (Otan). Neste último caso, não se tratou de desfazer a Aliança Atlântica, mas de recuperar autonomia de ação e assumir a responsabilidade do próprio destino.

Na verdade, De Gaulle explicitava as implicações da evolução da tecnologia militar, a qual estava apagando a diferença entre grande e pequeno poderes termonucleares. Passava a prevalecer a doutrina chamada do "ferrão de abelha", segundo a qual o que importa na guerra nuclear é menos vencê-la do que ser suficientemente forte para golpear o adversário de forma que este, mesmo vitorioso, fique irremediavelmente mutilado. Assim, o custo da vitória deve ser suficientemente grande para desencorajar qualquer agressor. Alcançada essa massa crítica de poder, a França já não tinha por que submeter-se a um sistema de decisões nas relações internacionais capaz de arrastá-la automaticamente a uma confrontação termonuclear. Alguns precedentes, como o da baía dos Porcos, de Cuba, haviam deixado claro que os norte-americanos estavam dispostos a aceitar elevados riscos na confrontação com a União Soviética. As decisões tomadas por De Gaulle em 1965-66 colocaram a França em posição privilegiada: preservava-se a Aliança Atlântica, pelo menos enquanto persistisse a confrontação com o Pacto de Varsóvia, mas o sistema de decisões seria suficientemente flexível para que os riscos que a França assumia fossem apenas aqueles que seu governo consentisse em aceitar explicitamente.

Os Estados Unidos se comportavam como se prescindissem do resto do mundo: voltados para o seu imenso mercado interno, satisfaziam-se com uma imprensa provinciana e círculos universitários profissionalizados. Esse quadro apenas começava a modificar-se. Em contraste, na França, desde o século XVIII existe um contínuo entre atividade intelectual e o mundo político e social. Daí que o debate de ideias nesse país "conte mais" e mais facilmente assuma a forma de uma abertura para o exterior. Assistia razão a De Gaulle quando ele afirmava: "Ninguém nos dá lição de universalismo".

Não surpreende, portanto, que Paris seja uma caixa de ressonância sem-par em todo o mundo. Mas, como já observava Balzac, tudo nessa cidade é rapidamente moído, usado, superado. Daí a inconveniência de expor-se demasiado nessa vitrine. Quando lá aportei, em junho de 1965, com o plano de instalar-me por longo período, fui residir em um subúrbio modesto, na região sul da cidade, onde ninguém me conhecia senão pelo fato — assunto de comentários no clube que passei a frequentar para jogar tênis — de que mantinha luzes acesas até tarde da noite. Não me isolava apenas para trabalhar, convencido de que a luta que me cabia travar era no plano das ideias, mas também para evitar excessivo envolvimento na diáspora brasileira e latino-americana, então em rápido crescimento.

485

OBRA AUTOBIOGRÁFICA

A França se transformara consideravelmente nos quase dois decênios transcorridos desde que eu lá estudara como universitário. De Gaulle marcara o país recentrando-o e restaurando-lhe a consciência de um destino histórico próprio. A diferença maior com o passado estava, entretanto, na importância crescente que se começava a atribuir à solidariedade europeia na visão do mundo.

Para mal ou para bem, a França chegara a acumular considerável atraso vis-à-vis dos países que formam a vanguarda da civilização material moderna, o que era particularmente visível no que diz respeito a equipamentos sociais. Certo, não se produziram nesse país os excessos da "destruição criativa" que em outras partes levaram à perda de parcela importante da herança cultural. Mas havia que pensar em abrir-se ao exterior, em expor-se à concorrência externa, em abandonar as ilusões do protecionismo "imperial". Essa transição foi facilitada pela política de integração no Mercado Comum Europeu.

Na boa tradição francesa, o redirecionamento no processo histórico deu-se de forma cartesiana, sem perder de vista os objetivos gerais e sem deslizar na cacofonia. Foi realizado um esforço considerável em pesquisa tecnológica em setores estratégicos como o nuclear, o espacial e aeronáutico, o energético e petroleiro, o da mecânica de precisão, o da química fina e, especialmente, o da informática.

O esforço de pesquisa foi liderado e executado em boa parte pelo Estado, ou com seu apoio financeiro. A planificação indicativa permitiu conciliar abertura para o exterior, criação de novos espaços para a iniciativa privada, convergência de propósitos e continuidade de ação. Também à planificação deve-se a relativa harmonia alcançada entre o desenvolvimento agrícola e o do conjunto das atividades econômicas. O despovoamento do campo na Inglaterra, em auras de uma racionalidade ditada apenas pelo mercado, evidenciara os riscos sociais de um *laissez-faire* extremado. A preservação do setor agrícola como fonte subsidiária de emprego tem sido um traço marcante do desenvolvimento recente da Europa continental.

Nos primeiros vinte anos do pós-guerra, a França manteve uma taxa excepcionalmente alta de crescimento e conheceu importantes mutações em sua estrutura econômica, dobrando o coeficiente de inserção no comércio internacional e alcançando posições de vanguarda tecnológica em setores de relevo. Esse desempenho favorável da economia francesa deu-se a despeito do custo elevado da liquidação concomitante de um arcaico império colonial. A liquidação tardia deste acarretou aumento da oferta de mão de obra na própria França, o que pressionou no sentido de tornar indispensáveis maiores investimentos sociais, mas também no de conter a elevação do custo dessa mão de obra. Uma relativa elasticidade da oferta do fator trabalho, conjugada a forte taxa de investimento, responde pela tendência persistente a certa concentração da riqueza e da renda, que singulariza a França no grupo de países de mais alto nível de desenvolvimento.

A crise energética do começo dos anos 1970 teve amplos reflexos no comportamento das economias mais industrializadas, pois, ao provocar maior abertura externa, reforçou a posição das grandes empresas, levando a maior concentração do poder econômico. Mais ainda: a redobrada ênfase na competitividade internacional veio intensificar o processo de robotização, o que impôs maior margem de desemprego crônico. Abria-se novo ciclo em que tudo se subordina à competitividade internacional, passando a segundo plano as preocupações com o pleno emprego da mão de obra. A pesquisa tecnológica, inclusive no setor de armamentos, será igualmente posta a serviço da expansão das exportações.

Não me foi difícil perceber o quanto é pequeno o espaço que tem para ocupar, na França, um intelectual do Terceiro Mundo, não obstante a simpatia e a boa vontade com que possa ser tratado. Certo, no momento a que estou me referindo, a presença dos Estados Unidos na esfera internacional desbordava por todos os lados, fazendo-se por demais incômoda. A simpatia que despertava a América Latina em parte era reflexo da repulsa que provocava a dominação sobre ela exercida por empresas e autoridades norte-americanas. Estávamos perto do desembarque dos *marines* em São Domingos. Nisso havia certamente um elemento de *mauvaise conscience* da parte dos franceses, dado que os norte-americanos tinham sido os maiores críticos da política colonial da França, de cujas sequelas eles eram herdeiros no Vietnã.

Eu havia percebido com clareza que em um mundo dominado por dois gigantes antagônicos nós estávamos condenados a um estreito satelitismo político, visto que a independência com respeito a um dos dois polos levava necessariamente à subordinação ao outro. Assim, a evidência de que o próprio avanço da tecnologia militar estava possibilitando uma saída policêntrica — o que era confirmado pela linha estratégica adotada pela França — me parecia indicar que entrávamos em uma fase em que os países do Terceiro Mundo disporiam de mais espaço de manobra. De Gaulle foi o primeiro estadista a perceber essa mudança no quadro político mundial. O que explica as inúmeras viagens que fez a países da esfera de influência soviética e do Terceiro Mundo — inclusive a nove da América Latina — no correr da segunda metade dos anos 1960.

Havia, portanto, espaço para iniciativas de denúncia do maniqueísmo que dominava a política internacional.

Os dois artigos que publiquei no *Le Monde*, em janeiro de 1966, sobre "A hegemonia dos Estados Unidos e a América Latina" alcançaram considerável repercussão e foram reproduzidos, total ou parcialmente, na imprensa de vários países. Dentro da mesma temática, em particular expondo a evolução estrutural da economia norte-americana, na qual as grandes empresas assumiam novas formas e abarcavam espaços geográficos crescentes, publiquei ensaios em revistas de grande penetração,

OBRA AUTOBIOGRÁFICA

como *Esprit* e *Les Temps Modernes*,* os quais também foram traduzidos para vários idiomas.

A repercussão dessas publicações traduzia-se em inúmeros convites para pronunciar conferências dentro e fora da França. Eu dava preferência às universidades em que havia centros de estudos latino-americanos, posto que os debates que neles se realizavam constituíam pontos de partida de projetos de pesquisa com amplo efeito multiplicador. O editor Calmann-Lévy, da França, escreveu-me solicitando que desenvolvesse os artigos do *Le Monde*, o que fiz sem demora. O livro resultante teve ampla divulgação, logo traduzido para outras línguas.**

Ao discutir o tema do poder econômico em termos os mais amplos possíveis, eu me empenhava em fazer que os nossos problemas fossem encarados como de interesse geral, devendo todos os povos contribuir para sua solução. Era necessário fazer compreender que somos todos interdependentes, que as soluções têm que ser globais. Eu tinha presente no espírito o bloqueio criado no mundo universitário norte-americano pela compartimentação de temas e problemas. Não desejava ser visto como um especialista em Brasil, nem mesmo em América Latina. Sabia que nada se compreende de Terceiro Mundo se não se parte de uma visão global da economia internacional, e em especial da dinâmica das economias dominantes. A verdade é que, para perceber o que se passa na América Latina, é essencial partir do estudo dos Estados Unidos, e, pelo que eu saiba, não existia então nenhum centro dedicado ao estudo desse país como um sistema de poder mundial, nem mesmo na Europa Ocidental.

A PROBLEMÁTICA DO SUBDESENVOLVIMENTO

Organizei minhas pesquisas em torno de três eixos: o estudo da economia internacional, o estudo teórico das estruturas subdesenvolvidas e o estudo da economia latino-americana. O primeiro tema orientou-me para a análise do papel das grandes empresas na economia internacional e me abriria a porta à compreensão das transformações em curso dos fluxos monetários e financeiros e das novas estruturas bancárias supranacionais.

O interesse despertado pela orientação que dei ao estudo dos problemas do subdesenvolvimento traduziu-se em considerável frequência a minhas aulas, tanto na faculdade de economia como no Instituto de Altos Estudos da América Latina. Na primeira, onde eu havia estudado, tive a boa fortuna de ser convidado para substituir

---

* "La Concentration du pouvoir économique aux États-Unis et ses projections en Amérique Latine". *Esprit*, v. 37, n. 380, 1969. "Brésil: de la République oligarchique à l'État militaire". *Les Temps Modernes*, v. 23, n. 257, 1967. (N. E.)

** *Les États-Unis et le sous-développement de l'Amérique Latine*. Paris: Calmann-Lévy, 1970. (N. E.)

488

OS ARES DO MUNDO

o professor Raymond Barre, que, tendo sido investido de uma missão na Comunidade Econômica Europeia, tivera de fixar residência em Bruxelas. O professor Barre se tornara conhecido como um especialista em "crescimento econômico", sendo na época considerado um dos mais completos economistas de sua geração. A partir de então, ele faria uma brilhante carreira política, chegando a ser primeiro-ministro. Substituir uma personalidade desse peso era uma enorme responsabilidade, diria mesmo excessiva para alguém sem grande experiência universitária. Logo compreendi que, se me aplicasse em dar aulas no estilo francês — dentro de rígida sistemática e assoberbando os alunos de material que eles podem encontrar nos livros de texto —, em pouco tempo eu estaria falando para cadeiras vazias. Uma aula de um professor francês é quase sempre de elevado padrão formal, diria mesmo, assemelha-se a uma sinfonia clássica. Mas, talvez por isso, pode ser pouco atrativa para os alunos, muitos dos quais buscam dividir o esforço copiando as notas, sempre muito bem-feitas, de algum colega.

Tratei de compensar minhas insuficiências trazendo para debate nas aulas a problemática do subdesenvolvimento visto como uma série de desafios que enfrentam certas sociedades. As generalizações abstratas, a introdução de novos conceitos, as tipologias e modelos formalizados brotavam naturalmente à medida que se destilava o material bruto captado das estatísticas e das referências históricas. A leitura de livros de texto e de artigos é sem dúvida importante, mas não substitui a aula, que tem de ser em parte improvisada e incluir alguma forma de debate. Uma verdadeira aula comporta elementos da arte dramática, particularmente em ciências sociais. Não se deve esquecer que o estudo do subdesenvolvimento de alguma forma implica interessar-se pelos problemas que afligem grande parte da humanidade.

Minhas aulas atraíam uma quantidade considerável de alunos, inclusive pessoas que nem sequer estavam inscritas na universidade, ou que simplesmente transitavam por Paris. Já em dezembro de 1966 tive de dirigir-me à administração da universidade solicitando mais espaço, pois era grande o número de estudantes que permaneciam de pé. Foi-me então atribuído o Anfiteatro VIII, um dos mais espaçosos da antiga Faculdade de Direito e Ciências Econômicas, na praça do Panthéon.

É de tradição na França que os professores escrevam obras destinadas a orientar os alunos que seguem determinadas matérias. Os próprios editores se encarregam de manter viva essa tradição, com propostas atraentes, chegando a sugerir o título da nova obra. Eu já havia publicado em francês e inglês o meu livro *Desenvolvimento e subdesenvolvimento*. Fui então convidado a refundi-lo e dar-lhe maior abrangência, o que originou o meu *Teoria e política do desenvolvimento econômico*, obra que enfeixa o essencial de meu enfoque estrutural da gênese do fenômeno do subdesenvolvimento e de sua contrapartida, a dependência externa, no processo de formação do sistema econômico mundial. O enfoque é simultaneamente estrutural e histórico e integra em um só marco analítico o estudo da industrialização retardada e das relações internacionais assimétricas.

489

OBRA AUTOBIOGRÁFICA

No ano letivo seguinte (1967-68) coube-me preparar o texto básico para os cursos sobre economia da América Latina que eu ministrava no Instituto de Altos Estudos da América Latina e no Instituto de Estudos do Desenvolvimento Econômico e Social, e que também alimentava o seminário de pós-graduação da faculdade de economia. A verdade é que, nessa época, os textos de introdução ao estudo da América Latina eram escritos por geógrafos, ocasionalmente por historiadores, e raramente abrangiam o Brasil. Era corrente que se estudasse o mundo americano de língua espanhola, de um lado, e o de língua portuguesa, de outro. Para abarcar tudo isso no mesmo quadro analítico, era necessário partir da economia, e mais particularmente da economia política; havia que observar a realidade latino-americana, de início como parte da grande expansão do espaço de dominação europeu, em seguida do ângulo da destruição das civilizações ameríndias, e finalmente como a construção de um mundo novo na forma de exploração intensiva da mão de obra preexistente, inicialmente dizimada, e da considerável punção realizada na massa demográfica da África. O confronto com a América inglesa, na qual prevaleceu a colonização de povoamento que permitiu rápida evolução das instituições políticas, ajudava a compreender a subsequente diversidade das estruturas sociais.

Para captar a situação presente, era de fundamental importância estudar as formas de inserção no comércio internacional no período posterior à independência política, que é também o da hegemonia industrial inglesa. Uma tipologia de formas sociais emergia naturalmente do processo de penetração nas correntes dinâmicas do comércio internacional, sendo de notar o contraste entre regiões de mineração, onde a demanda de mão de obra era circunscrita a áreas limitadas, e de agricultura de exportação. Nestas últimas, também era grande o contraste entre áreas com um estoque de mão de obra originária da escravidão e aquelas de povoamento recente, abertas a influências culturais da época industrial.

Essa variada realidade histórica podia ser reduzida a uma tipologia simples em função das formas de inserção no comércio internacional, tudo se subordinando ao processo de modernização, vale dizer, de adoção de padrões de consumo ditados do exterior. A lógica da dependência externa emergia naturalmente do estudo da história, assim como a compreensão da realidade presente.

A industrialização tanto se apresentava como atividade complementar da exportação de matérias-primas, a exemplo das refinarias de cobre no Chile, e de petróleo na Venezuela, como das atividades de importação, que é o caso das montadoras de automóveis e das embaladoras de medicamentos. Mas sempre guardava sua natureza de prolongação de comércio exterior. Se as exportações se contraíam, o nível da atividade interna refletia essa contração em função do grau de diversificação que alcançara a estrutura produtiva. A *substituição de importações* era fruto da capacidade do sistema produtivo para reagir às contrações da demanda externa. Tratava-se, portanto, de um desenvolvimento comandado pela dinâmica do setor externo, e não pela diversificação autônoma da oferta interna. Era fácil concluir que a industrialização substitutiva de importações apresentava uma problemática própria, a qual exigia estudo especial. E também era fácil demonstrar que, à medida que ela avançava, os vínculos da dependência externa se faziam mais complexos, passando dos circuitos comerciais para os tecnológicos e financeiros.

O estudo comparativo das economias latino-americanas permite identificar todas as formas possíveis de bloqueio do processo de crescimento engendrado pela dependência externa, bem como as deformações estruturais provocadas por espasmos de crescimento do setor primário-exportador. Casos-limite existem em que todo o incremento de renda gerado por um surto de exportações permanece no exterior. O papel do Estado, nessas situações, pode ser essencial para abrir novas vias ao crescimento, e também para moldar a aplicação do incremento no fluxo de renda gerado por uma conjuntura externa favorável.

Partindo da análise econômica — em particular da teoria do crescimento como um processo de acumulação, de absorção de novas técnicas e de diversificação da demanda final —, eu projetava alguma luz em aspectos da história até então negligenciados pelos seus estudiosos. A fecundidade da análise comparativa me surpreendia e apaixonava. O interesse dos alunos era considerável, em particular dos latino-americanos. Muitos foram os que se propuseram realizar pesquisas complementares, as quais deram origem a dezenas de *mémoires*, e mesmo a teses. Alguns de meus alunos dessa época vieram a ocupar cátedras nas universidades de seus países, outros se destacaram em cargos de governo, como ministros de Estado, havendo mesmo um que chegou a presidente da República em seu país.* Uma síntese de meu curso sobre o desenvolvimento econômico da América Latina apareceu em forma de livro, logo traduzido para os principais idiomas, e mesmo em japonês e chinês. Em espanhol, foram publicadas dezenas de edições dessa obra, que recebeu o título de *A economia latino-americana*.

O que mais interessava aos estudantes, em especial os latino-americanos, era o debate sobre o que fazer para escapar à armadilha do subdesenvolvimento, mais precisamente era o estudo das políticas de desenvolvimento. Seguindo Jan Tinbergen, eu chamava de políticas qualitativas aquelas que visavam mudar as estruturas, como a de reforma agrária, e de políticas quantitativas as que se orientavam para aumentar a eficiência do sistema econômico sem alterar significativamente sua estrutura. Contudo, era a política qualitativa a que desembocava no planejamento, vale dizer, na tentativa de aumentar a racionalidade dos processos econômicos, identificando os pontos de bloqueio responsáveis pela má utilização de recursos escassos.

---

* Referência a Alan García, presidente do Peru de 1985 a 1990 e de 2006 a 2011. Abolhassan Bani-Sadr, presidente do Irã de 1980 a 1981, também foi aluno de Celso Furtado na Universidade de Paris-I. (N. E.)

OBRA AUTOBIOGRÁFICA

Um ponto que estava no centro das reflexões sobre política de desenvolvimento era o da "vulnerabilidade externa", ligado ao que J. Duesenberry chamou de *efeito de demonstração*. Se o crescimento não é induzido pelo aumento das exportações, a pressão sobre a balança de pagamentos logo tende a se manifestar. Essa pressão é vista como provocada por tensões inflacionárias. Daí o apelo à receita — sugerida pelo Fundo Monetário Internacional (FMI) — de uma purga recessiva, com os efeitos negativos que se conhecem. Esses desequilíbrios somente podem ser evitados mediante uma ação de conjunto sobre a economia, ou seja, um planejamento indicativo e corretivo.

Em síntese: o subdesenvolvimento é uma deformação estrutural, e dele não se sai ao impulso das simples forças de mercado. Impõe-se realizar um esforço deliberado, visando alterar o efeito de demonstração (corrigir o perfil da demanda moderando certas formas de consumo) e elevar a taxa de poupança. Para chegar a esses dois objetivos é mister seguir uma política fiscal rigorosa e conduzir uma ação de conjunto sobre a economia, via adequado planejamento. Tudo isso requer um amplo consenso social.

A mim me acusam seguidamente de "estatizante", o que de alguma maneira tem fundamento. Cedo cheguei à conclusão de que o subdesenvolvimento não é uma *fase* a ser superada naturalmente, e sim uma deformação estrutural a ser corrigida. E essa correção implica um processo político que a sociedade só pode realizar por meio do Estado. Este é apenas um instrumento, e a sociedade é que decide como e com que fim utilizá-lo, consciente de que sem ele estará desarmada.

Em muitos países, em particular onde se debilitou a sociedade civil e proliferaram formas abusivas de corporativismo, como é o caso do Brasil, o Estado entrou em sério processo de degenerescência. É esta uma situação por demais grave, pois nada é tão difícil como regenerar o Estado, instituição que não pode ser substituída. Em todas as partes houve hipertrofia do Estado como consequência do crescimento das funções reguladoras das atividades econômicas e da assunção de responsabilidades no plano social, com o surgimento de fenômenos de degenerescência que vêm suscitando reações de maior ou menor efeito. Nos países do mundo desenvolvido, o problema está em fortalecer instituições da sociedade civil, incluindo aquelas que se apoiam na opinião pública internacional. Mas nos países cujos sistemas econômicos devem ser reconstruídos para erradicar tendências estruturais à concentração da renda e ao desperdício de recursos, o problema é de outra natureza, pois se trata de reabilitar o próprio instrumento da reconstrução.

A ARMA DAS IDEIAS E SEUS ADVERSÁRIOS

Paris é um lugar privilegiado para difundir ideias, em direção ao Terceiro Mundo, em razão do prestígio de que goza a cultura francesa na América Latina e em

OS ARES DO MUNDO

grande parte da África e da Ásia. Só excepcionalmente eu concordava em dirigir uma pesquisa fora da área latino-americana, de que tinha conhecimento direto de quase todos os países.

A economia aplicada requer conhecimento da realidade, não sendo suficiente a informação livresca, mesmo a mais completa. Esta pode ser uma opinião extremada, mas pelo menos servia para delimitar minha área de ação. Com frequência eu participava de bancas examinadoras de memórias ou teses, sendo o único componente com o conhecimento direto da realidade tratada no trabalho acadêmico, o que me dava autoridade para ser sobremodo exigente. Em mais de uma ocasião criaram-se situações constrangedoras, quando eu me negava a sancionar uma nota elevada, o que podia ser visto como descortesia com o professor diretor da pesquisa, a quem cabia sugerir a referida nota.

Meu comportamento também era ditado pelo desejo de diminuir o número de convites para integrar bancas examinadoras, e de modo especial no Instituto de Altos Estudos da América Latina e no Instituto de Estudos do Desenvolvimento Econômico e Social, cujos diplomas tinham menor validade acadêmica. Isso de usar duas medidas, uma para os franceses e outra para *ces gens de là-bas*, me parecia um resquício de paternalismo colonial. Meu propósito era contribuir para que a pesquisa dos latino-americanos fosse do mesmo padrão da dos franceses. Mas eu nadava contra a maré, uma vez que o problema dos latino-americanos quase sempre residia na insuficiência de formação básica, principalmente com respeito à metodologia de pesquisa. Os franceses anotam tudo o que ouvem numa aula e em seguida fazem uma síntese retendo o que lhes parece válido. As anotações de leitura são classificadas e depois dispostas em dossiês de fácil consulta. A desordem intelectual dos latino-americanos pode ser compensada nas pessoas superdotadas, cuja imaginação supre as lacunas, e nas quais a disciplina opera por vezes como uma camisa de força. Mas esses casos não podem ser senão excepcionais.

Não obstante minhas exigências — alguém chegou a afirmar que eu usava "métodos terroristas" —, os alunos que afluíam a meus cursos anualmente contavam-se por centenas, o que se traduzia para mim em enorme material de leitura. Contudo, muito poucos latino-americanos lograram concluir um trabalho de tese, seja porque não podiam permanecer fora de seus países o tempo necessário, seja porque lhes faltava o fôlego intelectual. Alguns concluíam as pesquisas no próprio país, e anos depois regressavam para a defesa da tese.

Minha atividade se restringia ao mundo universitário, e as únicas reuniões de que participava realizavam-se nos circuitos intelectuais. Eram debates em torno da preparação de números especiais de revistas como *Esprit*, *Tiers Monde* e outras similares. Mas uma atividade desse tipo, em Paris, na segunda metade dos anos 1960, reper-

493

OBRA AUTOBIOGRÁFICA

cutia em amplas regiões do mundo. Era natural, portanto, que eu recebesse muitos convites para participar de eventos de toda ordem em países da Europa e outros continentes. Eu evitava me envolver em movimentos notoriamente manipulados, como o Congresso pela Paz, e também em movimentos empenhados em combater um governo, como o Tribunal Bertrand Russell. Agradeci polidamente e honrado um convite de Lord Bertrand Russell para integrar esse "tribunal", mas não me parecia que esse fosse o caminho adequado para enfrentar o imperialismo norte-americano. Estava convencido de que a luta no plano de ideias era, de todas, a mais importante e a mais difícil, pois nossa fraqueza resultava, acima de tudo, de não sabermos usar a própria cabeça. Minha admiração por Sócrates, que mudou o mundo fazendo perguntas inteligentes, não tinha limites.

Paris era a plataforma ideal para um trabalho intelectual de ampla repercussão, mas também era importante para mim estar presente em outros centros universitários, como nos Estados Unidos. Ora, percebi que não seria fácil essa tarefa. A circulação de ideias enfrenta obstáculos que são tanto maiores quanto mais eficazes os disfarces de seus adversários. Assim, os Estados Unidos, que se apresentam como a pátria da liberdade, por muitos anos puseram enormes empecilhos à circulação de pessoas a quem simples funcionários norte-americanos imputavam crimes ideológicos.

Em 1965, recebi convite para participar de um seminário na Universidade de Porto Rico, ilha caribenha de colonização espanhola anexada pelos Estados Unidos em fins do século XIX e com o estatuto de Estado associado à federação norte-americana. Foi-me negado visto consular, sem qualquer explicação. Dirigi-me ao cônsul americano em Paris, fazendo ver que interpretava esse gesto como uma discriminação contra os porto-riquenhos, pois havia pouco eu fora professor em uma universidade dos Estados Unidos. E declarei que protestaria de público como latino-americano para defender os direitos dos porto-riquenhos de ter acesso às ideias de quem fosse ou não aprovado por Washington. O cônsul telefonou-me com prontidão e gentilmente me pediu que aguardasse um pouco antes de tomar qualquer atitude, pois ele ia fazer consultas. Ao cabo de alguns dias, voltou a me telefonar para dizer que o visto estava à minha disposição.

Em junho de 1966, recebi a visita de Julia Henderson, do Bureau de Assuntos Sociais das Nações Unidas, que desejava discutir comigo sobre um projeto de programa de pesquisa e treinamento em desenvolvimento regional. Ela solicitou minha colaboração para apreciar um conjunto de projetos relacionados com a área do Oriente Médio, atribuindo-me a direção de uma equipe técnica que devia ir àquela região para obter informações e apreciar a experiência colhida em conexão com o projeto da alta barragem de Assuã. Meu trabalho no Nordeste brasileiro estava dando dividendos, mas o governo do Brasil, sem fornecer qualquer explicação, negou-me o direito de usar o passaporte para cumprir a missão. Informado do fato, o Secretariado das Nações Unidas tomou contato com a delegação brasileira, a qual se negou a pres-

494

tar qualquer esclarecimento. Foi-me então oferecido um *laisser-passer*, da ONU, a fim de que eu pudesse viajar. Contudo, a pressão exercida pelo governo brasileiro foi tão forte que o *laisser-passer* me foi retirado. Assim, não obstante eu tivesse em mãos um contrato assinado, ficou o dito por não dito.

Dessa forma, a ditadura brasileira não somente fingia desconhecer a Declaração dos Direitos Humanos que o Parlamento brasileiro ratificara, como também forçava a ONU a se comportar em contradição com os princípios que regem essa declaração. Ora, na América Latina os próprios governos ditatoriais haviam respeitado a independência do Secretariado das Nações Unidas, o que permitira a Raúl Prebisch, José Antonio Mayobre e a muitos outros latino-americanos prestar relevantes serviços à comunidade internacional, apesar de terem sua liberdade cerceada por motivos políticos em seus respectivos países. O secretário-geral para assuntos econômicos da ONU, Philippe de Seynes, me escreveu uma carta que era o cândido reconhecimento da impotência da organização criada para a defesa das liberdades e a manutenção da paz entre os povos diante das arbitrariedades de certos governos: "Procedemos", disse ele, "apoiados numa longa tradição de tolerância, da qual se orgulhava a América Latina. Mas a partir do momento em que o governo brasileiro tomou conhecimento da questão, fomos submetidos a pressão crescente, embora tenhamos feito ver o caráter científico, mais do que político, da missão". E estávamos no governo do marechal Castelo Branco, cujo perfil de democrata foi exaltado por Thomas Skidmore e outros brasilianistas!

Em conversa com Hubert Beuve-Méry, diretor do *Le Monde*, relatei esse episódio. Algum tempo depois ele me escreveu informando que havia manifestado à embaixada do Brasil em Paris *"toute l'attention attristée que* Le Monde *portait à la décision de Brasília"*. E, logo em seguida, voltou a me comunicar que o embaixador lhe oferecera um jantar, durante o qual minha "inteligência" e "honestidade" haviam sido elogiadas, e o caso do meu passaporte foi dado como sendo objeto de estudo em Brasília. E nisso se ficou. Preferi que o caso não fosse levado a público, pois pareceu-me que as autoridades brasileiras estavam buscando um pretexto para criar dificuldades à circulação de meus livros, que então se vendiam por dezenas de milhares.

Ainda em 1966, a Associação Internacional de História Econômica, por iniciativa de Fernand Braudel, na época o historiador vivo de maior prestígio, me designou seu sócio por cooptação, e convidou-me para participar de seu congresso a realizar-se futuramente em Leningrado. Braudel fora totalmente conquistado por meu livro *Formação econômica do Brasil*, que ele considerava inovador do ponto de vista metodológico.

Mas o consulado do Brasil em Paris respondeu negativamente a meu pedido de autorização para usar o passaporte. Informado da negativa, Braudel, na qualidade de professor do Collège de France, posto de imenso prestígio no mundo universitário, escreveu, com data de 23 de junho de 1970, ao embaixador do Brasil uma carta em

OBRA AUTOBIOGRÁFICA

que afirmava que, como fundador da Associação Internacional de História Econômica, considerava da mais alta importância minha presença no congresso, no qual
me cabia a direção de parte significativa dos trabalhos. Mas não houve resposta,
como se o propósito fosse o de expressar descontentamento pela ampla recepção que
estavam tendo minhas ideias.

No ano de 1967, foi fundado o Instituto de Estudos Internacionais, da Universidade do Chile, sob a orientação de Claudio Véliz, que acabava de deixar a direção do
famoso instituto londrino de igual denominação, mais conhecido como Chatham
House, por muito tempo dirigido por Arnold Toynbee. Havia algum tempo eu vinha
cooperando com Véliz em Londres, o que me valeu ser convidado para compor o
conselho diretor do novo órgão, que estava destinado a alcançar em pouco tempo
grande destaque no mundo universitário latino-americano. Véliz pretendia que eu
permanecesse em Santiago de um a dois meses, durante as férias universitárias europeias. Mas fiz ver a ele que eu tinha conhecimento de que o governo brasileiro se
empenhava em afastar-me da América Latina, que era exatamente a área onde meus
livros circulavam mais amplamente. Ora, naquele momento ele acabava de saber
que o governo brasileiro desejava que seu ministro das Relações Exteriores — na
época, Magalhães Pinto — fosse convidado a visitar o Chile, a fim de recuperar res-
peitabilidade para o Brasil, dado o prestígio de que então gozavam as instituições
democráticas chilenas. Gabriel Valdés, chanceler do Chile, posto ao corrente do
assunto, tomou a iniciativa de transmitir ao Itamaraty a intenção da Universidade do
Chile de me convidar, expressando o desejo de que o gesto fosse visto com simpatia.
E, graças a essa manobra hábil dos amigos chilenos, foi-me possível retornar à terra
latino-americana, que para mim foi sempre a pátria maior.

Essa mesma onda de abertura do governo brasileiro, sob Costa e Silva, permi-
tiu-me realizar uma visita rápida a Brasília, para prestar depoimento no Congresso
Nacional a respeito da situação econômica do país. O convite veio do presidente da
Comissão de Economia da Câmara, deputado Adolfo de Oliveira. Foram feitas
démarches junto ao governo, que contava então com a presença de pessoas que se
empenhavam em ampliar a "abertura", e me foi recomendado que voasse via Estados Unidos diretamente para Brasília. O governo não respondia por arbitrariedades
fora da capital. Era 1968, e os ventos da contestação em todos os quadrantes sopravam forte, na Europa como nos Estados Unidos. Mas no Brasil eles serviriam para
aumentar a sanha da chamada "linha dura". Decidi, por conta própria, viajar diretamente para o Rio de Janeiro, onde cheguei em junho daquele ano, havendo de antemão comunicado minha decisão ao consulado do Brasil em Paris. Quando cheguei
ao Rio, a efervescência nos meios universitários era considerável, e as informações
que me chegavam eram de que se preparava um "golpe dentro do golpe".

As três apresentações que fiz na Comissão de Economia da Câmara dos Deputados tiveram grande repercussão na imprensa, o que valeu inusitada difusão do livro

496

em que foram reunidas sem demora, com o título de *Um projeto para o Brasil*, do qual autografei mais de mil exemplares entre Rio de Janeiro e São Paulo. Todas as pessoas que me pediram dedicatória foram fotografadas, imagino que por iniciativa de algum sistema de controle a serviço não sei de quem. O AI-5 encontrava-se em estado avançado de gestação.

Em 1970, recebi convite para participar de uma conferência em Lima, no quadro de preparação de um projeto de integração econômica dos países da chamada zona andina, a qual se estende do Chile à Venezuela. A política de integração regional começava a ser executada, e um grupo de técnicos estava sendo convidado para fazer sugestões que se cingiam à preparação de um documento sobre o futuro "regimento comum de tratamento de capitais estrangeiros e sobre marcas, patentes, licenças e royalties". O documento que preparássemos seria submetido aos governos concernidos alguns meses depois de nossa reunião. Pretendia-se evitar que as empresas internacionais explorassem as rivalidades entre países, levando-os a competir leiloando concessões.

O Peru vivia nesse momento uma fase de profundas reformas estruturais, as quais me interessava observar de perto. Mas deparei-me novamente com o veto do governo brasileiro, que me negou o uso do passaporte. Preparei-me então para o pior, que é a cassação da cidadania, o que poderia ser feito com suposta base legal caso eu adotasse o estatuto de apátrida ou viesse a usar passaporte de outro país. Expus a situação às autoridades da Junta de Cartagena, órgão político do Pacto Andino, que intervieram junto ao governo do Peru. Assim, viajei a Lima munido de um salvo-conduto que me assegurava os direitos de cidadão peruano. Não houve reação do governo brasileiro.

Deixo esse testemunho para que não possa haver dúvidas de que no Brasil se perseguiam pessoas não apenas porque estavam envolvidas em "guerrilhas". Mas também porque exerciam o direito elementar de pensar com independência, mais ainda se essa atividade se relacionava com o estudo da realidade econômica e social do país.

Empenhava-me em fazer ver a muitos brasileiros com quem debatia esses problemas, na época, que a arma mais poderosa é o pensamento aplicado a desnudar a realidade social. Os homens, quando se apercebem dessa realidade, facilmente distinguem entre o certo e o errado, o bem e o mal. Discuti esse tema com Glauber Rocha, quando ele passou por Paris em trânsito para Cuba, disposto a "alçar-se", como dissera o Che. Perguntou-me o que pensava sobre o apelo à violência para derrubar a ditadura no Brasil. Respondi sem titubear que considerava essa saída "uma besteira", a qual estava servindo para consolidar o poder militar. Ele deu voltas e voltas aos mesmos argumentos, tentando demonstrar que não havia escolha fora da violência, mas, ao despedir-se, afirmou: "Eu queria apenas ouvir a sua opinião". Tínhamos todos consciência de que Glauber era um artista excepcional, do nível de Villa-Lobos, Guimarães

OBRA AUTOBIOGRÁFICA

Rosa e Oscar Niemeyer. Mas me parecia que sua estrutura psicológica não suportava os embates a que ele se estava expondo. Por isso não me surpreendeu a reviravolta que nele ocorreu quando, meses depois, regressou de Cuba via União Soviética.

Eu defendia, acima de tudo, o direito de pensar com independência, certo de que só a arma do pensamento possibilitaria romper o véu de obscurantismo em que a ditadura estava envolvendo a realidade brasileira. Para mim importava, antes de mais nada, que as ideias circulassem. Ora, os focos mais importantes irradiadores de ideias relevantes são as grandes universidades. Convites das universidades norte--americanas e europeias não me faltavam, mas para aproveitá-los necessitava conservar o direito essencial de ir e vir. O caso mais grave era o dos Estados Unidos, dado que o governo desse país fora intoxicado de informações falsas a meu respeito pelas próprias autoridades brasileiras. Não se tratava de direitos esbulhados, que pudessem ser defendidos na Justiça norte-americana, sabidamente independente, e sim de decisões opacas de natureza administrativa.

Em 1968, foi designado embaixador dos Estados Unidos na França Sargent Shriver, cunhado do falecido presidente Kennedy, e que em missão deste me havia visitado no Recife quando eu tinha a responsabilidade da política de desenvolvimento do Nordeste brasileiro. Eu o acompanhara em visita a alguns dos pontos mais sensíveis, como as regiões rurais, do programa que estávamos executando. Tomei a iniciativa de lhe escrever, em caráter pessoal, relatando as dificuldades com que me havia deparado recentemente para obter visto do governo norte-americano, o que me impedia de frequentar os grandes centros de estudos dos problemas latino-americanos localizados nos Estados Unidos. Essa iniciativa minha conduziu à abertura de um inquérito que me permitiu tomar conhecimento do fato de que as autoridades brasileiras haviam transmitido às norte-americanas as acusações sem fundamento, nem comprovação de autoria, que haviam sido feitas contra mim no Brasil. Muitas das sandices de que eu me inteirara quando tive acesso aos arquivos do Conselho de Segurança Nacional lá também se encontravam. Fiz ver às autoridades norte-americanas o meu estarrecimento diante do fato de que o governo do meu país comunicasse a um governo estrangeiro supostas informações cuja falsidade se podia facilmente demonstrar, conforme eu mesmo já o havia feito na qualidade de membro do governo brasileiro. Com base em nossa troca de informações, foi redigido um memorando para as autoridades de Washington, o qual permitiu encerrar definitivamente essa história, sob vários aspectos antológica.

A REVOLUÇÃO BRANCA

Uma cultura de excepcional poder criativo e com longa tradição de disciplina social, caso da França, está sujeita a bruscas viradas históricas. Os observadores mais

498

OS ARES DO MUNDO

atentos foram surpreendidos pelos acontecimentos de 1968, os quais constituíram uma autêntica revolução no sentido de um corte na história, um divisor de águas entre o passado e o futuro. Quem logo viu isso com clareza foi o próprio De Gaulle, que desde maio lançou a palavra de ordem de "participação", como se houvesse percebido que o impetuoso progresso da época estivesse levando a sociedade francesa por um caminho errado, o do domínio dos homens por "maquinismos", para usar suas próprias palavras.

A França completava um ciclo de consideráveis avanços materiais que lhe tinham valido reconquistar uma posição de vanguarda entre os países desenvolvidos. Esse esforço se traduzira em conquistas importantes na tecnologia nuclear, na espacial, na aeronáutica, na dos transportes terrestres de grande velocidade e em outros setores, em geral aqueles que requerem investimentos de longa maturação. Por trás desse esforço estava uma estratégia orientada para a restauração de um poder nacional autônomo, que teve como símbolo a *force de frappe*. Se se têm em conta as guerras de liquidação do império colonial, o esforço de reconstrução e de conquista de posições tecnológicas de vanguarda, e, por último, a montagem de um dispositivo autônomo de segurança nacional, compreende-se sem dificuldade que pelo final dos anos 1960 a sociedade francesa houvesse acumulado um elevado grau de fadiga.

Ocorre, ademais, que nesse período a população francesa rejuvenescera, modificando-se a pirâmide de idades de forma que não se conhecia desde muitos decênios. Assim, as exigências sociais haviam crescido, em consequência do impulso demográfico, que o repatriamento dos antigos colonos da Argélia acentuara, da rápida urbanização provocada pela mecanização da agricultura, em síntese, da tardia mas ampla modernização. Não fosse a fratura da sociedade causada pela liquidação do império colonial, e muito provavelmente as pressões sociais teriam conduzido a mudanças graduais, prevenindo a explosão que se deu em 1968.

Que a França incubara graves tensões sociais era perceptível por muitos indícios. A reinserção abrupta, em 1958, de De Gaulle na cena política dera novo rumo à evolução do país, aumentando o sentimento de exclusão do importante setor de população constituído por operários e também de intelectuais que seguiam o Partido Comunista. De Gaulle os desqualificava, chamando-os de "partido do estrangeiro" e "totalitário". Assim, uma parcela significativa da população se sentia excluída e tutelada. Ora, foi esse segmento social que aproveitou a brecha aberta pelo movimento estudantil de maio de 1968 para desestabilizar o rígido quadro institucional armado pela Quinta República. A intranquilidade estudantil foi compreendida e aceita por De Gaulle, que respondeu lançando o movimento de "participação", o qual logo foi levado à prática na universidade e ensaiado em outras áreas. É verdade que o próprio De Gaulle foi derrotado no ano seguinte, ao tentar de forma precipitada aplicar as novas ideias à administração regional. Mas não se exclui a hipótese de que essa derrota haja sido de alguma forma buscada por ele, quando percebeu que as energias

499

que lhe restavam eram insuficientes para enfrentar a tarefa de mudar não a orientação política do Estado — o que ele já conseguira fazer duas vezes —, mas o perfil da sociedade francesa, tornando-a mais participativa.

Conjugaram-se dois processos igualmente profundos mas que bebiam em fontes distintas: o dos "acontecimentos de maio" propriamente ditos, que tiveram seu fulcro nos anfiteatros da Sorbonne, e o da greve geral. A presença de Sartre, um intelectual sem qualquer vinculação institucional, na Sorbonne e nas usinas da Renault explica-se porque os dois movimentos confluíram em um só quanto a seus efeitos, suas manifestações exteriores. Os objetivos míticos de "mudar a sociedade", e de "instalar a imaginação no poder", que galvanizaram os jovens que se batiam nas barricadas do Quartier Latin, serviram de escudo às forças que se empenharam em deslocar o sistema de controle social que estava permitindo concentrar recursos para financiar a modernização da França, em particular o projeto gaullista de poder nacional.

Convém assinalar que esses acontecimentos puseram em evidência os riscos que enfrenta no mundo atual um sistema de poder estatal demasiadamente centralizado. A opção pela "participação", preconizada por De Gaulle, mostra que ele compreendeu a raiz do problema. O fato é que o uso da violência organizada, que desde Aristóteles é reconhecido como atributo essencial do Estado, também conheceu significativa evolução.

O que singularizou os "acontecimentos de maio" foi que, entre mortos e feridos, não houve vítimas. As barricadas foram enfrentadas com mangueiras de bombeiros e bastonadas, como se se tratasse de um conflito familiar em que um pai intolerante tivesse sua autoridade posta em xeque. Foi o movimento maciço de trabalhadores, reivindicando aumento de salários — finalmente concedido nos acordos de Grenelle, em que Georges Pompidou ganhou as batalhas que lhe abriram as portas para posicionar-se como sucessor de De Gaulle —, que iniciou novo ciclo na evolução social da França.

Dessa forma, a França continuou inovando numa das áreas mais difíceis da prática política, que é essa das mutações estruturais geralmente conhecidas como revoluções. Disciplinar o uso da violência é arte muito complexa, pois nunca se sabe quando o processo se torna irreversível, descambando para a tirania. É como administrar certos remédios que, se não são dosados apropriadamente, tornam-se mortais. No caso da política, o que está em jogo quase sempre é a sobrevivência da liberdade. Mas provas dessa gravidade enriquecem a história de um povo.

Para o observador que vivia os acontecimentos de dentro do mundo universitário, a coisa se assemelhava a um filme surrealista: tudo parecia montado expressamente para surpreender. Eu me empenhava em dar aulas conforme o que estava programado. Mas podia chegar ao anfiteatro e encontrá-lo vazio, ou superlotado de pessoas que eu não conhecia e que exigiam de mim falar sobre matéria fora de meu curso. Eu me dava por desentendido. O Instituto de Altos Estudos da América Latina, cujo nome fora mudado, por iniciativa não sei de quem, para Instituto Che Guevara, transformara-se em um dos principais focos de agitação, sob a liderança de pessoas estranhas ao estabelecimento, provenientes de outros setores da universidade. Como falar sobre América Latina era abordar problemas de revoluções agrárias e de lutas contra injustiças sociais flagrantes, não me era difícil reter os alunos, sempre que os consultasse de antemão sobre que tema do programa desejavam trabalhar. O número de meus ouvintes cresceu consideravelmente, enquanto outras salas se esvaziavam. A boa verdade é que grande parte dos professores não compareciam às salas de aula.

Logo teve início o debate sobre a reforma universitária, liderado pelo ministro Edgar Faure e voltado para o princípio da participação dos alunos na direção dos estabelecimentos e para a descentralização destes em unidades de estudo e pesquisa. A velha Universidade de Paris, que havia crescido como um paquiderme e vegetava sob o controle de imenso aparelho burocrático ministerial, explodiu em um grande número de estabelecimentos universitários, que por sua vez eram descentralizados em unidades de ensino e pesquisa. A administração, em todos os níveis, passou a ser compartida por docentes e discentes.

É evidente que uma reforma tão ampla e profunda, em um país onde o professorado universitário constituía verdadeiro mandarinato, somente se tornara possível porque a estrutura do Estado fora abalada em seus alicerces. Participei dos debates preparatórios do projeto de reforma, como membro da congregação da antiga Faculdade de Direito e Ciências Econômicas de Paris, certamente um dos baluartes desse mandarinato, e de onde surgiu a primeira universidade de novo estilo, com o nome de Paris I Panthéon-Sorbonne.

Era grande a perplexidade da imensa maioria dos professores, mas o velho instinto de sobrevivência prevaleceu. O momento crucial em que vingou a ideia de ir a fundo no processo de reforma foi quando um velho professor, *resistente*, que estivera ao lado de De Gaulle desde a primeira hora, disse levantando os braços: "Não devemos esquecer nem um só momento que, se formos vencedores nessa contenda, tudo estará perdido: o importante é que a juventude não se sinta derrotada!". Todos compreenderam, assim, que não havia saída honrosa fora da renúncia a muitos privilégios, e, em primeiro lugar, ao da senioridade.

O estremecimento que abalou a sociedade francesa projetou-se em todas as direções. A dicotomia esquerda-direita entrava em liquidação, o que permitiria a reaproximação de socialistas e comunistas, condição necessária para que houvesse alternância no poder. O regime presidencial criado por De Gaulle necessitava de um partido comunista de caráter stalinista, "totalitário", para inviabilizar a hipótese de um governo de esquerda. Os acontecimentos de 1968, com suas mensagens libertárias, deslocaram ideologicamente o Partido Comunista para a direita, e os beneficiários dessa mutação foram os socialistas. Assumindo estes o comando das esquerdas, modificava-se o quadro político em detrimento da direita.

OBRA AUTOBIOGRÁFICA

Estava concluído o ciclo do cesarismo gaullista, que cumprira a missão de modernizar a França e projetá-la no plano internacional mas que conduzira a um impasse institucional maniqueísta. Em consequência desse impasse, a França penetrava na era pós-industrial com uma dinâmica social fundada na luta de classes, o que a colocava em posição desvantajosa para enfrentar as novas formas de confrontação internacional, a começar pela construção do Mercado Comum Europeu. O papel histórico do Partido Comunista Francês, que fora o de acirrar a luta de classes quando esta freava a concentração de renda e ampliava o mercado interno, desaparecia num espaço econômico aberto, voltado de preferência para formas de competição internacional à japonesa. A evolução da política francesa estava exigindo a reciclagem do PCF, o que foi feito com a absorção parcial de seu eleitorado pelo Partido Socialista, assumindo este um reformismo radical, mas com credibilidade. Dessa forma, o pós-gaullismo consistiria essencialmente na montagem de uma alternativa de governo de esquerda, dentro de um sistema de poder com um Executivo forte.

Na universidade, a desorientação entre professores comunistas era manifesta. Os "acontecimentos de maio" reforçaram a posição dos sindicatos, mas expuseram os comunistas a uma acirrada crítica da esquerda, ao forçá-los a assumir posições de simples defesa de interesses corporativistas. Não deixa de ser significativo que o teórico marxista de maior prestígio ligado ao PCF, Louis Althusser, se houvesse refugiado em um elevado nível de abstração e numa disciplina escolástica, parecendo um sacerdote que se empenhava em oficiar ignorando que o templo estava em chamas.

Por ocasião dos tumultos de 1968, volta e meia eu perambulava pelos corredores da universidade e pelos jardins do Luxemburgo, onde sempre me refugiava depois de uma discussão que me trouxesse amargura ou perplexidade.

Por vezes, algum colega, ou mesmo aluno, me acompanhava, e trocávamos palavras de conforto. O clima de fantasia que se criara levava as pessoas a se abrirem umas com as outras de forma intempestiva, a desafogarem o peito candidamente. Pude então me dar conta de que muita gente que me parecera indiferente tinha simpatia por mim: um professor que fora punido simplesmente por pretender pensar com independência. O fato é que os que se sentem inseguros procuram apoio em outras pessoas em condições similares. Os que sofrem se assemelham. Não interessa saber se a causa são dúvidas metafísicas, ou a consciência de que a humanidade caminha para a autodestruição, ou a percepção de que a exploração de seu próprio povo se está agravando. O certo é que, naqueles momentos que tinham algo de orgiásticos, a comunicação entre pessoas desconhecidas se fazia com tanta facilidade como numa noite de terça-feira de Carnaval nas ruas do Rio.

Nos meus passeios pelos jardins do Luxemburgo, eu tomava pacientemente notas do que ouvira nas longas discussões. Minha única preocupação era fixar algo do clima do momento, convencido que estava de que essas conversas simples e francas me enriqueciam. O interesse que ocasionalmente me despertavam algumas ideias levou-me a confundir, nas notas que tomei, aquilo que ouvi e minhas próprias reflexões do momento. Tornou-se, assim, difícil separar as duas linhas de pensamento, saindo de tudo uma amálgama de que me aproprio um pouco constrangido e consciente de que assumo uma responsabilidade.

"'É sempre a mesma decepção a conversa com Sartre. Ele parece apressado em concordar, como se quisesse encerrar rapidamente o assunto. Nunca se sabe se é desprezo pelo interlocutor ou pelo que ele mesmo disse. E se precipita em concordar sempre que o que se diz tem certo sabor de disparate ou paradoxo. Parece-me que se fala com Sartre numa faixa de tempo deslocada. O que nos interessa já perdeu todo o encanto para ele. Essa gente saída das catacumbas, que vem aí falando de *nausée*, de *angoisse*... Você acha que ele realmente sente aversão por esses filhos que foi largando?' 'Sim', respondi. 'Penso que ele se sente tão estranho aos filhos intelectuais como Rousseau se sentia aos seus de carne e osso, que ele foi largando pelas portas das igrejas.' 'A ideia de tempo', continuou, 'se não a entendemos, nada podemos captar desse baralho humano. O tempo comum existe porque nos instalamos num momento e daí observamos o acontecer das coisas. Se nos instalássemos simultaneamente em todos os momentos, obteríamos um tempo neutro como o da geologia. Os epicuristas compreenderam esse problema quando se plantaram no presente e transformaram o passado num adorno desse presente. Sartre pretendeu instalar-se no futuro: *"L'homme, c'est son futur"*. E os que dialogam com ele estão aparafusados no passado, nesse passado fossilizado que são os livros que ele mesmo escreveu.' Respirou pausadamente e continuou: 'Ele abre aquele riso de palhaço com o rabo preso na porta. Com o desgaste da *imaginação*, o futuro para ele são os jovens, que o desprezam e o exploram. Lembra-se daquele adolescente que lhe concedeu a palavra na Sorbonne com uma intimação: *"Sartre, sois bref!"*? A filosofia é coisa séria. Essa confusão que avassala o nosso tempo! Esse mito da práxis! Filosofia como subproduto de intrigas de pessoas disfarçadas em conflitos de grupos, em lutas de classes! O ponto de partida de toda filosofia tem que ser uma reflexão sobre o homem, sua subjetividade. O existencialismo pretendeu mapear essa subjetividade para localizar-lhe os pontos sensíveis, como um hidrogeólogo mapeia a rocha cristalina para descobrir as rachaduras que permitem encontrar as reservas ocultas da preciosa água. Ah, essa a filosofia que tornava possível viver! Como teria sido maravilhoso conversar com o Sartre dessa época perdida, que encontrou na criação artística a língua para transmitir sua filosofia e elevou as salas de teatro ao nível da Academia de Platão! Que época esta, a presente! Filosofar é estar *à la page* com slogans dos ativistas!'. 'Não é tanto assim', objetei. 'Veja o nosso Lévi-Strauss abordando problemas fundamentais da estrutura da mente humana.' Era uma conversa circular. Meu interlocutor atribuía 'extraordinária' importância à obra de Lévi-Strauss, mas considerava perda de tempo ler os seus livros. 'Tudo o que ele diz pode ser certo, e também irrelevante', divagava. 'Se encontramos chaves comuns às mitologias e às linguagens, enfim, se tudo puder ser reduzido a uma mesma sintaxe, tudo parecerá simples, mas não avançaremos muito. Ora, à medida que as culturas se tornam complexas, a combinatória torna-se de tal maneira rica que o campo do possível desborda a imaginação humana por todos os lados. Imensa a distância entre essas generalidades e os problemas que nos interessam: o medo da morte, a angústia da não razão de ser, do absurdo da vida.' Conversa circular. Toda filosofia sempre terá uma janela aberta à perplexidade. Esses elementos nos permitem vislumbrar o papel que desempenha o pensamento filosófico em certa fase da história de uma civilização. Como isolar a filosofia de Agostinho, com sua doutrina da Graça, que leva ao fatalismo, do contexto criado por uma civilização assediada, em marcha batida para o colapso? E que dizer dos exercícios espirituais de Inácio de Loyola, ginástica para alcançar Deus por atos de vontade, expressão e instrumento de uma civilização que criara o primeiro sistema de poder de dimensão planetária? O Sartre a que se refere meu interlocutor vivia os estertores dos anos 1930 e 1940. O bombardeio de Guernica, a ocupação de Paris, a bomba de Hiroshima... É preciso ter vivido esses instantes, Agostinho em Hipona recebendo a notícia do saque de Atenas pelos godos, depois, o de Roma. Quase dois decênios se passaram entre esses marcos históricos. Anos de angústia, quiçá sem paralelo, até que coube a uma geração viver as tragédias de Guernica e Hiroshima. 'Creia-me', arguiu meu interlocutor, 'essa filosofia da angústia é o último vínculo com o homem livre, a última arrancada prometeica. Entre o Loyola, que alcança Deus pela ascese, e o Sartre da *Nausée* existe em comum o fio do livre-arbítrio, o mito de uma liberdade fundamental a partir da qual seria possível construir esse homem que todos buscamos. Com Hiroshima, já não há espaço para que ele medre.'

"Meu interlocutor se embriagava com a ideia de liberdade. Era sua droga preferida. Perambulara malvestido e malnutrido pelas frias ruas de Paris naqueles duros invernos que se seguiram à guerra. Embriagado dele mesmo, imerso num individualismo feroz: *'L'enfer, c'est les autres'*. Essa plenitude, a devia a Sartre. Sentia-se 'condenado a ser livre'. Seu momento de supremo êxtase, alcançou-o quando, ao entregar-se à ideia de liberdade, sentiu que se lhe rompiam as cadeias que o haviam atado ao transcendente; *'même si je pense que c'est à Dieu que j'obéis, c'est moi qui décide que c'est Dieu qui m'a parlé'*. Ah, ser plenamente um homem! Esgotar o campo do possível! Agora terás de decidir a partir de valores teus. Era a volta a Nietzsche: o homem como criador de valores; o homem começo e fim de tudo. Anos maravilhosos de boêmia filosófica. Mas como ignorar que, se a liberdade de *um* homem pode ser concebida nesse contexto, não podemos dizer o mesmo da liberdade dos homens vivendo em sociedade, pois a escolha que realiza cada um limita o campo de escolha dos demais?

OS ARES DO MUNDO

Kant já o havia visto claramente. Mais claro enxergamos, mais estreito nos parece o campo do possível. Por alguma razão a ideia de angústia está no centro de todo o pensamento existencialista. *'L'homme est une passion inutile.'* Pensamentos circulares. Um ir e vir sem fim. Nesse pêndulo, meu interlocutor se embalava. De um lado, o pêndulo se deslocava na direção do mais descarnado individualismo: o do homem que cria o mundo com seu pensamento, que sutilmente assume as características de um deus decaído; de outro, deslocava-se o pêndulo na direção do homem que atua num contexto social, que ao assumir valores não pode escapar às consequências de seus atos.

"Hiroshima existiu de início como uma pequena coceira. Naqueles primeiros anos, eram muitos os que tinham essa coceira, mas eram poucos os que lhe davam atenção. Com o passar do tempo, aquilo que fora descaso se transformou em obsessão. Estava ali a prova de que a ideia de liberdade, a partir da simples subjetividade individual, era uma perigosa miragem. A coceira prenunciara um tumor cujas leis de crescimento escapavam ao entendimento. Cada dia que passa aumenta a probabilidade de que o mundo habitável seja destruído pelo homem. Somos qualitativamente diferentes de nossos antepassados de apenas uma geração: somos mortais duas vezes, como indivíduos e como espécie. E já assumimos a irreversibilidade desse fato. Nossa relação com a morte modificou-se objetivamente e disso apenas começamos a tomar consciência. Para o indivíduo isolado, a probabilidade matemática pouco significa. Saber que é tal a probabilidade de ser acidentado na rua no mês corrente não é algo que o homem possa interiorizar, incorporar como um valor vital. Mas isso não impede que morram dezenas de milhares de pessoas em acidentes todos os meses. A influência progressiva da ameaça de morte que pesa sobre a humanidade far-se-á sentir na vida dos homens de forma indireta. Tomar decisões políticas pode significar jogar com a sobrevivência física de uma nação inteira, e mesmo da humanidade. Decisões cada vez mais complexas com um crescente coeficiente de incerteza. De que as civilizações são mortais já nos advertiu Paul Valéry. Mas que significa a morte de uma civilização numa humanidade que também é mortal? Tudo está por pensar. E se a humanidade for dominada pelo medo ao tomar bruscamente plena consciência da ameaça de morte que sobre ela pesa? Dificilmente podemos imaginar o que adviria. Movimentos religiosos poderiam emergir. E também movimentos políticos fundados na abdicação de toda vontade individual. A aceitação de uma disciplina social que leve ao adormecimento dos indivíduos. E mesmo a uma eutanásia social progressiva. Ou ao domínio de uma minoria que promova a metódica destruição dos 'excedentes demográficos'."

Discussão, na Unesco, com Marcuse, Habermas e outros monstros da reflexão descabelada que estão em Paris para um debate comemorativo dos 150 anos do nascimento de Marx. Consideram-me um ingênuo porque insisto em colocar o problema social a partir da identificação das necessidades essenciais do homem. Por que

OBRA AUTOBIOGRÁFICA

não abrir o debate em torno da definição de um salário de subsistência que serviria de base na formação dos preços relativos de todos os bens que são objeto de transações internacionais? A exploração do homem pelo homem assume sua forma mais odiosa quando ela se apresenta como exploração de todo um povo por outro. Sempre me pareceu que o maior escândalo está no comércio internacional, na manipulação dos termos do intercâmbio pelos que exercem poder de mercado, no intercâmbio desigual. Como não reconhecer que o trabalho é efetivamente uma fonte de valor independentemente daquilo que expressam os preços conjunturais? Dentro de cada país existe uma administração de preços que evita que os agricultores sejam esmagados pelos açambarcadores que controlam a informação e dispõem de poder financeiro. Por que não avançar no plano internacional na mesma direção, não tanto na base de manipulação de estoques — o que é um sistema frágil —, mas partindo do reconhecimento de que o trabalho é mais do que uma mercadoria?

A ninguém interessava abordar problemas *menores*, como o dos preços relativos nos mercados internacionais. A todos fascinava a ideia de Marcuse de uma confrontação planetária entre os povos que tudo possuem e os de tudo destituídos, e entre os dois sistemas sociais rivais. Impressionava-me em particular a negação implícita no pensamento de Marcuse, que sempre dava ênfase ao elemento negativo da dialética. Porque acreditava demasiado no *progresso* — dizia ele — Marx eliminou a disjuntiva *socialismo-barbárie* de sua concepção de revolução na transição para o *estágio superior de desenvolvimento humano*. Ora, a subordinação do homem aos instrumentos de produção e de destruição atingiu o ponto em que o poder é incontrolável — esse poder que se encobre no véu dos interesses nacionais mobilizados e no disfarce tecnológico é autopropulsor. "As contradições internas que ele enfeixa podem levar a uma explosão e os meios de que dispomos para coibir esse processo são irrisórios", disse Marcuse.

Em face dessa constatação, pareciam-me irrelevantes as forças que, segundo ele, se contrapõem ao avanço do "capitalismo das grandes empresas", tanto mais que o destino da *revolução* deve ser decidido nas metrópoles. Essas forças são as populações marginalizadas e dos guetos, bem como a intelligentsia de classe média, em particular os estudantes. Se a confrontação tem que ser entre o mundo superorganizado das empresas capitalistas ou socialistas e os marginais das grandes metrópoles, parece-me claro que o resultado final teria que ser o esmagamento destes. Fica de pé a constatação de que o futuro radiante dos revolucionários marxistas está enterrado, e em seu lugar existe apenas um *buraco negro*.

O "MODELO" BRASILEIRO

Os seminários de pós-graduação que eu organizava em diversos estabelecimentos da Universidade de Paris — desde 1968 desdobrada em várias unidades — eram

506

uma oportunidade para debater a situação corrente das economias latino-americanas. Eu me empenhava em demonstrar que sem um conhecimento das estruturas e da formação histórica não era possível entender o comportamento presente dessas economias, em especial os fenômenos de bloqueio do crescimento, de tendência à concentração da renda, de uso extensivo dos solos, de estagnação dos rendimentos agrícolas.

Detinha-me especificamente no caso do Brasil, pois o estudo de sua estrutura agrária é de significativa importância para entender a estranha combinação entre abundância de recursos naturais e persistência de baixos salários. O binômio latifúndio-minifúndio permite que as terras aráveis brasileiras sejam subutilizadas em extensas áreas, ao mesmo tempo que obriga a população rural a empilhar-se em reduzidos espaços; a apropriação das terras aráveis brasileiras por uma reduzida minoria força a massa da população rural a aceitar baixíssimos salários para sobreviver. Assim, a estrutura agrária, de um lado, e uma tecnologia industrial geradora de poucos empregos, de outro, operam no sentido de concentrar a renda e de excluir a massa da população dos benefícios do desenvolvimento. A intensificação do crescimento demográfico, possibilitado pelos avanços das técnicas profiláticas, agravou a situação das massas nas zonas rurais como nos centros urbanos.

Desde final dos anos 1960, quando ocorreu a aceleração do crescimento da economia brasileira — a época do chamado "milagre" —, inúmeros foram os alunos que se interessaram em aprofundar o estudo dessa experiência. Havia quem pensasse que o Brasil estava em trânsito rápido para o Primeiro Mundo, que as discussões em torno de "problemas estruturais" estavam superadas. Em razão da abundância de recursos naturais e da dimensão da população, dava-se por certo que a oferta de recursos financeiros externos se manteria elástica por tempo suficiente para que o Brasil realizasse com êxito o seu *take-off*.

Coube-me dirigir várias pesquisas de estudantes graduados em torno desse suposto "milagre". Algumas delas eram simplesmente descritivas, dando ênfase à modernização do sistema financeiro — a *correção monetária* despertava peculiar interesse —, ao esforço de abertura externa mediante redução da barreira protecionista, e coisas assim. Contudo, o interesse maior era suscitado pelos aspectos teóricos do problema: ocorrera uma mudança qualitativa no processo brasileiro? Se assim fosse, que tinham a aprender com o Brasil os demais países subdesenvolvidos?

Ora, o que acontecera no Brasil fora simplesmente uma intensificação do processo de concentração da renda, um maior *arrocho salarial* permitido pelo desmantelamento das resistências sindicais. Com efeito, o salário mínimo real diminuíra em cerca de 60%. A novidade estava em que os recursos advindos da maior concentração de renda eram canalizados para financiar a expansão do consumo de bens duráveis, e não principalmente, como ocorrera no período anterior, para financiar investimentos em capital fixo, em particular na infraestrutura.

OBRA AUTOBIOGRÁFICA

Fiz várias exposições sobre esse tema e cheguei mesmo a formalizá-las em um modelo dinâmico na forma de um fluxograma. Mas com frequência deparava-me com argumentos como este: "É pena que o senhor não tenha oportunidade de tomar contato direto com a realidade econômica brasileira de hoje, que seguramente é outra; nada mais lembra a desordem e o desencorajamento da época de Jango". Esse tipo de argumento surgia com mais frequência nas discussões nos Estados Unidos, da parte de professores brasilianistas, que haviam amiudado seus contatos com o Brasil.

Em 1971, decidi visitar o Brasil e tomar conhecimento direto dessa *realidade nova*. Era o momento de máxima repressão, da caçada final ao capitão Lamarca, que "resistia" sozinho, qual um Dom Quixote dos pobres, perdido na caatinga nordestina, ocupando os dias de vida que lhe restavam a escrever cartas de amor a uma dama que seria morta pela polícia portando um filho seu no ventre.

O ambiente que encontrei no Rio de Janeiro fez-me pensar que o dano causado pela ditadura militar a nosso país ainda era maior do que eu havia suposto. O clima era de neurose coletiva, sendo imprevisível o comportamento de pessoas dos mais diversos tipos. Nas praias e em logradouros públicos, eu encontrava indivíduos que tudo faziam para evitar serem por mim abordados. Referi esse fato a uma pessoa amiga e ela me esclareceu: "Não é por maldade, é que temem que você esteja sendo seguido". Daí comecei a espreitar para ver se de fato era seguido, o que certamente modificou meu comportamento, afugentando mais ainda as pessoas de mim.

Eu tinha interesse em colher informações, discutir com colegas ligados a centros de decisão. Logo percebi que isso não seria fácil. Adquiri muitas publicações oficiais, pus-me a lê-las e só aos poucos logrei retomar alguns contatos. Um economista da nova geração, que eu conhecera estudando numa universidade norte-americana, convidou-me um dia à sua residência no bairro de Botafogo, no Rio, onde eu encontraria alguns de seus companheiros de trabalho. Muitas precauções foram tomadas: éramos umas poucas pessoas, mas não deveríamos entrar juntos, a fim de evitar chamar a atenção dos vizinhos. Passado algum tempo, o dono da casa expressou preocupação porque um dos convidados não aparecera. Foi um alívio quando chegou o retardatário, que se desculpou dizendo haver estado numa sessão de macumba e perdido a ideia do tempo. O dono da casa houve por bem explicar-me: "Fulano ganhou uma bolsa para fazer um PhD no MIT, mas tem muitas dúvidas sobre se deve ir ou não e por isso foi ouvir uma mãe de santo". Fiquei estarrecido, mas evitei comentar. Gosto e religião...

Assim que chegara ao Rio, pusera-me em contato com meu despachante para estabelecer uma estratégia de retirada. Desde minha incorporação à FEB, eu usava uma carteira de identidade expedida pelo Exército, na qualidade de oficial da reserva. A polícia do Rio considerou essa carteira sem valia, como se ao ter os direitos políticos cassados eu também houvesse sido privado de minha patente no Exército. Tive então que requerer uma carteira de identidade na Polícia Civil, o que exigiu a abertura de novo prontuário. Meu despachante, Alcino Guedes, dera-me senhas que eu devia usar para orientar-me no labirinto da repartição policial. Certo dia, cumprida a missão prevista, retirei-me, desejoso de aproveitar a manhã de sol na praia de Ipanema, onde praticava longas caminhadas como terapêutica para conservar meus nervos tranquilos. À tarde, quando volto para casa, encontro uma mensagem urgente do despachante para que me comunique com ele. Soube então que a polícia me buscava, que fora expedida ordem de detenção contra mim, que eu seria preso se tentasse sair do Rio.

Alcino Guedes veio me buscar e fomos sem demora esclarecer que crime estava me sendo imputado. A repartição policial já estava fechada para o público quando lá chegamos. Duas pessoas estavam detidas por envolvimento no "caso", que logo se esclareceu. Por inadvertência, pela manhã eu levara comigo a carteira de identidade "virgem", na qual eu deveria deixar minhas impressões digitais. Seguramente eu interpretara mal as instruções que recebera e, nas palavras de um funcionário, praticara um ato que podia ser considerado "crime contra a segurança nacional". Apresentei minhas escusas aos servidores detidos. Eles devem ter olhado para mim e resmungado: "Esses *subversivos* podem nos pregar cada uma!". Quem não tem paciência não se salva, dizia minha avó. Na verdade, precisei de muita paciência para vencer a corrida de obstáculos que, no final de três meses, me valeu o visto de saída do Brasil. Mas agora eu já podia falar do "milagre" brasileiro com conhecimento de causa...

De regresso a Paris, escrevi dois ensaios que seriam publicados no Brasil em 1972, em forma de livro, sob o título de *Análise do "modelo" brasileiro*. O editor Ênio Silveira, que já enfrentava dificuldades para sobreviver, assumiu a responsabilidade da publicação sem submeter o texto à censura, a qual se exercia de forma mais ou menos velada. Muito propositadamente eu escrevera um texto de grande rigor técnico, sem envolvimento emocional, como se o brutal processo de arrocho salarial e concentração da renda pudesse ser assimilado a um fenômeno *natural*. O interesse do livro foi considerável, o que se comprova pelas numerosas edições que se sucederam. Mas as dificuldades que enfrentava o editor se agravaram. As autoridades apressaram um processo de desapropriação do edifício onde estava a livraria ligada à editora, o que lhe trouxe enormes prejuízos.

Transcrevo em seguida a parte conclusiva do primeiro desses ensaios, no qual se demonstra que o dinamismo da economia brasileira, na época, refletia a ação conjugada do Estado e das empresas transnacionais, e que a ação desses dois vetores se estava exercendo no sentido de concentrar a renda. Sobra acrescentar que a perda do dinamismo ocorrida no começo dos anos 1980 não interrompeu o processo de concentração de renda, impondo-se a conclusão de que os verdadeiros objetivos do desenvolvimento não serão alcançados no Brasil na ausência de uma política social deliberada.

OBRA AUTOBIOGRÁFICA

Sem entrar em detalhes sobre a estrutura da economia brasileira tal qual ela se definiu na fase avançada da substituição de importações, ou seja, nos anos 1950, pode-se admitir como certo que, sendo "normais" a produção agrícola, os termos do intercâmbio externo e o nível de gastos públicos, não existem obstáculos do lado da oferta para que seja alcançada uma taxa de crescimento relativamente alta.

A experiência dos últimos dois decênios mostra que essa taxa se situa em torno de 6%, sendo que o limite inferior de suas flutuações se confunde com a taxa de crescimento demográfico (ao redor de 3%) e o limite superior é três vezes mais alto (10% em 1960-61 e 9% em 1968-69). Assim, se se têm em conta a aptidão do sistema para gerar poupança e a produtividade média dos investimentos, chega-se à conclusão de que uma taxa em torno de 6% traduz as relações estruturais básicas.

As elevadas taxas observadas nos anos referidos estão ligadas a uma intensificação da entrada de recursos externos e a fatores excepcionalmente favoráveis, como sejam a passagem de um mau ano agrícola para um bom ou a utilização de um bloco de capacidade industrial instalado no período imediatamente anterior, ou ainda a utilização de capacidade ociosa. Como uma melhor utilização da capacidade instalada significa maiores lucros e tende a atrair um maior fluxo de recursos externos, os dois fatores podem conjugar-se, produzindo taxas excepcionalmente altas de crescimento.

Entretanto, esse quadro estrutural não assegura que as possibilidades de expansão sejam efetivamente aproveitadas. Pelo contrário: existe evidência de que o sistema tende a subutilizar capacidade produtiva, sendo incapaz de gerar espontaneamente o perfil de demanda requerido para autodinamizar-se. É na solução buscada para este último problema que está o traço característico do chamado *modelo brasileiro*.

Nesse modelo, a taxa de crescimento do PIB é essencialmente determinada pela ação conjugada: a) das empresas transnacionais, que respondem em medida considerável pela transmissão do progresso tecnológico (inovações de produtos e processos), e b) do Estado, ao qual incumbe adequar o perfil da demanda às exigências do progresso tecnológico tal qual este é transferido pelas empresas transnacionais. Esse progresso tecnológico pode ser considerado um produto de oferta elástica, dado que seu custo de oportunidade é baixo para as empresas, que o utilizam em escala mundial; mas para que ele penetre é necessário que se deem certas condições que cabe ao Estado criar. As empresas estritamente nacionais continuam a desempenhar um papel importante, mas de caráter essencialmente complementar. Da mesma forma, a ação empresarial do Estado, visando criar economias externas e ampliar o horizonte temporal das decisões de investimento, constitui fator importante na evolução estrutural do sistema. Contudo, para que as possibilidades de crescimento dadas pela estrutura sejam realmente aproveitadas, deve ser preenchida o que chamaremos de *condição de equilíbrio dinâmico*: o perfil da demanda de bens finais terá de conformar-se às exigências do progresso tecnológico na forma em que este é transmitido pelas empresas transnacionais.

A diferentes perfis de demanda de produtos finais correspondem diferentes composições dos investimentos e diversos fluxos de entrada de recursos externos, fatores ambos que influenciam a entrada do progresso tecnológico. Assim, o nível do PIB pode elevar-se sem que intervenha uma modificação prévia na taxa de poupança. Nesse caso, a melhora na produtividade do capital vai acompanhada de aumento da rentabilidade das empresas, com repercussão na taxa de poupança. A elevação desta é, por conseguinte, mais uma consequência da aceleração do crescimento do que a sua causa. Alcançado certo teto estabelecido por um conjunto de elementos estruturais, a taxa de poupança tende a nivelar-se. O problema fundamental consiste, portanto, em identificar esses fatores capazes de influenciar o perfil da demanda, que possam ser adotados como variáveis instrumentais. Dentre esses fatores, três vêm sendo de particular relevância na experiência recente do Brasil:

• a *intensidade* e a *orientação* do processo de concentração da renda e da riqueza que comanda a expansão do mercado de bens duráveis de consumo;

• a criação de empregos no setor moderno, ou seja, a transferência de mão de obra do setor de subsistência para as atividades em que prevalece o salário básico garantido pela legislação social;

• a diferença entre o salário básico do setor moderno e o custo de oportunidade da mão de obra dado pelo salário no setor de subsistência.

A manipulação dessas variáveis vem permitindo que se defina o perfil de demanda altamente favorável à atuação das empresas transnacionais, que vêm podendo utilizar de forma mais intensiva a capacidade instalada anteriormente. Se a economia se encontra em condições de subutilização de capacidade produtiva, como era o caso em 1965-67, uma modificação no perfil da demanda mediante a expansão de crédito adequadamente orientada pode acarretar considerável elevação na produtividade do capital. Não se trata de simples criação de demanda efetiva, de estilo keynesiano, pois a existência de capacidade ociosa não é fenômeno generalizado, concentrando-se no setor de bens duráveis de consumo e complementares. Faz-se mister modificar a composição da demanda mediante aumento mais que proporcional (ou exclusivamente) de certos segmentos desta.

Modificando os programas dos diferentes titulares de renda, o governo põe em marcha uma série de processos que afetam o grau de utilização da capacidade produtiva já existente, a composição dos novos investimentos e a intensidade do fluxo de entrada de recursos externos. Criam-se, assim, condições para que as empresas transnacionais maximizem suas possibilidades de ação. Os resultados se farão sentir direta e indiretamente nas duas relações estruturais que comandam o crescimento da economia: a taxa de investimento e a produtividade média do capital.

OBRA AUTOBIOGRÁFICA

QUEM JUSTIFICA A CONCENTRAÇÃO DA RENDA?

Em 1972, visitou-me na American University, em Washington DC, na qual me coube organizar alguns cursos sobre a teoria do desenvolvimento e economia latino--americana, o empresário Fernando Gasparian, que me expôs um projeto de lançamento no Rio de Janeiro de um semanário de ideias. Queria contar com minha colaboração para abrir um debate sobre a política econômica que vinha sendo seguida no Brasil e era apregoada por poderosos meios de propaganda como um "modelo" a ser seguido nos países do Terceiro Mundo. Para mim, tratava-se de prosseguir com o debate que eu havia aberto com o livro *Análise do "modelo" brasileiro*. Mas lançar uma publicação periódica era um ato de muita coragem e de elevado risco financeiro. Assim surgiu o semanário *Opinião*, que durante cinco anos sobreviveu a todas as formas de perseguição, inclusive detenção ocasional de seus diretores. Houve um entendimento com o *Le Monde*, de Paris, para o qual contribuí, e com outras publicações internacionais para a transcrição de matérias, o que representou um forte suporte moral. Mas as dificuldades criadas pela censura foram imensas.

Iniciei minha colaboração, no primeiro número, com um artigo sobre mistificação e manipulação de conceitos, que intitulei "Objetividade e ilusionismo em economia". O ensaio tratava de metodologia científica, mas a carapuça cabia perfeitamente na cabeça dos "milagreiros" brasileiros: "Em um país como o Brasil", dizia eu em conclusão,

> basta concentrar a renda (aumentar o consumo supérfluo em termos relativos) para elevar a taxa de crescimento do PIB. Isto porque, dado o baixo nível médio de renda, somente uma minoria tem acesso aos bens duráveis de consumo e são as indústrias de bens duráveis as que mais se beneficiam de economias de escala. Quanto mais se concentra a renda, mais privilégios se criam, maior é o consumo supérfluo, mais alta será a taxa de crescimento do PIB. Dessa forma, a contabilidade nacional pode transformar-se num labirinto de espelhos, no qual um hábil ilusionista pode obter os efeitos mais deslumbrantes.

Minha decisão, desde o início, foi de não me submeter à censura: meus textos seriam publicados integralmente ou seriam suprimidos. Colocava-se também o problema de como publicar livros sem antes submetê-los à censura. A única saída que restava consistia em aceitar os riscos financeiros acarretados pela possível destruição da edição total de um livro cuja venda viesse a ser proibida. Fernando Gasparian tomou a iniciativa de comprar a editora Paz e Terra, que já tinha uma tradição de publicar livros de vanguarda e se encontrava desativada. Houve um entendimento entre um grupo de autores, do qual participei, no sentido de investir na nova empresa os possíveis direitos autorais que viessem a ser auferidos.

512

OS ARES DO MUNDO

Em 1974, saiu a primeira fornada de livros da nova Paz e Terra, entre eles o meu *O mito do desenvolvimento econômico*, que conheceu excepcional êxito de livraria, vendendo vários milhares em poucos meses.

A minha pena de cassação de direitos políticos por dez anos vinha de expirar e eu estava disposto a defender por todos os meios ao alcance de um cidadão corrente aqueles direitos que me assegurava a legislação em vigor. Por isso, eu dava a tudo o que escrevia um caráter *técnico*: usava uma linguagem neutra e me documentava o mais possível. A censura de um livro dependia de decisão ministerial, da qual se podia apelar para a Justiça. Explica-se, assim, que o governo a transferisse implicitamente para os editores, que, temendo o prejuízo, submetiam discretamente os textos de certos autores a *visto prévio* da autoridade policial competente. O problema, portanto, era de natureza financeira. Daí a ideia de Fernando Gasparian de associar certos autores aos riscos financeiros que implicava não submeter-se à censura disfarçada.

Tratando-se de publicações periódicas, as regras do jogo eram outras: todos os textos deviam ser submetidos à apreciação dos censores para se obter o visto de publicação. Considero muito significativo que meu primeiro texto censurado, e que teve sua publicação interditada, haja sido um estudo sobre os aspectos sociais negativos do processo brutal de concentração de renda em curso no Brasil. Nesse texto, escrito em linguagem sóbria e bem fundamentado, eu abordava um aspecto geralmente escamoteado desse problema: a marginalização crescente da população negra. Foi este o ponto considerado "subversivo" pelo censor.

A verdade é que pouco se estudou, no Brasil, a relação entre a dinâmica das estruturas econômicas, cuja lógica conduz inexoravelmente à discriminação contra amplos segmentos sociais, e a situação da população de origem africana, contra a qual operam todos os fatores negativos. Assim, por outro caminho eu chegava à conclusão de que o maior desafio que deve encontrar a nova geração é de natureza social, e não econômica.

O ensaio suprimido pela censura, e até hoje inédito, não perdeu sua atualidade. Por isso, transcrevo-o na íntegra.

"No debate sobre distribuição de renda é comum ouvir o argumento de que a renda é hoje menos concentrada no Brasil do que o foi na Alemanha ou Suécia quando esses países se encontravam na fase de desenvolvimento que é a nossa atualmente. Por trás dessa afirmação existe a *teoria* de que o Brasil se encontra em certo *estágio* de desenvolvimento, ao qual corresponde um processo de concentração da renda. Trata-se, em realidade, de um raciocínio analógico, derivado de certo modelo explicativo do desenvolvimento do capitalismo industrial em sua primeira fase.

"A teoria seria a seguinte: nos países atualmente industrializados a taxa de investimento teria sido, no início, muito baixa; sua elevação, requerida para que se efeti-

OBRA AUTOBIOGRÁFICA

vasse a industrialização, somente se explica mediante um processo de concentração de renda, pois seria difícil conceber que os capitalistas reduzissem o seu consumo para liberar os recursos que estavam sendo investidos. Essa concentração teria sido um processo dinâmico: o incremento da renda, criado pelas elevações de produtividade, era apropriado pelos capitalistas que estavam em busca de recursos para levar adiante a Revolução Industrial. Os economistas clássicos, que esboçaram esse modelo, não dispunham de dados empíricos para comprovar as hipóteses que avançaram nesse terreno. Suas afirmações se baseavam em raciocínios dedutivos, ou melhor, eram corolários de teoremas não demonstrados. Contudo, havia certos indicadores estatísticos relacionados com o crescimento considerável dos investimentos industriais e com a estabilidade do salário real. Como os investimentos eram em sua quase totalidade de iniciativa privada, cabia deduzir que os recursos que afluíam às mãos dos empresários capitalistas (e não dos latifundiários, insistia Ricardo) estavam aumentando em termos absolutos e relativos. Por esse caminho, a taxa de investimento (percentagem do produto bruto investido) teria passado de 5% a 15% ou 20%, sem o que a forte acumulação requerida pela industrialização não seria possível.

"Obtido certo nível de acumulação de capital, o que coincidiu de maneira geral com a liquidação dos resíduos de economia pré-capitalista, os salários reais se elevariam, acompanhando os aumentos médios de produtividade. Em outras palavras: a repartição *funcional* da renda (repartição do produto entre capitalistas e assalariados) tendeu a estabilizar-se, o mesmo acontecendo com a taxa de investimento.

"Podemos hoje abordar certos aspectos desse processo a partir de informações estatísticas referentes ao último século da história do capitalismo industrial. Os dados censitários indicam que, a partir dos anos 1870, a participação dos assalariados na população ativa se manteve relativamente estável, o que significa que as formas pré-capitalistas já não existiam como modo de produção autônomo; o artesanato subsiste como simples complemento da economia capitalista. Em outras palavras, a renda real do artesão que trabalha por conta própria passa a ser determinada pelo salário real pago nas empresas capitalistas, e não o inverso, como ocorria na primeira fase do desenvolvimento industrial. (Diga-se entre parênteses que as economias em que não aparece essa inversão são aquelas a que hoje chamamos de subdesenvolvidas.) Assim, na França, entre 1876 e 1911, a participação dos assalariados na população ativa se manteve estável em torno de 60%; na Alemanha, se observa a mesma estabilidade em torno de 65%, entre 1882 e 1907.

"Em segundo lugar, sabemos que o número de assalariados *empregados* aumentou significativamente com respeito ao número de assalariados *operários*. Assim, nos Estados Unidos o número de empregados na população ativa passou de 17% para 28%, entre 1880 e 1920; na Alemanha, o aumento foi de 7,9% para 27,2%, entre 1882 e 1939. Em terceiro lugar, sabemos que a repartição da renda entre lucros e salários (feitas as correções necessárias para ter em conta a crescente participação do Estado)

514

OS ARES DO MUNDO

se manteve relativamente estável, em todos os países, com respeito à evolução do número de pessoas que devem ser computadas como *capitalistas*, isto é, que derivam sua renda principalmente da propriedade do capital. Contudo, se deixamos de lado o setor agrícola, para o qual as rendas mistas são muito importantes, os dados disponíveis traduzem uma grande estabilidade no número relativo de capitalistas. Assim, os dados censitários franceses a partir de 1896 e os americanos a partir de 1910 indicam que o número de capitalistas cresceu paralelamente com a população ativa.

"Se alguma coisa se pode deduzir dos dados disponíveis, que são evidentemente incompletos, é que as economias capitalistas que se industrializaram no século XIX preservaram a forma de distribuição *social* da renda. O considerável aumento de produtividade nesse período tendeu a afetar igualmente a renda real de todos os grupos sociais, se se definem estes em função da distância que existe entre sua renda média e a renda média da coletividade. Assim, a relação entre a renda média dos 5% mais ricos e a dos 50% mais pobres ter-se-ia mantido estável. As modificações que observamos em certos países, nos decênios mais recentes, no sentido de uma distribuição mais igualitária, refletem essencialmente a ação autônoma do Estado.

"Em síntese: se houve concentração de renda na primeira fase do desenvolvimento do capitalismo industrial (período com respeito ao qual não existem dados), o elevado grau de concentração alcançado foi aparentemente preservado na fase subsequente. Com efeito, como o número relativo de assalariados na força de trabalho se manteve estável, ao mesmo tempo que se mantinha estável a participação da massa salarial na renda total, deduz-se que o salário médio terá crescido tanto quanto a renda média do conjunto da população. É provável, entretanto, que tenha havido uma certa concentração da renda dentro da classe assalariada, pois o número de empregados aumentou por toda parte com respeito ao número de operários e existe alguma evidência de que a renda é mais concentrada entre os empregados do que entre os operários.

"Se nos atemos aos dados disponíveis, somos levados a admitir que houve uma grande estabilidade na repartição da renda nos países capitalistas altamente industrializados; por outro lado, se admitimos que houve concentração na fase anterior, concluímos que o perfil de distribuição que existe atualmente (com modificações devidas à política social dos últimos decênios) corresponde ao mais alto grau de concentração nesses países. Cabe acrescentar que nos países da Europa Ocidental o considerável influxo de imigrantes provenientes de países de nível de vida relativamente baixo provocou, nos últimos dois decênios, um barateamento da mão de obra não especializada. É muito provável que a distribuição da renda em diversos desses países seja hoje mais concentrada do que o foi antes da última grande guerra.

"Existe algo nesse quadro histórico que possa ser utilizado para explicar, *por analogia*, o que ocorre atualmente no Brasil? Ou o que se pretende é *legitimar*, com a sugestão de uma *necessidade histórica*, uma política de claros objetivos antissociais?

515

OBRA AUTOBIOGRÁFICA

Com que base se pode afirmar que os países capitalistas industrializados conheceram no passado um grau de concentração da renda similar ao que caracteriza o Brasil de hoje? Antes que se conhecessem os dados do censo de 1970, os técnicos das Nações Unidas haviam calculado para o Brasil um coeficiente de concentração da renda de 0,58, que era o mais alto da América Latina. Ora, o Brasil não era nem o país de mais baixo nível de renda per capita nem o de mais alto nível de poupança. Tratava-se, evidentemente, de um dado estrutural provavelmente ligado à persistência do regime de trabalho escravo até fins do século passado e ao lento desenvolvimento do movimento sindical. Se nos limitamos aos dados das Nações Unidas, que têm em conta o escandaloso processo de concentração havido no Brasil na segunda metade dos anos 1960, constatamos que a renda média do brasileiro integrando os 5% mais ricos da população era 44 vezes maior que a do brasileiro integrante dos 20% mais pobres, e 7,5 vezes maior que a média nacional. Os dados correspondentes à Inglaterra, país que melhor que qualquer outro representa a evolução do capitalismo industrial, eram de 15 e 3,8, respectivamente. Se nos voltamos para o mundo subdesenvolvido e tomamos um país como o México, de grau de industrialização similar ao do Brasil, encontramos no primeiro caso o coeficiente de 32 e, no segundo, de 5,8. Se utilizássemos os dados referentes à situação brasileira em 1970, a distância seria ainda muito maior, pois os 5% mais ricos tiveram sua renda média praticamente dobrada no correr do último decênio, ao passo que a média nacional aumentou apenas de um terço, e os 20% mais pobres muito provavelmente permaneceram onde estavam.

"Vimos que os dados disponíveis permitem apenas falar de estabilidade na concentração da renda dos países de capitalismo industrial avançado e que a ideia de existência de uma fase anterior de concentração é *deduzida* pelos economistas a partir de certos indicadores, como a elevação da taxa de investimento e a estabilidade dos salários reais. Ora, no Brasil não se observa elevação na taxa de investimento; se deixamos de lado os financiamentos externos líquidos, a taxa de investimento se mantém estável, pelo menos no que concerne aos últimos três decênios. Sendo assim, se admitirmos uma similitude entre a situação atual do Brasil e a do capitalismo clássico, teremos que apoiar essa hipótese em outras bases.

"As *causas* últimas da concentração seriam as mesmas — abundância de mão de obra, salário básico determinado pelo nível de subsistência, nível de subsistência determinado pelas condições de vida da população das regiões agrícolas de economia semimonetária, inexistência de organizações sindicais capazes de exercer alguma forma de poder, interferência do Estado sempre a favor do capital etc. —, mas essas mesmas causas teriam produzido diferentes *efeitos*. Nas economias clássicas, o efeito principal teria sido a elevação da taxa de investimento; no caso brasileiro, o principal efeito observado consiste no crescimento mais que proporcional do consumo do setor rico da população, o que encontraria sua justificação na necessidade de adequar a demanda ao tipo de tecnologia que produzem, controlam e utilizam as empresas multinacionais.

"No caso do capitalismo clássico descrito no modelo a que nos referimos anteriormente, a concentração da renda atingiria necessariamente um limite, pois implicava elevação da taxa de investimento. Para investir eram necessários mercados, ou seja, expansão do consumo, o que indicava que a elevação da taxa de investimento caminhava para autofrear-se, como efetivamente ocorreu. No Brasil, a concentração da renda não acarreta um crescimento menos lento do consumo; implica apenas uma concentração do consumo. Este muda de qualidade, para melhor adaptar-se aos esquemas das grandes empresas multinacionais que dirigem o sistema de produção. Portanto, essa concentração não pode ser apresentada como uma fase transitória; deve ser vista como um elemento da estrutura do sistema, pois é graças a ela que altas taxas de crescimento do produto são alcançadas.

"Que consequências poderá ter esse processo de persistente concentração da renda? Tocarei em dois ou três pontos que não podem deixar indiferentes aqueles que se interessam pelo futuro do Brasil. O primeiro desses pontos diz respeito às desigualdades regionais. Ao concentrar-se a renda no conjunto de um país aumentam quase necessariamente as desigualdades regionais, pois as populações mais pobres estão localizadas nas regiões mais pobres. Por exemplo: entre 1960 e 1970, os 40% mais pobres da população brasileira mantiveram a sua renda média estacionária; como praticamente toda a população rural do Nordeste e toda a massa dos subempregados urbanos devem encontrar-se nesse grupo, tudo indica que a distância entre as condições de vida do *povo* nordestino e as da média do povo brasileiro terá aumentado consideravelmente. Podemos admitir duas hipóteses: a) a renda média do Nordeste aumentou, nesse período, com intensidade igual ou maior do que a renda média do resto do país; b) o aumento da renda média no Nordeste foi menor do que no resto do país. Na primeira hipótese, cabe deduzir que a concentração *interna* no Nordeste foi maior do que no resto do país; na segunda, cabe inferir que as disparidades sociais, *em todos os níveis*, terão aumentado entre o Nordeste e o resto do país.

"O segundo problema, não menos importante, diz respeito ao atraso relativo da população negra brasileira. Se bem que, nessa matéria, a falta de estatísticas não nos permita sair do terreno das suposições, seria difícil negar que nas distintas regiões do país a população negra se insere nos grupos sociais de mais baixa renda real. Assim sendo, mesmo que os negros gozem das mesmas oportunidades de ascensão *nos grupos sociais em que se encontram*, o processo de concentração da renda faz com que a renda média da população negra decline em termos relativos. Como é o nível de renda que determina o grau de acesso à escola, aos serviços de saúde etc., o atual processo de concentração da renda tende a agravar progressivamente a discriminação estrutural que existe na sociedade brasileira contra a população negra. Raciocínio similar cabe fazer com respeito à massa trabalhadora feminina. Como as mulheres se inserem nos grupos assalariados de mais baixa renda, a concentração da renda dentro do grupo de assalariados agrava de forma crescente as desigualdades de remuneração entre os dois sexos.

OBRA AUTOBIOGRÁFICA

"À medida que aprofundamos a análise desse processo, mais claramente percebemos que estamos em face de um conjunto de problemas sociais cuja gravidade dificilmente se poderia exagerar. Já não é possível escudar-se na ignorância, que responde pela incubação no passado de graves problemas sociais que nos afligem (a nós
e a outros povos) no presente. Promover, facilitar ou justificar um brutal processo de
concentração da renda, como o que ocorre atualmente no Brasil, significa assumir
uma responsabilidade histórica não das menores. Esta conclusão é válida com respeito àqueles que se autodesignam *tecnocratas*, que se creem no poder graças a seus
méritos intelectuais."

REALIDADE E MITO DO DESENVOLVIMENTO ECONÔMICO

A Universidade de Cambridge, na Inglaterra, constituiu para mim, desde os
anos 1950, uma referência essencial. Lá conheci a primeira geração de discípulos de
Keynes — R. Kahn, J. Robinson, N. Kaldor, P. Sraffa em primeiro plano —, cujo convívio serviu para vacinar-me contra as formas insidiosas de monetarismo que esteri-
lizam o pensamento econômico contemporâneo, esvaziando-o de toda preocupação
com o social.

O ano letivo de 1973-74, passei-o em sua totalidade em Cambridge, onde profes-
sei um curso sobre a problemática do desenvolvimento, na verdade uma exposição
das ideias que elaborara no decênio anterior, o que me permitiu insistir sobre a especificidade do subdesenvolvimento e a necessidade de partir de uma visão global das
relações internacionais e do processo de propagação do progresso tecnológico.

Mas o essencial de meu tempo dediquei a participar de seminários em torno de
temas que me interessavam, a debater com colegas a ideia de uma reconstrução da
economia política, a rearrumar minhas próprias ideias, a espremer a cabeça para decifrar alguns dos enigmas que havia tempo me perseguiam.

Do esforço intelectual que então realizei saíram *O mito do desenvolvimento econômico*, de 1974, *Prefácio a Nova Economia Política*, de 1976, *Criatividade e dependência*, de
1978, e *Pequena introdução ao desenvolvimento*, publicado em 1980. Comecei este
último livro afirmando:

Na civilização industrial, a capacidade inventiva do homem foi progressivamente
canalizada para a criação tecnológica, o que explica a formidável força expansiva
que a caracteriza. Mas a visão do desenvolvimento se circunscreve à lógica dos
meios. E a teoria do desenvolvimento tendeu a confundir-se com a explicação do
comportamento do sistema produtivo que emergiu dessa mesma civilização industrial. Sem pretender elaborar uma teoria da criatividade cultural, intentei apreender
o desenvolvimento como um processo global: de transformação da sociedade no

OS ARES DO MUNDO

nível dos meios e também dos fins; como processo de acumulação e de ampliação da capacidade produtiva, mas também de apropriação do produto social e de configuração desse produto; de divisão social do trabalho, mas também de estratificação social e dominação; de introdução de novos produtos e diversificação do consumo, mas também de destruição de valores e supressão de capacidade criativa.

Coube ao Estado-nação assegurar os mecanismos de coordenação de decisões que moldaram de forma quase exclusiva o desenvolvimento do capitalismo industrial até praticamente nossos dias. Durante muito tempo, o comércio internacional constituiu um simples complemento dos mercados nacionais, cabendo-lhe principalmente a função de ampliar a base de recursos naturais dos países que avançavam na industrialização. Esse capitalismo apoiado nos sistemas políticos nacionais foi o da era do protecionismo exacerbado, da luta pelo controle das fontes de matérias-primas, e conduziu aos dois grandes conflitos militares que marcaram a primeira metade deste século.

Ora, o quadro histórico da segunda metade do século fez que prevalecesse uma lógica econômica com outras características. Em primeiro lugar está a tendência à fusão dos mercados das economias que lideram o processo de industrialização no mundo capitalista, vale dizer, o fim dos sistemas nacionais como suporte principal da coordenação das atividades econômicas. À diferença do que ocorreu no meio século anterior, as transações internacionais passaram a crescer mais intensamente do que os mercados nacionais.

Ao declínio do Estado-nação correspondeu a instalação de um sistema de segurança tutelado pelos Estados Unidos quanto ao mundo capitalista, o qual se funda numa carreira armamentista com a União Soviética de profunda repercussão no plano tecnológico. Ora, os investimentos realizados em pesquisa e desenvolvimento em conexão com a carreira armamentista passaram a ter crescente impacto na orientação do progresso tecnológico, reforçando a posição das grandes empresas.

O processo de unificação dos espaços econômicos nacionais em um só mercado e a influência da carreira armamentista no plano tecnológico marcam, portanto, o estilo de desenvolvimento da segunda metade do século. É importante não perder de vista que o tipo de desenvolvimento (e o estilo de vida) que atualmente se difunde em todo o mundo e caracteriza a época contemporânea é fruto de um processo histórico: representou uma possibilidade entre outras. A nossa é uma época de tal forma comandada pela lógica dos meios que a muitos escapa que o mundo em que vivemos está longe de esgotar o horizonte de possibilidades humanas.

Meu objetivo era elaborar uma linguagem comum aos distintos ramos das ciências sociais que permitisse captar o desenvolvimento como realização das potencialidades humanas. Esse desenvolvimento, no que respeita aos países do Terceiro Mundo, somente seria possível mediante a reconstrução das estruturas sociais. Fora

519

OBRA AUTOBIOGRÁFICA

desse trabalho de reconstrução, ele seria inalcançável, devendo ser visto como um simples mito.

Vivíamos uma dessas épocas em que os problemas crescem mais rapidamente do que a capacidade dos homens para formulá-los. O sistema monetário internacional, instituído em Bretton Woods três decênios antes, vinha de desmoronar-se e o dólar estava à deriva; eclodira a primeira crise do petróleo, inflando desmedidamente a liquidez internacional; a guerra reacendera no Oriente Médio, sendo Israel forçado a retirar-se do Sinai. Foi nesse contexto que surgiu o trabalho de um grupo de economistas do MIT, divulgado pelo Clube de Roma, com o título de "Limites do crescimento".

Pela primeira vez, lograva-se fechar o sistema econômico em escala planetária e apreender a pressão que os processos produtivos exercem sobre a base de recursos não renováveis. Uma vez estabelecidas as primeiras interconexões — medido o custo em recursos não renováveis do *progresso* —, os autores formulavam a seguinte questão: que acontecerá se o *desenvolvimento econômico*, objetivo que buscam todos os povos, vier a ser efetivamente alcançado, ou seja, caso as formas de vida dos povos ricos vierem a ser universalizadas? É evidente que seria tal a pressão exercida sobre os recursos não renováveis, a poluição do meio ambiente seria de tal ordem, ou o custo do controle dessa poluição tão elevado, que o sistema econômico mundial entraria inevitavelmente em colapso.

Logo percebi que esse era um raciocínio falacioso, pois a dinâmica da economia mundial opera no sentido de concentrar a renda, excluindo dos benefícios do desenvolvimento a grande maioria da humanidade. Para ir ao fundo desse problema, faz-se necessário captar a natureza do subdesenvolvimento, o fenômeno da *dependência tecnológica* e o do mimetismo cultural que esta engendra. E não se pode escapar da conclusão de que o desenvolvimento, concebido como a reprodução das formas de vida dos atuais países ricos, tem limites evidentes, não é mais do que uma miragem.

Escrevi um ensaio sobre esse tema — *O mito do desenvolvimento econômico* —, que foi publicado em 1974 e logo traduzido em várias línguas com considerável repercussão. Em sua parte conclusiva, eu afirmava:

> Se nos limitamos a observar o quadro estrutural presente do sistema capitalista, vemos que o processo de acumulação tende a ampliar o fosso entre um centro em crescente homogeneização e uma constelação de economias periféricas cujas disparidades continuam a agravar-se. Com efeito, a crescente hegemonia das grandes empresas, na orientação do processo acumulativo, traduz-se, no centro, por uma tendência à homogeneização dos padrões de consumo e, nas economias periféricas, por um distanciamento das formas de vida de uma minoria privilegiada com respeito à massa da população.

520

OS ARES DO MUNDO

A conclusão geral que surge dessas considerações é que a hipótese de generalização ao conjunto do sistema capitalista das formas de consumo que prevalecem atualmente nos países ricos não tem cabimento dentro das possibilidades evolutivas aparentes desse sistema. E é essa a razão fundamental pela qual uma ruptura cataclísmica, num horizonte previsível, carece de fundamento. O interesse principal do modelo que leva a essa ruptura cataclísmica está em que ele proporciona uma demonstração cabal de que o estilo de vida criado pelo capitalismo industrial sempre será o privilégio de uma minoria. O custo, em termos de depredação do mundo físico, desse estilo de vida é de tal forma elevado que toda tentativa de generalizá-lo levaria inexoravelmente ao colapso de toda uma civilização, pondo em risco as possibilidades de sobrevivência da espécie humana. Temos assim a prova definitiva de que o *desenvolvimento econômico* — a ideia de que os povos pobres poderão algum dia desfrutar das formas de vida dos atuais povos ricos — é simplesmente irrealizável. Sabemos agora de forma irrefutável que as economias da periferia nunca serão *desenvolvidas*, no sentido de similares às economias que formam o atual centro do sistema capitalista. Mas como negar que essa ideia tem sido de grande utilidade para mobilizar os povos da periferia e levá-los a aceitar enormes sacrifícios, para legitimar a destruição de formas de cultura *arcaicas*, para *explicar* e fazer *compreender a necessidade* de destruir o meio físico, para justificar formas de dependência que reforçam o caráter predatório do sistema produtivo? É nesse sentido que cabe afirmar que a ideia de desenvolvimento econômico é um simples mito. Graças a ela, tem sido possível desviar as atenções da tarefa básica de identificação das necessidades fundamentais da coletividade e das possibilidades que abre ao homem o avanço da ciência e da técnica, para concentrá-las em objetivos abstratos como são os *investimentos*, as *exportações* e o *crescimento*.

Por esse caminho, fui levado à conclusão de que nos encontramos, os povos do Terceiro Mundo, extraviados em uma falsa rota. Daí que as enormes possibilidades abertas pelos avanços no horizonte dos conhecimentos científicos e tecnológicos estejam conduzindo a um beco sem saída. Faz-se necessário modificar a fundo o enfoque: a partir de objetivos sociais, restringindo o econômico a seu papel de elemento instrumental. Do contrário, os problemas que criamos continuarão a crescer mais rapidamente do que nossa capacidade para formulá-los, e a crise já não será apenas de sistema econômico ou político, e sim de civilização.

Mas uma coisa me parecia clara: pela primeira vez o homem dispõe de meios à altura do desafio. A tarefa é grande, mas da ordem do possível. Trata-se, em última instância, de aprender a governar-se. Antes de tudo, temos de liberar-nos dos entraves mentais que nos impedem de distinguir entre a realidade e os mitos.

521

OBRA AUTOBIOGRÁFICA

O PRESIDENTE JUAN PERÓN

Em uma de suas visitas a Paris, o presidente João Goulart, ao informar-se de que eu estava de viagem para Santiago, pediu-me que fizesse uma parada em Madri a fim de visitar, em seu nome, o presidente Juan Perón. Tudo indicava que este regressaria em breve à Argentina, onde crescia como uma avalanche seu prestígio, após o longo exílio. Compareci à residência privada do ex-presidente, num bairro de alta classe, em uma bela tarde de fins de março de 1972, munido de carta de apresentação em que Jango se referia a mim como seu ex-ministro, atualmente dedicado a seguir problemas econômicos da América Latina.

Perón recebeu-me efusiva e cordialmente, com palavras elogiosas "a meu amigo Jango" e, ao informar-se de minha condição de economista, iniciou longa exposição sobre as realizações de seu governo no campo econômico, dando ênfase àquelas que visavam unir os países latino-americanos. "Encontrei um país parado", afirmou, categórico. "O serviço dos capitais estrangeiros alcançava 1 bilhão e duzentos milhões de dólares por ano. Liquidamos a dívida externa e esse serviço ficou reduzido a 80 milhões de dólares."

Fiz referência à importância das reservas de câmbio (em grande parte, é verdade, em libras esterlinas congeladas) que a Argentina havia acumulado durante a guerra. Ele me cortou a palavra e obtemperou que "essa história de reservas é uma balela", e acrescentou que "ingleses e americanos somente queriam pagar as reservas em equipamentos, cujos preços subiram de tal forma que o valor das reservas ficara reduzido a 15%". Mas ele teria manobrado bem, tomando contato com estaleiros europeus, que estavam parados, e conseguira dotar a Argentina de uma frota mercante moderna.

Perón abordava todos os assuntos com grande desenvoltura. Quando observei que os problemas atuais se haviam tornado bem mais complexos, que a economia argentina se encontrava algo desarticulada, ele respondeu que não tinha preocupações por esse lado, pois, graças à cooperação que recebia do Instituto Tecnológico (pareceu-me que se referia a uma instituição militar espanhola), dispunha de boa informação sobre todos os problemas de seu país. Estava seguro de que obteria na Europa toda a tecnologia e os capitais de que necessitava. Mas, para que esses capitais se interessassem pela Argentina, era indispensável que os norte-americanos fossem afastados. A esse respeito, seu pensamento era claro: o grande obstáculo a vencer era a tutela norte-americana.

Referiu-se a uma terceira guerra mundial como algo que lhe parecia inevitável. Recentemente, "trocara ideias com os alemães" sobre esse tema. Não me atrevi a indagar quem eram esses alemães.

Falou com entusiasmo de sua tentativa de unir a América Latina criando uma "comunidade econômica", e não um simples "mercado comum", como se estava

522

OS ARES DO MUNDO

tentando na Europa. "Vargas falhou, pois não quis ir a Santiago em 1951", afirmou, logo acrescentando: "Pérez Jiménez e Rojas Pinilla [na época, ditadores militares da Venezuela e da Colômbia, respectivamente] estavam de acordo".

A visão que tinha do quadro internacional parecia fortemente influenciada por sua longa permanência na Espanha franquista. Referiu-se muitas vezes a um instituto de pesquisas que reunia informações para os militares espanhóis e lhe era de grande valia. Falou-me de Ialta e da divisão do mundo que aí nasceu. "Stálin se havia entendido com dois velhos decrépitos, Churchill e Roosevelt", afirmou. "O Pacto de Varsóvia dispõe de 23 divisões bem equipadas e pode com facilidade dominar a Europa Ocidental." Essa lhe parecia a razão pela qual italianos e alemães estavam investindo amplamente em nossos países, mas insistiu em que só deveríamos atrair capitais de países não imperialistas, como Alemanha, Itália e mesmo França. "Nada com os Estados Unidos e a Inglaterra."

Referi-me duas ou três vezes à complexidade da situação econômica argentina: sua indústria desarticulada e de altos custos. Mas para ele o problema parecia simples: existem 800 mil desempregados no país e é disso que cabe cuidar. "Em 1946, o país também estava prostrado. Um país não é muito diferente de um negócio privado, é apenas muito maior. Como todo negócio prostrado, o que faz falta é crédito, é investimento", afirmou.

A quantidade de coisas equivocadas que disse sobre sua própria passagem pelo governo fez-me crer que não tinha ideias claras sobre o que ocorrera no país naquela época.

Fisicamente, ele parecia bem. Muito provavelmente tingia o cabelo. Sofrera ou estava sofrendo de alguma doença de pele no rosto. Quando falou de "velhos decrépitos", o fez com naturalidade. Contou-me coisas que De Gaulle lhe teria revelado. Falou muito bem de Getúlio, mas recriminou-lhe não se haver jogado no momento decisivo que foi o de sua aproximação com o presidente Carlos Ibáñez, do Chile. "Perdemos a oportunidade de criar a comunidade econômica latino-americana muito antes da europeia", disse.

Eu observei a conveniência de considerar a hipótese de que a terceira guerra mundial não viesse. Diante desse tipo de observação, ele concordava sem resistência. O mesmo ocorreu com respeito à insistência com que se referia à explosão demográfica e à luta que se deflagraria em torno das fontes de alimentos. "A guerra do Oriente Médio é um capítulo na história do petróleo, e a do Sudeste da Ásia, que interessa aos chineses, tem como causa a luta pelo acesso às fontes de alimentos", disse ele. Também neste caso eu observei que a tecnologia poderia ampliar as fontes de alimentos e que a explosão demográfica podia ser mais curta do que se dizia. De alguma forma, Perón concordava, seja porque não prestava muita atenção no que eu dizia, seja porque não dava muita importância ao que ele mesmo acabara de afirmar.

OBRA AUTOBIOGRÁFICA

Quando passava a falar de problemas "políticos", sua fisionomia assumia grande firmeza. Era nesse momento que se manifestava claramente o líder.

Afirmou com satisfação que "todo mundo na Argentina é peronista, não tanto porque meu governo haja sido bom, mas porque os que o sucederam foram péssimos". Referiu-se a uma anedota que dividia os argentinos em inúmeros partidos entre os quais não se incluía o peronismo. E onde estão os peronistas?, alguém pergunta. "Esses são todos", concluiu Perón, rindo.

Ficou-me a impressão de um homem pouco perspicaz, que contornava os problemas mais espinhosos. O tipo de pessoa que se deixa envolver facilmente por bajuladores. Disse-me: "Isto aqui é pior do que a Casa do Governo. Todo mundo vem falar comigo". Mas parecia ter algum interesse em prolongar nossa conversa. O secretário López Rega passou a aparecer, dando a entender que outras pessoas o esperavam. Mas mandou-me servir café e conhaque (bom conhaque espanhol).

O gabinete onde estávamos tinha muitas fotografias. A maioria, de uma mulher bonita que me pareceu ser sua segunda esposa. De Evita, havia uma só foto (que eu haja identificado), bastante sombria: seu rosto estava quase invisível, coberto pela aba do chapéu. Embaixo, havia um texto, provavelmente alguma declaração de lealdade *"a mi General"*. Ele dava a impressão de um tipo de líder que permite medrar a seu redor uma grande quantidade de pessoas cuja função é criar falsas ou semifalsas informações. Sua mesa estava cheia de publicações e papéis. Mas não creio que por ela passassem mais informações do que as estritamente necessárias para que Perón confortasse e reforçasse a visão do mundo que lhe convinha. A impressão que me ficou foi a de um espírito cristalizado, parado no tempo. Nada lhe parecia haver ocorrido desde que deixou de ocupar uma posição de relevo na cena mundial.

Eu havia começado nosso diálogo dizendo que, talvez por excesso de "economicismo", julgara negativamente a política econômica de seu governo. Mas que, passados os anos, me convencera de que havia coisas mais importantes do que o simplesmente econômico, como unir a América Latina — e por isso ele havia lutado. Perón não soube, ou não quis, ocultar um sinal facial de desaprovação. Mas logo retomou a palavra e se animou. No final da conversa, repetiu uma série de coisas inexatas, como a referência ao bom uso das reservas de câmbio. Voltou a referir-se à redução do serviço da dívida de 1 bilhão e duzentos para 80 milhões de dólares, o que me levou a pensar que não se tratava de um simples erro de zeros. Procurei então, com intervenções oportunas, recordar os dados corretos. Assim, quando ele falou do acordo da carne com os ingleses, lembrei que seu governo assinara o compromisso de fornecer 400 mil toneladas anuais, coisa que não cumprira. Mas observações desse tipo não prendiam sua atenção.

Homem de trato pessoal encantador e comunicação fácil, Perón tinha uma visão do mundo construída à sua conveniência.

Acompanhou-me gentilmente até a porta e me pediu que cumprimentasse o presidente Allende em seu nome e lhe dissesse que muito brevemente estaria de regresso à Argentina. E que, a partir desse momento, o governo do Chile poderia contar com todo o seu apoio.

A HORA E A VEZ DO CHILE

A experiência do governo da Unidade Popular, sob a liderança de Salvador Allende, foi vista por muitos de nós como uma decorrência da virada ideológica para a esquerda que marcou o final dos anos 1960 na Europa e nos Estados Unidos. Em Paris, como em Berlim ou na Califórnia, ouviu-se um grito de impaciência, como se uma nova geração decidisse acelerar o passo da História, aos trancos e barrancos.

No Chile não ocorreu propriamente uma operação de "engenharia social", como em Cuba ou nos países do Leste Europeu, e sim uma tentativa de lançar-se em um reformismo social mais ou menos tumultuado. A confrontação ideológica foi menos entre esquerda e direita e mais entre a Unidade Popular, de raízes marxistas, e a Democracia Cristã, que defendia um reformismo social avançado. A verdadeira direita manteve-se silenciosa, na tocaia, e somente se manifestou para assaltar o poder quando os dois contendores de esquerda haviam exaurido suas energias combatendo-se mutuamente.

Já no final do primeiro ano do governo da Unidade Popular, se fazia claro que a tendência à radicalização extremada ia prevalecer. Allende confiava demais em sua habilidade para manobrar, mas não exercia uma autêntica liderança. Crescia em amplos setores da população o sentimento de omissão do governo. Nas conversas que mantive com Allende e outros líderes e membros de seu governo, bem como com o ex-presidente Eduardo Frei e com Radomiro Tomic, que havia concorrido à Presidência pela Democracia Cristã, percebi um forte sentimento de insegurança com respeito ao futuro. Para usar uma expressão antiga: era visível para todos que a nau do Estado não tinha rumo certo. Mas, exceto Allende, que se comportava como um herói de tragédia grega deixando-se arrastar pela força do destino, os demais atores que ocupavam o primeiro plano da cena política desempenhavam papéis sem dar muita atenção ao sentido geral do drama que envolvia a todos eles. Havia aqueles que pareciam empenhados tão somente em tomar posição para disputar a liderança a Allende — era o caso de Carlos Altamirano, dirigente maior do Partido Socialista; muitos viam nele um Kerenski travestido de Trótski. Havia os que se fechavam dentro de sua lógica marxista e estavam decididos a assumir todos os riscos para tentar mudar, em sentido profundo, a história do país — era o caso de Pedro Vuskovic, ministro da Economia. E também havia aqueles que imaginavam exercer tão somente uma função não muito distinta das que desempenham os funcionários com-

OBRA AUTOBIOGRÁFICA

petentes em uma sociedade em que conflitos sociais se agudizaram — era o caso de Gonzalo Martner, ministro do Planejamento.

Dudley Seers, diretor do Instituto de Estudos do Desenvolvimento da Universidade de Sussex, na Inglaterra, e profundo conhecedor da situação do Chile, país onde tinha vivido vários anos, tomou a iniciativa de promover um debate em Santiago sobre "A via chilena para o socialismo: experiência passada e perspectivas futuras".

Como membro do conselho diretor desse instituto inglês, apoiei a iniciativa e me dispus a colaborar, convencido de que o que estava ocorrendo no Chile influiria nos rumos de toda a América Latina. A reunião, que se realizou em Santiago entre 25 de março e 2 de abril de 1972, portanto cerca de um ano e meio depois de iniciado o governo Allende, contou com ampla cooperação do Ministério do Planejamento chileno e foi uma oportunidade para que tomássemos contato direto com aspectos nevrálgicos das mudanças em curso de realização. Em múltiplas instituições que visitamos, foram organizados debates com membros do governo chileno.

Os dois pratos de resistência da conferência consistiram em exposições de Vuskovic e Martner, em torno das quais foi possível organizar um debate abrangente da situação chilena naquele momento.

Em sua exposição, Vuskovic defendeu a radicalização da reforma agrária (que havia sido iniciada pelo governo anterior, da Democracia Cristã), a nacionalização da indústria do cobre, principal setor exportador do país, e a ampliação da área de atividades econômicas controlada pelo Estado. A opinião de muitos de nós, simpatizantes da causa de Allende, era que o mais importante, àquela altura dos acontecimentos, consistia em evitar que a produtividade continuasse em baixa, o que em parte era um reflexo do declínio das importações. Eu tinha intimidade com Vuskovic, que havia começado sua carreira como economista trabalhando na Cepal sob minha direção vinte anos antes. Em conversa franca com ele, chamei a atenção para o risco que corria o governo se a eficiência do sistema econômico continuasse a declinar. A economia chilena se havia beneficiado da utilização de capacidade ociosa no primeiro ano do governo Allende, mas esse período de facilidade se esgotara. Convinha, disse eu, dar uma parada para arrumar a casa, pois, caso se conseguisse consolidar as reformas já realizadas, cabia cantar vitória. Vuskovic via a coisa de outra forma. Estava convencido de que era necessário aproveitar o impulso inicial para ir o mais longe possível e criar uma situação irreversível. Somente assim, pensava ele, se evitaria o risco de um retrocesso brutal.

Gonzalo Martner era cauteloso e estava mais consciente do problema criado pela baixa da capacidade de importação.

Pensando retrospectivamente, chama a atenção a confiança generalizada que havia na estabilidade das instituições, no profissionalismo das Forças Armadas. Muita gente estava apreensiva, preocupada com o dano que poderiam fazer ao país o tumulto de reformas improvisadas, uma estatização que parecia logo degenerar em corporativismo, a degradação de instituições universitárias que haviam sido o orgulho de todos nós, latino-americanos. Mas a ninguém ocorria que o Chile pudesse regredir à prática do golpe de Estado no mais grosseiro estilo latino-americano.

Durante a conferência, anotei para meu uso pessoal algumas reflexões que transcrevo agora porque revelam a visão que podia ter daquele momento crucial da história chilena um observador familiarizado com os problemas do país, e que lá vivera muitos anos.

É evidente o contraste dessas observações com as que eu faria nove anos depois, quando, por ocasião de outra conferência internacional que coincidia com a primeira tentativa — fracassada — de abertura política, decidi-me a revisitar o Chile.

Santiago, 31 de março de 1972

O que está ocorrendo no Chile desnuda aspectos particularmente complexos do fenômeno do subdesenvolvimento.

Como tornar viável — dinâmica e socialmente mais justa — a economia deste país? Sobre um primeiro ponto existe consenso: o Chile acumulou atraso numa época em que foi rápido o desenvolvimento do conjunto da América Latina. Também existe um quase consenso sobre um segundo ponto: falharam os ensaios realizados no último quarto de século para implantar uma economia capitalista moderna. Por último, começou a brotar a raiz de um consenso no sentido de marchar para uma sociedade de tipo *socialista*. Mas que se entende por socialismo?

Para compreender o que aconteceu atualmente, convém ter em conta que a Unidade Popular não enfrenta uma classe capitalista de tipo tradicional; o seu verdadeiro adversário é o reformismo da Democracia Cristã. Esta surge como uma opção, apregoando um tipo de reformismo individualista, ainda que use a linguagem do cooperativismo, e mesmo do coletivismo. Ora, o programa da Unidade Popular também faz a opção do coletivismo, mas passando por um dirigismo, um fortalecimento da tutela estatal. Enquanto a confrontação se dá no plano político e de mobilização de massas, as ideias coletivistas da Unidade Popular têm grande atrativo. Mas quando se passa para o plano da organização econômica, as ideias da Democracia Cristã são de mais ampla aceitação, pelo simples fato de que as massas que estão efetivamente organizadas (os trabalhadores da indústria e do campo) percebem que se beneficiarão caso o controle das unidades de produção passe para suas mãos, sob uma ou outra forma de autogestão.

É nesse ponto que a deformação do subdesenvolvimento joga seu papel. O capital é escasso, mas o coeficiente de capital por trabalhador nos setores-chave é muito elevado. Se esses trabalhadores controlarem os bens de capital (autogestão), poderão exercer influência considerável. O resultado será uma nova forma de estratificação social, ou seja, uma sociedade que, mesmo sendo menos desigualitária do que a

OBRA AUTOBIOGRÁFICA

atual, passará a reconstituir os valores representativos desta última. É nesse sentido que a ideologia da Democracia Cristã é conservadora.

A situação é perfeitamente clara no setor rural. A reforma agrária traduz nitidamente o espírito da Democracia Cristã e se destina a enterrar um cadáver que é a velha classe de grandes proprietários. Seus beneficiários são a minoria de trabalhadores que residiam permanentemente nas propriedades. Indubitavelmente ela contribuirá para modernizar o quadro político chileno, à semelhança do ocorrido no México. Uma vez completada, este ano, a reforma agrária entregará metade das terras do país, e inclusive as melhores, a uma parcela da massa trabalhadora rural que se situa entre 14% e 16% do total. A maioria dos trabalhadores permanecerá em minifúndios, e em precária situação. A Unidade Popular, ao propor em seu programa a aceleração dessa reforma, ganhou muitos votos, mas se condenou a aprofundar um processo irreversível de criação de uma estrutura de classes no campo. O grande esforço atualmente feito para fundar "centros de reforma agrária" (exploração coletiva da terra com participação dos trabalhadores não residentes nas decisões) dificilmente pode concorrer com os *asentamientos*, os quais oferecem privilégios aos trabalhadores que se encontram nas propriedades quando estas são desapropriadas. Como existe o risco de que esses centros se transformem em empresas estatais, em sua maioria os trabalhadores rejeitam a fórmula, temendo perder para o Estado o que já lhes pertence. Em certos casos, quando é maior o risco de que se crie uma empresa estatal, os trabalhadores votam (e por unanimidade) contra a desapropriação da terra. Isso porque os proprietários lhes oferecem vantagens, inclusive a perspectiva da propriedade efetiva.

Uma versão dessa ideologia individualista da Democracia Cristã está se difundindo nos centros urbanos. Não é tanto a ideia, vigente na Europa, de que não há muita diferença entre o patrão privado e o Estado-patrão. O reformismo da Democracia Cristã abre mais espaço para o indivíduo. A autogestão acena com vantagens pessoais que têm eco na ânsia de afirmação e de liberdade da pessoa humana.

Que contrapõe a Unidade Popular a essa ideologia da Democracia Cristã? Um certo socialismo *marxista* que de nenhuma forma está definido. Evidentemente, atribui-se um papel mais amplo ao Estado e põe-se em primeiro plano o *interesse coletivo*, apoiado na propriedade pública de grande parte dos bens de produção. A fábrica pertence aos trabalhadores "em seu conjunto", e não apenas àqueles que nela trabalham. O problema é que a transição para este sistema implica muito maior centralização de decisões e "modificar a consciência" *deformada* pela tradição burguesa. Trata-se, portanto, de uma tarefa de muito maior envergadura. Em que apoiar-se para levar adiante essa tarefa? No simples voluntarismo, como em Cuba? Não se deve esquecer que o proletariado organizado está sob assédio de outra ideologia: a opção, para ele, não são os grilhões a que se referiu Marx, e sim os privilégios de uma autogestão no quadro do subdesenvolvimento. A verdade é que ainda não se estudaram

528

OS ARES DO MUNDO

adequadamente as complicações que introduz o subdesenvolvimento atual nos esquemas convencionais de transição para o socialismo.

É provável que as forças que se expressam nas duas correntes ideológicas dominantes no Chile contribuam conjuntamente para moldar a fisionomia da sociedade dentro de dez ou vinte anos. A necessidade de criar empregos e atender à pressão social favorece a linha da Unidade Popular. A ineficiência do sistema centralizado de decisões faz mais atrativa a linha da Democracia Cristã. Muito dificilmente escapará o Chile à constituição de nova estrutura de classes e à continuidade do espírito individualista. A ação do Estado terá, entretanto, um caráter social muito mais profundo. Não há dúvida de que neste país se estão experimentando e criando novas formas sociais. Aqui faz-se *história* no sentido de contribuir para abrir novas possibilidades ao homem, a todos os homens.

Santiago, 21 de junho de 1981

Oito anos passados desde a destruição do governo da Unidade Popular. Um outro país. Não se tratou de um simples golpe de Estado, e sim de uma Restauração.

Pensando retrospectivamente, vejo melhor, hoje, o quanto esta sociedade era solidamente estratificada. O que ocorre atualmente não se explica senão como uma continuação da "república aristocrática" de Portales. Convém não esquecer que, na época colonial, o Chile foi um caso à parte de sociedade que se estruturou em permanente guerra com os índios. As semelhanças com o reino de Castela são evidentes. Colonos-soldados que vivem num mundo rural mais ou menos isolado. Por alguma razão, aqui se criou o primeiro Estado do mundo hispano-americano. A estabilidade da república portalina tem algo que ver com essa sociedade *criolla* em que não penetraram nem a riqueza limenha nem o contrabando rio-platense.

O formidável processo de modernização permitido pelo salitre no último quartel do século passado transformou esse núcleo duro de sociedade no país admirado que foi o Chile de começos do século atual. Há trinta anos, quando aqui cheguei pela primeira vez, não foi pequena a minha surpresa. As estupendas residências que vinham da época do salitre, a sofisticação da burguesia, o ritual da vida social em que se combinavam o bom gosto no vestir com o *atiramento* das belas chilenas, a qualidade do teatro na boa tradição espanhola, do balé, aberto ao moderno com a presença de Joss, da música sinfônica, da imprensa, das livrarias, dos clubes, das casas de chá. Mais de uma vez, ocorreu-me dizer naquela época que Santiago era a maior cidade pequena das Américas.

Aqui se vivia como numa província, num ritmo bem humano, e a tudo da vida metropolitana se tinha acesso.

O processo de modernização, que se iniciara nos anos 1920 e tivera um ponto alto no governo do Front Popular de Aguirre Cerda, aumentava para nós o fascínio

OBRA AUTOBIOGRÁFICA

do país. Esse processo de democratização se prolongou por meio século e pôde ser visto como o outro lado da modernização do Chile. O país enriquecera com o salitre e o cobre, adotara as modernas formas de viver e aceitara a democratização como inerente a seu estilo de vida. Se o Chile era um país moderno, por que a sociedade chilena não seria como a dos países modernos? O Estado chileno vivia, em grande parte, de um excedente extraído do setor primário-exportador. A democratização não se fundava propriamente em um avanço do sistema de produção, e sim numa utilização distinta do excedente que captava o Estado. Parte desse excedente ia para a industrialização, mas a estrutura social continuava a refletir a velha matriz agrária com seu complemento mineiro-exportador.

O golpe militar de 1973 restaurou a primazia da velha matriz social. Houve um retrocesso na democratização, e o excedente passou a ser canalizado para restabelecer a sociedade estratificada do passado. Já não se trata de estabelecer uma linha demarcatória entre os *criollos* e a *indiada*. Trata-se de dotar o país de condições para que a minoria privilegiada — ampliada à medida que cresce a demanda de pessoal técnico — ganhe uma nova via de modernização. O que se vê hoje é semelhante ao que se viu na era do salitre: toda uma nova civilização material se instala, com casas suburbanas, apartamentos de luxo, automóveis, televisão em cores, viagens à Europa, esplêndidos restaurantes, boates retrô em que uma nova *jeunesse dorée* dança a *cueca* de jeans, clubes de tênis, institutos de beleza para emagrecimento das mulheres, cirurgiões plásticos, psicanalistas etc. etc.

Toda essa explosão de modernidade sobrepõe-se à velha estrutura econômica mediante reorientação da aplicação do excedente. Restaurou-se o autoritarismo, destruíram-se todos os vestígios do processo de democratização que havia medrado por meio século. E não se ficou só nisso. A imprensa foi transformada num instrumento de doutrinação permanente. A ideologia que ela difunde é simples: a racionalidade comprova-se com a eficiência, e esta só existe numa sociedade competitiva. Tudo, portanto, se reduz a operações de mercado. Quanto menos Estado, melhor. Este deve atuar apenas para aparar os excessos de darwinismo social. A miséria gritante deve ser eliminada, mas a pobreza é o acicate que induz a trabalhar, a ambicionar — portanto, tem uma função social. Matracada de todos os lados, essa velha ideologia adquire ares de verdade evidente. Os que a apregoam consideram supérfluo expor seus fundamentos. Tudo assume um ar de mundo orwelliano: *"Ignorance is strength"*, estava escrito em letras luminosas no Ministério da Verdade.

Posto que já não existe um sistema econômico chileno, e sim prolongações no território chileno da atividade econômica internacional — os preços internos em todos os setores têm que ser um reflexo dos preços internacionais —, já não haverá propriamente história chilena. Haverá chilenos que têm acesso a formas da modernidade, como ocorre em Hong Kong.

O custo social dessa política, para a grande maioria dos chilenos, está sendo con-

OS ARES DO MUNDO

siderável. Não se trata apenas da extração de um excedente gerado pelo setor exportador de recursos primários não renováveis, e sim de exploração do conjunto da população trabalhadora. A primeira condição para avançar por essa via é destruir a memória, na massa do povo, da época em que o processo de democratização abria novos horizontes aos que lutavam para escapar à miséria.

PARA ONDE VAI A AMÉRICA LATINA?

Por iniciativa do professor Paul Rosenstein-Rodan, realizou-se na Universidade de Boston, em setembro de 1972, um seminário com o objetivo de debater a situação da América Latina. De forma provocativa, e como bom vienense, o organizador definiu o tema dos debates com a interrogação *Quo vadis?*, como se esperasse de cada um dos participantes uma chave que ajudasse a decifrar o mistério do futuro do nosso subcontinente.

Entre os participantes figuravam ex-chefes de Estado, como Eduardo Frei, do Chile, e Carlos Lleras Restrepo, da Colômbia, e numerosos especialistas em economia latino-americana, de dentro e de fora da região. Minha intervenção foi considerada "pessimista", quiçá influenciada pela situação do Brasil, que vivia as ambiguidades de seu "milagre" mergulhado numa ditadura que avançava pelo nono ano. Transcrevo essa intervenção na íntegra porque ela é reveladora da clareza com que já se podia perceber, nessa época de grande ufanismo, a natureza perversa dos problemas que seriam enfrentados pelos países latino-americanos, e em particular pelo Brasil, em futuro próximo. A denúncia da concentração da renda e consequentes deformações sociais não podia ser mais explícita. Sobra dizer que os norte-americanos que tomaram parte no seminário mostravam, de maneira geral, entusiasmo pelos êxitos que estava alcançando o Brasil no que se refere a índices de crescimento e estabilidade política.

Boston, setembro de 1972

Não é minha intenção abordar os diversos temas que aqui foram tratados. Limitar-me-ei a tentar uma resposta à pergunta que nos fez Paul Rosenstein-Rodan: para onde vai a América Latina?

Talvez porque há alguns anos vivo fora da região — não muito por minha vontade, é verdade — faço minhas observações com a serenidade de quem acompanha os acontecimentos protegido por uma distância no espaço e no tempo.

Chamou-me a atenção ouvir homens de tanta experiência, como os que aqui estão reunidos, referirem-se à pobreza de ideias políticas que, segundo eles, prevalece na América Latina. O presidente Eduardo Frei chegou a falar da inexistência quase total de gênio político em nossa região. Se homens que marcaram a história moderna da América Latina expressam uma tal opinião, não há como não preocupar-se. Que fatores respondem por essa pobreza de criatividade política?

Convém recordar que somos parte integrante de um complexo e dinâmico sistema cultural cujo perfil se definiu no Renascimento, do qual são frutos marcantes a ciência experimental do século XVII e a revolução tecnológico-industrial do século XVIII. É verdade que somos parte desse todo; utilizando a linguagem de Raúl Prebisch, podemos dizer que nele fomos sempre elementos periféricos, vale dizer, privados de uma visão global. É conhecido o obstáculo que constituiu à criatividade nas ciências naturais a resistência oferecida pelos homens a aceitar a correta colocação de si mesmos dentro do cosmos. A isso chamamos de ilusão ptolomaica. Ocorreu-nos algo similar no plano da cultura: não chegamos a perceber nossa situação estrutural periférica, o que nos inabilita para captar o que é específico em nossa situação. Insistimos em analisar nossa realidade com base em categorias concebidas por pensadores que não captam nossas peculiaridades. Meu ponto de vista é que nossa incapacidade para criar no plano político se deve a esse fato. O gênio político é próprio dos povos que têm lúcida percepção do sentido de sua história.

Consideremos um ponto fundamental, que diferencia o funcionamento de nossas economias (as capitalistas subdesenvolvidas) das economias cêntricas. Refiro-me ao processo de acumulação, cujas projeções no plano social e nos sistemas de poder são consideráveis. Com efeito, nada é mais característico da economia capitalista do que a forma como se acumula o capital. Ora, nas economias cêntricas, a acumulação realizada durante o longo período de implantação da forma capitalista de produção e de invenção da moderna tecnologia produziu uma escassez estrutural de mão de obra, graças à qual as massas trabalhadoras tiveram acesso a uma parte dos frutos do incremento da produtividade. Na verdade, os trabalhadores logo perceberam que sua participação nos frutos do desenvolvimento das forças produtivas depende diretamente de sua própria capacidade de auto-organização. Dessa forma, os países cêntricos do mundo capitalista estão marcados pela proliferação de associações, de organizações que são, em última instância, o meio pelo qual o homem manifesta coletivamente suas aspirações e luta pelo que imagina ser seu bem-estar. Como explicar o dinamismo do capitalismo (a emergência do consumo de massas) sem essa multiplicidade de associações cujas raízes estão nos agrupamentos profissionais, e sem ter em conta a fragmentação das estruturas de poder que acompanha essa complexa estrutura social?

Nos países latino-americanos, o processo de acumulação diretamente ligado ao sistema produtivo, ou seja, a acumulação que se traduz em elevação do coeficiente de capital por pessoa ativa, e não aquela diretamente ligada ao consumo (residências, infraestrutura urbana etc.), foi relativamente lento durante o longo período do chamado *desenvolvimento para fora*. De maneira geral, os aumentos de produtivi-

OS ARES DO MUNDO

dade resultaram de vantagens comparativas ligadas ao sistema de divisão internacional do trabalho — uso extensivo de recursos naturais e de mão de obra abundante —, e não da introdução de novas formas produtivas ligadas à acumulação de capital. Ademais, quando se intensifica a acumulação — na fase subsequente de industrialização —, a forma que esta assume não favorece a absorção de mão de obra. Daí que os direitos das classes trabalhadoras hajam sido, de modo geral, outorgados de forma paternalista.

Nos países cêntricos, o progresso tecnológico teve no plano social efeitos opostos aos da acumulação de capital, pois contribuiu para aumentar a oferta de mão de obra. Substituindo trabalho humano por outros recursos, o progresso tecnológico tendeu a aumentar o poder daqueles que organizam a produção. Num esforço de simplificação, pode-se afirmar que, nas sociedades capitalistas cêntricas, duas tendências se confrontam e se controlam mutuamente: uma opera no sentido da difusão do poder, da criação das formas múltiplas de poder que caracterizam uma sociedade pluralista; a outra, no sentido de concentrar o poder, ou seja, de reforçar o sistema de dominação de base patrimonial. O que poderá surpreender a muitos é que a segunda dessas tendências não se funda na acumulação de capital, e sim no avanço da tecnologia. Em síntese: na sociedade capitalista cêntrica, existem duas formas fundamentais de poder, uma de base patrimonial e outra de base organizacional. A dialética desse processo cria o espaço para a invenção política.

Vejamos agora a experiência latino-americana. Não me escapa que é muito arriscado falar "em geral" sobre a América Latina. A história da Argentina, da formação de suas estruturas atuais, é bem diversa da do Brasil, da do México, da do Chile etc. Mas existe um fundo comum que resulta principalmente de certas relações externas de dependência. Quando nos fixamos nesses pontos comuns, percebemos que os países latino-americanos são, acima de tudo, economias de industrialização retardada. A experiência histórica nos ensina que desenvolvimento é essencialmente industrialização: a técnica moderna tem na acumulação de capital seu instrumento privilegiado de penetração. As infraestruturas fortemente capitalizadas estão a serviço dos sistemas industriais. Ora, na América Latina uma industrialização retardada deu origem a especificidades históricas. Nesse tipo de industrialização, o papel da acumulação se afasta do modelo clássico, assim como o do progresso tecnológico. A acumulação não estimula a difusão do poder e o progresso tecnológico acentua enormemente o poder patrimonial. Por isso, as possibilidades de transformação política gradual são limitadas.

A verdade é que na América Latina vivemos dentro de um marco estrutural bem distinto do que prevaleceu nos países cêntricos, países que exercem sobre nós um fascínio que facilmente se transforma em dominação cultural. Porque não percebemos essa especificidade de nossa história, não conseguimos colocar-nos corretamente dentro do sistema global, o que nos incapacita para o pensamento político

533

OBRA AUTOBIOGRÁFICA

criador. Mais ainda: essa especificidade contribui para reforçar o poder patrimonial e para limitar o acesso de parte da população a setores da economia em que prevalece o modo de produção capitalista, portanto onde penetra o progresso técnico.

Alguns sociólogos latino-americanos referiram-se a esse processo como sendo de marginalização. Essas massas que não chegam a estruturar-se para o exercício do poder têm, contudo, servido de base para o fenômeno que com frequência chamamos de populismo, algo que não devemos subestimar, posto que reflete uma realidade profunda que foge da análise convencional apoiada em analogias históricas. Nos países latino-americanos, o poder tem oscilado entre dominação exercida pelas forças de base patrimonial e pelas forças de base populista, amálgama de elementos populares organizados e não organizados.

Esta a razão por que, na América Latina, não cabe falar de opções políticas ignorando as tendências estruturais das forças econômicas. Consideremos o caso daqueles países em que, graças a suas dimensões demográficas e variedade de recursos naturais, o processo de industrialização teve êxito marcante. Refiro-me ao Brasil e ao México. Ambos conseguiram conciliar um elevado grau de diversificação de seus sistemas industriais e dimensões das unidades produtivas que permitem acesso a importantes economias de escala. Ora, o que se viu nesses países foi uma consolidação considerável do sistema de poder patrimonial. A rápida assimilação da técnica que acompanhou a industrialização traduziu-se em intensa concentração de renda. Longe de mim apresentar essa situação como fruto de uma conspiração contra o povo, pois não creio que muita gente esteja satisfeita quando a massa popular passa fome. Mas os fatos estão aí. Nosso dever é identificar as causas do fenômeno, caso nos interesse encontrar uma saída. A industrialização, quando teve êxito indubitável, traduziu-se em benefício de minorias restritas e operou no sentido de consolidar rígidas estruturas políticas.

Na periferia do mundo capitalista, a industrialização privilegiou minorias que se habituaram às formas de vida dos países ricos. E tudo isso foi feito com a supervisão técnica e o controle financeiro das empresas multinacionais. A muitos pareceu que a concentração de renda gerada por esse processo de industrialização constituiu uma *necessidade* a fim de elevar a taxa de investimentos. Ora, nada mais longe da realidade. A renda concentrou-se exacerbadamente no Brasil no decênio dos 1960 sem que a taxa de poupança se haja modificado. É de notar que esse processo normalmente se dá em benefício do consumo da minoria que reproduz as formas de viver dos países de elevados padrões. Trata-se de uma concentração de gastos em consumo, a fim de possibilitar a introdução de novos produtos. Assim, reforçam-se mutuamente os interesses das firmas multinacionais, que se empenham em reproduzir nos países pobres os padrões de consumo dos países ricos, e os das minorias privilegiadas, que se arvoram em intérpretes dos interesses nacionais.

O aumento da taxa de investimento que ocorreu recentemente deveu-se a um expressivo endividamento externo, cuja projeção no futuro não é difícil prever. Permito-me discordar do presidente Lleras Restrepo, quando afirma que o Brasil, dadas as suas dimensões e seu potencial de riquezas, poderá digerir todo esse endividamento. A arrogância de muitos brasileiros não deve fazer-nos esquecer que o Brasil é um país pobre e nele existem 50 milhões de pessoas que vivem no nível da subsistência. E o endividamento não é tudo. Que dizer da progressiva perda de controle dos setores mais dinâmicos do sistema de produção? E da crescente dependência tecnológica? E da agravação dos desequilíbrios regionais?

Olhando para o futuro, sou de opinião que esse tipo de crescimento, baseado na reprodução das formas de vida em permanente mutação dos países que se encontram numa fase de acumulação de capital muito avançada, e o mimetismo cultural em favor de uma minoria promovem condições sociais que não podem deixar de preocupar as pessoas legitimamente interessadas no futuro do país. Falo de crescimento econômico porque não posso aceitar que a esse processo se chame de desenvolvimento. Por exemplo, somar a renda desperdiçada dos que já a têm demasiado com o pouco que têm os que chegam a satisfazer suas exigências elementares é muito mais do que um artifício estatístico, é uma mistificação.

Esse modelo de crescimento é próprio de uma sociedade dirigida por elites que procuram se isolar da massa da população e tendem a confundir a passividade desta com aceitação do status quo. A debilidade maior do paternalismo político está em sua incapacidade para comunicar-se com o povo, que se vê privado de manifestar-se e de gozar de uma autêntica vida política.

Consideremos outra situação: a daqueles países onde, em razão da insuficiente dimensão do mercado, a industrialização do tipo que vimos de referir não é viável. A simples concentração de renda não seria suficiente para sustentar a plena industrialização, tal como a concebem as empresas multinacionais. Nesse grupo de países, o impasse em que se encontra a industrialização impõe a busca de novas soluções. A esse respeito, merecem particular atenção as experiências do Peru e do Chile. O fato de, neste último país, os dois grandes movimentos de opinião pública organizada — o que está atualmente no poder (a Unidade Popular) e o que saiu há pouco (a Democracia Cristã) — terem programas parecidos significa que existe um consenso em torno de coisas fundamentais.

Não me atrevo a prever que formas sociopolíticas virão a prevalecer na América Latina no futuro imediato. Não tenho dúvida de que perdemos muito tempo, de que acumulamos um grande atraso em nossa formação política. Enfrentamos problemas econômicos e sociais de crescente complexidade com sistemas políticos rudimentares. O economicismo leva alguns a pensar que nossa saída é acumular mais capital. Ora, nossos países, por incapacidade política, subutilizam ou mal utilizam o capital já acumulado. Nosso desafio principal é conseguir contar com populações que possam manifestar de forma consistente sua vontade e que permitam a emergência de autên-

OBRA AUTOBIOGRÁFICA

ticas lideranças. Somente assim os verdadeiros problemas sociais poderão ser identificados. Somente assim se poderá falar de desenvolvimento. Se a identificação dos problemas do povo permanecer como atributo exclusivo de minorias privilegiadas — o que ocorre em meu país —, continuaremos a confundir desenvolvimento com expansão do consumo suntuário, e a ignorar que a mortalidade infantil está aumentando.

Terminarei com uma referência a um ponto que julgo da maior relevância. Além da satisfação das necessidades fundamentais da população, nada é tão importante como atingir formas superiores de convivência social. Esse objetivo somente pode ser logrado em uma sociedade aberta ao diálogo e à participação. E nenhum diálogo é mais difícil e mais fundamental do que aquele que temos com a nova geração. Fazer guerra à juventude, tentar destruir-lhe o desejo de luta é comprometer gravemente o futuro de um povo. *Quo vadis*, se te suprimes o futuro?

O MÉXICO SE VOLTA PARA O SUL

Cidade do México, agosto de 1974

O México começa novo ciclo petroleiro. Há um certo tom de arrogância em muitos de seus dirigentes, inebriados pela perspectiva de afluxo de grandes riquezas. Coloquei o problema a Horacio Flores de la Peña, velho companheiro de trabalho nas Nações Unidas, e atualmente ministro de Estado. Ele reconhece que é preciso se cobrir de cautela, pois nada é mais perigoso para um país pobre do que uma chuva de dinheiro. Horacio está de partida para a Venezuela com a missão reservada de propor ao governo de Caracas o lançamento da ideia de constituição do Sistema Econômico Latino-Americano (Sela), que seria a primeira instituição a congregar os Estados latino-americanos sem a presença asfixiante do "grande irmão do Norte". Homem da geração de mexicanos surgida logo após a revolução, ele não oculta sua satisfação em que o México contribua para congraçar as forças que, no continente, contrabalançam a influência ianque. As perspectivas no setor petroleiro indicam que o México poderá vir em ajuda dos países centro-americanos, assegurando-lhes linhas de crédito a baixas taxas de juros para abrandar o impacto negativo da brutal elevação dos preços do petróleo ocorrida no ano passado. É uma maneira elegante de reduzir o peso da influência dos Estados Unidos, que se exerce em benefício dos regimes políticos mais retrógrados da área.

Quando soube que eu estava de partida para a Venezuela, Horacio ofereceu-me lugar em seu avião, o que nos permitiu trocar ideias sobre a situação desse país que, no momento, sofre de uma grande indigestão de dólares. O que está ocorrendo na Venezuela não deixa de ser uma advertência aos mexicanos. Horacio parece cons-

536

OS ARES DO MUNDO

ciente de que interessa aos norte-americanos que o formidável potencial de produção de petróleo, que acaba de ser descoberto no sul do México, seja explorado o mais rapidamente possível, a fim de livrá-los da excessiva dependência das fontes de suprimento do golfo Pérsico. Daí as enormes facilidades de financiamento que estabeleceram. Mas esses investimentos só poderão ser rentáveis se os preços do petróleo se mantiverem em níveis elevados, e não há nada mais errático do que os preços dos minerais no mercado internacional. Ele está convencido de que o México tem agora uma chance real de escapar ao subdesenvolvimento. Mas não adianta nenhum cenário. É todo cautela, como um bom índio mexicano.

Dois dias antes da partida, almoçamos com o presidente Luis Echeverría. Estavam presentes outros ministros de Estado e altos funcionários do setor econômico e financeiro. Também participaram do encontro Aldo Ferrer e Ignacy Sachs, este último meu colega da Universidade de Paris.

O presidente é um homem simples e se esmera em ser simples. Formou-se dentro da máquina político-burocrática do México. Vive intensamente o seu papel e encarna a ideia de interesse nacional, a qual, em seu espírito, se confunde com as de prosperidade e prestígio. Gosta de provocar a discussão, reservando-se a função de ouvinte. Quando o debate arrefece, apressa-se em reativá-lo. Como não inibe as pessoas, a discussão assume graus de franqueza inabituais na presença de um chefe de Estado. Esteve particularmente empenhado em informar-se sobre a situação internacional, insistindo em que disséssemos o que cabe esperar do futuro. Fez várias referências à sua recente viagem a países da América do Sul, usando um tom provocativo para obter respostas. "Vi os industriais de São Paulo e tive a impressão de que vivem modestamente, comparados com os nossos daqui…" Ou então: "Os operários de São Paulo me pareceram cabisbaixos, tristes…". Deve ser homem mais afeito a ouvir do que a ler, do contrário não prolongaria tanto nossa conversa e interromperia aqueles que falam sem ter nada a dizer. O almoço começou às catorze horas e se estendeu até as dezessete. Quando falou de seu próprio governo, tratou de coisas pequenas, mas teve a preocupação de dar ênfase ao aspecto social. Não transmite a impressão de ser um homem capaz de abarcar um horizonte amplo ou profundo. Mas, como fala pouco, não me atreveria a emitir opinião sobre sua visão dos novos desafios que deverá enfrentar o México. Interessou-se muito em que fôssemos à televisão, que nossa presença fosse amplamente divulgada. E presenteou-nos com belos livros de reproduções de pinturas murais mexicanas.

Visita ao escritor Octavio Paz. Não o via desde nosso encontro na Índia, em 1967, quando ele ocupava o cargo de embaixador. Naquele momento, discutíramos de forma um tanto viva a propósito de Sartre, a quem ele não perdoava a fase de apoio incondicional à União Soviética. Agora, disse-me esta coisa curiosa: "Lamento

537

que no México não haja um partido comunista ortodoxo, como o da França, Espanha ou Portugal; isso nos ajudaria a sair do impasse em que estamos". A conversa com Paz é sempre atraente. Vê com extrema agudeza a realidade política e social do México. E, como lhe interessa pouco a economia, não desliza para o simplismo daqueles que querem fundar seu conhecimento da realidade em supostas leis econômicas. Percebe, como poucos, que a situação mexicana não caminha em boa direção; que complexos problemas políticos vão passar para o primeiro plano. E se pergunta como as forças emergentes serão canalizadas, utilizadas, se o país não conta com movimentos de base popular e lideranças políticas imaginativas.

Não se pode desconhecer que o México é um caso extremo de fossilização do sistema político, que chega a confundir-se com a burocracia estatal. Ademais, dentro do Estado a camada dominante está de tal maneira assimilada às formas de viver da alta burguesia, que é difícil imaginar que seus líderes possam enxergar o que se passa entre o povo. Ainda assim, estão acontecendo coisas curiosas neste país. O otimismo fácil desapareceu, ou se tornou postiço. Há uma consciência generalizada de que o sistema social é insustentável a longo prazo. A inflação se instala, provavelmente para ficar. A rigidez do setor agrícola é algo a se ter em conta. A versão mexicana do desenvolvimentismo seguramente se exauriu, e voltar a apoiar-se no petróleo é repetir um filme já visto.

Octavio Paz teme um deslizamento para a direita, com maior presença militar no governo. Indaguei se esse deslizamento poderia ocorrer dentro do próprio Partido Revolucionário Institucional (PRI), que está no poder há quarenta anos, e ele reagiu com um gesto de surpresa e incredulidade. Fico a pensar se é preciso levar tão longe o ceticismo para alcançar a lucidez desse homem.

A VENEZUELA NO BOOM DO PETRÓLEO

Caracas, 10 de julho de 1974

Almoço de trabalho com o presidente Carlos Andrés Pérez e seus ministros que formam o chamado gabinete econômico — Hector Hurtado, da Fazenda, que conheço há muitos anos, Gumersindo Rodríguez, do Planejamento, além dos ministros do Fomento e da Agricultura, e o presidente da Comissão Econômica da Câmara dos Deputados.

Carlos Andrés Pérez é homem com óbvia capacidade para liderar. Tem um olhar firme e um riso ocasional, meio cúmplice, que desarma o interlocutor. Mais importante: gosta de exercer o poder, de dirigir-se aos ministros com firmeza, e mesmo com autoridade. Os ministros são todos mais jovens do que ele, entre trinta e quarenta anos. O presidente atacou aberta e quase rudemente o ministro do Plane-

OS ARES DO MUNDO

jamento a respeito do projeto de indústria naval. "Tudo está indo muito lentamente; por que criar um instituto, e não diretamente as empresas? As coisas poderiam ser feitas com maior rapidez" — e por aí adiante. O ministro defendeu-se bem, demonstrando mais segurança do que eu esperava, e me pareceu demasiado satisfeito em exercer o poder para não estar ansioso em agradar o presidente. Este lembrou-me Juscelino quando queria que as coisas andassem "a caneladas". É evidente sua preocupação para que as coisas se façam; tem perfeita consciência de que a Venezuela se encontra em posição de força graças à fantástica elevação do preço do petróleo, e pretende tirar proveito dessa situação. Sua filosofia é a "desenvolvimentista", similar à de Juscelino e de Arturo Frondizi. Mas convém ter em conta que os separam cerca de vinte anos. E que a posição financeira da Venezuela é sem-par, hoje ou no passado, na América Latina.

A propósito de siderurgia, falou-se de que por trás de certo projeto está a Exxon. E o presidente correu a declarar que era preciso não ter medo de envolver-se com essas empresas. Naturalmente, estamos longe da época em que o *estatismo* fazia medo às grandes corporações internacionais.

Estava implícito que tudo será feito com a participação do Estado, de onde virão os milhões. Mas como duvidar de que o controle real do sistema econômico permanecerá com as grandes empresas de ação internacional? Ainda acerca de siderurgia, veio à baila o carvão da Colômbia e o presidente mostrou-se preocupado com as tratativas havidas entre esse país e o Brasil. Afirmou que tudo faria para superar os desentendimentos com a Colômbia a respeito da fronteira, a fim de abrir a porta a uma ampla cooperação no plano da indústria siderúrgica. Também fez referência ao fato de que atribuía a mais alta prioridade ao estreitamento das relações com o Brasil. Demonstrou preocupação com a situação da Argentina e não parece acreditar que a senhora presidenta desse país tenha muitas chances de permanecer no poder. Disse: "Um *pinochetazo* na Argentina terá graves consequências para todos nós". Teme, evidentemente, pelo isolamento da democracia venezuelana, mas está consciente de que já há mudanças na política do Brasil, promovidas pelo governo Geisel.

Saí da reunião convencido de que o presidente Pérez acima de tudo pensa em industrializar o país, ou seja, dotá-lo de grandes complexos industriais, e isso, o mais rapidamente possível. É verdade que está convencido de que o que se faz atualmente no Brasil é uma barbaridade, pois "a população está sendo sacrificada". Não parece perceber que a diferença maior está em que na Venezuela existe petróleo abundante, o que permite prescindir do sacrifício da população. Ignorando aparentemente esse fato, o presidente se imagina diferente, mais motivado pelo interesse nacional do que seus colegas contemporâneos.

Este é, sem dúvida, o país ideal para tentar deslindar a seguinte questão: o que é capital estrangeiro? Aqui, as empresas transnacionais não precisam apelar para aportes de recursos próprios para financiar-se. O Estado é levado automaticamente a con-

OBRA AUTOBIOGRÁFICA

trolar grande parte dos fluxos financeiros, pois esses recursos são em realidade por ele gerados. As grandes empresas de capital estrangeiro vendem serviços e tecnologia, o que é suficiente para assegurarem o controle da orientação do desenvolvimento. É certo que está surgindo uma classe gerencial local, pública e privada, mas formada em simbiose com essas grandes empresas.

É natural que nos venha ao espírito a seguinte pergunta: sendo tão grandes os recursos de que dispõe o país, extraídos do petróleo, pode-se admitir que a capitalização no sistema produtivo cresça o suficiente para absorver o excedente de mão de obra? Condição necessária para que isso ocorra é que o processo de internacionalização se estenda ao essencial das atividades econômicas. Teríamos, então, uma repetição tardia do caso do Canadá. Mas tenho minhas dúvidas de que essa hipótese se efetive. Por bastante tempo a população continuará crescendo a uma taxa elevada, a qual mais do que duplica ou triplica a dos países cêntricos. Como a taxa de acumulação nestes últimos se tem mantido elevada, seria necessário que a Venezuela alcançasse, durante vários anos, um nível de acumulação que é historicamente desconhecido, a fim de que a diferença atual de produtividade média viesse a desaparecer.

Um processo de acumulação dessa ordem somente se efetivaria mediante ampla cooperação das grandes empresas visando integrar o sistema industrial venezuelano na economia internacional. Caberia indagar o que seria a economia venezuelana caso uma política desse tipo tivesse êxito. O precedente do Canadá oferece pouco valor explicativo, pois nesse país o Estado não tem e não teve a função que assumiu aqui. Por outro lado, em razão da debilidade do setor agrícola e da total dependência tecnológica, dificilmente a economia venezuelana chegaria ao grau de homogeneidade que possui, hoje, a canadense.

Minha presença na Venezuela ligava-se a um projeto universitário de criação de um curso de pós-graduação destinado a preparar especialistas em política pública econômica. Tratava-se de dotar o governo venezuelano de quadros superiores que habilitassem a enfrentar o grande desafio levantado pela abundância de recursos financeiros que afluíam à sua caixa, graças à forte elevação dos preços do petróleo, então em curso.

Nesse ano de 1974, eu ocupava a cátedra Simón Bolívar na Universidade de Cambridge, Inglaterra, voltada para o estudo das economias subdesenvolvidas, a qual fora criada graças à iniciativa do governo da Venezuela.

Ao tomar conhecimento de minha presença em Caracas, o presidente Carlos Andrés Pérez convidou-me para participar de uma reunião com sua equipe econômica, a que me referi acima. Em seguida, solicitou-me que expressasse com franqueza minha opinião sobre as perspectivas do país e colocou à minha disposição meios para visitar instituições e projetos em vias de execução. Agradeci ao presidente e assegurei-

540

OS ARES DO MUNDO

-lhe que no fim de minha estada daria por escrito a resposta, se algo houvesse a dizer que justificasse ocupar o seu tempo. Não assumia, de início, nenhum compromisso, e em nenhuma hipótese receberia qualquer remuneração. Os venezuelanos, parecia-me, dispunham potencialmente de recursos para quebrar os grilhões do subdesenvolvimento, mas será que saberiam utilizá-los? Eu me sentiria satisfeito se pudesse contribuir, de alguma forma, para que a barreira do subdesenvolvimento fosse rompida pela primeira vez na América Latina.

Eis aqui o texto que, como resultado de minhas observações, fiz chegar ao governo venezuelano e que permaneceu inédito até o presente.

NOTAS SOBRE A ECONOMIA VENEZUELANA

Caracas, 10 de setembro de 1974

Nas situações com que se depara correntemente a teoria do desenvolvimento, a expansão da demanda final reflete, em última instância, o incremento da produtividade física do trabalho; no caso venezuelano o principal fator causante do crescimento da demanda é a utilização de um recurso não renovável. Via de regra, ao incremento da produtividade física corresponde um aumento no custo dos fatores de produção, e é esse custo aumentado que engendra a expansão da demanda. Na Venezuela, a evolução da demanda final reflete primariamente a política seguida pelo Estado na apropriação e utilização do excedente petroleiro. Contudo, seria equivocado imaginar que o Estado é totalmente livre na formulação dessa política. Decisões tomadas no passado respondem pela estruturação de um aparelho produtivo — reflexo da matriz institucional preexistente — dotado de considerável inércia. Em grande parte prolongação do comércio exterior, esse aparelho produtivo possui uma dinâmica própria que influencia o Estado e delimita o seu campo de opções. Sempre que se expande o excedente petroleiro amplia-se a margem de liberdade do Estado.

Esse ponto é de fundamental importância para compreender a especificidade do caso venezuelano. O mais importante não está na abundância de recursos, e sim no grau de liberdade que existe para orientar sua utilização. Houve no passado países subdesenvolvidos que desfrutaram ocasionalmente de abundantes recursos financeiros, os quais, porém, eram apropriados diretamente pelos agentes que respondem pela produção. Parte desses recursos, é verdade, eram drenados pela via fiscal para o Estado, cuja margem de ação, contudo, era limitada, por força das exigências dos grupos sociais que pagam os impostos.

No presente, a ação do Estado venezuelano está condicionada pelas exigências de uma estrutura econômica que, em grande medida, reflete a forma como foi utilizado o excedente petroleiro no último quarto de século.

541

OBRA AUTOBIOGRÁFICA

Vejamos algumas de suas características. Em primeiro lugar, a baixa produtividade do sistema econômico, se se exclui o setor que utiliza recursos não renováveis, vale dizer, petróleo. Comparando as taxas de investimento e de incremento do PIB comprova-se que a eficiência média do sistema tem estado abaixo do que seria de esperar, tanto mais que o equipamento usado é quase sempre importado e incorpora tecnologia de vanguarda.

Um segundo ponto a assinalar diz respeito ao baixo nível da carga fiscal. Comparando-se o valor dos impostos efetivamente pagos pela população com a sua renda, depreende-se que a carga fiscal é menos da metade ou da terça parte da que se observa em outros países da América Latina de renda per capita inferior à da Venezuela. A verdade é que a poupança real gerada pelo sistema econômico (excluída a contribuição do setor petroleiro) é extremamente reduzida. Exemplificando com números: em um país típico da Europa Ocidental, se se adicionam impostos e poupança líquida, chega-se a cerca de metade da renda nacional, e, em países como a Argentina e o Brasil, essa taxa é algo como 36%. Na Venezuela, dificilmente se passará de 12%.

Outro aspecto que merece referência é a elevada concentração da renda. No Brasil e no México, o forte crescimento econômico foi financiado com um excedente extraído da população, o que em parte explica por que a renda se tenha concentrado tanto. Na Venezuela, observa-se grau similar de concentração, se bem que a acumulação pôde ter sido financiada por outros meios. A razão parece estar em que os fortes subsídios dados ao consumo o são através das importações, em detrimento das atividades agrícolas e das artesanais. A desorganização dessas atividades contribui para ampliar o excedente estrutural de mão de obra deprimindo os salários dos segmentos sociais de inferior nível de vida. Também cumpre explicar que os baixos preços relativos dos equipamentos importados e a reduzida taxa de juros permitida pela abundância de recursos financeiros no setor público contribuem para antecipar e intensificar a mecanização e a automação, engrossando o excedente estrutural de mão de obra.

Em síntese: criou-se um sistema econômico que produz pouco excedente sob a forma de poupança e impostos (não considerado o setor petroleiro) e que tira pouco rendimento das inversões que o excedente petroleiro permite realizar. É um sistema econômico-social fundamentalmente orientado para o consumo e o desperdício. Disso resulta extraordinária diversificação dos padrões de consumo, o que tem efeitos negativos secundários sobre a produtividade. As dimensões relativamente reduzidas do mercado e a alta diversificação da demanda operam no mesmo sentido.

Dessas circunstâncias decorre que a margem de manobra do Estado na utilização do excedente é menor do que se poderia esperar. Mas é fora de dúvida que essa margem se amplia quando cresce o excedente. Esta é uma característica singular do sistema econômico venezuelano, a qual lhe abre perspectivas desconhecidas pelos demais países latino-americanos.

542

OS ARES DO MUNDO

Via de regra, o subdesenvolvimento tende a reproduzir-se qualquer que seja o ritmo de crescimento da economia. Assim, as elevadas taxas de crescimento do Brasil dos anos 1970 não o fizeram menos subdesenvolvido, se se entende por desenvolvimento o acesso da massa da população aos benefícios dos incrementos na produtividade de trabalho. O quadro na Venezuela não tem sido diferente, mas existe nesse país a possibilidade de modificá-lo sem transtornos sociais maiores, numa fase como a presente, caracterizada por abrupto crescimento do excedente petroleiro. Isso porque os novos recursos não são absorvidos automaticamente pelo sistema, como seria o caso no Brasil e na Colômbia, se duplicassem ou triplicassem os preços internacionais do café.

Mas seria erro supor que a superação do subdesenvolvimento virá automaticamente com a melhora abrupta dos preços de exportação do petróleo. Muito ao contrário: a tendência do sistema será no sentido de prosseguir na desorganização do setor agrícola e dos remanescentes das atividades semiartesanais, o que levará o governo a ampliar a massa de subsídios destinados a amparar a população desempregada. Paralelamente, crescerá o coeficiente de importações, em particular no setor de bens de consumo duráveis.

Em 1972, do total de bens disponíveis, destinados ao consumo e à capitalização, cerca de 40% foram importados, e nada impede que essa participação das importações na oferta global se eleve nos próximos anos.

Uma melhora considerável nos termos do intercâmbio externo, devida à elevação dos preços do petróleo, pressiona necessariamente no sentido de aumento do coeficiente de importação e da redução da criação de emprego no país, com repercussão negativa na distribuição da renda. Ora, quanto mais se concentrar a renda, mais acentuada será a tendência da indústria a utilizar insumos importados, o que reduz o multiplicador interno de emprego e renda. Em síntese: dadas as tendências estruturais do momento é de esperar que os traços principais do quadro herdado do passado se acentuem, agravando-se o excedente estrutural de mão de obra. Sendo assim, a maior riqueza trazida pelo boom petroleiro fará da Venezuela um país socialmente mais instável. Certo, um país rico, mas nem por isso menos subdesenvolvido. E também com maior dependência da importação de alimentos e das flutuações dos mercados internacionais.

É perfeitamente claro para qualquer observador que o progresso técnico penetrou de forma muito desigual na economia venezuelana. Isso reflete a extrema disparidade que existe nesse país entre a abundância de recursos não renováveis (principalmente hidrocarbonetos) e a penúria de certos recursos renováveis. A exploração dos solos tropicais produziu na Venezuela, à semelhança do ocorrido em outros países da América Latina, uma agricultura itinerante (*shifting cultivation*) que se cristalizou finalmente na forma do binômio minifúndio-latifúndio. Tais solos devem ter sua utilização interrompida periodicamente, e, mesmo assim, seus elementos são baixos. A

543

pequena exploração que deve submeter-se à *shifting cultivation* apresenta resultados totalmente inadequados. Ainda que seja proprietário das terras, o minifundista necessita completar sua renda ocupando-se em outra atividade durante parte do ano. A grande exploração que dispõe de terras abundantes e pode absorver essa mão de obra alcança boa rentabilidade no nível de uma técnica rudimentar. Assim, a articulação do minifúndio com o latifúndio age contra a penetração das técnicas modernas. Mais grave ainda: o minifundista dificilmente se transforma em pequeno empresário agrícola, pois sua estrutura mental foi conformada na rotina do minifúndio e na condição de trabalhador temporário do latifúndio. Por outro lado, a adoção de técnicas modernas no latifúndio pouco ou nenhum efeito tem nas condições de vida da massa rural.

A possibilidade de importar alimentos a preços relativamente baixos, que existe há muitos anos, exige da agricultura um esforço de modernização que só a grande exploração pode realizar. Tendo acesso a equipamentos e insumos subsidiados e utilizando extensivamente os solos, esse tipo de exploração pode manter sua rentabilidade mesmo subutilizando seu potencial produtivo. Uma agricultura intensiva, baseada na irrigação e na maior utilização de fertilizantes e de outros insumos, absorveria mais mão de obra, porém, sem lugar a dúvida, seria menos rentável, além de exigir formas de organização mais complexas. Cabe acrescentar que a reforma agrária, com seu objetivo implícito de viabilizar as pequenas explorações, tropeçou em um duplo obstáculo: a inaptidão do *conuquero* (minifundista) para transformar-se em pequeno empresário e a ausência de técnicas agrícolas que permitam utilizar de maneira permanente solos tropicais em nível adequado de rendimentos. Nos poucos casos em que tiveram êxito, os assentamentos assumiram a forma de exploração coletiva do solo em grandes unidades agropecuárias.

No que respeita ao sistema industrial, convém lembrar que o principal problema está em sua baixa integração. Três parâmetros condicionam sua organização atual: a dimensão relativamente pequena do mercado, o grau muito elevado de diversificação da demanda, e o baixo custo dos insumos importados. As empresas transnacionais, que em toda a América Latina dirigiram o processo de industrialização na fase de substituição de importações, maximizam suas vantagens combinando importações com atividade manufatureira local. As condições que prevalecem na Venezuela permitem manter o conteúdo de importação no mais alto nível, o que freia o processo de integração do sistema industrial e também contribui para reduzir a dimensão do mercado.

Já observamos que a abundância de recursos financeiros não é causa suficiente para liquidar o subdesenvolvimento na Venezuela. Mas não podemos desconhecer que ela abre uma opção efetiva nessa direção. Poucas vezes um desafio tão sem ambiguidades se apresentou a um grupo de dirigentes, ampliando abruptamente o campo do possível, numa confirmação de que na história dos povos as mudanças qualitativas se realizam por muitos caminhos. Nos próximos dois decênios a Venezuela terá saltado a barreira que separa subdesenvolvimento de desenvolvimento, sendo quiçá o primeiro país da América Latina a realizar essa façanha, ou terá perdido sua chance histórica.

Pelo menos sobre um ponto básico existe hoje consenso: a inação ou a omissão do Estado não constitui uma opção. Dado que o excedente petroleiro passa pelo Tesouro Público, a responsabilidade do Estado é inescapável. Ainda mais: essa responsabilidade cresce à medida que se amplia o referido excedente, pois com este aumenta consideravelmente a margem de liberdade de ação. Outro ponto me parece igualmente claro: na ausência de uma vontade política orientada para a reconstrução de certas estruturas econômicas, o sistema será levado a reproduzir-se com suas características atuais de desequilíbrios setoriais e regionais e de forte marginalidade social.

A elaboração de um projeto social — vale dizer, a tomada de posição com respeito a um dos futuros possíveis — é requisito prévio para a formulação de uma autêntica política de desenvolvimento. Sobre um ponto não pode haver ambiguidade: o propósito de extirpar o subdesenvolvimento. Em maiores detalhes: reduzir a heterogeneidade tecnológica, satisfazer as necessidades coletivas básicas, garantir o emprego adequadamente remunerado à população, defender o perfil cultural da nação, ampliar o acesso à educação, interiorizar no país o sistema de decisões que comanda a vida econômica e condiciona a promoção da cultura. Esta lista não é exaustiva e inclui apenas pontos que já se incorporaram ao discurso político venezuelano, cabendo esclarecer que tais objetivos podem ser alcançados em um clima de liberdades públicas.

Para lograr esses objetivos, faz-se necessária uma ação sobre os agentes consumidores — com vistas a modificar de maneira significativa o perfil da demanda final — e sobre os agentes produtores, visando obter uma maior integração do sistema, um controle interno mais eficaz da economia e um grau mínimo de autonomia tecnológica em setores fundamentais.

Quanto à demanda de bens de consumo, cabe prioritariamente frear a tendência atual à hipertrofia do consumo supérfluo, que se apresenta principalmente sob a forma de multiplicação de modelos dos mesmos produtos. É sabido que as empresas transnacionais promovem a difusão por todas as partes de miríades de modelos que, nos países de alto nível de renda, constituem o instrumento de incitação ao consumo; essa economia de grande variedade de modelos é também uma economia de elevados custos em publicidade. É evidente que, quanto mais prosperar a economia venezuelana nessa direção, mais altos serão seus custos sociais de produção e mais forte será a tendência à concentração da renda. Não se deve esquecer que a grande diversificação do consumo dos países altamente desenvolvidos não é apenas reflexo do elevado nível de renda por habitante, é também consequência da importância da acumulação de capital realizada no passado. Esse mesmo grau de acumulação não encontra equivalente na Venezuela, daí que a adoção de padrões de consumo baseados na extrema variedade de modelos e curto ciclo de vida dos produtos requeira necessariamente maior concentração de renda.

Por outro lado, impõe-se uma ampliação progressiva e substancial da carga fiscal — impostos diretos e indiretos —, tanto por motivos de justiça social como operacionais. O Estado venezuelano não tem experiência de utilização dos instrumentos cambial e fiscal, dependendo excessivamente do instrumento do crédito para atuar sobre o sistema econômico, o que reduz sua margem de liberdade na utilização do excedente petroleiro.

A Venezuela dispõe de meios para fixar como objetivo, a ser alcançado em menos de um decênio, uma maior homogeneização social. Trata-se de assegurar ao conjunto da população educação básica, formação técnica e profissional, satisfatórios padrões de saúde, seguro contra o desemprego, habitação adequada, eficiente transporte coletivo, facilidades culturais, esportivas e recreativas. Seria um equívoco imaginar que esses objetivos serão alcançados automaticamente como subproduto da acumulação e do florescimento da economia. Mas, se não forem atingidos, a Venezuela *não será um país desenvolvido*. Não se deve perder de vista que esse país não reproduzirá o modelo histórico de desenvolvimento que conheceram os atuais países desenvolvidos. Nestes, a homogeneização social surgiu em grande medida como subproduto da elevação da renda média, o que foi possível porque a evolução da demanda não reproduziu padrões de consumo copiados de sociedades muito mais ricas e porque não existia a tendência estrutural à concentração da renda. Na Venezuela, a homogeneização social somente será obtida se a política de desenvolvimento orientar-se para um conjunto coerente de objetivos econômicos e sociais. E convém salientar que os recursos destinados à progressiva ampliação do consumo coletivo devem ser buscados de preferência na redução de consumo suntuário e supérfluo. Se a política de homogeneização social é financiada com recursos do excedente petroleiro, a elevação do coeficiente de importações se acentuará inevitavelmente.

A agricultura continuará a ser por muito tempo o calcanhar de aquiles da economia venezuelana. A tecnologia agrícola de zona equatorial ainda está por ser implantada. A exploração dos solos tropicais realiza-se em todas as partes com base na utilização de mão de obra barata, afora os casos especiais de monocultura de exportação. É provável que a nação venezuelana venha a ser a primeira da zona tropical em que a população empregada na agricultura desfrute de um satisfatório nível de renda. Resta assinalar que esse país nunca será uma economia desenvolvida se se mantiver o atual desnível de renda média entre zonas rurais e urbanas.

A estrutura agrária e a quantidade de mão de obra que a agricultura estará em condições de reter somente poderão ser definidas em nível de sub-regiões e em função da qualidade dos solos, das possibilidades de irrigação, das necessidades de drenagem, dos planos de cultura e dos objetivos de produção. A área efetivamente irrigada no presente é pequena, e parece fora de dúvida que pode crescer consideravelmente; pelo menos, decuplicar no curso do próximo decênio, pois não existem limitações do ponto de vista da disponibilidade de solos e de água para alcançar essa meta. Faltam apenas os estudos que permitam estimar a incidência dos investimentos na criação de empregos e nos custos de produção.

Não se deve esperar que a agricultura venha a contribuir com mais de 7% ou 8% na formação do PIB e ocupe mais de 10% a 12% da população ativa quando a economia venezuelana for efetivamente desenvolvida, pois, para alcançá-lo, não é necessário que a agricultura apresente em todos os setores apreciável índice de produtividade. Em muitos países desenvolvidos a agricultura é um setor subsidiado; o que é necessário é que esses subsídios se apoiem na alta produtividade de outros setores, notadamente o industrial, e não na utilização de recursos não renováveis. Daí que a chave para a superação do subdesenvolvimento esteja no avanço da produtividade do setor industrial. A esse respeito, as vantagens do país são consideráveis, ainda que o desenvolvimento não possa ser do tipo convencional, dados a estreiteza do mercado e o custo relativamente elevado da mão de obra. Impõem-se uma estratégia baseada na compreensão das especificidades do país e uma planificação capaz de disciplinar a demanda e orientar a produção.

A situação da Venezuela pode ser tida como excepcional: uma base adequada de recursos naturais, abundância de meios financeiros e de capacidade para importar que lhe permitem vencer a estreiteza inicial do mercado interno mediante a instalação de indústrias com as dimensões requeridas para competir no mercado internacional. Acrescente-se que essas indústrias, chamadas de processamento, exigem uma infraestrutura suficientemente capitalizada (energia, transportes, água etc.), mas não dependem fundamentalmente de economias externas criadas por outras indústrias. É o caso da metalurgia de primeira fusão, dos álcalis, da petroquímica. E são indústrias que dependem de pouca mão de obra especializada, embora não prescindam de quadros técnicos superiores competentes.

Dadas a elasticidade da oferta de divisas e a abundância de recursos financeiros, o empresariado industrial da Venezuela apresenta uma notória tendência a forçar a automação e a sobremecanização de maneira geral. Se de alguma forma se deseja frear essa tendência — da qual resulta reduzida criação de empregos —, convém pensar em medidas fiscais apropriadas. Uma delas seria a introdução de um imposto ao valor adicionado nos processos manufatureiros que permita discriminar a favor do valor adicionado pela mão de obra diretamente utilizada nos processos produtivos. Assim, o tributo seria tanto menor quanto maior fosse a participação dos salários (excluídos os dos quadros dirigentes) na formação dos custos de produção.

O desenvolvimento das pequena e média empresas industriais depende, em grande medida, do êxito da integração interna do sistema manufatureiro. Enquanto as indústrias que produzem bens finais se mantiverem articuladas de preferência com

OBRA AUTOBIOGRÁFICA

o exterior, a média empresa pouca possibilidade terá de multiplicar-se, pois, num sistema industrial moderno, opera como subcontratista. As pequena e média empresas com possibilidade de sobrevivência são menos uma evolução do artesanato e mais uma descentralização da grande empresa. As que operam no comércio varejista constituem importante fonte de emprego e prestam um serviço que não é exatamente o mesmo das subsidiárias das grandes cadeias.

Por último, cabe abordar o problema da utilização do potencial de mão de obra. A força de trabalho na Venezuela aproxima-se presentemente de 3,6 milhões de pessoas. Admite-se correntemente a existência de mais de meio milhão de desempregados, o que representa uma taxa de desemprego três vezes superior à que se considera tolerável. E algo mais do que 100 mil pessoas se somam anualmente a essa força de trabalho, da qual uma parcela é remunerada abaixo do salário mínimo.

Incidirá em erro quem supuser que a absorção progressiva do excedente de mão de obra se dará como simples consequência da elevação da taxa de crescimento do produto. A fim de preparar a absorção desse excedente e de evitar um impacto negativo na agricultura do aumento do investimento, convém elaborar um orçamento nacional da força de trabalho, discriminada por região e setor, com indicação dos desempregados, dos subempregados e das pessoas cuja renda é inferior ao salário mínimo. Estabelecido esse quadro para cada região, será possível ajustar o plano de obras públicas com vistas a absorver o excedente. O plano de utilização do potencial de trabalho deve ser elaborado como parte da política de homogeneização social e da política de desenvolvimento econômico em sentido estrito. Em um país onde abundam recursos financeiros e existe grande déficit habitacional e de outros serviços essenciais, não há justificação possível para que uma significativa parte da mão de obra permaneça subutilizada.

Passados quatro anos, voltei à Venezuela, sempre em conexão com atividades universitárias. As transformações que haviam ocorrido eram consideráveis. A chuva de dinheiro tivera o efeito de verdadeira enxurrada. Dizia-se correntemente que o país havia tomado um *porre* e precisava de algum tempo para recuperar o equilíbrio. A única coisa certa era que a oportunidade de saltar por cima do subdesenvolvimento se perdera. E governar o país tornara-se uma tarefa mais difícil, sendo sérias as apreensões com respeito à preservação das instituições democráticas. Sobre este último ponto, os venezuelanos demonstraram excepcional maturidade política.

Caracas, outubro de 1978

Este país é sempre uma curiosidade. Há mais de vinte anos que eu o visito. O objeto imediato de minha viagem agora é iniciar um programa de doutorado em ciências sociais, no quadro do Centro de Estudos do Desenvolvimento (Cendes), instituição sui generis da universidade venezuelana, com atividades concentradas na pesquisa. Desde seu início, quando o chileno Jorge Ahumada o concebeu, o tema principal de pesquisa tem sido a planificação.

Do seminário que dirijo participam dezenove estudantes, todos com mestrado, e muitos deles professores na Universidade Central. O grupo mais numeroso é o de economistas, mas há também sociólogos, engenheiros e historiadores. As primeiras reuniões foram difíceis, pois eu me atrevi a assumir a ofensiva no plano metodológico, avançando um quadro conceitual que considero o mais geral e mais apto para a abordagem dos problemas do subdesenvolvimento. A doutrina dominante aqui é uma variante imprecisa de marxismo. Com o tempo, fui percebendo que a origem desse marxismo foi a escola dependentista sociológica que surgiu em Santiago, em torno do Ilpes, nos anos 1960. Por trás de tal doutrina, estavam o evento cubano e a agitação no meio universitário, que aqui se prolongou nesse terrível desgaste humano que foi a guerrilha. Hoje predomina a busca de uma consciência tranquila, mas sem abandono da posição "contra o sistema", ao mesmo tempo que se luta para fazer carreira dentro deste. Por cima de tudo, está a pobreza das ciências sociais. Tentei aprofundar o debate: por que ortodoxia metodológica em ciências sociais, se o próprio conceito de ciência dificilmente se aplica a essas disciplinas? Como imaginar nesse campo uma teoria compreensiva que não seja essencialmente uma "doutrina"? Por que não explicitar os próprios valores embutidos na teoria compreensiva para, em seguida, derivar desse enfoque geral teorias especiais cujo alcance operativo possa ser comprovado?

Tive de perder tempo tratando de demonstrar que o conceito de mais-valia devia ser situado em seu contexto histórico, pois se trata de um caso especial de apropriação do excedente. Como inferir o aumento da "taxa de exploração" na Venezuela a partir de um simples aumento do preço do petróleo? Como não perceber que grande parte do excedente neste país se destina a financiar o consumo dos amplos extratos sociais "médios"? Utilizar conceitos derivados da história social europeia para estudar a atual realidade da Venezuela parece-me uma insensatez. Explicar essa insensatez é, em si, avanço considerável.

Quatro anos chovendo ouro em cima deste país! Uma experiência histórica que merece ser seriamente estudada. As estruturas sociais se deslocaram. Digamos que todos os grupos sociais hajam recebido algum benefício: os subsídios ao consumo atingiram o conjunto da população. Mas os subsídios absorvidos pelos grupos de renda média e alta cresceram todo o tempo.

As desigualdades sociais, neste país, absorvem cada vez mais recursos. As residências dos altos funcionários do Estado, os iates dos industriais "médios", as residên-

OBRA AUTOBIOGRÁFICA

cias secundárias em Miami, que permanecem fechadas dez ou onze meses por ano, enfim, todo o mundo restrito dos privilegiados de há dez anos expandiu-se surpreendentemente. Ocorreu neste país um tipo de inflação inusitada: o aumento da renda monetária deu-se com tal vulto e rapidez, que eclodiu um autêntico leilão dos ativos reais que dão prestígio social. Assim, o preço de um apartamento médio superou rapidamente o nível geral dos preços, fato que se verificou igualmente na venda de apartamentos de alto luxo e de mansões. Aqueles bens que são símbolo de prestígio operam como uma esponja ou como um ímã, atraindo o excedente que se foi derramando na economia.

O nervosismo com respeito ao futuro domina amplos setores da sociedade. As transformações introduzidas em todas as estruturas econômicas e sociais modificaram o horizonte de expectativas de amplos grupos da população. O número de estudantes universitários multiplicou-se por três em cinco anos, chegando a 300 mil este ano. Não sei se algum país do mundo, por mais invejável que seja seu nível de renda per capita, possui uma fração tão grande de sua população instalada nas universidades. Menos do que um "plano" de formação de quadros e/ou de elevação do nível cultural, trata-se de uma corrida para ascender socialmente. É evidente que, quando todos se munirem de títulos universitários, estes já não terão o mesmo significado social e econômico que ganharam no passado. Basta lembrar que, por meados dos anos 1930, no final do governo de Gómez, havia apenas 2 mil estudantes universitários neste país. E que dizer das expectativas dos que estão saindo para estudar no estrangeiro? O programa de bolsas do Grande Marechal de Ayacucho mantém atualmente 10 mil estudantes no exterior!

De um ponto de vista mais estritamente econômico, as deslocações se traduziram em uma forte majoração do coeficiente de importações. Tanto as importações de bens de consumo corrente como as de bens de consumo de luxo (estas, em grande parte sob o disfarce de insumos) aumentaram de forma surpreendente. A possibilidade de substituir por produção local essas importações é cada vez mais reduzida, dadas a sofisticação e a diversificação do que se compra no exterior.

No que respeita aos alimentos, tampouco é simples o problema da substituição. A estratégia do governo orientou-se no sentido de criar uma "nova capacidade de exportação", fundada na expansão da metalurgia do ferro e do alumínio. Os efeitos dessa política só se farão sentir a longo prazo. E é necessário ter em conta que grande parte dos equipamentos que estão sendo importados, e nos quais se fundam muitas esperanças para aumentar a oferta interna, destinam-se a indústrias "complementares das importações". Essas indústrias ampliam a oferta interna, mas não reduzem necessariamente a demanda de importações.

A aceleração dada à economia e o rápido deslocamento para cima de todas as estruturas de consumo fundaram-se na hipótese (incontestada em 1974) de que a capacidade para importar continuaria a crescer ou, pelo menos, se manteria estável. Ora, essa capacidade reduziu-se à metade. O desequilíbrio potencial é de enormes proporções.

Caracas constitui, hoje, um espetáculo de tão cabal irracionalidade, que em si mesmo é algo entre fascinante e alucinante. O espetáculo da "dança dos milhões" da Havana do boom dos anos 1920 e da Manaus do festival da borracha, de começos do século XX, reproduziu-se aqui em escala inconcebível. Os automóveis, grandes como iates, se amontoam pelas ruas e já ninguém sabe de quanto tempo necessita para ir de uma esquina a outra. Perguntei a um motorista de táxi: como vai ser isso dentro de cinco anos? Ele me respondeu, sério: "Creio que vamos voltar ao burrico". O desperdício de gasolina (que tem um preço irrisório), de equipamentos e principalmente de tempo é indescritível. Este último ponto não parece preocupar. As pessoas se deslocam de um lugar para outro sem maiores apreensões, ou talvez resignadas, como se estivessem conscientes de que mergulharam num torvelinho do qual não podem sair. As empresas de aviação estão fechadas na hora do almoço e aos sábados; na semana passada também fecharam na sexta-feira, que era dia "enforcado", pois haviam fechado na quinta-feira, que era o Dia da Raça. Na verdade, a ineficiência dos serviços aumentou de tal forma que cabe escolher entre resignação e desespero. Os dois telegramas que enviei do Rio de Janeiro anunciando minha chegada simplesmente não alcançaram o destinatário. Para fins práticos, o único transporte público são os táxis, enormes veículos de motores de duzentos cavalos, que via de regra transportam uma só pessoa.

A campanha eleitoral atingiu o auge. Dizem os entendidos que em nenhuma parte do mundo tanto dinheiro foi queimado em uma campanha do gênero. Como isso se sobrepõe aos enormes gastos de propaganda que fazem das obras do governo, e, em particular, da pessoa do presidente, cria-se um clima de saturação que suscita incredulidade quanto a tudo o que dizem os políticos. Nos regimes ditatoriais, a propaganda governamental é odiosa e revoltante; num regime democrático, como este, gera desinteresse pela coisa pública e o descrédito dos políticos. Os jornais, a televisão, o cinema, o rádio, as ruas, tudo enfim está inundado de slogans ou de imagens e frases glorificando membros da classe política. Transformada em objeto de propaganda, a palavra dos políticos perde toda credibilidade. E este é um país que produziu políticos de reconhecido valor.

OBRA AUTOBIOGRÁFICA

Conversei com Gonzalo Barrios, político da melhor estirpe, presidente da Ação Democrática (AD), partido no governo, e com outras personalidades da direção desse partido sobre as perspectivas do país. Existe uma tendência velada a responsabilizar Carlos Andrés Pérez e em particular seu primeiro ministro do Planejamento, Gumersindo Rodríguez, pela atual situação. É claro que o presidente expôs o país a riscos consideráveis quando se lançou, há quatro anos, nessa ofensiva desenvolvimentista *tous azimuts*. Lembro-me de ter advertido Gumersindo Rodríguez por essa época: "Vocês têm dinheiro, e com dinheiro se compra quase tudo; mas não se esqueça de que não se compra tempo. Juscelino também quis fazer cinquenta anos em cinco, e empenou o Brasil de tal forma que até hoje sofremos as consequências".

A conversa com os "adecos" (membros da AD) girou em torno da estratégia do próximo governo, caso retenham o poder. Todos estão de acordo em que será necessário um apertão, cortar a fundo e de todos os lados. Estancadas as exportações de petróleo, as receitas do governo estagnarão, e, como estas são o motor do país, todas as juntas passam a ranger. A saída inteligente consistiria em aproveitar a oportunidade para dotar o país de um verdadeiro sistema fiscal, mas diante dessa ideia todos fogem como o diabo da cruz. A saída de facilidade mais imediata é cortar os subsídios ao consumo, particularmente aos alimentos importados, o que significa, em última instância, concentrar mais a renda. O preço político desta última medida será grande, mas não assusta tanto quanto uma reforma fiscal. A impressão que fica é a de que muitos líderes "adecos" (ainda que essa opinião não se aplique a Gonzalo Barrios e a alguns outros) sabem que está aumentando o risco de um retorno ao autoritarismo. Conscientes de que, em caso de grande turbulência social, os riscos de pronunciamento militar são enormes, o melhor é ter à mão — pensam muitos — um esquema de aliança com os "milicos", um projeto de "salvação nacional".

É interessante observar que um ex-ministro da AD, negocista da linhagem de Adhemar de Barros, constituiu-se em grupo autônomo, apresentando-se como candidato à Presidência em pista própria. Esse homem tem recursos sem limites, está amplamente conectado com os círculos de negócios internacionais e pretende lançar um grande jornal depois das eleições. "Um jornal dirigido a todos os grupos influentes", disse-me o jornalista argentino que está à frente do projeto. Ele poderia ser uma alternativa caso a velha guarda da AD se mantenha intratável e procure aliar-se com o Copei (o partido democrata-cristão) na defesa das instituições democráticas.

Encontrei Felipe Pazos, ex-presidente do Banco Central de Cuba, na casa de Benito Losada, presidente do Banco Central da Venezuela. Cada um de nós tem o ego que lhe coube por sorte ou desgraça. O de Felipe é incomensurável, o que explica suas qualidades e também seus sofrimentos. Mas como não se sentir asfixiado quando se necessita ocupar muito espaço e surge a nosso lado uma personali-

OS ARES DO MUNDO

dade como Fidel Castro? E isso, em um país pequeno! Não sem alguma malícia, comecei a bater a língua ao lado de Felipe, de modo inconsequente: "O que mais fascina no caso cubano não é a história, mas a biografia desse homem; Fidel está coberto pela URSS contra os USA e vice-versa; lá os norte-americanos não desembarcam como em São Domingos, nem os russos fazem passeata como em Praga". E continuei: "Ele pode se dar ao luxo de assumir a direção da política soviética na África; a União Soviética só brilha ali onde a iniciativa está nas mãos de Castro; não creio que essas acrobacias assegurem o futuro do regime, pois os cubanos, privados de seu Grande Timoneiro, poderão mudar de rumo ainda mais rapidamente do que fizeram os chineses; a biografia desse homem quiçá não tenha paralelo no século atual". Os olhos de Felipe cintilaram como se desejassem me mandar para o inferno. Um homem tão talentoso poderia ter sido muito útil a Cuba. A intransigência de Fidel com ele é inexplicável.

Numa dessas tabernas caraquenhas — *"delicada invención"*, como disse o poeta espanhol — encontrei casualmente um dos irmãos Machado, esses que foram fundadores e donos do Partido Comunista venezuelano por meio século. O mais moço, já afastado havia algum tempo da burocracia partidária. Estava embriagado, como bom intelectual caraquenho depois das cinco da tarde. Homem dos seus setenta avançados, mas ainda forte. Quando soube de minhas origens, começou a falar de Prestes. Segundo pude perceber, ele foi chefe da seção da III Internacional para a região do Caribe na primeira metade dos anos 1930. Chegou a Moscou logo em seguida a Otávio Brandão. Foi este quem o apelidou (nome de guerra) de Peralta, nome que divertia muito Mikoyan, o qual dizia serem as "peras altas", do cimo da árvore, as de pior qualidade em seu país.

Na mesma época, contou-me ele, Prestes assumiu uma função similar para a América meridional. Trabalhavam no Instituto de Estudos Agrícolas, em que se realizavam pesquisas que serviam de base de reflexão aos que tomavam decisões na Internacional. Dava-se por evidente que os países pobres eram uma vasta área rural, exportadora de produtos agrícolas. Mas o que me interessou nos comentários de Machado foi sua afirmação repetida de que Prestes era muito combatido na Internacional. "Aquela gente não compreendia", afirmou, "que Prestes era um autêntico líder revolucionário. Da mesma forma que, por muito tempo, não compreenderam Fidel. Consideravam Prestes um putschista pequeno-burguês. Ora, a única expressiva personalidade que lá estava por aquela época era ele."

Fez essa afirmação de várias formas, como se quisesse arrancar algo do peito, desabafar. Suas palavras pareceram-me confirmar a versão de que o movimento de 1935 foi, no essencial, uma iniciativa pessoal de Prestes. A Internacional não acreditava no êxito da empreitada, nem lhe prestou apoio sério. Uma sequela do tenen-

OBRA AUTOBIOGRÁFICA

tismo. E dizer que essa quartelada seria um dos fatores de obstrução do desenvolvimento político nos decênios posteriores nesse Brasil tão pobre de História.

PORTUGAL NA HORA DAS OPÇÕES DECISIVAS

Cheguei a Lisboa em começos de outubro de 1974, em pleno ardor da Revolução dos Cravos, convidado por ex-alunos meus da Universidade de Paris que haviam
ascendido a postos de direção nas universidades portuguesas, então em fase de rápida
renovação. Mas minha presença foi detectada pelos líderes do Movimento das Forças
Armadas (MFA) e logo transformada em oportunidade para um amplo debate de
ideias no qual se confrontaram distintas correntes doutrinárias. Em um mesmo dia,
fiz conferências, seguidas de debates, na Universidade Católica, no Instituto de Altos
Estudos da Defesa Nacional e no Instituto Superior de Economia. Ficou-me a impressão de que os novos líderes do país aproveitavam minha presença para manifestar, de
forma indireta, embora clara, sua opinião crítica do quadro político brasileiro, então
em pleno triunfalismo do "milagre" econômico. Como explicar o banquete que me
ofereceram, com a presença do presidente da República, do primeiro-ministro e dos
líderes do MFA? Pelos discursos, pareceu-me claro que utilizavam uma fórmula críp-
tica para expressar apreço ao Brasil, sem comprometer-se com as autoridades brasileiras no momento.

Em minhas exposições, chamei a atenção para a singularidade de Portugal, um
país europeu que acumulava considerável atraso econômico e social. Perguntava-me
se a solução de integração precipitada na Comunidade Econômica Europeia não exigiria pagar um preço demasiado elevado em termos de perda de identidade nacional.
Problema similar, ainda que as causas fossem diversas, se havia colocado aos países
escandinavos. De toda forma, transparecia a evidência de que o que se podia obter
por métodos "revolucionários" em Portugal não era muito, pois a economia do país
é extremamente dependente do exterior, portanto vulnerável a pressões dos interesses capitalistas internacionais. A questão estava em saber quão longe se poderia ir no
esforço de corrigir o atraso econômico e social sem confrontar as forças dominantes
na esfera internacional.

Lisboa, 16 de outubro de 1974

Os homens que dirigem Portugal no momento têm uma clara motivação política. O general Vasco Gonçalves, primeiro-ministro, pensa politicamente e seu pensamento tem raízes na esquerda. Não o move apenas a paixão pelo poder. O mesmo
se pode dizer do major Melo Antunes, ministro sem pasta e aparentemente pessoa-
-chave no MFA.

Os ministros do setor econômico — o das Finanças, Silva Lopes, e o da Economia, Rui Vilar — são obviamente pessoas de outro bordo. Pensam essencialmente como técnicos, independentemente de terem certa orientação liberal em política. A ministra do Bem-Estar Social, Maria de Lourdes Pintasilgo, também pensa politicamente, mas a partir de uma ótica democrata-cristã. Tendo em conta essa diversidade do quadro doutrinário, uma injeção de ideias como a que tentei aplicar não se afigura deslocada. Minha mensagem foi simples: a economia deve ser mantida operando com razoável eficiência, mas as opções políticas é que decidirão para onde irá o país. A sociedade portuguesa terá de ser menos desigualitária do que as da Europa Ocidental, caso se tenha em mira o objetivo básico da revolução em curso, isto é, modernizar o país. O caminho para avançar passa por um projeto social fundado em estrita disciplina dos gastos em consumo. Para que a massa da população se acerque dos níveis de bem-estar da Europa Ocidental, as classes médias e altas terão que reduzir seu atual padrão de consumo.

Não se pode ignorar que a produtividade média, em Portugal, é um terço daquela da Europa Ocidental, e que é essa produtividade que determina a disponibilidade de bens e serviços.

O debate no Instituto de Altos Estudos da Defesa Nacional prolongou-se por três horas. O primeiro-ministro presidindo, praticamente todo o gabinete e um grupo expressivo de oficiais-membros do MFA estavam presentes.

De início, o debate foi totalmente dominado pelos "técnicos". O secretário do Planejamento é um jovem economista competente, o mais convencido de soluções técnicas. É difícil discernir nele uma motivação política qualquer. Álvaro Cunhal, secretário do Partido Comunista, tomou muitas notas, mas nada disse. Os militares insistiram em dar ênfase aos objetivos políticos, mas se mostraram inseguros na abordagem dos problemas econômicos e financeiros.

Paira por cima de tudo a preocupação com o econômico. É provável que as pessoas de esquerda tenham viva lembrança da tragédia que acaba de ocorrer no Chile. A economia do país é demasiado vulnerável à ação de fatores externos, facilmente manipuláveis, como a remessa de dinheiro dos portugueses que trabalham no exterior.

A direita levanta por todos os lados o espantalho do comunismo. As pessoas falam dessa ameaça como de algo palpável, não sei se dominadas pelo medo ou de má-fé. Talvez isso seja menos de admirar do que o fato de um brigadeiro, que ocupa um relevante posto de comando, afirmar que esse medo cega muita gente e que resulta de campanha de intoxicação promovida pela alta finança.

Creio que mesmo a classe média, temerosa do espectro do comunismo, pagaria qualquer preço para ver Portugal mais "moderno", mais próximo politicamente das democracias da Europa Ocidental. E nessa mesma linha de pensamento estariam os militares. O Melo Antunes é talvez o mais politizado. O mais à esquerda vem a ser o próprio primeiro-ministro.

OBRA AUTOBIOGRÁFICA

★ ★ ★

Acabo de chegar de um banquete que se realizou no palácio onde reside o primeiro-ministro, ao qual compareceram o presidente da República, general Costa Gomes, vários ministros e membros da Junta de Salvação Nacional. Tudo indica que minha presença serviu de cobertura para uma homenagem ao Brasil e para uma manifestação de desapreço à ditadura brasileira. Mas o que me interessa agora é anotar algo da longa conversa que tive com um jovem capitão, membro da Junta, que se sentou ao meu lado direito (à minha esquerda estava o presidente da República). Trata-se, como é de esperar, de pessoa-chave. Ao que eu soube, esteve degredado em Cabo Verde antes de 25 de abril por atividade conspiratória. Disse-me que o Movimento das Forças Armadas nasceu de reivindicações profissionais no Exército, e, sem isso, não teria sido possível romper as resistências mentais dos oficiais do corpo permanente. O Exército estava totalmente desprestigiado perante a população do país, o que deu origem a uma grande insatisfação. Tudo esteve ligado ao descontentamento criado pela guerra colonial; por aí penetrou a atividade política entre os militares. As reuniões realizavam-se na clandestinidade, entre capitães. Nessas águas brotaram a crítica ao regime e a tomada de consciência da responsabilidade política dos militares. Um grupo mais reduzido, de ideias avançadas, tomou então a dianteira. Em 26 de março houve uma tentativa de golpe na linha de Spínola. E se isso houvesse vingado, eles teriam sido pegos despreparados, e a evolução teria sido diversa, pois somente na fase final é que se acelerou a politização.

O erro maior cometido por eles consistira em haver entregado o comando a homens da geração anterior, aos generais com nomes conhecidos (aparentemente, o único da geração anterior que participou efetivamente do movimento foi o general Vasco Gonçalves). As negociações com o general Spínola foram sempre difíceis. Este pretendeu usá-los, mas terminou sendo usado pelos jovens oficiais, segundo as palavras de meu interlocutor. Numa das conversas decisivas com o general Spínola, da qual teriam participado ele e um colega, o general, ao perceber que a coisa era para valer, se assustou. Segundo este oficial, Spínola tem coragem pessoal, mas politicamente é inseguro, "como todo oportunista". Assustando-se, teria perguntado: "Mas isso é uma revolução? Vão rolar cabeças?". E o meu interlocutor comentou um pouco amargurado: "O nosso erro foi ter evitado que corresse sangue; não fora isso, e os resultados teriam sido mais seguros". Por causa de todas essas ambiguidades, chegaram a 28 de setembro em posição débil, pois a Junta de Salvação Nacional estava constituída, em sua maioria, por generais que efetivamente não haviam participado do Movimento das Forças Armadas e demonstraram insegurança. Em 28 de setembro, se havia em parte depurado essa Junta. "Não repetiremos o erro." É perfeitamente claro que o caldeirão continua fervendo e a politização dos jovens capitães prossegue.

OS ARES DO MUNDO

Ao despedir-me, o primeiro-ministro pediu-me que eu sintetizasse em um texto as ideias que andei expondo em minhas conferências. Vale a pena fazê-lo. Vou esperar o regresso a Paris, a fim de escrever esse texto de cabeça fria.

Poucos dias depois, em 20 de outubro, em Paris, eu concluía as notas que enviei ao governo português, e que, até agora inéditas, reproduzo em seguida.

A ECONOMIA PORTUGUESA: TENDÊNCIAS ESTRUTURAIS E PERSPECTIVAS

A economia portuguesa é caso sui generis que desafia a perspicácia do observador. Uma baixa produtividade média, reflexo de insuficiente capitalização e da irregular difusão do progresso técnico, aproxima-a das chamadas economias subdesenvolvidas. Mas a inexistência de grandes disparidades nos padrões de remuneração da força de trabalho (decorrência da forte emigração dos dois últimos decênios) faz que não se manifeste o traço mais característico do subdesenvolvimento, que é o excedente estrutural de mão de obra. Uma forte participação da indústria na formação do PIB resulta menos de redução do emprego na agricultura do que de baixa produtividade neste setor e de crescente dependência da importação de alimentos apoiada em transferências financeiras do exterior. Uma significativa concentração do rendimento, longe de aumentar o coeficiente de poupança, dá lugar a exacerbada diversificação do consumo dos grupos que se beneficiam de rendimentos médios e altos. As vultosas remessas dos emigrantes, que permitem ao sistema bancário ampliar as suas operações mantendo a solvabilidade com baixo coeficiente de liquidez, têm servido mais para ampliar o consumo mediante o financiamento da venda de bens duráveis do que para reforçar a formação de capital fixo.

Estes e outros traços da economia portuguesa põem em foco a sua especificidade, a qual requer um esforço de interpretação fora dos esquemas correntes e de analogias superficiais. Forçando a simplificação, pode-se afirmar que o problema central dessa economia reside em sua muito baixa taxa de poupança privada, particularmente quando se ignoram os recursos postos à disposição do sistema bancário pelos emigrantes. A formação de capital pelas empresas privadas apoia-se quase exclusivamente no autofinanciamento. Ademais, a contribuição do Estado para a acumulação é surpreendentemente reduzida. A convergência desses fatores não permite duvidar de que tendências estruturais do sistema operam no sentido de estimular a expansão de certas formas de consumo, certamente aquelas que se beneficiam do crédito. Ora, se o consumo *tende* a crescer mais que a produtividade, o processo de acumulação (e a assimilação do progresso técnico) terá forçosamente que ser afetado negativamente. Tudo leva a crer que o duplo efeito das remessas de emigrantes e dos gastos

OBRA AUTOBIOGRÁFICA

dos turistas sobre a capacidade para importar e sobre a procura interna permitiu conciliar durante dois decênios uma razoável taxa de crescimento com um esforço de poupança relativamente modesto. Se se tem em conta que a taxa de cobertura — percentagem das exportações em relação às importações — é, num ano típico, de dois terços, e o coeficiente de importações, de 0,3, depreende-se que cerca da décima parte da oferta interna de bens e serviços tem sido financiada com recursos procedentes do exterior. Ora, o investimento líquido não terá sido muito superior a 10% ou 12% do PIB. Esses dados aproximativos servem para dar uma ideia do reduzido esforço efetivo da poupança (líquida) efetuado.

As tendências estruturais à hipertrofia dos gastos em consumo têm suas raízes na assimilação pelas classes médias e altas da sociedade portuguesa dos padrões de comportamento dos estratos sociais similares dos principais países da Europa Ocidental, padrões esses voltados para uma ampla utilização de bens duráveis em rápida diversificação. A difusão do consumo dos bens duráveis (automóveis, eletrodomésticos etc.) requer um considerável esforço do sistema de crédito, e, se a economia não dispõe de meios para realizar esse esforço, os investimentos em capital fixo terão inevitavelmente de ressentir-se.

O forte crescimento do consumo de bens duráveis produziu-se nos países capitalistas a partir do momento em que suas economias alcançaram determinado nível médio de produtividade e rendimento. Assim, nos países mais desenvolvidos da Europa Ocidental o consumo de automóveis era muito restrito até recentemente. Foi o considerável aumento de produtividade média do último quarto de século que permitiu a esses países alcançar os padrões de difusão dos bens duráveis de consumo que haviam caracterizado a sociedade norte-americana desde os anos 1920. Em Portugal, as classes médias tiveram acesso a padrões de consumo com forte participação de bens duráveis numa fase em que a produtividade média da economia é inferior à que prevalecia nos grandes países da Europa Ocidental antes da última grande guerra.

Se continuam a prevalecer as pressões estruturais que tendem a conciliar uma progressiva diversificação do consumo das classes médias e altas com um nível relativamente baixo de acumulação, a economia portuguesa continuará a exibir uma elevada concentração do rendimento e uma baixa taxa de poupança; ou ainda, um nível relativamente modesto de consumo essencial (satisfação das necessidades básicas da população) e um alto nível (relativamente à produtividade média) do consumo de bens duráveis. Se se acrescenta que os bens duráveis se caracterizam por maior diversificação e rápida obsolescência (encurtamento do ciclo vital dos modelos), é de admitir que as tendências referidas venham a agravar-se. A pressão no sentido de redução da taxa de poupança poderá intensificar-se. Se o influxo de recursos externos perde dinamismo, é de esperar que se debilite o processo de acumulação, com repercussões negativas nos planos social e político.

OS ARES DO MUNDO

Essas observações preliminares são suficientes para evidenciar que Portugal somente logrará "lançar os fundamentos de uma nova política econômica, posta ao serviço do povo português, em particular das camadas da população até agora mais desfavorecidas", se empreender uma reestruturação de seu sistema econômico em função de objetivos claramente explicitados. Em poucas palavras: não basta promover uma maior eficiência na utilização dos recursos escassos (racionalidade econômica) e uma intensificação da acumulação de capital. Essas medidas são necessárias, mas não suficientes para o logro do objetivo estratégico. Não menos essencial é refrear as tendências estruturais do sistema a favorecer os grupos sociais que se encontram em condições de diversificar o consumo, reproduzindo os padrões das sociedades mais ricas. Em outras palavras: a orientação social do processo de desenvolvimento deverá prevalecer sobre os critérios economicistas. O problema não é apenas ou principalmente de "controle das indústrias básicas". Não menos importante é a orientação das indústrias que utilizam os produtos intermediários provenientes dessas indústrias básicas e que definem a composição da cesta de bens finais à disposição do consumidor. À medida que essa definição seja deixada ao arbítrio das empresas internacionais (de suas filiais importadoras ou produtoras locais), estas buscarão a linha de menor resistência de integração do mercado português no vasto mercado internacional em que operam, ainda que essa integração implique excluir a grande maioria da população do país (de nível de vida demasiado modesto) dos benefícios da acumulação e do avanço da técnica.

O controle das indústrias básicas — metalurgia de primeira fusão, químicas, petroquímicas etc. — pelo Estado, que se vem observando em muitos países, torna-se inevitável se a expansão dessas indústrias faz-se impraticável sem forte contribuição de fundos e de aval do Tesouro Público. Contudo, esse controle pode avançar por etapas sem que daí resultem obstáculos essenciais à reorientação do processo de desenvolvimento. São as indústrias de bens finais, principalmente as indústrias de bens duráveis finais, que levam, nas sociedades em que a riqueza já é muito concentrada, à exacerbação do consumo mediante extrema diversificação deste. Daí resulta a queda do coeficiente de poupança dos grupos de altos rendimentos e a crescente orientação do crédito para financiar o consumo desses mesmos grupos, tudo contribuindo para concentrar ainda mais rendimentos e riquezas.

Se o objetivo é redirecionar o desenvolvimento de forma a favorecer efetiva e duravelmente as "camadas da população até agora mais desfavorecidas", dois caminhos são teoricamente concebíveis. O primeiro consistiria numa redistribuição abrupta da riqueza e na aplicação imediata de uma drástica política de rendimentos capaz de impedir nova concentração dessa riqueza. Esse caminho passa inevitavelmente por profunda convulsão social, da qual podem resultar a desorganização total ou parcial do sistema de produção e a perda dos quadros dirigentes e técnicos. Demais, esse caminho dificilmente seria compatível com a preservação de um sistema político pluralista e com a preservação de valores cujo sacrifício não pode ser compensado por vantagens econômicas, mesmo que estas se efetivem.

O segundo caminho consiste em planificar o consumo socialmente prioritário de forma a aumentar a eficiência dos investimentos, assegurar a consecução de certos objetivos e elevar progressivamente o custo marginal do consumo não essencial. Este último objetivo é mais facilmente alcançável quando parte importante da cesta de bens de consumo não essenciais é importada. Nesse segundo caminho, merecem particular atenção o problema do consumo coletivo (e sua infraestrutura), o da durabilidade dos produtos e o da sua uniformidade, quando esta última favorece as economias de escala. Tais problemas dificilmente serão abordados se a orientação do processo econômico decorrer das iniciativas das grandes empresas internacionais, pois estas encontram na rápida obsolescência dos produtos e na diversificação dos modelos a base da discriminação de preços que produz sobrelucros. Para reduzir o custo social da produção faz-se necessário normalizá-la e padronizá-la e definir metas a ser cumpridas por setores ou empresas, ao mesmo tempo que se lhes assegura o apoio financeiro.

Se pretende dirigir o seu processo de desenvolvimento econômico em função dos objetivos sociais que se propôs, Portugal terá que renegociar os termos de sua associação com a Comunidade Econômica Europeia. Essa associação não deverá limitar a capacidade do país para disciplinar o consumo interno e para defender-se da sua exacerbada diversificação que impõem as firmas multinacionais. Posto que os gastos (privados e públicos) em consumo por habitante não são em Portugal mais de um terço do que o são na média os dos países da CEE, é claro que, se as classes médias e altas portuguesas reproduzem os padrões de consumo das classes médias e altas daqueles países — e acompanham esses padrões em sua evolução —, a distribuição do rendimento terá de ser relativamente mais concentrada em Portugal. Mutatis mutandis, se a massa trabalhadora portuguesa deve desfrutar de um nível de vida que seja algo superior a um terço da média do nível de vida da massa trabalhadora da CEE, o rendimento social tem de ser distribuído mais igualitariamente em Portugal do que na média da CEE.

Uma repartição mais justa do rendimento (e do consumo financiado pelo Estado) não poderá ser obtida mediante simples transferência de recursos de uns grupos sociais para outros. Deverá basear-se numa reorientação global do processo produtivo a partir de objetivos sociais perfeitamente definidos. No quadro dessa reorientação cabe considerar prioritariamente a majoração da taxa de investimento mediante o aumento da poupança dos grupos de rendas médias e altas, a reorientação do crédito e a mobilização de recursos externos adicionais. O aumento dos investimentos deverá tornar possível a reciclagem do sistema produtivo sem geração de desemprego. Observe-se que o aumento do esforço de investimento far-se-á imperativo, independentemente da reorientação do sistema econômico, se a oferta de mão de obra se tornar mais elástica, como tudo leva a crer. A simples manutenção da atual taxa de investimento acarretará a carga social de um desemprego crescente.

Outro ponto a assinalar: em razão das reduzidas dimensões do mercado interno, Portugal será inexoravelmente uma economia com forte abertura para o exterior, se pretender alcançar altos níveis de produtividade. O problema está em conciliar essa abertura externa com o monitoramento interno da economia que assegure a sua coerência em função dos objetivos sociais que se almejam. As indústrias de base muito dificilmente poderão limitar-se ao mercado interno, se se têm como alvo os padrões de eficiência requeridos para que as atividades delas dependentes sejam viáveis e competitivas. Por essa razão, o planejamento das indústrias de base é de crucial importância e pressupõe uma visão global do processo econômico e social. Uma oferta de produtos básicos a preços competitivos (mediante produção em certas linhas e importação noutras) é condição necessária para que o sistema produtivo possa competir internacionalmente e permanecer aberto. Numa economia com reduzida base de recursos naturais e estreito mercado interno esses objetivos não são fáceis de alcançar. Mas nem por isso são menos fundamentais.

Sublinhemos alguns pontos essenciais:

1. Montagem de um projeto social em que se explicitem os valores que presidem a orientação do processo econômico e social e se estabeleçam prioridades referentes à utilização dos recursos escassos materiais e humanos; este marco permitirá precisar a importância relativa do consumo coletivo e a sua natureza, bem como estabelecer metas no que respeita à oferta dos produtos componentes da cesta do chamado *consumo essencial*; demais, aí se incluem as normas disciplinadoras do consumo não essencial.

2. Definição de uma política mobilizadora dos recursos requeridos para ampliar o esforço de investimento, incluindo maior captação de recursos por meio do setor público, incentivo à poupança privada em todos os níveis de rendimento, orientação do crédito e captação de recursos adicionais externos.

3. Reestruturação progressiva do sistema produtivo e planejamento de sua expansão tendo em conta o perfil da procura implícito no projeto social. Uma das tarefas mais complexas que se apresentarão aos planejadores consiste em conciliar a integração interna do sistema industrial (condição necessária para que se obtenham as economias de complementaridade) com uma adequada inserção na economia internacional, sem o que não serão factíveis as economias de escala essenciais às indústrias de base.

4. Ação eficaz do Estado no sentido de gerar recursos destinados à formação de capital, de disciplinar o consumo, de orientar os processos produtivos, de formar quadros, particularmente de pessoal dirigente, e de avançar na pesquisa tecnológica. Os setores que dependem fundamentalmente de financiamento público, caso das indústrias de serviço básico, devem ser submetidos ao controle do Estado;

OBRA AUTOBIOGRÁFICA

e a participação de grupos privados, nacionais ou estrangeiros, quando necessária, deve realizar-se no quadro de contratos que explicitem o seu alcance. Os intermediários financeiros, que manipulam a poupança da coletividade, desempenham uma função pública, e essas atividades, na medida em que permaneçam sob controle privado, deverão ser postas sob rigorosa fiscalização e estrita orientação do Estado.

5. Redefinição das relações econômicas externas, em particular com a CEE, tendo na devida conta a especificidade da economia portuguesa, na qual o crescimento econômico e a justiça social somente poderão coexistir à medida que a responsabilidade do Estado no sistema de decisões econômicas assegurar uma repartição do rendimento social muito mais igualitária do que a obtida espontaneamente até o presente, no quadro das economias de mercado.

UMA NOVA ORDEM ECONÔMICA INTERNACIONAL

O advento da administração Carter, em 1976, deu lugar a uma tentativa importante de mudança de rumo na vasta influência que exerce o governo norte-americano no Terceiro Mundo, e, mais de perto, na América Latina. É verdade que essa tentativa teve algo de romântico, projetando o saudosismo de uma visão idealizada da "nova fronteira" de Kennedy. Não é menos verdade que ela foi rapidamente sufocada pelas forças de direita que haviam ocupado posições estratégicas no curso da administração Johnson, posições que foram reforçadas no período em que Nixon ocupara a chefia do Poder Executivo.

Foi com não pequena surpresa que recebi um convite oficial do chefe da Agência para o Desenvolvimento Internacional (AID), Mr. John Gilligan, para ir a Washington expor minhas ideias em um seminário que congregaria os diretores dessa agência e os principais chefes de suas missões com atuação pelo mundo afora. O convite se referia à minha "preeminência como teórico da dependência", cabendo-me fazer uma "exposição crítica das teorias correntes e estratégicas de desenvolvimento". Isso, numa sessão de trabalho de três horas, que se iniciaria com uma exposição feita por mim, de uma hora de duração. Fui informado de que Paul Streeten e Mahbub Ul-Haq, ambos mundialmente conhecidos por suas contribuições ao estudo do desenvolvimento, participariam em dias distintos do mesmo seminário. O tema que me convidaram a abordar era o mais amplo possível: "A Third World View of Development Prospects".

Eu testemunhara o drama da Aliança para o Progresso, a qual fora rapidamente desbaratada pelas forças de direita dos países que, se supunha, seriam seus beneficiários, aliadas aos interesses mais retrógrados dos Estados Unidos. Não me parecia que esse novo ensaio tivesse maiores chances de êxito. Mas não me recusei a colaborar,

562

OS ARES DO MUNDO

convencido, como sempre estive, de que naquele país proteico nada é definitivo, tudo sempre recomeça.

Da exposição que fiz no dia 22 de junho de 1977, transcrevo em seguida alguns trechos reveladores da confiança que, nessa época, ainda depositávamos no advento de uma nova ordem econômica internacional:

"Gostaria de dar início a esta exposição assinalando o fato positivo de que já se formou um consenso para tentar modificar as tendências básicas de comportamento da economia mundial.

"Com efeito, a chamada Ordem Econômica Internacional vem evoluindo no sentido de agravar o aumento das desigualdades entre os níveis de vida de países ricos e pobres e no de provocar maiores desequilíbrios sociais nos países pobres. No correr do último quarto de século, a renda per capita da comunidade mundial mais do que dobrou. Mas essa expansão foi acompanhada de um duplo processo de concentração da riqueza e da renda, favorecendo os países ricos e beneficiando as minorias privilegiadas dos países pobres. A taxa de crescimento anual da renda por habitante situou-se em torno de 3,5% no primeiro grupo de países, e de 2,5% no segundo. Em 1972, a renda média dos habitantes dos países ricos era treze vezes superior à média dos países pobres. O incremento anual da renda per capita do habitante dos países ricos situou-se em torno de 120 dólares (aos preços de 1970), enquanto nos países pobres o aumento foi apenas de sete dólares.

"Essa ordem internacional vem propiciando o controle crescente das atividades econômicas nos países pobres por empresas que operam a partir dos países ricos. Ora, a cesta de produtos que essas empresas ofertam em boa medida reflete o grau de acumulação e o nível de renda dos países ricos. Ademais, em seu esforço de crescimento, essas empresas procuram homogeneizar os mercados, ignorando as disparidades de poder de compra das populações. Não há dúvida de que isso corresponde às aspirações das elites locais, que buscam ascender às formas de vida das sociedades afluentes. O outro lado da moeda é uma realidade social cruel, feita de extremas desigualdades e de desperdício de recursos escassos.

"Sintetizando, as forças que condicionam o comportamento da economia mundial fazem que o crescimento já não conduza à superação daquilo a que chamamos de subdesenvolvimento e que se manifesta em grandes disparidades nos níveis de produtividade entre zonas urbanas e rurais, em uma maioria da população vivendo em um nível de subsistência fisiológica e em massas crescentes de pessoas subempregadas nas zonas urbanas.

"E não são estas as únicas razões que levam a condenar a presente ordem econômica internacional. Nos últimos dois decênios, o desenvolvimento dos países ricos traduziu-se em progressiva interdependência estrutural, algo mais que uma simples abertura mútua dos respectivos mercados, um verdadeiro entrosamento dos sistemas nacionais de produção. Em muitos desses países, mais da metade da produção

OBRA AUTOBIOGRÁFICA

industrial está voltando para os mercados externos. Ademais, empresas dos países mais avançados controlam prósperos segmentos de atividades econômicas no exterior, e não apenas nos países pobres.

"O motor desse formidável processo de entrosamento tem sido a empresa transnacional. Em 1971, as trezentas maiores empresas norte-americanas, secundadas por suas 5200 subsidiárias localizadas no exterior, controlaram 28% das exportações mundiais.

"Essas mudanças estruturais em curso não são nem boas nem ruins em si mesmas. O que importa assinalar é que elas estão ocorrendo sem que haja o desenvolvimento paralelo de mecanismos de coordenação e monitoramento capazes de assegurar a estabilidade interna das economias nacionais.

"Porque controlam o mercado do eurodólar, as empresas transnacionais estão capacitadas para mobilizar recursos financeiros e criar liquidez fora do controle das autoridades monetárias de seus respectivos países. E a massa de ativos financeiros que essas empresas estão em condições de manipular alcança um volume tal que já se pode falar de criação de uma liquidez internacional privada. Esse enorme movimento de capitais vem operando como um *motor da inflação mundial*, na feliz expressão de um especialista. As reservas mundiais expressadas em dólar mais que duplicaram entre fins de 1969 e começos de 1972, e continuaram a se expandir à taxa inflacionária de 18% anual em 1973 e 1974.

"Os países subdesenvolvidos, ao acumularem reservas monetárias em dólares, estão financiando a juros negativos as empresas multinacionais que controlam suas economias. A simples depreciação do dólar, no período 1970-74, representou uma perda líquida de divisas para os países do Terceiro Mundo da ordem de 12 bilhões de dólares.

"Contudo, se o processo de anormal expansão da liquidez internacional está beneficiando as empresas transnacionais, não é menos verdade que ele engendra problemas de governabilidade nos países industrializados, obrigando-os a escolher entre desemprego e instabilidade de preços, ou seja, a tragar um coquetel de estagnação e inflação.

"Por trás da preocupação com a ordem internacional superpõem-se duas camadas de problemas. A primeira está constituída pelas questões ligadas ao processo de concentração de riqueza e de renda, cuja raiz é o controle da acumulação nos países pobres pelas empresas transnacionais; são questões que refletem a situação de dependência desses países. A segunda camada de problemas tem origem no que chamaremos de inadequação dos meios de coordenação e monitoramento das atividades econômicas transnacionais.

"O desafio que se coloca à geração presente é o de enfrentar simultaneamente essas duas ordens de problemas. Tem sentido falar de desenvolvimento no quadro de uma mera reprodução e difusão dos padrões de consumo importados dos países

564

ricos do Ocidente? São os critérios de racionalidade das empresas transnacionais compatíveis com o empenho de satisfazer as necessidades básicas da população do Terceiro Mundo? A coordenação e o monitoramento das atividades financeiras internacionais são compatíveis com a posição privilegiada do dólar como moeda reserva internacional?

"A divisão de forças em dois blocos, tal qual se manifestou nas conferências Norte-Sul, é reveladora das dificuldades a enfrentar quando se tenta galgar o caminho da reestruturação da ordem econômica internacional. Essa reestruturação requer dos países do Terceiro Mundo um duro aprendizado na prática de diferentes formas de coalizão política. Para perceber a dimensão do problema, basta ter em conta que a grande maioria dos países do Terceiro Mundo são de dimensões exíguas — mais de oitenta dentre eles contam com menos de 5 milhões de habitantes e um produto que é superado pelo valor adicionado de qualquer das grandes empresas transnacionais.

"O complexo processo de coalizão das forças políticas do Terceiro Mundo somente ganhará consistência se conseguir aglutinar recursos de poder em torno de algumas linhas privilegiadas de ação, cabendo destacar os seguintes:

a) recursos financeiros

b) recursos tecnológicos

c) recursos de mercado

d) recursos não renováveis

e) recursos de mão de obra

"Os mercados, os recursos financeiros e tecnológicos estão em grande medida sob controle das empresas transnacionais. Assim, os imensos recursos financeiros que afluem atualmente para os países exportadores de petróleo estão reforçando a posição das empresas transnacionais. Contudo, esses recursos poderão desempenhar um importante papel na preparação de futuras coalizões entre grupos de países do Terceiro Mundo.

"É em conexão com o controle de certas fontes de recursos não renováveis que formas concretas de coalizão estão emergindo. Não se pode ignorar que os países industrializados dependem crescentemente de fontes de recursos não renováveis localizadas no Terceiro Mundo. O petróleo é apenas o caso mais notório. Assim, a Comunidade Europeia depende em 100% de importações, no essencial provenientes do Terceiro Mundo, com respeito ao abastecimento de seis dos mais importantes recursos minerais, e em mais de 60% relativamente aos demais.

"Cabe, portanto, colocar a seguinte questão: como estabelecer o preço de oferta de um recurso essencial de fontes não renováveis? Justifica-se que esse preço seja ditado por uma empresa com base num limitado horizonte de tempo? A resposta que se dê a essa questão influenciará os investimentos em tecnologia e a localização de importantes atividades produtivas. A saída para esse problema poderá consistir na

OBRA AUTOBIOGRÁFICA

garantia de preços mínimos na linha do que o governo dos Estados Unidos vem de sugerir para o petróleo. A ideia de taxar o uso de tais recursos, com vistas a criar um fundo internacional destinado a ajudar as populações mais necessitadas, já foi sugerida por mais de uma personalidade de prestígio.

"Mas não apenas com respeito ao abastecimento de recursos não renováveis a importância do Terceiro Mundo faz-se sentir. As fontes de mão de obra barata da periferia estão assumindo significação crescente na estratégia das empresas multinacionais. A conformação que foi assumindo a economia internacional fez que nos confrontemos com uma realidade em que mais e mais pessoas que trabalham para subsidiárias de uma determinada empresa adotem os mesmos processos técnicos, produzam para os mesmos mercados, mas apresentem um diferencial nas taxas de salário real tão grande como de um para dez. As estruturas oligopolistas dos mercados fazem que essas situações se traduzam em amplas margens de lucro, que reforçam a posição das empresas em face dos governos locais.

"A complexidade desse problema não escapa a ninguém. A única forma efetiva de enfrentá-lo será mediante coalizões entre países do Terceiro Mundo visando elevar, de forma coordenada, o custo da mão de obra incorporada às mercadorias exportadas. O objetivo seria menos o de aumentar a taxa de salário real e mais o de elevar a participação do país-anfitrião no valor agregado final do produto exportado. Também neste caso poderia ter aplicação a ideia de alimentar um fundo em benefício das regiões mais necessitadas.

"Contudo, do ponto de vista dos países do Terceiro Mundo, mais importante do que o redirecionamento do excedente apropriado na esfera internacional é a reorientação do processo acumulativo, isto é, a questão do estilo de desenvolvimento.

"Que temos em mente quando falamos de desenvolvimento? Não podemos desconhecer que a substância mesma, os valores implícitos do desenvolvimento não podem ser definidos de fora para dentro, impostos a uma sociedade. Caso contrário, cairemos na subordinação cultural que é a matriz de todas as formas de dependência.

"Desejo ser explícito sobre esta matéria. Não estou comparando ou hierarquizando sistemas de valores. Não haveria razão para falar de dependência cultural se toda a humanidade pudesse ter acesso livremente às formas de vida dos norte-americanos e europeus ocidentais. Mas não necessitamos ser muito imaginativos para perceber que o *American way of life* está fora do alcance de ampla maioria da humanidade. Refiro-me a esse sistema de vida de uma minoria dos seres humanos fundado em fantástico processo acumulativo e que engendra uma não menos fantástica pressão sobre a base de recursos não renováveis de todo o planeta.

"Ali onde inexiste esse elevado nível de acumulação — o que ocorre no Terceiro Mundo — o transplante da cultura material dos países ricos provoca profundas distorções sociais que conhecemos sob os rótulos de subdesenvolvimento: urbanização caótica, marginalidade social, concentração aberrativa da renda e da riqueza.

566

OS ARES DO MUNDO

"A discussão recente em torno da satisfação das necessidades básicas das populações surgiu da percepção desse problema. Já não se pode desconhecer que o crescimento no quadro da dependência provoca tensões sociais e dá origem a uma brecha entre as condições de vida de uma pequena minoria, que mimetiza os valores da cultura dominante, e as da grande maioria da população marginalizada. Certo, a realidade social não pode ser captada se dela temos apenas uma visão fragmentada. Temos de evitar cair no que eu chamo de ilusão econômica, que é a redução da sociedade a um modelo e a tradução de um processo histórico em termos de um elegante sistema de equações diferenciais. Se eliminarmos da vida social seu nervo sensível, que é o elemento político, e nos limitarmos a esquematizar conjuntos de objetivos a ser alcançados mediante estratégias não menos esquemáticas, estaremos incapacitados para captar o essencial, pois ignoraremos o poder criativo imanente à vida social.

"Permitam-me que ponha ênfase neste ponto. O desenvolvimento dependente tem inibido a atividade política, tem emasculado a invenção no plano político e social. Nada tem feito mais dano aos países do Terceiro Mundo do que a ideologia de que os regimes autoritários são uma precondição para o crescimento. Os regimes autoritários estimulam a acumulação quando o desenvolvimento é comandado do exterior pelas empresas transnacionais. Com efeito, para transplantar padrões culturais, a atividade política é desnecessária: a eficiência tecnocrática pode substituir a criatividade cultural.

"Se a dependência não produz verdadeiro desenvolvimento, temos de reconhecer que os países do Terceiro Mundo devem descobrir seu próprio caminho. E isso somente poderá ser feito pela atividade política que abra espaço à invenção social e à criatividade cultural. Nada tem sido tão prejudicial a grande número de países do Terceiro Mundo, inclusive o Brasil, como a interrupção do desenvolvimento político. No decênio dos 1970, muitas pessoas influentes aqui nos Estados Unidos esposaram a tese de que o imobilismo social favorece o crescimento econômico.

"Considero da maior importância a mudança de ótica introduzida pela administração Carter nessa matéria. Afirmar que os direitos humanos são prioritários é admitir que a atividade política é fundamental na busca do desenvolvimento. É reconhecer que a criatividade política não sobrevive à repressão generalizada. Estou convencido de que o presidente Carter fez mais para ajudar o desenvolvimento da América Latina, com alguns discursos em que tomou posição clara na defesa dos direitos humanos, do que todos os governos anteriores deste país desde Roosevelt.

"Tive a honra e o prazer de encontrar o presidente Kennedy algum tempo após o lançamento do programa da Aliança para o Progresso. Ele me perguntou o que os norte-americanos deveriam fazer para que na América Latina o povo percebesse que eles, norte-americanos, estavam significando o que estavam dizendo. Confesso que não me foi fácil responder à pergunta. Agora, se o presidente Carter me colocasse essa questão, eu responderia sem titubear: 'Continue fazendo o que o senhor está fazendo'."

OBRA AUTOBIOGRÁFICA

EM BUSCA DA SOLIDARIEDADE NA SOCIEDADE GLOBAL

A Universidade das Nações Unidas (UNU) surgiu de uma iniciativa do secretário--geral U Thant, e por algum tempo não foi levada a sério. Não estava claro o significado do projeto, em geral considerado mais uma fantasia dos terceiro-mundistas destinada a não vingar por carência de recursos financeiros, e visto com desconfiança pelos próprios governos do Terceiro Mundo, sentimento gerado pelos tumultos universitários do final dos anos 1960. Acontece que os japoneses viram no projeto uma oportunidade para ocupar algum espaço na arena das instituições internacionais que Estados Unidos e Europa Ocidental se dividiam. Para começo de conversa, o governo japonês fez à nova instituição uma doação de 100 milhões de dólares que, bem investidos, renderiam o suficiente para alimentar um bom programa de atividades universitárias.

Tratou-se, então, de inventar uma vocação para a nova instituição, que se localizaria no Japão, país com muitas particularidades, onde o que se entende por universidade são versões de escolas profissionais. A Assembleia Geral da ONU, ao adotar a carta do novo órgão, estatuiu que ele se destinava a ser "uma comunidade internacional de scholars dedicados à pesquisa e à formação pós-universitária, e também à difusão do saber", tudo orientado para a aplicação dos princípios da carta das Nações Unidas. Uma prioridade deveria ser mantida: "o estudo dos problemas mundiais ligados à sobrevivência, ao desenvolvimento e ao bem-estar da humanidade".

Convidado para compor o conselho diretor da nova instituição, percebi sem demora que sobre ela pesavam dois constrangimentos maiores: a proximidade das instituições japonesas, que procurariam tutelá-la, e a desconfiança do governo norte--americano, que não via com bons olhos agências internacionais localizadas fora de seu território. Meu nome figurou duas vezes na lista final de candidatos ao cargo de reitor, com o apoio de governos de países do Terceiro Mundo e da Europa Ocidental. Mas, tendo menos do que a adesão do governo de meu próprio país, minha candidatura era de pouca consistência, servindo apenas para compor a lista dos finalistas. Na segunda vez, em 1981, solicitei que retirassem o meu nome, argumentando que a abertura política que se esboçava no Brasil encorajava-me a regressar a meu país.

A ideia matriz dessa universidade sobreviveu sob forma de uma cadeia de projetos implementados em cooperação com instituições de ensino superior e pesquisa localizadas em distintos países. A Universidade de Campinas, em São Paulo, integra essa cadeia.

Em uma das intervenções que fiz no conselho diretor, em 1981, afirmei que, para transformar-se numa autêntica comunidade internacional de homens de saber, a nova universidade deveria desenvolver linhas de pesquisa de interesse pelo que chamei de "sociedade global", e que exprime a crescente interdependência dos povos: "É somente porque já emergiu a sociedade global que uma instituição como

568

esta universidade pode existir fora do controle dos governos dos Estados nacionais, como expressão da intelligentsia mundial.

"O paradoxo de nossa época é que somos, todos os povos, interdependentes, mas nem sempre solidários. Mais ainda: estamos todos empenhados num amplo e mesmo processo de transformação que, com frequência, gera conflitos de elevado custo social e ecológico. Como evitar que esses conflitos se agravem, que seus custos venham a ser insuportáveis?

"A nenhum de nós escapa que esses problemas são de natureza política e que sua solução terá que vir dos vínculos de solidariedade que se formam entre seres humanos quando todos tomam consciência de que constituem uma sociedade, ainda que embrionária. Desse ângulo, constitui um paradoxo que se continue a insistir em fundar a segurança internacional no terror.

"Esse problema geral tem implicações consideráveis. Primeiramente, porque uma fração desmedida do fruto do trabalho e da criatividade de homens e mulheres é absorvida na tarefa execrável de reproduzir e aumentar os instrumentos de destruição. Em segundo lugar, e não menos importante: nossa civilização está enferma pelo fato de que o elemento mais nobre em que se funda o desenvolvimento que todos almejam — a invenção tecnológica — está cada vez mais subordinado a supostos objetivos de segurança e defesa, enquanto os problemas da própria sobrevivência da humanidade são negligenciados."

Mas a própria existência da UNU era uma clara indicação — disse eu como conclusão — de que a crescente interdependência de todos os povos já permite superar a visão puramente descritiva da comunidade humana, e tomar consciência de que somos uma sociedade global.

A realidade é que eu começava a perceber que a ideia de uma autêntica solidariedade dos povos do Terceiro Mundo era uma miragem que se esgarçava a olhos vistos. O que emergia como alternativa era a luta comum de todos os povos pela sobrevivência do próprio planeta como terra habitável. E voltava a ideia de Alfred Weber, desenvolvida por Karl Mannheim, de que a intelligentsia socialmente desvinculada constitui um extrato social heterogêneo capaz de desempenhar um papel autônomo no processo de tomada de consciência dos problemas mais cruciais que se apresentam a um povo. Por que não aplicá-lo à sociedade global, que me parecia ser o último ponto de apoio na luta pela sobrevivência num mundo onde se pretende fundar a segurança no terror termonuclear?

Ademais, retomava minha ideia antiga de que o subdesenvolvimento é o reverso do desenvolvimento, constituindo os dois processos um todo. Se prosseguimos pelo caminho que vem sendo trilhado, a exclusão das grandes maiorias dos benefícios do desenvolvimento continuará a ser inevitável, assim como a persistência dos conflitos entre povos e a crescente pressão sobre os recursos não renováveis e a degradação do meio físico em escala planetária.

OBRA AUTOBIOGRÁFICA

Isolado, o problema do subdesenvolvimento passa a ser insolúvel. Só uma política que parta do princípio da interdependência poderá deter o atual processo de tensão entre ricos e pobres. O que está em jogo presentemente é a sobrevivência da espécie humana. Necessitamos de uma visão global da sociedade para dar sentido ao desenvolvimento, e este sentido só pode ser o da superação dos conflitos engendrados pela exclusão das maiorias dos benefícios desse desenvolvimento.

A UNU, pareceu-me, podia ser um instrumento válido para a difusão da ideia de que necessitamos passar da interdependência à solidariedade. E avançar no plano das ideias é condição necessária para progredir em todos os demais planos.

Como disse o poeta, não somos nada se não temos raízes próprias. Mas necessitamos abrir-nos aos ares do mundo se queremos descobrir o rumo que nos leva a bom porto.

Kyoto, 16 de novembro de 1978

Um dos efeitos da crise econômica mundial é fazer ver aos japoneses que eles não são aceitos no clube dos ricos em igualdade de privilégios. Esse é hoje um clube tutelado pelas empresas transnacionais, sendo ainda grande o atraso da superestrutura política e institucional. Ora, no mundo das transnacionais, o Japão é visto como esdrúxulo (provinciano), e mesmo anacrônico. E também é visto como perigoso. Com efeito, como não perceber que as grandes empresas japonesas mantêm uma "lealdade nacional" que se choca com as exigências do capitalismo em sua fase atual? Como ignorar que o mercado japonês continua a ser *chasse gardée* de suas grandes empresas?

Dizem os japoneses que esses são reflexos da insegurança criada pela dureza com que os norte-americanos os tratam. Mas o resultado final tem sido a realidade que aí está: o Japão vem aceitando uma sutil degradação de seus termos de intercâmbio reais, pois se comporta em relação aos países industrializados, particularmente os Estados Unidos, como exportador de tecnologia refinada e barata.

Também é possível que os japoneses estejam preocupados com o ressurgimento do protecionismo como subproduto da crise iniciada com a subida dos preços do petróleo. Desse ponto de vista, a economia japonesa é vulnerável, e aqui se mostra exagerada a possibilidade de volta ao protecionismo.

A abertura da China e a retomada da iniciativa japonesa no Terceiro Mundo surgem como uma garantia à comunidade do dinamismo da economia do Japão.

Não se pode desconhecer que o conflito entre URSS e China — tipo de guerra fria de extrema complexidade — reforçou consideravelmente a posição do Japão em face dos Estados Unidos. A proteção militar norte-americana era essencial enquanto sobreviveu o bloco sino-soviético de que falava Foster Dulles. Hoje, o Japão ocupa, sob muitos aspectos, uma posição de árbitro entre seus grandes vizinhos. O tratado

OS ARES DO MUNDO

de paz assinado com a China deve ser visto como o primeiro ato de afirmação do Japão no pós-guerra. Agora estão abertas as portas para cooperar com a modernização da China, tarefa de prazo indefinido, sabem os japoneses. Mais a China se modernizar, mais necessitará modernizar-se, pois a própria abertura do mercado chinês contribuirá para que a vanguarda da civilização industrial, representada nesta parte do mundo pelo Japão, continue a deslocar-se para a frente.

Kyoto, 17 de novembro de 1978

Esta conferência de scholars asiáticos sobre "Criatividade nas culturas endógenas", não obstante a estranheza do título, resultou ser estimulante e reveladora. A reação imediata é pensar que os asiáticos demonstram haver alcançado a plena maturidade intelectual: não vieram aqui para ser *lectured* por professores europeus e norte--americanos. Mas pensar assim é admitir que eles alcançam a maturidade no momento em que se ocidentalizam plenamente.

Todos damos por evidente que vivemos em um mundo onde existe uma civilização dominante. O problema se limita a saber como participar dessa civilização sem destruir as raízes da própria cultura, sem transformar-se em simples satélite ou prolongamento de centros dessa civilização.

A impressão que me deixou o debate é a de que os hindus possuem certamente a intelligentsia mais sofisticada da Ásia. Não obstante, muitos de nós continuamos a pensar que eles são simples réplica do Ocidente, adicionadas algumas notas de pé de página que dão certo exotismo ao texto. Por seu lado, os japoneses mostram-se sempre inseguros quando saem de suas referências culturais.

Um scholar japonês falou amplamente sobre as relações exteriores do seu país desde o começo dos tempos históricos. A distância do continente é suficientemente grande (mais ou menos duzentos quilômetros) para que o país pudesse se defender com segurança, mas não tão grande para que ele se isolasse. O resultado foi que as relações externas foram sempre de iniciativa dos japoneses, digamos, à sua conveniência. Sempre havia a possibilidade de ir ao exterior buscar algo que se selecionava, tanto mais que esse exterior não era senão a China, um manancial de riqueza cultural. Isso nos ajuda a captar a especificidade das relações externas do Japão na sua fase de ocidentalização. O gênio dos japoneses consistiu exatamente em "dirigir" suas relações com o Ocidente: buscar, selecionar, rejeitar e acima de tudo evitar as rupturas demasiado violentas com o passado. Enfim, conservar a consistência da própria cultura.

Os japoneses, quando olham para trás e mesmo para dentro de si, parecem ver a China, ou fragmentos da cultura chinesa. E, quando olham para a frente, são fascinados pelo Ocidente industrial. Com efeito, é uma situação muito particular que por vezes provoca vertigem. Como admirar que eles se empenhem tanto em conservar

571

OBRA AUTOBIOGRÁFICA

essa identidade japonesa, que só se sintam seguros quando estão em grupo, quando assumem a imagem do que lhes é próprio?

Tóquio, 21 de novembro de 1978

O Japão é possivelmente o país em que os aspectos negativos da civilização industrial são menos perceptíveis. Também deve ser, entre os grandes sistemas industriais, o mais integrado em função de objetivos próprios. A raiz desse fenômeno está na própria sociedade japonesa, que não conheceu o que no Ocidente chamamos de revolução burguesa. Os grupos sociais, inclusive as empresas, estão organizados em função da ideia de cooperação, do princípio da unicidade de propósitos, reduzindo-se o quanto possível a competição entre indivíduos. Isso tem raízes históricas profundas, e muitas disquisições podem ser avançadas a esse respeito. Como ignorar o impacto da metafísica budista sobre este povo que tanto havia sofisticado uma religião animista como o xintoísmo? O princípio fundamental da metafísica budista é o da unicidade da vida, o que significa que não há salvação (no sentido de repouso, plenitude) para o homem se ele se isola, se se contrapõe ao próximo.

Mas tudo levava a crer que essa herança cultural não resistiria ao impacto do capitalismo. Transformado o homem em força de trabalho, em mercadoria, sua alienação — a desarticulação de sua visão do mundo exterior — teria que levá-lo a andar por outro caminho. Não se pode desconhecer, porém, que neste país os efeitos culturais do capitalismo foram circunscritos: surgiram anticorpos de todos os lados graças aos quais o essencial da cultura japonesa sobreviveu.

Isso não será estranho ao fato de que a civilização industrial, aqui, assumiu a forma de homogeneização social, prematuramente. Em parte alguma os chamados frutos do progresso técnico terão sido tão amplamente repartidos. O contraste com países como o Brasil é gritante. Pretender alcançar um nível satisfatório de disciplina social, quando a norma é a desigualdade, é tentar extrair água de pedra. Ora, não havendo disciplina social, a cooperação terá de ser obtida com base em interesses individuais, em incentivos materiais, o que, exacerbado, conduz à corrupção, ao desperdício. E temos o consumo ostentatório e a marginalização lado a lado. Em tais condições, a disciplina social somente será obtida a custo crescente.

Em uma sociedade visceralmente injusta, como a brasileira, mas secularizada, em que todos os grupos sociais estão expostos à informação e são conscientes de que as desigualdades materiais se fundam em relação de força, como preservar ideias como as de patriotismo, de solidariedade coletiva? Mutatis mutandis, que se pode esperar de um país em que se dissolvem completamente essas noções que dão ao homem segurança e sentido de identidade social? Os ideólogos da "segurança nacional" aparentemente pensam que, pela força e pela manipulação de slogans, é possível manter uma sociedade unida e coesa. A "guerra permanente" seria o custo dessa coesão.

OS ARES DO MUNDO

Há sinais de que o Brasil caminha para um estado de desarticulação, ou de auto-fagia, que poderá transformá-lo em presa fácil de políticos portadores de mensagens obscurantistas, e mesmo de intervenção externa. É verdade que mesmo do caos pode brotar um movimento renovador, pois a História é um processo aberto. Mas isso é simples hipótese.

4. Do utopismo à engenharia social

A HERANÇA IDEOLÓGICA[44]

A reversão do horizonte utópico

De uma ou outra forma, os homens terão sempre aspirado à felicidade. Como o próprio do homem é ter consciência de ser e não ser parte da ordem natural, compreende-se que a busca da felicidade se tenha apoiado tanto na idealização do passado como na do futuro; na ideia de retorno a uma ordem de coisas em que tudo estaria previsto, ao seio da natureza, e na ascensão a um mundo em que se satisfizessem todos os reclamos do homem como ser que se libera das constrições naturais.

O mito do paraíso perdido, do qual se alimentaram quase todas as utopias descritivas, é emanação da visão da felicidade como retorno a um mundo primevo sem conflitos, onde tudo aconteceria segundo normas preestabelecidas. O primeiro teórico dessa visão da felicidade foi Platão. Teria havido um mundo em que os assuntos dos homens eram sabiamente regulados pelos deuses: a harmonia entre todas as coisas estaria assegurada a priori, tudo se cumprindo conforme um código de normas inscrito na essência do homem. O autor dos *Diálogos* não nos explica como o homem pôde afastar-se dessa ordem, mas aceita como evidente que ela já não existe, sendo a vida dos homens um emaranhado de conflitos. A *República* outra coisa não é senão uma sistemática demonstração de que uma ordem de coisas desse tipo, caso viesse a

---

44. Os quatro tópicos deste subtítulo foram escritos em Paris, em dezembro de 1980.

ser reconstituída, não teria durabilidade. Uma felicidade rigorosamente programada seria incompatível com o especificamente humano. Portanto, a mensagem de Platão está longe de ser uma indicação do caminho de volta ao paraíso perdido; é, antes, uma advertência de que o homem se afasta da imutabilidade da ordem natural à medida que realiza a sua essência. Seu objetivo, ao desenhar uma ordem social sem conflitos, é demonstrar a fragilidade desta.

Com efeito, nesse desenho, os indivíduos que exercem poder e são os guardiães da felicidade de todos não deveriam ter quaisquer preocupações e ambições fora daquelas que derivam diretamente da função pública que exercem. Não teriam família e não identificariam sua progênie, e tampouco exerceriam quaisquer das atividades que levam à acumulação de bens. Que seja possível educar homens capacitados para exercer funções públicas com abnegação e sabedoria é fora de dúvida. Mas os resultados obtidos por esse meio sempre serão precários. A ordem social mais perfeita não escapa à ameaça de degradação. Mais precisamente: uma ordem social perfeita e incorruptível seria um simples mito, porquanto é incompatível com a estrutura compósita do homem.

Esse mesmo problema da incompatibilidade entre a estrutura do homem e uma ordem social que por si mesma assegure a harmonia nas relações humanas surge em Platão sob outro ângulo não menos significativo, quando ele nos adverte de que a passagem para tal ordem social somente seria possível mediante uma *ruptura* com o quadro institucional existente. Não se trataria de modificar o que existe, e sim de construir coisas novas a partir de dados elementares. Assim surgiu no plano teórico a ideia de *revolução*, a qual no seu sentido etimológico significa retorno a si mesmo. Para construir a ordem social harmônica seria necessário que o homem retornasse ao que nele é elementar, o que implica destruição da ordem existente.

O que está mais ou menos implícito nas reflexões do autor do *Timeu* é que uma ordem social capaz de assegurar a harmonia entre os homens é qualitativamente distinta da que vemos na realidade. Portanto, aquela somente poderia ser alcançada ao preço da destruição desta última naquilo que lhe é essencial, como a instituição da família e a propriedade privada. Se a ordem social que se apresenta como modelo é qualitativamente distinta da presente, a ideia do homem que lhe é subjacente também será qualitativamente distinta. Os fundamentos da ordem social podem ser mais resistentes do que se imagina. Mesmo que fosse possível reeducar os indivíduos no processo de reconstrução, essa reeducação encontraria limites na estrutura complexa do homem.

Sem pretender desvendar as raízes de um mito comum a tantas culturas, como o do paraíso perdido, cabe imaginar que sua origem não é estranha à passagem de um mundo de recursos abundantes para outro em que as fontes de água potável e as pastagens se foram escasseando. Malthus, ao formular o princípio de população, pretendeu haver descoberto a lei natural que explicaria a difícil evolução da humanidade

OBRA AUTOBIOGRÁFICA

por esses caminhos da escassez. É a reversão dessa visão do mundo que está na base do novo mito da felicidade produzida por uma ordem social que liberaria o homem cabalmente das constrições naturais. A idealização do futuro se substitui à do passado. Nada é tão característico da modernidade como essa progressiva projeção no futuro do horizonte utópico. Dominar a natureza ou a ela sobrepor-se passa a ser a ideia diretriz na busca de um mundo que proporcione a felicidade. O conceito de revolução continua a traduzir uma *ruptura* com o presente, mas essa ruptura já não é vista como *destruição*, e sim como as dores do parto de um novo mundo que vem à luz todo equipado para substituir-se ao que desaparece.

A sociedade acumulativa e a razão na História

A partir do século XVI, a evolução social da Europa assumiu a forma de ascensão de uma classe que fundava o seu poder e prestígio na posse de novas riquezas. Como a rota principal de acesso a novas riquezas passa pela transformação das riquezas existentes em instrumento de produção, a divisão social do trabalho ganhou profundidade, assumindo mais e mais a forma diacrônica: parcela crescente do trabalho presente passou a realizar-se em função do futuro. Numa sociedade voltada para a acumulação, as decisões que se tomam no presente dependem em grande medida da visão que se tem do futuro. A ideia de "progresso" é a expressão última dessa configuração histórica em que o futuro condiciona o presente. Acumular significa privilegiar o futuro, o que somente tem sentido se se crê no progresso, em outras palavras, se se pensa que o uso futuro de bens produzidos no presente trará maior satisfação do que o uso imediato desses bens.

Na sociedade em que o sistema de dominação se funda na acumulação, a visão que formam os homens das relações entre si e a natureza, e entre si mesmos, pode ser assimilada a uma estrutura de produção. Tendem a prevalecer as leis da acumulação, ou seja, os critérios de racionalidade, os quais têm sua expressão formal no espírito de análise: na decomposição de um todo em ingredientes simples e imutáveis e na visão do todo como o agenciamento mecânico desses ingredientes. A partir desse enfoque, a sociedade é vista como um agregado de fatores de produção e de agentes de consumo, todos dotados de comportamento perfeitamente formalizável em modelos de base analítica.

A subordinação das estruturas sociais às leis da acumulação é decorrência do controle pela classe dominante dos instrumentos da produção. Nas formas de organização social em que os que trabalham são proprietários dos instrumentos que utilizam não se manifesta uma cabal diferenciação da atividade *econômica*, condição necessária para que penetrem no tecido social os critérios de racionalidade. A essa diferenciação deve-se a emergência da nova estrutura social em que grande parte da população depende para sobreviver da venda da capacidade de trabalho. Ora, o traço de maior relevo dessa nova estrutura social é a precariedade da situação do trabalhador no que respeita a seus meios de subsistência, a qual se traduz em um estado permanente de insegurança. A luta contra essa insegurança desempenhará papel fundamental na evolução dessas sociedades explicando os antagonismos sociais, produzindo a consciência de classe, retroagindo sobre a estrutura de poder.

É nessa sociedade dominada pelo princípio de racionalidade e marcada pelas lutas das massas trabalhadoras contra a insegurança que se cristaliza o mito da felicidade engendrada por formas sociais capazes de abrir espaço à plena realização das potencialidades do homem. Por um lado, emerge a ideia de que a acumulação conduzirá à abundância, portanto à liberação do homem das constrições do mundo natural. Por outro, a de que as lutas sociais produzidas pela insegurança são anunciadoras de uma próxima liberação das massas, do fim da exploração do homem pelo homem.

À medida que as relações entre os homens assumiam a forma contratual de relações mercantis, o tecido social se fazia mais transparente, prestava-se mais à análise. Assim, a visão do progresso era apreendida em dupla dimensão: como acumulação de bens materiais e como penetração dos critérios de racionalidade na vida social, avanço da Razão na História, na linguagem de Hegel. As duas leituras da realidade surgiram independentemente, pois estava longe de ser evidente que o suposto avanço da Razão nas relações entre os homens algo tivesse a ver com transformações das estruturas sociais inseparáveis da rápida acumulação no nível das forças produtivas. Por essa razão pode-se afirmar que Saint-Simon, o arauto da industrialização como caminho da salvação, teve papel tão importante quanto Hegel na elaboração da visão do mundo que está na base da utopia do progresso e norteará o grande esforço de transformação social voluntarista que marcará o século xx.

Na visão de Hegel, a razão brota do permanente esforço do homem para compreender o que existe e para transformar o mundo com base nessa compreensão. A história da humanidade não seria outra coisa senão esse processo de ascensão da razão. Portanto, deve-se observar essa história não como simples sequência de eventos, e sim como luta incessante para adaptar o mundo às potencialidades crescentes da humanidade. Ora, essa visão é inseparável da história social da Europa, notadamente desse período crucial que foi o fim do século xviii. A Revolução Francesa se singulariza como um drama inusitado, durante o qual a história social se acelera e ganha uma transparência que antes nunca tivera. Velhas estruturas sociais se rompem com brutal rapidez e um novo mundo sobe à superfície com seus elementos essenciais já constituídos, tal um animal que vem à luz já preparado para andar. Um mundo de aparências foi subitamente substituído por outro de realidades. No sentido hegeliano, deu-se a unidade entre a razão e a realidade. Ora, essa suposta unidade seria a expressão da existência de um sujeito livre e racional atuando com plena consciência de suas potencialidades.

OBRA AUTOBIOGRÁFICA

Mesmo que se deva reconhecer no pensamento de Hegel uma percepção da correspondência entre o espírito analítico e a maneira como se transformava a sociedade sob o impulso da difusão da racionalidade mercantil, esse pensamento somente mantém sua coerência como sistema a partir de seus fundamentos idealistas. Nele o conceito de homem não tem bases antropológicas, e sim metafísicas. O homem nada mais seria do que o *locus* em que a razão do mundo alcança a sua consciência plena. Não existe limite para o que o homem pode saber, quando não seja o tempo. Isso explica que somente através da História o homem realize suas potencialidades. Martin Buber captou com clareza esse ponto quando chamou a atenção para o fato de que Hegel restituiu a segurança ao homem recolocando-o no centro do mundo: no lugar da mansão espacial que Copérnico destruíra, surgia agora a mansão temporal da História, na qual o homem se redescobria como centro de todas as coisas.

A razão que está implícita na visão analítica do mundo é a razão instrumental, que se refere à coerência entre os fins e os meios de alcançá-los. A partir de Kant, essa razão, fundamento dos meios, fora rejeitada como deformação empirista, a qual seria fruto do desconhecimento de que o homem tem *fins* que não são apenas os da natureza, desde que nele vejamos algo mais do que um agregado de instintos. Existem fins que apenas se compreendem no quadro da cultura, isto é, a partir de uma visão mais ampla do homem do que a que nos proporcionam as leis da natureza. Na percepção de Kant, a própria ideia de razão implica a de fins. O avanço de seu pensamento, com respeito ao racionalismo, consistiu em assinalar que os fins apreendidos pela razão não devem ser vistos como exteriores ou superiores a ela. Na verdade, o método dito transcendental não é outra coisa senão essa crítica imanente da razão que se julga a si mesma.

Não é de surpreender que uma sociedade voltada para a acumulação preocupe-se mais em transformar o mundo do que em compreendê-lo. Daí que os meios passem a assumir o papel de fins; o que antes eram fins pode vir a ser instrumentalizado em meios. Por exemplo: o conhecimento do mundo exterior, que em muitas culturas fora considerado um fim em si mesmo, transformou-se em instrumento privilegiado da acumulação de riqueza e poder. A riqueza mesma se transforma em um fim quando o sistema de produção opera basicamente para criar novas riquezas e não para satisfazer necessidades humanas. Atingido esse ponto, a atividade criadora na sociedade passa a subordinar-se ao processo acumulativo: parte da população pode ser privada de trabalho exatamente porque se encontra destituída da capacidade de satisfazer suas necessidades. Como corolário, a satisfação das necessidades humanas tende a ser vista como um processo que contribui para o bom funcionamento do sistema produtivo, ou seja, para que se mantenha a acumulação. Cumpre-se a subordinação dos fins aos meios. Este é um problema fundamental na antropologia filosófica, pois, se o homem cria no plano dos meios — com vistas à eficácia na ação —, é porque na busca de um sentido para a própria vida ele é compelido a criar no plano

OS ARES DO MUNDO

dos fins, realizando dessa forma suas virtualidades. Canalizar o impulso criativo em função de esquemas preestabelecidos é negar a capacidade de autotransformação, que é o especificamente humano.

A ciência moderna, expressão última do espírito analítico, armou o homem de meios cada vez mais poderosos para transformar o mundo. Mas essa força transformadora confinou-se num espaço cultural rarefeito, porquanto a capacidade do homem para inventar valores finais que ampliam a visão de si mesmo e do mundo começava a declinar à medida que a criatividade se ia subordinando ao processo acumulativo.

A visão do mundo dentro da qual cristalizou a ideia de progresso, bússola dos grandes movimentos sociais modernos, tem seus suportes últimos no idealismo kantiano — que vê na razão humana um processo criador de fins — e no espírito analítico, que reduz o homem ao quadro da natureza, à qual sempre teriam pertencido os fins que regem a cultura.

Mas se os fins não são simples secreção da razão humana nem o homem apenas o *locus* de uma razão com fins exteriores a si mesma, é que a própria visão do homem deve ser reconsiderada. Como pensar na felicidade humana sem antes tentar responder à pergunta clássica de Kant: que é o homem? Como escapar às múltiplas formas de reducionismo que nos impôs o espírito analítico sem cair num simples idealismo? Há espaço para uma antropologia que se funde numa visão global do homem? Um pensador contemporâneo de Hegel, que viveu totalmente desvinculado do mundo acadêmico, abriu algumas pistas insuspeitadas nessa direção. Trata-se dessa figura singular que foi Charles Fourier, observador apaixonado do drama de sua época, que se manteve isento de qualquer influência das tradições filosóficas então prevalecentes.

Fourier percebeu com agudeza que os conflitos da vida social não são outra coisa senão manifestações das potencialidades humanas. Sem dúvida, a visão dialética de Hegel se fundava na percepção de que a sociedade avança mediante conflitos. Essa a razão de ser de sua admiração desmesurada pela Revolução Francesa, na qual vira o triunfo da razão emergindo de um caudal de conflitos. Mas, no discurso hegeliano, a dialética é pouco mais do que o repúdio da lógica tradicional, a busca canhestra de uma lógica capaz de abraçar o processo de desenvolvimento da autoconsciência do sujeito, ou seja, a história. Fourier também parte da realidade social como algo em movimento. Dele é esta afirmação, que será um dos pilares da reflexão de Marx: a sociedade futura está sendo engendrada pela presente, e somente quando esta chegar à plenitude de suas potencialidades se produzirá a crise que trará a nova sociedade à luz.

Ver a sociedade como um todo em movimento, que ao transformar-se aumenta sua complexidade, foi certamente um privilégio concedido aos homens de pensamento que testemunharam a Revolução Francesa e os albores da era industrial. Mas coube a Fourier, que não deslizou num historicismo vago, perceber que o campo do

579

possível nas transformações sociais está delimitado pela estrutura do homem, que deveria ser objeto de meticulosa observação. E teve a intuição de que a civilização em processo de construção entrava em contradição com os impulsos naturais do homem, tendendo a sufocá-lo, deformá-lo, incapacitá-lo para a felicidade. Empenhou-se então em compreender a psicologia humana e pretendeu haver nela identificado cinco *paixões sensitivas*. A ordem social deveria ter em conta a riqueza dessas paixões, canalizando-as de forma a utilizar o formidável potencial de energia e criatividade que tem o homem. Neste, pensava Fourier, emerge uma necessidade imperativa de mudança (a paixão borboleteante), razão pela qual a estrutura social deveria abrir espaço para que o homem no curso de um mesmo dia pudesse ocupar-se de coisas diversas e entrar em contato com distintos grupos sociais.

As ideias aparentemente ingênuas de um homem praticamente ignorante levantavam a ponta do véu que encobre uma problemática fundamental: como se relacionam as estruturas da sociedade e do homem no processo de invenção da cultura e que papel cabe nesse processo ao impulso do homem para renovar suas aspirações e sua capacidade de criar meios de satisfazê-las? Podem as estruturas sociais castrar esse impulso para a autotransformação e reduzir o homem a simples peça de um mecanismo cuja finalidade lhe escapa? Fourier não formulou o problema nesses termos, mas viu a impossibilidade de o homem ser feliz numa sociedade que lhe impõe como norma a hipocrisia e a autocastração; e também percebeu que determinada ordem social pode esterilizar o potencial de energia e a capacidade criativa dos homens.

Assim, a atenção havia sido focalizada diretamente no homem, que deixava de ser o *locus* de uma razão que se realiza na história para transformar-se em sujeito de si mesmo. Ora, foi por ter colocado o homem no centro de sua reflexão que Platão, mediante uma reductio ad absurdum, logrou demonstrar a inviabilidade de um retorno ao paraíso perdido. Na época da acumulação rompante, quando a imagem do homem feliz era projetada no futuro, a caricatura de estrutura social que Fourier nos desenha em seu falanstério ajudou-nos a compreender que a *civilização* — o progresso e a crescente abundância de bens materiais — contém uma miragem que pode conduzir o homem à autodestruição. A mudança de frente no horizonte utópico fora mais aparente do que real.

Os conflitos sociais como motor da História

Se a ideologia dominante na sociedade acumulativa formou-se em torno da ideia de progresso, o elemento motor que comandou sua evolução foram os conflitos sociais. A insegurança intrínseca que a caracteriza cedo conduziria à tomada de consciência de que as relações sociais não são fenômenos de ordem natural nem ditadas pela Providência; cedo se tornou evidente que a luta contra a instabilidade no

OS ARES DO MUNDO

emprego e outras calamidades sociais provindas da redução do homem a simples *fator de produção* é de natureza política. A visão da sociedade como um sistema de forças sociais antagônicas — de classes exploradas e exploradoras — e do Estado como instrumento de dominação e opressão cristalizou-se no espírito de muitos dos pensadores que testemunharam o processo revolucionário na França em fins do século XVIII.

Assim, Laponneraye, em sua *Histoire de la Révolution Française* publicada em 1838, expõe com clareza a tese de que o motor do processo histórico a que ele se referia havia sido a "luta de classes". E esclarece que a luta se dera entre explorados e exploradores, mas que o resultado final fora tão somente uma mudança de senhores em benefício da burguesia. A história continuaria o seu curso mediante outras confrontações, cabendo agora ao proletariado papel fundamental. As mesmas ideias surgem em muitos outros autores de começos do século XIX. O padre Jean-Jacques Pillot, em sua obra tardia de 1840, *Ni Châteaux ni chaumières*, preocupa-se com a origem dos antagonismos de classes que levam à constituição do Estado, o qual ele qualifica de instrumento de opressão e exploração de uma classe por outra. Assinalando a importância da Revolução Francesa para a formação da consciência de classe, esclarece que antes desse acontecimento histórico o povo coexistia com os seus senhores; a partir de então, o povo enfrentava seus exploradores.

Na mesma época, Théodore Dézamy caracteriza a sociedade da seguinte forma: anarquia da produção, antagonismos de classes, exploração do proletariado. Já em 1834, Auguste Blanqui avançara suficientemente na percepção dos conflitos sociais para poder relacioná-los com as estruturas econômicas: as relações entre as classes são observadas do ângulo do sistema de produção e não do ângulo da simples distribuição do produto social. Um antagonismo fundamental ganhava espaço entre os que possuem os meios de produção e os que deles são privados. O Estado aparece como o instrumento de dominação da classe possuidora dos meios de produção.

Essas reflexões estão ligadas à experiência histórica dos albores de uma época em que o fenômeno da insegurança social se manifesta de forma progressiva. Um mundo essencialmente rural e artesanal, em que a sobrevivência da massa da população estava de algum modo assegurada no quadro de relações sociais hereditárias, é arrastado a um processo de urbanização e mercantilização das relações de trabalho no qual prevalecem o desemprego periódico e o abandono dos que são consumidos pela idade. A massa da população, que no mundo rural se autoabastecia, deveria agora enfrentar as flutuações de preços dos gêneros essenciais provocadas pelas guerras e pela ação descontrolada do capital especulativo.

Deve-se a Marx a síntese do pensamento social crítico da primeira metade do século XIX. Articulado em uma teoria global das transformações sociais, esse pensamento se tornaria um poderoso ingrediente das confrontações ideológicas que emergiam dos conflitos sociais. Esse trabalho intelectual realizou-o Marx em permanente diálogo com a filosofia idealista alemã, particularmente Hegel, que ele supunha

581

haver superado. Mas o seu empenho em abandonar o enfoque idealista hegeliano não o impede de conservar a ideia de que a história é o processo pelo qual o homem avança para liberar-se. Ele se inclui, portanto, entre os pensadores que viram na rápida acumulação provocada pelo capitalismo industrial a via de acesso à liberação do homem. O futuro encerraria uma promessa de salvação. A atenção se desviava das armações conceituais caras aos filósofos idealistas para focalizar a realidade social, cuja anatomia já se podia pretender realizar graças às virtudes da nova ciência econômica fundada por Ricardo. Demonstrava-se a mesma coisa que Hegel — o progresso da razão na história —, a partir da observação direta e sistemática da realidade social. A visão global do homem continuava impregnada de idealismo e os métodos utilizados prenunciavam o reducionismo científico.

Marx nos relata num texto de 1857 como chegou a perceber com clareza a estrutura social e a entender a lógica de sua transformação: os homens sobrevivem enfrentando um conjunto de constrições, ou seja, "produzem socialmente sua própria existência"; nesse processo, surgem entre eles relações de produção, que correspondem ao grau de desenvolvimento dos instrumentos que utilizam e que são "necessárias", independentes de suas vontades. No mundo em que vivia Marx, pouca dúvida podia haver de que as forças produtivas estavam em rápido desenvolvimento e de que a classe em ascensão, a burguesia, empenhava-se em manter esse desenvolvimento. Com base nesses dados, ele formulou dois teoremas. O primeiro nos diz que, sem alcançar o desenvolvimento das forças produtivas, não seria possível superar as formas de divisão do trabalho responsáveis na sociedade mercantil pela alienação do homem. O segundo nos diz que o processo acumulativo conduz à ruptura das relações de produção existentes, abrindo a porta a formas de organização social menos alienantes. Esses dois teoremas, que enfeixam uma doutrina do progresso, alimentam-se diretamente da visão hegeliana de avanço da razão na história.

Essa visão do processo social foi expressada de forma lapidar por Engels quando escreveu em seu *Anti-Dühring*: "A concepção materialista da história parte deste princípio de que a produção, e com a produção o intercâmbio de seus produtos, constitui a base de toda a ordem social". Mais adiante, acrescenta:

> Quando surge a ideia de que as instituições sociais existentes são irracionais e injustas [...] é isto apenas uma indicação de que se produziu, sem que ninguém haja percebido, nos métodos de produção e nas formas de intercâmbio, transformações nas quais já não se enquadra a ordem social anterior. É o mesmo que dizer que os meios de suprimir os males descobertos estão necessariamente presentes, mais ou menos desenvolvidos, nas condições de produção modificadas. Esses meios não devem ser *inventados* pelo cérebro, e sim por meio do cérebro, descobertos nos fatos materiais existentes da produção.

Esse enfoque permitia pôr a dialética hegeliana no foco de observação da sociedade, emprestando um sentido positivo à realidade social conflitiva da época. Por trás de conflitos aparentemente destrutivos concretizava-se o avanço da razão na história. O enfoque dialético permitia introduzir na visão do processo social a ideia confortante de superação da situação conflitiva presente. O futuro apontava, portanto, na direção de conflitos sociais crescentes, mas daí não cabia derivar senão uma visão otimista do porvir. Assim, é natural que a história não tenha um desenvolvimento linear, sendo mesmo possível que nela se produzam recuos. A antinomia que podia surgir entre essa tese e o postulado do avanço da razão teve solução no plano teórico graças ao apelo a uma antropologia filosófica cuja expressão mais acabada é Feuerbach. A socialização do indivíduo não se faria sem fricções. Ao integrar-se socialmente, o homem "aliena" parte de sua personalidade. Feuerbach pretendeu descobrir uma prova disso na ideia que o homem tem do "divino", o qual seria a projeção no exterior de sua própria essência. A socialização implicaria, assim, um empobrecimento do indivíduo em benefício da cooperação social.

Nos escritos de Marx de 1844, essa antropologia filosófica aparece claramente como pedra de toque da teoria social. O homem somente atingirá sua plenitude como homem quando lograr liberar-se da natureza e das constrições sociais que decorrem diretamente de sua submissão à ordem natural. O motor desse processo de liberação é o desenvolvimento das forças produtivas, o qual encontra uma linha de menor resistência na divisão social do trabalho, que, por seu lado, engendra a alienação do indivíduo. Tudo se passaria como se o homem devesse atravessar um vale de lágrimas em sua caminhada para o paraíso. A cooperação entre os homens forma-se, portanto, num quadro de constrições naturais, e a história é o fruto do esforço permanente dos homens para liberar-se dessas constrições.

Esse ponto de partida será abandonado em benefício de uma visão estritamente sociológica do homem. Ao descobrir a profundidade das transformações provocadas no tecido social pela generalização do trabalho assalariado — a coisificação em mercadoria do trabalho humano —, Marx inclinou-se a reduzir a realidade do humano a suas dimensões sociais. O homem outra coisa já não é senão um "ente social". "A essência humana não é uma abstração inerente ao indivíduo considerado à parte", nos diz. E acrescenta: "Em sua realidade ela é o conjunto das relações sociais". Esse empobrecimento da ideia do homem conduzirá ao abandono do conceito de alienação, que pressupõe a coexistência do social com o não social no indivíduo. A substituição desse conceito pelo de "fetichismo", que aparece em *O capital* (1867), reflete a prevalência definitiva do enfoque sociológico.

A explicação do desenvolvimento das forças produtivas, suposto motor da história, passa a ser buscada na interação de atores que têm sua existência na própria história. Tudo devia convergir, por conseguinte, para a elaboração de uma teoria do processo de acumulação. Ora, a teoria ricardiana já produzira um modelo de estrutura social diretamente derivado do sistema de produção, ainda que o observando pelo lado da apropriação do produto social. Aos antagonismos de classes, que são inerentes a esse modelo, foram emprestados distintos significados pelos observadores da época. O próprio Ricardo pensava que, se do conflito entre a classe operária e a capitalista resultasse um forte aumento dos salários reais (em detrimento dos lucros), era de esperar que o processo de acumulação viesse a ser freado — crescia a população, aumentava a pressão sobre a disponibilidade de alimentos, crescia em termos relativos a renda da terra, aumentava a parte do excedente destinada ao consumo supérfluo etc. —, o que significava menos desenvolvimento das forças produtivas. Esse enfoque conduziu muitos autores a uma visão do processo social em que as relações entre classes assumiam o papel de força motriz da história.

A essa visão ricardiana do processo social, Marx superpôs uma teoria dos modos de produção: as ações conflitivas entre classes se desenvolveriam dentro de um conjunto de relações sociais estruturadas a que ele chamou de modo de produção. A capacidade dessa estrutura para resistir às pressões geradas pelas referidas ações conflitivas seria limitada. Alcançado certo ponto de tensão, as energias desprendidas já não podiam ser adequadamente canalizadas, e da consequente ruptura do sistema de relações sociais emergia um novo modo de produção. Marx estava convencido de que o modo de produção que sucederia ao capitalista seria o socialista: um sistema de relações sociais compatível com a propriedade coletiva dos meios de produção. Essa convicção não se fundava propriamente na teoria do modo de produção, e sim numa doutrina ad hoc, que não era de natureza sociológica, segundo a qual cabia à classe operária um determinado papel histórico.

Era óbvio para os observadores da época que o processo acumulativo estava levando a uma transformação do sistema de produção, no qual as unidades familiares eram substituídas por grandes aglomerações sociais. Mas nenhuma prova podia ser dada de que essa socialização do sistema produtivo não fosse compatível com mais de um sistema de relações sociais. Marx parte de fato incontestável, que era a formação de grandes unidades de produção. Nisso ele seguiu de perto a Louis Blanc, que analisou em detalhe o processo de concentração do capital e chamou a atenção para o fato de que um sistema de concorrência engendrava o monopólio. A isso ele acrescenta outro dado importante: a crescente capacidade de organização da classe trabalhadora; mas não lhe vem a ideia de que a classe capitalista também poderia conhecer uma evolução. Daí sua tendência a antever o futuro como uma confrontação entre uma imensa classe trabalhadora altamente organizada e um pequeno número de capitalistas monopolistas que se comportam como dinossauros. Já em fase adiantada ele sintetiza seu pensamento da seguinte forma:

> As leis imanentes da produção capitalista conduzem à concentração dos capitalistas e à [...] expropriação de um grande número de capitalistas por um pequeno

número. À medida que diminui esse número […], aumenta a exploração, mas também a resistência da classe operária, que cresce e se faz mais e mais disciplinada, unida e organizada pelo mecanismo mesmo da produção capitalista. O monopólio do capital se traduz em entrave […].

Ora, se a concentração do poder econômico reduziu o número de empresas, também modificou a natureza da concorrência entre estas, conduzindo ao capitalismo organizado, que está longe de ser um entrave ao desenvolvimento das forças produtivas. Por outro lado, a crescente organização dos assalariados não impediria que entre estes surgissem novas formas de estratificação que conduzem a divergências de interesses não negligenciáveis.

A emergência do modo de produção socialista podia ser admitida como uma possibilidade histórica. Mas dois problemas ficavam de pé. O primeiro dizia respeito à natureza mesma desse modo de produção: que significa propriedade coletiva dos bens de produção e como se distribui o produto social se desaparece a categoria trabalho assalariado? O segundo relacionava-se com a passagem do modo de produção atual ao socialista. Sobre esses dois pontos Marx assumiu uma atitude cautelosa, insistindo no caráter "científico" de sua teoria social. Mas duas ideias emergem com clareza de sua reflexão: à propriedade coletiva dos bens de produção corresponderiam formas de organização social muito distintas das atuais fundadas na repressão; o modo de produção socialista somente seria concebível num mundo de abundância, portanto numa sociedade não dominada pelo espírito da acumulação.

Já em *Ideologia alemã*, ele afirma que duas condições são necessárias para que o modo de produção capitalista se torne "insuportável" e conduza à revolução: que a acumulação haja atingido um alto nível, e que ela se tenha universalizado. Sem isso, a ruptura engendraria condições de "penúria", continuando a prevalecer a lei da "necessidade", e tudo voltaria ao ponto de partida. Chega mesmo a afirmar que, caso a tentativa de implantação de novas relações de produção ocorresse numa região limitada, bastaria o intercâmbio externo para conduzi-la ao fracasso.

Assim, o modo de produção socialista não seria um meio de desenvolver as forças produtivas, e sim o fruto do pleno desenvolvimento destas. Mas a coerência dessa visão de um devenir histórico amarrado ao desenvolvimento das forças produtivas se foi relaxando em face da violência dos movimentos sociais da metade do século, que se estenderam a países de capitalismo incipiente, e em particular à rica experiência da Comuna de Paris vinte anos depois. A preocupação com os fundamentos "científicos" do socialismo vai sendo abandonada em favor de um projeto de transformação social que atribui ao operariado a dupla missão histórica de engendrar os valores da nova ordem e de assumir poderes ditatoriais para abrir o caminho à implantação dessa nova ordem. O projeto de ascensão a um mundo melhor (socialista) por via voluntarista, que tão grande influência teria no século atual, emergiu diretamente da

OBRA AUTOBIOGRÁFICA

experiência revolucionária europeia a partir de fins do século XVIII. A elaborada teoria dos modos de produção serviu apenas para emprestar-lhe uma suposta fundamentação científica.

O voluntarismo como acelerador da História

A rica e inusitada experiência da Revolução Francesa deu origem a duas linhas de reflexão que marcariam os movimentos políticos de contestação à ordem estabelecida subsequente. A primeira refere-se à natureza do governo a implantar após uma revolução que objetiva reconstruir o edifício social; a segunda, ao modus faciendi da ruptura: como deslocar uma estrutura de poder cujos tentáculos envolvem toda a sociedade. Essas reflexões emergiram da própria prática de um processo revolucionário que se estendeu por seis anos, durante os quais o centro de poder descreveria um circuito de 360° deslizando da direita para a esquerda e reencontrando a direita. A reflexão sobre a natureza do governo revolucionário começou com os jacobinos, primeiros teóricos da ditadura como forma legítima de poder numa fase de reconstrução social. Como aspirar a um regime democrático fundado no sufrágio universal num país que saía de um longo sono obscurantista, com uma população dominada por superstições e tradições monárquicas? A ideia que se atribuiu a Saint-Just de "terror mais educação" exprime a mesma preocupação pedagógica da norma leninista "Sovietes mais eletricidade". Até Alexis de Tocqueville, a ninguém ocorreria pôr em dúvida o caráter democrático de um governo em que a maioria nenhuma concessão faz às minorias. A linguagem do povo que desperta para romper as cadeias da pressão e do obscurantismo não seria necessariamente a das urnas.

A segunda linha de reflexão emerge com a chamada "conspiração dos iguais", de Gracchus Babeuf, quando se elabora a doutrina da tomada do poder por um grupo de profissionais da insurreição e a da preservação desse poder mediante o seu controle por um pequeno grupo organizado. A prática revolucionária de Babeuf, incluindo sua luta contra Robespierre, conduz à clarificação de dois princípios: o da vanguarda revolucionária capaz de mobilizar, organizar e dirigir as massas, e o da ditadura revolucionária. A tomada do poder seria fruto de uma conspiração, segredo de pequeno grupo, que se desdobraria em insurreição. A conservação do poder requeria a implantação de um regime ditatorial, pois a convocação de uma assembleia representativa conduziria inexoravelmente à divisão e ao imobilismo.

Essas ideias se difundirão amplamente na Europa, trinta anos depois da morte de Babeuf na guilhotina, graças ao livro de Buonarroti,[45] florentino que participa da conspiração e salva milagrosamente a vida. Auguste Blanqui, cuja experiência revolucionária cobre grande parte do século XIX, será o arauto dessa doutrina de uma

---

45. *Conspiration pour l'Égalité dite de Babeuf*, de Philippe Buonarroti. Bruxelas: [s.n.], 1828.

OS ARES DO MUNDO

"vanguarda" portadora dos ideais de um mundo melhor e que se autoadjudica o papel pigmaliônico de reconstruir a sociedade em nome do povo. A grande influência de Blanqui deve-se em boa parte à clareza de suas ideias e à inteireza do seu caráter. A ele tudo parecia simples: a tarefa do revolucionário é fazer a revolução, e esta passa necessariamente por uma insurreição; a transformação da sociedade — a extirpação das raízes econômicas da sociedade capitalista e a formação de uma nova ordem social — somente seria possível mediante uma ditadura revolucionária exercida em nome do povo.

O pensamento de Lênin como tático revolucionário entronca diretamente no de Blanqui, conforme observou em sua época Rosa Luxemburgo. Lênin preocupou--se essencialmente com a organização dessa vanguarda revolucionária, ponta de lança da tomada do poder na concepção de Babeuf. O que veio a chamar-se de bol-chevismo é uma teoria da prática revolucionária que parte da observação feita por Kautsky de que a consciência de classe da massa trabalhadora não nasce espontanea-mente, devendo ser provocada de fora. A função do partido revolucionário seria esti-mular a formação dessa consciência e a unidade do movimento operário com o pen-samento socialista. Ao revestir essa concepção de mera falange de revolucionários profissionais com um marxismo economicista que pretende ser uma teoria "cientí-fica" da história, Lênin criou o corpo de doutrina revolucionária que mais influência teria nos movimentos sociais do século atual.

Uma teoria revolucionária outra coisa não é senão a tradução em termos de tática política da velha ideia de ruptura que se encontra em Platão. Sendo o Estado a corporificação de um sistema de dominação social, a destruição desse sistema passa pela deslocação do poder estatal. Mas que objetivo se persegue com essa ruptura, de onde emerge a visão de uma nova ordem social? O ponto de vista que prevaleceu no pensamento revolucionário do século XIX — talvez o primeiro a formulá-lo nos anos 1830 haja sido esse discípulo tardio de Babeuf que foi Laponneraye — consistiu em que essa ruptura deveria canalizar as aspirações de uma classe social, à qual cabe o papel histórico de engendrar uma nova ordem de valores. O pensamento de Marx, ao servir de ponte entre o voluntarismo revolucionário e a visão da história como avanço da razão, contribuiu para desviar a atenção do conteúdo dessa ordem futura, da gênese dos novos valores. O futuro que nasceria da revolução seria inevitavel-mente melhor que o presente. Ora, a tradução da visão hegeliana da história em ter-mos de teoria social significava deixar de lado os elementos antropológicos nela implícitos, a redução do homem a seus condicionantes sociais. Conforme a interpre-tação que nos dá Hegel, em sua *Estética*, da *Antígona* de Sófocles, o homem é e será um animal conflitivo, pois, sendo todo processo de socialização necessariamente par-cial, a atividade humana sempre está aberta para a liberdade. Programar o homem como ser social não significa esgotar o projeto humano. Os conflitos, que surgem no indivíduo, podem ter projeções sociais, o que faz do homem um ser potencialmente

OBRA AUTOBIOGRÁFICA

em revolta. É essa dimensão antropológica do pensamento hegeliano que se perde de vista à medida que a ideia de *ruptura* se circunscreve à esfera das relações de produção: a emergência de um modo de produção fundado na socialização dos meios de produção implicaria reconstruir todo o tecido social. Na frase de Marx, quiçá a mais repetida: "O modo de produção da vida material condiciona o processo da vida social, política e intelectual no seu conjunto".

A visão do homem que estava implícita na teoria da *ruptura* de Platão era certamente mais rica: para tornar-se efetiva, a *ruptura* devia destruir pelo menos duas matrizes da vida social: o sistema de propriedade e o sistema familial. Marx subestima a significação deste último quando, na *Ideologia alemã*, diz que as relações de família perdem significação à medida que "o crescimento das necessidades engendra novas relações sociais". É verdade que a superação do modo de produção capitalista requeria um conjunto de condições que não poderiam surgir do simples voluntarismo revolucionário. Sobre este ponto Marx foi categórico: "Uma formação social não desaparece jamais antes que se desenvolvam todas as forças produtivas que nela podem ser contidas". Mas se Lênin deu ao marxismo o caráter dogmático que o fez tão eficaz como instrumento de mobilização social foi porque simplificou a teoria da transição dos modos de produção, extremando o reducionismo sociológico.

Para Marx, a classe operária seria portadora de um projeto de sociedade, cuja implantação se faria mediante uma ruptura com o passado. A agravação da luta de classes, condição necessária para que se produza a ruptura, conduziria por um processo revolucionário a um governo ditatorial transitório. Essa transição assumiria a forma de "abolição de todas as classes e da emergência de uma sociedade sem classes". Tudo isso pressupunha um considerável desenvolvimento das forças produtivas, o reino da abundância. Ora, segundo a doutrina do voluntarismo revolucionário, a revolta dos explorados contra os exploradores podia efetivar-se em qualquer estágio da história; em toda sociedade de classes existia essa energia potencial e o problema estava em saber captá-la. Sendo a classe operária, nas condições do capitalismo industrial, o setor mais estruturado do povo, era natural que nela se apoiasse toda tentativa de subversão da ordem social. Mas como poderia a classe operária assumir o poder senão por intermédio de uma vanguarda revolucionária esclarecida? Passa-se, assim, da ideia de eliminação de todas as classes para a de diferenciação na sociedade de uma elite dirigente; da ideia de ruptura que daria acesso a uma abundância, que existe pelo menos em estado virtual, para a de ruptura destinada a criar as condições de uma possível caminhada para a abundância.

As consequências desse atalho reducionista foram percebidas por esse pensador marginal que foi Bakunin. Mantendo-se fiel à herança hegeliana, ele valorizou a negatividade na dialética, o que o conduziu a conservar o conceito de liberdade no centro da ideia de revolução. Daí que haja antevisto a transformação da "ditadura do proletariado" na dominação de uma classe de tipo tecnoburocrático. O relativismo axioló-

588

gico que decorre da visão simplificada do homem levaria a subordinar o indivíduo ao social, a sociedade ao Estado, e este ao Partido, abrindo a porta à tirania.

O grande esforço de reconstrução social de nosso século filia-se diretamente a essa escola de teóricos da tática revolucionária que se inicia com Babeuf e tem sua maior expressão em Lênin. A obra de Marx serviu para dar uma suposta fundamentação "científica" a um pensamento cuja coerência derivava unicamente de sua eficácia na luta pelo poder. As circunstâncias históricas em que essa luta teve êxito — países em que a penetração do capitalismo se fizera com atraso ou de economia dependente — fizeram que a ruptura com a ordem social prevalecente se orientasse basicamente para a remoção dos obstáculos que se opunham a uma rápida acumulação. É em função desse resultado — como instrumento de difusão da civilização acumulativa — que as revoluções sociais deste século devem ser apreciadas. E não com relação ao horizonte utópico dos pensadores socialistas.

EMERGÊNCIA DO MODO DE PRODUÇÃO SOVIÉTICO

As tentativas de reconstrução abrupta das estruturas sociais ocorridas no século xx em países em que a civilização industrial penetrou tardiamente, ou de forma superficial, inspiram-se diretamente na obra teórica e prática de Lênin.

Nada caracteriza tanto o pensamento desse líder revolucionário como a ideia de que é possível utilizar o modo de produção capitalista, quando este ainda se encontra em fase inicial de implantação, para atingir o socialismo. Assim, não sendo possível fundar uma ordem social comunista, que somente se tornaria viável uma vez alcançado o reino da abundância, faz-se necessário, nos países pobres, instalar inicialmente uma situação transitória que permita intensificar a acumulação e a assimilação do progresso tecnológico. O objetivo a perseguir nessa transição é claro: realizar a tarefa, não cumprida pelo capitalismo, de desenvolver as forças produtivas. Trata-se, portanto, de adotar uma variante do capitalismo que muitos qualificavam de capitalismo de Estado.

Ora, o desenvolvimento das forças produtivas que promove o capitalismo dá-se paralelamente à difusão de um sistema de valores e de um estilo de vida, que são específicos de uma sociedade de classes. A dinâmica do capitalismo liga-se a certos padrões de diferenciação social, a certa estrutura de classes. O progresso tecnológico que, no capitalismo, conduz ao desenvolvimento das forças produtivas é inseparável desse estilo de vida. Portanto, o econômico, o social, o cultural e o político formam um todo que se reproduz e se transforma conjuntamente.

O próprio da sociedade capitalista é girar em torno da acumulação. E toda sociedade que privilegia a acumulação tende naturalmente a reproduzir os traços essenciais da sociedade capitalista: diferencial social e incitação à competitividade, como fonte de estímulo ao esforço pessoal.

O modo de produção "transitório" que emerge com a revolução leninista tende a assumir a forma de caminho alternativo de acesso à civilização industrial engendrada pelo capitalismo. Essa via alternativa surgiu numa época em que se fazia evidente que a ordem econômica internacional imposta pelos países que ocupavam a vanguarda do processo de industrialização constituía sério empecilho ao desenvolvimento das forças produtivas em vastas áreas do mundo. É a época em que amadurece e se impõe a doutrina imperialista. A vantagem da via alternativa era clara, porquanto permitia romper os vínculos de subordinação aos centros imperialistas, ao mesmo tempo que facilitava queimar etapas na remoção dos obstáculos criados por estruturas sociais anacrônicas.

O fato é que a difusão do modo capitalista de produção tinha lugar na periferia do capitalismo no quadro de vinculações externas altamente desvantajosas para as economias retardatárias. Com efeito, as relações internacionais produziam crescentes desigualdades entre países, favorecendo as economias que lideravam o processo de industrialização. A revolução na linha preconizada por Lênin era uma forma de tentar escapar dessa situação.

O modo de produção capitalista caracteriza-se acima de tudo pela descentralização do sistema produtivo. São inerentes a ele a concentração de renda, numa fase inicial, a estratificação social e o estímulo à iniciativa pessoal. O modelo que emergiu na União Soviética constitui menos a negação desse modo de produção do que a pretensão de corrigi-lo. Desde o momento em que as forças produtivas houvessem conseguido um elevado grau de desenvolvimento, cada indivíduo passaria a ter amplas opções, sendo então possível substituir a competição pela cooperação, e a diferenciação social já não seria a contrapartida necessária da desigualdade nos níveis de renda. Nessas circunstâncias, nada impediria que a esfera econômica se subordinasse a uma visão do homem mais abrangente.

Mas o sistema "transitório" leninista não era mais do que uma variante do capitalismo, dado que também ele estava voltado para a acumulação. A mudança mais significativa se situava no nível da coordenação das decisões, que já não se faria de preferência nos mercados, isto é, de forma descentralizada, mas mediante controle social. A ideia que antes prevalecera de que o essencial estava na propriedade dos instrumentos de produção começou a desvanecer-se na prática. Um sistema não orientado para a acumulação é compatível com sociedades desigualitárias e também igualitárias. Mas todo sistema orientado para a acumulação estimula a desigualdade, qualquer que seja a forma de propriedade dos meios de produção.

A centralização de decisões pode ser concebida em dois planos: o da repartição dos bens finais e o da acumulação. A primeira forma confunde-se com o racionamento dos bens de consumo, o que não é compatível com o normal funcionamento de uma sociedade acumulativa. Mas é a segunda forma de centralização que se identifica com o modo de produção soviético, ainda que nas fases de penúria se sobreponham as duas formas de centralização. O controle centralizado de decisões é compatível com certa autonomia dos consumidores, mas isso apenas quando a fase de penúria mais aguda foi superada.

Mas o que se chama de economia de mercado não é apenas a autonomia dos consumidores para escolherem este ou aquele bem; é também a autonomia de iniciativa para introduzir um novo produto, o que é facilitado pela existência de um mercado de recursos financeiros. Nas economias que se encontram atrasadas no processo acumulativo, preexiste um catálogo de novos produtos a ser introduzidos (copiados do exterior) sempre que o acesso às novas técnicas não esteja bloqueado.

Vejamos o mesmo problema de outro ângulo. Numa economia de mercado a racionalidade é, por definição, microeconômica. Um agente consumidor otimiza suas decisões a partir do nível de renda de que dispõe; um agente produtor otimiza suas margens de benefício no quadro das condições a que está submetido. Mas não se exclui a hipótese de que a melhora da situação do empresário decorra de uma perda de colheita agrícola, a qual valorizou os seus estoques, ou da introdução de um novo produto que provocou a desvalorização dos estoques dos concorrentes. Com frequência, as empresas têm interesses contraditórios, o que significa que uma iniciativa feliz de alguém pode resultar em perda para outros agentes. Daí que muitas empresas alcancem sua máxima rentabilidade quando o sistema em seu conjunto está subutilizando sua capacidade produtiva. O controle centralizado dos investimentos pretende eliminar essas contradições. Introduz-se a ideia de um *optimum* global, como se o sistema econômico fosse uma só empresa. Essa hipótese restringe, sem dúvida, o campo da competição, dado que o êxito de uma empresa não deve acarretar prejuízo para outras.

A planificação dos investimentos demonstrou ter duas virtudes de não pequena monta. A primeira é sua eficácia numa fase de reconstrução da estrutura econômica. Neste caso, a racionalidade de cada unidade de produção se define a partir de objetivos mais gerais, claramente estabelecidos, tendo em conta inclusive o avanço da técnica. A segunda virtude refere-se à manutenção de um nível desejado de demanda efetiva, ou seja, de certo grau de utilização da capacidade produtiva. Esta última virtude deu à planificação uma vantagem considerável em face das economias de mercado industrializadas na fase de grande instabilidade conjuntural. Com a emergência, no período de pós-guerra, do capitalismo organizado, essa vantagem se desvaneceu. Contudo, ela continuou a existir para as economias que, com vistas a superar o subdesenvolvimento, empenham-se num esforço de reconstrução de suas estruturas.

A acumulação reprodutiva funda-se em hipóteses sobre o comportamento de certas variáveis no futuro: a disponibilidade de recursos financeiros e os preços relativos de insumos e produtos finais concernidos. Se essas hipóteses são formuladas com respeito ao conjunto do sistema econômico, surgem condições para uma planificação centralizada dos investimentos. Mas, para que tais hipóteses sejam formuladas, é necessário que exista um controle do preço de oferta de recursos primários, em especial da mão de obra. Assim, é condição indispensável para introdução de um sistema de planificação centralizada que a taxa de salário básico seja fixada institucionalmente. Conhecida essa taxa e o grau de utilização dos equipamentos instalados, faz-se possível estimar o volume do excedente bruto. Uma parte deste destina-se à reposição do capital existente, outra parte, a criar estímulos aos assalariados, outra, a financiar os gastos públicos improdutivos, sendo o restante o fundo líquido de acumulação reprodutiva.

A distribuição do excedente entre essas parcelas constitui o problema maior de uma economia planificada. Se é possível admitir que a primeira parcela é definida com base em critérios técnicos, não se pode afirmar o mesmo com respeito às demais. Se o objetivo prioritário é maximizar a quarta parcela (o fundo líquido de acumulação), seria ilusório aumentá-la em detrimento da eficiência na utilização da mão de obra. Portanto, é possível que, para intensificar a acumulação amanhã, seja preciso reduzi-la hoje, em benefício de maiores estímulos ao trabalho. Mas até onde avançar por este caminho sem comprometer o objetivo de criar uma sociedade mais igualitária?

A centralização de decisões apresenta um custo social. Em princípio, a planificação permite aumentar a racionalidade do aparelho produtivo — reduz-se o coeficiente de incerteza — e chegar a melhor utilização da capacidade instalada. Mas, mesmo deixando de lado o problema da falta de dinamismo no plano da inovação e também o do abandono do ideal igualitarista, permanece de pé a questão do custo social de um sistema de decisões centralizadas, ou seja, da tendência à hipertrofia das estruturas burocráticas. À medida que os padrões de consumo se diferenciam graças ao excedente que é canalizado para criar estímulos ao trabalho, também tende a crescer o custo relativo da estrutura burocrática. Uma burocracia de hábitos ascéticos não é concebível numa sociedade orientada para a acumulação.

Dessa forma, o sistema de incentivos e o custo da centralização de decisões concorrem com o esforço acumulativo na utilização do excedente. O primeiro está positivamente correlacionado com a eficiência do sistema produtivo, enquanto o segundo apresenta inicialmente uma correlação positiva e, a partir de certo ponto, outra, negativa. É por isso que a planificação centralizada traz em si um risco de esclerose. Ela dá origem a privilégios cuja hipertrofia tende a paralisar o sistema produtivo. A acumulação prossegue, mas a eficiência do sistema declina. Enquanto na sociedade capitalista a irracionalidade econômica decorre da subutilização de capacidade produtiva, na planificada ela traduz a baixa da eficiência dos recursos produtivos que estão sendo utilizados.

Acelerar a acumulação não é apenas um problema de aumento do excedente e/ ou modificação na aplicação deste. É também uma questão de estrutura do sistema produtivo. A transformação de poupança em investimentos reprodutivos pressupõe certa estrutura da oferta global. Acelerar a acumulação significa, portanto, modificar a estrutura da oferta global, o que implica quase que necessariamente reestruturar o sistema produtivo. E, sem lugar a dúvida, a planificação centralizada constitui poderoso instrumento para obter essas modificações de estrutura.

Em uma economia em que a produtividade do trabalho se está elevando — em que o progresso técnico está penetrando — e os salários são fixados institucionalmente, é possível fazer crescer o setor produtor de bens de capital mais rapidamente do que o conjunto do sistema produtivo. Essa transformação pode ser obtida direta ou indiretamente, neste último caso mediante o intercâmbio externo. Se a transformação é alcançada diretamente — mediante crescimento mais rápido das indústrias de bens de capital —, é de admitir que a penetração de novas técnicas se intensifique, o que repercutirá positivamente na acumulação. É indiscutível que isso ocorre se técnicas mais eficazes estiverem disponíveis e já incorporadas nos novos equipamentos a ser utilizados.

Não é difícil perceber que a planificação centralizada é um instrumento eficaz para transformar estruturas produtivas que se encontram de algum modo atrasadas do ponto de vista tecnológico. Mas sua eficácia é duvidosa quando se trata de sistema que se encontra na vanguarda tecnológica e não busca mudanças estruturais maiores. Também é fácil compreender que a eficácia do sistema de decisões centralizadas é maior ali onde existe capacidade de autotransformação, ou seja, nas economias que já alcançaram um grau de diferenciação que as habilita a produzir boa parte dos instrumentos de produção.

O êxito considerável da planificação centralizada na União Soviética decorreu da reunião, ali, de certos fatores favoráveis: abundância de recursos naturais, inclusive de fontes de energia; preexistência de um sistema industrial suficientemente diversificado para produzir parte dos equipamentos necessários à transformação da estrutura econômica; ampla base agrícola da qual podia ser extraído um excedente, graças à penetração da técnica moderna e abundante mão de obra; uma dimensão econômica inicial que tornava possível utilizar as técnicas de vanguarda já provadas nas economias capitalistas mais adiantadas. O problema fundamental consistiu em aumentar o excedente e em canalizá-lo, de preferência para a acumulação no setor de bens de capital, lançando mão do acervo tecnológico disponível na época. Um grande sacrifício foi exigido da massa da população, especialmente dos camponeses, sem o que a condição básica do aumento do excedente não se teria cumprido.

Superada a fase de grandes modificações estruturais — que seria prolongada pelos efeitos da guerra —, colocou-se o problema de elevar a eficácia operativa do sistema. As dificuldades então enfrentadas e as peculiaridades da história do país fizeram com que os gastos improdutivos do Estado aumentassem desmedidamente, engendrando uma estrutura social em que os privilégios materiais pouca relação têm com o sistema de estímulos ao trabalho. Os custos de operação cresceram e, com

OBRA AUTOBIOGRÁFICA

eles, o desperdício de recursos não renováveis e a proliferação de atividades econômicas que fogem à planificação e pouco ou nenhum acesso têm à técnica moderna.

Em seus êxitos como em seus fracassos, a experiência soviética de planificação centralizada deve ser considerada um caso sui generis.

Em um país de estrutura latifundiária, uma reforma agrária pode ser o instrumento de transferência para o Estado do excedente antes captado pelos donos da terra. Mas substituir a estrutura tradicional de controle das explorações rurais, fundada na propriedade da terra, por outra de tipo burocrático pode implicar considerável custo social. Por outro lado, a divisão da terra entre camponeses pode obstaculizar a introdução de novas técnicas e reduzir a possibilidade de monitoramento da massa camponesa, induzindo-a a apelar para canais autônomos de comercialização, escapando ao controle do Estado. Com vistas a evitar esses dois escolhos, o poder soviético optou pela organização da economia agrícola com base no sistema de autogestão, digamos, de cooperativas de produção. Quando era factível extrair uma elevada renda da terra — graças à qualidade dos solos, à localização ou a uma maior capitalização anterior —, adotou-se o sistema de gestão direta pelo Estado. Mas a regra geral foi o sistema de autogestão dentro de parâmetros fixados pelo Estado com respeito a preços de insumos e dos produtos finais. Dessa forma, logrou-se considerável descentralização do controle das atividades produtivas e introduziu-se um sistema de incentivos de reduzido custo social. O nível de vida da massa camponesa passou a depender dos preços relativos dos produtos agrícolas e industriais e do esforço que realizava cada unidade de produção.

Mas o objetivo maior do Estado era extrair o máximo de excedente, e a eficácia do esforço individual em termos de benefício marginal tornou-se muito baixa. A tendência de muitos camponeses foi canalizar parte de sua capacidade de trabalho para atividades informais em que o avanço tecnológico era pequeno mas os ganhos monetários, palpáveis.

O regime de autogestão, em condições de forte pressão para ampliar a margem do excedente drenado pelo Estado, pode esterilizar o sistema de incentivos.

Assim, no setor industrial propriamente dito, o Estado monopoliza a propriedade dos bens de produção e o controle das unidades produtivas assume um caráter burocrático; o regime de trabalho assalariado articula-se a um sistema de incentivos, tudo se passando como se as empresas fossem sociedades por ações, e o único acionista, o Estado. Este dispõe de meios indiretos para definir o salário básico monetário, o que lhe permite extrair um excedente cujo montante depende da eficácia do sistema de produção, portanto de incentivos que a fortiori engendram desigualdades sociais.

No setor agrícola, que se funda no uso extensivo da mão de obra, esses métodos

594

de organização e controle das atividades produtivas conduziram a elevados custos sociais em prejuízo do excedente. Para escapar a essa tendência, apelou-se para a autogestão, que é uma forma de controle de baixo custo social. Mas a contrapartida foi sacrificar o sistema de incentivos.

Implantado esse modo de produção, o crescimento do excedente passou a depender dos incrementos na produtividade. Mas os incentivos tenderam a circunscrever-se ao setor industrial. A isso cabe adicionar uma margem de economia de mercado formada de unidades de pequenas dimensões e com menor acesso ao progresso tecnológico. Este último é canalizado para a ampliação do excedente, o que explica sua lenta difusão em amplos segmentos da atividade produtiva.

Na estrutura agrária soviética encontra-se a matriz do sistema de extração do excedente agrícola, base da intensa acumulação que ocorreu durante a execução dos primeiros planos quinquenais. As explorações coletivas (*kolkhozes*) foram introduzidas já em 1918 como associações voluntárias de camponeses de tipo cooperativo. Mas o avanço inicial foi insignificante, prevalecendo a consolidação de unidades familiares autônomas que escapavam ao controle do Estado. Em 1928, apenas 1,2% da superfície total plantada correspondia a explorações coletivas. Quatro anos depois, com a coletivização forçada do primeiro plano quinquenal, essa participação havia subido para 68%. As terras utilizadas pelos *kolkhozes* pertencem ao Estado mas são cedidas de forma permanente, sem pagamento de renda. Os camponeses mantêm a propriedade da casa e conservam uma parcela familiar (cerca de um terço de hectare) que utilizam autonomamente. Também possuem certa quantidade de gado.

Contudo, aqueles que abandonam o *kolkhoz* perdem praticamente tudo o que nele haviam acumulado. Os bens de produção usados coletivamente são socializados, mas até há pouco tempo não havia posse privada de máquinas, cujos serviços eram comprados do Estado. Intervindo diretamente na administração mediante a designação dos diretores e o controle dos serviços mecanizados, o poder central estava em condições de tutelar os *kolkhozes*, interferindo em seus planos de produção. Por outro lado, reservando-se o direito de compra de certas parcelas da produção a preços que ele mesmo fixa (estes permaneceram estáveis de 1929 a 1952), o Estado define o montante do excedente a ser gerado pelos kolkhozianos.

Considerados juridicamente como cooperados ou acionistas da exploração coletiva, os kolkhozianos até recentemente não gozavam de garantia de salário mínimo e tampouco dos benefícios da previdência social, o que os deixava em situação de inferioridade em face dos trabalhadores das empresas agrícolas do Estado. À medida que os *kolkhozes* alcançaram um grau mais elevado de capitalização, a tendência foi transformá-los em empresas do Estado, com a eliminação das parcelas individuais. Ainda assim, a persistência dessas parcelas como fonte de suprimento permaneceu de considerável importância, particularmente no que respeita a legumes, carnes e ovos.

A autogestão opera, portanto, dentro de parâmetros extremamente rígidos, sendo seu objetivo forçar a população camponesa (80% da população ativa em 1928) a aceitar salários reais inferiores àqueles que são pagos nas empresas do Estado. Concentravam-se nestas os investimentos e o esforço de modernização com vistas a modificar a estrutura do sistema produtivo.

Por outro lado, a evolução não se deu no sentido inicialmente visado de formação de *comunas* com casas coletivas, refeições em comum etc. Havia-se imaginado que, alcançado certo nível de acumulação (e de abundância na oferta de bens), a *comuna* seria um instrumento de transição para o novo estilo de vida de caráter essencialmente coletivista. Ao contrário, o coletivismo do *kolkhoz* fundou-se na escassez, contrapartida do esforço de geração de um excedente em uma economia de baixa produtividade. Ali onde foram alcançados níveis mais altos de acumulação, a transição fez-se para o controle centralizado das unidades de exploração, ou seja, para a adoção do sistema que prevalecera na indústria desde o início. Isto contribuiu para inflar as estruturas burocráticas e para aumentar o custo social do sistema como um todo.

Dessa forma, mantiveram-se as características do modo de produção capitalista: trabalho assalariado, rigidez hierárquica no sistema de decisões, confinamento da informação nos escalões superiores. Como o pivô do sistema é a acumulação, a maximização do excedente prevaleceu não apenas sobre as aspirações igualitárias, mas também sobre os próprios critérios de eficiência econômica.

Lênin era um homem preocupado essencialmente com a tomada do poder, e não um prisioneiro de determinada visão do processo histórico — é o que se infere de seu comportamento nos meses que antecederam a Revolução de 1917. Ao deixar Zurique, quando o processo revolucionário já estava aberto na Rússia, ele escreveu aos operários suíços que "a Rússia é [...] um dos países mais atrasados da Europa. Aí o socialismo não pode ser diretamente e de imediato vencedor". Mas, ao chegar a Petrogrado, em 3 de abril, percebeu sem demora as potencialidades que encerrava a situação: o Estado em decomposição, o que abria a porta a transformações sociais muito mais profundas do que aquelas preconizadas pelos que pensavam em termos de uma revolução burguesa. Essa desagregação do Estado não permitia qualquer explicação teórica, mas era um dado do qual havia de partir. A rejeição da guerra por uma população submetida à miséria, o descrédito do governo imperial, o descontentamento das nacionalidades submetidas ao poder russo, tudo levava à perda de legitimidade e ao esvaziamento do poder.

Prolongando-se essa situação, emergiram espontaneamente outras formas de poder, organizando-se o povo tanto nas fábricas como no campo, e mesmo na tropa mobilizada. Foi a realidade desse poder, advindo da massa da população organizada sob a forma de conselhos (os Sovietes), que convenceu Lênin de que transformações profundas estavam ao alcance da mão. Abria-se uma oportunidade dessas que raramente ocorrem na História, o que Lênin percebeu sem tardar.[46] Tudo dependia de que esses conselhos fossem dotados de uma doutrina que desse coerência às suas aspirações. O partido que Lênin dirigia estava preparado para realizar esse trabalho de doutrinação e possivelmente para assumir a liderança do Estado. Era imperioso constituir-se em vanguarda do povo oprimido, unir trabalhadores, camponeses e soldados. O esforço de Lênin orientou-se, a partir desse momento, em duas direções. Na primeira, ele tratou de convencer a liderança do Partido Bolchevique de que o socialismo estava ao alcance da mão, renegando assim o que escrevera havia pouco. O objetivo devia ser controlar os Sovietes, deslocando os mencheviques e os socialistas-revolucionários amplamente majoritários. A segunda linha de ação devia consistir em contrapor os Sovietes ao que restava do poder constituído, o que também era uma enorme tarefa porquanto os que controlavam os Sovietes estavam na coligação que formava o governo.

As reivindicações que se expressavam nos Sovietes eram de caráter geral, como o fim da guerra, ou de tipo reformista, como a jornada de oito horas de trabalho, a terra aos camponeses. A vitória de Lênin nas duas linhas de ação deveu-se não só às suas excepcionais qualidades de líder, mas também à degradação da situação geral, graças ao que os Sovietes foram efetivamente assumindo o poder no campo e nas cidades. A situação de descrédito dos comandos militares numa ampla frente de guerra em que se multiplicavam as derrotas impediu que se caminhasse para a solução típica desses casos: o golpe de Estado dado pelas Forças Armadas. Fazendo-se o arauto das teses populares sob a forma de uma oposição sistemática ao governo, o Partido Bolchevique cresceu em popularidade durante esse período crítico, e sua força ficou demonstrada na greve geral de 12 de agosto, que se efetuou simultaneamente com a conferência nacional convocada pelo governo para ampliar suas bases políticas. Dessa forma, o domínio dos bolcheviques dentro dos Sovietes acelerou-se na fase em que se degradou o poder do governo provisório.

---

46. Lênin chega a Petrogrado em 3 de abril e quatro dias depois publica as famosas *Teses* que serão adotadas na conferência do Partido Bolchevique no dia 25 desse mesmo mês. Essas *Teses* preconizam, por um lado, a adoção das reivindicações mais urgentes do povo, a começar pela paz, e, nesse sentido, são tipicamente *populistas*; por outro lado, elas liquidam com a ideia, que estava no centro do pensamento marxista da época, da necessidade de uma revolução burguesa de tipo parlamentar. E ainda sugerem a "passagem imediata a uma República dos Sovietes". Portanto, era necessário assumir de imediato uma posição de oposições sistemáticas ao governo de coalizão que se instalara após a Revolução de Fevereiro, com o apoio dos Sovietes. A segunda tarefa seria conquistar o controle dos Sovietes, o que resultou ser bem mais difícil. No primeiro congresso panrusso dos Sovietes, que tem lugar em janeiro, a ação da coligação no governo é aprovada por ampla maioria, contra a moção de Lênin, segundo a qual os Sovietes deviam reivindicar desde logo o controle do poder.

OBRA AUTOBIOGRÁFICA

Quando o povo se mobiliza em Petrogrado para destituir o que ainda restava do governo, é pela palavra dos bolcheviques que os Sovietes descobrem que o poder real está com eles. Pouco tempo antes, Lênin havia escrito *O Estado e a revolução* (durante o exílio na Finlândia a que fora forçado em julho, depois de uma sublevação popular espontânea a que se ligaram os bolcheviques) para demonstrar que os Sovietes somente preservariam o poder se este assumisse a forma de uma ditadura. Não havia dúvida de que essa ditadura seria exercida em nome do povo e por uma vanguarda organizada, ou seja, pelo Partido Bolchevique. Ao conservar o conceito de ditadura do proletariado, Lênin permanecia dentro da tradição do discurso marxista. Mas, na realidade, se vanguarda havia, ela emanava das massas e se concretizava nos Sovietes. A estes se deve que a revolução haja ganhado profundidade e que o povo se tenha identificado com seus líderes. Porém, ao prevalecer a ideia de uma ditadura exercida por uma vanguarda, criaram-se condições para que os Sovietes perdessem substância e viessem a ser controlados pela "vanguarda". Era a ditadura de um partido que derivava a sua legitimidade mais da suposta justeza de sua doutrina do que de uma representatividade popular qualquer.

Que todo o pensamento de Lênin estava a serviço da tomada do poder pelo seu partido, o qual o exerceria de forma ditatorial em nome do povo, evidenciou-se no debate sobre a situação econômica agravada por greves e lockouts. Àqueles que buscavam a solução na passagem do controle do sistema produtivo para os trabalhadores, digamos, em uma forma de autogestão, Lênin opôs a tese de que o fundamental era o controle do poder pelos Sovietes. Tratava-se, portanto, de reconstruir o Estado, sob o controle dos Sovietes, cabendo-lhe assumir o comando do sistema produtivo. Estava implícito nessa tese que não era viável passar ao modo socialista de produção. Havia de favorecer a centralização de decisões no quadro de um modo de produção em que o Estado controla o aparelho produtivo com vistas a favorecer o processo de acumulação. Retirar dos Sovietes o controle direto das atividades produtivas foi passo essencial na marcha para a centralização de decisões que tudo subordinaria ao Partido Bolchevique.

Em 1979, perambulando por Moscou, interrogo-me sobre os resultados dessa inusitada experiência de engenharia social. A ideia de revolução evoca a de desmantelamento de velhas estruturas, de abertura abrupta de espaço à aventura criativa. O extraordinário, aqui, é que se institucionalizou uma suposta "ordem revolucionária". Prevaleceu a doutrina ingênua de que é possível tutelar a história, submeter a rígido controle o viver dos homens. Em sua essência, a história é um gênero de dança, pois exprime o grau de liberdade de uma sociedade. A dança aprisionada transforma-se em balé clássico. Basta ir ao Bolshoi para compreender o que ocorreu com este povo.

Sem lugar a dúvida, as condições de vida da população melhoraram consideravelmente nos últimos dois decênios, e esta já é uma sociedade relativamente homogênea. Mas não é menos certo que essas condições de vida estão muito abaixo do que seria de esperar, dado o enorme esforço de acumulação realizado no país. E por toda parte o trabalho é feito um tanto frouxamente. A impressão que predomina é a de monotonia, de ausência de originalidade.

O Estado está em tudo: todos dele em tudo dependem. Porque se exige dos indivíduos grande dedicação ao Estado, as relações com este são de adoração ou ódio, podendo os dois sentimentos coexistir na mesma pessoa.

A atividade política se afigura algo misterioso ao homem comum. Um estrangeiro que aqui reside há muitos anos me observava que a pessoa corrente sente certa aversão pelos assuntos políticos. É como se o Estado fosse uma engrenagem que funciona por conta própria, um deus ex machina. Certa noite, observei uma grande aglomeração no centro da cidade. Sob a neve que caía, as pessoas se juntavam aqui e acolá. Mas só na aparência era uma multidão: de perto, logo pude perceber que se tratava de grupos com seus supervisores. Talvez fosse um ensaio para as comemorações da Revolução, cujo aniversário transcorria na semana seguinte. Procurei informar-me do que se tratava, mas em vão. Era como se o próprio objetivo da reunião fosse irrelevante.

Falando com pessoas de opiniões diversas, chamou-me a atenção a preocupação com o isolamento de que sofre o país. Para os indivíduos bem integrados no sistema, esse sentimento se explica como reflexo da consciência que têm de ameaça externa: o poder militar é um escudo protetor. Daí o sentido mágico dado à palavra "détente". Parece-me que essa visão do mundo é perigosa, pois serve de justificativa para prosseguir na corrida armamentista. E, para o povo deste país, sustentar essa confrontação com o resto do mundo desenvolvido tem que ser desastroso. Para os indivíduos dissidentes, a coisa é simples: pensam que os que mandam no país são tão incompetentes que conseguem mobilizar o mundo inteiro contra a União Soviética. Os únicos aliados com que o país pode contar são aqueles governos que não têm liberdade para escolher.

Chama a atenção o repetitivo da propaganda ideológica que, contudo, se mostra extremamente ineficaz quando comparada com o que se pratica, em sentido inverso, nos países capitalistas. Uma pessoa integrada no sistema, e que tem uma ideia da América Latina, fez-me a seguinte observação: "Que trágica situação a dos países latino-americanos, que têm de escolher entre uma ditadura militar cruel e uma democracia burguesa corrupta! Em um país como o México, a cada seis anos se substitui um presidente que leva consigo uma fortuna, e o acompanha um grupo de pessoas que passa pelo país como uma nuvem de gafanhotos!". Achei graça, mas observei que era exagero colocar no mesmo saco Cárdenas e um Miguel Alemán. Porém, se se pinta o mundo exterior com essas cores, é porque se pretende incutir a ideia de que por mais que isto aqui seja ruim ("Estamos aprendendo a melhorar o

OBRA AUTOBIOGRÁFICA

mundo", disse meu interlocutor), lá do outro lado é muito pior. O debate sobre a corrida armamentista tem o mesmo cariz: "Os outros se armam porque a agressão está na lógica do capitalismo, nós sempre fomos um povo pacífico, por instinto de sobrevivência".

Pouco antes, eu havia participado em Belgrado de uma conferência da Universidade das Nações Unidas sobre a contribuição da ciência e da tecnologia na luta contra o subdesenvolvimento. Nessa cidade o contato humano era fácil. Como não reconhecer que esse Tito era alguém fora do corrente? Haver enfrentado Hitler e Stálin, haver preservado a unidade e independência da Iugoslávia, havê-la arrancado de uma rígida esfera de influência!

O nível de vida da população (pelo menos em Belgrado) era mais elevado do que seria de esperar, dado o relativo isolamento do país. O sistema de autogestão certamente pressionava no sentido de elevar os gastos em consumo, de privilegiar o presente. Devia ser uma dura tarefa alcançar adequado nível de investimentos, ou fazê-los sem criar pressão inflacionária e problemas de balança de pagamentos. Era provável que as remessas de dinheiro de trabalhadores residentes no exterior dessem origem a certa margem de manobra. Chamava a atenção a relativa homogeneidade dos padrões de consumo que se podia observar nos restaurantes, nos centros comerciais e nas ruas. As informações que obtive indicavam que se mantinham e mesmo se acentuavam as desigualdades regionais, o que certamente reflete a reduzida mobilidade da população (entre regiões), causada por fatores culturais. As regiões mais pobres pagavam um preço elevado para preservar a identidade cultural. Preservar a unidade nacional constituía certamente o maior desafio. Também impressionava na Iugoslávia a boa qualidade dos serviços comparativamente aos demais países socialistas. No regime de autogestão, os salários são modificados periodicamente em função dos resultados obtidos. Existia, evidentemente, um sentimento de participação, uma unidade de propósitos nas empresas.

Em Moscou, tudo é rígido e controlado, mas se tem a impressão de que os controles são inócuos, ou simplesmente idiotas. Nos bares, nas lojas que oferecem artigos de melhor qualidade exige-se *hard currency*, o que humilha a população local.

É evidente que a centralização de decisões (e em particular a planificação centralizada), na forma implantada na União Soviética, leva ao imobilismo e a essa dicotomia planejadores-planejados que é a morte da sociedade civil.

A Galeria Púchkin (o museu nacional em Moscou) é uma bela coleção de pinturas, mas a ela quase nada se adicionou nos últimos sessenta anos. A fila para entrar é considerável. Com a temperatura entre cinco e dez graus negativos, fiquei quarenta minutos na fila ao relento. Enquanto isso, passavam à frente grupos privilegiados, mas ninguém protestava.

Nos edifícios de apartamentos, as áreas coletivas (entrada, escadas etc.) apresentavam um estado de abandono como se cada morador cuidasse apenas do que é seu. O problema de fundo parece ser a desmotivação das pessoas, a separação e mútua exclusão entre a sociedade civil e o Estado. O motorista de meu táxi decidiu pôr gasolina em plena *banlieue*. Havia uma grande fila de veículos comerciais. Aparentemente, quem tem dinheiro vivo pode passar na frente. Neste caso, houve protesto, quase violência física. Meu guia saiu do carro, aproximou-se, mostrou uma carteira (que deveria ter um poder mágico) e resolveu sem delongas o problema.

À noite, fui ver a ópera *Outubro*, dramatização ingênua do que possa ter sido a revolução e culto romântico da figura de Lênin, que aparece como um semideus em cada fim de ato para remediar, guiar, salvar o povo bom e alegre.

Mais do que em qualquer outra parte, é aqui que se deve estudar o alcance e os riscos das experiências de engenharia social.

EXPERIÊNCIAS DE ENGENHARIA SOCIAL

No correr do ano de 1980 tive a oportunidade de visitar, como convidado de congressos acadêmicos, quatro países que experimentavam regimes socialistas em graus diversos. Durante as viagens, ou tão logo de volta a Paris, tomei notas a respeito do que vi, e aqui as transcrevo visando transmitir observações de alguém empenhado em entender as experiências de reconstrução da sociedade que marcaram este século. Foi também essa a razão que me fez elaborar, em julho daquele ano, as teses expostas em seguida.

A convulsão agrária da Etiópia

Adis Abeba, maio de 1980

A "revolução" que teve lugar recentemente na Etiópia é tão singular como a ocorrida na Mongólia meio século antes. A única semelhança entre elas está na retórica marxista. Nos dois casos, pretendeu-se "saltar por cima" do capitalismo, iniciar um processo de acumulação capaz de dar acesso à técnica moderna apoiando-se em ajuda externa.

A Etiópia é um mundo quase exclusivamente rural, de economia de subsistência. Suas estruturas sociais existiram secularmente sem conhecer transformação significativa e mantiveram a massa camponesa em um nível de vida tão baixo que todo avanço nas técnicas parecia impraticável. O excedente é miserável e vinha sendo

OBRA AUTOBIOGRÁFICA

totalmente consumido por uma nobreza restrita e um clero pobre. Não que fosse grande a pressão sobre a terra. Pelo contrário. Mas de nenhum lado surgia tensão no sentido de modificar um equilíbrio protegido pelo isolamento que facilitavam as montanhas e os desertos circundantes. As habitações rurais são paupérrimas e equipadas do mínimo necessário para abrigar a população. No campo, a única construção pública é a igreja.

A "revolução" de 1974 consistiu em liquidar o poder da minoria tradicional dominante. Os novos senhores são militares de origem social humilde. Conjuntamente com elementos da intelligentsia, que quase sempre estudaram no exterior, constituem um grupo social sui generis, com acesso a técnicas modernas e com nova visão da realidade do país e do contexto internacional.

O afastamento, por esse grupo, das antigas estruturas de dominação social fizera-se inevitável. O problema era saber por quanto tempo a velha casta dominante conseguiria manter o grupo "modernizado", que frequentava os fóruns internacionais, a seu serviço, ou disporia de meios para corrompê-lo. Contudo, era inevitável que os que controlavam a informação (e as armas) viessem a tomar gradualmente consciência de sua força. Ora, isso acontecia numa época em que se multiplicavam as experiências de engenharia social, em que a adoção de certos modelos de reforma de estruturas abriam as portas à ajuda externa.

Para manter o controle do Estado em um país onde milenarmente o poder esteve ligado à religião como fonte de sua legitimidade, fazia-se necessário dispor de uma mensagem mobilizadora da massa camponesa. Esse é o ponto de partida da extraordinária transformação do mundo rural etíope atualmente em curso. Os camponeses recebem terras para cultivar por conta própria e são incitados a organizar-se em associações que hoje enquadram a grande maioria deles. Por cima da massa camponesa já não existe outra estrutura de dominação que não seja o Estado. Ademais, os camponeses são incitados a formar milícias que recebam treinamento e armas do governo. E, para tratar de seus próprios interesses, são organizados em cooperativas. Pude visitar algumas dessas associações e cooperativas: seus líderes andam de pés no chão e ainda vivem no nível mínimo de subsistência.

Concomitantemente a essas transformações estruturais, elevaram-se os preços agrícolas (relativamente aos demais preços), o que implicou transferência de renda da cidade para o campo. O antigo excedente drenado pela minoria social privilegiada passou a ser retido no campo, ainda que parcialmente, em benefício dos camponeses. Estes perceberam a mudança a seu favor e apoiam a nova ordem de coisas.

Por outro lado, os técnicos estão em pânico, pois os preços relativos dos alimentos subiram nas cidades, e o excedente com que eles contavam para intensificar a acumulação praticamente se evaporou. Os investimentos tendem a zero, dizem eles, apreensivos.

602

OS ARES DO MUNDO

Esta e outras questões me foram colocadas na Universidade de Adis Abeba. Respondi que não era possível construir nada em cima da miséria daqueles camponeses, e que o primeiro passo sempre teria de ser assegurar a cooperação deles. De todo modo, a mobilização da massa camponesa parece irreversível e o poder dificilmente se estabilizará sem a cooperação dessa massa. Pude observar o treinamento da milícia camponesa nas áreas rurais, treinamento que se estende por três meses. Na maior parte desse tempo, os recrutas se alojam em tendas, levando vida em comum, homens e mulheres.

O que está ocorrendo na Etiópia é simplesmente uma revolução agrária. Somente em um país de população quase totalmente rural e de baixo nível de desenvolvimento material pode acontecer uma revolução desse tipo. A diferença é perceptível com respeito a experiências similares, como a do México há meio século, quando a resistência do setor urbano foi eficaz e logrou, com o tempo, reduzir o alcance social das mudanças na estrutura agrária. No fundo, na Etiópia a revolução foi menos obra dos camponeses que no México. É verdade que a massa camponesa etíope atravessava um período de dificuldades particularmente agudas, e a extração de excedente pelo Estado e pelos grupos dominantes se fazia cada vez mais dolorosa. Mas foi a rachadura no sistema de dominação que abriu as comportas. O grupo que empolgou o Estado — uma elite militar tecnocrática — estava consciente da importância da legitimidade do poder em um país com a tradição religiosa deste. E sabia que não havia outro ponto de apoio fora da massa camponesa.

Impressiona, e até diverte pelo distante que está da realidade, a retórica "marxista-leninista" do discurso oficial. Na praça central de Adis Abeba, estão os "pais" da revolução: Marx, Engels e Lênin. Não sei se Marx sorriria ou choraria diante do espetáculo de desmontagem de velhas estruturas feudais em um mundo rigorosamente pré-industrial, que pretende fundar-se no "socialismo científico".

O primeiro grande obstáculo a superar consistiu em obter algum apoio externo para atravessar o período inicial de redução do excedente. Uma primeira ajuda veio da China. Numa sala de reuniões de um instituto de pesquisas agrícolas situado na área rural, pude ver os restos de um retrato de Mao, que havia sido rasgado, ao lado de um de Stálin, com a legenda em chinês. Reproduções russas impressas de Marx, Engels e Lênin, de data posterior, apareciam em destaque.

As afinidades com a revolução agrária chinesa são notórias, sendo contudo a China uma economia que enfrenta problemas de escassez de terras, e não os do rudimentarismo técnico que aqui se evidencia. Mas não se pode deixar de reconhecer que o apoio externo, a começar pelo econômico, desempenha um papel fundamental na consolidação do regime. Esse apoio incute nos dirigentes o sentimento de inserir-se num processo histórico amplo, em que são parte de um movimento mundial de libertação dos povos.

O apoio cubano é certamente dos mais expressivos. Comenta-se por toda parte

OBRA AUTOBIOGRÁFICA

que os homens de Fidel Castro são hábeis manejadores das armas modernas e inspiram extraordinária confiança, tanto pelo entusiasmo que irradiam como por afinidades raciais, e por adaptarem-se mais facilmente às condições de vida que aqui prevalecem. A principal missão dos cubanos parece ser a de formar o quadro de oficiais da milícia camponesa. O aspecto negativo desse apoio externo está em que, com ele, penetra uma certa visão rígida da organização econômica e social, germe da burocratização.

Uma nova agricultura está sendo criada a partir de fazendas estatais orientadas para a mecanização e para a introdução de técnicas agrícolas modernas. A ruptura com as técnicas que estão ao alcance da massa camponesa terá de ser completa. Como a nova agricultura exigirá tempo para se firmar, o problema da escassez de produtos agrícolas se colocará inexoravelmente, com consequências negativas para o abastecimento das áreas urbanas. E como promover a mecanização, o uso de adubos químicos etc., antes de ser resolvido o problema das fontes de energia? Este é um país que depende amplamente da lenha como fonte primária de energia. Adis Abeba queima lenha transportada por pequenos jumentos que se dirigem para as zonas residenciais aos milhares, pela madrugada.

A experiência dos países socialistas, em particular a da União Soviética, é de quase nenhuma valia aqui, pois não se trata de industrialização a marcha forçada, e muito menos de simples desvio de um excedente antes desperdiçado por uma camada social parasitária, como foi o caso de Cuba. O paradoxo do mundo atual está em que um ingente esforço para saltar da Idade Média aos tempos modernos, como o que ocorre na Etiópia, depende para ter êxito de ampla ajuda externa, a qual está submetida aos acasos da confrontação entre as grandes potências. A ajuda principal tem vindo da União Soviética e implica injetar na sociedade o soro de futuro imobilismo, dada a rigidez das novas estruturas que estão sendo implantadas.

Chama a atenção, aqui, a péssima qualidade da imprensa, que nada informa, e doutrina maciçamente. Em um país que dispunha de uma intelligentsia reduzida, mas sofisticada — o ensino superior é ministrado em inglês —, escamotear a informação, de modo particular a internacional, traduz-se em balbúrdia mental e em incapacidade de distinguir entre fatos e fantasias.

Que a velha experiência deste povo na luta pela sobrevivência como cultura e nação salve-o de inimigos e amigos!

O caleidoscópio cubano

Havana, junho de 1980

Quantas facetas apresenta a experiência vivida por este povo em apenas dois decênios! Tudo comporta mais de uma leitura: pode iludir ou maravilhar. Ainda

OS ARES DO MUNDO

assim, é um privilégio vir aqui, pois em poucos países é tão grande a transparência do acontecer histórico. Faz-se notório, sem tardança, que nada aqui se compreende ou se explica sem referência a esse homem que esteve e está no centro de tudo. O essencial tem sua origem última no voluntarismo de Fidel Castro.

Dir-se-á que esse tipo de voluntarismo não pode alcançar uma tão grande eficácia em um mundo mais estruturado, onde a História fosse menos fluida, onde as frustrações do passado não pesassem tanto.

É preciso ter presente no espírito que em Cuba a luta de libertação nacional foi muito prolongada e que a soberania desse país, até 1959, era uma ficção, o que se percebia com mais clareza de dentro que do exterior.

O fio da meada para entender a saga revolucionária cubana está na luta pela independência, no esforço para tirar-se de cima um gigante que esmaga, seduz, corrompe. Tudo em Cuba está referido ao vizinho, e somente cobra sentido quando se tem em conta a luta contra essa espécie de anjo do mal. No Instituto de Estudos da Economia Mundial, onde estivemos reunidos, logo na entrada do prédio pode-se ler o fac-símile de uma carta de Fidel escrita na Sierra Maestra em maio de 1958, na qual ele diz enfaticamente: *"Me doy cuenta de que eso* [a guerra contra os ianques] *va a ser mi destino verdadero"*.

Para romper o vínculo umbilical de dependência, foi necessário praticar uma operação cirúrgica visando amputar toda uma parte da sociedade que estava integrada de corpo e alma no mundo ianque. É significativo que aqui os norte-americanos sejam sempre referidos como ianques, esses fantasmas da Guerra de Secessão. E também foi preciso montar essa enorme barreira de isolamento que coloca os cubanos em uma posição excêntrica e os incapacita para ver o mundo de uma perspectiva equilibrada.

A informação está canalizada, a imprensa é tão pobre e tão maniqueísta que, não obstante o envolvimento internacional do país, o povo e mesmo os intelectuais dão a impressão de extremo provincianismo. A propaganda ideológica é sufocante. E, se não suscita revolta, embota os espíritos.

Mas tudo toma sentido se se tem em conta que se vive uma "guerra patriótica". Os homens que estão no governo são evidentemente muito mais lúcidos do que seria de imaginar lendo e vendo essa propaganda. Ainda assim, permanece a sedução do ianque, por trás do ódio.

A necessidade de praticar de modo semi-improvisado uma profunda cirurgia social explica em parte a forma amadorística como foi conduzida durante tanto tempo a economia do país. E também explica a fuga para o socialismo, o qual nunca foi bem definido, parecendo ser no essencial uma espécie de Welfare State prematuro e, por isso, demasiado caro. Também explica a falta de dogmatismo, os avanços e recuos, a sedução exercida por Guevara que, no fundo, era um utopista romântico.

Com o tempo, o Welfare State fez sentir o seu custo, ficando em desproporção

OBRA AUTOBIOGRÁFICA

com o desenvolvimento da base material da sociedade. Ao lado do Welfare State, também cresciam consideravelmente os gastos militares. A dependência econômica vis-à-vis da União Soviética perpetuou-se, quando a intenção inicial era que fosse temporária. E não se imagine que não houve um grande esforço de investimento. Este, em verdade, foi considerável e se tornou possível no início graças à subutilização de capacidade produtiva herdada do período pré-revolucionário. Mas as prioridades iniciais foram o Welfare State e a modernização de uma infraestrutura por vezes redundante. O que valeu a Fidel um sólido e persistente apoio de opinião pública.

Tudo indica que a falta de uma percepção adequada das motivações econômicas e a fixação de metas sociais demasiadamente ambiciosas conduziram a um declínio persistente na eficácia dos novos investimentos. Não que esta ou aquela unidade produtiva seja necessariamente ineficiente, mas o sistema como um todo apresenta um elevado grau de entropia. Escapar desse tipo de engrenagem não é fácil, pois a população habituou-se a certo estilo de vida, a considerar-se com direito a determinado padrão de consumo e a pouco valorizar aumentos marginais do salário monetário.

Uma porta de saída poderia ser a efetiva ampliação e diversificação da oferta de bens comerciais. Mas isso só poderia tornar-se realidade mediante incremento das importações. Ora, é do lado da capacidade para importar que se apresentam as maiores limitações, em razão do embargo imposto pelo governo dos Estados Unidos, o qual restringe consideravelmente as opções comerciais. Foram esses constrangimentos que criaram a dependência vis-à-vis da União Soviética. Cuba é um país praticamente sem fontes de energia primária e fortemente dependente da exportação de um único produto: o açúcar. Enquanto não modificar a estrutura de seu comércio exterior, a economia cubana permanecerá exposta às pressões externas cujas implicações políticas não se podem ignorar.

Caberia perguntar: como aumentar a eficiência do sistema econômico sem pender excessivamente para o lado oposto, isto é, sem criar novas formas de desigualdades sociais?

Por toda parte, fala-se em obras importantes em realização ou programadas. Os altos funcionários se agarram a qualquer coisa para crer no futuro, e evitam abordar a fundo os problemas do presente. A desinformação no que respeita à situação global da economia é alarmante. Predomina um otimismo fácil, que não pode ser senão um escapismo. Os visitantes estrangeiros se deixam seduzir por esse jogo de aparências, como se tivessem medo de perder a fé nesta experiência socialista realmente simpática e meritória.

Ao lado do local onde nos reunimos, está a repartição encarregada de conceder vistos de emigração. Três turnos se revezam: às sete da manhã, às dezessete e às 23 horas. A rua tem estado cheia de gente, centenas de pessoas em longas filas de espera. Mas não atribuo maior significação a esse fato. Mesmo na Inglaterra haveria filas se o governo dos Estados Unidos concedesse entrada livre para ali trabalhar.

606

A experiência de participação do povo no debate preparatório das decisões administrativas e políticas é significativa. Isso substitui, de alguma forma, a autogestão nas empresas e evita a esclerose das estruturas burocráticas. Fala-se de "poder popular". Por toda parte, o povo está presente. Sem lugar a dúvida, há um trabalho de educação política admirável. Mas política também é conflito, e conflito aqui só se permite naquilo que não afeta o sistema globalmente. A confrontação com os ianques desempenha, a esse respeito, um papel inibidor, pois circunscreve a área da atividade política.

O esforço para elevar o nível cultural do povo é extraordinário e parece suscitar resposta muito positiva. Deste e de diversos outros pontos de vista há muito que aprender com os cubanos.

No setor agrícola, estão sendo realizados importantes investimentos, mas a massa de pequenos proprietários (são cerca de 150 mil) permanece sem condições de investir ou de elevar seu nível técnico. Muitos continuam nas mesmas habitações miseráveis de antigamente. Forçados a deslizar para o mercado negro, sentem-se excluídos do espírito que domina a sociedade, que é de solidariedade e de renúncia.

O caso singular da Mongólia

Paris, agosto de 1980

Em nenhum país a prática da engenharia social foi levada mais longe do que na Mongólia, o que dá a esse caso uma exemplaridade comparável ao da Esparta de Licurgo.

A experiência da República da Mongólia nos ajuda a compreender a significação das ideias leninistas quando aplicadas aos movimentos sociais que marcaram neste século os países onde o capitalismo penetrou superficialmente ou foi apenas um instrumento de dominação imperialista.

A Mongólia é caso singular no continente euro-asiático pelo isolamento a que foi submetida a partir do século XVII. A implantação do domínio manchu na China, na metade desse século, criou para a Mongólia uma situação particular, de início como suposto aliado do conquistador, e, em seguida, como vassalo do conquistado, o que se daria com a sinização da dinastia Tsing fundada pelos manchus. Para o isolamento da Mongólia — mantido mediante a militarização da fronteira com a Rússia czarista — também contribuiu o budismo lamaísta, importado do Tibete, cuja influência cultural foi profunda.

País de população nômade, de cultura refinada de base exclusivamente pecuária — a alimentação, a vivenda, os meios de transporte, as fontes de energia, tudo tinha apoio numa pecuária extensiva e transumante —, a Mongólia possuía uma estrutura social que dificilmente pode ser enquadrada nas tipologias derivadas da história social do Ocidente. A propriedade da terra desempenhava papel secundário na ordenação social, sendo a massa da população constituída de pequenos criadores de gado (os *arats*) que tinham acesso a pastos comuns. O único patrimônio importante era o rebanho — ovino, bovino, cavalar e de camelos — que estava dividido entre a massa da população. A posse de animais de montaria, em particular de equinos, era e ainda é hoje símbolo de status social.

Numa estrutura social desse gênero, falecem os requisitos necessários para a formação de um Estado. Com efeito, toda vez que se pretendeu criar uma estrutura de poder estável — o que ocorreu pela primeira vez no começo do século XII com Gengis Khan —, manifestou-se de imediato a pulsão expansionista. Com a estabilização das fronteiras, a estrutura de controle social tendeu a confundir-se com o clero lamaísta, que permeia toda a população. As velhas famílias dos chamados gengiskhânidas fundiram-se com o clero, apresentando a Mongólia traços persistentes de uma teocracia. Contudo, tratando-se de uma população nômade, dona de rebanhos que pastam em imensos territórios, a estrutura de controle social restringia-se à preservação de tradições asseguradas por um clero disseminado pela maioria das famílias. Uma fração da população trabalhava em regime de servidão para os monastérios e para pequenos príncipes, sendo reduzidos os circuitos comerciais e as relações com o exterior.

A dominação chinesa constituía, entretanto, um peso, particularmente em razão do recrutamento militar destinado a guarnecer a extensa fronteira do norte. As revoltas se repetiram no século XVIII, lideradas por príncipes ou mesmo por lamas. Estes se opunham, em especial, aos comerciantes chineses e aos funcionários manchus. Assim, ao cair a monarquia manchu na China, em 1911, sublevaram-se os mongóis e proclamaram a própria independência, contando para isso com o apoio da Rússia. Mas a reação chinesa não se fez tardar e, já no quadro da república, em 1915, um acordo foi assinado com a Rússia imperial para impor a suserania da China à Mongólia Exterior. (A diferenciação das duas Mongólias, a Exterior e a Interior, foi introduzida pelos manchus no século XVIII.) Mas o estatuto de *autonomia* desta era garantido pela Rússia.

A Revolução de 1917 na Rússia modificou o quadro geral, pois a guerra civil subsequente prolongou-se até a Mongólia, que foi invadida pelas tropas brancas do barão de Ungern. Também dentro da Mongólia surgiram facções autônomas, entre elas emergindo um importante movimento popular sob a liderança de Sukhe Bator, militar filho de *arat*, que, com apoio de tropas enviadas por Lênin, empolgou o controle do país em 1921.

Certo, a Mongólia incubava um movimento de liberação nacional, em torno do qual se uniam grupos significativos da população. Que a liderança estivesse em mãos de nobres e clérigos se explica pelo fato de que eram estes os que sentiam mais diretamente a tutela dos comerciantes chineses e dos funcionários do governo de Beijing.

OS ARES DO MUNDO

Também eram eles que queriam ter acesso a produtos vindos do exterior. A massa dos *arats* estava protegida — exceto no que respeita à conscrição militar — pela própria natureza da economia nômade de subsistência que era a sua. O que interessa assinalar é que dentro desse movimento revolucionário surgiu, subitamente, um pequeno grupo arvorando um projeto de transformação do país, na linha do pensamento de Lênin.

Um grupo de revolucionários mongóis tomara contato, em 1920, com o recém--criado Komintern, com a direção do Partido Bolchevique e com membros do governo soviético, a quem consultaram sobre o caminho a seguir para alcançar o controle do país.[47] Ora, a direção do Komintern acabava de tomar a decisão de "apoiar por todos os meios a seu alcance toda república socialista que venha a ser criada, onde quer que seja". A criação de uma "república socialista" era um ato formal, não cabendo a ninguém discutir se as condições objetivas justificavam ou não a decisão. Os pré-requisitos eram a organização de um partido que assumisse as reivindicações mais amplas das massas trabalhadoras e a tomada do poder por esse partido.

Os revolucionários mongóis regressaram a seu país em março do ano seguinte e criaram um Partido Popular Mongol, que foi dotado de um Comitê Central. Logo em seguida, esse grupo erigiu-se em governo provisório para dirigir a luta de libertação. Um pedido de ajuda foi feito ao governo soviético e, três meses depois, as operações militares estavam encerradas. Em novembro, Lênin recebeu pessoalmente Sukhe Bator e outros membros da direção do Partido Popular Mongol, e deu-lhes "inesquecíveis conselhos".[48]

A tarefa que se propôs realizar esse grupo de revolucionários mongóis era certamente enorme. Levar adiante uma revolta para tomar o poder é uma coisa. Mas, cumprida a missão, como conservar esse poder? Em nome de quem exercê-lo? E com que objetivos? Os conselhos de Lênin foram certamente no sentido de que se apoiassem nas massas, que as organizassem e que empreendessem uma reconstrução de todo o edifício social. Por essa época, Lênin se referiu ao "regime soviético" como sendo uma forma de organização política que independe do grau de desenvolvimento das forças produtivas, capaz de gerar um modo de produção mal definido mas no qual o Estado tende a monopolizar a extração de excedente. A transformação subsequente da sociedade depende, portanto, da aplicação que o Estado venha a fazer desse excedente. Assim, tudo é função das decisões que tomem os líderes revolucionários.

Na Mongólia — e sobre este ponto todos estavam de acordo — não existia nem proletariado nem burguesia. Portanto, a ideia de ditadura do proletariado estava excluída a priori. Tampouco se podia afirmar que o partido fosse a vanguarda do proletariado, posto que este inexistia. Era necessário, assim, apoiar-se na ideia de "regime

47. Ver B. Chirendyb, *Sans Passer par le Capitalisme*. Ulan Bator: Éditions de l'État, 1968, p. 30.
48. Ibid., p. 31.

soviético" e procurar dar-lhe um conteúdo a partir da situação real. No congresso do Komintern, em 1920, Lênin afirmara: "Com a ajuda do proletariado dos países mais avançados, os países mais atrasados podem aceder ao regime soviético". E acrescentara: "A ideia da organização soviética é simples: ela pode ser aplicada não apenas no quadro das relações proletárias, mas também no das relações camponesas de caráter feudal ou semifeudal".

A linha seguida na Mongólia consistiu em identificar o partido com os interesses dos *arats*. Como estes encarnavam os valores do antigo regime, a transição teve de ser lenta. As formas exteriores da teocracia foram conservadas até 1924. Transformações foram sendo alcançadas mediante a eliminação dos privilégios de que desfrutava a minoria de senhores — alto clero e grandes criadores — que dominavam tradicionalmente o país. Mediante uma reforma fiscal e a obrigação de pagar salários monetários, os monastérios e também os nobres — que dispunham de um excedente pouco monetizado — foram pressionados a autoliquidar-se. Outros privilégios, como o direito de deslocar-se em certas regiões com os seus rebanhos e a isenção do serviço militar, foram igualmente eliminados. Finalmente, a administração local foi liberada da tutela dos notáveis, abrindo-se caminho a maior participação dos *arats* no aparelho administrativo.

Essas transformações foram aceleradas no período em que se realiza a grande coletivização das terras na União Soviética, a partir de 1929. A historiografia oficial mongol fala de várias sublevações de "feudais e eclesiásticos" durante esse período. Assim, em 1930 os lamas superiores dos monastérios de Tugsbuyant e de Budanch teriam organizado uma resistência armada ao governo. A verdade é que entre 1929 e 1932 as bases econômicas da velha aristocracia e do clero foram totalmente liquidadas.

O processo de expropriação constituiu uma oportunidade para mobilizar o povo e finalmente criar as bases de um "regime soviético", um sistema político que retira sua legitimidade das massas organizadas em conselhos. Assim, foram criadas comissões centrais e locais agrupando representantes dos *arats*, dos antigos servos e dos trabalhadores, ao lado de outras que representavam as estruturas administrativas e o partido. Tratava-se de repartir o gado expropriado de forma a reduzir as desigualdades entre os *arats*.

Convém lembrar que essas medidas criaram as condições para submeter a sociedade totalmente ao partido, mas estiveram longe de contribuir para a formação de um excedente. Dado o modo de produção que prevalecia na Mongólia, o excedente, ademais de ser reduzido, assumia formas que pouco se prestavam à acumulação. Caso conspícuo era o excedente criado nos mosteiros graças ao trabalho semisservil, o qual assumia a forma de tempo disponível para a vida religiosa. E também era o caso dos serviços pessoais prestados aos senhores. A partir do momento em que tiveram de pagar impostos e salários monetários, fixados pelo governo, os monastérios e os senhores viram-se obrigados a alienar parte do rebanho, a autoliquidar-se.

OS ARES DO MUNDO

O resultado final seria uma economia com menos capacidade de acumulação. O traço básico da economia nômade, que é a reduzida aptidão para a divisão social do trabalho, tendeu a persistir. Esse quadro foi modificado nos anos 1930 graças a uma ajuda ponderável da União Soviética destinada a dotar o país de uma base agrícola e de um núcleo de atividades manufatureiras. Nos dois casos, a forma de organização utilizada foi a grande empresa controlada diretamente pelo Estado. As empresas agrícolas estatais (*goskhozes*) nasceram com forte vocação para a mecanização e o uso extensivo das terras. Dessa forma, não se constituiu um vínculo entre a nova agricultura e as tradições pecuárias locais. Em um país dotado de numeroso rebanho equino, passou-se diretamente para a tração mecânica nos campos.[49]

O processo de urbanização, sequela da industrialização, conduziu a mudanças nos hábitos alimentares, o que por seu lado requereu a sedentarização de parte da população empregada em atividades agrícolas. Ainda assim, a industrialização avançou lentamente: em 1939, não mais de 10 mil pessoas trabalhavam em manufaturas.

No pós-guerra foi abordado o problema do atraso na industrialização, o que significou enfrentar o desafio de organizar a população nômade de forma que sua produtividade também crescesse e algum excedente pudesse dela ser extraído. A tarefa não foi fácil, pois o modo de viver dos nômades não está orientado para a acumulação, e sim para um equilíbrio com o meio natural. Somente no final dos anos 1950 é que se conseguiu integrar a massa de nômades (os *arats*) em associações agrícolas cooperativas que, na realidade, são unidades administrativas locais (divisão das províncias, o *aimag*), alcançando cada uma, em média, meio milhar de famílias. Cada associação compreende certo número de unidades de nomadização, constituídas por umas poucas famílias que se deslocam em conjunto e têm a responsabilidade de cuidar de uma parcela do rebanho pertencente à associação. Paralelamente, cada família cuida do seu gado privado, o qual não deve ultrapassar certa quantidade, variando entre trinta e 75 cabeças, conforme a região. Dessa forma, os nômades puderam preservar seu estilo de vida, ao mesmo tempo que são atraídos para formas de consumo modernas a que têm acesso graças à renda monetária proporcionada pelo trabalho coletivo.

Contudo, a criação de um excedente significativo somente se tornou possível à medida que a riqueza mineral do país começou a ser explorada. A União Soviética não somente contribuiu com recursos financeiros e técnicos (inclusive mão de obra especializada), mas também assegurou o mercado, absorvendo a totalidade da produção. Deve-se às exportações minerais e à implantação do setor manufatureiro, a criação de uma base de sustentação para o Estado, cujas atividades conheceram considerável expansão no período do pós-guerra. Uma superestrutura cultural pôde

49. Por ocasião de uma visita a um *goskhoz*, permiti-me apresentar esse problema a um dirigente local. A resposta foi que a tração mecânica é mais "racional" que a animal.

OBRA AUTOBIOGRÁFICA

assim ser implantada, o que permite aos mongóis afirmar que saltaram da Idade Média para o século xx no decorrer de uma geração.

O caso da Mongólia apresenta um interesse especial porque nesse país a ruptura com o passado foi abrupta e profunda. Na Europa, o marxismo apresentou-se, de maneira geral, como uma doutrina de penetração no mundo intelectual, portanto objeto de controvérsias e variadas interpretações. Na Mongólia, a versão leninista do marxismo não permitia desvios; era apresentada como uma "ciência". Os quadros do partido trabalhavam como engenheiros sociais, convencidos de que possuíam fórmulas para solucionar cada problema. Assim, os temas básicos de pesquisa nas ciências sociais são presentemente "a generalização teórica das leis governando a transição do feudalismo para o socialismo na Mongólia, a aplicação dos mecanismos das leis econômicas do socialismo", e coisas semelhantes.[50]

Prevalece uma visão rigorosamente positivista da ciência social, cujas "leis" fundamentais imagina-se serem amplamente conhecidas, não comportando contestação. Na aplicação dessas supostas "leis", segue-se a linha do partido, o qual periodicamente redefine as grandes prioridades do esforço de construção da nova sociedade. Numa primeira fase, esse esforço concentrou-se em destruir as velhas estruturas sociais. A base de apoio do partido foi então a população nômade que se beneficiou da eliminação dos privilégios feudais. Numa segunda fase, o esforço orientou-se para constituir um setor produtivo urbano e rural controlado diretamente pelo Estado. Pretende-se que os assalariados desse setor constituem um "operariado", visto como a nova base de apoio do partido. À medida que se amplia o excedente, desenvolve-se o aparelho de serviços do Estado, que passa a ser importante fonte de emprego, notadamente para as pessoas de nível educacional mais elevado. Com o andar do tempo, o perfil de uma nova estrutura social se foi definindo claramente, o que, por seu turno, impôs a necessidade de ampliar o excedente. A dialética das desigualdades sociais e do produtivismo passou, assim, a inscrever-se na lógica do sistema social.

A transparência com que esse processo se apresentava na Mongólia não é estranha à ruptura cultural que ali ocorreu conjuntamente com a implantação do projeto de engenharia social. Se bem que haja sido uma teocracia, a Mongólia até recentemente era um país em que o Estado existia tão somente de forma embrionária. Parte substancial da população masculina estava integrada no sacerdócio budista-lamaísta. Dessa forma, a vida de família comportava uma importante atividade religiosa que abarcava amplos segmentos da cultura, especialmente da vida espiritual. A ruptura dar-se-á de duas formas: pela eliminação do budismo como sistema capaz de reproduzir-se e pela substituição do alfabeto tradicional (aparentado ao tibetano) pelo ciri-

---

50. Ver "The Theory and Practice of Non-Capitalist Development: The Experience of Mongolian People's Republic", estudo preparado pela Universidade de Estado da Mongólia para a Unesco, fev. 1980.

lico. Esta última medida representou não só uma ruptura com toda a escrita tradicional, mas também uma porta de acesso ao mundo exterior que privilegia tudo o que provém da União Soviética.

Entre a classe intelectual que se forma a partir dos anos 1920 no rígido quadro do marxismo e a intelligentsia tradicional, que praticamente desapareceu, não houve apenas uma ruptura axiológica, mas também a quase total impossibilidade de comunicação. Para isso também contribuiu o fato de que antes da fundação da universidade, em 1942, as pessoas que ascendiam ao ensino superior formavam-se em sua totalidade na União Soviética. Não é exagero afirmar que o êxito do trabalho de engenharia social realizado na Mongólia teve como contrapartida uma quase completa obnubilação da memória cultural do país. Se esse processo é ou não reversível, cabe ao futuro responder.

Na linguagem de Claude Lévi-Strauss, a Mongólia deixou de ser uma sociedade "fria", que tende a neutralizar as mudanças, a regular-se por mitos, para ingressar abruptamente na história, o que significa pretender orientar o futuro, colocar-se em oposição aos ancestrais. Como a mudança se deu de repente, e os novos valores que ordenam a vida social não têm qualquer relação com as tradições culturais do país, a população dá a impressão de representar papéis, de flutuar entre a memória perdida do passado e um presente que é mais gesticulação do que vivência real.

As revoltas recorrentes da China

Cantão, novembro de 1980

O primeiro contato com a China será sempre uma experiência desnorteante para nós, ocidentais. Particularmente para quem se interessa pelo que os homens construíram e destruíram na ânsia de fazer esse mundo que aí está. Que vastidão e permanência! Como foi possível unificar culturalmente essa quarta parte do gênero humano? Como explicar essa ideia, que medrou tão cedo nos espíritos dos chineses, de que são diferentes, de que existe entre os Han e o resto da humanidade uma linha demarcatória que é mesmo simbolizada por essa altíssima muralha que se estende por milhares de quilômetros? E essa outra ideia de que a China é o centro do mundo, pouco ou nada tendo a receber de fora? Na verdade, foram os "bárbaros" — uma dinastia de mongóis — que abriram a brecha pela qual Marco Polo os espiou.

A primeira unificação da China é contemporânea das Guerras Púnicas, portanto da emergência do poder romano. Desde então, a história desse país se apresenta como uma imensa pulsação em que se sucedem períodos de unificação e períodos de rupturas e guerras intestinas. Mas a ambição de todo guerreiro que empolgava o poder nesse "Império do Meio" sempre foi manter ou restaurar a unidade territorial. É como se os romanos houvessem logrado latinizar todos os povos da Europa, inclusive germânicos e os eslavos, antes que a estrutura política de Roma entrasse em colapso. Nessa hipótese, a deslocação do centro principal do poder já não teria interrompido o processo de unificação cultural, pois o núcleo que viesse a predominar após cada período de guerras intestinas emergiria como cabeça de um império abrangente de toda a Europa.

É verdade que a geografia da China é bem diversa da europeia, dado que os seus grandes rios bebem, todos, no imenso complexo montanhoso que se situa na Ásia Central e correm "paralelos" na direção do Oriente. A China outra coisa não é senão uma conjunção desses imensos vales que têm no rio Amarelo e no Yang-Tsé seus principais sistemas de drenagem. Quando observamos o mapa da Europa, com o principal complexo montanhoso no centro e seus grandes rios de cursos divergentes, a diferença salta aos olhos.

Haverá na cultura chinesa algum traço que a diferencie particularmente das outras grandes culturas e civilizações? Um ponto me parece relevante: a China não gerou religiões do tipo das que viriam a prevalecer no Ocidente. A única e grande "religião" presente na cultura chinesa é o budismo, que se diferencia fundamentalmente do que no Ocidente chamamos de religião. E esse mesmo budismo é rejeitado e combatido desde o século IX. Ademais, na China a religião não foi um instrumento importante de introjeção nos indivíduos de um sistema de valores a serviço do poder central. Entre os chineses inexistiu uma casta de sacerdotes interpondo-se entre o povo e o poder. A experiência religiosa teve nesse país seu elemento principal no culto dos mortos, servindo essencialmente para unificar a família, e não para consolidar o poder político. Confúcio expressa isso muito bem quando procura instilar na organização da sociedade os mesmos princípios em que se funda a família: hierarquia, conservadorismo, cooperação.

Os chamados "legistas", que elevaram o confucionismo ao nível de doutrina política, perceberam a necessidade de uma forte armadura institucional, base de apoio do Estado. Na ausência de controle social de uma religião organizada, somente um forte enquadramento institucional pode assegurar a permanência do Estado. Os longos períodos de centralização do poder, a partir da dinastia Han (correspondentes à grande época da república e do império em Roma), permitiram que se criasse uma estrutura burocrática sem similar em outras partes do mundo por sua eficácia. O avanço persistente da civilização material somente se explica pela continuidade do aparelho burocrático, vale dizer, pela existência de um sistema de governo aplicado em encontrar solução para os problemas da população, portanto fundando sua legitimidade na competência.

A ausência de um sistema de controle social apoiado em autoridade religiosa muito possivelmente tem algo a ver com a capacidade sempre renovada dos camponeses chineses para revoltar-se contra o poder central. A história da China pode ser contada como uma sequência de sublevações da massa camponesa. Desses movimentos surgiram os fundadores das grandes dinastias, desde a Han até a Ming. A revolta contra o poder central foi sempre uma reação à decadência desse poder, expressa em inépcia e ineficiência do aparelho burocrático, e o líder vitorioso desses movimentos da massa camponesa emergia como restaurador do sistema de valores, constituindo-se em fundador de nova dinastia. A China é, acima de tudo, essa *boa terra* que sempre será reivindicada pelos que nela labutam. O enriquecimento pelo simples controle da terra sempre foi considerado ilegítimo. A luta pelo poder esteve, com frequência, ligada à libertação dos camponeses do jugo daqueles que os exploravam mediante o açambarcamento da terra.

O que veio a ser conhecido como o "pensamento de Mao" é fruto de uma longa reflexão sobre essa realidade social, feita por um homem nutrido de cultura clássica chinesa, que jamais se ausentou de seu país. Um filho de camponeses da China central, que até os dezenove anos não havia visto uma cidade.

É possível que nada haja sido tão ingênuo como o "maoismo ocidental", contido na ideia de transplantar um tal pensamento para sociedades urbanas, ou mesmo para sociedades rurais onde, a rigor, não existem autênticos camponeses. A política de Mao consistiu em assegurar emprego a uma imensa população rural, no quadro de uma organização social em que os camponeses assumem a responsabilidade de solucionar o problema da própria subsistência. O econômico, o social e o cultural são enfocados globalmente no quadro de um sistema de autogoverno comunal. O que se chama *comuna* na China são na verdade áreas geográficas onde habitam dezenas de milhares de pessoas, e que comportam considerável grau de divisão social do trabalho. Tratando-se de populações rurais, torna-se possível alcançar um mínimo de autossuficiência. Ampliar essa autossuficiência — "contar com as próprias forças" — foi uma maneira de estimular a plena utilização da capacidade de trabalho da massa camponesa e de desestimular o uso da renda monetária dos camponeses na cidade, onde a oferta de bens manufaturados era escassa.

A renda real dos camponeses chineses é, em parte, formada de bens e serviços in natura, e, somente em parte mínima, de dinheiro. A parcela in natura depende do que produz a comuna: aquela que tem bons rendimentos em arroz e peixe já terá assegurado o essencial da alimentação de seus membros. A renda em dinheiro (o salário monetário) reflete o nível do excedente retido pelo Estado. Para melhorar suas condições de vida, o camponês deve poupar o mais possível sua renda em dinheiro. Ao invés de despendê-la na cidade próxima de forma mais ou menos inconsequente, ele é estimulado a amealhar um pé-de-meia a fim de construir uma casa (o que pode tomar de três a oito anos de poupança de um casal), comprar uma bicicleta, e mesmo uma televisão. Como parte importante da poupança dos camponeses é gasta na comuna, nesta existem outras atividades não agrícolas criadoras de empregos. E há igualmente a pequena parcela de terra — uns poucos metros quadrados, podendo chegar a vinte por pessoa —, que é outro mecanismo gerador de emprego. Em sín

OBRA AUTOBIOGRÁFICA

tese, trata-se de utilizar ao máximo o tempo de trabalho dos camponeses e, simultaneamente, fazer com que dependam da própria poupança para financiar integralmente as melhoras de nível de vida a que aspiram. Os serviços sociais — escola, saúde, diversões — são financiados com poupança da comuna como um todo. Dessa forma, a doutrina da autossuficiência rural opera como um mecanismo de bombeamento de recursos para financiar os grandes projetos empreendidos pelo Estado.

Foram esses princípios que, na época de Mao, nortearam a organização econômica da China: autossuficiência no campo do qual se extrai um amplo excedente. As atividades industriais e comerciais de maior vulto são de responsabilidade do Estado. As reformas iniciadas pelos sucessores de Mao visam basicamente reduzir o centralismo burocrático do setor estatal. As empresas vêm sendo estimuladas a se dirigirem umas às outras, fazendo seu próprio marketing. A política de salários continua ditada pelas autoridades centrais, e o maior dinamismo deverá traduzir-se em margens superiores de lucro em benefício do autofinanciamento. A compatibilização da maior liberdade de ação das empresas com o indispensável centralismo em setores estratégicos é problema que apenas começa a ser percebido. Questão não menos difícil é a das projeções sociais da diversificação da oferta de produtos finais, ou seja, da remuneração dos quadros superiores e altamente qualificados.

Cumpre não esquecer que, historicamente, a China é e continua sendo, em grande medida, um mundo autossuficiente do ponto de vista econômico. Em um nível tecnológico modesto pelos padrões do Ocidente, ali tudo se produz ou pode ser produzido. Utilizar a mão de obra em sua plenitude pode implicar maior morosidade no avanço tecnológico, mas tem inegável alcance social. A heterogeneidade tecnológica persiste, e tende mesmo a crescer, pois os avanços técnicos se concentram em setores favorecidos pelo poder central. Em compensação, evita-se que se agravem as tensões sociais, que o econômico e o social operem como esferas autônomas.

As mudanças que estão sendo introduzidas visam corrigir os excessos do centralismo. Para obter aumento de produtividade, incentiva-se a especialização e, mesmo, a busca de mercados no exterior. As próprias comunas estão sendo estimuladas a produzir bens intensivos em trabalho, para exportação. Mas tudo isso é feito sem perder de vista o objetivo estratégico da autossuficiência, única forma de prevenir o retorno a fomes periódicas.

A sociedade chinesa é essencialmente conservadora, pois, mais do que em outras partes, o indivíduo ali é socializado num quadro familiar em que o culto dos ancestrais constitui a dimensão religiosa da experiência pessoal. A urbanização teve, na China, papel diverso daquele que lhe coube no Ocidente. Com a Revolução Cultural, Mao pretendeu libertar o indivíduo das formas tradicionais de controle e ligá-lo mais diretamente ao Estado, o qual encarnaria o bem coletivo. As revoltas recorrentes da juventude contra o aparelho burocrático do Estado parecem ser da mesma natureza das purgas que, por iniciativa da massa camponesa, eram infligidas ao poder imperial quando este entrava em fase de esclerose. Na ausência dessas irrupções sociais purgadoras, o coletivismo levaria necessariamente a um asfixiante totalitarismo. Contudo, Mao e seus seguidores não previram que o espírito de revolta também pode contagiar as camadas médias e a intelligentsia, seduzidas pela modernidade. Essa mudança qualitativa escapou à acuidade dialética do Grande Timoneiro.

Revisitando a China

Paris, abril de 1983

Tentar explicar o que ocorre na China sempre será um arriscado exercício. Nesse imenso país, a história é um processo em que pesam consideravelmente fatores endógenos com raízes em um passado milenar. Todo raciocínio de base analógica será, neste caso, de escassa valia.

Nesses dois anos decorridos desde minha última viagem, a sociedade chinesa parece haver tomado novo rumo, encerrando o período de zigue-zague que se abriu com a grande Revolução Cultural.

O novo princípio unificador é a percepção do atraso que caracteriza o país no mundo contemporâneo — a descoberta de que os "saltos" que se imaginou haver dado no passado foram em grande parte ilusórios. O modelo concebido nos anos 1950 fora eficaz na organização da pobreza, mas careceu de dinamismo para reduzir o enorme atraso anteriormente acumulado. Os chineses não se imaginam uma nação *subdesenvolvida* ou *dependente*, e sim *atrasada*. Tudo que lhes falta, pensam, é *modernizar-se* para ocupar a posição que julgam lhes corresponder no mundo contemporâneo.

Foi sempre próprio da história desse povo imaginar-se o centro do mundo, e é esse o sentido etimológico da palavra "China". Do exterior vinha apenas a ameaça ou a semente da desordem. A Revolução Cultural maoista foi a última (ou a mais recente) manifestação desse desejo de preservar a própria identidade. A China seria um sistema de cultura que extrai das próprias raízes o que é fundamental. Agora, os chineses se inclinam a pensar o seu país como um entre os outros, parte de uma civilização planetária. E admitem que nessa civilização a China ocupa atualmente posição de pouco relevo em razão de seu enorme atraso tecnológico.

Tudo vem sendo feito para aprofundar os contatos com o exterior. E é com esse objetivo que se empenham os líderes do país em desfazer a imagem da China como uma superpotência, de capacidade ameaçadora. Buscam por todos os meios um lugar na família do Terceiro Mundo. Não a partir de uma posição ideológica, ou do desejo de confronto com os países ricos, mas dando ênfase às múltiplas formas de cooperação que somente podem existir entre países que têm experiência de luta contra a pobreza no mundo contemporâneo.

OBRA AUTOBIOGRÁFICA

Nas várias instituições que atualmente realizam estudos sobre os países do Terceiro Mundo, e que tive a oportunidade de visitar para debater o meu livro sobre a América Latina, que vem de ser traduzido para o chinês, percebi que a tônica é ver os demais países pobres tal qual eles veem a si mesmos. Começa-se por aprender a língua e passa-se em seguida ao estudo da história de cada país, para abordar depois o conjunto da problemática contemporânea. Os livros mais representativos do pensamento dos países do Terceiro Mundo são estudados em instituições especializadas. Sem lugar a dúvida, trata-se de uma política de longo prazo, fundada na constatação de que a China será por muito tempo um membro da família dos países que importam tecnologia, os quais devem unir-se para ter mais fácil acesso a esse ingrediente nobre da civilização industrial.

Essa importante mudança quiçá haja sido possível sem ruptura institucional porque a China não havia verdadeiramente adotado como princípio regedor da ordem política uma ideologia totalitária. Se princípio unificador existe, este é o da consciência da especificidade cultural chinesa.

Os países que adotaram o tipo soviético de socialismo têm evoluído dentro de um modelo que é essencialmente concentrador de decisões. As reformas ocasionalmente introduzidas pretendem tornar mais eficaz o mecanismo de tomada de decisões conhecido como centralismo democrático, o qual transpõe para a sociedade o sistema hierárquico das estruturas econômicas. Nesse sistema, progredir é desempenhar com eficiência crescente uma função programada. O papel da ideologia consiste em emprestar legitimidade ao sistema como um todo.

A evolução recente da China faz-se num quadro de crescente abertura, ainda que com tropeços. Não se procura "aperfeiçoar" o sistema, pois é a sua lógica que se põe em dúvida. Parte-se do princípio de que ele é inexoravelmente concentrador de decisões e enrijecedor das estruturas de poder. Para combater essa tendência é necessário abrir espaço à iniciativa individual. Isso é muito importante no que respeita ao trabalho intelectual, por excelência campo de criatividade. Valoriza-se socialmente o trabalho intelectual que é julgado por sua capacidade inovadora, e não por sua funcionalidade ideológica.

Essa reavaliação do papel social do intelectual tem suscitado reações negativas em segmentos das estruturas de dominação burocrática, e é corrente ouvir-se dizer que nova caça às bruxas pode ser desencadeada a qualquer momento. Mas não é possível desconhecer que a experiência atual se orienta para uma transformação profunda do socialismo chinês. Trata-se, em última instância, de abrir espaço de legitimação para a atividade dos indivíduos que põem em xeque a tendência "natural" do sistema a prescindir da iniciativa pessoal. Sem lugar a dúvida, o socialismo *real* chinês está longe de se haver fossilizado.

618

OS ARES DO MUNDO

TESES SUBJACENTES ÀS IDEOLOGIAS REVOLUCIONÁRIAS

1. A angústia humana segregou a ideia de revolução: reconquista de uma perfeição perdida. Essa visão de Platão conheceu projeções no mundo cristão. O *bon sauvage* de Rousseau é um dos múltiplos retornos a esse mito.

2. O homem — segundo a interpretação que nos dá Hegel, em sua *Estética*, da *Antígona* de Sófocles — é e será um animal conflituoso, dado que o processo de socialização é necessariamente parcial, permanecendo a atividade humana aberta para a liberdade. Programar o humano como ser social não significa esgotá-lo como projeto. Os conflitos que surgem no indivíduo podem ter projeções sociais, o que faz do homem um ser potencialmente em revolta. É essa dimensão antropológica do pensamento hegeliano que se perde de vista à medida que a ideia de ruptura se circunscreve à esfera das relações de produção.

3. Segundo o mito dos "bons velhos tempos" que expõe Platão no *Timeu*, os homens foram originalmente governados diretamente pelos deuses, a ordem social prolongando a ordem natural. Na *República*, Platão demonstra por uma reductio ad absurdum que a vida social é um tecido de conflitos. De acordo com essa visão, a ruptura com o passado requer a destruição das instituições que impedem o homem de identificar-se com o coletivo, e que são o fundamento do individualismo: a família e a propriedade. Isso seria particularmente verdade no caso dos indivíduos responsáveis pela direção e segurança dos negócios coletivos.

4. *Revolução* não é apenas a desmontagem da estrutura social. Também inclui a reconstrução desta sobre novas bases. A antropologia filosófica de Platão nos oferece uma interpretação do fato político, partindo da natureza compósita da estrutura do homem. A vida social levaria sempre a conflitos: as forças antagônicas, provisoriamente contidas, tendem a voltar à tona. Nenhuma revolução é definitiva. Para Platão, a "força reativa do devenir" tende a minar a ordem racional estabelecida pelo homem.

5. A importância da Revolução Francesa como experiência histórica reside em que abriu espaço à confrontação de forças sociais conscientes, permitindo a percepção do Estado como armadura do sistema de dominação social. Melhor do que ninguém, Babeuf expressou essas ideias: a) a verdadeira Revolução não pode ser a substituição de um grupo de exploradores por outro; b) o povo não tem condições de assumir o poder, portanto deve haver uma fase de transição sob a forma de poder ditatorial exercido em nome do próprio povo, durante a qual seriam destruídas as bases do sistema de exploração do homem pelo homem.

6. As ideias de liberdade e de democracia constituem a principal herança política clássica.

7. A visão da luta de classes como motor da História é um subproduto intelectual da Revolução Francesa.

OBRA AUTOBIOGRÁFICA

8. O projeto de reconstrução social que medra no século XIX funda-se em uma ideia de inspiração antropológica: a da valorização do irracional em Fourier. A civilização seria inseparável de um sistema de repressão.

9. A síntese de Marx, a partir de Hegel, introduz uma redução sociológica: a alienação surge da divisão social do trabalho, condição necessária para que as formas sociais superiores sejam alcançadas.

10. Segundo essa síntese, a Revolução é engendrada pelas condições sociais, pela luta de classes, se bem que a consciência de classe não brote espontaneamente.

11. A insegurança dos indivíduos é traço básico da sociedade capitalista. A consciência de classe não decorre da simples percepção da própria posição social, percepção que possuía o servo; ela somente se manifesta quando existe percepção dos antagonismos geradores da insegurança pessoal. A busca de segurança abre caminho a novas formas de organização social.

12. A ideia de que a classe operária é o vetor de novo sistema de valores funda-se em simples analogia com a ascensão da burguesia. Mas esta última foi sempre um ramo das classes dominantes, sem vínculos orgânicos de divisão social do trabalho com a classe feudal.

13. A dinâmica da luta de classes, ao transformar a massa trabalhadora em mercado consumidor de crescente importância, criou as condições de sua integração cultural no mundo burguês.

14. A luta de classes influenciou em duas direções: a) a visualização do desenvolvimento das forças produtivas como elemento criador de tensões que engendram formas sociais superiores; à medida que as tensões foram sendo canalizadas, o capitalismo "anárquico" foi substituído pelo "organizado" e as funções do Estado na ordenação econômica e na administração do "bem-estar social" adquiriram crescente importância; b) a percepção dos valores substantivos como epifenômenos — eflorescência do desenvolvimento das forças produtivas —, o que cerceou a formação de uma visão global do homem, de uma antropologia não reducionista.

15. A versão marxista da dialética de Hegel produziu a ideia de que os obstáculos institucionais (gerados pelas relações de produção) ao desenvolvimento das forças produtivas conduzem a rupturas violentas. Essa ideia fundamentou as doutrinas revolucionárias voluntaristas que visam à destruição das instituições pré-capitalistas consideradas como freio à acumulação e ao desenvolvimento. Foi com base nesta doutrina que se realizaram os grandes trabalhos de engenharia social do século XX.

16. A Revolução somente se faria possível quando as classes exploradas e oprimidas tomassem consciência da própria situação, o que pressupõe a existência de uma "teoria" capaz de demonstrar que a ordem social presente funda-se na dominação da maioria por uma minoria (ou por agentes estrangeiros) e que essa dominação é obstáculo ao pleno desenvolvimento das forças produtivas. A Revolução é feita contra a exploração e o atraso, e, como a massa não está preparada para autogover-

nar-se, uma vanguarda esclarecida e eficaz deveria assumir esse papel. Estamos, portanto, de volta à ideia central de Babeuf. Lênin não fez mais do que elaborá-la, codificá-la e levá-la à prática com êxito.

17. A crítica principal a essa doutrina funda-se nas ideias dos anarquistas, principalmente Bakunin, segundo os quais um sistema autoritário não pode dar origem a uma sociedade sem classes. Um tal sistema dará à luz, necessariamente, novas estruturas de privilégios. Também cabe assinalar a insuficiência da percepção do fenômeno burocrático como freio à expansão das forças produtivas.

18. Se a reconstrução social pós-revolucionária faz-se no sentido de eliminar os obstáculos à acumulação, as desigualdades sociais tendem a recompor-se ali onde elas favorecem o processo acumulativo.

19. O projeto leninista de reconstrução social assumiu a forma de ampla mudança nas relações de produção: o objetivo-limite era organizar o emprego da força de trabalho de modo que a criação de excedente pudesse ser controlada em sua totalidade por autoridade central. Um triplo objetivo é visado: a) utilização plena dos recursos disponíveis; b) redução das desigualdades nos padrões de consumo dos distintos grupos sociais; c) obtenção do máximo de acumulação compatível com os dois objetivos anteriores. Para alcançar esses fins, fez-se necessário, em primeiro lugar, construir um sistema produtivo capaz de alimentar um forte processo de acumulação. No caso da União Soviética, a realização desse projeto foi facilitada pela existência de uma base ampla de recursos naturais, pela preexistência de um núcleo industrial importante, pela possibilidade de extrair um amplo excedente do setor agrícola e pela aquisição maciça de tecnologia do exterior. Sob este último aspecto permaneceu uma forma de desenvolvimento dependente.

20. A reconstrução social assumiu formas diversas de legitimação nos países de desenvolvimento retardado. Em Cuba, ela se apresentou como um movimento de libertação nacional. Na Etiópia, como um esforço de preservação da unidade nacional.

21. De maneira geral, nos países de capitalismo incipiente ou de penetração desigual, os projetos de engenharia social possibilitaram, de imediato, um uso mais intensivo dos recursos produtivos já disponíveis. E também permitiram o exercício de um comando mais eficaz sobre a utilização do excedente, bem como uma ativação das forças sociais.

22. Nesses países de capitalismo retardado, colocou-se imediatamente o desafio da transformação do Estado e da obtenção de novas formas de legitimação do poder. Dificuldades especiais foram enfrentadas nos países do Leste Europeu, tutelados pela União Soviética, onde a legitimidade do poder não teve bases políticas, ficando na total dependência de avanços sociais e econômicos.

23. Por todas as partes, o projeto de reconstrução social enfrentou dificuldades sensivelmente grandes no setor agrícola. A organização coletiva da produção agrí-

cola somente se torna viável em um nível de acumulação muito mais elevado do que aquele que havia sido alcançado nesses países.

24. A Revolução Cultural Chinesa foi uma tentativa de utilização do mito da ditadura do proletariado para debilitar o sistema tradicional de cultura e reforçar o poder central de natureza essencialmente burocrática.

25. Nas experiências de engenharia social, o Estado comportou-se sempre como instituição monitora da formação e da utilização do excedente, o que com frequência inibiu o desenvolvimento da sociedade civil.

26. Na agricultura coletivista colocam-se problemas elementares: como controlar sem centralizar? Como centralizar sem reduzir estímulos? Como delegar o poder de decisão sem perder o controle da formação de excedente e, mesmo, da alocação deste?

27. A estrutura da empresa capitalista provém das organizações militares: ela deve assegurar uma estrita disciplina no trabalho, o que apenas se consegue com rígida hierarquização de funções. A opção à empresa capitalista é a organização fundada na unidade de propósitos, cujo tipo ideal é a autogestão. Mas como conciliar esta com a preservação do comando sobre a formação do excedente? Se o objetivo é acelerar a acumulação, a tendência será insistir na concentração do poder. É o que veio a ser conhecido como "modelo soviético". A evolução social passa a ser comandada pela lógica da acumulação. Demais, a empresa hierarquizada pressupõe um eficiente sistema de incentivos que necessariamente conduz a ampla diferenciação salarial entre os que nela trabalham. O poder sindical, neste caso, não pode assumir os interesses da empresa, a menos que tenha condições para interferir na sua política de preços. A conciliação entre objetivos sociais e econômicos reintroduz sub-repticiamente a lógica do mercado e, no caso dos países atrasados, a dependência externa.

28. Estava embutido nas utopias que acionaram os movimentos sociais do século xx um modelo de sociedade voltada para a satisfação prioritária das necessidades fundamentais do homem. A visão antropológica subjacente apontava, portanto, para um homem tendente a saturar suas necessidades, a alcançar a plenitude, a estancar a sua angústia. Perdia-se de vista a "força reativa do devenir".

29. A instabilidade social inerente ao capitalismo engendra insegurança nos indivíduos e reduz a legitimidade das estruturas de privilégios. Contudo, isso não desacredita o produtivismo que está na base da civilização capitalista.

30. O formidável trabalho de engenharia social realizado no século xx fundou-se em doutrinas diretamente derivadas das experiências revolucionárias dos dois séculos anteriores. De uma época de revoluções espontâneas passou-se a outra, de revoluções fruto de um voluntarismo guiado por doutrinas codificadas. Assim, pela primeira vez a história assumiu a forma de desdobramento de projetos concebidos a partir de elucubrações teóricas. Após a engenharia social — um sonho de Prometeu que terminou em pesadelo —, por que caminho tentarão avançar os homens em sua busca perene de felicidade?

Índice remissivo

A FANTASIA ORGANIZADA

Abbink, John, 51
Ahumada, Jorge, 77, 97, 126, 171
Alcázar, Jorge, 60
Alemanha, 25, 31, 34-5, 37, 44, 53, 97, 147
Almeida, Rômulo de, 75, 102
Andrade, Oswald de, 152
Aquino, Francisco, 60
Aranha, Osvaldo, 135, 142, 145, 162
Argentina, 62-4, 66, 69-70, 74, 81-6, 97-8, 100, 114-5, 147, 165, 167
Azeredo da Silveira, Antônio, 85
Azevedo, Francisco de Salles Vicente de, 75

Baldwin, Robert E., 143
Baran, Paul, 153
Barbosa de Oliveira, Américo, 53, 127, 149, 156-7
Barrault, Jean-Louis, 44
Barreto, João Carlos, 51
Benes, Edvard, 32
Berdiaev, Nikolai, 39

Bernstein, E. M., 143
Bettelheim, Charles, 28, 120
Bird (Banco Internacional de Reconstrução e Desenvolvimento), 25, 140-1
BNDE (Banco Nacional de Desenvolvimento Econômico), 101, 134, 141, 155, 157, 159, 178
Bohlen, Charles, 108
Borges da Fonseca, Herculano, 157
Borges de Castro, José Pio, 51
Boti, Regino, 60, 156, 165-6
Braden, Spruille, 84
Breton, André, 38
Bretton Woods, 25, 59
Buckle, H. T., 143
Bulhões, Otávio Gouveia de, 55-7, 70, 146
Byé, Maurice, 30, 37, 43

Cairncross, A. K., 197-8
Campos Mello, José de, 56, 75
Campos, Roberto de Oliveira, 106, 142, 178
Cárdenas, Lazaro, 98, 117
Cardoso, Fernando Henrique, 111
Carpeaux, Otto Maria, 152

Carrillo Flores, Horacio, 107

Castillo, E., 58, 68, 87

centro-periferia, 67, 74, 78, 165; periferia, 65-7, 69, 79-80, 91-2, 94

Cepal (Comissão Econômica para a América Latina), 55-6, 59-61, 73-7, 86-7, 89, 93-104, 106-11, 113-4, 116-9, 124, 126, 128, 134, 142, 144-6, 155, 164-6, 170-4, 176-8, 181

Chamberlin, Edward H., 90

Chile, 55, 59, 62-3, 68-9, 74, 96-7, 99-101, 103, 107-8, 124, 142, 159, 164, 167, 171, 173; Santiago, 55-7, 59, 63, 68, 70, 87, 92, 96-7, 103-5, 111-2, 116-9, 126, 127, 142, 155-6, 165, 176

Churchill, Winston, 27, 102

Clemenceau, Georges, 26

CNI (Confederação Nacional da Indústria), 51, 75, 102, 107, 145

conferência de Bogotá, 156

conferência de La Paz, 172, 178

conferência de Montevidéu, 77, 82, 85, 87

conferência do México, 94, 106, 108, 117, 119

conferência do Quitandinha, 131, 145

Conjuntura Econômica (revista), 52-4, 149

Cornu, Auguste, 39, 40, 42

Correia Lima, Ewaldo, 75, 102

Cosío Villegas, Daniel, 173

Cournot, Antoine Augustin, 44

Cuba, 60, 97-8

Dasp (Departamento de Administração do Serviço Público), 54-5, 157

De Gaulle, Charles, 30, 46

Dias Leite, Antônio, 76

Dimitrov, Georg, 174

Dobbert, Gerhard, 28

Domar, Evsey, 89, 124

Duesenberry, James, 136

Dutra, Eurico Gaspar, 132, 134

Dyatchenko, V. P., 197

Echavarría, José Medina, 110-1, 118

economia (ou setor) primário-exportadora, 71-3, 79, 86, 99, 123, 131, 162, 166

Economia brasileira, A (Celso Furtado), 138, 155-6, 163, 166, 184, 189, 199

Econômica Brasileira (revista), 157, 163

Einstein, Albert, 37

Equador, 168

Estados Unidos, 25-6, 28, 31, 35-6, 45, 48-53, 58, 60-1, 64-5, 67, 71, 78-9, 84, 88, 92-4, 98-100, 102, 104, 108, 112, 128, 134, 136, 139-42, 149, 156, 169, 171, 177, 187, 189, 191, 201

Estrela, Arnaldo, 49

Estudo (1949), 77, 87-8, 94, 128

existencialismo, 39-40, 42

Fernandes, Raul, 131

Ferreira, José Pelúcio, 156

Fidelino de Figueiredo, Nuno, 142

FMI (Fundo Monetário Internacional), 25, 77, 103, 118, 143

Formação econômica do Brasil (Celso Furtado), 184, 198, 202

France, Anatole, 70

Freyre, Gilberto, 152

Friss, Istvan, 197

Fundação Getulio Vargas, 54, 103, 128, 149, 156, 164

Furtado, Aída, 29

Ganz, Alexandre, 126-7

García, Alizón, 60

Gardner, Richard N., 197

Garegnani, Piero, 182

Gomes, Anápio, 85

González Videla, Gabriel, 127

Gudin, Eugênio, 54, 69-70, 128, 130-2, 135, 137, 143-4, 146-9, 156, 162, 178-9

Guerra Fria, 27, 31, 49, 103-4, 119, 127, 139-40, 152, 197

Guinle, Guilherme, 131

Gulda, Friedrich, 49

Haberler, Gottfried, 128, 132, 197

Hamilton, Earl J., 93

Harrod, Roy F., 89

Haya de la Torre, Víctor, 60, 99
Herskovits, Melville, 91-2
Hesse, Hermann, 34
Hoselitz, Bert, 91

Ibáñez, Carlos, 128, 164
Inglaterra, 26-7, 36, 43-5, 48, 90, 149, 187-8, 201
Iseb (Instituto Superior de Estudos Brasileiros), 152
Itália, 25, 38, 47, 115, 169, 199

Jaguaribe, Helio, 152-3, 179
Japão, 161, 201
Jouvet, Louis, 44

Kafka, Alexandre, 149
Kafka, Franz, 33
Kahn, Richard, 194-5
Kaigl, Vladimir, 197-8
Kaldor, Nicholas, 177, 182-3, 194, 199-200
Kalecki, Michal, 197
Kennan, George F., 36, 139-40
Keynes, John Maynard, 66, 89, 97-8, 124, 191, 194-5, 200-1
Khruschóv, Nikita, 196
Kierkegaard, Søren, 41
Kindleberger, Charles P., 90
Kubitschek, Juscelino, 135, 159-60, 178
Kybal, Milic, 59-63

Lange, Oskar, 197
Latini, Sidney, 157
Leal, Simeão, 152
Leite, Cleantho de Paiva, 108, 110, 113-5
Leonardo da Vinci, 174
Leontiev, Wassily, 89
Leuschener, Bruno, 60, 68
Lévi-Strauss, Claude, 109, 168
Lewinsohn, Richard, 53-6, 132
Lewis, Arthur, 166
Lima Rocha, Heitor, 75
Lindahl, Erik R., 197
Lins do Rego, José, 152

Linton, Ralph, 91
List, Friedrich, 124, 129
Lodi, Euvaldo, 51, 102, 145

Maciel Filho, José, 155-6
Mailer, Norman, 118
Malthus, T. R., 200
Mamede, Jurandir Bizarria, 149, 160
Mann, Thomas, 23, 40
Mannheim, Karl, 26, 28-9
Manoilescu, Mihail, 130
Mariátegui, José Carlos, 99
Martínez Cabañas, Gustavo, 56-9, 61, 68, 77, 87
Marx, Karl, 27, 32, 39-40, 60, 152-3, 182, 200
marxismo, 32, 39-40, 55, 98, 118
Masaryk, Jan, 32
Mayobre, José Antonio, 174, 176
Meade, J. E., 183, 200, 201
Mendès-France, Pierre, 86
México, 27, 59, 62-3, 69, 74, 81, 88, 98, 100-1, 107-14, 117-8, 142, 166, 168-70, 172-3, 176-8
Mill, John Stuart, 200
Minc, Bronislav, 197
Missão Abbink, 51-2, 56, 66, 69, 99, 133
Monnet, Jean, 45
Mossadegh, Mohammed, 131
Mossé, Robert, 197
Mounier, Emmanuel, 32
Myrdal, Gunnar, 56

Naggar, Said El, 197
Neruda, Pablo, 119
Neves da Fontoura, João, 103, 114
Nietzsche, 39
Nóbrega, Adhemar Alves da, 113
Nogaro, Bertrand, 43
Noyola Vázquez, Juan, 111, 117-9, 125, 166, 168, 170-3
Nurkse, Ragnar, 136-8, 142-3, 153

Observador Econômico e Financeiro (periódico), 27
OEA (Organização dos Estados Americanos), 51, 102-3, 108, 115, 131, 141

Orwell, George, 26
Osório de Almeida, Miguel, 108-10

Paiva, Glycon de, 178
Panfleto (semanário), 27, 34
Paranaguá, Otavio, 103
Paz, Octavio, 173
Pazos, Felipe, 103
Pérez Jiménez, general, 174
Perloff, Harvey, 91
Perón, Eva, 131
Perón, Juan, 60, 64, 82-5, 98, 100, 102, 114-5, 164-5
Perroux, François, 37, 42-3
Pétain, Philippe, 30
Pigou, Arthur C., 194-5
planificação, 27-9, 119-26, 142, 145, 149, 155, 168, 197-8
Plano Marshall, 36, 51, 56, 134
Plano Salte, 50, 54, 134
Platão, 30
Porto Rico, 91, 99, 111
Prebisch, Raúl, 59, 63-9, 71, 74-8, 80, 85-8, 91, 94, 97-8, 102-5, 108, 110, 112-6, 128-30, 132, 135, 137, 142-3, 145-6, 155-6, 162, 164-7, 171-2, 176

Queirós, Eça de, 113

Rachmut, I., 197
Renan, Ernest, 70
Revista Brasileira de Economia, 54, 67, 69, 73, 75, 128, 132, 137-8, 143
Revista da Semana, 27, 49, 112
Rey Alvarez, Raúl, 60, 63, 65
Reyes, Alfonso, 173
Ricardo, David, 40, 183, 200
Rilke, Rainer Maria, 40
Robbins, Lionel, 164
Robinson, A. G., 197
Robinson, Joan, 90, 137, 182-3, 194
Rónai, Paulo, 152
Roosevelt, Franklin D., 28, 54, 102

Rose, Jorge, 60
Rosenstein-Rodan, Paul, 136, 138
Rostow, Walt, 90
Rueff, Jacques, 197
Rússia, 32, 139

Sá, Gazzi de, 112
Sabato, Ernesto, 38
Saint-Exupéry, Antoine de, 82
Sales Gomes, Paulo Emílio, 37-8
Samuelson, Paul, 90
Santa Rosa, Tomás, 152, 155
Santos, Genival, 76
Sartre, Jean-Paul, 40-1, 57
Schic, Anna Stella, 33
Schultz, Theodore, 92
Schumpeter, Joseph, 37, 60, 91, 136, 200
Sen, Amartya K., 182
Shaw, Bernard, 31
Sherwood, Thomas, 90
Simonsen, Roberto, 148, 184
Singer, Hans, 89, 136, 143
Siqueira, José, 112
Soares Pereira, Jesus, 75
Soberón, Óscar, 170
Sobral, Eduardo, 157
Sraffa, Piero, 182-3
Strumiline, Stanislav G., 120
subdesenvolvimento, 23, 80, 88, 90-1, 113, 122, 127, 136-7, 148, 168, 177, 199; países subdesenvolvidos, 91, 125, 136-8, 141-2, 180, 197
substituição de importações, 62, 95, 135, 167, 179
Sunkel, Osvaldo, 97, 171
Suvla, Refii S., 197
Swenson, Louis, 87, 119, 166
Szenkar, Eugen, 112

Távora, Juarez, 151, 160
Teixeira, Anísio, 152
Timochenko, Semyon, 60
Tinbergen, Jan, 124
Tosi, Lucia, 169

Triffin, Robert, 197

Tzara, Tristan, 38

União Soviética, 27, 29, 35, 36, 49, 125, 198

Universidade de Paris (Sorbonne), 37-8, 42, 178

Urquidi, Víctor, 59, 173, 177

Valéry, Paul, 21

Vargas, Getúlio, 47, 54, 56, 75-6, 102-3, 106, 108, 110, 114-6, 131, 133-5, 141, 145-6, 148-9, 155-6, 158-60, 178

Veblen, Thorstein, 139

Venezuela, 69, 99, 148, 174, 176

Viana, Arízio, 69, 128, 137

Vieira Pinto, Álvaro, 178

Villa-Lobos, Heitor, 112

Villas Boas, Abelardo, 75

Viner, Jacob, 128-31, 135, 137, 178

Wagmann, Ernst, 53, 96-7

Walras, Léon, 44

Weber, Max, 28, 55, 110-1, 118, 139

Wileman, J. P., 192

Wright, S. M., 90

Zea, Leopoldo, 173

A FANTASIA DESFEITA

Agripino Maia, João, 270, 391-2

Albuquerque Lima, Afonso Augusto de, 234, 258

Aliança para o Progresso, 238, 255, 302-4, 307, 310-1, 314, 323-7, 349, 358-9, 362, 372-3, 392

Alkmin, José Maria, 227, 236, 263

Almeida Santos, Nailton de, 208

Almeida, Hélio de, 348

Almeida, Rômulo de, 251, 257, 280, 316

Alves, Aluízio, 372

Alves, Justino, 384-5

Alves, Osvino, 345

Amaral Peixoto, Ernani do, 265, 277, 290-1

Andrade, Jader de, 208

Antônio Conselheiro, 245

Aragão, Cândido, 386

Aragão, José Maria, 208, 390

Arraes Gervaiseau, Violeta, 388

Arraes, Miguel, 320, 326, 328-9, 337, 366-7, 383-8

Bandeira, Antônio, 387

Barbosa de Oliveira, Américo, 392

Barbosa Guimarães, Genival, 208

Barroso, José Parsifal, 251, 257, 280

Bastos, Humberto, 290

Batista da Silva, Eliezer, 348

Bello, José Maria, 263

Bernardes, Carlos, 307

Bernardet, Jean-Claude, 288

Berredo, Vinícius, 256

Beuve-Méry, Hubert, 371

Bezerra, Gregório, 329

Bittencourt, Paulo, 239, 355

Blanqui, Louis, 379

BNDE (Banco Nacional de Desenvolvimento Econômico), 229-31, 233, 235, 238, 246, 251, 263, 267, 271-2, 293, 348

Bohan, Merwin L., 323, 325

Booth, Claire, 264

Brás, Venceslau, 263

Brasília, construção de, 226-8, 231, 234, 244, 267, 352

Brito, Antônio Oliveira, 300

Brizola, Leonel, 311, 344, 368, 370, 383

Callado, Antônio, 231, 239, 242-3, 288

Câmara, d. Helder, 228, 234-5, 240, 250, 253

Campos, Aluízio, 230

Campos, Roberto de Oliveira, 230, 235, 263, 311, 357

Camus, Albert, 390-1

Carapajó, Sulamir, 208

Cardoso, Fernando Henrique, 288

Carpeaux, Otto Maria, 288

Carvalho, José de Mattos, 251

Castelo Branco, Humberto de Alencar, 390-1
Castilho, João Dutra de, 385, 388
Castro, Fidel, 282, 302, 318, 324, 358
Cavalcanti, José Carlos, 208
Cavalcanti, Risoleta, 208
Cepal (Comissão Econômica para a América Latina), 230-1, 311-2, 359-60, 392
Chateaubriand, Assis, 245, 327, 333
Codeno (Conselho de Desenvolvimento do Nordeste), 240, 246, 250-2, 255, 258, 260, 267-8, 270-2, 275, 371
Colombo, Cristóvão, 226
Correio da Manhã, 239-40, 242, 263, 270, 355, 393
Costa Cavalcanti, José, 391
Costa e Silva, Arthur da, 391
Coutinho, Renato Ribeiro, 292
Couto e Silva, Golbery do, 391
Crespo, padre Paulo, 328-9

Dantas Ribeiro, Jair, 329
Dantas, San Tiago, 344, 346, 355-7, 369
De Gaulle, Charles, 299
Dias Carneiro, Otávio, 348
Dias Fernandes, Augusto Rodrigues, 385
Dias Ribeiro, Djalma, 259
Dieffenderfer, John, 325
Dillon, Douglas, 349
DNOCS (Departamento Nacional de Obras Contra as Secas), 231-2, 234, 242, 251, 271-2, 276, 277, 291-2, 300
Duque, José Guimarães, 232, 256

Eisenstein, Serguei, 386
Engels, Friedrich, 376, 377
Erasmo de Rotterdam, 205

Falcão, Armando, 281
Farias, Antônio Juarez, 208
Fernandes, Florestan, 288
Ferreira, José Pelúcio, 348
Figueiredo, Argemiro de, 260, 271-2, 327
FMI (Fundo Monetário Internacional), 234, 262-5, 298, 351, 356

França, Luiz, 260
Freire de Andrade, Humberto, 387
Freyre, Gilberto, 371
Frondizi, Arturo, 263
Furtado Resende, Antonieta, 390
Furtado, Jorge Monteiro, 208

Gagárin, Yuri, 310
Garcia, Luís, 251
Geisel, Ernesto, 392
Gondim, Pedro Moreno, 251
Goodwin, Richard, 302, 309, 313
Gordon, Lincoln, 358, 372
Goulart, João, 290-1, 299, 318, 322, 336, 358, 365, 384
GTDN (Grupo de Trabalho para o Desenvolvimento do Nordeste), 230-1, 233, 249
Gudin, Eugênio, 298, 333-4
Guedes, Alcino, 393
Guevara, Ernesto "Che", 310, 312-3, 318

Hegel, Friedrich, 374, 376
Herrera, Felipe, 393
Herschel, William, 375
Hesse, Hermann, 239
Hitler, Adolf, 367

Ibiapina, Hélio, 387
incentivos fiscais, 271, 274-5, 313-5, 319, 322, 336
irrigação, 208, 231, 255-8, 270-1, 279, 309, 326, 335, 363-4; lei de, 237, 254, 257, 270
Ivan, motorista, 208

Jaguaribe, Helio, 288
Johnson, Lyndon, 373
Julião, Francisco, 259, 303, 312-3, 324, 328
Junqueira, Paulo, 208
Jurema, Abelardo, 383, 386

Kautsky, Karl, 379
Kennedy, Edward, 324
Kennedy, John, 238, 301-3, 307-8, 310-1, 313, 315, 317-8, 324, 326, 350, 372-3

Kennedy, Robert, 358
Khruschóv, Nikita, 349-50
Kitover, David, 208
Klabin, Israel, 234
Kruel, Amaury, 361, 383
Kubitschek, Juscelino, 226-30, 233-6, 238, 243, 245-6, 250-1, 253-4, 263-6, 272-3, 276-7, 280-1, 290-1, 294, 296-7, 364, 371, 390
Kubitschek, Sara, 296

Lacerda, Carlos, 310, 318, 327, 369, 372, 388, 392
Lacet, Osmário, 208, 389-90
Lafer, Horácio, 294
Leite Lopes, José, 288
Lênin, Vladimir, 379
Ligas Camponesas, 241, 302-3, 313, 324
Lima, Hermes, 347, 359
Lira, Maria Inês, 208
Lodi, Euvaldo, 316
Lopes, Lucas, 230, 234-5, 263-4
Lott, Henrique, 281-2, 290

Machado, Expedito, 260
Magalhães da Silveira, Mário, 208
Magalhães Pinto, José, 344, 383
Magalhães, Juracy, 272, 280-1
Maksoud, Henry, 276
Mannheim, Karl, 378
Mao Tsé-Tung, 299, 302
Mariani, Clemente, 298, 311
Mariz, Dinarte, 251, 258, 267
Marx, Karl, 375-6, 378
marxismo, 288, 330-4, 374
McGovern, George, 302
Medeiros Vieira, José de, 208, 390
Mello, Humberto de, 261, 272
Mello, Nelson de, 261-2
Melo, Antônio, 328
Mendes de Almeida, Cândido, 316
Moors Cabot, John, 317-8
Moraes, Antônio Henrique de, 259
Myrdal, Gunnar, 375

Nader, Ralph, 371
Nasser, Gamal Abdel, 367
Negrão de Lima, Francisco, 264
Nehru, Jawaharlal, 367
Neves, Tancredo, 321-2
Niemeyer, Oscar, 287
Novais, Menandro, 348
Noyola Vázquez, Juan, 312-3
Nydorf, William, 357

Oliveira, Francisco de, 208, 383, 388
Oliveira, José Aparecido de, 294
Openo (Operação Nordeste), 240-1
Operação Pan-Americana, 238, 264, 307
Osório Gomes, Juvenal, 348
Otávio, Rodrigo, 229

Paes de Almeida, Sebastião, 264
Page, Joseph, 325, 371
Paiva Leite, Cleantho de, 235, 263
Pereira de Araújo, Alvarino, 208
Perón, Juan, 318
Pessoa, José Cândido, 277
Plano Trienal, 346, 350-1, 355-6, 359, 367
Platão, 262-3
Portela, Petrônio, 383
Prebisch, Raúl, 359-60

Quadros, Jânio, 281-2, 290-1, 294-7, 299-300, 307, 310, 315, 319, 337, 344, 364, 366, 391

Ramagem, Orlando, 229, 233
Rangel de Farias, Edésio, 208
Ribeiro, Casimiro, 348
Ribeiro, Darcy, 348, 350
Robock, Stefan, 232
Rocha de Oliveira, Walter, 208
Rockefeller, David, 357
Rockefeller, Nelson, 311
Rodrigues, Francisco das Chagas, 251, 290
Rogers, Helen Jean, 303
Rusk, Dean, 310

Salles, Apolônio, 272
Salles, d. Eugênio, 253
Sampaio, Cid, 234, 251, 258, 262, 280, 326, 389, 391
Sartre, Jean-Paul, 286-9, 374
Schlesinger, Arthur, 302
seca, 212, 215, 228, 232-3, 242, 250, 267, 269, 271, 289, 320; indústria da, 231, 256-7, 260, 268, 271, 291-2, 300, 327
Seixas Dória, João de, 384
Sette Câmara, José, 238-40, 243, 246
Severino, camponês, 303-4
Silveira, Pelópidas, 385, 387
Simonsen, Roberto, 316
Singer, Hans, 231
Sócrates, 391
Stálin,Ióssif, 367
Stevenson, Adlai, 303
Strauss, Estevam, 208, 256
Szulc, Tad, 302

Távora, Juarez, 229
Távora, Virgílio, 280, 321-2
Tito, Josip Broz, 310, 367

Vargas, Getúlio, 297, 316, 365, 369, 393
Vasconcellos, Eneida, 208
Vasconcellos, Luiz F. Leite de, 208
Vieira de Melo, Marlene, 208

Walters, Vernon, 358
Weber, Max, 377
Weffort, Francisco, 288
Werneck, Ricardo, 208
Wicar, Euclides, 292

OS ARES DO MUNDO

"acontecimentos de maio" de 1968, 500, 502
Adams, John, 443
Agostinho, santo, 504
Ahumada, Jorge, 405-7, 420, 549

Alemán, Miguel, 599
Alessandri, Jorge, 406
Allende, Salvador, 415, 525-6
Altamirano, Carlos, 525
Althusser, Louis, 502
Andrade, Jader de, 424
Andrés Pérez, Carlos, 538, 540, 552
Antúnez, Nemesio, 421
Aristóteles, 443, 500

Babeuf, Gracchus, 586-7, 589, 619, 621
Baer, Werner, 424, 472
Bakunin, Mikhail, 588, 621
Balzac, Honoré de, 485
Barre, Raymond, 489
Barrios, Gonzalo, 552
Batista, Fulgencio, 424
Bensman, Joseph, 441
Berle Jr., Adolf, 447, 450
Beuve-Méry, Hubert, 495
Blanc, Louis, 584
Blanqui, Auguste, 581, 586-7
Bosch, Juan, 481
Brandão, Otávio, 553
Braudel, Fernand, 434, 495
Buber, Martin, 578
Buonarroti, Philippe, 586
Byé, Maurice, 424

Caamaño, Francisco, 481
Calcagno, Eric, 410
Calvino, João, 442
Cantoni, Wilson, 424
Cárdenas, Lázaro, 599
Cardoso, Fernando Henrique, 404-5, 410, 414, 416
Carter, Jimmy, 562, 567
Carvalho, Cid, 424
Cassirer, Ernst, 440
Castelo Branco, Humberto de Alencar, 495
Castro, Fidel, 433, 553, 604-6
centro-periferia, 411-2; países cêntricos, 532-3,

540; periferia, 411, 434, 468, 521, 534, 566, 590

Cepal (Comissão Econômica para a América Latina), 402, 404, 406-12, 414-6, 421, 471, 526

Chatham House (Royal Institute of International Affairs), 424, 496

Chirendyb, B., 609

Churchill, Winston, 523

Cibotti, Ricardo, 410

Cook, Fred J., 454

Copérnico, 578

Costa e Silva, Arthur da, 496

Costa Gomes, Francisco da, 556

Cunhal, Álvaro, 555

De Gaulle, Charles, 400, 484-6, 499-501, 523

Dewey, John, 467

Dézamy, Théodore, 581

Díaz Alejandro, Carlos, 469

Duesenberry, James, 492

Echavarría, José Medina, 402, 410, 414-5, 433-4

Echeverría, Luis, 537

Einstein, Albert, 419

Eisenhower, Dwight, 454

Emerson, Ralph, 479

Engels, Friedrich, 582, 603

Epstein, Edwin, 450

Faletto, Enzo, 416

Faure, Edgard, 501

Ferrer, Aldo, 537

Feuerbach, Ludwig, 583

Flores de la Peña, Horacio, 536

Foster Dulles, J., 570

Fourier, Charles, 579-80, 620

Frei, Eduardo, 406, 415, 525, 531

Freire, Paulo, 424

Frondizi, Arturo, 539

Galbraith, John Kenneth, 448, 450-1, 456, 471

Gasparian, Fernando, 512-3

Geisel, Ernesto, 539

Gilligan, John, 562

Goldwater, Barry, 456, 472, 478, 482

golpe militar de 1964, 399, 403-4, 409, 429, 431

Gonçalves, Vasco, 554-6

González, Norberto, 410

Gordon, Lincoln, 431

Goulart, João, 470, 508, 522

Guedes, Alcino, 509

Guerra Fria, 421, 433-5, 452, 454-6, 458-9, 471, 479-81, 484; doutrina da insurgência, 430, 434, 458-9; projeto Camelot, 458

Guevara, Ernesto "Che", 501, 605

Guimarães Rosa, João, 497-8

Habermas, Jürgen, 505

Hamilton, Alexander, 442, 444, 448

Harrington, Michael, 455

Hart, Liddell, 434

Hegel, Friedrich, 577-9, 581-2, 587, 619-20

Henderson, Julia, 494

Hirschman, Albert, 424

Hitler, Adolf, 600

Hobbes, Thomas, 442

Hobson, Charles K., 412

Hofstadter, Richard, 442

Hopenhayn, Benjamin, 410

Hurtado, Hector, 538

Hymer, Stephen, 469, 470

Ibáñez, Carlos, 523

Ilpes (Instituto Latinoamericano de Planejamento Econômico e Social), 402, 407-8, 410, 423, 549

Inácio de Loyola, 504

Jackson, Andrew, 439

Jaspers, Karl, 484

Jefferson, Thomas, 439

Johnson, Lyndon, 455, 472, 478-9, 562; projeto da "Grande Sociedade", 455-8, 479

Kahn, Herman, 453

Kahn, Richard, 518

Kaldor, Nicholas, 518
Kant, Emanuel, 505, 578-9
Kautsky, Karl, 587
Kennan, George, 452, 455
Kennedy, John, 402, 454, 457-8, 498, 562, 567
Keynes, John Maynard, 518
Khruschóv, Nikita, 433, 454, 456
Kissinger, Henry, 453
Kubitschek, Juscelino, 483, 539, 552

Laponneraye, Albert, 581, 587
Lara, Cristóbal, 410
Lênin, Vladimir, 412, 587-90, 596-8, 601, 603, 608-10, 621
Lévi-Strauss, Claude, 503-4, 613
Lewis, Arthur, 469
Lippmann, Walter, 456-7
Lipsey, Richard G., 446
List, Friedrich, 414
Lleras Restrepo, Carlos, 531, 535
López Rega, José, 524
Losada, Benito, 552

Machado, irmãos, 553
Madison, James, 442
Magalhães Pinto, José, 496
Malthus, Thomas R., 575
Mannheim, Karl, 569
Mao Tsé-Tung, 485, 603, 615-7
Marcuse, Herbert, 478, 505-6
Martner García, Gonzalo, 410, 526
Marx, Karl, 462, 505-6, 528, 579, 581-5, 587-9, 603, 620
marxismo, 472, 549, 587-8, 612-3
Matus, Carlos, 410
Mayobre, José Antonio, 495
Mello, Thiago de, 403, 421, 424
Melnick, Julio, 410
Melo Antunes, A. de, 554-5
"milagre" brasileiro, 507, 509, 531, 554
Montesquieu, 443
Moore, Wilbert E., 447, 450

Morison, Samuel Elliot, 438
Myrdal, Gunnar, 464

Neruda, Pablo, 403, 421-2
Niemeyer, Oscar, 498
Nietzsche, Friedrich, 504
Nixon, Richard, 434, 562
Notestein, Wallace, 437

Oliveira, Adolfo de, 496
Oliveira, Francisco de, 423-4
Olivera, Julio, 407

Parkes, Henry Bamford, 438, 440
Parrington, V. L., 479
Paz, Octavio, 537-8
Pazos, Felipe, 552
Pérez Jiménez, 424, 523
Perón, Juan, 522-4
Picasso, Pablo, 419
Pillot, Jean-Jacques, 581
Pintasilgo, Maria de Lourdes, 555
Platão, 422, 503, 574-5, 580, 587-8, 619
Pompidou, Georges, 500
Prebisch, Raúl, 407-12, 414, 417, 422, 495, 532
Prestes, Luiz Carlos, 553
Pustay, John S., 457

Quadros, Jânio, 408

Ramón Jiménez, Juan, 397, 405
Ratinoff, Luis, 410
Reagan, Ronald, 451
Ribeiro, Darcy, 403, 424
Ricardo, David, 514, 582, 584
Robespierre, Maximilien de, 586
Robinson, Joan, 518
Rocha, Glauber, 497
Rodríguez, Gumersindo, 538, 552
Rojas Pinilla, Gustavo, 523
Roosevelt, Franklin Delano, 433, 455, 470, 523, 567
Rosenstein-Rodan, Paul, 531

Rousseau, Jean-Jacques, 479, 503, 619
Russell, Bertrand, 494

Sachs, Ignacy, 537
Saint-Just, Louis, 586
Saint-Simon, Claude-Henri, 577
Samuelson, Paul, 407
Santa Cruz, Hernán, 420
Santos, Nailton, 404
Sartre, Jean-Paul, 500, 503-4, 537
Schubic, Martin, 471
Seers, Dudley, 424, 526
Seynes, Philippe de, 495
Shriver, Sargent, 498
Siegfried, André, 465
Silva Lopes, José da, 555
Silveira, Ênio, 509
Skidmore, Thomas, 495
Slater, John, 411
Slichter, Summer H., 451
Smith, Adam, 424, 445, 447-8
Sócrates, 494
Spínola, António de, 556
Sraffa, Piero, 518
Stálin,Ióssif, 523, 600, 603
Strauss, Estevam, 424
Streeten, Paul, 562
subdesenvolvimento, 399-401, 406, 409-10, 414, 432, 466, 473-5, 477, 483, 488-9, 491-2, 518, 520, 527-9, 537, 541, 543-5, 547-9, 557, 563, 566, 569-70, 591, 600; países subdesenvolvidos, 410, 413, 425, 474-7, 507, 564
Sukhe Bator, 608-9
Sunkel, Osvaldo, 410

Taussig, Frank William, 444
Terceiro Mundo, 400-1, 409, 430, 435, 456-9, 487-8, 492, 512, 521, 562, 564-70, 617-8
Thoreau, H. D., 479

Tinbergen, Jan, 491
Tito, Josip Broz, 600
Tobin, James, 471
Tocqueville, Alexis de, 439, 441, 586
Tolchin, Susan, 451
Tolchin, Martin, 451
Tomic, Radomiro, 525
Toynbee, Arnold, 496
Triffin, Robert, 471-2
Trujillo, Rafael, 481

U Thant, Sithu, 568
Ul-Haq, Mahbub, 562
Universidade das Nações Unidas (UNU), 568-70, 600
Universidade de Cambridge, 465, 482, 518, 540
Universidade de Paris (Sorbonne), 483, 500-1, 503, 506, 537, 554
Universidade de Yale, 424, 435, 440, 466-7, 469, 471, 479, 482

Vaitsos, Constantine, 471
Valdés, Gabriel, 496
Valéry, Paul, 505
Vargas, Getúlio, 523
Vasconcellos, Dora, 483
Véliz, Claudio, 496
Vernon, Raymond, 471
Vichinski, Andrei I., 403, 421
Vidich, A. J., 441
Vietnã, guerra do, 457, 479-81, 484, 487
Vilar, Rui, 555
Villa-Lobos, Heitor, 497
Vuskovic, Pedro, 410, 415, 525-6

Wainer, Samuel, 403, 424
Weber, Alfred, 569
Weber, Max, 437, 475
Weffort, Francisco, 410, 424

ESTA OBRA FOI COMPOSTA POR ACOMTE EM DANTE E
IMPRESSA PELA GEOGRÁFICA EM OFSETE SOBRE PAPEL PÓLEN
SOFT DA SUZANO PAPEL E CELULOSE PARA A
EDITORA SCHWARCZ EM JULHO DE 2014

A marca FSC® é a garantia de que a madeira utilizada na fabricação do papel deste livro provém de florestas que foram gerenciadas de maneira ambientalmente correta, socialmente justa e economicamente viável, além de outras fontes de origem controlada.